기후변화와 국제법

Benoit Mayer 저

박덕영 · 김경우 · 조향숙 · 김영욱 공역

박영사

전 세계적으로 기후변화에 대한 관심은 지속적으로 증가하고 있는 주제라고 할 수 있다. 국제조약이 발효됨에 따라 기후변화에 대한 언론 보도는 증가하였으며, 많은 대학교에서 기후변화에 대한 법과 정책을 배울 수 있는 강좌를 개설하고 있다. 이 책은 기후변화에 대한 국제법을 조사하여 국제법의 일반규범 준수를 장려하기 위해 국제협정이 얼마나 중요한지 설명한다. Benoit Mayer는 유엔기후변화협약(United Nations Framework Convention on Climate Change, UNFCCC) 하에서 장기간의 협상을 통해 합의된 규칙 사항을 설명하고 완화, 지구공학, 적응, 손실 및 피해 그리고 국제지원에 관한 다양한 포럼을 소개한다. 기후변화와 국제법 (The International Law on Climate Change)은 기후, 환경 또는 국제법을 공부하는 학부생과 대학원생에게 적합하다. www.internationalclimatelaw.com에서 각 장에 대해 정기적으로 업데이트 되는 보완 자료, 웹 링크 및 정기 업데이트 목록 등의 온라인 출처가 제공된다.

Benoit Mayer는 홍콩 중문대학교(The Chinese University of Hong Kong)에서 법학과 조교수로 재직 중이며, 국제법과 기후변화법을 가르치고 있다. 기후변화와 국제법에 대한 그의 연구는 *European Journal of International Law, the Asian Journal of International Law, Transnational Environmental Law, Climate Law and Climatic change*를 포함한 주요 저널에서 출간되고 있다.

이 저서는 2016년 대한민국 교육부와 한국연구재단의 지원을 받아 수행된 연구입니다(NRF－2016S1A3A2925230).

서 문

기후변화는 우리가 살고 있는 시대의 가장 큰 관심사 중 하나이다. 25년 이상 기후변화를 해결하기 위한 도구로 국제법을 동원하려는 노력이 있었다. 장기화된 국제협상과 광범위한 교리적 연구의 결과를 통해 국제법에서 새로운 연구분야가 등장하였다. 기후변화에 관한 국제법은 기후변화에 대처하기 위한 국가의무 체계라고 할 수 있다. 모든 국가의 주권적 권리뿐만 아니라 인권의 효과적인 향유, 미래세대와 인류 전체의 이익, 그리고 지구상의 다른 형태의 생명체를 보호하고자 한다. 변화하는 세계를 바꾸려는 시도는 사실 대단한 과제이다. 지금까지 진행된 가장 복잡한 협상 중 일부는 문제의 표피만을 다루는 데 불과하였다. 이러한 도전은 벅차지만, 그 대가는 높고 실패는 고려할 만한 선택사항이 아니다. 인류의 운명이 기후변화에 관한 국제법에 달려 있다고 해도 과언이 아니다.

연구분야로서 기후변화에 관한 국제법은 새로운 분야의 기초를 놓는 발판으로 최근의 발전에 주로 초점을 맞추고 있다. 매년 말, 사실상 모든 국가의 대표들은 1992년 체결된 유엔기후변화협약(UNFCCC) 당사국총회를 위해 모인다. 협약은 가장 최근에 체결된 2015년 파리협정과 같이 정기적으로 체결된다. 국제적인 매체에 의해 크게 보도된 이러한 의례적 행사는 이 분야에서 시간을 정한다. 국제협상의 최신 결과는 보고되고 이를 분석할 필요성이 있기 때문에 기후변화에 관한 국제법에 대한 보다 체계적이고 포괄적인 연구의 수행이 지연되었다.

기후변화를 해결하기 위한 공동 노력의 일환으로 형성된 UNFCCC 체제를 통해 각국이 합의한 규칙은 기후변화에 관한 국제법의 중요한 구성요소이지만 그 규칙이 UNFCCC 체제에 국한된 것은 아니다. 예를 들어, 기후변화에 관한 국제법의 또 다른 구성요소는 다양한 다른 국제체제에서 채택된 관련 규칙, 예를 들어, 1944년 국제민간항공협약(Convention on International Civil Aviation) 또는 1987년 오존층 파괴물질에 관한 몬트리올 의정서(Montreal Protocol on Substances that Deplete the Ozone Layer)와 관련이 있다. 전반적으로, 무해의 원칙과 국가책임법과 같이 국가가 일반국제법으로서 받아들인 일반적이고 추상적인 규범과 원칙은 기후변화에 관한 국제법의 마지막 구성요소를 형성한다.

이러한 구성요소는 그 법원과 중요성 면에서 차이가 있다. 국제협상을 통해 채택된 기후변화에 대응하기 위한 규칙들은 종종 강대국의 과도한 온실가스 배출수준에 대한 안일한 접근을 통해 강대국의 이익을 반영할 가능성이 높다. 이와 대조적으로, 역사적으로 법으로서 받아들인 국가들의 일반적인 관행에 반영된 규범들은 보다 공정한 원칙을 부과하고, 전형적으로 가장 강력한 국가들을 포함하여, 국가들에게 훨씬 더 까다로운 의무를 부과한다. 이 책에서 설명한 바와 같이, 국가들은 국제기후협정이 일반국제법의 원칙을 고려하지 않을 것이라고 명시적으로 또는 암묵적으로 동의한 적이 없다. 대신에 UNFCCC 체제는 일반국제법 준수를 장려하는 방향으로 접근되어야 한다. 특히, 특정 기간에 걸친 공동의 목표와 국가적 공약을 규정하는 방향으로 접근해야 한다.

이 책은 규율로서 기후변화에 관한 국제법의 포괄적인 설명을 제공하고자 한다. 이와 같이 이 책에는 UNFCCC 체제 내에서 그리고 체제 밖에서 국가 간 합의된 원칙에 대한 자세한 설명이 포함되어 있지만 여기서 멈추지 않는다. 만약 국제법원이나 재판소가 기후변화와 관련하여 국가의 의무를 설정한다면, 일반국제법에 기반을 둔 의무 설정을 할 것이라는 데에는 의심의 여지가 없다. 따라서 이 책에는 일반국제법의 관련 규범에 대한 자세한 분석도 포함되어 있다. 따라서 기후변화에 관한 국제법의 모든 구성요소에 대해 독특하고 포괄적이며 일관된 설명으로 통합하고자 한다.

기후변화에 관한 국제법은 단순한 연구분야가 아닌 본격적인 규율로서 진행 중인 발전을 분석할 뿐만 아니라 이러한 발전에 더욱 적극적으로 기여할 것이다. 특히 일반국제법의 관련 규범에 대한 충분한 고려와 함께 국제기후협정을 다른 요소보다 더 넓은 맥락에서 제시할 것이다. 기후변화의 국제법에 대한 일관된 이해는 공정하고 공평한 결과를 도출하는 합리적인 기준을 설정을 할 것이며 이는 추후 국제협상을 촉진할 수 있다. 또한 국내법원은 중앙정부에 의해 합의된 사항 외에도 관습국제법에 근거하여 사건을 판단하는 데 도움이 될 것이다. 언젠가 국제재판소 및 중재판정부는 계쟁사건이나 권고적 사건에서 이러한 규율을 통해 참여할 것이다. 분명 기후변화를 넘어 국제관계에서 정의를 추구하려는 국제법의 약속을 이행하는 데 도움이 될 것이다.

이 책은 국제법이나 환경법에 대한 배경지식의 유무와 상관없이 법학을 공부하는 학부생 및 대학원생들이 쉽게 접근할 수 있도록 작성되었다. 교재로 사용될 경우, 학생들이 토론에 참여할 수 있는 많은 기회가 제공되어야 한다. 따라서 이 책은 해당 분야의 전문가와 연구자를 양성하는 데 도움이 될 수 있으며, 법에 대한 비판적인 지적 참여를 장려하기 위해 법률 분야의 의미 있는 사례연구의 역할을 할 수도 있다. 더 나아가, 기후변화에 관한 국제법을 포괄적으로 제시하려는 이 첫 번째 시도는 법학자 또는 국제법이 우리 시대의 중대한 문제 중 하나를 해결하는 방법에 관심이 있는 다른 사람들에게도 유용할 것으로 기대된다.

Benoit Mayer

감사의 글

이 책은 법학계 그리고 그 밖의 학계의 많은 분으로부터 도움을 받았다. Antony Anghie, Eyal Benevisci, Ben Boer, Anatole Boute, Chen Yifeng, Simon Chesterman, Marie－Claire Cordonier Segger, Christel Coumil, James Crawford, François Crépeau, Myriam Feinberg, Stephen Gardiner, Markus Gehring, Gregory Gordon, Hsu Yao－Ming, Richard Janda, Koh Kheng Lian, Douglas Kysar, Jolene Lin, Lye Lin Heng, Frédéric Mégret, Shinya Murase, Jama Petman, Song Ying, M. Somarajah, Usha Tandon, Qin Tianbao, Mikko Rajavuori, Surabhi Ranganathan, Christina Voigt, Shan Wenhua, Yee Sienho, Prabhakar Singh, Wang Canfa, Zhang Hao, Alexander Zahar 및 Zhao Yuhong과의 다양한 의견 공유를 통해 제 아이디어의 일부를 시험할 기회를 갖게 되었다. 또한 Cambridge University Press가 초청한 여러 익명의 동료 평론가들과 이전 간행물을 논평했던 분들의 의견을 통해 많은 도움을 받았다.

이 책은 중국 우한대학교 국제법률연구소의 "국제기후변화법과 정치" 수업을 강의하면서 제작한 강의노트를 바탕으로 작성되었다. 우한대학교의 지원에 이어 홍콩 중문대학교가 지원을 제공하였다. 감사하게도 우한대학교의 Yao Junqian, 홍콩 중문대학교의 Winnie Cheung, Athena Kong, 그리고 Sean O'Rilley의 귀중한 도움을 받았다. 홍콩 중문대학교의 교육 개발 및 연구 관련 활동에 대한 교원 자금으로부터 재정적 지원을 받았다.

편집장 Joe Ng, 내용 담당 Thomas Haynes, 사업 담당 Nicola Howcroft 및 편집 담당 Jon Lloyd의 도움 없이는 이 책이 세상에 나오지 못했을 것이다. 이 분들께 마음을 담아 감사의 말을 전한다.

역자서문

기후변화는 이제 특정 국가, 특정 지역의 문제가 아니라 전 지구적인 문제로 관심을 받고 있다. 기후변화와 관련된 국제조약 채택에 대한 노력 또한 지난 30여 년간 지속되어 왔으며, 2015년 12월 파리협정을 통해서 신기후체제에 대한 결실을 맺고 있다. 이와 같이 기후변화 대응을 위한 국제적인 노력은 상당 부분 법제화를 통해서 이루어지고 있으며, 특히 국가 간의 약속이라고 할 수 있는 국제법은 이러한 법제화에 있어서 가장 중요한 부분을 차지하고 있다고 할 수 있다.

연세대학교 SSK 기후변화와 국제법 연구센터는 2018년 6월에 Daniel Bodansky 외 2인이 공동으로 집필하여 Oxford 대학출판사에서 출간한 *International Climate Change Law*(국제기후변화법제)를 옮긴 바 있다. 이 책은 특히 유엔이 중심이 되어 논의되고, 기후변화협약에서 파리협정까지로 발전한 국제기후변화체제는 물론이고, 기후 거버넌스, 기후변화와 국가책임 및 기후변화와 인권·통상 문제를 망라하여 다루고 있는 것이 특징이다. 특히 1992년부터 시작된 유엔 기후체제의 발전은 현재 정리가 거의 불가능하고, 관련 분야의 전문가가 아니라면 좀처럼 입문하기 어려울 정도로 복잡하고, 다층적인 것이 현실인데, 이 책은 그간의 발전을 상세하면서도 핵심을 짚으며 설명하고 있으며, 역사적 흐름 속에서 일련의 발전단계를 이해할 수 있도록 구성되어 있다.

이와 더불어 이번에 추가로 번역하게 된 『기후변화와 국제법』은 Bonoit Mayer가 집필하여 Cambridge 대학출판사에서 2018년에 발간한 *The International Law on Climate Change*를 우리말로 옮긴 것이다. 해당 원서는 기후변화와 관련된 논점을 국제법의 시각에서 분석한 학술서라고 할 수 있다. Bonoit Mayer는 기후변화협약에서 합의된 규칙을 설명하고, 국제법과 관련된 다양한 논점을 제시하고 있다. Bonoit Mayer는 홍콩 중문대에서 국제법 및 기후관련 법을 강의하고 있으며, 이 책은 기후변화에 대한 국제법을 조사하여 국제법의 일반규범 준수를 장려하기 위하여 국제조약이 얼마나 중요한지를 설명하기 위해서 저술되었다고 밝히고 있다. Daniel Bodansky의 『국제기후변화법제』는 UNFCCC 체제를 중심으로 파리협정까지의 기후변화 관련 협정을 다루고 있는데, 본서는 이에 더하여 UNFCCC 체제에 국한되지 않고 무해의 원칙 및 국가책임법 같은 일반적이고 추상적인 국제법 규범과 원칙을 통해서 풀어나가고 있다.

본 연구센터는 『국제기후변화법제』와 『기후변화와 국제법』 사이에 한국을 대표하여 기후협상에 참여한 협상참여자들을 필진으로 하여 『파리협정의 이해』

라는 저서를 2020년 7월에 출간하였다. 광범위한 기후변화의 영역 중에서도 신기후체제의 중추인 파리협정을 보다 체계적이고 종합적으로 정리하여 파리협정과 기후협상에 관한 이해를 도모하는 데 초점을 두었다. 이 책은 한국을 대표하여 실제로 기후협상에 참여하고 있는 협상실무자들이 각자의 경험을 바탕으로 자신이 맡고 있는 전문 분야를 나누어 맡아 챕터별로 기술하여 전문성을 최대한 살린 파리협정의 이해를 위한 전문서이다.

『국제기후변화법제』및 『파리협정의 이해』와 더불어 이번에 출간되는 『기후변화와 국제법』은 본 연구센터 10년 작업을 마무리하는 기후변화 시리즈의 완결판이라고 할 수 있을 것이다. 이러한 작업은 기후변화와 관련된 우리 연구센터의 논의를 종합하고 정리한다는 점에서 의미가 있다고 할 수 있다. 본서는 우리 센터를 거치고 연세대학교 정외과에서 석사를 받은 김영욱 연구원이 초벌 번역한 것을 우리 센터 전임연구원인 김경우 박사와 조향숙 박사가 한 문장 한 문장 꼼꼼히 원문과 대조하면서 다시 번역 및 감수 작업을 하였으며, 이송은, 김명성, 진홍진 연구보조원들이 마지막 교정에 도움을 주었다. 또한 연세대학교 로스쿨 국제법학회 대학원생들이 적극적으로 검토에 참여해 주었다.

이 책이 나오기까지 많은 분들의 노고에 감사드린다. 먼저 이 책의 번역을 허락해준 Cambridge University Press에 감사를 표하고자 한다. 또한 이 책의 출간을 허락해 주신 박영사 안종만 회장님·안상준 대표님과 우리 센터의 연구물 발간사업을 위해 늘 애써 주시는 조성호 이사님께도 감사드린다. 이 책이 편집되는 과정에서 실무적인 도움을 준 우리 연구센터 이송은, 김명성, 이현우 연구보조원에게도 감사의 마음을 전한다. 초벌 번역 이후 이 책을 읽고 교정 작업에 도움을 준 연세대학교 로스쿨 국제법학회 대학원생들에게도 감사드린다. 끝으로 이 책의 편집과 교정을 담당해 주신 박영사 장유나 과장님과 라이선스 문제를 비롯하여 실무적인 부분을 챙겨 주신 이승현 과장님께도 감사드린다.

이 책이 기후변화를 연구하고 공부하는 연구자 및 학생들, 그리고 넓게는 국제환경법, 나아가 국제법을 공부하는 연구자와 학생들에게 중요한 지침서 혹은 안내서 역할을 할 수 있기를 바라며, 국제법의 지평을 한층 더 넓혀주는 계기가 될 수 있기를 기대한다.

2020년 무더운 한여름을 지나며
공동번역 집필진을 대표하여 박 덕 영 씀

차 례

그림 목록

표 목록

약어표(Abbreviations and Acronyms)

AAU	Assigned Amount Unit
AOSIS	Alliance of Small Island States
ATS	Australian Treaty Series
AWG–DP	Ad Hoc Working Group on the Durban Platform for Enhanced Action
AWG–KP	Ad Hoc Working Group on Further Commitments for Annex I Parties under the Kyoto Protocol
AWG–LCA	Ad Hoc Working Group on Long–Term Cooperative Action under the Convention
AWG–PA	Ad Hoc Working Group on the Paris Agreement
BECCS	Bioenergy with Carbon Capture and Storage
BINGOs	Business and Industry NGOs
C2ES	Center for Climate and Energy Solutions
CAIT	Climate Analysis Indicators Tool
CBD	United Nations Convention on Biological Diversity
CCS	Carbon Capture and Storage
CDM	Clean Development Mechanism
CDP	Carbon Disclosure Project
CER	Certified Emission Reduction
CESCR	Committee on Economic, Social and Cultural Rights
CFCs	Chlorofluorocarbons
CIFOR	Center for International Forestry Research
CMA	Conference of the Parties Serving as the Meeting of the Parties to the Paris Agreement
CMP	Conference of the Parties Serving as the Meeting of the Parties to the Kyoto Protocol
COP	Conference of the Parties
CORSIA	Carbon Offsetting and Reduction Scheme for International Aviation
CPI	Climate Policy Initiative
DSB	Dispute Settlement Body
ECJ	European Court of Justice
ECtHR	European Court of Human Rights
EECC	Eritreat–Ethiopia Claims Commission
EEDI	Energy Efficiency Design Index
EIA	Environmental Impact Assessment
ENGOs	Environmental NGOs

EPA	Environmental Protection Agency
ERT	Expert Review Team
ERU	Emission Reduction Unit
ETS	Emission Trading Scheme
EU	European Union
GATT	General Agreement on Tariffs and Trade
GCF	Green Climate Fund
GDP	Gross Domestic Product
GEF	Global Environment Facility
GhG	Greenhouse Gas
HBFCs	Hydrobromofluorocarbons
HCFCs	Halomethane
HFCs	Hydrofluorocarbons
HRC	Human Rights Council
IACrHR	Inter-American Court of Human Rights
IAR	International Assessment and Review
ICA	International Consultation and Analysis
ICAO	International Civil Aviation Organization
ICJ	International Court of Justice
IEA	International Energy Agency
IGES	Institute for Global Environmental Strategies
IISD	International Institute for Sustainable Development
ILA	International Law Association
ILC	International Law Commission
ILM	International Legal Materials
IMO	International Maritime Organization
INC/FCCC	Intergovernmental Negotiating Committee for a Framework Convention on Climate Change
INDC	Intended Nationally Determined Contribution
IPCC	Intergovernmental Panel on Climate Change
IPOs	Indigenous Peoples Organizations
IRENA	International Renewable Energy Agency
ISO	International Standardization Organization
ITLOS	International Tribunal for the Law of the Sea
JI/KP	Joint Implementation under the Kyoto Protocol
JI/UNFCCC	Joint Implementation under the United Nations Framework Convention on Climate Change
LGMA	Local Government and Municipal Authorities
LULUCF	Land Use, Land-Use Change and Forestry
MARPOL	International Convention for the Prevention of Pollution from Ships
MEF	Major Economies Forum on Energy and Climate
MRV	Measurement, Reporting and Verification

NAZCA	Non−State Actor Zone for Climate Action
NDC	Nationally Determined Contribution
NGO	Non−Governmental Organization
OCHA	Office for the Coordination of Humanitarian Affairs
OECD	Organization for Economic Co−operation and Development
OHCHR	Office of the High Commissioner for Human Rights
OSPAR Convention	Convention for the Protection of the Marine Environment of the North−East Atlantic
PCIJ	Permanent Court of International Justice
PFCs	Perfluorocarbons
QELRC	Quantified Emission Limitation or Reduction Commitment
RCPs	Representative Concentration Pathways
REDD+	Reducing Emissions from Deforestation and Forest Degradation in Developing Countries
REN21	Renewable Energy Policy Network for the 21st Century
RINGOs	Research and Independent NGOs
RMU	Removal Unit
SBI	Subsidiary Body for Implementation
SBTA	Subsidiary Body for Scientific and Technological Advice
SEEMP	Ship Energy Efficiency Management Plan
SEI	Stockholm Environment Institute
SIDS	Small Island Developing States
SRFC	Sub−Regional Fisheries Commission
SUV	Sports Utility Vehicle
tCO2eq	Tonne of carbon dioxide equivalent
TUNGOs	Trade Union NGOs
UNCED	United Nations Conference on Environment and Development
UNCHD	United Nations Conference on the Human Environment
UNCLOS	United Nations Convention on the Law of the Sea
UNDP	United Nations Development Programme
UNEP	United Nations Environment Programme
UNESCO	United Nations Educational, Scientific and Cultural Organization
UNFCCC	United Nations Framework Convention on Climate Change
UNHCR	United Nations High Commissioner for Refugees
UNRIAA	United Nations Reports of International Arbitral Awards
UNTS	United Nations Treaty Series
UNU−EHS	United Nations University Institute for Environment and Human Security
USSR	Union of Soviet Socialist Republics
WCED	World Commission on Environment and Development
WIM	Warsaw International Mechanism for loss and damage associated with climate change impacts

WMO	World Meteorological Organization
WRI	World Resources Institute
WTO	World Trade Organization
WWF	World Wide Fund for Nature
YOUNGOs	Youth NGOs

인용목록

조약

1940s

Convention on International Civil Aviation, December 7, 1944, 15 *UNTS* 295.

Charter of the United Nations, June 26, 1945, 1 *UNTS* XVI.

Statute of the International Court of Justice, June 26, 1945, 3 *Bevans* 1179.

General Agreement on Tariffs and Trade, October 30, 1947, 55 *UNTS* 194.

Convention on the International Maritime Organization, March 6, 1948, 289 *UNTS* 48.

1950s

Convention for the Protection of Human Rights and Fundamental Freedoms, November 9, 1950, 213 *UNTS* 222.

Convention Relating to the Status of Refugees, July 28, 1951, 189 *UNTS* 150, as modified by the Protocol relating to the Status of Refugees, January 31, 1967, 606 *UNTS* 267.

Agreement between the United Nations and the World Meteorological Organization, Approved by the General Assembly of the United Nations, December 20, 1951, 123 *UNTS* 11-415.

1960s

International Convention on the Elimination of All Forms of Racial Discrimination, December 21, 1965, 660 *UNTS* 195.

International Covenant on Economic, Social and Cultural Rights, December 16, 1966, 993 *UNTS* 3.

International Covenant on Civil and Political Rights, December 16, 1966, 999 *UNTS* 171.

Protocol Relating to the Status of Refugees, January 31, 1967: see Convention Relating to the Status of Refugees, July 28, 1951.

Vienna Convention on the Law of Treaties, May 23, 1969, 1155 *UNTS* 331.

American Convention on human rights ("Pact of San Jose"), November 22, 1969, 1144 *UNTS* 123.

1970s

Convention on Wetlands of International Importance Especially as Waterfowl Habitat, Februaiy 2, 1971, 996 *UNTS* 246.

Convention for the Protection of the World Cultural and Natural Heritage, November 16, 1972, 1037 *UNTS* 151.

London Convention on the Prevention of Marine Pollution by Dumping of Wastes and Other Matter, December 29, 1972, 1046 *UNTS* 120.

Protocol Relating to the 1973 International Convention for the Prevention of Pollution from Ships: see International Convention for the Prevention of Pollution from Ships.

Convention on the Prohibition of Military or Any Other Hostile Use of Environmental Modification Techniques, December 10, 1976, 1108 *UNTS* 151.

International Convention for the Prevention of Pollution from Ships, November 2, 1973, 1340 *UNTS* 184, revised by the 1978 Protocol Relating to the 1973 International Convention for the Prevention of Pollution from Ships, February 17, 1978, 1340 *UNTS* 61.

Agreement on Technical Barriers to Trade, April 12, 1979, 1868 *UNTS* 120.

Convention on the Conservation of Migratory Species of Wild Animals, June 23, 1979, 1651 *UNTS* 333.

Convention on the Elimination of All Forms of Discrimination against Women, December 18, 1979, 1249 *UNTS* 13.

1980s

African Charter on Human and People's Rights ("Banjul Charter"), June 27, 1981, 1520 *UNTS* 217.

United Nations Convention on the Law of the Sea, December 10, 1982,

1833 *UNTS* 3.

Convention against Torture and Other Cruel, Inhuman or Degrading Treatment or Punishment, December 10, 1984, 1465 *UNTS* 85.

Vienna Convention for the Protection of the Ozone Layer, March 22, 1985, 1513 *UNTS* 293.

Montreal Protocol on Substances that Deplete the Ozone Layer, September 16, 1987, 1522 *UNTS* 3.

International Convention on the Rights of the Child, November 20, 1989, 1577 *UNTS* 3.

1990s

International Convention on the Rights of all Migrant Workers and Members of their Families, December 18, 1990, 2220 *UNTS* 3.

United Nations Framework Convention on Climate Change, May 9, 1992, 1771 *UNTS* 107.

United Nations Convention on Biological Diversity, June 5, 1992, 1760 *UNTS* 79.

Convention for the Protection of the Marine Environment of the North-East Atlantic, September 22, 1992, 2354 *UNTS* 67.

Instrument for the Establishment of the Restructured Global Environmental Facility, March 14-16, 1994, 33 *ILM* 1283.

General Agreement on Trade-Related Aspects of Intellectual Property, April 15, 1994, 1869 *UNTS* 299.

United Nations Convention to Combat Desertification in those Countries Experiencing Serious Drought and/or Desertification, Particularly in Africa, October 14, 1994, 1954 *UNTS* 3.

Protocol to the Convention on the Prevention of Marine Pollution by Dumping of Wastes and Other Matter, November 7, 1996, 1046 *UNTS* 138.

Kyoto Protocol to the United Nations Framework Convention on Climate Change, December 11, 1997, 2303 *UNTS* 162.

Rome Status of the International Criminal Court, July 17, 1998, 2187 *UNTS* 90.

2000s

Stockholm Convention on Persistent Organic Pollutants, May 22, 2001, 2256 *UNTS* 119.

Convention on the Protection of the Underwater Cultural Heritage, November 2, 2001, 41 *ILM* 37.

International Convention on the Rights of Persons with Disabilities, December 13, 2006, 2515 *UNTS* 3.

International Convention for the Protection of All Persons from Enforced Disappearance, December 20, 2006, 2716 *UNTS* 3.

2010s

Doha Amendment to the Kyoto Protocol, December 8, 2012, in the annex of decision 1/CMP.8.

Minamata Convention on Mercury, October 10, 2013, 55 *ILM* 582.

Paris Agreement, December 12, 2015, in the annex of decision 1/CP.21.

Amendment to the Montreal Protocol on Substances that Deplete the Ozone Layer, October 15, 2016, (2017) 56 *ILM* 196.

국제협약 당사국이 채택한 결정

UN General Assembly (UN Charter of June 26, 1945)

Resolution 217 A, "Universal Declaration of Human Rights" (December 10, 1948).

Resolution 1721 (XVI) C, "International co-operation in the peaceful uses of outer space" (December 20, 1961).

Resolution 2626 (XXV), "International Development Strategy for the Second United Nations Development Decade" (October 24, 1970).

Resolution 3202 (S-VI), "Declaration on the Establishment of a New International Economic Order" (May 1, 1974).

Resolution 41/128, "Declaration on the Right to Development" (December 4, 1986).

Resolution 44/207, "Protection of global climate for present and future generations of mankind" (December 22, 1989).

Resolution 44/228, "United Nations Conference on Environment and Development" (December 22, 1989).

Resolution 45/212, "Protection of global climate for present and future generations of mankind" (December 21, 1990).

Resolution 55/2, "United Nations Millennium Declaration" (September 8, 2000).

Resolution 60/1, "2005 World Summit Outcome" (October 24, 2005).

Resolution 66/288, "The future we want" (July 27, 2012).

Resolution 69/283, "Sendai Framework for Disaster Risk Reduction 2015-2030" (June 3, 2015).

Resolution 70/1, "Transforming our world: the 2030 Agenda for Sustainable Development" (September 25, 2015).

Conference of the Parties to the UN Framework Convention on Climate Change of May 9, 1992

Decision 1/CP.l, "The Berlin Mandate: review of the adequacy of Article 4, paragraphs 2 (a) and (b), of the Convention, including proposals related to a protocol and decisions on follow－up (April 7, 1995).

Decision 2/CP.l, "Review of first communications from the parties included in Annex I to the Convention" (April 7, 1995).

Decision 3/CP.l, "Preparation and submission of national communications from the parties included in Annex I to the Convention" (April 7, 1995).

Decision 4/CP.l, "Methodological issues" (April 7, 1995).

Decision 5/CP.l, "Activities implemented jointly under the pilot phase" (April 7, 1995).

Decision 7/CP.l, "The report on implementation" (April 7, 1995).

Decision 11/CP.l, "Initial guidance on policies, programme priorities and eligibility criteria to the operating entity or entities of the financial mechanism" (April 7, 1995).

Decision 14/CP.l, "Institutional linkage of the Convention secretariat to the United Nations" (April 7, 1995).

Decision 16/CP.l, "Physical location of the Convention secretariat" (April 7, 1995).

Decision 3/CP.2, "Secretariat activities relating to technical and financial support to Parties" (July 19, 1996).

Decision 5/CP.2, "Linkage between the Ad Hoc Group on Article 13 and the Ad Hoc Group on the Berlin Mandate" (July 19, 1996).

Decision 9/CP.2, "Communication from parties included in Annex I to the Convention: Guidelines, schedule and process for consideration" (July 19, 1996).

Decision 11/CP.2, "Guidance to the Global Environment Facility" (July 19, 1996).

Decision 3/CP.3, "Implementation of Article 4, paragraphs 8 and 9, of the Convention" (December 11, 1997).

Decision 4/CP.3, "Amendments to the list in Annex I to the Convention under Article 4.2(f) of the Convention" (December 11, 1997).

Decision 1/CP.4, "The Buenos Aires Plan of Action" (November 14, 1998).

Decision 2/CP.4, "Additional guidance to the operating entity of the financial mechanism" (November 14, 1998).

Decision 4/CP.4, "Development and transfer of technologies" (November 14, 1998).

Decision 10/CP.4, "Multilateral consultative process" (November 6, 1998).

Decision 11/CP.4, "National communications from parties included in Annex I to the Convention" (November 14, 1998).

Decision 13/CP.4, "Relationship between efforts to protect the stratospheric ozone layer and efforts to safeguard the global climate system: issues related to hydrofluorocarbons and perfluorocarbons" (November 11, 1998).

Decision 18/CP.4, "Attendance of intergovernmental and non−governmental organizations at contact groups" (November 2, 1998).

Resolution 1/CP.4, "Solidarity with Central America" (November 14, 1998).

Decision 3/CP.5, "Guidelines for the preparation of national communications by parties included in Annex I to the Convention, Part I: UNFCCC reporting guidelines on annual inventories" (November 4, 1999).

Decision 4/CP.5, "Guidelines for the preparation of national communications by parties included in Annex I to the Convention, Part II: UNFCCC reporting guidelines on national communications" (November 4, 1999).

Decision 10/CP.5, "Capacity−building in developing countries (non−Annex I parties)" (November 4, 1999).

Decision 17/CP.5, "Relationship between efforts to protect the stratospheric ozone layer and efforts to safeguard the global climate system" (November 4, 1999).

Decision 22/CP.5, "Institutional linkage of the Convention secretariat to the United Nations" (October 25, 1999).

Decision 5/CP.6, "The Bonn Agreements on the implementation of the Buenos Aires Plan of Action" (July 25, 2001).

Resolution 1/CP.6, "Solidarity with southern African countries, particularly with Mozambique" (November 25, 2000).

Resolution 2/CP.6, "Input to the Third United Nations Conference on the Least Developed Countries" (November 25, 2000).

Decision 2/CP.7, "Capacity building in developing countries (non−Annex I parties)" (November 10, 2001).

Decision 3/CP.7, "Capacity building in countries with economies in transition" (November 10, 2001).

Decision 4/CP.7, "Development and transfer of technologies" (November 10, 2001).

Decision 5/CP.7, "Implementation of Article 4, paragraphs 8 and 9 of the Convention" (November 10, 2001).

Decision 7/CP.7, "Funding under the Convention" (November 10, 2001).

Decision 10/CP.7, "Funding under the Kyoto Protocol" (November 10, 2001).

Decision 15/CP.7, "Principles, nature and scope of the mechanisms pursuant to Articles 6, 23 and 17 of the Kyoto Protocol" (November 10, 2011).

Decision 16/CP.7, "Guidelines for the implementation of Article 6 of the Kyoto Protocol" (November 10, 2001).

Decision 17/CP.7, "Modalities and procedures for a clean development mechanism, as defined in Article 12 of the Kyoto Protocol" (November 10, 2001).

Decision 24/CP.7, "Procedures and mechanisms relating to compliance under the Kyoto Protocol" (November 10, 2001).

Decision 26/CP.7, "Amendment to the list in Annex II to the Convention" (November 9, 2001).

Decision 28/CP.7, "Guidelines for the preparation of national adaptation programmes of action" (November 10, 2001).

Decision 36/CP.7 "Improving the participation of women in the representation of parties in bodies established under the United Nations Framework Convention on Climate Change and the Kyoto Protocol" (November 9, 2001).

Decision 1/CP.8, "Delhi Ministerial Declaration on Climate Change and Sustainable Development" (November 1, 2002).

Decision 4/CP.8, "National communications from parties included in Annex

I to the Convention" (November 1, 2002).

Decision 5/CP.8, "Review of the financial mechanism" (November 1, 2002).

Decision 12/CP.8, "Relationship between efforts to protect the stratospheric ozone layer and efforts to safeguard the global climate system: issues relating to hydrofluorocarbons and perfluorocarbons" (November 1, 2002).

Decision 17/CP.8 "Guidelines for the preparation of national communications from parties not included in Annex I to the Convention" (November 1, 2002).

Decision 19/CP.8, "UNFCCC guidelines for the technical review of greenhouse gas inventories from parties included in Annex I to the Convention" (November 1, 2002).

Decision 1/CP.9, "National communications from parties included in Annex I to the Convention" (December 12, 2003).

Decision 5/CP.9, "Further guidance to an entity entrusted with the operation of the financial mechanism of the Convention, for the operation of the Special Climate Change Fund" (December 12, 2003).

Decision 1/CP.10, "Buenos Aires programme of work on adaptation and response measures" (December 17－18, 2004).

Decision 2/CP.10, "Capacity－building for developing countries (non－Annex I parties)" (December 17－18, 2004).

Decision 3/CP.10, "Capacity－building for countries with economies in transition" (December 17－18, 2004).

Decision 2/CP.ll, "Five－year programme of work of the Subsidiary Body for Scientific and Technological Advice on impacts, vulnerability and adaptation to climate change" (December 9－10, 2005).

Decision 8/CP.ll, "Submission of second and, where appropriate, third national communications from parties not included in Annex I to the Convention" (December 9－10, 2005).

Decision 1/CP.13, "Bali Action Plan" (December 14－15, 2007).

Decision 2/CP.13, "Reducing emissions from deforestation in developing countries: approaches to stimulate action" (December 14－15, 2007).

Decision 3/CP.13, "Development and transfer of technologies under the

Subsidiary Body for Scientific and Technological Advice" (December 14－15, 2007).

Decision 7/CP.13, "Additional guidance to the Global Environment Facility" (December 14－15, 2007).

Decision 10/CP.13, "Compilation and synthesis of fourth national communications" (December 14－15, 2007).

Decision 1/CP.15, "Outcome of the work of the Ad Hoc Working Group on Long－Term Cooperative Action under the Convention" (December 18－19, 2009).

Decision 2/CP.15, "Copenhagen Accord" (December 18－19, 2009).

Decision 3/CP.15, "Amendment to Annex I to the Convention" (December 18－19, 2009).

Decision 4/CP.15, "Methodological guidance for activities relating to reducing emissions from deforestation and forest degradation and the role of conservation, sustainable management of forests and enhancement of forest carbon stocks in developing countries" (December 18－19, 2009).

Decision 1/CP.16, "The Cancun Agreements: outcome of the work of the Ad Hoc Working Group on Long－Term Cooperative Action under the Convention" (December 10－11, 2010).

Decision 9/CP.16, "National communications from parties included in Annex I to the Convention" (December 10－11, 2010).

Decision 1/CP.17, "Establishment of an Ad Hoc Working Group on the Durban Platform for Enhanced Action" (December 11, 2011).

Decision 2/CP.17, "Outcome of the work of the Ad Hoc Working Group on Long－Term Cooperative Action under the Convention" (December 11, 2011).

Decision 3/CP.17, "Launching the Green Climate Fund" (December 11, 2011).

Decision 4/CP.17, "Technology Executive Committee－modalities and procedures" (December 9, 2011).

Decision 5/CP.17, "National adaptation plans" (December 11, 2011).

Decision 7/CP.17, "Work programme on loss and damage" (December 9, 2011).

Decision 10/CP.17, "Amendment to Annex I to the Convention" (December

11, 2011).

Decision 12/CP.17, "Guidance on systems for providing information on how safeguards are addressed and respected and modalities relating to forest reference emission levels and forest reference levels as referred to in decision 1/CP.16" (December 9, 2011).

Decision 1/CP.18, "Agreed outcome pursuant to the Bali Action Plan" (December 8, 2012).

Decision 3/CP.18, "Approaches to address loss and damage associated with climate change impacts in developing countries that are particularly vulnerable to the adverse effects of climate change to enhance adaptive capacity" (December 8, 2012).

Decision 12/CP.18, "National adaptation plans" (December 7, 2012).

Decision 13/CP.18, "Report of the Technology Executive Committee" (December 7, 2012).

Decision 14/CP.18, "Arrangements to make the Climate Technology Centre and Network fully operational" (December 7, 2012).

Decision 22/CP.18, "Activities implemented jointly under the pilot phase" (December 7, 2012).

Decision 23/CP.18 "Promoting gender balance and improving the participation of women in UNFCCC negotiations and in the representation of parties in bodies established pursuant to the Convention or the Kyoto Protocol" (December 7, 2012).

Decision 2/CP.19, "Warsaw International Mechanism for Loss and Damage associated with Climate Change Impacts" (November 23, 2013).

Decision 10/CP.19, "Coordination of support for the implementation of activities in relation to mitigation actions in the forest sector by developing countries, including institutional arrangements" (November 22, 2013).

Decision 11/CP.19, "Modalities for national forest monitoring systems" (November 22, 2013).

Decision 12/CP.19, "The timing and the frequency of presentations of the summary of information on how all the safeguards referred to in decision 1/CP.16, appendix I, are being addressed and respected" (November 22, 2013).

Decision 13/CP.19, "Guidelines and procedures for the technical assessment of submissions from parties on proposed forest reference emission levels and/or forest reference levels" (November 22, 2013).

Decision 14/CP.19, "Modalities for measuring, reporting and verifying" (November 22, 2013).

Decision 23/CP.19, "Work programme on the revision of the guidelines for the review of biennial reports and national communications, including national inventory reviews, for developed country parties" (November 22, 2013).

Decision 24/CP.19, "Revision of the UNFCCC reporting guidelines on annual inventories for parties included in Annex I to the Convention" (November 22, 2013).

Decision 2/CP.20, "Warsaw International Mechanism for Loss and Damage associated with Climate Change Impacts " (December 13, 2014).

Decision 3/CP.20, "National adaptation plans" (December 12, 2014).

Decision 4/CP.20, "Report of the Adaptation Committee" (December 12, 2014).

Decision 13/CP.20, "Guidelines for the technical review of information reported under the Convention related to greenhouse gas inventories, biennial reports and national communications by parties included in Annex I to the Convention" (December 12, 2014).

Decision 18/CP.20, "Lima work programme on gender" (December 12, 2014).

Decision 1/CP.21, "Adoption of the Paris Agreement" (December 12, 2015).

Decision 2/CP.21, "Warsaw International Mechanism for Loss and Damage associated with Climate Change Impacts" (December 10, 2015).

Decision 5/CP.21, "Long−term climate finance" (December 10, 2015).

Decision 10/CP.21, "The 2013−2015 review" (December 13, 2015).

Decision 11/CP.21, "Forum and work programme on the impact of the implementation of response measures" (December 13, 2015).

Decision 13/CP.21, "Linkages between the Technology Mechanism and the Financial Mechanism of the Convention" (December 13, 2015).

Decision 17/CP.21, "Further guidance on ensuring transparency, consistency, comprehensiveness and effectiveness when informing on how all the safeguards referred to in decision 1/CP.16, appendix I, are being addressed and respected" (December 10, 2015).

Decision 18/CP.21, "Methodological issues related to lion−carbon benefits resulting from the implementation of the activities referred to in decision 1/CP.16, paragraph 70" (December 10, 2015).

Decision 2/CP.22 "Paris Committee on Capacity−Building" (November 17, 2016).

Decision 3/CP.22, "Warsaw International Mechanism for Loss and Damage associated with Climate Change" (November 17, 2016).

Decision 4/CP.22, "Review of the Warsaw International Mechanism for Loss and Damage associated with Climate Change Impacts" (November 17, 2016).

Decision 7/CP.22, "Long−term climate finance" (November 18, 2016).

Decision 8/CP.22, "Report of the Standing Committee on Finance" (November 18, 2016)

Decision 10/CP.22, "Report of the Green Climate Fund to the Conference of the parties and guidance to the Green Climate Fund" (November 18, 2016).

Decision 14/CP.22 "Linkages between the Technology Mechanism and the Financial Mechanism of the Convention" (November 17, 2016).

Decision 19/CP.22, "Implementation of the global observing system for climate" (November 17, 2016).

Decision 21/CP.22, "Gender and climate change" (November 17, 2016).

Decision 1/CP.23, "Fiji Momentum for Implementation" (November 18, 2017).

Conference of the Parties to the UN Framework Convention on Climate Change serving as the Meeting of the Parties to the Kyoto Protocol of December 11, 1997

Decision 1/CMP.l, "Consideration of commitments or subsequent periods for parties included in Annex I to the Convention under Article 3, paragraph 9, of the Kyoto Protocol" (December 9−10, 2005).

Decision 2/CMP.l, "Principles, nature and scope of the mechanisms pursuant to Articles 6, 12 and 17 of the Kyoto Protocol" (November 30, 2005).

Decision 3/CMP.l, "Modalities and procedures for a clean development mechanism as defined in Article 12 of the Kyoto Protocol" (November 30, 2005).

Decision 5/CMP.l, "Modalities and procedures for afforestation and reforestation project activities under the clean development mechanism in the first commitment period of the Kyoto Protocol" (November 30, 2005).

Decision 9/CMP.l, "Guidelines for the implementation of Article 6 of the Kyoto Protocol" (November 30, 2005).

Decision 11/CMP.l, "Modalities, rules and guidelines for emissions trading under Article 17 of the Kyoto Protocol" (November 30, 2005).

Decision 12/CMP.l, "Guidance relating to registry systems under Article 7, paragraph 4, of the Kyoto Protocol" (December 9－10, 2005).

Decision 13/CMP.l, "Modalities for the accounting of assigned amounts under Article 7, paragraph 4, of the Kyoto Protocol" (November 30, 2005).

Decision 14/CMP.l, "Standard electronic format for reporting Kyoto Protocol units" (November 30, 2005).

Decision 15/CMP.l, "Guidelines for the preparation of the information required under Article 7 of the Kyoto Protocol" (November 30, 2005).

Decision 16/CMP.l, "Land use, land－use change and forestry" (December 9－10, 2005).

Decision 19/CMP.l, "Guidelines for national systems under Article 5, paragraph 1, of the Kyoto Protocol" (November 30, 2005).

Decision 20/CMP.l, "Good practice guidance and adjustments under Article 5, paragraph 2, of the Kyoto Protocol" (November 30, 2005).

Decision 21/CMP.l, "Issues relating to adjustments under Article 5, paragraph 2, of the Kyoto Protocol" (November 30, 2005).

Decision 27/CMP.l, "Procedures and mechanisms relating to compliance under the Kyoto Protocol" (November 30, 2005).

Decision 28/CMP.l, "Initial guidance to an entity entrusted with the operation of the financial mechanism of the Convention, for the operation of the Adaptation Fund" (December 9－10, 2005).

Decision 36/CMP.l, "Arrangements for the Conference of the Parties serving as the meeting of the parties to the Kyoto Protocol at its first session" (December 9 – 10, 2005).

Decision 1/CMP.6, "The Cancún Agreements: outcome of the sork of the Ad Hoc Working Group on Further Commitments for Annex I Parties under the Kyoto Protocol at its fifteenth session" (March 15, 2011).

Decision 7/CMP.6, "Carbon dioxide capture and storage in geological formations as clean development mechanism project activities" (December 10 – 11, 2010).

Decision 3/CMP.7, "Emissions trading and the project – based mechanisms" (December 11, 2011).

Decision 10/CMP.7, "Modalities and procedures for carbon dioxide capture and storage in geological formations as Clean Development Mechanism project activities" (December 9, 2011).

Decision 14/CMP.7, "Appeal by Croatia against a final decision of the enforcement branch of the Compliance Committee in relation to the implementation of decision 7/CP.12" (December 9, 2011).

Decision 1/CMP.8, "Amendment to the Kyoto Protocol pursuant to its Article 3, paragraph 9 (Doha Amendment)" (December 8, 2012).

Decision 7/CMP.9, "Modalities for expediting the establishment of eligibility for parties included in Annex I with commitments for the second commitment period whose eligibility has not yet been established" (November 22, 2013).

Decision 3/CMR11, "Implications of the implementation of decisions 2/CMP.7 to 4/CMP.7 and 1/CMP.8 on the previous decisions on methodological issues related to the Kyoto Protocol, including those relating to Articles 5, 7 and 8 of the Kyoto Protocol, part I: implications related to accounting and reporting and other related issues" (December 10, 2015).

Decision 1/CMP. 12, "Third review of the Adaptation Fund" (November 17, 2016).

Decision 4/CMP.12, "Guidance on the implementation of Article 6 of the Kyoto Protocol" (November 17, 2016).

Conference of the Parties to the UN Framework Convention on Climate Change Serving as the Meeting of the Parties to the Paris Agreement of December 12, 2015

Decision 1/CMA.l, "Matters relating to the implementation of the Paris Agreement" (November 18, 2016).

Conference of the Parties to the Convention on Biological Diversity of June 5, 1992

Decision III/21, "Relationship of the Convention with the Commission on Sustainable Development and biodiversity−related conventions, other international agreements, institutions and processes of relevance" (Buenos Aires, November 4−15, 1996).

Decision IV/7, "Forest biological diversity" (Bratislava, May 4−15, 1998).

Decision V/3, "Progress report on the implementation of the programme of work on marine and coastal biological diversity (implementation of decision IV/5)" (Nairobi, May 15−26, 2000).

Decision VI/9, "Alien species that threaten ecosystems, habitats or species" (The Hague, April 7−19, 2002).

Decision VI/20, "Cooperation with other organizations, initiatives and conventions" (The Hague, April 7−19, 2002).

Decision VII/15, "Biodiversity and climate change" (Kuala Lumpur, February 9−20, 2004). CBD decision VIII/2, "Biological diversity of dry and sub−humid lands" (Curitiba, March 20−31, 2006) .

Decision IX/16, "Biodiversity and climate change" (Bonn, May 19−30, 2008).

Decision X/33, "Biodiversity and climate change" (Nagoya, October 18−29, 2010).

Decision XI/15, "Review of the programme of work on island biodiversity" (Hyderabad, October 8−19, 2012).

Decision XI/19, "Biodiversity and climate change−related issues" (Hyderabad, October 8−19, 2012).

Decision XI/20, "Climate−related geoengineering" (Hyderabad, October 8−19, 2012). Decision XII/20, "Biodiversity and climate change and disaster risk reduction" (Pyeongchang, October 6−17, 2014).

Decision XIII/14, "Climate−related geoengineering" (Cancun, December 4−17, 2016).

Conference of the Parties to the Convention on Migratory Species of June 23, 1979

Resolution 8.13, "Climate change and migratory species" (Nairobi, November 20−25, 2005).

Resolution 9.7, "Climate change impacts on migratoiy species" (Rome, December 1−5, 2008).

Resolution 10.19, "Migratory species conservation in the light of climate change" (Bergen, November 20−25, 2011).

Meetings of the Contracting Parties to the London Convention of December 29, 1972 and Meetings of the Contracting Parties to the London Protocol of November 7, 2006

Resolution LP. 1(1) on the amendment to include CO2 sequestration in sub−seabed geological formations in Annex 1 to the London Protocol (November 2, 2006).

Resolution LC−LP.l on the regulation of ocean fertilization (October 31, 2008).

Resolution LP.3(4) on the amendment to article 6 of the London Protocol (October 30, 2009).

Resolution LC−LP.2 on the assessment framework for scientific research involving ocean fertilization (October 14, 2010).

Resolution LP.4(8) on the amendment to the London Protocol to regulate the placement of matter for ocean fertilization and other marine geoengineering activities (October 18, 2013).

Assembly of the International Civil Aviation Organization (Chicago Convention of December 7, 1944)

Resolution A29−12, "Environmental impact of civil aviation on the upper atmosphere" (September 22−October 8, 1992).

Resolution A32−8, "Consolidated statement of continuing ICAO policies and practices related to environmental protection" (September 22−October 2, 1998).

Resolution A33−7, "Consolidated statement of continuing ICAO policies and practices related to environmental protection" (September 25−October 5, 2001).

Resolution A36−22, "Consolidated statement of continuing ICAO policies and practices related to environmental protection" (September 18−28, 2007).

Resolution A37−19, "Consolidated statement of continuing ICAO policies and practices related to environmental protection − climate change" (September 28−October 8, 2010).

Resolution A38−18, "Consolidated statement of continuing ICAO policies and practices related to environmental protection − climate change" (September 24−October 4, 2013).

Resolution A39−2, "Consolidated statement of continuing ICAO policies and practices related to environmental protection − climate change" (September 27−October 7, 2016).

Resolution A39−3, "Consolidated statement of continuing ICAO policies and practices related to environmental protection−Global Market−Based Measure (MBM) scheme" (September 27−October 7, 2016).

Marine Environment Protection Committee (MARPOL Convention of February 17, 1978)

Resolution MEPC.203(62), "Amendments to the Annex of the Protocol of 1997 to Amend the International Convention for the Prevention of Pollution from Ships, 1973, as Modified by the Protocol of 1978 Relating thereto" (July 15, 2011), in IMO document MEPC 62/24/Add.l.

Resolution MEPC.213(63), "2012 Guidelines for the Development of a Ship Energy Efficiency Management Plan (SEEMP)" (March 2, 2012), in IMO document MEPC 63/23.

Resolution MEPC.229(65), "Promotion of technical cooperation and transfer of technology relating to the improvement of energy efficiency of ships" (May 17, 2013), in IMO document MEPC 65/22.

Meetings of the Parties to the Montreal Protocol of September 16, 1987

Decision I/12E, "Clarification of terms and definitions: developing countries" (May 2−5, 1989).

Decision II/10, "Data of developing countries" (June 27−29, 1990).

Decision III/3, "Implementation Committee" (June 19−21, 1991).

Decision III/5, "Definition of developing countries" (June 19−21, 1991).

Decision IV/7, "Definition of developing countries" (November 23−25, 1992).

Decision XXVII/1, "Dubai Pathway on Hydrofluorocarbons" (November 1−5, 2015).

Meeting of States Parties to the Convention on the Protection of the Underwater Cultural Heritage of November 2, 2001

Resolution 5 / MSP 5 (April 28−29, 2015).

OSPAR Commission (OSPAR Convention of September 22, 1992)

OSPAR Convention decision 2007/1 to Prohibit the Storage of Carbon Dioxide Streams in the Water Column or on the Sea−Bed (June 25−29, 2007).

OSPAR Convention decision 2007/2 on the Storage of Carbon Dioxide Streams in Geological Formations (June 25−29, 2007).

Conference of the Contracting Parties to the Ramsar Convention of February 2, 1971

Resolution VIII.3, "Climate change and wetlands: impacts, adaptation, and mitigation" (Valencia, November 18–26, 2002).

Resolution X.24, "Climate change and wetlands" (Changwon, October 28–November 4, 2008).

Resolution XI. 14, "Climate change and wetlands: implications for the Ramsar Convention on Wetlands" (Bucharest, July 6–13, 2012).

Resolution XII. 11, "Peatlands, climate change and wise use: implications for the Ramsar Convention" (Punta del Este, June 1–9, 2015).

UNESCO World Heritage Committee (World Heritage Convention of November 23, 1972)

Decision 29 COM 7B.a (Durban, July 10–17, 2005).

Decision 32 COM 7A.32 (Québec City, July 2–10, 2008).

국제법위원회

ILC, *Draft Articles on Responsibility of States for Internationally Wrongful Acts, with commentaries*, in (2001) *Yearbook of the International Law Commission*, vol. II, part two.

ILC, *Draft Articles on Diplomatic Protection, with Commentaries*, in (2006) *Yearbook of the International Law Commission*, vol. II, part two.

ILC, *Draft Principles on the Allocation of Loss in the Case of Transboundary Harm Arising out of Hazardous Activities*, in (2006) *Yearbook of the International Law Commission*, vol. II, part two.

ILC, *Fragmentation of International Law: Difficulties Arising from the Diversification and Expansion of International law* (April 13, 2006), doc. A/CN.4/L.682.

ILC, *Guiding Principles Applicable to Unilateral Declarations of States*

Capable of Creating Legal Obligations, with Commentaries Thereto, in (2006) *Yearbook of the International Law Commission*, vol. II, part two.

국제법원 및 재판소의 결정

Permanent Court of International Justice

PCIJ, *Status of Eastern Cardia*, Advisory Opinion of July 23, 1923, PCD Ser. B, No. 5.

PCIJ, *Mavrommatis Palestine Concessions (Greece v. United Kingdom)*, Judgment on jurisdiction of August 30, 1924, in Series A, No. 2.

PCIJ, *Factory at Chorzów (Germany v. Poland)*:

Judgment on jurisdiction of July 26, 1927, in Series A, No. 9.

Judgment on the merits of the claim for indemnity of September 13, 1928, in Series A, No. 17.

International Court of Justice

ICJ, *Monetary Gold Removed from Rome in 1943 (Italy v. France, United Kingdom and United States)*, Judgment of 15 June 1954.

ICJ, *Corfu Channel (United Kingdom v. Albania)*, Judgment of April 9, 1949.

ICJ, *Northern Cameroons (Cameroon v. United Kingdom)*, Judgment of June 15, 1954.

ICJ, *Legal Consequences for States of the Continued Presence of South Africa in Namibia (South West Africa)* Notwithstanding Security Council Resolution 276, Advisory Opinion of June 21, 1971.

ICJ, *Military and Paramilitary Activities in and against Nicaragua (Nicaragua v. United States)*, Judgment of June 27, 1986.

ICJ, *Certain Phosphate Lands in Nauru (Nauru v. Australia)*, Judgment of June 26, 1992.

ICJ, *East Timor (Portugal v. Australia)*, Judgment of June 30, 1995.

ICJ, *Legality of the Use by a State of Nuclear Weapons in Armed Conflict*, Advisory Opinion of July 8, 1996.

ICJ, *Legality of the Threat or Use of Nuclear Weapon*, Advisory Opinion of July 8, 1996.

ICJ, *Gabčikovo−Nagymaros Project (Hungary v. Slovakia)*, Judgment of September 25, 1997.

ICJ, *Pulp Mills on the River Uruguay (Argentina v. Uruguay)*, Judgment of April 20, 2010.

ICJ, *Accordance with International Law of the Unilateral Declaration of Independence in Respect of Kosovo*, Advisory Opinion of July 22, 2010.

ICJ, *Whaling in the Antarctic (Australia v. Japan: New Zealand Intervening)*, Judgment of March 31, 2014.

ICJ, *Obligations Concerning Negotiations Relating to Cessation of the Nuclear Arms Race and to Nuclear Disarmament (Marshall Islands v. United Kingdom)*, Judgment of October 5, 2016.

International Tribunal for the Law of the Sea

ITLOS, *The MOX Plant Case (Ireland v. United Kingdom)*, Order for Provisional Measures of December 3, 2001.

ITLOS, *Case Concerning Land Reclamation by Singapore in and around the Straits of Johor (Malaysia v. Singapore)*, Order for Provisional Measures of October 8, 2003.

ITLOS, *Seabed Dispute Chamber, Responsibilities and Obligations of States Sponsoring Persons and Entities with Respect to Activities in the Area*, Advisory Opinion of February 1, 2011.

ITLOS, *Request for an Advisory Opinion Submitted by the Sub−Regional Fisheries Commission (SRFC)*, Advisory Opinion of April 2, 2015.

Arbitral Tribunals

United States−Germany Mixed Claims Commission, Administrative Decision No. II, November 1, 1923, VII *UNRIAA*, 23.

Responsabilité de l'Allemagne à raison des dommages causés dans les colonies portugaises du sud de l'Afrique (Portugal v. Germany), Arbitral Award of July 31, 1928, Il *UNRIAA* 1011.

Trail Smelter (U.S. v. Canada), Arbitral Award of March 11, 1941, (1949)

III *UNRIAA* 1938, at 1965.

Case Concerning the Audit of Accounts in Application of the Protocol of 25 September 1991 Additional to the Convention for the Protection of the Rhine from Pollution by Chlorides of 3 December 1976 (Netherlands v. France), Arbitral Award of March 12, 2004, (2004) XXV *UNRIAA* 267.

Iron Rhine Railway (Belgium v. Netherlands), Arbitral award of May 24, 2005 (2005) XXVII *UNRIAA* 35.

Eritrea−Ethiopia Claims Commission (EECC), decision of August 17, 2009, Final Award on Ethiopia's Damages Claims, in (2009) XXVI *UNRIAA* 631.

Regional Human Rights Courts

IACrHR, *Velásquez Rodriguez v. Honduras*, Judgment of July 29, 1988, Ser. C, No. 4 (1988).

ECtHR Grand Chamber, *Al Skeini v. United Kingdom*, Judgment of July 7, 2011.

WTO Dispute Settlement Body

DS135: *European Communities−Measures Affecting Asbestos and Asbestos Containing Products.*

DS58: *United States−Import Prohibition of Certain Shrimp and Shrimp Products.*

국내 및 EU 법과 정책

China

Measures for the Operation and Management of CDM Projects (2005).

Ecuador

Constitution (September 28, 2008).

European Union

Council Decision 2002/358/EC concerning the approval, on behalf of the European Community, of the Kyoto Protocol to the United Nations Framework Convention on Climate Change and the joint fulfilment of commitments thereunder (April 25, 2002), doc. 32002D0358.

Directive 2003/87/EC establishing a scheme for GhG emission allowance trading within the Community (October 13, 2003), doc. 32003L0087.

Directive 2008/101/EC of 19 November 2008 amending Directive 2003/87 /EC so as to include aviation activities in the scheme for GhG emission allowance trading within the Community (January 13, 2009), doc. 32008L0101.

Directive 2008/101/EC of 19 November 2008 amending Directive 2003/87 /EC so as to include aviation activities in the scheme for greenhouse gas emission allowance trading within the Community (January 13, 2009), doc. 32008L0101.

Directive 2009/31/EC on the geological storage of carbon dioxide (April 23, 2009), doc. 02009L0031.

Directive 2010/30/EU on the indication by labelling and standard product information of the consumption of energy and other resources by energy-related products (May 19, 2010), doc. 32010L0030.

Directive 2011/92/EU on the assessment of the effects of certain public and private projects on the environment (December 13, 2011), doc. 02011L0092.

Fiji

Constitution (August 22, 2013).

France

Civil Code (Georges Rouhette and Anne Rouhette-Berton trans.).

India

Constitution (November 26, 1949).

Energy Conservation Building Code (May 2007).

Tunisia

Constitution (June 26, 2014).

United States

Clean Air Act, 42 U.S.C.A.§7521(a)(1).

Energy Independence and Security Act, December 19, 2007, Pub. L. 110−140.

Energy Policy Act, August 8, 2005, Pub. L. 109−158.

Senate resolution 98, 105th Cong., 143 Cong. Rec. S8138−39 (July 25, 1997).

US Code Chapter 85 (1963), Title 42, *Air Pollution Prevention and Control*, Subchapter II, "Emission Standards for Moving Sources."

국내 및 EU 재판소 결정

Austria

Bundesverwaltungsgericht (Administrative Court), case W109 2000179−1 /291E, judgment of February 2, 2017.

Verfassungsgerichtshof (Constitutional Court), case E 875/2017, judgment of June 29, 2017.

European Union

Case C−366/10, *ATA v. Secretary of State for Energy*, judgment of December 21, 2011, doc. 62010CJ0366.

India

Supreme Court, *Narmada Bachao Andolan v. Union of India*, judgment of March 15, 2005.

Japan

Tokyo High Court, decision of December 26, 2012 on the Kotopajang dam.

The Netherlands

District Court of the Hague, *Urgenda Foundation v. The State of the Netherlands*, judgment of June 24, 2015.

New Zealand

Supreme Court, *Teitota v. Chief Executive of the Ministry of Business, Innovation and Employment*, judgment of July 20, 2015, [2015] *NZSC* 107.

Pakistan

High Court of Lahore, *Ashgar Leghari v. Federation of Pakistan*,
Order of September 4, 2015.
Order of September 14, 2015.

South Africa

High Court (Western Cape Division), *Earthlife Africa Johannesburg v. Minister of Energy*, judgment of April 26, 2017, [2017] *ZAWCHC* 50.

United States

District Court, N.D. California, *Native Village ofKivalina v. ExxonMobil*, decision of September 30, 2009, 663 F.Supp.2d 863 (N.D.Cal. 2009).

District Court, N.D. *Texas, Fort Worth Division, ExxonMobil v. Healey*, decision of October 13, 2016, Civil Action No. 4:16−CV−469−K.

Court of Appeals for the Ninth Circuit, *Native Village ofKivalina v. ExxonMobil*, decision of September 21, 2012, 696 F.3d 849 (9th Cir. 2012).

Supreme Court, *Massachusetts v. Environmental Protection Agency*, judgment of April 2, 2007, 549 *US* 497.

Supreme Court, *American Electric Power v. Connecticut*, June 20, 2011,

131 *S.Ct.* 2527.

Supreme Court, *Native Village of Kivalina v. ExxonMobil*, (2013) 133 *S.Ct.* 2390.

Supreme Court, *Utility Air Regulatory Group v. EPA*, June 23, 2014, (2014) 573 *US* 573.

Supreme Court, *West Virginia et al. v. Environmental Protection Agency*, No. 15A773.

제1장

서 론

제1장
서 론

　기후변화는 우리 시대의 가장 큰 과제 중 하나이다. 현재 인류가 당면한 환경을 넘어서 행성 전체의 균형에 영향을 미치고 있다. 기후변화로 인한 대가는 국가 간 평화, 개인 복지 또는 경제발전에 관한 전통적인 국제법상의 전통적인 문제들보다 더 크다. 기후변화는 개인의 권리와 복지에서 사회적 조화와 문명, 환경보호 및 생태계 균형에 이르기까지 우리가 알고 관심을 갖는 모든 것을 위협한다. 급변하는 기후에 대한 극단적인 시나리오는 인류의 생존까지도 잠재적으로 위협당할 가능성을 제기한다.

　그러나 기후변화에 대처하는 것은 쉽지 않은 일이다. 우리 경제, 사회, 정치체계 및 개인의 생활방식에 중대한 변화가 필요하다. 지구의 한계를 고려하여 우리의 발전모델을 근본적으로 수정해야 한다. 법은 이러한 변화에서 중심적인 역할을 수행해야 하지만 기존 거버넌스 제도는 직면한 과제에 적합하지 않다. 정부가 의사결정의 주요 중심부이지만, 일반적으로 이해되는 국익은 종종 인류의 공공재(global commons)의 합리적 이용과 일치하지 않는다. 시민들을 만족시키기 위해 민주주의 제도는 종종 미래세대의 이익에 반하는 결정을 내리는 경향이 있다. 가장 복잡한 초국가적 정치논쟁 중 하나임에도, 25년이 지난 지금까지 기후변화에 대한 국제적 노력은 거의 성공하지 못하였다.

　서론에서는 다음 장들에 대한 기초를 다지고자 한다. 첫째, 과학이 기후변화에 관해 우리에게 알려주는 것들을 살펴본다. 둘째, 기후변화를 다루는 법과 정치의 주요 목표를 확인한다. 셋째, 기후변화에 관한 국제법을 구성하는 요소들을 제시한다. 마지막으로 이 책의 개요를 소개한다.

I. 기후변화의 과학

기후변화에 관한 국제법은 기후에 미치는 우리의 영향에 대한 과학적 이해에 의존한다. 이하에서는 온실효과(Greenhouse Effect), 인위적 온실가스(anthropogenic GhG) 배출의 기원과 영향, 향후 변화에 대한 예측 및 이러한 예측을 바꿀 수 있는 가능성에 대한 종합적인 설명을 제공한다.

A. "온실"효과

우리가 알고 있는 생명의 모습은 지구상의 여러 곳의 온도가 특정 범위 내에서 안정적으로 유지되기 때문에 가능한 것이다. 이 온도는 복잡한 지구의 균형에 의해 결정된다. 지구 표면의 온도는 종종 "에너지 수지"(energy budget)라고 불리는 것에 달려 있는데, 에너지 수지란 지구가 태양으로부터 받는 에너지의 양과 우주로 방출하는 에너지의 양의 차이를 말한다. 에너지는 적외선, 가시광선 및 자외선과 같은 전자기 방사선을 통해 지구시스템으로 들어오거나 나간다. 다른 따뜻한 물체와 마찬가지로 태양과 지구는 모두 전자기 방사선을 방출하여 일부 에너지를 방출한다. 지구표면은 태양으로부터 전자기 방사선을 흡수하여 에너지를 얻고 따뜻해진다. 반대로 지구는 우주로 전자기 방사선을 방출하여 에너지를 잃고 냉각된다. 지구표면이 에너지를 방출하는 만큼 많은 에너지를 흡수할 때 지구의 에너지 수지는 균형을 이루고 온도는 안정적으로 유지된다.

모든 전자기 방사선이 동일하지는 않다. 전자기 방사선의 파장은 방사선이 방출되는 물체의 온도에 달려 있다. 태양과 같이 매우 뜨거운 물체는 가시광선뿐만 아니라 자외선을 포함하여 단파장을 특징으로 하는 고에너지 전자기 방사선을 방출한다. 지구표면과 같이 훨씬 더 차가운 물체는 적외선과 같이 더 긴 파장을 가진, 훨씬 덜 강한 방사선을 방출한다. 사람의 눈은 밤낮으로 방출되는 지구의 적외선을 인식하지 못한다. 우리가 볼 수 있는 것은 태양(또는 인공 광원)에서 방출된 가시광선과 주변의 물체에 의한 반사광뿐이다. 그러나 적외선 카메라는 우리 주변의 물체가 밤낮으로 방출하는 방사선을 감지하며, 그 파장은 물체의 온도에 따라 달라진다.

우리의 대기는 모든 전자기 방사선에 완전히 투명하지는 않다. 대기는 반투명한 창문과 같은 역할을 한다. 선택적 필터는 일부 전자기 방사선을 반사하거나 흡수하면서 다른 것들은 통과시킨다. 특히 우리의 대기는 일부 자외선과 대부분의 가시광선이 지구시스템에 유입되도록 하지만 일부 장파 적외선 방사선이 지구시스템을 떠나는 것을 막는다(그림 1.1 참조). 대기의 물리적 특성으로 인해 일부 가스는 적외선에 대해 불투명한데, 이러한 가스가 대기 중에 존재하면 지구표면에서 방출되는 적외선의 일정 비율을 다시 지구표면으로 반사시킨다. 따라서 대기 중에 이러한 가스가 존재하면 낮 동안 태양으로부터 흡수된 일부 열이 우주로 방출되는 것을 방지하여 낮과 밤 모두 지구표면을 더 따뜻하게 한다. 적외선에 대한 대기의 부분적인 불투명성이 없었다면, 지구표면은 달표면과 같이, 햇빛에 노출되지 않는 밤이 되면 빙점 이하의 온도에 즉시 도달하게 될 것이다. 그리고 이는 많은 형태의 생물을 사라지게 만들 것이다.

적외선에 대한 이러한 선택적 불투명도를 온실효과라고 한다. 온실의 내부는 다른 메커니즘을 통해 따뜻해지므로 온실과 비유하는 것은 다소 부정확하다. 온실은 공기 흐름을 차단함으로써 작동된다. 즉, 지표면과의 접촉하여 따뜻해진 공기를 가두고 대류(열원에서 따뜻한 공기가 순환하는 것)에 의해 냉각되는 것을 줄인다. 반면 대기는 전자기 방사선의 출입을 필터링하여 지구시스템의 온도를 조절한다. 온실의 비유는 약간 오해의 소지가 있음에도 매우 흔하게 쓰이고 있다. 온실효과에 기여하는 가스를 온실가스(GhG)라고 한다. 우리 대기의 대부분은 적외선에 완전히 투명한 질소와 산소로 구성되어 있지만 상대적으로 적은 양의 온실가스 또한 존재한다. 온실가스는 수증기(H_2O), 이산화탄소(CO_2), 메탄(CH_4), 그리고 아산화질소(N_2O)로 구성된다.

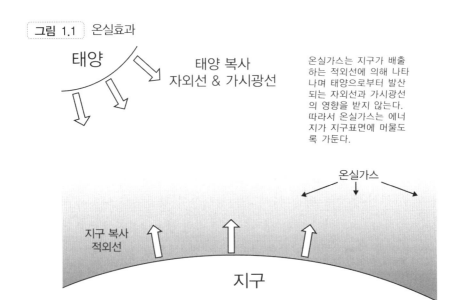

그림 1.1 온실효과

태양

태양 복사
자외선 & 가시광선

온실가스는 지구가 배출
하는 적외선에 의해 나타
나며 태양으로부터 발산
되는 자외선과 가시광선
의 영향을 받지 않는다.
따라서 온실가스는 에너
지가 지구표면에 머물도
록 가둔다.

온실가스

지구 복사
적외선

지구

B. 인위적 온실가스 배출

18세기 후반 영국의 산업혁명 이래 대부분의 사회는 점차 에너지원으로서 화석연료(처음에는 석탄, 그 후엔 석유와 가스)의 연소에 크게 의존하는 산업발전 모델로 바뀌었다. 화석연료는 매장된 죽은 유기체의 분해를 통해 수백만 년에 걸쳐 점차 형성되었다. 그리고 오늘날에는 전기를 생산하고 차량을 운전하며 가정에서 요리할 수 있는 편리한 에너지원을 우리에게 제공한다. 그러나 화석 연료를 태우면 온실가스가 대기로 방출된다. 또 다른 인간 활동인 삼림벌채, 유기폐기물 분해, 농업과정, 시멘트 생산 또는 냉장고 및 에어컨 시스템에 사용되는 합성 유기화합물 생산 또한 대기권에 상당량의 온실가스를 배출하였다.

시간이 지남에 따라 화석연료의 연소 및 기타 다양한 인간 활동으로 인해 엄청난 양의 온실가스가 대기로 배출되었다. 이산화탄소는 인간 활동에 의해 생성되는 주요 온실가스이다. 1750년 이후 이러한 산업공정의 결과로 2테라톤 이상의 이산화탄소($TtCO_2$)가 배출되었다. 이는 $2e^{+12}$톤 또는 2,000,000,000,000 톤을 나타낸다. 적외선에 대해 훨씬 높은 불투명도를 갖는 메탄, 아산화질소 및 탄소화합물과 같은 다른 온실가스도 배출되었는데, 적은 양이지만 종종 더 강한 온난화 잠재력을 가지고 있다. 예를 들어 대기 중으로 배출되는 1톤의 CFC-13은 13,900톤의 이산화탄소만큼 한 세기에 걸쳐 지구온난화 효과를 가진다(표 1.1 참조).

인위적 온실가스 배출량은 역사적으로 유럽과 북미의 일부 선진국에 집중되어 있었다. 그러나 다른 많은 국가들이 현재 동일한 산업발전 모델을 따르고 있으며 신흥경제국 및 개발도상국들에서 전반적으로 온실가스 배출량이 급격히 증가하고 있다. 중국은 2005년에 가장 많은 온실가스 배출국이 되었으며 현재 미국과 유럽연합를 합친 규모만큼 많은 온실가스 배출량에 책임이 있다[1]. 그러나 중국의 인구는 미국과 유럽연합이 합한 것보다 훨씬 많으며, 1인당 온실가스 배출량을 기준으로는 중국이 많은 선진국보다 낮은 수준에 머물고 있다.

급속한 세계 인구증가와 함께 점점 더 많은 국가에서 산업발전을 추구함에 따라 인위적 온실가스 배출속도가 점차 증가하고 있다. 인위적 이산화탄소 배출량의 처음 1테라톤은 1750년부터 1970년까지 2세기에 걸쳐 배출되었다. 그다음 1테라톤은 1970년부터 2010년까지 40년 동안 배출되었다. 현재 연간 이산화탄소 배출량 속도가 40기가톤이라면, 또 다른 1테라톤을 배출하는 데에 25년이 더 걸린다. 그러나 인위적 온실가스 배출속도는 증가하고 있으며 2020년 이전에 세 번째 테라톤이 완전히 배출될 수도 있다[2].

표 1.1 주요 인위적 온실가스(GhG) 배출

온실가스	이산화탄소 등량[a]	주요 배출원[b]
이산화탄소(CO_2)	1	화석연료의 연소, 삼림파괴 및 토지전용
메탄(CH_4)	28	화석연료 추출 및 사용, 매립지 폐기물 분해, 농업(예: 벼 재배), 반추가축들
아산화질소(N_2O)	265	농업 활동(예: 비료 사용), 화석연료 연소, 바이오매스 연소(Biomass burning)

1) WRI, CAIT Climate Data Explorer, "Total GHG emissions excluding land−use change and forestry" (2013).

2) R.K. Pachauri *et al*, *Climate Change 2014: Synthesis Report. Contribution of Working Groups I, Ⅱ and Ⅲ to the Fifth Assessment Report of the Intergovernmental Panel on Climate Change* (IPCC, 2015) 45.

클로로플루오르화탄소(CFCs)	최대 13,900	냉각제, 연무제, 다양한 용액들
하이드로플루오르화탄소(HFCs)	최대 12,400	산업적 용도
페로플루오르화탄소(PFCs)	최대 8,210	

a 100년 동안의 지구온난화 지수. 출처: G. Myhre *et al.*, "Anthropogenic and Natural Radiative Forcing" in T.F. Stocker *et al.* (eds.), *Climate Change 2013: The Physical Science Basis. Contribution of Working Group I to the Fifth Assessment Report of the Intergovernmental Panel on Climate Change* (Cambridge University Press, 2013) 659, Appendix 8.1, at 731. 지구온난화 잠재력 개념에 대해서는, *Ibid.*, at 710−712 참조.
b T.F. Stocker *et al.*, "Technical summary" in Stocker *et al.* (eds.), *supra* note 1, 33, at 53−59 참조.

지금까지 대기로의 인위적 온실가스 배출량은 너무 커서 지구 대기의 화학 성분에 크게 영향을 미쳤다. 이것은 대기의 불투명도를 단파 전자기 복사로 변경하는 효과가 있었으며, 따라서 우주로의 에너지 방출을 줄임으로써 온실 효과를 증폭시켰다. 이로 인해 지구 평균기온이 꾸준히 증가하고 있으며, 지질 학적 역사에서 전례가 없는 속도로 매년 관측 및 측정되고 있다.

대기 중의 온실가스 농도에 대한 인위적 배출의 영향은 여러 가지 방법으 로 측정되었다. 하와이의 마우나로아(Mauna Loa) 천문대는 1958년에 이산화탄 소의 농도를 측정하기 시작하였다. 북반구의 광합성으로 인한 계절적 변화와 는 별개로, 이산화탄소 농도는 1958년 315ppm에서 현재 400ppm 이상으로 꾸준히 증가한 것으로 나타났다(그림 1.2 참조). 1960년대 이후 육상관측소를 시작으로 이후 위성시스템에 이르기까지 대기 중 다양한 온실가스의 농도에 대해 많은 직접적인 측정이 이루어졌으며, 대기 중 메탄, 아산화질소 및 기타 온실가스의 농도가 비슷하게 증가하는 경향을 보여줬다. 간접적인 측정도 이 루어졌는데, 예를 들어 그린란드와 남극대륙의 깊은 빙상에 수 세기 동안 갇 힌 기포를 분석하여 대기성분에 대한 역사적 진화를 추적하고자 하였다[3].

---

3) Dennis L. Hartmann *et al.*, "Observations: atmosphere and surface" in T.F. Stocker *et al.* (eds.), *Climate Change 2013: The Physical Science Basis. Contribution of Working Group I to the Fifth Assessment Report of the Intergovernmental Panel on Climate Change* (Cambridge University Press, 2013), 159, at 165−180 참조.

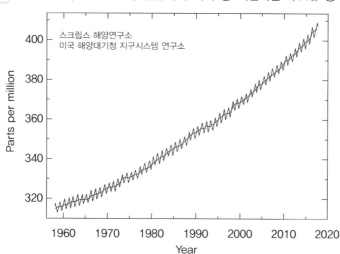

그림 1.2 마우나로아(Mauna Loa) 천문대의 대기 중 이산화탄소(CO_2) 농도

주: 미국 국립해양대기청의 허락 하에 재인용

　이러한 정보를 바탕으로, 관련 전문지식을 갖춘 과학자들은 화석연료의 대규모 연소와 같은 인간 활동이 대기구성에 변화를 일으켜 온실효과를 높이고 산업혁명 이전의 온도 범위 이상으로 지구표면을 따뜻하게 한다는 공통적인 결론을 내릴 수 있었다. 과학지식을 투명하게 평가하고 정책입안자들에게 정보를 제공하기 위해 설립된 기관인 IPCC(기후변화에 관한 정부 간 협의체)는 "기후체계의 온난화는 명백하다"고 결론을 내렸다.[4] 그리고 이 온난화는 온실가스, 특히 이산화탄소의 대기 농도 증가로 인해 발생한다는 명백한 증거가 있다고 한다.[5] 과학적 증거는 수학적 결론과 본질적으로 다르지만, 지난 수십 년 동안 수집된 데이터의 양은 인위적 온실가스 배출로 인한 기후의 지속적인 변화에 대한 강력한 증거를 제공한다. IPCC의 첫 번째 실무그룹이 "기후체계에 대한 인간의 영향은 분명하다"고 결론을 내리며 "이는 대기 중 온실가스 농도가 높아지는 점, 양의 복사강제력(온실효과의 증가), 관찰된 온도 상승, 그리고 기후체계에 대한 이해를 통해 밝혀졌다"며 방점을 찍었다.[6]

---

4) L.V. Alexander *et al.*, "Summary for policymakers" in Stocker *et al.* (eds.), *supra* note 3, 3, at 4.

5) *Ibid.*, at 13.

6) *Ibid.*, at 15.

C. 대기에서 응집된 온실가스 농도의 영향

IPCC는 또한 "1950년대 이래로 관측된 변화의 대부분은 수십 년에서 수천 년에 걸쳐 전례가 없었다"고 주장하였다.[7] 지구 대기의 화학적 농도를 변화시킴으로써 인간사회는 여러 복잡한 행성시스템에서 광범위하고 돌이킬 수 없는 변화를 일으킨다. 언급한대로 지구에 미치는 변화의 본질과 범위, 그리고 문명과 종으로서 우리에게 미치는 결과는 확실하게 예측할 수 없다. 지구상의 생명체가 온실가스 농도의 실질적이고 빠른 변화와 그 광범위한 결과에 적응할 수 있을지는 확실하지 않다.

대기 중 온실가스 농도가 증가함으로써 발생한 가장 간단한 첫 번째 결과는 지구 평균기온이 상승한 것이다. 2017년 중반 현재 가장 정확한 예측으로는, 1880년에서 2016년 사이 지구의 지구 평균 표면온도가 약 1.1도 상승한 것으로 추정된다.[8] 더위 기록은 최근 몇 년 동안 반복적으로 경신되었다. 2016년 중반까지의 기록을 보면, 2015년은 기록상 가장 더운 해로, 2014년이 바로 뒤를 따랐고, 기록상 가장 더웠던 해 10위까지 모두 1998년 이후에 존재하였다. IPCC는 "1850년 이래로 10년씩의 기록을 보면, 지난 30년은 연이어 지구표면이 가장 더웠던 때이다"라고 밝혔다.[9]

그러나 기후변화는 온도에만 영향을 미치지 않는다. 기후변화를 지구온난화(global warming)라고만 언급하면, 약간의 지구 평균기온 변화가 여러 복잡한 행성시스템에 미치는 결과의 긴 연쇄가 드러나지 않는다. 예를 들어, 온난화는 증발을 촉진시켜 물의 순환을 변화시키고, 전 세계의 강수량 패턴에 영향을 미친다. 홍수와 가뭄이 더 자주 발생하며 세계의 일부 지역에서는 토네이도와 같은 극단적인 날씨가 나타난다. 기온, 강수 및 풍계(wind system)의 변화로 인해 세계의 특정 지역에서 산불이 더 자주 발생한다. 해수면이 상승하는 것은 빙하와 빙상이 녹고 있기 때문이기도 하지만, 온도계의 수은과 마찬가지로 바다의 물이 따뜻해지면 팽창하기 때문이다. 동시에, 대기에서 일부 이산화탄소

---

7) *Ibid.*, at 4.

8) World Meteorological Organization, *Statement on the State of the Global Climate in 2016* (WMO, 2017) 2. 1880년부터 2012년 사이 0.85도의 지구온도 상승에 대해서는 Alexander *et al.*, *supra* note 4, at 5 또한 참조.

9) Alexander *et al.*, *supra* note 4, at 5.

가 탄산(H_2CO_3)으로 흡수되어 해양이 더욱 산성화되고 있다. 해양산성화는 일부 플랑크톤의 성장을 어렵게 하고, 이것만으로도 먹이사슬 전체에 걸쳐 해양 생태계에 혼란을 초래할 수 있다. 육지에서도 생태계는 온도와 습도의 변화에 큰 영향을 받아 많은 식물과 동물 종의 멸종위험을 악화시킨다.[10]

지구환경의 이러한 변화는 인류사회에 매우 심각한 영향을 미치고 있다. 대규모 생산지역의 불리한 기후조건으로 인해 식량생산이 방해받을 수 있다. 인간의 건강은 더위뿐만 아니라 말라리아 및 뎅기열과 같은 일부 병원체의 확산으로부터도 영향을 받는다. 병원체가 본래 활발하지 않던, 즉 그에 대한 면역력이 낮은 지역으로 확산되기 때문이다.[11]

기후변화의 가장 심각한 부정적 영향은 최빈국 중 일부에서 발생하며, 열대지역의 열악한 기후 하에서 살고, 천연자원(특히 자급농업)에 더 직접적으로 의존하며 자원이 가장 적은 사람들에게 영향을 미친다. 이 책 전반에서 심층적으로 논의된 "기후정의(climate justice)"라는 개념은 온실가스 배출로 가장 많은 혜택을 받는 산업국가와 기후변화의 영향으로 가장 큰 어려움을 겪는 최빈국 사이의 단절을 조명한다.[12] 그러나 선진국들도 전 세계에서 멈추지 않을 식량위기, 전염병, 경기침체, 이주 또는 갈등과 같은 기후변화의 결과로부터 안전할 수는 없다.[13]

D. 전망

기후변화의 영향은 전 세계적으로 이미 관찰되었지만, 앞으로 몇 년, 수십 년, 수 세기 동안 더욱 심각해질 것이다. 이는 모든 인위적 온실가스 배출이 갑자기 중단되더라도 마찬가지이다. 지구시스템에서 대기의 화학적 성분에 따

---

10) Christopher B. Field *et al.*, "Summary for policymakers" in Christopher B. Field *et al.* (eds.), *Climate Change 2014: Impacts, Adaptation, and Vulnerability. Part A: Global and Sectoral Aspects. Working Group II Contribution to the Fifth Assessment Report of the Intergovernmental Panel on Climate Change* (Cambridge University Press, 2014) 1을 참조.

11) *Ibid.*

12) Teresa M. Thorp, *Climate Justice: A Voice for the Future* (Palgrave Macmillan, 2014) 참조.

13) A. Guzman, *Overheated: The Human Cost of Climate Change* (Oxford University Press, 2013) 참조.

라 조정을 느리게 할 것이기 때문이다. 예를 들어, 해수면은 추가적인 인위적 온실가스 배출이 없더라도 수 세기에 걸쳐서 1미터에서 수 미터 정도 계속 증가할 것이다. 그러나 계속되는 온실가스 배출은 수 세기에 걸쳐 수십 미터 규모의 해수면 상승 위험을 높일 것이다.[14] "종의 대부분(large fraction of species)"은 앞으로 몇 세기 동안 멸종될 것이다.[15] 식량생산, 생계, 경제성장, 건강, 이주 및 갈등에 미치는 영향은 확실하게 예측할 수 없지만 매우 중요할 것이다.

전반적으로 기후변화의 심각성은 향후 수십 년 동안 온실가스 배출량에 크게 좌우된다. 대량의 추가적인 온실가스 배출량은 더 극적인 결과를 초래할 것이다. 전 세계 평균 표면온도는 세기말까지 섭씨 4도 이상으로 증가할 것이며, 앞으로 수 세기 동안 전 세계 온실가스 배출량의 증가가 유지된다면 더욱 증가할 것이다. 기후변화의 영향에 대한 대부분의 논쟁은 21세기에 초점을 맞추고 있지만 과학자들은 현재의 인위적 온실가스 배출이 향후 1만 년 이상 기후체계, 생태계 및 인간사회에 중대한 영향을 미칠 것으로 추정한다.[16]

그러나 예측은 어느 정도의 불확실성을 띨 수밖에 없고, 비극적인 시나리오는 배제될 수 없다. 기후체계에서 빙상과 해류에 이르기까지 위태로운 행성시스템은 매우 복잡하다. 지속적인 인위적 온실가스 배출에 대한 기후체계의 반응에 관한 과학적 불확실성의 가장 큰 원인 중 하나는 행성시스템의 온실가스 배출에 대한 피드백에서 비롯된다. 피드백은 이 시스템과의 간섭의 결과를 증폭(양성 피드백) 또는 완화(음성 피드백)하는 시스템에서의 자연스러운 반응이다. 일부 "음성(negative)" 피드백은 인위적 온실가스 배출의 영향을 줄일 수 있다. 예를 들어, 대기 중 이산화탄소 농도의 증가는 광합성과 식물성장을 가속화 할 수 있으며, 이는 대기에서 일부 이산화탄소를 제거하고 기후변화를 완화시킬 수 있다. 그러나 이 현상은 전 세계적으로 상당히 미미한 영향을 미치는 데 그칠 것이다.[17] 대조적으로, "양성(positive) 피드백"은 인위적 온실가스 배출의 영향을 증폭시킬 수 있는 현상을 보여주며, 여러 양성 피드백이 밝

---

14) Pachauri *et al.*, *supra* note 2, at 16.

15) *Ibid.*, at 13.

16) Peter U. Clark *et al.*, "Consequences of twenty−first−century policy for multi−millennial climate and sea−level change" (2016) 6:4 *Nature Climate Change* 360.

17) Stocker *et al.*, *supra* note 3, 33 at 57−58.

혀진 바 있다. 예를 들어, 빙하, 빙상 또는 빙해가 녹으면 지구의 많은 지역의 색이 바뀐다. 바다와 바위는 얼음보다 어둡기 때문에 태양광 반사가 적고 빠르게 데워진다. 따라서 해빙은 지구의 "알베도(albedo)"를 감소시키며 특히 북극지역에서 온난화 속도가 빨라진다. 또 다른 양성 피드백은 많은 양의 온실가스를 방출하여 기후변화를 증폭시키는 산불 증가와 관련이 있다.[18]

일부 강력한 양성 피드백 또는 "티핑 포인트(tipping point)"는 비극적인 "제어가 되지 않는(runaway)"기후변화로 이어지는 갑작스러운 결과를 초래할 수 있다. 즉, 자동적으로 계속되는 양성 피드백으로 인해 인류가 발생시키는 온실가스 배출이 없어도 기후가 따뜻해지는 시나리오가 생기는 것이다. 이러한 티핑 포인트는 특히 시베리아, 캐나다 북부 및 알래스카에서 영구동토층 해동의 결과로 발생할 수 있다. 영구동토층에는 다량의 냉동 유기물질이 포함되어 있다. 영구동토층의 해빙은 이미 많은 양의 메탄과 이산화탄소를 방출하고 있어 기후변화를 크게 증폭시키고 있다.[19] 이러한 극단적인 기후변화 시나리오는 인류에게 극도로 위험한 결과를 초래할 수 있다. 이러한 시나리오의 가능성은 역사적 선례가 없기 때문에 평가하기가 어렵다. 다시 말해, 우리는 미지의 영역에 있다.

E. 앞으로 나아가야 할 방향

대기에 대한 온실가스 배출의 영향이 항상 알려져 왔던 것은 아니다. 기후변화에 대한 경험적 증거는 1960년대 초반에 나타나기 시작하였다. 1980년대 중반이 되자 강력한 과학적 합의가 이루어졌다.[20] 30년이 지난 지금, 기후변화의 영향이 점점 더 명백해지고 매년 극적으로 변하고 있음에도, 전 세계 온실가스 배출량은 꾸준히 증가하고 있다. 향후 몇 년 또는 수십 년 동안 취해질 대응조치에 따라 전 세계 온실가스 배출량은 지속적으로 증가하여 치명적인 수준에 도달하거나, 또는 최고치에 도달한 후 빠르게 감소할 수 있다.

의사결정권자들에게 그 결정에 대한 결과를 알리기 위해 IPCC는 21세기의 온실가스 배출 경로에 대한 다양한 시나리오들 또는 대표농도경로(Representative

---

18) *Ibid.*, at 58.

19) Alexander *et al.*, *supra* note 4, at 27.

20) S.R. Weart, *The Discovery of Global Warming* (Harvard University Press, 2008) 참조.

Concentration Pathways, RCPs)를 개발하였다. 이러한 각 시나리오는 21세기 말까지 온실효과의 강도인 특정 복사강제력을 기준으로 한다.[21]

현재 연간 인위적 온실가스 배출량은 약 50GtCO$_2$eq[22]이며 이는 500억톤의 이산화탄소 배출량과 동등한 영향을 보여준다. 만약 "RCP8.5" 시나리오에 따라 기후변화 완화를 위한 조치가 거의 없거나 전혀 없다면, 전 세계 온실가스 배출량은 계속 증가할 것이다. 시나리오 RCP8.5는 21세기 말까지 매년 약 100GtCO$_2$eq의 비율을 가정한다. 지구 평균기온은 21세기 말 이전에 섭씨 4도 이상 증가할 것으로 추정되며, 만약 같은 행동이 유지된다면 2300년까지 온도가 섭씨 8도 상승할 것이다. 여름철 북극 빙해는 2060년에 완전히 사라질 것이고 북극을 항해할 수 있을 것이다. 가장 보수적인 추정치에 근거하더라도 해수면은 2100년에 1미터가 상승하고, 2500년에 이르면 남극과 그린란드의 거대한 빙상이 붕괴되는 상황에 의해 수 미터에서 수십 미터까지 상승할 것이다. 더불어 해양생태계에 큰 영향을 미치면서 해수의 산성이 빠르게 증가할 것이다. 폭염, 홍수, 가뭄, 산불, 기근, 천연자원 접근에 대한 갈등, 대량이주 및 전염병으로 인해 미래세대가 살기에 훨씬 더 어려운 곳이 될 것이다. 티핑 포인트는 극단적인 기후변화 시나리오를 유발할 수 있다. 전혀 통제되지 않는 상황이 발생할 수 있으며 세계 문명의 붕괴와 함께 몇 세기 안에 인류가 멸종할 가능성을 배제할 수 없을 것이다.[23]

기후변화를 완화하기 위해 진지한 노력을 기울이는 대안 시나리오도 존재한다. 지구가 대기의 화학적 변화에 천천히 적응함에 따라, 시나리오에 입각한

---

21) Pachauri *et al.*, *supra* note 2, at 21 참조. RCP에 대한 포괄적인 설명은 U. Cubasch *et al.*, "Introduction" in Stocker *et al.* (eds.), *supra* note 3, 119, at 147−150, Box 1.1. 참조. O. Edenhofer *et al.*, "Summary for policymakers" in R. Pichs−Madruga *et al* (eds.), *Climate Change 2014: Mitigation of Climate Change. Contribution of Working Group Ⅲ to the Fifth Assessment Report of the Intergovernmental Panel on Climate Change* (Cambridge University Press, 2014) 1, at 11−13 또한 참조.

22) 이 수치는 이산화탄소 배출뿐만 아니라 100년 동안의 지구온난화 지수를 근거로 가중치를 부여한 다른 온실가스 배출량도 포함한다. 다른 온실가스의 이산화탄소 등량은 표 1.1 참조.

23) 문명의 붕괴에 대한 개념은, Jared M. Diamond, *Collapse: How Societies Choose to Fail or Succeed* (Penguin, 2011) 참조. 많은 문명들이 과거에 멸망하였지만, 전 세계적인 문명의 멸망은 세계화시대에서만 가능하다고 한다. 이러한 대재앙 위험에 대한 논쟁은 M.L. Weitzman, "On modeling and interpreting the economics of catastrophic climate change" (2009) 91:1 *Review of Economics & Statistics* 1 참조.

노력은 기후변화의 추가적인 영향을 막지 못하지만, 제어할 수 없는 기후변화의 최악의 결과를 피할 가능성을 높인다. IPCC의 가장 낙관적인 시나리오라고 할 수 있는 시나리오 "RCP2.6"은 기후변화를 완화하기 위해 과감한 노력을 기울이고 있다고 가정한다. 특히 2020년대에는 전 세계 온실가스 배출량이 최고 수준에 도달한 후 전 세계 온실가스 배출량이 급격히 감소한다고 가정한다. 21세기 말까지 전 세계 순온실가스 배출량은 재조림 및 지구공학을 통해 대기에서 온실가스를 제거하려는 노력으로 인해 0이 되거나 마이너스 배출이 될 것이다. 이러한 상황에서, 전 세계 평균기온은 21세기 말까지 산업화 이전 수준보다 섭씨 2도 미만으로 유지될 수 있으며 이후에도 비교적 안정적으로 유지될 수 있다. 해수면 상승은 아마도 세기말 이전에 50cm 이상으로 증가하지 않을 것이며 2500년에는 1미터에서 몇 미터 사이로 제한될 수 있다. 일부 해빙은 일 년 내내 북극해에서만 유지될 것이다. 그럼에도 불구하고, 전 세계의 많은 인구는 여전히 많은 위험에 직면하고 있다. 기후변화로 인한 생물다양성 손실, 기상이변, 갈등 및 기타 사회적 영향을 모두 피할 수는 없다. 예를 들어, 일부 저지대 해안지역과 섬나라는 해수면 상승의 결과로 사람이 살 수 없게 될 것이다. 세계 문명의 붕괴 위험은 크게 줄어들지만, 위기의 연속은 피할 수 없다. 이 "최상"의 시나리오조차도 인간사회와 생태계에 큰 해를 끼친다.

II. 기후변화에 관한 법과 정책

법과 정책은 국제사회가 기후변화에 대응하는 과정을 촉진할 수 있다. 이를 통해 온실가스 배출을 줄이려는 노력이나 심지어 대기에서 온실가스를 제거하려는 노력을 촉진할 수 있다. 또한, 법과 정책은 기후변화의 영향에 대한 대비를 촉진할 수 있다. 일반적으로 기후변화 완화를 위한 노력과 그 영향에 적응하기 위한 노력이라는 두 가지 범주로 구별된다. 기후변화가 이미 일어나고 있으며 기후변화 완화로 모든 피해를 피할 수 없기 때문에 기후변화 완화와 적응이 모두 필요하다. 그러나 장기적으로 완화 노력이 성공하지 못하면 적응 노력이 더욱 어려워질 것이다.

A. 기후변화 완화

지구의 인위적 기후변화를 완화하기 위해 법과 정책이 채택되고 있다. 이러한 노력은 주로 온실가스 배출원을 줄이는 데에 있지만 흡수원 및 저장소를 강화하여 대기에서 온실가스를 제거할 수도 있다.

기후변화 완화를 촉진하는 가장 확실한 방법은 온실가스 배출원을 줄이는 것이다. 이는 발전(power generation)에서 자동차교통, 시멘트생산 및 폐기물처리에 이르는 부문별(sector-specific) 조치를 통해 수행할 수 있다. 온실가스 배출량 감소는 종종 효율성 향상을 통해 달성될 수 있다. 예를 들어, 석탄발전소는 많은 전력을 생산할 때 더 적은 온실가스를 배출하기 위해 최신기술을 사용해야 한다. 보다 효율적인 전력망은 전송 시 에너지낭비를 줄일 수 있다. 더 나은 항공 교통관제로 각 비행의 연료소비를 줄일 수 있다. 효율성이 향상되면 때로는 특정 조치의 비용이 절감되어 균형을 이룰 수 있다. 예를 들어, 상대적으로 효율적인 자동차를 구입하면 추가 투자의 균형을 맞출 수 있는 연료비용이 절약된다. 그러나 효율성의 향상은 비용이 들지 않거나 거의 적은 비용으로 이루어질 수 있지만, 그 결과는 온실가스 배출량의 증분감축(incremental reduction)으로 제한된다. 즉, 상대적으로 효율적인 자동차도 여전히 기름을 태운다.

온실가스의 공급원은 또한 더 많은 구조적인 변화를 통해 감소될 수 있으며, 종종 행동양식의 변화(삶과 소비방식의 변화)를 수반한다. 자동차를 운전하는 대신 걷거나 대중교통을 이용하는 것은 온실가스 배출감소로 이어지는 행동변화의 한 예이다. 이러한 변화는 예를 들어 법과 정책을 통해 집단차원에서 유발될 수도 있다. 재생가능 에너지 또는 원자력 에너지에 투자함으로써 화석연료에 의존하지 않는 에너지발전의 전환은 생산패턴의 변화를 통해 온실가스 배출을 줄이는 전형적인 방법이다. 항공이나 자동차를 이용하는 승객의 교통수단을 다른 것으로 전환하기 위해 국가 철도시스템을 구축하면 온실가스 배출량을 크게 줄일 수 있다. 이러한 조치는 일반적으로 효율성을 높이는 것보다 비용이 많이 들고 더 많은 시간이 필요하지만 기후편익이 훨씬 더 커진다. 효율성 향상은 단기간에 온실가스 배출량을 줄이는 데 도움이 될 수 있지만, 탄소중립적인 생활방식으로 전환하기 위해서는 더 많은 구조적 변화가 필요하다.

온실가스 배출원을 줄이는 것 외에도 흡수원을 확보하기 위한 조치를 취할 수도 있다. 온실가스 흡수원(sinks)이란 온실가스가 대기에서 제거되어 저장소에 지속적으로 저장되는 과정을 의미한다. 예를 들어, 산림은 이산화탄소가 흡수되어 영양분을 생성하는 과정인 광합성을 통해 성장하기 때문에 온실가스의 저장소이다. 따라서 대기에서 일부 이산화탄소를 제거하기 위해 재조림(reforestation)을 촉진할 수 있다. 그러나 재조림은 식량생산과 같은 다른 가능한 토지이용과 상충될 수 있다. 예를 들어, 토양의 비료로 바이오매스(biomass)의 열분해를 통해 생성된 숯인 바이오숯(biochar)을 사용하는 등 토양에서 더 많은 탄소를 격리시키기 위해 일부 대체기술이 개발되어 있다. 해수는 자연적으로 공기에 포함된 이산화탄소의 일부를 흡수하기 때문에 해양은 실질적인 탄소저장소이다. 그러나 온실가스 흡수원으로 해양의 이용하는 것을 강화하면 해양생태계에 심각한 결과를 초래하여 해양산성화(이산화탄소가 해수에 흡수되어 산성이 됨)를 심화시킬 수 있다.

온실가스의 자연적인 흡수원을 확보하는 것 외에도 지구공학을 통해 인공 저장소 개발 가능성에 대한 논의가 진행되었다. 탄소 포집 및 저장(Carbon capture and storage, CCS)은 대규모 산업시설(예: 발전소)에서 이산화탄소를 분리하고, 깊숙한 지질 저장소 — 다소 역설적으로 들릴 수 있지만, 몇 곳은 석유와 가스를 추출하는 동일한 위치를 포함하여 — 에 주입하는 다양한 기술을 포함한다. 그러나 이러한 기술은 대량의 이산화탄소를 포집 및 저장하는 비용뿐만 아니라 내구성 있는 격리를 보장하는 능력과 관련하여 중대한 난관과 마주하고 있다.

B. 기후변화에 대한 적응

기후변화는 이미 진행 중이며 전 세계 인구에 그 영향이 미치고 있다. 법과 정책은 배출원을 줄이고 흡수원을 늘림으로써 기후변화를 완화할 필요가 있지만 이것만으로 충분하지 않다. 또한 기후변화의 영향으로 인한 피해로부터 인구, 문화, 경제발전, 생태계 등 우리가 중요하게 생각하는 모든 것을 보호하기 위해 대응조치를 취해야 한다.

기후변화 적응은 통상적으로 "현재 또는 미래에 예상되는 기후와 그 영향에 대해 피해를 완화 또는 피하거나 유익한 기회를 활용하는 조정 과정"으로 정의된다.[24] 적응조치는 매우 다양하고 상황에 따라 상이하다. 제방을 세우면 홍수의 위험을 줄일 수 있다. 가뭄에 강한 식품 작물을 개발하고 도입하면 가뭄으로 인한 생계손실 또는 기근으로 이어질 위험을 줄일 수 있다. 대피소를 준비하면 극심한 날씨의 위험에 노출된 사람들을 보호할 수 있다.

기후변화에 대한 적응은 종종 다양한 법률, 정책, 프로그램 및 프로젝트에서 개발 및 재난위험 감소정책 또는 대규모 개발 프로젝트의 설계를 통해 주류에 편입된다. 이러한 광범위한 법률, 정책, 프로그램 및 프로젝트 내에서 적응노력을 추려내는 것은 대체로 어려운 일이다. 이런 의미에서 기후변화 적응은 기후변화 완화보다 훨씬 더 추상적일 수 있다.

기후변화의 영향은 모든 범위에서 경제적 불평등을 강화하는 것으로 보인다. 기후변화의 영향을 가장 많이 받는 국가와 인구는 종종 산업개발의 혜택이 가장 적은 국가와 적응노력이 가장 적은 국가이다. 따라서 특히 개발도상국에 대하여 기후변화 적응을 위한 원조(assistance)로서 뿐만 아니라 인과적 책임(causal reponsibility)의 문제로서 적응에 호의적인 주장이 제기되었다. 기후변화에 관한 국제협상에서 이러한 의견이 부분적으로 승인되었지만, 기후변화의 영향에 가장 큰 영향을 받고 가장 취약한 국가와 국민에 대한 지원은 아직거의 이루어지지 않았다. 결과적으로, 현재까지 변화하는 기후에 적응하는데드는 대부분의 비용은 막대한 양의 온실가스를 배출하는 선진국의 책임임에도 불구하고 개발도상국들은 그 비용을 계속 부담하고 있다.

III. 기후변화에 관한 국제법

기후변화와 관련된 법과 정책은 다양한 국제포럼에서 보여진다. 구체적인 조치는 일반적으로 국가 및 지방자치 당국에 의해 정의되거나 때로는 유럽연합(EU)과 같은 지역협력을 통해 정의된다. 국제법은 특히 기후변화의 완화를 촉진하고 기후변화 적응을 지원하는 데 주도적인 역할을 하고 있다.

기후변화에 관한 국제법은 특정 조약 규칙과 국제관습법의 일반규범으로 구성되어 있다(표 1.2 참조). 조약은 당사국들이 자신들에게 구속력이 있다고 명

---

24) Pachauri *et al.*, *supra* note 2, at 118.

시적으로 인정하는 규정을 설정한다. 유엔기후변화협약(UNFCCC)과 UNFCCC 하에서 체결된 조약을 포함하여 기후변화를 다루기 위해 특정 조약들이 채택되었다.[25] 다른 조약에 근거한 체제들 또한 국제운송 또는 국제항공과 같은 특정 부문의 온실가스 배출 또는 특정 온실가스와 관련하여[26] 규칙들을 발전시켰다. 한편, 관습규범은 특정 국가의 명시적 동의를 요구하지 않는다. 대신 일반관행이 법으로 널리 받아들여질 때 형성된다.[27] 국제법의 일부 관습규범은 보다 구체적인 조약 규칙이 존재함에도 불구하고 기후변화에 적용된다.[28]

A. UNFCCC 체제

지난 25년간에 걸친 국제협상은 기후변화를 다루기 위한 국가 간 협력 체제를 확립하였다. 이러한 노력은 UNFCCC의 채택으로 이어졌다. 해당 조약 하에서의 결정과 다른 조약의 추가적인 협상을 통해 그 체제는 더욱 발전되었다.

첫째, UNFCCC는 1992년 5월 9일에 채택되어 1994년 3월 21일에 발효되었다. 2018년 초 현재 UNFCCC 당사국은 196개 국가(거의 모든 국가)와 EU를 포함한다. UNFCCC는 1년에 1회 이상 회의를 개최하는 당사국총회(Conference of Parties, COP)와 협상을 촉진하는 상설 사무국을 포함한 기관을 설립하였다. 또한 해당 조약은 다소 모호하기는 하지만 기후변화 완화 및 적응을 촉진하기 위한 국가의 의무를 포함하고 있다.

---

25) United Nations Framework Convention on Climate Change, May 9, 1992, 1771 *UNTS* 107 (이하 UNFCCC). Kyoto Protocol to the United Nations Framework Convention on Climate Change, December 11, 1997, 2303 *UNTS* 162 (이하 Kyoto Protocol); Paris Agreement, December 12, 2015, in the annex of decision 1/CP.21, "Adoption of the Paris Agreement" (December 12, 2015) 또한 참조. 본서 제3장 참조.

26) 본서 제4장 참조.

27) Statute of the International Court of Justice, June 26, 1945, 3 Bevans 1179 (이하 ICJ Statute), art. 38.1(b).

28) 본서 제5장 참조.

표 1.2   기후변화에 관한 국제법의 구성요소

법원[a]	법으로 인정되는 일반적인 관행의 증거로서의 국제관습	국가들에 의해 명시적으로 인정되는 규칙을 제정하는 국제협약	
내용	일반국제법 규범	공동의 목표, 국가공약과 절차적 및 제도적 조항	
예시	예: 무해의 원칙, 국가책임법	예: UNFCCC, 교토의정서, 파리협정 및 COP/CMP/CMA 결정에 의해 채택된 결정문	예: 오존층 파괴물질에 관한 몬트리올 의정서, 선박으로부터의 오염방지를 위한 국제협약, 국제민간항공협약, 세계유산협약, 생물다양성협약

a ICJ 규정의 용어에 따라 작성함, 출처: ICJ Statue, *supra* note 27, art.38.1.

둘째, UNFCCC에 기반한 교토의정서는 1997년 12월 11일 당사국총회의 결정으로 채택되었다. 교토의정서는 주요 국가들의 비준을 거쳐 2005년 12월 16일 발효되었다. 2018년 초 현재, 유럽연합과 191개 국가가 가입하였다. 그러나 미국은 교토의정서를 비준한 적이 없으며, 캐나다는 2012년 12월 15일에 교토의정서를 탈퇴하였다. 교토의정서는 2008년부터 2012년까지 이행기간 동안 선진국을 대상으로 적용할 수 있는 기후변화 완화에 대한 구체적인 국가적 의무를 정의하였다. 2012년 12월 8일에 채택되어 2018년 초 현재 아직 발효되지 않은 교토의정서에 대한 도하 개정안(Doha Amendment)은 2013년부터 2020년까지의 두 번째 이행기간을 정의하고자 하였다.[29]

셋째, 파리협정은 2015년 12월 12일에 채택되어 2016년 11월 4일 발효되었다.[30] 2018년 초 현재, 194개국이 서명했으며 171개국과 유럽연합이 비준을 했고 다른 많은 국가도 비준 중에 있다.[31] 파리협정은 기후변화에 대한 세계

---

29) Doha Amendment to the Kyoto Protocol, December 8, 2012, in the annex of decision 1/CMP.8, "Amendment to the Kyoto Protocol pursuant to its Article 3, paragraph 9 (Doha Amendment)" (December 8, 2012) (이하 Doha Amendment).

30) Paris Agreement, *supra* note 25.

31) 2018년 초 기준으로 미국은 2016년 9월 3일 파리협정을 비준한 당사국이다. 그러나 2017년 6월 1일, 새로 선출된 도널드 트럼프 미국 대통령은 파리협정으로부터 탈퇴를 발표하였다. 파리협정 제28조 1항과 2항에 따라, 미국의 탈퇴는 파리협정이 발효된 시점을 기준으로 4년 이후부터 가능하다(예: 2020년 11월 4일).

적 대응에 대한 국가별 기여방안(Nationally Determined Contribution, NDC) 실현을 위해, 의사소통과 노력을 모든 당사국들에게 요구하고 있다. 기후변화 완화 외에도 파리협정을 통해 기후변화 적응과 개발도상국에 대한 국제적 지원을 촉진한다.

기후변화에 관한 조약뿐만 아니라 당사국총회(UNFCCC 하에서)는 교토의정서 당사국회의(CMP) 및 가장 최근에 열린 파리협정 당사국회의(CMA)의 공동 연차회의를 통해서 수백 건의 결정사항을 채택하였다. 특히 2010년 칸쿤합의는 모든 선진국과 자발적인 개발도상국을 대상으로 2013년부터 2020년까지 적용 가능한 완화 노력을 촉구하였다.

B. 다른 체제의 관련 조항

기후변화를 해결하기 위한 노력은 UNFCCC 체제에만 국한되어 있지 않다. 다양한 국제포럼,[32] 특히 오존층 보호를 위한 조약 및 국제운송을 촉진하는 포럼에서 기후변화를 해결하기 위한 노력이 이루어졌다.

이것이 주요 목표는 아니지만 오존층보호 체제는 기후변화를 완화하는 데 중요한 역할을 하였다. 오존 체제는 태양에 의해 방출되는 위험한 자외선을 여과하는 성층권 오존층을 손상시키는 화학물질의 배출을 제어하고 줄이는 것을 목표로 한다. 염화불화탄소(CFCs), 불화계 탄화수소(HCFC)와 같은 가스 중 일부는 매우 강력한 온실가스이다. 1987년 오존층 파괴물질에 관한 몬트리올 의정서(Montreal Protocol on Ozone Layer)는 그러한 오존층 파괴물질의 대부분을 단계적으로 폐지하여 기후변화 완화에 크게 기여하였다고 할 수 있다.[33] 이러한 노력의 중복을 피하기 위해서 몬트리올 의정서가 규율하는 물질들은 UNFCCC와 교토의정서에 포함되지 않았다.

또한 2016년 10월 몬트리올 의정서 당사국은 오존층을 손상시키지는 않지만 강력한 온실가스인 물질을 대체하기 위해서 그 적용을 확대하기로 합의하였다.[34] UNFCCC 하에서 느리게 협상이 진행됨에 따라 오존층보호 체제를 이

32) Robert O. Keohane and David G. Victor, "The regime complex for climate change" (2011) 9:1 *Perspectives on Politics* 7 참조.

33) Montreal Protocol on Substances that Deplete the Ozone Layer, September 16, 1987, 1522 *UNTS* 3.

34) Amendment to the Montreal Protocol on Substances that Deplete the Ozone Layer

용하여 기후변화 완화에 대한 협력을 이끌어내고자 하는 움직임은 많은 이해
관계자들이 느끼는 좌절감이 커지고 있음을 반영한다.

교토의정서는 항공 및 해양 벙커 연료의 배출을 그 범위에서 제외시켰으
며, 이러한 문제들을 특별포럼에 회부하는 것을 선호하였다. 이에 따라 국제해
사기구(IMO)는 1973년 선박으로부터의 오염방지를 위한 국제협약(MARPOL)을
체결하였다. 또한 1997년 선박의 대기 오염 방지에 관한 부속서 채택을 이끌
었으며,35) 이는 모든 새로운 선박에 에너지효율 기준을 적용하고 모든 선박에
에너지효율 관리계획을 적용하기 위해 2011년에 개정되었다.36) 마찬가지로,
국제민간항공기구(ICAO)는 2016년 국제항공 탄소상쇄 및 감축제도(CORSIA)를
체결하였다.37)

다른 국제적 법체제 역시 기후변화 완화 또는 기후변화 적응과 관련된 조항을
포함하고 있는데, 기후변화의 문맥에서 새로운 시각으로 접근할 수 있는 일반조
항을 포함한다. 따라서 유엔해양법협약(UNCLOS)에서 "해양환경오염(pollution of
the marine environment)"이라는 개념은 기후변화의 영향을 포함할 정도로 광범
위하게 정의되었다. 이에 따라 유엔해양법협약 당사국은 "모든 오염원으로부
터 해양환경 오염을 방지, 경감 및 통제하는데 필요한 이 협약과 부합하는 모
든 조치를 개별적으로 또는 적절한 경우 공동으로 취해야 한다."38) 또한 인권
법은 여러 가지 면에서 인권의 향유에 영향을 미치는 기후변화를 다루기 위한
국가들의 광범위한 권한을 내포하고 있는 것으로 고려될 수 있다.39)

___

(October 15, 2016), (2017) 56 *ILM* 196 (이하 Kigali Amendment).

35) 1997 Protocol to amend the 1973 International Convention for the Prevention of Pollution from Ships, as modified by the 1978 Protocol, adopted in London on September 26, 1997.

36) MARPOL resolution MEPC.203(62), "Amendments to the Annex of the Protocol of 1997 to Amend the International Convention for the Prevention of Pollution from Ships, 1973, as modified by the Protocol of 1978 relating thereto" (July 15, 2011), in IMO document MEPC 62/24/Add.l. 또한 본서 제4장, II.A 참조.

37) ICAO Assembly Resolution A39-3, "Consolidated statement of continuing ICAO policies and practices related to environmental protection - Global Market-Based Measure (MBM) scheme" (September 27-October 7, 2016), para. 5. 또한 본서 제4장, II.B. 참조.

38) United Nations Convention on the Law of the Sea, December 10, 1982, 1833 *UNTS* 3, art. 194.1. "해양환경오염"에 대한 정의는 협약 art.1.1(4) 참조.

39) CESCR, "Concluding observations on the fifth periodic report of Australia" (June 23, 2017), doc. E/C.12/AUS/CO/5, para. 12 참조.

기후변화에 대처하기 위한 협력은 국가 이외의 행위자와 정부 간 기구 이외의 포럼과 관련되어 있다. 많은 중요한 행동은 지방정부, 기업 및 비영리단체에 의해 수행되었다. UNFCCC 당사국총회가 채택한 결정에 의해 "비당사국 이해관계자(non-party stakeholders)"의 행동이 인정되고 장려되었지만,[40] 이러한 행동은 비국가행위자 자신들이 정의하고 발전시킨 공약, 절차 및 표준을 이행하는 UNFCCC 체제 밖에서 일어난 시민사회의 이니셔티브로부터 점차 자발적으로 나타났다. 따라서 기후변화에 따른 국제적 대응(완화 및 적응)은 서로 다른 법률 체제뿐만 아니라 국가 중심의 고전적 국제법보다 민간기업 주도의 혁신적이고 초국가적인 이니셔티브들 사이에도 산재해 있다.

C. 일반국제법의 관련 규범

UNFCCC 및 기타 다자간 체제는 특정 안건 영역에 적용할 수 있는 규칙을 설정한다. 이러한 규칙 외에도 국제법은 관습적 성격과 일반적으로 적용되는 규범들로 구성된다. 이러한 일반국제법의 규범은, 그 배제가 명시적으로 제공되지 않거나 또는 반드시 특별 규칙에 의해 암시되지 않는 한, 국제법의 모든 문제 영역에 적용된다. 크리스티안 토무샤트(Christian Tomuschat)에 따르면, 일반국제법에는 주권평등 원칙과 같은 "국제 법질서의 공리적 전제", 국가책임법과 같은 이러한 전제에서 거의 자동적으로 도출되는 체계적인 특징, 그리고 생존권(right to life)과 같은 널리 공유되는 가치가 포함된다.[41]

주권평등 원칙의 당연한 귀결로서, 국가는 다른 국가의 영토나 관할권을 벗어난 지역에 심각한 손해를 입히지 말아야 하며, 또한 관할권 하에서의 활동이 그러한 손해를 입히도록 허용하지 않을 의무가 있다. 관습국제법의 일부를 구성하는 "무해의 원칙(no-harm principle)"은 국제환경법의 "초석(cornerstone)"으로 널리 인식되고 있다.[42] 이 일반국제법의 규범은 기후변화의 상황과 관련이 있으며, 이에 따라 몇몇 국가는 저지대의 군소도서개발국(SIDS)의 영토보전,

---

40) Decision 1/CP.21, *supra* note 25, at paras. 134-135.

41) C. Tomuschat, "What is general international law?" http://legal.un.0rg/avl/ls/T0musch at.html# (accessed December 30, 2017) 참조.

42) Philippe Sands and Jacqueline Peel, *Principles of International Environmental Law*, 3rd edn (Cambridge University Press, 2012), at 191. ICJ, *The Legality of the Threat or Use of Nuclear Weapons*, Advisory Opinion of July 8, 1996, para. 29 또한 참조.

많은 국가들의 번영, 그리고 인류의 생존가능성을 위협하여 다른 국가들에게
심각한 피해를 끼치고 있는 대량의 온실가스 배출에 대해 대부분의 책임을 지
고 있다.

국제위법행위에 대한 국가책임에 관한 일반국제법은 기후변화와 관련이
있다. 국제법위원회(ILC)의 권위 있는 해석은 "국가의 모든 국제위법행위는 그
국가의 국제책임을 발생시킨다"고 밝혔다.43) 예를 들어, 무해의 원칙을 위반
하는 것과 같이 산업국가로부터 발생하는 과도한 온실가스 배출은 국제의무를
위반하는 것이다. 이러한 국가들은 특히 계속되는 국제위법행위를 중단하고
적절한 손해배상을 하는 의무를 포함하여 국가책임의 일반법에 따라 2차 의무
를 지닌다.44)

일반국제법의 다른 규범은 기후변화 또는 이에 대한 대응과 관련이 있다.
기후변화와 같이 지구적 성격의 문제를 다루기 위해 국가가 선의로(in good
faith) 협력해야 할 일반국제법의 의무가 있다. 더 나아가, 일반국제법은 각 국
가가 관할권 내 모든 사람을 보호하고, 기후변화의 심각성 증가에 따른 충격
에 심한 영향을 받는 경우와 같이 그들을 필요로 하는 다른 국가들에게 인도
주의적 지원 및 개발원조를 제공할 의무와 관련된다. 마지막으로, 국가주권 원
칙은 가장 적절한 완화 또는 적응 조치에 대한 국가적 결정에 특별한 존중을
표한다.

그러나 일반국제법의 관련 규범은 종종 잘못 정의되어 있다. 일부 규범들
의 관습적 특성으로 인해 내용에 대한 명확성을 제공하는 특별하고 권위 있는
서면진술을 찾아보기 어렵다. 예를 들어, 기후변화와 관련하여 무해의 원칙의
적용 방식을 정의하려고 할 때 많은 의문이 제기된다.

특정 상황에서 특별한 규칙을 채택함으로써 일반국제법의 적용을 배제할
수 있다. 그러나 기후변화를 다루기 위한 조약 조항이 존재한다고 해서 일반
국제법의 일반규범이 동일한 주제에 적용되는 것을 배제할 수는 없다.45) 국제

---

43) ILC, *Draft Articles on Responsibility of States for Internationally Wrongful Acts with
   Commentaries* in (2001) *Yearbook of the International Law Commission*, vol. Ⅱ, part
   two (이하 *Articles on State Responsibility*), art.1.

44) *Ibid.*, arts.30−31.

45) 예를 들어, ICJ, *Military and Paramilitary Activities in and against Nicaragua (Nicaragua
   v. United States)*, judgment of June 27, 1986, para. 174 참조.

법위원회가 해석한 일반법의 적용을 배제하는 특별법 우선의 원칙(*lex specialis derogate lege generali*)은 특별규범과 일반규범 사이에 "실제 불일치"가 있거나 "하나의 조항이 다른 조항을 배제한다는 분명한 의도"[46]가 있는 경우에만 적용된다. UNFCCC 체제는 그러한 불일치와 관련이 없으며, 또한 무해의 원칙 또는 국가책임에 관한 일반법의 적용을 배제하려는 합의된 의도는 없다. 그러므로 이 책의 후반부에서 더 자세히 논의되겠지만,[47] 무해의 원칙과 정도는 덜 하지만 국가책임에 관한 일반국제법의 준수를 증진시키기 위한 집단적 시도로서 UNFCCC 체제에 접근하는 것이 더 정확해 보인다.

IV. 본서의 개요

본서는 다양한 조약 규칙과 일반국제법의 규범뿐만 아니라 다양한 포럼에서 진행되는 발전 양상을 포함하여, 기후변화에 관한 국제법에 대한 포괄적인 개요를 제공하는 것을 목표로 한다.

제2장은 기후변화에 대한 국제협력을 정당화하고 지향하는 이론적 근거를 검토한다. 과학적 정보와 경제적인 논의를 넘어서, 기후변화에 대한 국제협력을 정당화하고 지향하는 다양한 문화적, 도덕적 서술을 강조한다. 제3장, 제4장, 제5장은 기후변화에 관한 국제법의 법원을 탐구한다. 제3장은 UNFCCC 체제에 대한 개요로 시작하며, 제4장은 다른 조약 체제에서 발생한 발전을 검토한다. 제5장은 일반국제법의 관련성에 관한 것이다. 마지막으로, 제6장은 기후변화에 관한 국제법의 중심 개념인 차등화(differentiation)에 대한 논의에 집중한다. 이것은 기후변화에 관한 국제법에 대한 영향을 문서화하기 전에 차등화의 근거와 관련된다.

제7장부터 제12장까지는 UNFCCC 체제 내에서 이루어지는 기술발전을 다른 체제 및 일반국제법 규범의 관점에서 기술발전을 논의하는 것을 통해 기후

---

46) *Articles on State Responsibility*, *supra* note 43, Commentary under Article 55, para. 4. ILC, *Fragmentation of International Law: Difficulties Arising from the Diversification and Expansion of International Law* (April 13, 2006), doc. A/CN.4/L.682, para. 88 또한 참조.

47) 더 자세히는, 본서 제5장, Ⅳ. 및 본서 제13장, Ⅰ. 참조.

변화에 관한 국제법의 목표별(goal-specific) 측면을 탐구한다. 따라서 제7장에서는 다른 조약에서 특히 국가적 공약을 문서화하면서 기후변화 완화를 일반적으로 촉진하려는 노력에 대해 논의한다. 제8장에서는 국가가 다른 국가의 영토 내에서 수행된 조치를 통해 완화 약속을 이행할 수 있는 유연성체제를 보다 구체적으로 살펴본다. 제9장은 인공 탄소흡수원을 만들거나 지구시스템 전체를 냉각시키기 위한 시도와 같은 지구공학에 관한 규범적 논쟁을 검토한다. 제10장은 기후변화 적응을 촉진하기 위한 노력으로 이 분야에서의 국제협력의 새로운 원칙을 제시한다. 제11장에서는 기후변화의 영향에 대한 배상(compensation)이라는 아이디어에서 맴돌고 있는, 아직 완전히 정의되지 않은 개념인 "손실 및 피해를 다루기 위한 접근법"에 대한 진행 중인 협상에 대해 살펴본다. 제12장에서는 재정지원, 기술이전 및 역량배양을 포함한 국제적 지원의 역할에 대해 논의한다.

후반부는 기후변화와 관련하여 다소 다르게 전개되는 국제법의 고전 주제와 관련이 있다. 제13장에서는 UNFCCC 체제가 국제법 하에서, 특히 무해의 원칙에 따라 의무를 준수하도록 장려하기 위한 노력으로 이해되어야 한다는 주장과 함께, 목표와 이행준수 문제를 탐구한다. 제14장에서는 국내법원뿐만 아니라 국제적인 차원에서 재판의 역할을 평가한다. 제15장은 기후변화에 관한 국제협력에서 비국가행위자의 역할이 증가하고 있음을 강조한다. 마지막으로, 제16장은 기후변화의 시기에 국제법의 변화에 대한 일반적인 논의로 마무리하고, 이 중대한 글로벌 위기를 다루면서 국제법이 변하지 않고 남아 있을 수는 없다는 것을 강조한다.

기후변화에 관한
국제행동의 이론적 근거

제2장
기후변화에 관한 국제행동의 이론적 근거

이 책의 나머지 부분에서 기후변화에 적용되는 실질적인 법을 분석하기 전에 이 장에서는 기후변화와 관련된 국제협력의 이론적 근거에 대해 우선 반추해 보고자 한다. 이론적 근거(rationale)란 특정 행동방침을 정당화하고 인도할 수 있는 담론이다. 현시점에서 기후변화에 대해 무언가를 해야 할 필요성은 명백하지만, 정확히 *무엇을* 해야 하는지, *누가, 어떻게, 어떤* 비용을 지불해야 하는지는 이러한 행동에 대한 이론적 근거의 이해에 달려 있다고 할 수 있다. 이 장에서 소개될 의욕적인 완화수준, 선진국과 개발도상국 간 차등화, 그리고 손실 및 피해를 다루기 위한 적응 및 접근법에 관한 국제적 지원의 필요성에 대한 논의들은 다음 장들에서 소개될 보다 기술적인 문제에 광범위한 영향을 미친다.

물론 기후변화는 개인뿐만 아니라 정부의 정당한 관심사이지만, 그에 대한 객관적인 "최상의" 기술적 해결책은 없다. 오히려, 예를 들어, 온실가스 배출량 감축, 흡수원 강화, 지구공학 그리고 기후변화의 영향에 적응하기 위한 다른 수준의 의욕 또는 다른 방법 사이에는 정당화할 수 있는 다양한 방식과 다양한 선택을 유도할 수 있는 많은 대안적 고려사항들이 있다. 마이크 흄름(Mike Hulme)은 다음과 같이 주장하였다.

기후변화는 '해결책'을 기다리는 '문제'가 아니다. 그것은 우리 자신, 우리 사회 및 지구상의 인류의 위치에 대한 우리의 사고방식을 재형성하는 환경적, 문화적, 정치적 현상이다.[1]

이러한 질문에 대한 보다 자세한 설명을 제공하기 위해 다음 절에서는 심리적, 사회적 및 정치적 수용 과정은 물론, 기후변화에 관한 국제행동의 정당화를 가능하게 하는 기후과학, 경제학 및 도덕 이론에 관한 내용을 살펴본다.

I. 과학의 역할

이전 장에서는 온실가스 배출이 전 세계 평균기온에 미치는 영향에 대해 자세히 설명하였다. 이러한 지식을 바탕으로, 종종 제기된 정치적 논쟁은 기후변화에 대한 조치를 단순히 '필요한(necessary)' 것으로 요구한다. 이러한 관점에서 기후변화에 대한 과학적 지식은 기후변화에 대한 행동을 결정한다. 이러한 견해는 언론과 이를 옹호하는 문서뿐만 아니라 국제적 정책문서에서도 자주 발견된다. 예를 들어, 2009년 12월에 채택되어 대부분의 국가에서 승인한 문서인 코펜하겐 합의문(Copenhagen Accord)은 지구 온도상승이 섭씨 2도 미만이어야 한다는 *과학적 견해*를 인정하였다.[2]

위 인용문은 구조적 결함에 의해 타당성이 없는 추론방식인 논리적 오류를 보여준다.[3] 과학만으로는 특정 행동을 강요할 수 없다. 과학은 우주를 이해하기 위한 연구방법이다. 과학은 우주가 어떻게 존재하는지 그리고 특정 조치에 어떻게 반응하는지를 밝히고자 한다. 과학만으로는 무엇이 실행되어야 할지 결정할 수 없다. 어떤 행동의 결과가 바람직한지 아닌지 평가할 수 없다. 기후과학은 지구 온도상승이 허용되는지를 말해줄 수 없다. 이러한 결정은 특정 가치와 이해관계에 근거해서만 가능하다.[4]

---

1) M. Hulme, *Why We Disagree about Climate Change* (Cambridge University Press, 2009) v.

2) Copenhagen Accord, in the annex of decision 2/CP.15 (December 18–19, 2009), para. 2. 이와 유사한 사례는 IPCC 보고서를 기후변화에 대처하기 위한 "긴급성"의 정당성으로 언급하는 decision 1/CP.13, "Bali Action Plan" (December 14–15, 2007), recital 5에서 찾아볼 수 있다.

3) 이러한 오류를 코펜하겐 합의문에 포함시킨 것은 명백히 이 합의의 성격에서 비롯되며, 협상기간이 길어짐에 따라 편집되지 않은 채 마감시간에 임박하여 초안이 작성되었다.

4) 살레말 후크(Saleemal Huq)는 따라서 다음과 같이 주장하였다: "많은 국가와 생태계에서 2도는 안전하지만, 그렇다고 모든 국가와 생태계가 안전하다고 단정 지을 수 없다." Helen Burley, "The climate negotiator" (International Institute for Environment and Development, Februaiy 15, 2016), www.iied.org/climate–negotiator (accessed December 30, 2017)

영국의 철학자 데이비드 흄(David Hume)은 규범적 진술(무엇을 해야 하는지에 대한 진술)은 사실적 전제(무엇인지에 대한 이해)만을 가지고 추론될 수 없다는 것을 보여주었다.[5] 그것은 규범적 전제나 가치(무엇이 되어야 하는지에 대한 이해)를 바탕으로 할 필요가 있다. 예를 들어, 흡연으로 초래된 피해가 흡연금지를 정당화하기에 충분하지 않다고 주장하는 것이다. 이러한 금지를 정당화하기 위해서는 도덕적 주장은 가치에 기댈 필요가 있다. 예를 들어, 개인의 자기결정권보다 공중보건이 지켜져야 한다는 이해가 필요하다. 흡연을 금지하는 결정은 상충되는 가치와 균형이 이루어져야 한다.

과학이 흡연의 부정적 영향을 오랫동안 입증해온 것처럼, 현재의 온실가스 배출이 지구 평균기온에 미치는 영향 또한 밝혀냈다. 그러나 과학은 이러한 결과가 바람직한지 아닌지를 알려주지 않는다. 이러한 과학적 사실을 해석하고 그 결과가 바람직한지 아닌지 평가하기 위해서는 가치가 필요하다. 일부 가치는 분명하고 충분히 합의된 것처럼 보이지만, 다른 가치와 충돌할 가능성이 있다. 예를 들어, 모든 사회는 공중보건의 가치를 인정하지만 공중보건의 가치가 다른 가치와 상충됨에 따라 흡연과 같은 문제에 대해서 다른 반응이 나타나기도 하였다.

마찬가지로, 인간사회 및 생태계에 심각한 피해를 입히지 않고, 극단적인 기후변화 시나리오의 위험을 줄이기 위해 기후변화에 대해 무언가 해야 한다는 사실은 명백해 보인다. 사실상 거의 모든 수치는 우리 자신의 삶을 위해서나 미래세대를 위해, 국가 또는 모두를 위해 그리고 인류 또는 지구상의 다른 형태의 생명체를 위해 그러한 시나리오를 피해야 함을 시사한다. 그러나 기후변화에 대처하기 위한 노력은 대가가 반드시 존재한다. 기후변화에 대처하기 위해 투자된 자원은 다른 목적으로 전환되며, 그 중 일부는 세계적인 빈곤이나 교육과 같은 정당한 문제를 해결할 것이다. 이러한 상반된 문제는 가치의 균형을 필요로 하는데, 기후과학은 이 과제에 부적합하다. 기후과학은 기후변화의 심각성과 속도에 따라 더 극적인 결과의 가능성이 증가한다고 밝히고 있지만, 이것만으로는 넘어서는 안 될 특정 기준값(threshold)을 보여주지 못한

참조.

5) D. Hume, *A Treatise of Human Nature* (Clarendon Press, 1896), book III, part I., section I. 참조.

다. 코펜하겐 합의문의 평가와는 달리, 담배연기에 노출되는 것을 얼마나 견딜
수 있을지 알려주지 못하는 것처럼 과학만으로는 "지구 온도상승이 섭씨 2도
미만이어야 한다"고 말할 수 없다.[6]

기후행동을 정당화하기 위한 타당한 규범적 논증은 삼단논법(syllogism) 형
태를 취해야 한다. 데이비드 흄(David Hume)이 지적했듯이, 이 삼단논법은 규
범적 진술로 결론을 내리려면 사실적 전제뿐만 아니라 규범적 전제와도 관련
될 필요가 있다. 즉, 그것은 과학뿐만 아니라 가치도 포함해야 한다. 공공장소
에서의 흡연 사례로 되돌아가면, "우리는 인간의 건강을 보호해야 하며, 공공
장소에서의 흡연은 인간의 건강에 해를 끼친다. 따라서 공공장소에서 흡연을
해서는 안 된다." 이러한 삼단논법의 형식적 표현은 다른 관점을 가진 사람들
을 설득하지는 못한다. 예를 들어, "우리는 개인의 자유를 보호해야 하며 흡연
은 개인의 자유를 행사하는 것이다. 따라서 공공장소에서 흡연할 권리는 보호
되어야 한다"라며 다른 가치에 근거한 다른 삼단논법으로 반박할 수도 있다.
그러나 형식적 추론은 의견 불일치의 원인 즉, 규범적 주장에 근거한 가치의
차이를 확인하여 논쟁의 조건을 명확히 하는데 도움이 된다. 공공장소에서의
흡연에 관한 합의는 더 나은 과학적 지식에서 찾아지는 것이 아니라, 공중보
건이나 개인의 자유와 같이 우리가 실제로 관심을 가지는 가치들을 더 잘 이
해함으로써 도달할 수 있다. 따라서 타협은 종종 필요할 것이다.

마찬가지로 기후변화에 대한 우리의 행동은 우리가 도덕적으로 옳다고 생
각하는 것에 달려 있다. 기후과학에 대한 동일한 이해를 바탕으로, 대안적 가
치들은 기후변화 행동에 대한 매우 다른 접근방식을 정당화할 수 있으며, 이
러한 접근방식은 어떠한 대가를 치르더라도 온실가스 배출을 완전히 멈추는
즉각적인 행동에서부터 무대응까지 다양하게 나타날 수 있다.

더 자세한 설명을 위해, 기후과학에 대한 동일한 이해를 근거로 하지만 완전
히 다른 도덕적 직관에 기초한 두 가지 극단적인 관점을 고려해 본다(표 2.1 참조).

---

6) 2℃ 목표설정의 해석에 대해서는, Piero Morseletto, Frank Biermann and Philipp Pattberg,
"Governing by targets: reduction ad unum and evolution of the two-degree climate
target" (2017) 17:5 *International Environmental Agreements: Politics, Law & Economics*
655; Reto Knutti *et al*, "A scientific critique of the two-degree climate change target"
(2016) 9 *Nature Geoscience* 13 참조.

표 2.1 기후변화에 대한 대안적인 규범적 주장

	윤리적 이기주의	심층 생태학
규범적 전제	자기이익을 극대화해야 한다	모든 생물이 생존하고 번성할 수 있는 동등한 권리를 존중해야 한다
사실적 전제	인위적인 온실가스는 지구 대기시스템에 영향을 미친다	
결론	가능하다면 매우 적은 완화 조치	인위적인 온실가스 배출량을 가능하다면 신속하게 중단시키기 위한 급진적인 노력

- 하나의 극단적인 관점은 윤리적 이기주의, 즉 "자기이익을 극대화하는 행동이 도덕적으로 옳아야 한다"는 급진적 윤리원칙을 바탕으로 한다.[7] 이 가치체계에 따르면, 결론이 우리에게 영향을 미칠 경우, 우리는 다른 사람들에게 미치는 피해만을 고려해야 한다. 개인은 자신의 이익 도모를 위해 타협하기로 결정하여 기후변화 완화를 위한 조치를 취할 수 있다. 그러나 미래세대와 비지능적인 생명체를 포함하여 타협 가능한 대상들에게 너무 먼 기후변화의 영향은 전적으로 무시될 것이다. 젊은 세대는 그들의 일생동안 극단적 기후변화 시나리오의 전개를 막고 개인의 이익을 도모하기 위해 기꺼이 협력할 수 있지만, 지구에 존재하는 생물에 대해 현재의 온실가스 배출이 미치는 장기적인 영향에 대해서는 관심이 없을 것이다.
- 다소 다른 급진적인 관점은 "심층 생태학(deep ecology)"운동에서 등장한 훨씬 더 엄격한 도덕적 직관에 기초한다. 심층 생태학은 인간중심주의의 입장을 가진 대부분의 윤리 원칙을 거부한다. 심층 생태학의 일부 이론은 모든 생명체가 동등한 내재적 가치를 지닌다는 "생명평등주의(biospherical egalitarianism)"의 개념을 지지한다. 이 관점은 모든 생물이 살고 번성할 동등한 권리에 영향을 미쳐 중대한 피해를 야기하는 인간활동을 배제한다.[8] 따라서, 이 가치체계 내에서 기후체계에 대한 중대한 인위적인 간섭은 수용될 수 없으며, 사실상 모든 산업부문의 온실가

---

7) Robert Shaver, "Egoism", *Stanford Encyclopedia of Philosophy* (Spring 2015), http://plato.stanford.edu/archives/spr2015/entries/egoism (accessed December 20, 2017).

8) 특히 Arne Naess, "The shallow and the deep, long−range ecology movement: a summary" (1973) 16:1−4 *Inquiry (Oslo)* 95 참조.

스 배출을 즉시 중단하는 급진적 조치가 내려질 것이다.

이러한 도덕적 직관은 광범위한 연속선상의 양극단에 놓여 있다. 보다 합리적인 규범적 전제는 인간의 발전에 불균형한 영향을 미치지 않으면서 온실가스 배출량을 신속하게 줄이는, 적정한 수준의 결론으로 이어진다. 그럼에도 불구하고, 위 예시들은 과학의 도덕적 중립성을 보여준다. 즉, 기후변화에 대한 동일한 과학적 이해에 기초하여, 다른 가치들이 기후체제에 대해 근본적으로 다른 관점을 형성할 수 있다. 과학이란 반드시 필요하지만 기후행동의 이론적 근거를 정의하기에는 불충분하다.

II. 경제학의 역할

경제학자들은 단순한 과학적 질문보다는 종종 집단행동 문제로서 기후변화에 접근한다. 집단행동 문제(Collective action problem)는 개인의 이익이 집단적인 차원에서 비이성적인 행동양식을 따르는 것을 말하며, 따라서 모두가 다르게 행동한다면 모두에게 더 나은 결과를 가져다줄 수 있다는 것을 의미한다.[9]

개럿 하딘(Garrett Hardin)은 1968년 "공유지의 비극"에 관해 기고한 논문에서 특정 집단행동 문제를 이론화하였다.[10] 그는 몇몇의 양치기들이 소를 먹일 수 있는 공유지가 있다고 가정한다. 각각의 양치기들은 자신의 이익을 극대화하기 위해 소를 늘리는 데 관심이 있다. 그러나 모두 그렇게 한다면 공유지의 과밀방목으로 인해 땅의 황폐화를 초래하고 가축을 잃을 수도 있다. 이 우화의 "비극적인" 부분은 양치기의 개인적인 합리성이 공공의 이익에는 부정적 영향을 끼치는 방식으로 행동하게 한다는 것이다. 각각의 양치기들이 가축의 수나 공유지의 사용을 제한한다면 더 많은 효용을 얻을 것이다.

공유지의 비극 이론은 많은 개별 행위자가 집단적 이해를 충분히 고려하지 않고 개인의 이익만을 추구할 때 발생하는 환경파괴와 같은 상황에 쉽게 적용된다. 남획이나 담수 자원의 고갈 혹은 다양한 폐기물의 축적이 그 예가 된다.

---

9) Mancur Olson, *The Logic of Collective Action* (Harvard University Press, 1965) 참조.

10) Garrett Hardin, "The tragedy of the commons" (1968) 162:3859 *Science* 1243.

1968년 하딘이 지적했듯이, 우리가 독립적이고 이성적이며 자유로운 경제 주체로서만 행동한다면 "우리 스스로의 둥지를 더럽히는 시스템(fouling our own nest)"에 갇힌 셈이다.[11]

이러한 집단행동 문제의 관점으로 기후변화에 접근할 수 있다. 개인으로서, 우리는 우리의 행동이 지구에 미치는 영향을 실제로 고려하지 않고, 우리 자신의 이익을 추구하거나, SUV 차량을 구매하거나, 다른 지역으로 비행할 때 많은 양의 온실가스를 배출한다. 마찬가지로 각 국가는 누적된 결과에 대한 충분한 고려 없이 근시안적인 국익을 추구하면서 비슷한 방식으로 행동하는 경향이 있다.

따라서 미국의 법학자이자 경제학자인 에릭 포스너(Eric Posner)와 데이비드 바이스바흐(David Weisbach)는 기후변화를 "공유지의 비극으로 알려진 광범위한 문제의 가장 중요한 사례"라고 묘사하였다.[12] 이들은 다음과 같이 설명하였다.

> 기후과학자들은 우리에게 대기가 도로나 어장과 같은 한정된 자원이라고 가르쳐 왔다. 따라서 사람들은 이산화탄소를 배출할 때마다 그들의 자원을 고갈시키지만 다른 사람들에게 가하는 피해에 대한 대가는 지불하지 않는다. 그 결과는 남용이다. 경제적 측면에서, 탄소배출은 "외부성(Externality)"이다. 즉, 다른 사람들에게 미치는 배출의 영향은 가격에 포함되지 않는다. 사람들이 지불하는 가격(사실상 0)은 실제비용보다 낮으므로 사람들은 너무 많이 사용한다.[13]

집단행동 문제를 해결하는 방법에는 여러 가지가 있으며, 이러한 방법들 모두 개인의 행동에 집단적 합리성(collective rationality)을 부여하려고 한다. 하딘 자신은 "도덕의 근본적인 확장(a fundamental extension in morality)"[14]을 요

---

11) *Ibid.*, at 1245.

12) Eric Posner and David Weisbach, *Climate Change Justice* (Princeton University Press, 2010) 42.

13) *Ibid.*

14) Hardin, *supra* note 10.

구하였다. 이는 모든 사람이 보다 자제하고 이타주의를 향한 노력을 하는 것을 의미한다. 예를 들어, 각각의 양치기가 사육할 수 있는 소의 수를 제한하는 하딘의 예와 같이 규제는 집단적 합리성을 부과하는 효율적인 방법일 수 있다. 이러한 규제는 중앙당국이나 지방당국, 또는 사회규제를 통한 지역사회로부터 비롯될 수 있다.[15] 온실가스 배출량을 줄이기 위한 자발적인 개인 또는 국가의 노력 외에도, 국내 이행조치에 따른 국제협정은 기후체계에 대한 인간 사회의 영향을 줄이기 위해 개인 또는 국가의 온실가스 배출량을 통제할 수 있다.

그림 2.1   기후변화 완화의 합리적인 감축 수준 결정

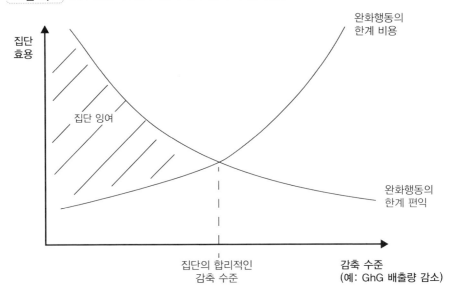

이러한 관점에서, 기후변화에 대한 국제협력은 전 세계 온실가스 배출을 집단적으로 합리적인 수준에서 제한할 방법을 모색해야 한다. 집단적 관점에서는 모든 사람의 만족을 최대화하는 것이 합리적이며, 경제학자들은 이를 집단효용(collective utility)이라고 부른다. 온실가스 배출을 억제하는 첫 번째 조치는 그들이 제공하는 편익과 비교할 때 상대적으로 저렴하지만 추가조치는 더 비용이 많이 들거나 더 적은 편익을 가져온다. 집단적 이익을 증가시키는 모

---

15) Elinor Ostrom *et al.*, "Revisiting the commons: local lessons, global challenges" (1999) 284:5412 *Science* 178 참조.

든 노력이 이루어지면 최대의 집단효용에 도달할 수 있고, 이때 추가적인 조치를 하는 것은 사회적 편익보다 더 많은 비용이 들게 된다. 다시 말해서, 집단적 최대효용은 기후변화를 완화하기 위한 한계비용이 그러한 행동의 한계편익과 동일한 목표 수준으로 나타난다(그림 2.1 참조). 완화행동의 비용은 예를 들어, 새로운 장비에 투자해야 하는 회사, 더 높은 가격을 지불해야 하는 소비자나 더 높은 수준의 경제발전 기회를 잃은 국가와 같이 이러한 행동의 결과로 발생하는 모든 손실을 나타낸다. 반면에 완화행동의 편익은 그러한 완화행동을 통해 피할 수 있는 기후변화 비용을 반영한다. 생명구조, 안정적인 생계, 재난의 미발생, 지속적인 식량생산, 미래세대의 번영 그리고 생물다양성 확보 등이 이에 해당한다. 완화행동의 비용이 피해야 할 피해비용보다 적은 한 완화행동을 취해야 한다고 경제학자들은 말한다.[16]

전통적인 경제학적 분석에 따르면, 기후변화의 국제행동에 대한 이론적 근거는 전 세계적 효용을 증가시키는 모든 노력이 이루어진 동일한 한계비용과 편익이 나타나는 지점에 의해 정의될 수 있다.[17] 그러나 이러한 추론은 원칙적으로 반박할 수 없고, 반복적이며 그것이 구체적으로 의미하는 바는 오히려 분명하지 않다. 특정 완화행동이 전 세계적인 효용을 증가시키는지 여부를 판별하려면 비용과 편익을 모두 공통된 단위로 평가할 수 있어야 한다. 완화행동의 비용은 비교적 쉽게 결정될 수 있지만, 그러한 행동의 편익을 평가하기 위해서는 더 큰 어려움이 있을 것이다. 이를 위해서는 특정 조치로 피할 수 있는 기후변화로 인한 영향의 특성을 결정하는 것뿐만 아니라 이러한 영향에 대한 객관적인 경제적 가치를 알 수 있어야 하는데, 이는 거의 불가능하다.

세계은행(World Bank)의 수석 이코노미스트였던 니콜라스 스턴(Nicholas Stern)은 기후변화의 경제학에 대한 권위 있는 연구인 "스턴보고서(Stern Review)"를 발표하였다.[18] 이 보고서는 "우리가 행동하지 않으면 기후변화의 총 비용과 위험은 매년, 앞으로도 계속해서 최소한 세계 GDP의 5% 이상을 잃는 것과 같다"고 예측하였다.[19] 이 수치는 기후변화의 경제적 가치가 객관적으로 평가될

---

16) Nicholas Stern, The Economics of Climate Change (Cambridge University Press, 2007) 26 참조.

17) *Ibid*. 또한 본서 제2장, I. 참조.

18) *Ibid*.

수 있으며, 기후변화를 완화시키는 조치로부터 얻는 편익을 평가할 수 있음을 시사한다. 그러나 스턴은 "더 넓은 범위의 위험과 영향을 고려하면 피해 추정 치가 세계 GDP의 20% 이상으로 증가할 수 있다"고 바로 덧붙였다.[20] 반면 IPCC의 마지막 평가보고서는 "산업화 이전 수준 대비~2.5°C의 온도상승에 대 한 전 세계 연간 경제적 손실은 소득의 0.2%~2.0%"라고 제시하였으며, 이러 한 추정치는 "부분적이며 중요한 개념적 및 경험적 한계에 의해 영향을 받는 다"는 점을 인식하고 있다.[21] 이러한 추정치들은 너무나도 유동적인 방법론적 가정에 의존하고 있어서, 기후변화가 인간사회에 크게 지장을 줄 것이라는 일 반적인 이해를 넘어서는 유용한 견해를 제시하지 못한다는 의문이 들 수도 있 다.[22]

경제학자들은 종종 기후변화를 피하는 것을 포함한 모든 것이 특정한 경제 적 비용이라고 여겨질 수 있다고 가정한다. 그러나 기후변화의 비용을 결정하 는 데는 적어도 네 가지 중요한 장애물이 있다. 첫째, 기후변화 비용을 결정하 기 위해서는 시장에 존재하지 않고, 어쩌면 있어서는 안 되는 것에 경제적 가 치를 부여해야 한다. 기후변화로 인한 손해의 대부분은 경제적 손실이 아니라 "비경제적" 인간 또는 환경적 손실로 구성될 수 있다. 인명 또는 생활조건(건 강, 문화, 정체성, 안보 등)의 손실과 환경파괴는 거래할 수 없기 때문에 경제적 가치로 쉽게 측정될 수 없다. 한 사람이 자신의 생명을 구하기 위해 지불할 준 비가 되었거나 정부가 사망률을 줄이기 위해 지불할 준비가 되어 있는 액수 (예: 도로 안전에 투자)는 개인 및 국가의 부에 달려 있다. 이것이 반드시 삶의 진정한 가치를 나타내지는 않는다. 우리 대부분은 가난한 사람들의 생명이 단 순히 그들이나 그들의 정부가 그들을 보호하기 위해 더 적은 돈을 지불할 수 있기 때문에 덜 가치가 있다는 생각을 받아들이기 힘들 것이다. 이것은 인간 의 삶과 존엄성이 본질적인 가치를 가지고 있고 거래될 수 없다는 공통적인

---

19) *Ibid.*, at xv.

20) *Ibid.*, at xv.

21) R.K. Pachauri *et al.*, *Climate Change 2014: Synthesis Report. Contribution of Working Groups* Ⅰ, Ⅱ *and* Ⅲ *to the Fifth Assessment Report of the Intergovernmental Panel ob Climate Change* (IPCC, 2015) 79, box 3.1.

22) Richard Mendelsohn, "Economic estimates of the damages caused by climate change" in John S. Diyzek, Richard B. Norgaard and David Schlosberg (eds.), *The Oxford Handbook of Climate Change and Society* (Cambridge University Press, 2011) 177 참조.

의무론적 이해에 위배된다.[23] 마찬가지로, 인간 외의 생명, 생물다양성 및 문화는 객관적인 경제적 가치에 영향을 미치지 않는다. 그것들은 사고팔 수 있는 것이 아니기 때문이다.

둘째, 기후변화 비용을 결정하려면 개인의 손실을 집계해야 한다. 단순한 경제적 손실조차도 서로 다른 사람들이 고통을 겪을 때는 간단한 덧셈으로 집계할 수 없다. 왜냐하면, 단순히 말해서 그 고통이 같지 않기 때문이다. 100달러라는 손해는 미국 억만장자나 방글라데시 농부에게 다른 의미를 갖는다. 경제적 손실에 대한 일률적인 집계는 전 지구적인 불평등에 대한 기후변화의 영향을 반영하지 못한다. 기후변화의 영향은 전 세계 빈곤층에 가장 심각하게 영향을 미치기 때문에 훨씬 더 도덕적으로 중요한 의미를 갖는다.

셋째, 기후변화의 비용을 결정하려면 수십 년, 수백 년, 심지어 수만 년에 걸쳐 계속 발생할 장래손실을 고려해야 한다.[24] 우리는 손실이 더 일찍 발생하는 것보다 더 늦게 발생하는 것을 선호하기 때문에, 경제학자들은 대개 장래손실에 할인율을 적용한다. 장래손실에 대한 평가의 할인율을 정의하려면 현재 및 장래손실의 상대적 가치를 평가해야 한다. 이 비율을 평가하거나, 고정비율인지 아니면 시간이 지남에 따라 변화해야 하는지를 결정하는 객관적인 방법은 없다. 그러나 이러한 문제는 기후변화의 가격을 추정할 때 가장 큰 영향을 미친다. 장래손실에 적용되는 할인율에 대한 다른 가정은 기후변화에 경제적 가치를 부여하려는 경제학적 연구들 사이에서 규모의 차이가 나타나는 이유를 설명한다.[25]

---

23) Henry Shue, "Environmental change and the varieties of justice" in Fen Osler Hampson and Judith Reppy (eds.), *Earthly Goods: Environmental Change and Social Justice* (Cornell University Press, 1996) 9 참조.

24) Peter U. Clark *et al.*, "Consequences of twenty-first-century policy for multi-millennial climate and sea-level change" (2016) 6:4 *Nature Climate Change* 360.

25) William D. Nordhaus, "A review of the Stem Review on the Economics of Climate Change" (2007) 45(3) *Journal of Economic Literature* 686, at 689 참조. Dieter Helm and Cameron Hepburn (eds.), *The Economics and Politics of Climate Change* (Oxford University Press, 2011); Navraj Singh Ghaleigh, "Economics and international climate change law" in Cinnamon P. Carlarne, Kevin R. Gray and Richard Tarasofsky (eds.), *The Oxford Handbook of International Climate Change Law* (Oxford University Press, 2016) 72; Richard S.J. Tol, *Climate Change: Economics Analysis of Climate, Climate Change and Climate Policy* (Edward Elgar, 2014) 참조.

마지막으로 기후변화 비용을 결정하려면 근본적인 불확실성과 실존적 위험을 고려해야 한다. 가능성을 평가할 수 있는 위험들이 있다. 예를 들어, 동전의 앞면과 뒷면은 동전을 던졌을 때 동등한 확률로 나타난다. 그러나 특정 사건의 가능성을 객관적이고 신뢰할 수 있는 방식으로 결정할 수 없는 상황도 있다. 수십 년에 걸친 집약적 연구에도 불구하고 과학자들은 긍정적인 피드백의 정도나 특정 티핑 포인트(tipping point)의 가능성을 합리적으로 확실하게 예측할 수 없었다.[26] 이러한 위험은 발생가능성이 알려진, 측정 가능한 위험이 아닌, 본질적인 불확실성으로서, 개연성을 확실하게 평가할 수 없다. 그러나 이러한 알려지지 않은 일부 위험은 심각한 결과를 가져올 수 있다. 인위적 온실가스 배출이 문명과 생명체를 위협하는 심각한 영향 또는 급격한 기후변화의 시나리오를 촉발하는 것을 배제할 수 없다. 그리고 제대로 평가되지 못한 실존적 위험에 대한 혐오를 비용으로 측정할 수 있는 객관적 방법은 없다.

기후변화에 경제적 가치를 부여하려는 연구는 종종 고려할 수 있는 한 많은 것을 고려하고자 한다. IPCC가 언급한 바와 같이, 이러한 많은 추정치는 "대규모 특이 현상 및 비가역성, 티핑 포인트 및 기타 중요한 요소, 특히 생물다양성의 상실과 같은 수익창출이 어려운 요소의 가능성을 설명하지 않는다."[27] 그 결과, 이러한 연구는 기후변화 대응의 편익에 대한 매우 일부분의 비전만을 제시한다. 기후변화에 대한 보다 총체적 평가는 위에서 설명한 네 가지 문제를 다루는 경제 데이터보다 더 많은 것을 고려해야 한다. 삶과 생활조건, 평등의 형태, 문명의 미래와 지구의 생명체, 그리고 위에 언급한 모든 것에 대한 근본적인 불확실성 등과 같은 우리가 가치를 두는 방식을 살펴봐야 한다. 이러한 질문은 경제학적 연구만으로는 해결할 수 없으며, 다양한 문화적, 도덕적 관점과 관련된 진정한 정치적 숙의(political deliberations)에 의존해야 한다.

26) T.F. Stocker *et al.*, "Technical summary" in T.F. Stocker *et al.* (eds.), *Climate Change 2013: The Physical Science Basis. Contribution of Working Group I to the Fifth Assessment Report of the Intergovernmental Panel on Climate Change* (Cambridge University Press, 2013), 33, at 50.

27) Pachauri *et al, supra* note 21, at 79, box 3.1.

III. 도덕적 관점

대부분의 가치시스템은 최소한 우리와 미래세대를 위한 환경보존의 중요성과 동시에 취약한 대상의 보호를 인정한다. 그러나 이러한 정당한 고려사항은 각 요소에 중점을 두어 다양한 방식으로 표현될 수 있으며, 기후변화에 대한 국제행동의 필요성에 대한 다양한 접근법으로 나타난다. 예를 들어, 환경의 본질적 가치 보호에 대한 우려와 미래세대를 위한 고려 사이의 균형을 맞추는 객관적인 방법은 없다. 부유한 사람들은 미래세대의 운명에 대해 차분하게 생각할 기회가 있지만, 극심한 빈곤에 갇혀 있거나 잔인한 전쟁 또는 반복되는 자연재해의 희생자인 사람들에게 그러한 생각은 사치일 뿐이다. 그들에게 기후변화 문제는 우선순위에서 밀릴 수밖에 없다. 따라서 도덕 철학자와 다수의 시민사회 단체는 "기후정의(climate justice)"라는 개념을 세우고 정의하려고 시도하였는데, 기후변화의 맥락에서 정의에 대한 다양한 대안적이고 타당한 접근법이 존재하는 것으로 보인다.[28] 이 논쟁은 결정적인 처방보다는 고려해야 할 네 가지 도덕적 문제, 즉 교정적 정의, 분배적 정의, 세대 간 정의 및 환경적 정의를 강조하였다.

A. 교정적 정의 (Corrective Justice)

기후변화는 교정적 정의에 대한 의문을 제기한다. 교정적 정의는 개인이 자신의 잘못된 행동의 결과로 다른 사람에게 초래된 피해를 배상할 의무가 있다는 널리 알려진 원칙을 말한다. 이 원칙은 전 세계의 도덕체계뿐만 아니라 법률, 특히 형사책임 및 불법행위법의 근간 중 하나로 인식되고 있다. 프랑스 민법전은 가능한 한 넓은 의미의 용어를 사용하여 "다른 사람에게 피해를 주

---

28) Stephen Gardiner and David A. Weisbach, *Debating Climate Ethics* (Oxford University Press, 2016); Denis Arnold (ed.), *The Ethics of Global Climate Change* (Cambridge University Press, 2011); Lukas H. Meyer, "Climate justice and historical emissions" (2010) 13:1 *Critical Review of International Social & Political Philosophy* 229; Chuk-wumerije Okereke, "Climate justice and the international regime" (2010) 1(3) *Wires Climate Change* 462; Alyssa R. Bernstein, "Climate justice" in Deen K. Chatterjee (ed.), *Encyclopedia of Global Justice* (Springer, 2011) 144; Lukas H. Meyer and Pranay Sanklecha (eds.), *Climate Justice and Historical Emissions* (Cambridge University Press, 2017) 144; Lukas H. Meyer and Pranay Sanklecha (eds.), *Climate Justice and Historical Emissions* (Cambridge University Press, 2017) 참조.

는 어떤 행동이든, 그 잘못의 원인이 있는 사람은 그에 대한 배상을 할 책임을 진다"라고 주장한다.[29] 비슷한 원칙은 국가책임법에 대한 국제관습법에서도 인정된다.[30]

기후변화는 거대한 인위적 온실가스 배출에 기인하며, 대부분은 소수의 산업국가에 의해 발생한다. 그 영향은 종종 이러한 온실가스 배출량으로부터 가장 적은 혜택을 받는 가장 취약한 인구에 불균형적으로 영향을 미친다. 따라서 거대한 인위적 온실가스 배출에 책임이 있는 사람들이 기후변화의 영향으로 피해를 받는 사람들에게 손해배상하게 하는 도덕적 주장이 제기될 수 있다. 이러한 주장은 대안적으로 개인의 손해에 대해서 개인에게 책임을 부과하는 개인의 차원에서, 일부 주요 산업 내 기업에게 책임을 부과하는 기업의 차원에서 또는 다른 국가에 의해 혹은 다른 국가 내에서 발생한 손해에 대해서는 국가 차원에서 이루어질 수 있다. 이러한 주장은 도덕적 근거뿐만 아니라 법적 근거에 의해서도 이루어질 수 있는데, 국내적인 차원에서는 불법행위법 또는 그와 기능적으로 동등한 법률에 근거할 수 있고, 국제적인 차원에서는 국제법상 국가책임법에 근거할 수도 있다.

이러한 주장은 일반적으로 피해를 초래하는 행위가 잘못되었다고 가정한다.[31] 미래세대와 생태계에 영향을 미치면서 전 세계의 다른 사람들에게 큰 해를 끼치는 막대한 양의 온실가스를 배출하는 것은 도덕적으로 잘못이라는 것은 명백하다. 그것은 일반국제법 하에서의 국가의 의무와 일치하지 않을 수 있다.[32] 그럼에도 불구하고, 동시에 온실가스 배출자의 잘못된 정도와 각각의 책임을 정의하는 데 어려움이 있다. 일부 온실가스 배출이 부당하지 않거나 특정 상황에서 용납이 된다고 합리적으로 주장할 수 있다. 따라서 예를 들어,

---

29) French Civil Code (Georges Rouhette and Anne Rouhette−Berton trans.), art.1382.

30) ILC, *Draft Articles on Responsibility of States for Internationally Wrongful Acts with Commentaries* in (2001) *Yearbook of the International Law Commission*, vol. Ⅱ, part two (이하 *Articles on State Responsibility*).

31) 그러나 위법행위는 원상회복의무를 발생시키는 유일한 상황이 아니다. 대다수의 법체계에 의해 책임(responsibility) 또는 배상의무(liability)는 특정한 위법행위 없이도 위험을 감수함으로써 타인에게 영향을 미치는 경우가 생길 수 있다고 본다. 예를 들어, ILC, *Draft Principles on the Allocation of Loss in the Case of Transboundary Harm Arising out of Hazardous Activities*, in (2006) *Yearbook of the International Law Commission*, vol. Ⅱ, part two 참조.

32) 본서 제5장, Ⅰ. 참조.

우리가 이 과정을 통해 이산화탄소를 끊임없이 배출하더라도 호흡에 대하여 합리적으로 비난받을 수 없다. 또한, 기본적인 수준의 발전을 추구함으로써 정당화되는 온실가스 배출 역시 납득되는 것처럼 보일 수 있다. 헨리 슈(Henry Shue)는 허용 가능한 "생계형 배출(subsistence emissions)"과 잘못된 "사치형 배출(luxury emissions)"의 구별을 제안하였다.[33] 그러나 무엇이 생계를 위해 정당한지 아닌지를 구별하는 것은 특히 어려울 것이다. 이분법적 논리를 취하기보다는 어떤 추가적인 배출단위가 그 이전 배출단위보다 약간 더 잘못되었다고 보는 것이 더 합리적일 수 있다.

기후변화가 논의되기 전이나 기후변화의 원인과 심각성에 대한 명확한 과학적 합의가 없었던 시기에 발생한 역사적 온실가스 배출의 부당성에 대해 의문을 제기할 수도 있다. 이 주장의 타당성은 확실하지 않다. 도덕이든 법이든, 인식(knowledge)이 항상 잘못된 책임에 필요한 요소로 간주되는 것은 아니다. 불법행위법은 유추를 통해서, 종종 특정 상황에서 책임을 물을 충분한 근거로서 과실(negligence) 또는 위험을 감수한 것을 인정한다. 결과에 대한 인식이 없으면 책임이 발생하지 않는다는 사실을 인정한다면, 과학적 합의가 한 번에 나오는 것은 아니기 때문에, 역사적 온실가스 배출에 대한 책임의 시작점을 결정하는 것은 어려울 것이다. 여기서도 특정 시점에서 경계선을 긋기 위한 객관적인 근거는 없다.

B. 분배적 정의 (Distributive Justice)

교정적 정의 외에도 기후변화는 기존의 분배적 정의의 문제를 부각시키거나 혹은 악화시킨다. 분배적 정의는 공동체에서 개인들 사이의 재화분배와 관련이 있다. 세계화 시대에, 분배적 정의에 대한 고려는 국가를 넘어 개인 간 재화분배와 관련한 지구적 정의와 국가 간 재화분배와 관련한 국제적 정의의 문제로 점차 옮겨지고 있다. 세계의 불평등이 심화되는 상황에서, 세계의 부유층은 생존과 번영에 필요한 기본 자원에 대한 접근이 어려운 사람들에 대해 무거운 의무를 진다.[34] 재분배는 모든 사람이 가장 기본적인 권리를 누리고

---

33) Henry Shue, "Subsistence emissions and luxury emissions" (1993) 15:1 *Law & Policy* 39.

34) Thomas Pogge, *World Poverty and Human Rights: Cosmopolitan Responsibilities and Reforms* (Blackwell, 2002) 참조.

인간의 존엄성을 정당하게 존중받기 위해 필수적이다.

　기후변화의 영향과 관련하여서도 분배적 정의의 문제가 제기될 수 있는데, 이는 종종 자국민을 보호할 자원이 거의 없는 개발도상국에 불균형하게 영향을 미치기 때문이다. 분배적 정의는 재난으로 피해를 입은 사람들 또는 더 광범위하게 도움이 필요한 사람들에 대한 지원의무(duty of assistance)를 제안할 것이다.35) 이러한 주장은 기후변화에만 국한된 것이 아니라 도움이 필요한 누구에게나 적용된다. 교정적 정의 논쟁과는 달리, 지원의무는 잘못된 행위에 대한 인과적 속성과 관련이 없기 때문이다. 그러나 국제적 연대의 실천이 현재까지 제한적이었다고 주장하는 것은 적절하지 않다. 다만 역사적 경험을 바탕으로, 분배적 정의 논쟁만으로는 막대한 국제적 지원을 촉발할 것 같지는 않다.36)

　또한 분배적 정의는 기후변화 완화와 관련하여 각각의 행위자인 국가, 기업 또는 개인이 각자의 의무를 결정하는 것과 관련이 있다. 예를 들어, 모든 개인은 같은 양의 온실가스를 배출할 권리가 있다고 주장될 수 있다. 일부 구분은, 예를 들어, 국가적 의무를 고려할 때, 특정 에너지 소비가 필요한 지리적 또는 기후적 상황(예: 장거리 여행, 냉난방의 과도한 사용) 또는 재생가능 에너지의 이용가능성에 대한 관련 고려사항에 근거할 수 있다. 국가의 재정적 능력과 발전에 불균형적으로 영향을 미치지 않으면서 신속한 완화조치를 취할 수 있는 능력도 반드시 고려되어야 한다.37) 그러나 여기서 다시, 이러한 논쟁은 기후변화로 인한 국제협력의 차등화에 대한 오랜 국제협상에서 알 수 있듯이 무수히 전개될 수 있다.38)

---

35) 따라서 교정적 정의의 유효성을 끊임없이 거부한 선진국의 존재에도 불구하고 분배적 정의에 대한 논쟁은 종종 국제협상 무대에서 중요한 역할을 해왔다. 본서 제10장(적응), 제12장(지원) 참조.

36) 따라서 기후변화와 관련하여 제공되는 대부분의 지원은 개발도상국을 대상으로 한 적응에 대한 지원보다는 기후변화 완화에 대한 국제행동을 강화하고자 한다. 본서 제12장 참조.

37) Henry Shue, "Global environment and international inequality" (1999) 75:3 *International Affairs* 531 참조.

38) 본서 제6장 참조.

C. 세대 간 정의 (Intergenerational Justice)

기후변화는 미래세대에 대한 현재세대의 의무에 질문을 제기한다. 사실상 스테판 가디너(Stephen Gardiner)가 "현시대의 횡포(Tyranny of the Contemporary)"라고 불렀던 기후변화보다 세대 간 불평등에 대한 명확한 예는 거의 없다.[39] 오늘날 배출되는 대부분의 온실가스는 수백 년 또는 수천 년 동안 대기권에 남아있을 것이다. 행성계가 대기의 화학적 성질의 갑작스런 변화에 대한 느린 조정과정을 시작함에 따라 오늘날의 온실가스 배출의 영향은 앞으로 수십 년 또는 몇 세기 안에 나타날 것이다. 결과적으로, 미래세대는 온실가스 배출에 드는 비용을 더 많이 부담하게 될 것이다. 이들의 존재는 극단적인 기후변화 시나리오의 전망에 의해 위협받고 있다.

미래세대에 대한 우리의 의무는 무엇인가? 각 사회마다 이 질문에 대해 다른 접근법을 가지고 있다. 전통적인 사회는 일반적으로 현대사회보다 미래세대에 더 중점을 둔 것으로 묘사된다. "지속가능한 개발"에 관한 담론은 미래세대가 현대사회에서의 논쟁을 다시 돌아보게 만드는 데에서 비롯된다. 따라서 지속가능한 발전은 "미래세대가 그들의 필요를 충족시킬 능력을 저해하지 않으면서 현재세대의 필요를 충족시키는 발전"으로 정의되었다.[40] 그러나 이것은 다양하게 해석될 수 있어 다소 모호하고 추상적으로 보인다.

다중편향(multiple biases)은 현재세대에 유리하게 작용한다. 미래세대는 현재 토론에 참여하지 않기 때문이다. 기후변화로 인한 장래손실 평가에 할인율을 적용하는 것은 미래세대에 가해지는 손실을 설명하기가 어렵다는 것을 반영한다.[41] 마찬가지로, 기술적 진보에 대한 믿음은 때때로 기후변화에 대처하는 조치를 연기하는 것에 유리하게 작용한다. 예를 들어, 일부 대체 에너지원이 곧 경제적으로 실현가능할 수 있다는 달성하기 힘든 근거에 기반한 것과 같은 것이다. 온실가스가 대기 중에 축적되는 동안 현재세대는 미래세대에게 기후변화의 완화뿐만 아니라 그 영향에 적응해야 하는 더 어려운 과제를 만들

---

39) Stephen Gardiner, *A Perfect Moral Storm: The Ethical Tragedy of Climate Change* (Oxford University Press, 2011) 143.

40) WCED, *Our Common Future* (Oxford University Press, 1987). 지속가능한 발전 원칙에 대해서는 본서 제5장, II.A. 참조.

41) *supra* note 25 참조.

어내고 있다.

D. 환경적 정의 (Environmental Justice)

마지막으로 기후변화는 환경적 정의와 관련된 질문을 제기한다. 여기에는 환경재(environmental goods)에 적용되는 교정적 및 분배적 정의에 대한 질문뿐만 아니라 환경과의 관계, 특히 지구상의 다른 형태의 생명체와 관련된 질문도 포함된다. 일부 환경윤리학자들은 우리가 환경을 보호할 의무가 있으며 또는 최소한 반드시 필요한 것 이상으로 환경에 해를 끼치지 말아야 할 의무가 있다고 제안한다.[42] 따라서 동물과 식물뿐만 아니라 생태계 전체가 도구적인 가치(인간사회를 위해 갖는 또는 가질 수 있는 역할)뿐만 아니라 내재적인 가치를 가진다. 즉, 생태계는 그 자체만으로도 보호받거나 최소한 존중되어야 한다.

윤리적 논쟁의 이러한 측면은 자주 보여진다. 따라서 기후변화의 영향에 대한 연구는 일반적으로 인간사회를 중심으로 이루어진다. 종종 환경에 대해 "생태계 재화(ecosystem goods)" 또는 "생태계 서비스(ecosystem services)"와 같은 인간중심적 개념을 통해 접근하는데 이는 그 도구적 가치로만 인정된다.[43] 이것은 종종 기후변화가 지구상의 인간 외의 생명체에 심각한 타격을 주고 있으며, 많은 종들이 환경변화에 적응할 수 없기 때문에 점점 더 그렇게 될 것이라는 사실을 숨기고 있다. 워런(Warren)과 동료들은 기후변화 완화 노력이 없다면 식물 종의 57%와 동물 종의 34%가 2080년대까지 생존 가능한 기후범위(climatic range) 절반 이상을 잃을 것이라고 제시하였다. "이는 세기 말까지 생물다양성과 생태계 서비스의 실질적인 전 세계적 감소에 해당한다."[44] 적절한 완화 노력이 없는 상태에서 21세기 말 이후에 지구상의 인간 외의 생명체에 어떤 일이 일어날지에 대한 연구는 아직 찾을 수 없다.[45]

---

42) Naess, *supra* note 8 참조.

43) Pachauri *et al.*, *supra* note 21, at 122 참조. 생태학적 서비스를 "개인이나 거시적 범위의 사회에 금전적 또는 비금전적 가치를 갖는 생태학적 과정 또는 기능"으로 정의하였다. 이 접근법은 자연이 유용한 부분을 자연의 다른 부분과 인위적으로 구별하여 자연이 상호의존적인 전체라는 사실을 무시한다. 자연환경의 다른 측면이 피해를 입으면 생태학적 서비스가 직접적이고 예측할 수 없는 방식으로 방해될 수 있다.

44) R. Warren *et al.*, "Quantifying the benefit of early climate change mitigation in avoiding biodiversity loss" (2013) 3:7 *Nature Climate Change* 678.

45) Stocker *et al.*, *supra* note 26, at 1029 참조. 기후변화로 인한 생물다양성에 대한 "장기

IV. 심리적, 사회적 그리고 정치적 장애물

기후변화를 해결해야 할 필요성에 대한 과학적, 경제적, 도덕적 주장은 국제문제의 수행에 영향을 미치지만, 기후변화에 관한 국제법을 직접적으로 구성하지는 않는다. 오히려 이러한 주장은 일련의 심리적, 사회적, 정치적 과정을 통해 전달되고 필터링 된다.[46] 평화에 대한 논쟁과 마찬가지로 기후변화에 대한 논쟁은 종종 이러한 복잡한 과정을 통해 무시된다.

미국과 같은 일부 사회에서는 기후변화에 대한 거부가 강력한 경제적 이익에 의해 강화되어 여전히 영향력이 있다.[47] 다른 곳과 마찬가지로 기후변화에 대한 논쟁은 거부라는 심리적 과정을 통해 걸러진다. 즉 간단한 해결책이 없거나 급박한 개인적 위험이 없는 경우 문제를 오히려 '잊어버리기' 쉽다.[48] 전세계적으로 평균적인 기상조건이 느리게 변화하기 때문에 기후변화는 일상생활에 영향을 미치지 않는다. 제러드 다이아몬드(Jared Diamond)는 "잠행성 정상상태(Creeping Normalcy)"를 통해 발생하는 위기가 해결되지 않은 채 남아있으면서, 과거의 많은 문명을 붕괴시키는 현상을 기록하였다.[49] 온실가스가 대기에 축적되는 느린 과정으로 인해 기후변화 위기는 행동에 대한 지원을 유발할 "긴급함이 결여되어 있다."[50] 국가가 테러의 임박한 위험을 해결하거나 국가안보를 보장하기 위해 상당한 자원을 쏟는 동안 기후변화에 의해 야기된 중대한 위험은 기후변화에 기인하는 눈에 띄는 사건이 없기 때문에 공적 논의에

적인(2030년까지)" 영향에 대한 어떠한 언급도 없다.

46) Neta Crawford, "Homo politicus and argument (nearly) all the way down: persuasion in politics" (2009) 7:1 *Perspectives on Politics* 103; Martha Finnemore and Kathiyn Sikkink, "International norm dynamics and political change" (1998) 52:4 *International Organization* 887; Thomas Risse, "'Let's argue!': communicative action in world politics" (2000) 54:1 *International Organization* 1 참조.

47) Riley E. Dunlap and Aaron M. McCright, "Organized climate change denial" in John S. Dryzek, Richard B. Norgaard and David Schlosberg (eds.), *The Oxford Handbook of Climate Change and Society* (Oxford University Press, 2011) 144.

48) Kane Marie Norgaard, "Climate denial: emotion, psychology, culture, and political economy" in Dryzek *et al.* (eds.), *supra* note 47, 399.

49) Jared M. Diamond, *Collapse: How Societies Choose to Fail or Succeed* (Penguin, 2011) 425.

50) Anthony Leiserowitz, "Climate change risk perception and policy preferences: the role of affect, imagery, and values" (2006) 77:1－2 *Climatic Change* 45.

서 너무 자주 간과된다.[51] 서서히 진행되는 위기는 어떤 특정한 날에도 기사화되지 않으며, 정치적 의제로 구체화되지 않는다.

따라서 기후변화 행동에 대한 정치적 주장이 성공하기 위해서는 많은 장벽을 극복해야 한다. 스테판 가디너(Stephen Gardiner)가 언급했듯이 "우리가 매우 중대한 윤리적 위기에 직면하였다는 것을 받아들이더라도, 우리의 결심은 현존하는 정치 구조에서는 설득력이 떨어진다."[52] 기후변화의 가장 영향을 많이 받는 사람들, 종종 소외된 사람들은 전 세계적 온실가스 배출과 온실가스 배출이 규제되는 과정에 가장 영향을 적게 미칠 수 있는 사람들이라고 할 수 있다. 민주주의 국가의 선거 과정은 구조적으로 국제협력에 더 책임감 있는 접근방식을 추구하는 후보자보다는 국익을 보호하는 후보자를 선호한다. 미래세대와 인간 외의 생명체는 결코 직접적으로 대표되지 않는다. 이렇게 불평등한 공론장은 기후변화에 대해 현실안주적이고, 이기적이며, 역사를 망각하게 하는 담론을 가능하게 할 수 있다. 즉, 서구국가들이 아무것도 할 수 없을 때 무언가를 하겠다는 의지를 강조하면서 훨씬 더 많은 도덕적 의무를 강조한다. 더 의욕적인 기후행동에 대한 논쟁이 언젠가 성공할 수 있는 것은 점진적인 인식 제고와 교육 과정을 통해서만 가능하다.

V. 결론

기후변화에 대한 국제행위의 이론적 근거는 과학자, 경제학자 또는 도덕철학자들에 의해 개별적으로 정의되지 않는다. 또한 어느 분야의 전문가들이 결정할 수 있는 유일한 최상의 기술적 해결책도 없다. 기후변화에 대응하여 올바른 행동방침을 결정하려면 환경보호 및 개발, 현재와 미래세대의 관심, 인류발전의 진전 및 인간 외 생명의 본질적 가치 존중, 그리고 재앙이 일어날 작은 가능성을 받아들이거나 안전한 선택을 하는 것 등이 필요하다. 그러한 선택은 적절한 과학적 및 경제적 고려 사항을 기반으로 해야 하지만, 과학 또는 경제

---

51) Cass R. Sunstein, "On the divergent American reactions to terrorism and climate change" (2007) 107:2 *Columbia Law Review* 503 참조.

52) Gardiner, *supra* note 39, at 301.

학만으로는 우리 사회가 기후변화에 대해 무엇을 해야 하는지 결정할 수 없다. 대신 문화적, 도덕적 관점에 근거한 정치적 숙의에 따라 각 공동체의 행동 의지가 결정된다. 이러한 숙의는 비이상적인 상황에서도 발생하며 다양한 심리적, 정치적 장애물에 의해 방해받는다.

위에서 언급한 교정적 정의, 분배적 정의, 세대 간 정의 및 환경적 정의에 관한 윤리적 주장은 사람들에 의해 논쟁되고 다른 사람들에 의해 다르게 해석된다. 어떤 사람들에게는 기후변화에 대처하는 것이 "빈곤층에 대한 부유층의 침략행위(an act of aggression by the rich world against the poor one)"[53]를 다루는 것이다. 다른 사람들에게는 "기후체계의 위험한 인위적 간섭"[54]을 피하려고 하는 것으로, "자연 생태계와 인류에게 부정적인 영향을 미치고,"[55] "지속 가능한 발전을 달성할 수 있는 모든 국가의 능력을 훼손하는 것이다."[56] 왜냐하면 다른 사람들에게는 이것이 "어머니 지구(Mother Earth)"의 고유한 권리를 침해하는 것이기 때문이다.[57] 기후변화에 대한 국제행위를 정당화할 수 있는 단일화된 담론은 존재하지 않는다. 오히려 다양한 견해를 인정하고 가능한 한 기후변화에 관한 국제법에 수용되어야 할 것이다.

---

53) Y. Museveni, President of Uganda, cited in "Diying up and flooding out" *The Economist* (May 10, 2007).

54) United Nations Framework Convention on Climate Change, May 9, 1992, 1771 *UNTS* 107 (이하 UNFCCC), art.2. UN General Assembly Resolution 70/1, "Transforming our world: the 2030 Agenda for Sustainable Development" (September 25, 2015), para. 14.

55) *Ibid.*, recital 3.

56) UN General Assembly Resolution 70/1, "Transforming our world: the 2030 Agenda for Sustainable Development" (September 25, 2015), para. 14.

57) World People's Conference on Climate Change and the Rights of Mother Earth, Universal Declaration on the Rights of Mother Earth (April 22, 2010). 세계 어머니 지구 권리선언(The Universal Declaration on the Rights of Mother Earth)은 "지구의 인민과 국가(the peoples and nations of Earth)"를 대표해 볼리비아 정부가 조직한 시민사회와 정부의 지구적 모임에서 채택된 선언이다.

UNFCCC 체제
(리우에서 파리까지)

제3장
UNFCCC 체제 (리우에서 파리까지)

　기후변화에 관한 국제법은 가장 먼저 일련의 국제기후협정으로 구성된다. 이 장은 교토의정서와 파리협정뿐만 아니라 코펜하겐 합의문과 칸쿤합의를 포함한 UNFCCC 체제하에서 구성된 체제에 대해 포괄적인 설명을 제공한다. 다음 장은 다른 비특정(non-specific) 조약체제하에서 관련 진전을 다루고 제5장은 일반국제법의 관련 규범을 탐구한다.

　UNFCCC 체제는 기후변화에 관한 국제법의 가장 분명한 구성요소다. 이 체제는 기후변화에 대응하기 위해 채택된 조약과 더불어 이행을 촉진하기 위해 이 조약의 당사국들이 내린 결정으로 구성된다. UNFCCC 체제는 여러 주요 이해관계자의 양립할 수 없는 기대에도 불구하고 합의를 달성하기 위해 어렵고 장기적인 국제협상을 통해 발전하였다. 유럽 국가들은 완화 노력을 더 강화하고자 하고, 개발도상국은 선진국의 책임을 지적한다. 미국은 그러한 책임을 완전히 부정하고, 산유국은 화석연료의 소비 감축에 대해 적대적이며, 군소도서개발국은 더 높은 수준의 목표설정을 요구한다. 25년에 걸친 장기 국제협상은 부분적인 성공만을 거두었고 참여자와 옵저버들 사이에서 불만이 커졌다. 파리협정은 새로운 희망을 불러 일으켰지만 그 효과는 아직 불확실하고 적용방식에 대한 많은 의구심이 남아 있다. 2017년 6월, 도널드 트럼프(Donald Trump) 미국 대통령이 파리협정에서 미국의 참여를 철회하기로 결정하였고, 이는 기후변화에 대한 국제협력을 조율하는 것이 어렵다는 것을 다시 한 번 보여준다.

　본 장은 시간적 순서에 따라 UNFCCC, 교토의정서, 도하개정, 코펜하겐 합의문 및 칸쿤합의, 파리협정과 같은 국제기후협정의 주요 성과를 탐구한다. 연속적인 협정들의 가장 두드러진 특징들만 여기에 제시된다. 다른 장에서는 완화, 적응, 손실 및 피해, 그리고 지원을 포함한 특정 협력분야에 대해 설명한다.[1] 표 3.1은 이 장에서 논의된 시간 순서에 따른 협정의 여러 진척사항에 대해 전반적인 설명을 제공한다.

표 3.1 UNFCCC 체제 발전의 이정표

일시	사건
1990년 10월 26일	*기후변화 : IPCC 과학평가보고서*[a] 발간 - 제1차 평가보고서의 일환으로 기후변화에 관한 정부 간 협의체(IPCC)의 첫 번째 실무그룹이 작성한 보고서
1990년 12월 21일	유엔총회는 기후변화에 관한 기본협약(INC/FCCC)을 위한 정부 간 협상위원회를 설립
1992년 5월 9일	INC/FCCC는 1994년 3월 21일 발효된 유엔기후변화협약(UNFCCC)을 채택
1997년 12월 11일	제3차 UNFCCC 당사국총회(COP3)는 2005년 2월 16일에 발효되는 교토의정서를 채택
2001년 11월 10일	COP7은 교토의정서 발효를 위한 기반을 마련한 마라케쉬 합의문을 채택
2007년 12월 14~15일	COP13은 발리행동계획 채택
2009년 12월 18일	COP15는 주요 국가 그룹이 협상하고 141개 당사국이 수용한 문서인 코펜하겐 합의문에 주목
2010년 12월 10~11일	COP16은 기본적으로 코펜하겐 합의문을 검토하고 적용방식을 정의하는 칸쿤합의를 채택
2012년 12월 8일	제8차 교토의정서 당사국총회(CMP8)는 2018년 초 현재 아직 발효되지 않은 교토의정서의 도하개정 채택
2015년 12월 12일	COP21은 2016년 11월 4일에 발효되는 파리협정을 채택, 파리협정 세부이행지침은 2018년 12월에 채택될 것으로 예상

a J.T. Houghton, G.J. Jenkins and J.J. Ephaums (eds.), *Climate Change: The IPCC Scientific Assessment. Report Prepared for Intergovernmental Panel on Climate Change by Working Group I* (Cambridge University Press, 1990) 참조. W.J. McG. Tegart, G.W. Sheldon and D.C. Griffiths (eds.), *Climate Change: The IPCC Impacts Assessment. Report Prepared for Intergovernmental Panel on Climate Change by Working Group II*

---

1) 본서 제7장, 제10장, 제11장 그리고 제12장 참고.

(Australian Government, 1990); F. Bemthal *et al.*, *Climate Change: The IPCC Response Strategies. Report Prepared for Intergovernmental Panel on Climate Change by Working Group* Ⅲ (Island Press, 1990) 또한 참조.

I. UNFCCC 체제

20세기 후반에 인간의 활동이 기후체계에 영향을 미친다는 증거가 점차 수집되었다.[2] 1950년대 후반 하와이의 마우나로아(Mauna Loa) 천문대에서 측정한 결과, 대기 중 이산화탄소 농도가 꾸준히 증가하는 것으로 나타났다. 1980년대에는 화석연료의 연소 및 기타 인간활동으로 인한 막대한 온실가스 배출이 인간과 인간 외의 생명체에 대해 드러나지 않는 영향을 미치면서 지구 기후체계에 영향을 미치고 있음을 의심할 여지없는 충분한 경험적 증거가 수집되었다. 1980년대 후반 동안 오존층 파괴물질의 생산을 줄이기 위해 성공적인 국제협상이 수행되었다.[3] 전 세계 온실가스 배출 제한에 대한 가상한 노력으로 강력한 전 세계적 모멘텀이 구축되었다.

1988년에 세계기상기구(WMO)와 유엔환경계획(UNEP)은 이용 가능한 최고의 과학을 바탕으로 정책입안자들에게 정보를 제공하여 더 많은 과학적 연구를 검토하기 위해 IPCC를 설립하였다. 1990년에 발간된 IPCC의 첫 번째 보고서는 기후변화에 대한 국제행동을 위한 주장의 과학적 근거를 보여주었다. 이에 따라 1990년 12월 유엔총회는 유엔기후협약을 위한 정부 간 협상위원회(INC/FCCC)를 설립하였다.[4] 1991년 2월부터 1992년 5월까지 INC/FCCC의 주도하에 치열한 협상이 이루어졌다. 매우 다른 기대를 가진 당사국들 간 합의를 달성하기 위해서 협상은 종종 집행가능성이 거의 없는 건설적인 모호성과 애매한 조항을 사용하였다.[5]

---

2) 자세한 역사적인 맥락은 Spencer Weart, *The Discovery of Global Warming*, 2nd edn (Harvard University Press, 2008) 참조.
3) 해당 체제의 오존층 보호와 GhG 배출량 감축에 대한 기여는 본서 제4장, I. 참조.
4) UN General Assembly Resolution 45/212, "Protection of global climate for present and future generations of man-kind" (December 21, 1990).
5) 자세한 역사적인 맥락은 Irving M. Mintzer and J. Amber Leonard (eds.), *Negotiating Climate Change: The Inside Story of the Rio Convention* (Cambridge University Press, 1994) 참조.

UNFCCC는 1992년 5월 9일에 공식적으로 채택되어 다음 달 브라질 리우 데자네이루에서 개최된 정상회의에서 서명을 위해 발의되었다. 이 협정은 1994년 3월 21일에 발효되었다. 현재까지 196개 국가와 유럽연합이 비준한 가장 널리 비준된 조약 중 하나라고 할 수 있다.[6]

UNFCCC는 기후변화와 관련된 일반적인 체계를 수립한다. 그것은 "궁극적(ultimate)" 목적과 협력의 일부 원칙을 정의하고, 완화와 적응을 촉진하려는 모호한 국가공약을 보여주고, 추가 협상을 촉진할 수 있는 제도를 수립한다. 1992년에는 이후의 후속 조치들에서 보다 구체적인 의무를 정의해야 한다는 점을 분명히 이해하고 있었다. 협상가들의 머릿속에는 1985년 오존층 보호를 위한 비엔나협약의 경험에 이어 2년 뒤의 몬트리올 의정서 채택을 경험한 상태였다.[7] 비엔나협약과 마찬가지로, UNFCCC는 새로운 체제의 기반을 닦기 위한 첫 걸음으로 여겨졌다.

A. 궁극적 목적

UNFCCC 제2조는 UNFCCC와 관련 법적 문서의 "궁극적 목적(ultimate objective)"을 정의하고 있다.

이 협약과 당사국총회가 채택하는 모든 관련 법적 문서의 궁극적 목적은, 협약의 관련규정에 따라, 기후체계가 위험한 인위적 간섭을 받지 않는 수준으로 대기 중 온실가스 농도의 안정화를 달성하는 것이다.[8]

제2조는 UNFCCC 체제를 목표 지향적이고 일시적인 체제로 정의한다. 이

---

6) 비교 대상으로 현재 UN에 가입되어 있는 국가는 193개국이다.

7) 오존 체제의 주축을 이루고 있는 협정은 전반적인 구조를 제공하는 "오존층 보호를 위한 비엔나협약"(Vienna Convention for the Protection of the Ozone Layer)과 더 자세하게 국가별 기여를 다루고 있는 "오존층 파괴물질에 관한 몬트리올 의정서"(The Montreal Protocol on Substances that Deplete the Ozone Layer)이다. 본서 제4장, Ⅰ. 참조.

8) United Nations Framework Convention on Climate Change, May 9, 1992, 1771 *UNTS* 107 (이하 UNFCCC), art.2. 또한 David Freestone, "The United Nations Framework Convention on Climate Change: the basis for the climate change regime" in Cinnamon P. Carlame, Kevin R. Gray and Richard Tarasofsky (eds.), *The Oxford Handbook of International Climate Change Law* (Oxford University Press, 2016) 97 참조.

것은 대기 중 온실가스 농도가 안전한 수준에서 안정화되면 UNFCCC와 추가 국제기후협정이 더 이상 사용되지 않을 것을 시사한다. 그럼에도 불구하고, 비록 그 달성이 요원해 보이기는 하나, UNFCCC는 이 목적을 달성한 후 종료에 관한 어떠한 조항도 포함하지 않는다.

UNFCCC의 궁극적 목적은 기후변화 완화에 중점을 둔다. 그럼에도 불구하고, 협약에서 적응 노력이 여러 차례 언급되었으며 이는 기후체계와의 인위적 간섭의 위험을 줄이는 보완적인 방법으로 고려될 수 있다.

"기후체계가 위험한 인위적 간섭을 받지 않는 수준"이 무엇인지는 분명하지 않다. UNFCCC는 어떤 위험수준이 "위험한" 것으로 고려되어야 하는지에 대한 정의를 제공하지 않는다. 기후체계와 다른 행성시스템이 어떻게 반응할 것인지에 대한 우리의 제한적인 이해 때문에 기후체계에 대한 어떠한 간섭도 그 자체로 위험하다고 주장할 수 있다. UNFCCC의 궁극적 목적에 대한 보다 구체적인 정의의 부족은 이 시점에 기후변화에 대한 국제협력에 대해 크게 다른 기대를 가졌던 국가 간 합의에 도달하기가 어렵다는 것을 반영한다.

B. 원칙

UNFCCC 제3조에는 여러 원칙을 제시하고 있다. 그러나 미국은 "원칙(principle)"이라는 용어를 포함하는 것에 반대하였다. 제3조의 표제로 "원칙"에 동의하였지만, 제1조 표제 아래에 각주가 추가되어 "조문의 표제는 독자의 이해를 돕기 위한 목적으로만 포함된다"[9]고 명시함으로써, 조문의 해석에 이용되어서는 안 된다는 점을 시사하고 있다. 그러나 "독자를 돕기 위해" 포함된 단어와 해석적 가치가 있는 단어를 구별하는 것은 어렵다.

제3조의 제1문은 국가 간 차등화의 근거를 제공하면서, 공통의 그러나 차등화 된 책임과 국가별 역량의 원칙을 정의한다.

당사자는 형평에 입각하고 공통적이면서도 그 정도에 차이가 나는 책임과 각각의 능력에 따라 인류의 현재 및 미래 세대의 이익을 위하여 기후체계를

---

9) UNFCCC, *supra* note 8, footnote under art.1. Daniel Bodansky, "The United Nations Framework Convention on Climate Change: a commentary" (1993) 18:2 *Yale Journal of International Law* 451, at 502 참조.

보호해야 한다. 따라서, 선진국인 당사자는 기후변화 및 그 부정적 효과에 대처하는 데 있어 선도적 역할을 해야 한다.[10]

환경 및 개발에 관한 리우선언은 1992년 정상회의에서 채택된 또 다른 문서로, 리우선언 원칙 7은 "국가별 역량(respective capabilities)"에 대한 언급 없이, 약간 다른 용어로 공통의 그러나 차등화 된 책임의 원칙을 확인한다.

지구의 환경악화에 대한 제각기 다른 책임을 고려하여, 각 국가는 공통된 그러나 차별화된 책임을 가진다.[11]

공통의 그러나 차등화 된 책임(및 국가별 역량)의 원칙은 협상하는 국가 간의 합의가 이루어지지 않았기 때문에 여전히 그 의미가 명확하지 않다. UNFCCC 또는 차후에 채택된 문서에는 차등화의 근거, 정도 또는 범위에 대한 구체적인 내용이 없다. 개발도상국은 그들의 역사적 책임과 중대한 의무를 인식할 수 있는 언어 요소의 삽입을 지지하였다. 대조적으로, 선진국은 재정능력에 근거하여 더 큰 도덕적 의무가 있다는 것을 인정하였지만, 역사적 책임에 대한 언급은 거부하였다. 예를 들어, 미국은 리우선언 채택 시 UN 사무총장에게 다음과 같은 서면진술을 보냈다.

미국은 원칙 7이 산업발전, 환경보호 정책 및 행동에 대한 경험, 재력, 기술적 전문지식 및 역량을 바탕으로 선진국의 특별한 리더십 역할을 강조한다는 것을 이해하고 인정한다.
미국은 국제 의무나 책임 또는 개발도상국의 책임 축소를 미국이 인정하거나 수용하는 것이라고 해석되는 한, 그러한 원칙 7의 해석을 수용하지 않는다.[12]

---

10) UNFCCC, *supra* note 8, art.3.1.

11) UNCED, Rio Declaration on Environment and Development (June 3-14, 1992), available in (1992) 31 *ILM* 874 (이하 Rio Declaration), principle 7. Jorge E. Vinuales (ed.), *The Rio Declaration on Environment and Development: A Commentary* (Oxford University Press, 2015) 참조.

12) Written statement of the United States on Principle 7 of the Rio Declaration, in

공통의 그러나 차등화 된 책임(및 국가별 역량)의 원칙 외에도 제3조는 "개발도상 당사국의 특정 요구와 특수한 상황"을 확인한다.[13] 또한 예방의 원칙을 적용함에 있어 "예방적 조치(precautionary measures)"의 관련성에 주목한다. 마지막으로, 그것은 "지속가능한 발전"[14]을 촉진할 "당사자들의 "권리"와 "적극적이고 개방적인 국제경제체제"[15]를 장려해야 할 "의무"를 강조한다.[16] 이는 완화조치들이 국가개발정책에 불균형적인 제약을 가해서는 안 된다는 점을 시사한다.

C. 국가적 공약

제4조는 국가가 수행하기로 합의한 특정 노력을 정의한다. 특히, 제4조 제1항은 공통의 그러나 차등화 된 책임을 고려하더라도 모든 당사국이 이행해야 하는 국가적 공약을 정의하고 있다. 제4조 제2항에는 부속서 Ⅰ에 열거된 선진국에만 적용되는 보다 까다로운 약속이 포함되어 있으며, 그 당시의 경제협력개발기구(OECD) 회원국이 포함되어 있다. 제4조 제1항 및 제2항에 포함된 의무에는 특히 국가 온실가스 배출목록을 작성해야 하는 의무와 기후변화를 완화하고 적응을 촉진하기 위한 몇 가지 조치를 취할 의무가 포함된다.

이 조항들은 모호하고 거의 주술적(incantatory) 언어로 표현되어 있다. 일부는 행동을 요구하는 의무도 있다. 예를 들어, 모든 국가가 "기후변화를 완화하는 조치를 포함한 계획을 수립, 실시, 공표하고 정기적으로 갱신"[17]할 의무와 선진국이 "국가정책을 채택하고 이에 상응하는 조치를 취할 의무"[18]를 수반한다. 그러나 이러한 공약은 수량화된 배출감축 목표와 같은 특정 결과를 달성할 의무를 정의하지는 않는다.

제4조 제3항~제5항은 선진국이 개발도상국의 완화 및 적응 정책 이행에

Report of the United Nations Conference on Environment and Development, UN document A/CONE151/26 (Vol. Ⅳ) (September 28, 1992), para. 16.

13) UNFCCC, *supra* note 8, art.3.2.
14) *Ibid.*, art.3.3.
15) *Ibid.*, art.3.4.
16) *Ibid.*, art.3.5.
17) *Ibid.*, art.4.1(b).
18) *Ibid.*, art.4.2(a).

재정적, 기술적 지원을 제공할 것을 제안한다. 제4조 제8항은 군소도서개발국과 저지대 연안을 보유한 국가뿐만 아니라 도시대기가 고도로 오염된 지역을 보유한 국가와 "화석연료와 이에 연관된 에너지 집약적 생산품의 생산, 가공, 수출 및 수출로부터 얻는 소득에, 그리고/또는 화석연료와 이에 연관된 집약적 생산품의 소비에 크게 의존하는 경제를 보유한 국가" 등 9개 범주의 국가가 특히 취약성을 갖고 있다는 사실을 인정한다.

D. 제도적 발전

UNFCCC의 다른 조항들은 UNFCCC 체제의 중심이 되고 후에 교토의정서와 파리협정에 의해 승인되는 제도들을 마련한다. 제7조는 UNFCCC에 대한 개정 또는 의정서 이행에 대한 결정을 내리기 위해 연차총회에서 모든 당사국 대표들이 모이는 당사국총회(COP)를 설립한다. 제9조와 제10조는 각 회기에서 다자간협상을 개최하기 위한 2개의 전문기관인 과학 및 기술자문 보조기구(SBTA)와 이행을 위한 보조기구(SBI)를 설립하여 당사국총회에 보고한다. 당사국총회는 제1차 회기에서 자체적인 절차규칙을 채택하도록 하였지만[19] 실체적인 문제에 대한 투표규칙에 대해서는 합의에 도달할 수 없었다. 1995년 이후, 절차에 대한 규칙초안이 임시로 시행되었지만, 당사국총회는 총의(consensus)에 의해서만 실질적인 결정을 내리는 국제협상에서의 관례를 따랐다.[20] 이는 적어도 원칙적으로는 어느 당사국이나 반대표를 던짐으로써 결정을 막을 수 있다는 것을 의미한다.[21]

제8조는 기후변화를 위한 상설 사무국을 설립한다. 제1차 당사국총회의(COP1)의 제1차 회기에서 UNFCCC 사무국이 "UN과 제도적으로는 연계될 것이지만, 어떤 특정 부서나 프로그램의 작업프로그램과 관리구조에는 완전히 통합되지 않을 것이라는 것"에 동의하였다.[22] 사무국장(Executive Secretary)의

---

19) *Ibid.*, art.7.3.

20) UNFCCC, *Draft Rules of Procedure of the Conference of the Parties and its Subsidiary Bodies*, UNFCCC document FCCC/CP/1996/2 (May 22, 1996). 또한 *Report of the Conference of the Parties on its First Session*, UNFCCC document FCCC/CP/1995/7 (May 24, 1995), para. 14 참조.

21) Antto Vihma, "Climate of consensus: managing decision making in the UN climate change negotiations" (2015) 24:1 *Review of European Community & International Environmental Law* 58 참조.

직책을 가진 사무국의 장은 UN사무총장에 의해 임명된다.[23] 또한 사무국은 서독의 전 수도였던 본(Bonn)에 위치하기로 결정하였다.[24] UNFCCC 사무국은 협약 및 후속기구의 이행에 관한 협상과 후속 조치를 지원한다. 현재 약 500명을 고용하고 있으며 규모가 타 국제기구에 비해 상당히 작은 규모이다.

협약의 최종조항에는 일반조항이 포함되어 있다. 제11조는 재정지원체제를 확립한다. 제14조는 분쟁해결에 관한 것이다. 제15조 및 제16조는 협약 개정의 채택 및 부속서 개정에 관한 규칙을 제공한다. 제17조는 협약의 의정서 채택 절차를 규정하고 있다. 제19조부터 제23조는 UNFCCC의 채택 및 발효에 관한 것이다. 제24조는 유보에 관련된 협약 규정을 배제한다. 제25조는 협약에서 당사국의 탈퇴를 규제한다. 제26조는 여섯 개의 UN 공식 언어로 작성된 협약이 동일하게 정본임을 명시하고 있다.

II. 교토의정서

UNFCCC 발효 후 몇 개월 뒤에 당사국총회의 제1차 회기에서 채택한 첫 번째 결정(decision 1/ CP.l)은 "의정서 또는 다른 법적 문서"의 협상을 위한 "베를린 위임사항(Berlin Mandate)"을 설정하였다.[25] 의정서는 UNFCCC의 제4조 제2항 하의 선진국 의무를 구체적으로 명시하는 것을 목표로 하는데, 특히 정해진 기간에 따라 "수량적 제한 및 감축목표를 설정"하고자 하였다.[26] 베를린 위임사항에는 개발도상국에 대해서는 "새로운 공약을 부여하지 않을 것"이라고 합의되었다.[27]

그 후 2년 동안, 베를린 위임사항 하에서 협상이 진행되어, 1997년 12월

---

22) Decision 14/CP.l, "Institutional linkage of the Convention secretariat to the United Nations" (April 7, 1995), para. 2.

23) *Ibid.*, para. 7.

24) Decision 16/CP.l, "Physical location of the Convention secretariat" (April 7, 1995), para. 1.

25) Decision 1/CP.l, "The Berlin Mandate" (April 7, 1995), recital 4. 베를린 위임사항이라 불리게 된 배경은 제1차 당사국총회를 베를린에서 개최하였기 때문이다.

26) *Ibid.*, para. 2(a).

27) *Ibid.*, para. 2(b).

11일 제3차 당사국총회에서 교토의정서가 채택되었다. 이는 역사상 가장 어려운 국제협상 중 하나였다고 할 수 있다. 수량적 배출제한 및 감축공약(Quantified Emission Limitation and Reduction Commitments, QELRC)을 정의하기 위해서는 협상자들이 매우 논란의 여지가 있는 두 가지 문제에 대해 의견을 제시해야 하였다. 첫째, 전반적인 목적은 UNFCCC 보다 더 구체적인 방식으로 적어도 암묵적으로 동의해야 하였다. 둘째, 각각의 국가적 공약은 차등화의 근거에 대한 해석에 기초하여 결정되어야 하였다.

A. 수량적 배출제한 및 감축공약 (Quantified Emission Limitation and Reduction Commitments)

교토의정서의 제3조 제1항은 다음과 같다.

> 부속서 1의 당사자는, 이들 당사자에 의한 부속서 가에 규정된 온실가스의 총 인위적 배출량을 이산화탄소를 기준으로 환산한 배출량에 대하여 이를 2008년부터 2012년까지의 공약기간동안 1990년도 수준의 5퍼센트 이상 감축하기 위하여, 이러한 총 배출량이 이 조 및 부속서 나에 규정된 이들 당사자의 수량적 배출량의 제한·감축을 위한 공약에 따라 계산되는 배출허용량을 초과하지 아니하도록 개별 또는 공동으로 보장한다.[28]

이 규정은 두 개의 부속서를 언급한다. 부속서 A에는 이산화탄소, 메탄, 아산화질소, HFCs, PFCs, SF6와 같은 여섯 가지 온실가스 목록과 관련 부문 및 배출원 목록이 포함되어 있다. 부속서 B에는 UNFCCC의 부속서 Ⅰ과 본질적으로 동일한 38개의 선진국 당사국 목록이 포함되어 있다. 각 당사국에 대해 두 번째 열은 QELRC를 당사국의 1990년 배출량의 백분율로 표시하였다.[29] "부속서 B 당사국"은 일반적으로 부속서 B에 포함된 교토의정서 당사국을 지칭하는 약어로서 사용되었다. 많은 국가들은 교토의정서에 따른 배출제한 및

---

28) Kyoto Protocol to the United Nations Framework Convention on Climate Change, December 11, 1997, 2303 *UNTS* 162 (이하 Kyoto Protocol), art.3.1.

29) "감축(reduction)"은 한 국가에서 발생하는 전체 GhG 배출량의 감소를 의미하는 반면, "제한(limitation)"은 한 국가에서 발생하는 전체 GhG 배출량의 증가를 특정 비율로 제한하는 것을 의미한다.

감축공약에 동의하였다.

교토의정서 하에서 QELRC는 1990년 국가배출량의 백분율로 정의되며, 당사국은 2008년부터 2012년까지 연장된 "공약기간"동안 배출허용량을 초과해서는 안 된다.[30] UNFCCC의 제4조 제1항 및 제2항에 정의된 행동의무와는 달리, QELRC는 결과의무, 즉 특정 결과의 실현을 "확보"할 의무로 정의된다. 이러한 완화 공약은 유럽연합과 미국이 각각 배출량의 8%, 7%를 감소시키는 것에서부터, 아이슬란드와 호주가 각각 증가율을 10%, 8%로 제한하는 것까지 매우 다양하다. 이러한 다양한 공약은 국가들의 상황, 특히 에너지 수요와 대체 에너지원 개발 능력의 차이를 인식하는 것에 기반을 두고 합의되었다.[31] 의정서는 이후의 수정을 통해 추가 공약기간을 부가할 수 있는 방식으로 초안이 작성되었다. 아래에 소개된 것처럼 도하개정의 발효에 따라 제2차 공약기간을 추가하였다.[32]

이와 함께, 부속서 B에 포함된 개별 공약은 선진국의 온실가스 배출량에서 1990년 수준보다 5% 이하로 감소하는 것을 목표로 설정하였다.[33] 그러나 부속서 B에 포함되지 않은 개발도상국에는 이와 유사한 공약이 적용되지 않았다. 선진국의 온실가스 배출량 감축은 신흥 경제국의 빠른 배출량 증가로 인해 전 세계 온실가스 배출량의 총 증가를 막기에 충분하지 않았다.

B. 유연성체제 (Flexibility Mechanism)

QELRC 준수를 용이하게 하기 위해 교토의정서는 3대 "유연성체제"를 도입하였다. 이러한 체제를 통해 부속서 B 당사국은 자국 영토 밖에서 발생하는 완화 성과를 자체 완화 성과인 것처럼 보고할 수 있다. 자세한 설명은 아래와 같다.

- 공동이행제도(Joint Implementation, JI)는 부속서 B 당사국이 다른 부

---

30) Kyoto Protocol, *supra* note 28, art.3.1.

31) UNFCCC, COP3, *Adoption of a Protocol or Another Legal Instrument: Fulfilment of the Berlin Mandate: Revised Text under Negotiation* (November 12, 1997), doc. FCCC/CP/1997/2, at 31.

32) 본장, Ⅲ.B. 참조.

33) Kyoto Protocol, *supra* note 28, art.3.1.

속서 B 당사국의 영토 내에서 진행되는 완화 프로젝트로부터 발생한 "배출감축단위(Emission Reduction Units, ERUs)"를 받고 자체 QELRC를 이행할 목적으로 이러한 배출감축단위가 사용되도록 허용한다.[34] 국내 온실가스 배출 제한에 어려움이 있는 경우 해외의 저렴한 완화 프로젝트에 투자하고 부속서 B의 다른 당사국에 대한 추가적인 완화조치를 기회로 활용하는 것을 허용한다.

- 청정개발체제(Clean Development Mechanism, CDM)는 부속서 B 당사국이 비부속서 B 당사국(개발도상국)의 영역 내에서 발생하는 완화 프로젝트로부터 "공인인증감축량(Certified Emission Reductions, CERs)"을 받고 이러한 공인인증감축량을 QELRC 준수를 위한 용도로 사용할 수 있게 한다.[35] 공동이행제도와 마찬가지로, 부속서 B 당사국은 국내 온실가스 배출 제한에 어려움을 겪는 경우 해외 저비용 완화 프로젝트에 투자할 수 있으며, 개발도상국의 기후변화 완화에 대한 초기 인식확대를 촉진할 수 있다.

- 배출권거래제도(Emission Trading system, ETS)를 통해 부속서 B 당사국은 각각의 QELRC를 이행하기 위한 "할당배출권(Assigned Amount Units, AAUs)"을 서로 판매 및 구매할 수 있다.[36] 이를 통해 부속서 B 당사국 중 공약 이상의 완화 성과를 달성한 부속서 B 당사국은 공약보다 적게 달성한 다른 부속서 B 당사국에게 할당배출권을 판매할 수 있도록 한다.

교토의정서의 유연성체제에 대한 자세한 내용은 제8장에서 다루도록 한다.

C. 교토의정서에 대한 반응

1997년 12월 11일에 채택된 교토의정서는 1998년 3월 16일 서명을 위해 공개되었다. 그러나 미국이 교토의정서를 비준할 가능성에 대해서는 이미 상당한 의구심이 있었다. 미국 국내법에 따라 교토의정서 비준은 상원 3분의 2

---

34) *Ibid.*, art.6.

35) Kyoto Protocol, *supra* note 28, art.12.

36) Kyoto Protocol, *supra* note 28, art.17.

의 동의를 필요로 하였으며, 이 조건은 미국이 역사상 일부 주요 조약에서 배제된 이유이기도 하다.[37] 1997년 7월 25일 미 상원은 95표의 찬성과 5표의 기권으로 채택된 버드-해겔(Byrd-Hagel) 결의안을 통해 미국은 다음과 같은 조약의 당사국이 되어서는 안 된다는 내용을 발표하였다.

(A) 의정서 또는 기타 협정이 동일한 공약기간 내에 개발도상국의 온실가스 배출을 제한 또는 감축시키기 위한 새로운 예정된 공약을 위임하지 않는 한, 부속서 1 당사자에 대한 온실가스 배출을 제한 또는 감축하는 새로운 공약을 의무화하거나

(B) 미국 경제에 심각한 해를 끼치는 경우[38]

클린턴 대통령이 1998년 11월 12일 교토의정서에 서명하였지만 미 상원은 이를 비준하기를 거부하였다. 그 결과 미국은 배출제한 및 감축공약에 구속되지 않았다. 당시 미국은 가장 큰 온실가스 배출원(현재는 중국)이었으며 온실가스 배출량은 교토의정서가 규제하려는 선진국 배출량의 상당 부분을 차지하였다.

미국의 불참은 부속서 1의 다른 당사국이 교토의정서를 이행할 수 있을지에 대한 의문을 제기하였다. 2001년 마라케쉬에서 개최된 제7차 당사국총회에서 마침내 정치적 합의가 이루어졌다.[39] 23개의 당사국총회 결정(COP decision)으로 구성된 마라케쉬 합의문(Marrakesh Accords)은 교토의정서의 다양한 적용방식, 특히 유연성체제에 관한 동의를 표명하였고, 다른 모든 선진국이 비준절차를 계속하기로 합의하였다. 사실상 미국 이외의 모든 국가에 의해 비준된 교토의정서는 2005년 2월 16일에 발효되었다. 그러나 수년간 당사국들은 이행에 소극적이었고 국가들의 온실가스 배출증가는 계속되었다. 캐나다는 2012년 12월 15일, 공약기간 종료 2주 전, 교토의정서에서 탈퇴하였다. 캐나다와 미국을 제외한 36개의 부속서 B 국가만이 배출제한 및 감축공약을 이행한 것이다.

---

37) 1919년 베르사유 조약, 1982년 UN 해양법협약, 그리고 1998년 국제형사재판소에 관한 로마규정 등 다른 국제법상 조약들을 포함한다.

38) US Senate Resolution 98, 105th Cong., 143 Cong. Rec. S8138-39 (July 25, 1997) (이하 Byrd-Hagel Resolution).

39) Decisions 2/CP.7 to 24/CP.7 (November 10, 2001). 이러한 결정은 2005년 교토의정서 당사국회의(CMP) 제1차 회기에서 공식적으로 채택되었다.

QELRC 이행은 1990년대 시장경제전환국가(동유럽권 국가)의 급속한 배출감축과 신흥경제국의 온실가스 집약적 산업의 점진적인 오프쇼링(offshoring)에 의해 촉진되었다. 2009년 세계 경제위기는 일시적으로 선진국에서 온실가스 배출량을 감소시키는 효과를 가져왔고, 일부 국가는 2008~2012년 동안의 공약을 보다 쉽게 준수할 수 있었다. 그 결과, 부속서 B의 36개 당사국의 대부분이 공약을 초과달성하였다.[40] 그러나 신흥경제국의 빠른 산업발전, 미국의 불참 및 캐나다의 철수로 인해 전 세계적인 온실가스 배출량은 계속해서 증가하였다. 결과적으로 교토의정서의 선진국 당사국들은 제2차 공약기간에 대해 거의 열의를 보이지 않았으며, 신흥경제국에도 적용 가능한 완화공약을 포함하는 합의에 대한 협상에 참여하는 것을 선호하였다.

III. 2020 목표

2005년 12월 16일, 교토의정서가 발효되면서 많은 이들은 이미 2008년에서 2012년으로 연장된 첫 번째 공약기간이 만료된 후 어떤 일이 일어날지 궁금해 하고 있었다. 교토의정서 발효를 위해 7년이 필요하였다는 점과 첫 번째 공약기간이 2012년에 종료될 것이라는 점을 감안할 때, 그 시기는 이미 추가적 기후행동의 협상을 위한 적기였다.

국가들의 한 가지 선택지는 교토의정서의 적용을 2차 공약기간으로 연장하는 것이었다. 이에 따라, 2005년 12월 제1차 CMP회의(교토의정서 당사국회의)에서 제2차 공약기간에 대한 공식협상이 착수되었다. 교토의정서 하의 부속서 1 당사국에 대한 추가공약에 대한 특별작업반(AWG-KP)이 협의 과정을 구성하고 합의를 구축하기 위해 만들어졌다.[41] 그러나 교토의정서 하에서의 이러한 협상의 전망은 제한적이었다. 미국은 교토의정서에 참여하지 않을 것을 분

---

40) Romain Morel and Igor Shishlov, "Ex-post evaluation of the Kyoto Protocol: four key lessons for the 2015 Paris Agreement" (Climate Report: Research on the Economics of Climate Change, No. 44, CDC Climate, May 2014) 참조.

41) Decision 1/CMP.l, "Consideration of commitments or subsequent periods for Parties included in Annex I to the Convention under Article 3, paragraph 9, of the Kyoto Protocol" (December 9-10, 2005), para. 2.

명히 하였고, 따라서 공식적으로 2차 공약기간을 위한 협상에 참여하지 않았다. 신흥경제국에서 발생하는 온실가스 배출이 급격히 증가함에 따라, 미국을 제외한 선진국에 한정된 2차 공약기간은 전 세계 온실가스 배출의 증가를 억제하는 데 거의 도움이 되지 않을 것이다. 교토의정서가 아닌 UNFCCC 하에서 미국을 참여시키는 2차 협상 트랙을 개설하고 신흥경제국들에게 기후변화 완화에 대한 구체적인 공약을 하도록 설득하는 것이 점차 바람직한 것으로 보였다.

따라서 2007년 12월 제13차 당사국총회는 협약 하에서 2차 협상 트랙을 시작하는 "발리행동계획(Bali Action Plan)"을 채택하였다. 협약에 따른 장기협력행동에 관한 특별작업반(AWG-LCA)은 "2012년 이후까지 장기협력행동을 통해 협약의 완전하고 효과적이며 지속적인 이행을 가능하게 하는 포괄적인 과정"을 수행하기 위해 만들어졌다.[42] 힘든 정치적 협상 끝에 선진국과 개발도상국 간의 정치적 타협에서 발리행동계획은 완화조치에만 국한되지 않는 "장기협력행동에 대한 공유된 비전"을 정의하였다. 완화에 관한 계획은 모든 선진국의 "수량적 배출제한 및 감축목표"뿐만 아니라 개발도상국의 "국가별 적절한 완화행동"을 요구하였다.[43] 그에 대한 보상으로 개발도상국은 손실 및 피해를 해결할 수단[44]뿐만 아니라 "완화행동을 지원하는 기술개발 및 이전"[45] 그리고 "완화 및 적응 행동을 지원하는 재원 및 투자 조항"[46]을 포함하여 "적응에 대한 강화된 행동"[47]에 필요한 것들을 얻었다.

따라서 2012년 이후 목표설정에 대한 협상은 두 개의 다른 트랙에서 이루어졌다. UNFCCC 직속의 발리행동계획에 의해 시작된 AWG-LCA 트랙은 코펜하겐 합의문과 칸쿤합의의 채택으로 이어졌다. 교토의정서 하에서의 AWG-KP 트랙은 도하개정을 채택하게 되었다. 그 결과, 2013년과 2020년 사이에 2개의 병행하는 국가적 공약체계 즉, 칸쿤합의에 따른 국가들의 서약(pledges)과 도하개정이 발효될 때까지 제2차 공약기간 내에 부속서 B의 당사국들의 QELRC

---

42) Decision 1/CP.13, "Bali Action Plan" (December 14-15, 2007), para. 1.

43) *Ibid.*, para. l(b)(i) and (ii).

44) *Ibid.*, para. l(c)(iii).

45) *Ibid.*, para. 1(d).

46) *Ibid.*, para. 1(e).

47) *Ibid.*, para. 1(c).

가 적용된다.

A. AWG-LCA 트랙: 코펜하겐 합의문과 칸쿤합의

AWG-LCA 트랙을 통한 협상은 2009년 12월 코펜하겐에서 개최된 UNFCCC 제15차 당사국총회에서 공식문서의 채택으로 이어질 것으로 예상되었다.[48] 그러나 개발도상국에 적용할 수 있는 완화의무에 관한 문제로 협상은 어려움을 겪었다. 미국과 중국 사이에는 무엇이 개발도상국의 "적절한" 완화행동을 구성하는지에 대한 양립할 수 없는 견해차가 존재하였다. 코펜하겐 정상회의 (Coppenhagen Summit)는 기후변화에 관한 국제협상에서 매우 공공연한 실패였다. 장기협력조치에 대한 공식적인 결정은 없었으며 AWG-LCA의 권한은 1년 연장되었다.[49]

그러나 마지막 순간, 일부 주요 경쟁국들 사이의 비공식 협의를 통해 코펜하겐 합의문(Copenhagen Accord)에 도달하였다. 많은 국가들이 이 합의문의 초안을 작성하는 동안 협의에 참여할 수 없었다고 항의하였기 때문에 당사국총회 결정으로 채택되지는 못하였다. 대신 코펜하겐 합의문은 단지 그 존재를 언급한 당사국총회 결정의 부록으로 붙여졌다.[50] 코펜하겐 총회 기간과 그 후 몇 주 동안 UNFCCC의 197개 당사국 중 141개 국가가 UNFCCC 사무국에 코펜하겐 합의문의 내용에 대해 동의한다고 통보하였다.[51]

코펜하겐 합의문은 비공식 협의로 인해서 논란의 여지가 있지만, 그 이후에 이어질 중요한 방향을 분명히 하였다. 특히, 산업화 이전 대비 지구 평균온도 상승을 섭씨 2도 이하로 제한하는 목표를 채택하였다. 이 합의문은 각국의 공약이 국제협상의 핵심이었던 교토의정서와 달리, 각 국가가 공식적으로 자신의 완화공약을 자유롭게 정의할 수 있는 규제 체제의 모습을 받아들였다고 할 수 있다. 또한, 발리행동계획이 확정되면서 코펜하겐 합의문은 부속서 1 당사국들에게 "2020년의 수량화된 경제 전반의 배출량 목표"를 제출하도록 권고

---

48) Copenhagen Accord, in the annex of decision 2/CP.15 (December 18-19, 2009).

49) Decision 1/CP. 15, "Outcome of the work of the Ad Hoc Working Group on Long-Term Cooperative Action under the Convention" (December 18-19, 2009), para. 1.

50) Copenhagen Accord, *supra* note 48.

51) "Copenhagen Accord," http://unfcce.int/meetings/copenhagen_dec_2009/items/5262.php (accessed December 31, 2017).

하고, 개발도상국은 "국가별 적절한 완화행동"을 제출하도록 요청하였다.[52] 모든 국가는 기후변화 완화에 대하여 구체적으로 공약할 것이 요구되었지만, 개발도상국의 경우에는 완화 노력을 수량화할 필요는 없었다. 마지막으로 선진국들은 적응과 완화 지원을 위한 "새롭고 추가적인 재원"을 약속하였는데, 그 규모는 "2010년~2012년의 기간 동안 300억 달러에 이르는" 가치이고, "개발도상국의 요구를 충족시키기 위해 2020년까지 1000억 달러를 공동으로 동원하는 것을 목표"로 하였다.[53]

이듬해에 이러한 모든 방향성은 제16차 당사국총회에서 채택된 칸쿤합의에서 공식적으로 채택되고 명확해졌다. 특히 칸쿤합의[54]는 2020년의 수량화된 경제 전반의 배출량 목표와 코펜하겐 합의문[55]이 요구하는 개발도상국의 국가별 적절한 완화행동에 주목하였다. 이는 칸쿤서약(Cancun pledges)으로 알려지게 된다. 또한 칸쿤합의는 적응에 큰 중점을 두었으며, 특히 완화와 동일한 우선순위를 두고 다루어져야 하며, 적응 행동과 지원을 강화하기 위한 적절한 제도적 준비가 요구되었다. 마지막으로 칸쿤합의는 코펜하겐 합의문의 재정 조항을 승인하고 이 기금의 일부를 전달하기 위해 녹색기후기금(Green Climate Fund, GCF)을 설립하였다.

모든 선진국은 칸쿤합의에 따라 2020년의 수량화된 경제 전반의 배출량 감축목표를 서약하였다.[56] 개도국의 총 온실가스 배출량의 4분의 3을 차지하는 50개 이상의 개도국은 국가별 적절한 완화행동을 제출하였다.[57] 그러나, 많은 서약들이 특별히 의욕적인 것은 아니다. 일부는 온실가스 배출전망치

---

52) Copenhagen Accord, *supra* note 48, paras. 4 and 5.

53) *Ibid.*, para. 8.

54) Decision 1/CP.16, "The Cancun Agreements: outcome of the work of the Ad Hoc Working Group on Long—Term Cooperative Action under the Convention" (December 10—11, 2010), paras. 36 and 49.

55) *Ibid.*, para. 2(b).

56) 자세한 설명은 UNFCCC Technical Paper, *Quantified Economy—Wide Emission Reduction Targets by Developed Country Parties to the Convention: Assumptions, Conditions, Commonalities and Differences in Approaches and Comparison of the Level of Emission Reduction Efforts*, UNFCCC document FCCC/TP/2014/8 (November 18, 2014) 참조.

57) UNFCCC Revised Note by the Secretariat, *Compilation of Information on Nationally Appropriate Mitigation Actions to Be Implemented by Developing Country Parties*, UNFCCC document FCCC/SBI/2013/INF.12/Rev.3 (January 19, 2015).

(BAU), 즉 완화행동이 없는 예측가능한 배출 시나리오와 별반 다를 바 없다.[58] 또한 이러한 "서약(pledges)"의 법적 성격은 불분명하다. 예를 들어, 국가별 적절한 완화에 대한 중국의 통보(communication)는 이 문서가 "성격상 자발적(voluntary in nature)"이라고 주장한다.[59] 그러나 주권국가는 자발적으로 구속력 있는 약속을 할 수 있다. 각 통보의 특정 상황에 따라 일부 칸쿤 "서약"은 국제의무가 발생하는 일방적인 선언을 구성할 수 있다. 칸쿤서약의 부가가치는 교토의정서의 제2차 공약기간 동안 배출제한 및 감축공약이 없는 국가에 적용된다는 사실이다. 여기에는 미국, 캐나다뿐만 아니라 중국, 인도와 같은 개발도상국이 포함된다.

B. AWP-KP 트랙: 교토의정서에 대한 도하개정

칸쿤합의(Cancun agreements)의 채택은 교토의정서 하에서의 제2차 공약기간에 대한 협상을 방해하지 않았다.[60] 칸쿤서약과 달리, 제2차 공약기간은 교토의정서에서 확립된 검증 및 준수과정뿐만 아니라 유연성체제를 포함하여 훨씬 더 엄격한 제도적 맥락 내에서 일어나는 구속력 있는 법적 성격의 완화 공약을 정의할 것이다.

교토의정서에 대한 제2차 공약기간은 2012년 12월 카타르 도하에서 개최된 제8차 교토의정서 당사국회의(CMP8)에서 공식적으로 채택되었으며,[61] 도하개정(Doha Amendment)으로 불린다. 도하개정은 교토의정서 부속서 B를 개정하여 제2차 공약기간에 적용 가능한 추가 QELRC를 포함한다. 그러나 제2차 공약기간 동안 QELRC를 보유한 38개 당사국은 대부분 유럽 국가로 구성되어 있으며, 2013년에는 전 세계 온실가스 배출량의 8분의 1(12.5 %)만을 차지하였다.[62] 이 국가들은 총 온실가스 배출량을 1990년 대비 18% 감축하고자 한다.

---

58) UNEP, *The Emissions Gap Report 2016* (November 2016), Chapter 2. 참조.

59) UNFCCC Revised Note by the Secretariat, *supra* note 57, at 15.

60) "합의(agreement)"라는 단어가 복수형으로 사용된 이유는 두 번째 합의가 교토의정서 하에서 채택되었기 때문이다. Decision 1/CMP.6, "The Cancun Agreements: outcome of the work of the Ad Hoc Working Group on Further Commitments for Annex I Parties under the Kyoto Protocol at its fifteenth session" (March 15, 2011) 참조.

61) Doha Amendment to the Kyoto Protocol, December 8, 2012, in the annex of decision 1/CMP.8, "Amendment to the Kyoto Protocol pursuant to its Article 3, paragraph 9 (Doha Amendment)" (December 8, 2012) (이하 Doha Amendment).

도하개정이 발효되기 위해서는 교토의정서 당사국의 3분의 1, 즉 144개국
이 동의해야 한다.[63] 2018년 초 현재, 108개국만이 승낙문서를 전달하였다.
도하개정의 발효가 보류되면서 교토의정서 당사국들은 "국가의 법규 또는 국
내 절차와 일치하는 방식으로 제2차 공약기간과 관련하여 그들의 공약 및 기
타 책임을 이행하도록" 요구된다.[64] 따라서 유연성체제를 포함하여 교토의정
서 체제의 도움을 받아 도하개정을 이행할 수 있지만, 아직 발효된 조약이라
는 법적 권한을 득하지는 못하였다.

IV. 파리협정

교토의정서의 제2차 공약기간 동안 정치적 지원이 부족하여 제3차 공약기
간의 가정은 현실적이지 않아 보였다. 대신, 2020년 이후의 장기적인 국제협
력에 관한 협상이 교토의정서가 아닌 UNFCCC 하에서 이루어졌다. 2011년 개
최된 제17차 당사국총회에서 "모든 당사국에게 적용되는 협약 하에서 법적 효
력을 갖는 의정서, 다른 법적 문서 또는 합의된 결과를 개발하는 과정으로"[65]
더반플랫폼 특별작업반(AWG – DP)을 만들었으며, 이것은 2020년부터 효력을
가지고 이행될 것이다.[66]

이 문서는 4년 후인 2015년 12월 12일 파리에서 열린 제21차 당사국총회
에서 채택되었다.[67] 파리협정은 2016년 4월 22일에 서명을 위해 개방되었고

---

62) Data from WRI, CAIT Climate Data Explorer, "Total GhG emissions excluding land –
   use change and forestry" (2013).

63) Kyoto Protocol, *supra* note 28, art.20.4.

64) Doha Amendment, *supra* note 61, para. Ⅱ.6.

65) Decision 1/CP.17, "Establishment of an Ad Hoc Working Group on the Durban
   Platform for Enhanced Action" (December 11, 2011), para. 2.

66) *Ibid.*, para. 4.

67) Paris Agreement, December 12, 2015, in the annex of decision 1/CP.21, "Adoption
   of the Paris Agreement" (December 12, 2015). Daniel Klein *et al.* (eds.), *The Paris
   Climate Agreement: Analysis and Commentary* (Cambridge University Press, 2017);
   Christine Bakker, "The Paris Agreement on Climate Change: balancing 'legal force'
   and 'geographical scope'" (2016) 25:1 Italian Yearbook of International Law 299;
   Laurence Boisson de Chazournes, "One swallow does not a summer make, but
   might the Paris Agreement on Climate Change a better future create?" (2016) 27:2

175개국이 즉시 서명하였다. 파리협정은 2016년 11월 4일에 다자간 협약 중
에서는 기록적인 시간 내에 발효되었으며, 그 날짜까지 전 세계 총 온실가스
배출량의 55% 이상을 차지하는 55개 당사국에 의해 비준 조건이 충족되었
다.[68] 2018년 초에는 194개국이 서명하였으며, 유럽연합과 171개국이 비준하
였다. 여전히 많은 국가들이 비준 과정에 있다.

2017년 6월 1일 트럼프 미국 대통령은 파리협정에서 미국이 발을 빼겠다
는 의사를 밝혔다. 그러나 이는 파리협정 발효 후 4년 이내, 즉 2020년 11월
4일까지는 이행될 수 없는 결정이다.[69] 미국은 국제기후협정에 참여하지 않는
유일한 강대국이 될 것이다. 그러나 교토의정서와는 달리 파리협정 참여는 많
은 미국 정치인들의 지지를 얻고 있으며,[70] 트럼프 행정부 이후 미국이 파리
협정에 다시 돌아올 가능성은 남아 있다.

A. 법적 성격

이 문서의 법적 성격은 AWG-DP의 대부분의 작업에서 계속해서 논쟁적
인 문제였다. 유럽 국가와 대부분의 비정부기구는 법적 구속력이 있는 조약을
주장하였다. 그러나 미 상원에 의한 비준 절차가 공식적인 조약이 되는데 장
애가 될 수 있다는 우려가 있었다. 따라서 의심할 여지없이 국제법 하에서 명
백히 조약[71]인 문서에 대하여, 실질적으로 직접적이고 구체적인 조항이 부족
하여 미국 헌법 하에서의 행정명령에 의해 승인되어야 한다는 합의를 도출하
였다. 그러나 이것은 아이러니하게도 결국 미국의 참여를 행정부 교체로 인해
더욱 취약하게 만들었을 뿐이다.

이러한 제약의 결과로 파리협정은 당사국총회에 의해 채택된 결정에 의해

European Journal of International Law 253; 그리고 the special issue in (2016)
6:1-2 *Climate Law* 1 참조.

68) Paris Agreement, *supra* note 67, art.21.1.

69) *Ibid.*, art.28.1. and art.28.2.

70) Scott Clement and Brady Dennis, "Post-ABC poll: nearly 6 in 10 oppose Trump
scrapping Paris Agreement" *Washington Post* (June 5, 2017) 참조.

71) 조약법에 관한 비엔나협약(Vienna Convention on the Law of Treaties) 제2조 1항(a)에
따르면, "조약"이라 함은 "단일의 문서에 또는 2 또는 그 이상의 관련문서에 구현되고
있는가에 관계없이 또한 그 특정의 명칭에 관계없이, 서면형식으로 국가 간에 체결되며
또한 국제법에 의하여 규율되는 국제적 합의를 의미한다."

확정되는 이행방식에 크게 의존한다. 파리협정 채택에 관한 결정 1/CP.21에는 파리협정의 일부 방식이 정의된 139개의 단락이 포함되어 있다.[72] 파리협정에 관한 특별작업반(AWG – PA)은 제1차 파리협정 당사국회의(CMA1)에서 다른 적용방식의 채택을 통한 파리협정의 발효를 준비하기 위해 설립되었다.[73] 2016년 11월 4일 파리협정 발효 이후, CMA1은 2016년부터 2018년까지 COP22, COP23 및 COP24와 일치하는 3개 부분으로 개최될 것이 결정되었고, 완전한 "파리협정 세부이행규칙(Paris rulebook)"은 2018년 말에 CMA1.3에서 채택하기로 결정되었다.[74]

B. 목적

파리협정 제2조 제1항은 20년에 걸쳐 도달한 합의를 반영하여 UNFCCC의 "궁극적 목적"을 명시하고 있다. 특히 완화, 적응 및 지원에 관해 다음과 같이 세 가지 하위목표를 정의한다.

(a) 기후변화의 위험 및 영향을 상당히 감소시킬 것이라는 인식하에, 산업화 전 수준 대비 지구 평균기온 상승을 섭씨 2도 보다 현저히 낮은 수준으로 유지하는 것 및 산업화 전 수준 대비 지구 평균기온 상승을 섭씨 1.5도로 제한하기 위한 노력의 추구

(b) 식량 생산을 위협하지 아니하는 방식으로, 기후변화의 부정적 영향에 적응하는 능력과 기후 회복력 및 온실가스 저배출 발전을 증진하는 능력의 증대

(C) 온실가스 저배출 및 기후 회복적 발전이라는 방향에 부합하도록 하는 재정 흐름의 조성

더 나아가, 파리협정 제4조는 다음과 같다.

---

72) Decision 1/CP.21, *supra* note 67.

73) *Ibid.*, paras. 7 – 11.

74) Decision 1/CMA.l, "Matters relating to the implementation of the Paris Agreement" (November 18, 2016), para. 5.

... 당사자는 전 지구적 온실가스 배출최대치를 가능한 한 조속히 달성할 것을 목표로 하고, 그 후에는 이용 가능한 최선의 과학에 따라 급속한 감축을 실시하는 것을 목표로 하여 금세기의 하반기에 온실가스의 배출원에 의한 인위적 배출과 흡수원에 의한 제거 간에 균형을 달성할 수 있도록 한다.[75]

C. 국가별 기여방안 (Nationally Determined Contributions, NDCs)

파리협정 제3조는 다음과 같다. "기후변화에 전 지구적으로 대응하기 위한 국가결정기여로서, 모든 당사자는 제2조에 규정된 이 협정의 목적을 달성하기 위하여... 의욕적인 노력을 수행하고 통보하여야 한다." 이 접근법은 세 가지 실체적인 측면에서 교토의정서와 다르다. 첫째, 선진국이 공통의 그러나 차등화 된 책임의 원칙을 적용하는 데 더 큰 기여를 할 것으로 예상되더라도 선진국과 개발도상국 간에 일반적인 이분법은 없다.[76]

둘째, 교토의정서와 같이 각 국가적 공약은 협상해서 문서에 포함시키는 방식이 아니라, 각 국가가 일방적으로 결정하여 UNFCCC 사무국에 전달해야 한다. 이러한 접근방식을 통해 각국이 파리협정에 참여하기는 훨씬 쉬워지지만 국가적 공약이 충분히 의욕적인지 확인하는 것은 더 어려워진다. 파리협정은 법적 규칙의 권위에 의존하기보다는 국가가 의욕적인 공약을 결정하도록 '이름 불러 망신주기(naming and shaming)'와 같은 상향식의 사회적, 정치적 과정에 의존한다.

마지막으로 교토의정서는 기후변화 완화에 중점을 두었지만, 파리협정은 국제적 기후변화 협력의 다른 분야에서 구체적인 국가적 공약을 정의하고자 한다. 특히, 각국의 적응에 대한 기여,[77] 손실 및 피해를 해결하기 위한 수단,[78] 재정지원,[79] 기술지원,[80] 역량배양[81] 및 보고활동 지원에 대해 통보할

---

75) Paris Agreement, *supra* note 67, art.4.1.

76) *Ibid.*, art.2.2 and 3. Daniel Bodansky, "The Paris Climate Change Agreement; a new hope?" (2016) 110:2 *American Journal of International Law* 288 참조.

77) Paris Agreement, *supra* note 67, art.7.

78) *Ibid.*, art.8.

79) *Ibid.*, art.9.

것을 요구한다.[82]

파리협정은 각 당사국이 기여방안과 갱신된 목표를 5년마다 통고해야 하는 절차상 의무를 설정한다. 또한 특히 기후변화 완화 및 재정지원과 관련하여 그러한 기여가 "시간의 경과에 따라 진전되는 것을 보여주어야 한다"고 요구하고 있다.[83] 완화행동과 관련하여 제4조 제2항은 "국가별 기여방안의 목적을 달성하기 위하여 국내적 완화 조치를 추구한다"고 규정한다.[84] 따라서 한 국가의 국가별 기여방안(NDCs)은 그 목표와 관련하여 행동의무를 만들어 내지만, 일부 국가별 기여방안에 상세히 설명된 이행방식과 반드시 관련되는 것은 아니다.[85] 예를 들어, 파리협정의 일부 조항들은 "당사국은 적응행동 강화를 위한 협력을 증진하여야 한다(should)"고 언급한 것은 다소 막연하거나 의욕만 앞서 보인다.[86]

파리협정은 "국내 여건(national circumstances)"의 차이뿐만 아니라 공통의 그러나 차등화 된 책임의 원칙과 국가별 역량의 원칙을 인정한다.[87] 따라서, "선진국 당사자는 주도적 역할을 지속하여야 한다"는 UNFCCC의 원칙을 재확인하고, 개발도상국의 국가별 기여방안은 초기에는 수량화되지 않은 완화 노력으로 구성될 수 있음을 인정한다.[88] 또한 선진국 또는 다른 당사국들이 자발적으로[89] 개발도상국에서의 완화 및 적응에 대한 재정 및 기술지원의 제공에 중점을 둔다.[90]

파리협정을 앞두고 대부분의 당사국들은 향후 다양한 체제 하에서 2025년 또는 2030년까지 이행하고 통고해야 할 국가별 기여방안을 제출하였다. UNFCCC

---

80) *Ibid.*, art.10.

81) *Ibid.*, art.11.

82) *Ibid.*, art.12.

83) *Ibid.*, art.3. art.4.3 and 9.3 또한 참조.

84) *Ibid.*, art.4.2

85) Benoit Mayer, "Obligations of conduct in the international law on climate change: a defence" *Review of European, Comparative and International Environmental Law* (forthcoming) 참조.

86) Paris Agreement, *supra* note 67, art.7.7.

87) *Ibid.*, art.2.2.

88) *Ibid.*, art.4.4.

89) *Ibid.*, art.9.2.

90) *Ibid.*, art.3, 4.5, 7.6, 7.13, 9.1, 10.6 and 11.3.

사무국의 기술종합보고서(technical synthesis)에 따르면 이러한 자발적 국가별 기여방안(Intended nationally determined contributions, INDCs) 중 일부는 다소 의욕적이지만, 그 총체적인 효과는 IPCC가 지구 평균온도의 상승을 섭씨 2도 미만으로 제한하는 최저비용의 방법이라고 확인한 것에 크게 미치지 못할 것이라고 밝혔다. 오히려 INDCs는 21세기 말까지 적어도 섭씨 3도 상승의 온난화를 초래할 수 있는 시나리오와 일치할 가능성이 더 높다.[91] 따라서 파리협정 이행을 위한 도전은 보다 확실한 기후행동에 전념하려는 모든 국가의 의지를 북돋우는 절차를 시행하는 데에 있다.[92]

D. 당사국들의 공약 강화방안

파리협정의 성공 여부는 당사국들이 그들의 공약을 검토하고 목표를 높이는 동시에 기여방안을 이행하는 데 필요한 노력을 기울이려는 의지에 달려 있다. 이러한 의미에서 당사국들을 격려하기 위해 파리협정에는 세 가지 메커니즘이 확립되어 있다.

우선 파리협정은 "행동 및 지원을 위하여 강화된 투명성 프레임워크"를 확립한다.[93] 이 메커니즘은 UNFCCC 체제에 시민사회 단체의 적극적인 참여를 고취시켜 정부에 대한 대중의 감독과 압력을 촉진하는 것을 목표로 한다. 당사국의 정기적인 보고서와 기술전문가 검토(technical expert review)를 바탕으로 각 당사국의 온실가스 배출량 및 실제 완화 노력뿐만 아니라 선진국이 제공한 지원에 대한 최신 정보를 제공한다. 이 메커니즘은 "국가주권을 존중하면서 촉진적, 비침해적, 비징벌적 방식으로 이행되며, 당사국에게 지나친 부담을 지우지 아니할 것이다."[94]

둘째, 파리협정은 파리협정 당사국회의(CMA)가 "본 협정의 목적과 장기목표를 달성하기 위한 집단적 진전을 평가하기 위해 본 협정의 이행을 제대로

---

91) UNFCCC Secretariat, *Aggregate Effect of the Intended Nationally Determined Contributions: An Update*, doc. FCCC/CP/2016/2 (May 2, 2016), para. 41; Joeri Rogelj *et al.*, "Paris Agreement climate proposals need a boost to keep warming well below 2°C" (2016) 534:7609 Nature 631 또한 참조.

92) 본서 제13장, Ⅲ. 참조.

93) Paris Agreement, *supra* note 67, art.13.1.

94) *Ibid.*, art.13.3.

검토하는" 메커니즘을 확립한다.[95] 2018년 탈라노아 대화(Talanoa Dialogue)[96]
에 이어, 이러한 활동은 2023년과 그 이후 5년마다 실시될 것이다. 이 메커니
즘은 완화, 적응, 재정지원 및 기술지원 및 역량배양에 대한 국가의 노력을 검
토한다. 파리협정은 이러한 활동이 결과는 "당사국이 국내적으로 결정한 방식
으로 행동과 지원을 갱신하고 강화하도록 당사국에게 알려준다(shall)"고 규정
하고 있다.[97]

   셋째, 파리협정은 이행과 준수를 촉진하기 위한 메커니즘을 확립한다.[98]
투명성 메커니즘과 마찬가지로, 이 메커니즘은 전문가를 기반으로 하며 촉진
적이고, "투명하고 비대립적이며 비징벌적인 방식으로 기능할 것이다."[99] 이
메커니즘이 투명성 메커니즘과 어떻게 다른지는 확실하지 않지만,[100] 정부가
국가적 공약을 강화할 수 있는 사회적, 정치적 과정에 한 번 더 기회를 제공할
수 있을 것이다.

V. 결론

   리우에서 파리에 이르기까지, UNFCCC 체제의 진전에는 매우 길고 가장
복잡한 국제협상이 포함된다. 파리협정의 채택은 확실히 중요한 성과이다. 그
러나 향후 수십 년 동안 국제협상을 지속하기 위한 제도적 근거이자 새로운
출발점이기도 하다. UNFCCC 체제는 중요한 결과를 달성하였으며, 사실상 모
든 국가는 현재 기후변화에 대처하기 위해 일부 조치를 취하기로 합의하였
다.[101] 그러나 21세기 말까지 지구 평균기온 상승을 산업화 이전 수준보다 섭

---

95) *Ibid.*, art.14.1.
96) Decision 1/CP.23, "Fiji Momentum for Implementation" (November 2017), para. 11 참조.
97) Paris Agreement, *supra* note 67, art.14.3.
98) *Ibid.*, art.15.1.
99) *Ibid.*, art.15.2.
100) Alexander Zahar, "A bottom−up compliance mechanism for the Paris Agreement" (2017) 1:1 *Chinese Journal of Environmental Law* 69.
101) 미국도 예외가 아니다. 도널드 트럼프 대통령의 파리협정 탈퇴 선언에도 불구하고 기후변화에 대한 참여는 미국 국민들과 의회 대다수의 지지를 받고 있다. Clement and

씨 1.5도에서 2도로 제한한다는 파리협정에 채택된 목표가 충족되려면 훨씬
더 많은 국제협력이 필요하다.

Dennis, *supra* note 70.

제4장

다른 체제에서의
진전

제4장
다른 체제에서의 진전

이전 장에서는 기후변화 대응을 위한 UNFCCC 체제 하에서 이행된 국제협상의 발전과정을 되짚어 보았다. 그러나 UNFCCC 체제 밖에서도 중요한 이니셔티브가 이루어졌다. 다른, 그리고 다양한 조약체제에 목격된 이러한 진전은 UNFCCC 체제를 다른 방식으로 보완한다. 일부 이니셔티브는 특정 부문 또는 특정 유형의 온실가스 배출의 해결을 다루며 이 외의 이니셔티브는 혁신적인 접근법을 통해 적응이나 기후변화를 촉진한다. UNFCCC 체제와 함께, 다른 조약체제 하의 이러한 이니셔티브는 로버트 코헤인(Robert O. Keohane)과 데이비드 빅터(David G. Victor)가 말한 "기후변화 레짐 복합체(the regime complex for climate change)"라고 지칭하는 것의 일부를 구성하는데, 이는 기후변화의 특정 측면을 다른 방식으로 다루는 "특정 체제의 느슨한 결합"[1]을 말한다.

이 장은 UNFCCC 체제 밖에서 발생하는 가장 관련성이 높은 법체계의 발전에 대한 일반적인 개요를 제공한다. 오존층 보호에 관한 체제 내에서, 주로 오존층 파괴물질을 단계적으로 제거하기 위해 고안된 규칙들은 기후변화를 완화시키는 데에도 기여하였다. 따라서 오존층 보호 체제는 오존층에 영향을 미치지 않는 다른 온실가스로 확장되었다. 국제운송에서 발생하는 온실가스 배출량을 줄이기 위해 IMO와 ICAO 주도하에 규칙이 만들어졌다. 일부 국가들의 모임은 기후변화 완화에 선구적인 역할을 해왔다. 마지막으로, 기후변화 완

---

1) Robert O. Keohane and David G. Victor, "The regime complex for climate change" (2011) 9:1 *Perspectives on Politics* 7.

화에 대한 고려는 세계유산협약과 생물다양성협약 등 다양한 국제체제에서도 주된 논의의 대상으로 들어오게 되었다.

I. 오존층 보호에 관한 체제

오존층 보호에 관한 체제는 세 가지 이유에서 기후변화에 관한 국제법과 특히 관련이 있다. 첫째, 이 체제의 구조, 즉 보다 실체적인 규칙을 포함하는 의정서가 뒤따르는 기본협약(framework convention)의 발전은 UNFCCC 체제의 역사적 발전에 일정 부분 영향을 미쳤다. 둘째, 오존층 파괴물질의 소비와 생산을 줄이기 위해 취해진 조치는, 파괴물질 중 대다수가 온실가스이기 때문에, 기후변화 완화에 크게 기여하였다. 셋째, 최근의 개정으로 오존층 파괴물질을 대체하는 데 사용되는 온실가스의 사용을 줄이기 위해 관련 문서의 적용을 확대하였다.

오존층은 고도 15~25km의 하부 성층권에서 오존(O_3)이 집중적으로 모여 있는 지역을 말한다.[2] 오존층은 동물과 식물뿐만 아니라 인간의 생명에 해로운 특정 태양 자외선 방사선을 필터링한다. 1970년대와 1980년대의 과학적 연구에 따르면, 성층권 오존의 농도가 감소하는 것으로 밝혀졌다.[3] 오존층의 이 "구멍(hole)"(실제로는 얇아짐)은 오존층이 자연적으로 더 얇아지는 극지방에서 특히 중요하다. 이로 인해 호주와 북유럽의 인구가 특히 건강에 해로운 영향을 미치는, 유해한 방사선에 노출되는 결과를 초래한다.

오존층의 고갈은 특정 가스, 특히 대부분 산업국가로부터 발생하는 CFC 및 할론의 인위적 배출로 인해 발생하였다. CFC 및 할론의 불연성, 비독성, 비부식성 및 열역학적 특성으로 인해 일반적으로 냉매, 에어컨 냉각제 및 에어로졸로 사용되었다. 이러한 분자는 배출되고 성층권에 도달하여 고주파 태양 복사선에 노출되면 유리염소 또는 브롬으로 분해되는데, 결국 오존분자와 반

---

2) 성층권 오존층은 비자연적 지상오존(Ground－level Ozone)과 혼동해서는 안 된다. 비자연적 지상오존은 많은 도시에서 심각한 공중보건 문제인 산업오염에 의해 생성되었다.

3) World Meteorological Organization, *Scientific Assessment of Ozone Depletion: 2014* (WMO *et al.*, 2014) 참조.

응하여 오존층을 고갈시킨다.[4]

1980년대 중반부터 오존층 파괴물질의 소비와 생산을 규제하기 위한 복잡한 국제체제가 발전되어 왔다. 1985년 3월 22일에 채택되어 1988년 9월 22일에 발효된 오존층 보호를 위한 비엔나협약(Vienna Convention for the Protection of the Ozone Layer)은 오존층을 파괴하거나 파괴하기 쉬운 인간 활동의 결과로 인한 부정적 영향으로부터 인간의 건강과 환경을 보호하기 위한 제도의 틀을 확립하였다.[5] 비엔나협약은 일부 원칙을 정의하고 일부 제도를 확립하였지만 실체적인 조항은 거의 포함하지 않는다.[6]

보다 명확한 과학적 증거가 속속 나오면서 협상이 계속되었다. 오존층 파괴물질에 관한 몬트리올 의정서(Montreal Protocol on Ozone Depleting Substances)는 비엔나협약이 발효되기 전 1987년 9월 16일 채택되었다.[7] 몬트리올 의정서는 특정 CFC 및 할론의 소비 및 생산에 대한 통제조치를 확립한다.[8] 통제된 물질을 제한적으로 소비하는 개발도상국에 대해서는 덜 엄격하게 판단하는 체제를 마련하였다.[9]

몬트리올 의정서에 대한 네 가지 개정은 1990년대에 새로운 규제물질을 추가하고 관리조치를 강화하기 위해 채택되었다.[10] 표 4.1은 최초의 몬트리올

---

4) Edward A. Parson, *Protecting the Ozone Layer: Science and Strategy* (Oxford University Press, 2003); Susan Solomon, "Stratospheric ozone depletion: a review of concepts and history" (1999) 37:3 *Review of Geophysics* 275 참조.

5) Vienna Convention for the Protection of the Ozone Layer, March 22, 1985, 1513 *UNTS* 293, art. 2.1.

6) Peter H. Sand, "Protecting the ozone layer: the Vienna Convention is adopted" (1985) 27:5 *Environment: Science & Policy for Sustainable Development* 18; Jorgen Wettestad, "The Vienna Convention and Montreal Protocol on Ozone−Layer Depletion" in Edward L. Miles *et al* (eds.), *Environmental Regime Effectiveness: Confronting Theory with Evidence* (MIT Press, 2002); Stephen O. Andersen and K. Madhaya Sarma, *Protecting the Ozone Layer: The United Nations History* (UNEP and Earthscan, 2002) 참조.

7) Montreal Protocol on Substances that Deplete the Ozone Layer, September 16, 1987, 1522 *UNTS* 3 (이하 Montreal Protocol).

8) *Ibid.*, art.2 and Annex A.

9) *Ibid.*, art.5. Peter M. Morrisette, "The evolution of policy responses to stratospheric ozone depletion" (1989) 29:3 *Natural Resources Journal* 793 참조.

10) Amendments to the Montreal Protocol on Substances that Deplete the Ozone Layer adopted in London on June 29, 1990, 1598 *UNTS* 469; in Copenhagen on November 25, 1992, 1785 *UNTS* 517; in Montreal on September 17, 1997, 2054

의정서 및 후속 개정에서 다루어진 규제물질의 목록을 보여준다.

표 4.1 몬트리올 의정서와 그 개정안에 따라 통제되는 물질

문서	통제물질
몬트리올 의정서	클로로플루오로카본(CFCs)과 할론의 일부
1990년 런던 개정	기타 CFCs, 카본 테트라클로라이드, 메틸클로로포름
1992년 코펜하겐 개정	할로메탄(HCFCs), 수산화탄소(HBFCs), 메틸브로마이드
1997년 몬트리올 개정	새롭게 추가된 통제물질 없음
1999년 베이징 개정	브로모클로로메탄
2016년 키갈리 개정	플루오르화탄소(HFCs)

오존층 보호에 관한 체제는 대체로 성공을 거두었다. 오존층의 파괴가 현저히 줄어들었으며 이제는 "치유(heal)"하기 시작하였다.[11] 이 경험은 기후변화에 대한 초기 협상에 도움을 주었다. 기후변화를 다루기 위하여, 국제협력에 대한 일반적인 목적과 원칙을 정의하는 기본협약을 채택하고 보다 구체적인 국가적 공약을 포함하는 의정서(필요시 수정가능)를 채택하는 유사한 방식이 시도되었다. 그러나 UNFCCC 체제는 온실가스 배출에 심하게 의존하고 있는 경제체계와 에너지시스템, 운송, 산업생산, 건설, 식량생산의 개편과 심지어 우리의 생활방식 등 기후변화 완화에 필요한 일종의 구조적 변화에 대한 국가들의 주저로 인해 훨씬 더 큰 어려움에 직면하였다. 오존층 파괴물질의 단계적 제거는 매우 특정한 경제분야에서 약간의 기술적인 변화만 수반하는 반면, 기후변화 완화는 현재의 생산과 소비방식에 대한 철저한 점검이 필요하다.

오존체제가 기후변화에 대한 협상구조에 미치는 영향 외에도, 오존체제는 온실가스 배출 감축에 기여하였다. 그와 동시에, 몬트리올 의정서에 따라 규제되는 대부분의 오존층 파괴물질은 매우 강력한 온실가스이다. 예를 들어, CFC-13은 100년 기준으로 동일한 질량의 이산화탄소보다 13,900배 이상[12] 지구온

UNTS 522; and in Beijing on December 3, 1999, 2173 UNTS 183.

11) Susan Solomon et al., "Emergence of healing in the Antarctic ozone layer" (2015) 353:6296 Science 269 참조

12) G. Myhre et al., "Anthropogenic and natural radiative forcing"in T.F. Stocker et al. (eds.), Climate Change 2013: The Physical Science Basis. Contribution of Working

난화지수(Global warming potential)가 높은 것으로 추정된다. 몬트리올 의정서 하에서 CFC‑13의 소비와 생산이 단계적으로 폐지되었는데, 의정서 전문에는 오존층 파괴물질의 '배출로 인한 잠재적 기후영향(the potential climatic effects of emissions)'에 대해 간략히 언급하고 있다.[13] 두 체제 간의 중복을 피하기 위해 몬트리올 의정서에 의해 통제되는 온실가스에는 UNFCCC와 교토의정서가 적용되지 않는다.[14]

몬트리올 의정서는 지구온난화지수가 매우 높은 오존층 파괴물질의 소비와 생산을 단계적으로 제거함으로써 기후변화 완화에 크게 기여하였다. 몬트리올 의정서가 없었다면 개발도상국에서 냉장 및 냉방 시스템이 빠르게 확장되면서 그러한 물질의 사용이 급격히 증가하였을 것이다. 거스 벨더스(Guus J.M. Velders)와 동료들은 몬트리올 의정서가 교토의정서보다 기후변화 완화에 더 큰 기여를 하였다고 주장하였다.[15] 지난 25년 간 기후변화에 대한 가장 치열한 협상이 이루어졌음에도 불구하고 기후변화 완화에 가장 크게 기여한 것은 아이러니하게도 다른 목적을 추구한 조약에서 나왔다. 이는 오존층 파괴물질의 생산증가를 방지하는 것이 가장 쉽게 달성할 수 있는 목표였고, 이산화탄소, 메탄 또는 아산화질소와 같이 보다 분산된 배출원의 실질적인 감축보다 장애물이 적었기 때문이다.[16] 그럼에도 불구하고 오존층 파괴물질의 소비와 생산을 단계적으로 중단시킨 몬트리올 의정서의 성공은 기후변화 완화를 위하

Group I to the Fifth Assessment Report of the Intergovernmental Panel on Climate Change (Cambridge University Press, 2013), Appendix 8.1, at 731. 표 1‑1 참조.

13) Montreal Protocol, supra note 7, recital 5.

14) United Nations Framework Convention on Climate Change, May 9, 1992, 1771 UNTS 107 (이하 UNFCCC), art.4.1(b) and art.4.2(a); Kyoto Protocol to the United Nations Framework Convention on Climate Change, December 11, 1997, 2303 UNTS 162 (이하 Kyoto Protocol), art. 2(a)(ii) 참조. 대조적으로 파리협정은 어떠한 가스에 적용되는지 특정하지 않았다. Paris Agreement, December 12, 2015, in the annex of decision 1/CP.21, "Adoption of the Paris Agreement" (December 12, 2015) 참조.

15) Guus J.M. Velders et al., "The Importance of the Montreal Protocol in protecting climate" (2007) 104:12 Proceedings of the National Academy of Sciences of the United States of America 4814.

16) O. Edenhofer et al., "International cooperation: agreements & instruments" in R. Pichs‑Madruga et al (eds.), Climate Change 2014: Mitigation of Climate Change. Contribution of Working Group III to the Fifth Assessment Report of the Intergovernmental Panel on Climate Change (Cambridge University Press, 2014) 13, at 1050.

여 가스 중심으로 행동하는 계기를 제공하였다.[17]

몬트리올 의정서와 그 개정에 의해 통제되는 일부 물질은 점차 HFCs (hydrofluorocarbons)로 대체되었다. HFCs는 오존층에 영향을 미치지 않는다. 따라서 원래 몬트리올 의정서에 의해 통제되지 않았다. 그러나 HFCs가 대체하고 있는 오존층 파괴물질과 마찬가지로 HFCs는 매우 강력한 온실가스이며 100년 기준으로 지구온난화지수가 동일한 양의 이산화탄소보다 최대 12,400배 더 크다.[18] 1990년대 후반에 이미 당사국총회는 오존층 파괴물질의 대체물질인 HFCs 배출량의 급격한 증가[19]에 관한 큰 우려를 표명하였다. HFCs 배출량은 교토의정서와 도하 개정안[20]에 의해 규제되었으며, 이는 파리 정상회의(Paris Summit)[21]에 이르기까지 당사국들이 통보한 일부 INDCs에 포함되어 있다. 그러나 일부 경제부문에서만 이러한 가스를 상대적으로 제한적으로 사용하고, 지구온난화지수가 매우 높으며, 대안이 존재한다는 점을 감안할 때, HFCs를 단계적으로 폐지하는 몬트리올 의정서의 새로운 개정 가능성에 대한 논의가 이루어졌다.

2010년, 몬트리올 의정서의 108개 당사국은 제22차 몬트리올 의정서 당사국회의에서 몬트리올 의정서가 "HFCs 및 CFCs를 지구온난화지수가 낮은 대안으로 대체하는 데 있어 진전을 이루는데 적합하다"는 점을 확인하는 선언을 채택하였다.[22] 다음 해에 HFCs 관리에 있어[23] 몬트리올 의정서의 가능한 역

---

17) Guus J.M. Velders *et al.*, "Preserving Montreal Protocol climate benefits by limiting HFCs" (2012) 335:6071 *Science* 922 참조.

18) Stocker *et al* (eds.), *supra* note 12, Appendix 8.1, at 732.

19) Decisions 13/CP.4, "Relationship between efforts to protect the stratospheric ozone layer and efforts to safeguard the global climate system: issues related to hydrofluorocarbons and perfluorocarbons" (November 11, 1998); 17/CP.5, "Relationship between efforts to protect the stratospheric ozone layer and efforts to safeguard the global climate system" (November 4, 1999); 12/CP.8, "Relationship between efforts to protect the strato- spheric ozone layer and efforts to safeguard the global climate system: issues relating to hydrofluorocarbons and perfluorocarbons" (November 1, 2002) 참조.

20) Kyoto Protocol, *supra* note 14, Annex A; Doha Amendment to the Kyoto Protocol, December 8, 2012, in the annex of decision 1/CMP.8, "Amendment to the Kyoto Protocol Pursuant to its Article 3, paragraph 9 (Doha Amendment)" (December 8, 2012) (hereinafter Doha Amendment) 참조. 본서 제7장, III.A 또한 참조.

21) UNFCCC Secretariat, *Aggregate Effect of the Intended Nationally Determined Contributions: An Update*, doc. FCCC/CP/2016/2 (May 2, 2016), para. 16.

22) Declaration on the Global Transition away from Hydrochlorofluorocarbons(HCFCs)

할을 논의하기 위해 특별작업반이 구성되었으며, 몬트리올 의정서 개정에 대한 공식협상은 2015년 11월 제27차 당사국회의에서 시작되었다.[24] 2016년 10월 15일, 제28차 몬트리올 의정서 당사국회의는 HFCs의 소비 및 생산을 규제하기 위해 키갈리 개정(Kigali Amendment)을 채택하였다.[25] 키갈리 개정은 2019년 1월 1일부터 발효된다.[26] 선진국 및 개발도상국 당사국이 여러 단계에 걸쳐 HFCs 소비 및 생산의 대부분을 단계적으로 중단할 수 있는 여러 기간을 제공하였는데, 선진국 당사국의 경우 2036년까지이고, 개발도상국 당사국의 경우 2045년 또는 2047년까지 이행해야 한다.[27]

HFCs는 오존층에 큰 영향을 미치지 않기 때문에, 몬트리올 의정서에 대한 키갈리 개정은 비엔나협약의 목적을 엄격하게 읽는 것 이상으로 확대된다. 즉, "오존층을 파괴하거나 파괴할 수 있는 인간 활동의 결과로 인한 부정적 영향으로부터 인간의 건강과 환경을 보호하는 것이다."[28] 몬트리올 의정서는 특정 온실가스를 단계적으로 제거하는 것을 목표로 하는 보다 구체적인 국제협력을 위해 더욱 편리한 포럼을 제공하는 것으로 보였기 때문에, 이 공식적인 불일치는 문제제기 없이 받아들여졌다.[29]

and Chlorofluoroearbons(CFCs), adopted by 108 parties at and around the Twenty-Second Meeting of the Parties (November 8-12, 2010), second recital.

23) Twenty-Fifth Meeting of the Parties to the Montreal Protocol, *Report of the Co-chairs of the Discussion Group on Issues on the Management of Hydrofluorocarbons using the Montreal Protocol and its Mechanisms* (October 21-25, 2013).

24) Twenty-Seventh Meeting of the Parties to the Montreal Protocol decision XXVII/1, "Dubai Pathway on Hydrofluorocarbons" (November 1-5, 2015).

25) Amendment to the Montreal Protocol on Substances that Deplete the Ozone Layer, adopted in Kigali on October 15, 2016, reproduced in (2017) 56 *ILM* 196.

26) *Ibid.*, art.IV.1.

27) 더 자세한 설명은, *Kigali Amendment to the Montreal Protocol: A Crucial Step in the Fight against Catastrophic Climate Change* (Environmental Investigation Agency, 2016) 참조.

28) Vienna Convention on the Law of Treaties, May 23, 1969, 1155 *UNTS* 331, art.2.1.

29) D. Shindell *et al.*, "A climate policy pathway for near-and long-term benefits" (2017) 356:6337 *Science* 493; Margaret M. Hurwitz *et al.*, "Early action on HFCs mitigates future atmospheric change" (2016) 11:11 *Environment Research Letters* 114019 참조.

II. 국제운송

이전 장에서 논의한 바와 같이, 교토의정서는 부속서 1 당사국에게 적용되는 배출제한 및 감축공약을 정의하였다. 이를 위해서는 온실가스 배출량의 각 국가에 귀속시킬 필요가 있었다. 그러한 귀속은 배출이 발생한 장소에 근거한 것으로 이해되었다. 이러한 귀속 근거는 발전소와 같은 고정시설에 적용될 때는 비교적 간단하지만, 국제운송, 특히 항공 또는 해상으로 인한 온실가스 배출량을 계산할 때 어려움을 겪는다. 여러 국가와 공해를 통과하는 비행기 또는 선박의 온실가스 배출이 승객 또는 선적의 출발지 또는 목적지, 또는 연료가 구매된 국가, 항공기 또는 선박의 등록지, 그리고 소유자 또는 운영자가 위치한 국가 중 어느 곳에 귀속되어야 하는가?[30] 또는 승객이나 화물의 생산자 또는 소비자의 국적이 고려되어야 하는가? IPCC는 국제운송의 배출량을 국가 총계에 포함시키지 말고 별도로 보고 할 것을 권장한다.[31] 따라서 국제운송의 배출량은 교토의정서에 따른 배출제한 및 감축공약에 포함되지 않는다.

국제운송에서 발생하는 배출량은 특정 국가에 귀속되는 것이 아니라, 별도로 다뤄져야 할 것으로 보였다. 그러나 특정 국가들의 기득권을 고려할 때 정치적 합의에 도달하는 것이 특히 어려워 보였으며 제도적 정당성에 대한 의문이 제기될 수 있었다. 이러한 문제를 피하기 위해, 교토의정서는 그 범위에서 항공 및 해상 벙커유에서 나오는 온실가스 배출을 제외하였고, 국제항공 및 해상운송에 대한 규제를 다루는 UN의 전문기관을 통해 당사국들이 협조할 것을 요청하였다. 따라서 교토의정서 제2조 제2항은 선진국들에게 "국제민간항공기구와 국제해사기구를 통한 업무"를 통해 이러한 배출제한과 감축을 추구할 것을 요구하고 있다.[32] 기후변화 완화에 관한 협상은 이 두 기구에서 이루어졌고, 최근 몇 년 동안 어느 정도 성공을 거두었다.

---

30) Sebastian Oberthür and Hermann E. Ott, *The Kyoto Protocol: International Climate Policy for the 21st Century* (Springer, 1999) 111 ff 참조.

31) Simon Eggleston *et al.*, *2006 IPCC Guidelines for National Greenhouse Gas Inventories* (IGES, 2006), para. 8.2.1. 또한 J.T. Houghton *et al.*, *Revised 1996 IPCC Guidelines for National Greenhouse Gas Inventories* (UK Meteorological Office, 1997), 1.2 참조.

32) Kyoto Protocol, *supra* note 14, art.2.2.

A. 국제해양법에서의 진전

선박에 의한 대기오염에 관한 협상은 국제해사기구(IMO)의 주도 하에 이루어졌으며, 1978년 의정서(MARPOL)에 의해 수정된 1973년 선박으로부터의 오염방지를 위한 국제협약 개정으로 이어졌다.[33] 선박으로부터의 대기오염방지에 관한 부속서 6은 1997년에 채택되었고 선박으로부터의 대기오염물질 배출을 규제하기 위해 2005년 발효되었다.[34] 그러나 제6부속서에는 일부 온실가스를 포함하는 질소산화물(NOx)과 황산화물(SOx) 같은 일반적인 오염물질만 포함되어 있다.

이산화탄소 배출 문제를 해결하기 위해 2011년 7월 17일 부속서 6 개정이 채택되어 2013년 1월 1일에 발효되었다.[35] 이 개정에는 선박으로부터의 온실가스 배출 집약도에 대한 규정이 포함되었다. 여기에는 선박에너지효율설계지수(Energy Efficiency Design Index, EEDI) 및 선박에너지효율관리계획(Ship Energy Efficiency Management Plan, SEEMP)과 관련된 두 가지 의무조치가 포함되었다. EEDI는 모든 새로운 선박에 적용할 수 있는 톤 당 또는 마일 당 이산화탄소 배출량으로 표현되는 최소효율계수이다. 이 기준은 5년마다 강화되도록 설정되었다. 반대로 SEEMP는 기존 선박의 운항에 즉시 적용된다. IMO는 항해계획, 기상경로 및 속도 최적화의 개선과 관련된 조치를 포함하여 SEEMP에 포함될 기술적 조치에 대한 지침을 채택하였다.[36] 이러한 조치는 온실가스 배출을 줄이기 위해 전 세계적으로 취한 광범위한 기술규정을 포괄한다.

---

33) 1973 International Convention for the Prevention of Pollution from Ships, November 2, 1973, 1340 *UNTS* 184; and 1978 Protocol Relating to the 1973 International Convention for the Prevention of Pollution from Ships, February 17, 1978, 1340 *UNTS* 61 (이하 MARPOL).

34) 1997 Protocol to Amend the 1973 International Convention for the Prevention of Pollution from Ships, as Modified by the 1978 Protocol, adopted in London on September 26, 1997.

35) MARPOL resolution MEPC.203(62), "Amendments to the Annex of the Protocol of 1997 to Amend the International Convention for the Prevention of Pollution from Ships, 1973, as Modified by the Protocol of 1978 relating thereto" (July 15, 2011), in IMO document MEPC 62/24/Add.l.

36) MARPOL resolution MEPC.213(63), "2012 Guidelines for the Development of a Ship Energy Efficiency Management Plan (SEEMP)" (March 2, 2012), in IMO document MEPC 63/23 참조.

협상은 거기서 멈추지 않았다. 2011년 제6부속서에 대한 개정을 채택한 후, 보완적인 시장기반 메커니즘을 만들기 위한 제안이 추가로 이루어졌다.[37] 2016년 10월에는 가능한 다음 단계의 협의를 설정하기 위해 선박으로부터의 온실가스 배출감축에 관한 특별작업반이 설치되었다.[38]

B. 국제항공법에서의 진전

급속도로 성장하고 있는 경제부문인 국제민간항공이 전 세계 온실가스 배출량에 미치는 영향을 다루기 위해 국제민간항공기구(ICAO)[39]의 주도하에 협상이 열렸다.[40] 기술발전을 통해 온실가스 집약도는 상당히 제한될 수 있지만, 민간항공은 본질적으로 전 세계 온실가스 배출에 무시할 수 없는 기여자로 남을 가능성이 크다.

1992년 9월과 10월, 지구정상회의(리우회의) 직후 ICAO 총회 제29차 회기에서 "지구온난화와 오존층 파괴와 같은 대기권의 환경문제에 대한 우려가 커지고 있음"을 인식하였다.[41] 그러나 "국제민간항공이 이러한 문제에 기여하는 정도는 아직 확실하지 않다"고 지적하면서 방어적인 태도를 취하였다.[42]

---

37) IMO, Report of the Marine Environment Protection Committee on its Sixty—Third Session, doc. MEPC 63/23 (March 14, 2012), section 6 참조. 또한 Md. Saiful Karim, *Prevention of Pollution of the Marine Environment from Vessels: The Potential and Limits of the International Maritime Organisation* (Springer, 2015) 117—118; Harilaos N. Psaraftis, "Market—based measures for greenhouse gas emissions from ships: a review" (2012) 11:2 *WMU Journal of Maritime Affairs* 211; Yoshifumi Tanaka, "Regulation of greenhouse gas emissions from international shipping and jurisdiction of states" (2016) 25:3 *Review of European Community & International Environmental Law* 333 참조.

38) IMO, Report of the Marine Environment Protection Committee on its Seventieth Session, doc. MEPC 70/18 (November 11, 2016), para. 7.14.

39) 국제민간항공기구(ICAO)는 유엔 산하의 전문기구이다. 해당 기구는 1944년 국제민간항공협약에 (이하 시카고 협약) 의해 발족되었다.

40) Md. Tanveer Ahmad, *Climate Change Governance in International Civil Aviation* (Eleven, 2016); Alejandro Piera Valdes, *GhG Emissions from International Aviation: Legal and Policy Challenges* (Eleven, 2015); Beatriz Martinez Romera, *Regime Interaction and Climate Change: The Case of International Aviation and Maritime Transport* (Routledge, 2018) 참조.

41) ICAO Assembly Resolution A29—12, "Environmental impact of civil aviation on the upper atmosphere" (September 22—October 8, 1992), in ICAO, *Assembly Resolutions in Force* (as of 8 October 1992j, doc. 9602, at 1—35, recital 1.

42) *Ibid.*, recital 3.

ICAO의 역할을 "국제민간항공이 환경에 미치는 바람직하지 않은 영향을 최소화하는 가능한 수단에 대한 정책지침을 개발하는 데에 주된 책임을 갖는 기관"43)임을 강조하면서, ICAO 총회는 ICAO 이사회에 관련 기관과 "긴밀히 협력"할 것을 요청하였다.44)

교토의정서 채택에 따라, 1998년 9월과 10월에 개최된 ICAO 총회의 제32차 회기에서 이사회에 "민간항공으로 인한 온실가스 배출을 제한하거나 줄이기 위한 정책 옵션을 연구하도록" 이사회에 요청하였다.45) 그리고 이 회기에서 "온실가스 배출을 통제하는 맥락에서 예를 들어 항공운송에 대한 환경부담금이나 환경세라는 주제가 제기되었다"고 밝혔다.46) 또한 추가 결정이 채택될 때까지 배출 관련 부과금 도입 등 "국가는 일방적인 행동을 삼가도록 촉구"하였다.47) 2001년 ICAO 총회의 제33차 회기에서 "배출권거래제도는 장기적으로 민간항공이 배출하는 이산화탄소를 제한하거나 줄이기 위한 비용 효과적인 조치"라고 결론지었다.48) 그러나 ICAO는 배출권거래제도가 명시된 지침을 채택하는 것을 연기하였다.49) 또한 ICAO 총회는 "배출 관련 부과금 도입을 위한 일방적 행동"에 대한 반대를 재확인하면서,50) "산업과 정부가 배출을 줄이기 위한 목표 및/또는 일련의 행동에 동의"하는 "자발적 행동"만을 허용하였다.51)

다음 회기에서 협상이 지연되었지만 2007년 제36차 회기에서 총회는 이사회에게 "온실가스 배출을 포함한 국제민간항공 관련 환경문제에 대해 ICAO가 지속적으로 리더십을 발휘할 수 있도록" 요청함으로써,52) 다른 포럼에서의 진

---

43) *Ibid.*, recital 5.

44) *Ibid,*, para. 2.

45) ICAO Assembly Resolution A32-8, "Consolidated statement of continuing ICAO policies and practices related to environmental protection" (September 22-October 2, 1998), Appendix F, para. 4.

46) *Ibid.* Appendix H, recital 1.

47) *Ibid.*, Appendix H, para. 2(b).

48) ICAO Assembly Resolution A33-7, "Consolidated statement of continuing ICAO policies and practices related to environmental protection" (September 25-October 5, 2001), Appendix I, recital 12.

49) *Ibid.*, Appendix I, para.2(c)(2).

50) *Ibid,*, Appendix I, para.2(b)(3).

51) *Ibid.*, Appendix I, recital 13 and footnote.

52) ICAO Assembly Resolution A36-22, "Consolidated statement of continuing ICAO policies and practices related to environmental protection" (September 18-28,

전을 사실상 막아버렸다. 또한 ICAO 총회는 국가들에게 다시 한 번 "온실가
스 배출 부과금의 일방적인 도입을 자제"하고 "국가 간의 상호동의에 근거한
것을 제외하고는 다른 체약국의 항공기 사업자에 대한 배출권거래제도를 시행
하지 말 것"을 촉구하였다.[53]

EU 회원국은 이 조항 및 기타 유사한 조항을 유보하였다. EU는 ICAO 하
에서의 가능한 합의를 기다리는 대신 국제항공에 대한 완화조치를 취하기로
결정하였다. EU는 2005년부터 다양한 고정적 활동에 대해 배출권거래제
(Emissions Trading Scheme, ETS)를 시행해 왔다.[54] 다른 형태의 시장기반 메커
니즘과 마찬가지로 ETS는 경제행위자가 각 온실가스 배출단위에 대한 배출권
을 획득하도록 요구한다. 배출권은 거래될 수 있으며 온실가스 배출량을 감소
시키는 경제적 동기를 창출한다.[55] 따라서 2008년 말 EU는 EU 회원국 영토
밖에서 발생하는 비행의 일부를 포함하여, 유럽연합 내에 위치한 또는 국제항
공편으로부터 ETS를 확대하기로 결정하였다.[56] 유럽재판소의 유리한 판결에
도 불구하고,[57] 이 조치는 정치적·학술적 논쟁을 불러 일으켰다.[58] 그러나 제
3국들은 일방적인 행동보다 조직적인 정책을 선호하였기 때문에, ICAO에서의

2007) Appendix J, para. 1(a).

53) *Ibid.*, Appendix L, paras. 1(a)(3) and 1(b)(1).

54) EU Directive 2003/87/EC establishing a scheme for GhG emission allowance trading within the Community (October 13, 2003), doc. 32003L0087. EU ETS에 대한 자세한 설명은 본서 제7장, section Ⅳ.B. 참조.

55) 본서 제7장, Ⅳ.B. 참조.

56) EU Directive 2008/101/EC of November 19, 2008 amending Directive 2003/87/EC so as to include aviation activities in the scheme for GhG emission allowance trading within the Community (January 13, 2009), doc. 32008L0101.

57) ECJ judgment (GrandChamber), Case C−366/10, ATA v. Secretary of State for Energy, judgment of December 21, 2011, doc. 62010CJ0366 참조.

58) Gian Plant's analysis in (2013) 107(1) *American Journal of International Law* 183; Snaja Bogojevic "Legalising environmental leadership: a comment on the CJEU's ruling in C−366/10 on the inclusion of aviation in the EU Emissions Trading Scheme" (2012) 24:2 *Journal of Environmental Law* 345; annotations in (2012) 49:3 *Common Market Law Review* 1113 (annotations by Benoit Mayer); Andrea Gattini, "Between splendid isolation and tentative imperialism: the EU's extension of its Emission Trading Scheme to international aviation and the ECJ's judgment in the ATA case" (2012) 61:4 *International & Comparative Law Quarterly* 977; Kati Kulovesi, "'Make your own special song, even if nobody else sings along': international aviation emissions and the EU Emissions Trading Scheme" (2011) 2:4 *Climate Law* 535 참조.

새로운 진전을 촉발시켰다.

따라서 2010년 ICAO 총회 제37차 회기에서 "2020년까지 전 세계 연평균 연비 2% 향상 및 2021년에서 2050년까지 연 2% 전 세계 연비효율 향상"이라는 포부를 담은 목표를 정의하였다.[59] 또한 시장기반 제도의 "설계 및 이행을 위한 지침이 되는 원칙"을 채택하였다.[60] 마지막으로 국가들에게 국가행동계획을 통고하도록 요청하여 항공분야의 온실가스 배출을 제한하는 국가적 공약을 공개적으로 보일 수 있는 기회를 제공하였다. 3년 후, 제38차 회기에서 "2020년부터 국제항공의 전 세계 순 탄소배출량을 같은 수준으로 유지하려는 전 세계 목표"를 채택하여,[61] 당사국들에게 일관된 행동계획을 제출하도록 요청하였다. 개발도상국에서 항공이 급격히 확대됨에 따라 이러한 열망적인 목표는 다소 의욕적인 것처럼 보였다.[62] 실질적인 이행을 위해서는 추가적인 진전이 필요하였고, 시장기반 메커니즘에 대한 다자간 합의에 대한 기대가 높아졌다.[63]

시장기반 메커니즘에 대한 이러한 합의는 마침내 2016년 9월에 개최된 ICAO 총회 제39차 회기에서 이루어졌다. ICAO 총회는 "배출량을 줄이기 위한 기술 및 표준, 지속가능한 대체 연료, 운영개선 및 시장기반 조치를 포함한 일련의 조치로 구성된 포괄적인 접근방식"에 대한 약속을 확인하였다.[64] ICAO 이사회와 환경자문그룹(Environment Advisory Group)의 준비 작업을 바탕으

---

59) ICAO Assembly Resolution A37−19, "Consolidated statement of continuing ICAO policies and practices related to environmental protection−climate change" (September 28−October 8, 2010), para. 4. 여기 명시된 목표는 계속 유지되어 ICAO 총회 결의 A−39−2에서도 목격된다. ICAO Assembly Resolution A39−2, "Consolidated statement of continuing ICAO policies and practices related to environmental protection−climate change" (September 27−October 7, 2016), para. 4.

60) Annex of ICAO Assembly Resolution A37−19, *supra* note 59. 또한 Annex of ICAO Assembly Resolution A39−2, *supra* note 59 참조.

61) ICAO Assembly Resolution A38−18, "Consolidated statement of continuing ICAO policies and practices related to environmental protection−climate change" (September 24−October 4, 2013), para. 7. ICAO Assembly Resolution A39−2, *supra* note 59, para. 6 또한 참조.

62) O. Edenhofer *et al.*, "Transport" in Pichs−Madruga *et al.* (eds.), *supra* note 16, 599, at 646.

63) 특히 기후변화가 항공업계와 세계시장구조에 미치는 영향에 대해 소개된 (2016) 10:2 *Carbon & Climate Law Review* 91−163 참조.

64) ICAO Assembly Resolution A39−2, *supra* note 59, recital 7.

로 ICAO 총회는 국제항공 탄소상쇄 및 감축제도(Carbon Offsetting and Reduction Scheme for International Aviation, CORSIA)를 설립하였다.[65] 시장기반 메커니즘을 통해 항공기 사업자는 다른 경제부문의 완화 프로젝트에 보조금을 제공함으로써 초과 배출량을 보충할 수 있다. 2021년부터 시범단계(2021년~2023년)를 거쳐 초기 자발적 단계(2024년~2026년)와 모든 국가에 적용 가능한 두 번째 단계(2027년~2035년)를 거쳐 점차적으로 적용된다.[66] 달리 자원하지 않는 한, 국제민간항공 활동의 아주 작은 부분만 차지하는 국가들은 모든 최빈개도국, 군소도서개발국 및 내륙개도국과 함께 면제된다.[67]

최초의 전 세계 시장기반 메커니즘으로서 CORSIA의 중요성은 아무리 강조해도 지나치지 않다. 2017년 중반, 국제항공 활동의 90%에 가까운 부분을 대표하는 70개국이 시범단계에 참여할 의사가 있음을 표명하였다.[68] 그러나 이 제도의 적용방식은 2018년 말까지는 ICAO 이사회에 의해서 정해질 예정이다.[69]

III. 기후변화 완화를 위한 다른 선구적인 이니셔티브

소수의 같은 생각을 가진 국가로 제한되거나 때로는 비국가행위자들을 포함하는 일부 이니셔티브는 혁신을 촉진하고 단순히 더 큰 목표를 향해 리더십을 행사하는 등 기후변화 완화를 촉진하는 데 더 많은 노력을 기울였다. 이러한 이니셔티브 중 일부는 기존의 국제협력 포럼을 사용하였지만 새로운 포럼도 출범하였다. 여기에 그러한 선구적인 이니셔티브를 모두 열거하는 것은 불가능하지만, 가장 두드러진 사례 중 일부는 적어도 간단히 언급할 가치가 있다.

EU는 ICAO 체제하의 시장기반 메커니즘 개발에서 EU가 한 역할에서 알

---

65) ICAO Assembly Resolution A39−3, "Consolidated statement of continuing ICAO policies and practices related to environmental protection−Global Market−Based Measure(MBM) Scheme" (September 27−October 7, 2016), para. 5.

66) *Ibid.*, para. 9.

67) *Ibid.*, para. 9(e).

68) 본서를 마무리할 당시 도널드 트럼프 대통령의 당선과 출범한 행정부의 파리협정 탈퇴 결정이 어떻게 미국의 CORSIA 참여에 영향을 미칠지 명확하지 않았다.

69) ICAO Assembly Resolution A39−3, *supra* note 65, para. 20.

수 있듯이 글로벌 리더십을 발휘하는 선구적인 역할을 수행하고 있다. 2003년 교토의정서 발효 이전에도 EU는 경제생산의 절반 정도에 적용되는 ETS를 설립하였다.[70] EU와 그 회원국의 외교적 영향은 실질적으로 양자 또는 다자간 협정에 관련 조항을 통합함으로써 전 세계적으로 완화와 적응을 촉진하는 데 사용되었다.[71] EU 완화정책은 국내 이행조치와 함께 제7장에서 더 깊이 논의된다.[72]

불가피하게 특정 지역에 걸쳐있지 않은 국가 모임들도 기후변화와 관련하여 주도권을 행사하였다. G7 또는 G8은 반복해서 기후변화를 고려하였고, 해결해야 할 필요성을 강조하였다.[73] G20은 혁신적인 조항들에 동의하여, 회원국들에게 "비효율적이고 낭비의 소비를 촉진하는 화석연료 보조금을 재조정하고 중기적으로는 단계적으로 폐지할 것"을 촉구하였다.[74] 또한 국가 간 양자 협상은 국가들이 국제협력에 대한 합의에 도달하는 데 도움이 되었다. 예를 들어, 오바마 행정부 하에서 이루어진 파리협정 전후 일련의 미－중 공동발표와 공동선언이 이를 보여준다.[75]

기존 기관의 참여 외에도 특정 이니셔티브를 장려하기 위해 새로운 국가 모임이 구성되었다. 에너지·기후에 관한 주요국 포럼(Major Economies Forum on Energy and Climate, MEF)은 2009년 UNFCCC 체제와 ICAO 내에서 기후변화에 대한 국제협상을 촉진하기 위해 시작되었다. MEF에는 전세계 온실가스 배출량의 약 4분의 3을 차지하는 17개 국가가 포함된다. MEF 회원국은 G20

---

70) Directive 2003/87/EC, *supra* note 54; 또한 Rüdiger K.W. Wurzel and James Connelly (eds.), *The European Union as a Leader in Climate Change Policies* (Routledge, 2011); Sebastian Oberthür and Claire Roche Kelly, "EU leadership in international climate policy: achievements and challenges" (2008) 43:3 *International Spectator* 35 참조.

71) Stephan Keukeleire and Tom Delreux, *The Foreign Policy of the European Union*, 2nd edn (Palgrave Macmillan, 2014) 227; Diarmuid Tomey, *European Climate Leadership in Question* (MIT Press, 2015) 참조.

72) 본서 제7장, 제Ⅳ절 참조.

73) G7 Ise－Shima Leaders' Declaration, May 27, 2016 참조.

74) G20 Leaders Statement: The Pittsburgh Summit (September 24－25, 2009), para, 29. 또한 G20 Hamburg Climate and Energy Action Plan for Growth (July 7－8, 2017). 함부르크 합의사항에서 미국의 유보사항을 참조

75) U.S.－China Joint Announcement on Climate Change, November 12, 2014; U.S.－China Joint Presidential Statement on Climate Change, September 25, 2015; U.S.－China Joint Presidential Statement on Climate Change, March 31, 2016 참조.

의 회원국과 대체로 비슷하나 동일하지는 않다. 대조적으로, 적극적 행동을 위한 카르타헤나 대화(Cartagena Dialogue for Progressive Action)는 약 30개국의 선진국 또는 개발도상국을 포함하며, 일부 군소도서개발국과 일부 최빈국도 포함되어 있다. 주목할 만한 것은 미국이 포함되지 않는다는 것이다. 카르타헤나 대화는 기후변화에 대한 의욕적이고 포괄적이며 법적 구속력이 있는 국제협정을 장려하고자 한다.[76]

에너지 거버넌스와 관련하여 가장 주목할 만한 여러 부문별 이니셔티브도 나왔다. 국제재생에너지기구(International Renewable Energy Agency, IRENA)는 2009년에 재생가능 에너지의 개발 및 상용화를 가속화하기 위해 설립되었다. 2018년 초 현재, 154개 회원국이 있으며, 26개 국가가 공식 회원가입 절차를 시작하였다. IRENA의 규정은 "재생에너지가 대기 중의 온실가스 농도를 감소시켜 기후체계의 안정화에 기여하고 지속가능하고 안전하며 완만한 저탄소경제로의 전환을 가능하게 하는 주요 역할"을 강조한다.[77] 마찬가지로, 국제에너지기구(International Energy Agency, IEA)는 재생에너지와 기후변화 완화를 보다 일반적으로 추진하는 데 더 큰 역할을 하고자 노력하였고, 국제원자력기구(International Atomic Energy Agency, IAEA)는 원자력에너지가 화석연료에서 탈피하고 기후변화를 완화시키는데 있어 관련 전략이 될 수 있다는 아이디어를 추진하였다.

이러한 부문별 이니셔티브는 다른 부문에서도 이루어졌다. 삼림에 대한 국제협력 협상이 좌절되면서 2010년에 체결된 구속력 없는 열대우림 보호를 위한 재정 및 신속조치에 관한 협정(Agreement on Financing and Quick-Start Measures to Protect Rainforests)에 50개국이 잠시 참여하였다.[78] 그리고 "파트너

---

76) Sebastian Oberthür, "Global climate governance after Cancun: options for EU leadership" (2011) 46:1 *International Spectator* 5; Lau Øfjord Blaxekjær and Tobias Dan Nielsen, "Mapping the narrative position of new political groups under the UNFCCC" (2015) 15:6 *Climate Policy* 751 참조.

77) Statute of the International Renewable Energy Agency (IRENA), January 26, 2009, IRENA document IRENA/FC/ Statute, recital 3.

78) Government of Norway, "Agreement on financing and quick-start measures to protect rainforest" (May 27, 2010), www.regjeringen.no/en/aktuelt/Agreement-on-financing-and-quick-start-measures-to-protect-rainforest/id605756 (accessed January 2, 2018). F. Seymour, "REDD reckoning: a review of research on a rapidly moving target" (2012) *Plant Sciences Reviews* 147 또한 참조.

국가들이 개발도상국에서의 삼림벌채 및 산림황폐화로 인한 온실가스 배출을 줄이는 이니셔티브에 대한 행동 및 재정 지원을 확장할 수 있는 임시 플랫폼”으로 REDD+ 파트너십을 설립하였다.[79] 해당 파트너십은 제18차 당사국총회에서 UNFCCC의 당사국들이 REDD+에 대한 포괄적인 틀을 채택함에 따라 몇 년 후 중단되었다.[80]

마찬가지로, 단기 기후오염물질 감축을 위한 기후 및 청정대기연합(Climate and Clean Air Coalition to Reduce Short-lived Climate Pollutants, CCAC)이 2012년 7개국에 의해 설립되었다. 현재 53개 국가 파트너, 17개 정부 간 파트너 및 45개의 비정부기구가 참여하고 있다.[81] 이 이니셔티브는 비국가행위자의 자발적 조치를 조율할 뿐만 아니라, 메탄, 블랙카본 및 HFCs를 포함한 이산화탄소 이외의 온실가스에 중점을 두는 데 전념하고 있다.

기후 및 청정대기연합은 일부 비정부기구가 참여하는 국가중심 이니셔티브이지만 다른 초국가적 이니셔티브는 지방정부를 포함한 비국가행위자에 의해 직접 설립되었다. 예를 들어, 80명 이상의 회원으로 구성된 기후변화세계시장협의회(World Mayors Council on Climate Change)는 “기후변화와 전 세계적 지속가능성 관련 문제를 해결하기 위한 다자 간 노력의 정부 이해관계자로서 지방정부의 참여를 강화할 것을 주장한다.”[82] 서부기후이니셔티브(Western Climate Initiative)는 캘리포니아와 캐나다 퀘벡, 온타리오, 매니토바 및 브리티시 컬럼비아 주에 적용되는 초국가적 배출권거래제도이다.[83] 이처럼 기후변화 완화를 촉진하기 위한 초국가적 노력에 점점 더 큰 역할을 하는 비국가행위자들에 의한 이니셔티브는 제15장에서 더 논의된다.

---

79) REDD+ Partnership, cited by Chris Lang, “Is the REDD+ Partnership closing down? And should we care?” REDD Monitor (July 18, 2014), www.redd-monitor.org/2014/07/18/is-the-redd-partnership-closing-down-and-should- we-care (accessed January 2, 2018).

80) 본서 제7장 참조. Ernesto Roessing Neto and Joyeeta Gupta, “REDD+ and multilevel governance beyond the climate negotiations” in Christina Voigt (ed.), *Research Handbook on REDD-Plus and International Law* (Edward Elgar, 2016) 289 또한 참조.

81) The website of the Clean Air Coalition to reduce short-lived climate pollutants, www.ccacoalition.org/en/partners (accessed January 2, 2018) 참조.

82) “About,” page on the website of the World Mayors Council on Climate Change, www.worldmayorscouncil.org/about.html (accessed January 2, 2018).

83) Website of the Western Climate Initiative, www.wci-inc.org (accessed January 2, 2018).

IV. 관련 국제체제에서의 주요 적응 문제

기후변화의 영향은 많은 국제체제에 영향을 미친다. 최근 기후변화 적응을 촉진하기 위한 구체적인 조치가 필요하다는 새로운 논쟁이 제기되었다. 이 절에서는 세계유산협약과 생물다양성협약에 따른 논쟁에 대해 살펴본다. 인권보호, 이주문제, 건강증진 등 다른 체제에서도 유사한 국면이 나타나고 있다.

A. 세계유산협약 (World Heritage Convention)

유네스코(UNESCO)에서 채택된 1972년 세계유산협약은 자연적 및 비자연적 손상 및 파괴의 위협으로부터 문화유산 및 자연유산을 보호하고자 한다.[84] 당사국이 보호하기로 약속한 문화유산의 일부를 형성하는 유산목록을 모니터링하기 위한 제도적 틀을 설정하였다. 특히 "위험에 처한 세계유산(World Heritage in Danger)" 목록은 국제적 원조를 필요로 하는 문제 상황에 주의를 환기시키기 위해 유지되고 있다.[85]

기후변화의 영향으로 여러 세계문화유산이 위험에 처할 수 있다는 사실은 2005년 세계유산위원회의 공식적인 주목을 받게 되었다.[86] 이 문제를 부인하지 않고 위원회 회원국들은 "기후변화는 위원회가 다루고 있는 다른 문제와 달리 그 잠재적 영향이 전 세계적이며 간접적이며, 지역적이지 않고 직접적이지 않다"는 점에 주목하였다.[87] 그들은 "세계유산협약의 틀 안에서 기후변화 문제를 해결할 수는 없다"고 인정하였다.[88] 그럼에도 불구하고, 그들의 위임

---

84) Convention for the Protection of the World Cultural and Natural Heritage, November 16, 1972, 1037 *UNTS* 151.

85) *Ibid.*, art.11.

86) UNESCO World Heritage Committee, 29th Session, decision 29 COM 7B.a (Durban, July 10–17, 2005), in doc. WHC–05/29.COM/22, 36; UNESCO World Heritage Committee, 29th Session, *State of Conservation Reports of Properties Inscribed on the World Heritage List*, in doc. WHC–05/29.COM/7B.Rev (June 15, 2005), paras. 14–21. 이전에도 호주에 의해 세계유산위원회에서 기후변화의 영향에 대해 언급된 적이 있었다. UNESCO World Heritage Committee, Report of the 25th Session, doc. WHC–01/CONF.208/24 (February 8, 2002), para. IX. 12 참조.

87) UNESCO World Heritage Committee, 29th Session, Summary record (July 10–17, 2005), doc. WHC–05/29.COM/ INE.22, at 97 (United Kingdom). 또한 UNESCO World Heritage Committee, 30th Session (July 8–16, 2006), Summary record, WHC–06/30.COM/INF. 19, at 11 (Benin) 참조.

사항 내에서 가능한 행동을 고려하고자 하였다. 다음 해에 조직된 워크숍은 예방 행동(기후변화 완화)을 추진하기 위해 각국에 협력을 요청하는 것 외에도 세계유산위원회는 시정조치(적응)를 촉진하고 그러한 조치에 대한 지식을 공유할 것을 제안하였다.[88]

2007년 세계유산협약 총회는 기후변화가 세계유산에 미치는 영향에 관한 정책선언을 채택하였다. 이 문서는 특히 당사국의 의무를 강조하였다.

… 그들의 영토에 위치한 세계문화유산에 대한 기후변화(및 기타 위협)의 잠재적이고 확인된 영향과 관련하여 기후변화의 원인과 영향을 해결하기 위해 최선을 다하고 있음을 보장한다.[90]

2008년에 기후변화의 영향이 문화유산 및 자연유산에 대한 잠재적 위험목록에 추가되었다.[91] 이러한 일련의 결정은 촉매 역할을 하였다. 그 이후로 세계유산위원회는 문화유산 및 자연유산에 대한 기후변화의 영향을 더욱 강조하였다. 비록 확실한 특효약이 없고 국가들이 기후변화의 영향으로부터 세계유산을 보호해야 하는 도전에 직면하고 있지만,[92] 이러한 진전은 기후변화가 문화유산에 미치는 영향과 고유한 자연자산 및 문화자산을 보호할 수 있는 방법에 대한 인식을 높이고 있다.[93]

88) *Ibid.*, at 98 (New Zealand representative).

89) UNESCO World Heritage Committee, 30th Session, *Issues Related to the State of Conservation of World Heritage Properties: The Impacts o f Climate Change on World Heritage Properties*, doc. WHC－06/30.COM/7.1 (June 26,2006), at 5.

90) UNESCO, General Assembly of States Parties to the Convention for the Protection of the World Cultural and Natural Heritage, Sixteenth Session, *Policy Document on the Impacts of Climate Change on World Heritage Properties*, doc. WHC－07/16.GA/1Q (September 28, 2007), at 7.

91) UNESCO World Heritage Committee, 32nd Session, decision 32 COM 7A.32 (Québec City, July 2－10, 2008), in doc. WHC－08/32.COM/24Rev (March 31, 2009) 40, para. 6.

92) Stefan Gruber, "The impact of climate change on cultural heritage sites: environmental law and adaptation" (2011) 5:2 *Carbon & Climate Law Review* 209; Stefan Gruber, "Protecting China's cultural heritage sites in times of rapid change: current developments, practice and law" (2010) 10:3－4 *Asia Pacific Journal of Environmental Law* 253.

93) Ben Marzeion and Anders Levermann, "Loss of cultural world heritage and currently

B. 생물다양성에 관한 협약

생물다양성에 관한 협약은 1992년 6월 5일에 채택되었으며 UNFCCC와 마찬가지로 지구 정상 회의에서 서명을 위해 개방되었다.[94] 미국을 제외한 대부분의 나라에서 보편적으로 비준되었다. 기후변화가 생물다양성의 심각한 위험과 관련이 있기 때문에, 생물다양성 체제와 UNFCCC 체제 사이에는 시너지가 발생할 가능성이 있다.[95]

이 잠재적 시너지는 1996년에 개최된 생물다양성협약 당사국총회(COP/CBD) 제3차 회기에서 인정되었으며, 사무국장에게 "간단한 이행행동과 제도적 준비를 상호지지 하는 관점에서," 다른 다자간 환경협약 중에서도 "UNFCCC와의 긴밀한 관계를 발전시킬 것"을 요구하였다.[96] 다음 해에 COP/CBD는 산림[97] 또는 건조지 및 습지와 같은 환경에서 기후변화가 생물다양성의 여러 측면에 미치는 영향,[98] 또는 산호 표백[99] 또는 식물보존과 같은 문제[100]를 강조

inhabited places to sea-level rise" (2014) 9 *Environmental Research Letters* 034001; Jim Perry, "World heritage hot spots: a global model identifies the 16 natural heritage properties on the World Heritage List most at risk from climate change" (2011) 17:5 *International Journal of Heritage Studies* 426; C. Sabbioni, P. Brimblecombe and M. Cassar, *The Atlas of Climate Change Impact on European Cultural Heritage: Scientific Analysis and Management Strategies* (Anthem Press, 2010) 참조.

94) United Nations Convention on Biological Diversity, June 5, 1992, 1760 *UNTS* 79 (이하 CBD).

95) Christopher B. Field *et al*, "Summary for policymakers" in Christopher B. Field *et al* (eds.), *Climate Change 2014: Impacts, Adaptation, and Vulnerability. Part A: Global and Sectoral Aspects. Working Group II Contribution to the Fifth Assessment Report of the Intergovernmental Panel on Climate Change* (Cambridge University Press, 2014) 1, at 13.

96) CBD decision 111/21, "Relationship of the Convention with the Commission on Sustainable Development and biodiversity-related conventions, other international agreements, institutions and processes of relevance" (Buenos Aires, November 4-15, 1996), para. 4.

97) CBD decision IV/7, "Forest biological diversity" (Bratislava, May 4-15, 1998), para. 9.

98) CBD decision VIII/2, "Biological diversity of dry and sub-humid lands" (Curitiba, March 20-31, 2006), recital 3 and para. 10.

99) CBD decision V/3, "Progress report on the implementation of the programme of work on marine and coastal bio-logical diversity (implementation of decision IV/5)" (Nairobi, May 15-26, 2000), para. 5.

100) "Global Strategy for Plant Conservation," in the annex of CBD decision VI/9 (The

하였다. 생물다양성협약, 사막화방지협약, 그리고 UNFCCC 사무국 사이에 공동연락 그룹이 설립되었다.[101] 특히 "기후변화 완화 및 적응 활동을 상호이익이 되고 시너지를 발휘할 수 있는 방향으로 적용할 기회를 모색하고",[102] 지속가능한 개발의 여러 측면에서 그 목표를 달성하는 데에 기여하기 위해 주의를 기울였다.

세계유산협약 하에서와 마찬가지로, 생물다양성 체제에서 기후변화가 많은 우려의 원인인 경우, 이러한 우려를 해결하기 위한 특효약은 없는 것으로 보인다. 그럼에도 불구하고 기후변화와 생물다양성에 대한 국제행동의 특정 측면과 관련하여 일부 시너지를 찾을 수 있다. 예를 들어, COP/CBD는 산림보호 노력과 관련하여 생물다양성을 고려하기 위한 기후행동을 지지하였다.[103] 마찬가지로, 산림보호 및 복원노력은 이러한 번영하는 생태계에 서식하는 종의 다양성을 인식해야 한다. 이러한 COP/CBD의 숙의는 기후변화가 생물다양성에 미치는 영향에 대한 인식을 높이는 데보다 일반적으로 기여하였으며, 따라서 보존 및 복원 프로젝트는 변화하는 기후조건을 적절히 고려할 가능성을 높인다.[104]

Hague, April 7 – 19, 2002), para. 6.

101) CBD decision VI/20, "Cooperation with other organizations, initiatives and conventions" (The Hague, April 7 – 19, 2002), para. 12; CBD, *supra* note 94; United Nations Convention to Combat Desertification in those Countries Experiencing Serious Drought and/or Desertification, Particularly in Africa, October 14, 1994, 1954 *UNTS* 3 (이하 Convention against Desertification) 참조.

102) CBD decision VII/15, "Biodiversity and climate change" (Kuala Lumpur, February 9 – 20, 2004), para. 7.

103) BD decision XI/19, "Biodiversity and climate change – related issues" (Hyderabad, October 8 – 19, 2012) 참조. 기후변화 적응을 넘어선 시너지를 기대하면서 생물다양성협약 당사국들은 "생물다양성에 영향을 미칠 수 있는 모든 지구공학(geo – engineering) 활동"에 대한 모라토리움(moratorium)을 선언하였다. 이에 대해 CBD decision X/33, "Biodiversity and climate change" (Nagoya, October 18 – 29, 2010), para. 8(w) 참조. 더 자세한 논의는 본서 제9장, Ⅲ.B.2 참조.

104) Mark C. Urban, "Accelerating extinction risk from climate change" (2015) 348:6234 Science 571; Camille Parmesan *et al.*, "Beyond climate change attribution in conservation and ecological research" (2013) 16(1) *Ecology Letters* 58 참조.

V. 결론

　일반적인 기후변화 협정은 기후변화에 관한 국제행동을 이끄는 국제규칙의 유일한 법원은 아니다. 이 장에서는 다른 체제, 특히 오존층 보호에 관한 체제 또는 IMO 및 ICAO 체제하에서 발생한, 가장 중요한 진전 중 일부를 검토하였다. 선구적인 이니셔티브는 때때로 비국가행위자들과 함께 국가들의 선제적 또는 임시적인 연합의 형태로 이루어졌다. 기후변화 적응에 대한 행동은 세계유산협약 및 생물다양성협약과 같은 다른 다자간 협정에 따라 추진되었다. 기후변화에 대한 국제협상의 비효율성에서 오는 좌절감과 기후변화와 그 영향에 대처하기 위한 긴급한 행동의 필요성에 대한 인식증가는 UNFCCC 체제 밖에서 진행 중인 이니셔티브에 대한 자극이 되었으며, 그 중 일부는 UNFCCC에 더 많은 진전을 촉진하였다. 이러한 포럼의 다양성은 새로운 이니셔티브를 발전시킬 가능성이 높지만, 기후변화에 대처하기 위한 국제적 노력의 중복 또는 불일치의 위험에 처할 수도 있다.

일반국제법의
관련 규범

제5장
일반국제법의 관련 규범

　　법체계와 전통에 따라 일반규칙과 특별규칙이 구분되는 경우가 많다. 예를 들어, 전 세계 형사법에서 형사 범죄 및 처벌과 같은 개념을 정의하는 일반적인 부분은 종종 특정 범죄에 적용되는 규칙을 정의하는 특별한 부분보다 우선한다. 일반규범과 특별규칙 사이의 유사한 구별은 국제법에서도 이루어진다.[1] 일반국제법은 일반적으로 특정 문제 영역에 적용되는 특별규칙에 의해 제외될 수 있지만 대부분의 상황에서 적용되는 규범들로 구성된다.

　　이러한 일반적인 규범은 종종 정부가 존중해야 할 정의의 원칙에 대해 국가 간 공유된, 폭넓은 이해를 반영한다.[2] 크리스티안 토무샤트(Christian Tomuschat)에 따르면, 일반국제법은 세 종류의 규범으로 구성된다.

　　1. 현대 국제법 질서의 기초인 국가의 주권평등의 원칙과 같은 "국제 법질서의 공리적 전제"
　　2. 조약법 및 국가책임법과 같은 이러한 전제에서 거의 자동으로 도출되는 체계적인 특성

---

1) UN 국제법위원회가 정의하는 '일반국제법'에 대한 전반적인 내용은, ILC Memorandum by the Secretariat, *Formation and Evidence of Customary International Law: Elements in the Previous Work of the International Law Commission That Could Be Particularly Relevant to the Topic* (March 14, 2013), doc. A/CN.4/659, at 35−37 참조.

2) 저자는 여기서 "규범"에 대한 범위를 통상적인 원칙(거리의 왼쪽 또는 오른쪽에서 운전하는 것과 같은)뿐만 아니라 일반적인 도덕 원칙에 기반을 둔 규칙을 포괄하는 것으로 사용한다.

3. 생명권과 같이 널리 인정되는 가치[3]

이 장은 이러한 규범 중 일부, 특히 무해의 원칙과 구제의무(remedial obligations)는 기후변화와 관련하여 국가가 특정 조치를 취해야 한다고 주장한다. 특히, 무해의 원칙에 따라 국가는 과도한 온실가스 배출을 포함하여 영토 또는 통제 내의 활동이 심각한 월경피해를 입히는 것을 방지해야 한다. 지속가능한 개발 원칙과 협력 원칙과 같은 국제환경법의 원칙과 일관되게 행동해야 한다. 기후행동을 통해 인권보호를 존중하고 증진해야 한다. 위의 의무 중 하나라도 위반할 경우 결과적인 피해를 책임지기 위해 적절한 배상을 지불해야 한다.

기후변화에 관한 국제협정이 이러한 일반국제법의 규범을 대체하지는 않는다는 주장은 다음에 이어진다.[4] 그러나 조약체제가 일반국제법의 적용을 배제한다는 점을 고려하더라도, 이 장에서의 논의는 일반규범과 특별규칙 사이의 불일치에 대한 의문을 제기한다. 국제기후협정이 체계적 근거 하에 일반국제법 규범에서 일탈한다면, 일부 관련 행위자들의 정당한 기대에 미치지 못할 것이다. 이에 따라 불공정한 것으로 여겨질 경우, 효과적인 이행을 보장하기 위해 모든 국가에서 충분한 정치적 지지를 얻지 못할 수 있으며 국제정의에 대한 약속으로서 국제법 체계의 정당성에 영향을 미칠 수 있다. 따라서 일반 국제법이 기후변화에 어떻게 적용되는지에 대한 더 깊은 이해는 기후변화에 관한 국제협력의 성공적인 발전에 필수적이다.

I. 무해의 원칙

A. 일반국제법에서의 승인 (recognition)

국가의 주권평등의 원칙은 현재의 국제 법질서에 대한 공리적 전제다.[5] 국

---

3) Christian Tomuschat, "What is General International Law?" (Audiovisual Library of International Law), http://legaLun.0rg/avl/ls/T0muschat.html# (accessed December 30, 2017) 참조.

4) 본장, VI. 참조.

5) Charter of the United Nations, June 26, 1945, 1 *UNTS* XVI, art.2.1 참조.

가는 지정학적 또는 경제력 면에서 불평등하지만, 동등한 권리를 보유하고 동등한 의무를 지닌다. 동등한 주권은 모든 국가가 국내문제에 부당한 간섭을 받지 않을 권리와 모든 국가가 다른 국가의 문제에 그러한 간섭을 자제할 의무가 있음을 의미함으로써 각 국가의 독립성을 고취한다.

어떤 상황에서는 국가의 행동이 주권평등의 원칙과 명백하게 양립할 수 없다. 따라서 UN 헌장은 국가의 "개별적 또는 집단적 자위의 고유한 권리"에 속하는 것을 제외하고는 UN 안전보장이사회의 허가 없이 한 국가가 다른 국가에 대하여 무력의 위협이나 무력행사를 하는 것을 명시적으로 금지한다.6) 토무샤트(Tomuschat)는 "전쟁을 하는 것이 합법적인 행동으로 간주되는 국제체계에서, 국가의 주권평등은 실존하는 현실이라기보다 법적인 허구의 영역과 더 관련이 있을 것이다"라고 주장하였다.7) 국제관계에서 무력행사금지 원칙은 국가 간 경쟁적인 이해관계를 가진 국제사회에서 주권평등의 원칙이 필수적인 것을 의미한다. 무력지배에 대한 필수불가결한 보장이기 때문이다. 이러한 무력행사금지는 국가가 다른 국가를 공격하는 것을 삼가야 할 의무를 내포할 뿐만 아니라, 영토 내 또는 전반적인 통제 하에 있는 행위자가 다른 국가에 대한 공격을 수행하지 못하도록 하는 상당한 주의 의무를 수반하는 것으로 해석되어 왔다.8)

마찬가지로, 주권평등은 예를 들어, (무력행사의 상황과 달리) 이러한 손상이 다른 국가나 그 국민에게 해를 입히려는 특정한 의도에 의해 야기되지 않더라도, 다른 나라의 영토나 인구에 영향을 미치는 오염을 통하여 어떤 국가가 다른 국가에 심각한 환경적 피해를 입히는 것을 금지한다는 것을 의미한다. 일부 학자들은 두 가지 원칙을 구별하여 해석한다. 즉 국가가 심각한 월경피해를 야기하는 부정적 의무를 설정하는 무해의 원칙과 관할권 내에서 심각한 월경피해를 야기하는 활동을 예방하는 사전예방의 원칙(preventive principle)을 구

6) *Ibid.*, art. 2.4, art.51 참조.

7) Christian Tomuschat, "International law: ensuring the survival of mankind on the eve of a new century: general course on public international law" (1999) 281 *Collected Courses of the Hague Academy of International Law* 1, at 206.

8) ICJ, *Corfu Channel (United Kingdom v. Albania)*, judgment of April 9, 1949, at 22; ICJ, *Military and Paramilitary Activities in and against Nicaragua (Nicaragua v. United States)*, judgment of June 27, 1986, para. 115 참조.; 그리고 국제테러 행위와 관련된 적용에 대해서는 UN 안전보장이사회 결의 1373호 (September 28, 2001) 참조.

분한다.9) 위 구분을 종합적으로 고려하여, "무해의 원칙"은 본서에서 국가의 자체 활동이나 관할권 하에 있는 다른 행위자들이 행하는 어떤 활동도 이러한 월경피해를 야기하지 않도록 보장해야 하는 국가의 일반적인 의무를 말한다.

무해의 원칙은 1941년 중재판정으로 인해 처음으로 주목받았는데, 미국 국경에서 불과 몇 킬로미터 떨어진 곳인 캐나다 브리티시컬럼비아의 트레일 시에 위치한 제련소 관련 사건이다. 트레일 시에 있는 제련소는 미국 국경을 넘어 주변 환경에 심각한 손상을 입히는 상당한 양의 가스를 내뿜고 있었다. 외교적 협의에 실패하여 미국은 캐나다에 대한 중재절차를 개시하였다. 중재재판소는 최종판결에서 다음과 같은 이유로 미국에 유리한 판결을 내렸다.

국제법의 원칙 아래 명백하고 설득력 있는 증거에 의해 심각한 결과와 피해가 성립되는 경우, 어떤 국가에서도 다른 국가의 영토 안에 있는 재산이나 개인에 대해 가스에 의해 피해를 입히는 방식으로 영토를 사용하거나 사용을 허락할 권리가 없다.10)

1941년 이후, 이 원칙은 국제법원과 재판소에 의해 여러 차례 재확인되었다.11) 무해의 원칙은 또한 1972년 인간환경에 관한 스톡홀름 선언의 원칙 21과 1992년 환경 및 개발에 관한 리우선언의 원칙 2에 포함되어 있었다. 후자는 다음과 같다.

9) 이러한 구분은 다음과 같은 문헌 참조. Philippe Sands and Jacqueline Peel, *Principles of International Environmental Law*, 3rd edn (Cambridge University Press, 2012) 200; S. Jayakumar *et al.* (eds.), *Transboundary Pollution: Evolving Issues of International Law and Policy* (Edward Elgar, 2015); Nicolas Bremer, "Post−Environmental Impact Assessment monitoring of measures of activities with significant transboundary impact: an assessment of customary international law" (2017) 26(1) *Review of European, Comparative & International Environmental Law* 80.

10) *Trail Smelter (U.S. v. Canada)*, Arbitral Award of March 11, 1941 (1949) Ⅲ *UNRIAA* 1938, at 1965.

11) ICJ, *Pulp Mills on the River Uruguay (Argentina v. Uruguay)*, judgment of April 20, 2010, para. 101; arbitral award of May 24, 2005 in the case of the Iron Rhine Railway (Belgium v. Netherlands) (2005) XXVII *UNRIAA* 35, para. 222; ICJ, *Gabcikovo−Nagymaros Project (Hungary v. Slovakia)*, judgment of September 25, 1997, para. 140 참조. 또한 Sands and Peel, *supra* note 9, at 195−203 참조.

각 국가는 유엔헌장과 국제법 원칙에 조화를 이루면서 자국의 환경 및 개
발 정책에 따라 자국의 자원을 개발할 수 있는 주권적 권리를 갖고 있으며,
자국의 관리구역 또는 통제 범위 내에서의 활동이 다른 국가나 관할 범위
외부 지역의 환경에 피해를 끼치지 않도록 할 책임을 갖고 있다.[12]

UNFCCC의 전문은 무해의 원칙을 더 "상기(recalling)"하기 전에 환경 및 개
발에 관한 리우선언의 "관련 조항"을 강조하였다.[13]

일부 학자들이 일반적인 국가관행의 결여를 지적한 반면,[14] 국제사법재판
소는 *The Legality of the Threat or Use of Nuclear Weapons*에 관한 권고적
의견에서 무해의 원칙을 국제관습법으로 명확히 규정하였다.[15] 필립 샌즈
(Phillippe Sands)와 재클린 필(Jacqueline Peel)은 무해의 원칙을 "국제환경법의
초석(cornerstone of international environmental law)"이라고 불렀다.[16] 무력행사
금지와 마찬가지로, 무해의 원칙은 거의 자동적으로 주권평등의 원칙에서 도
출된다.[17] 한 국가 전체를 거주할 수 없게 만들 수 있는 심각한 환경오염은
무력 공격과 같이 주권적 권리에 심각한 지장을 줄 수 있다. 인간이 만든 전
지구적 환경 변화의 시대에 주권평등의 원칙이 진지하게 받아들여지려면 심각
한 환경피해의 금지가 필요하다.[18]

---

12) UUNCED, Rio Declaration on Environment and Development (June 3–14, 1992),
available in (1992) 31 *ILM* 874 (이하 Rio Declaration), principle 2. pee also
UNCHE, Stockholm Declaration on the Human Environment, available in (1972) 11
ILM 1416 (June 5–16, 1972) (이하 Stockholm Declaration), principle 21.

13) United Nations Framework Convention on Climate Change, May 9, 1992, 1771 *UNTS*
107 (이하 UNFCCC), recitals 8 and 9.

14) John Knox, "The myth and reality of transboundary environmental impact assessment"
(2002) 96(2) *American Journal of International Law* 291 at 293.

15) 15 ICI, *The Legality of the Threat or Use of Nuclear Weapons*, Advisory Opinion of
July 8, 1996, para. 29.

16) Sands and Peel, *supra* note 9, at 191. See also, regarding the preventive principle
more specifically, ILC, *Draft Articles on Prevention of Transboundary Harm from
Hazardous Activities*, in (2001) *Yearbook of the International Law Commission*, vol.
II, part two, art. 3.

17) Josha W. Busby, "Who cares about the weather? Climate change and U.S. national
security" (2008) 17:3 *Security Studies* 468 참조.

18) P.J. Crutzen, "The 'Anthropocene'" in Eckart Ehlers and Thomas Krafft (eds.), *Earth
System Science in the Anthropocene*(Springer, 2006) 13; Will Steffen *et al.*, "The
Anthropocene: conceptual and historical perspectives" (2011) 369:1938 *Philosophical*

일반국제법에서는 무해의 원칙이 잘 확립되어 있지만, 그 방식은 여전히 불분명하다. 관습적이라는 특징으로 인해, 무해의 원칙에 대한 권위 있는 해석이 없어 어느 정도 경계가 불분명한 결과를 낳는다. 인간환경에 관한 스톡홀름 선언과 환경 및 개발에 관한 리우선언은 이러한 원칙을 나타내는 것이지만, 직접적인 구속력이 없기 때문에 이러한 원칙의 권위 있는 해석을 도출하는 것은 쉽지 않다. 중요한 문제 중 하나는 최소 허용가능한 기준값(*de minimis threshold*), 즉 견딜 수 있는 월경피해의 한계와 무해의 원칙 하에서 금지된 더 심각한 피해 사이의 한계다. 또 다른 어려움은 국가가 관할 하에 있는 활동이 그러한 월경피해를 야기하는 것을 방지하기 위해 해야 하는 노력의 강도를 규정하는 상당한 주의 의무의 기준을 정의하는 것에 대한 것이다. 적용방식에 관한 이러한 문제는 어려움과 혼동의 중요한 원인이지만, 원칙의 적용을 배제하는 성질의 것은 아니다. 규범의 적용은 단순히 규범이 모호하게 정의되어 있다는 이유로 배제될 수는 없다.

B. 기후변화와의 관련성

기후변화는 확실히 인류에 의해 야기된 가장 큰 환경적 피해다. 그 영향은 개인, 사회, 경제, 생태계에 국지적인 해를 입힐 뿐만 아니라 행성계까지 확대되어 하나의 종은 아니더라도 문명으로서 우리의 존재를 위협하고 있다. 향후 수십 년 동안의 기후변화의 예측 가능한 영향에는 해수면 상승으로 인해 군소도서개발국의 모든 자연지대가 사라짐과 함께 많은 다른 국가들, 특히 저지대, 건조지대 또는 열대지방 개도국들의 영토에 미치는 큰 영향이 포함된다. 기후변화는 불가피하게 모든 국가들에서 인권의 번영, 발전, 향유에 영향을 미칠 것이다. 직접적 조치를 통해서 또는 자국의 관할 하에 과도한 온실가스 배출의 원인이 되는 활동을 방지하지 못하여 그러한 위해를 초래하는 국가의 행위는 확실히 주권평등의 원칙과, 더 구체적으로는 무해의 원칙과 양립할 수 없다. 토무샤트(Tomuschat)의 말을 빌리자면, 일부 국가가 다른 국가들에게 그러한 엄청난 해를 끼칠 수 있는 국제체계 내에서는 주권평등이 현실보다는 법적 허구의 영역에 더 관련될 것이다.

Transactions of the Royal Society, A: Mathematical, Physical & Engineering Sciences 842 참조.

그러나 기후변화가 어떤 중대한 측면에서 전형적인 월경피해와 다르다는 것은 부인할 수 없다. *Trail Smelter* 사건과 같은 고전적인 사건의 경우, 한 국가의 영역 내의 활동은 다른 국가의 영역에 직접적으로 영향을 미치는 오염물질을 배출한다. 이러한 고전적인 경우, 손상은 국경을 넘는 물질에 의해 직접 발생하며, 피해는 상대적으로 작은 국경지역에 국한되는 경우가 더 많다. 이와는 대조적으로, 과도한 온실가스 배출은 어떤 특정 국가나 지역보다 전 지구적 기후체계에 영향을 미친다. 기후변화는 전 세계 많은 곳에서 부정적인 영향을 미치는 반면에, 이러한 영향은 특정 장소 또는 주어진 시간에 온실가스가 배출되는 데서 오는 직접적인 결과는 아니다. 오히려, 그것은 매년 여러 곳에서 배출된 온실가스의 누적 효과로, 우리 대기의 화학적 구성이 점차 변화함에 따라 전 세계에 심각한 환경적 영향을 미친다. 피해는 훨씬 덜 직접적인 방법으로 모든 국가의 영토뿐만 아니라 전 세계의 공동체에 영향을 미친다.

알렉산더 자하르(Alexander Zahar)는 국경을 넘는 오염물질에 의해 직접적인 피해가 발생했을 때 일반적으로 인식되는 무해의 원칙은 대기 중 오염물질의 점진적 축적으로 인한 손상이 발생하는 경우에는 반드시 적용되지 않을 수도 있다고 주장하였다.[19] 그러나 이러한 구별은 무해의 원칙의 적용에 중요한 것으로 보이지 않는다. 국제사법재판소는 *The Legality of the Threat or Use of Nuclear Weapons*에 관한 권고적 의견에서 그러한 누적적인 성질의 환경피해에 무해의 원칙을 적용할 것인가에 대한 기회가 있었다. 핵폭발과 인접지역에서의 방사능 낙진 가능성(직접피해)의 국지적인 결과를 넘어, 재판소 앞에 제출된 자료들은 핵 동절기 위험이나 지구자기장 교란(누적피해)을 통한 지구환경에서의 그러한 활동들의 확산적 피해를 언급하였다.[20] 그러나 국제사법재판소의 권고적 의견에는 두 가지 유형의 환경피해에 대해 아무런 구분도 하지 않았다.[21] 두 개의 소수의견은 구분이 있어야 하며, 지구환경에 영향을 미치

---

19) Alexander Zahar, "Mediated versus cumulative environmental damage and the International Law Association's legal principles on climate change" (2014) 4:3−4 *Climate Law* 217 참조.

20) Written Statement by the Government of Mexico (June 13, 1995), para. 65; Written Statement of the Government of Egypt (June 20, 1995), para. 32; Letter from the General Director for Multilateral Organizations at the Ministry of Foreign Affairs of Ecuador (June 20, 1995), para. D. 참조.

21) ICJ, *The Legality of the Threat or Use of Nuclear Weapons*, *supra* note 15, paras. 29

는 피해에 대해 다른 처리가 적용되어야 한다고 제안하였지만, 누적적인 피해에 대해 무해의 원칙의 적용을 배제하지는 않았다. 오히려 그들은 그러한 상황에서 이 원리의 더욱 엄격한 적용이 필요할 것이라고 주장하였다.[22] 실제로 다른 국가에 영향을 미치는 환경피해가 금지된다면, 다른 모든 국가에 영향을 미치는 환경피해는 더욱 금지되어야 할 것이다.[23]

기후변화와 관련하여 무해의 원칙의 배제에 대한 또 다른 가능한 논쟁은 온실가스의 여러 배출원과 구체적으로 관련될 수 있다. 그러나 여기서도 기후변화는 국제사법재판소에서 논의된 핵으로 인한 종말로 이어지는 핵전쟁 시나리오와 어떤 실질적 측면에서도 다르지 않다. 소수의 국가만이 핵무기를 보유하고 있는 것처럼, 대부분의 온실가스 배출량은 소수의 국가에서만 발생한다. 중국, 미국, 유럽연합은 전 세계 온실가스 배출량의 거의 절반을 차지한다.[24] 따라서 온실가스 배출만을 무해의 원칙의 범위에서 제외할 수 있는 설득력 있는 근거가 없어 보인다. 기후변화의 경우는 월경피해에 대한 전통적인 양자 간 분쟁보다 훨씬 복잡하지만, 복잡성만으로는 원칙의 적용을 배제하는 이유가 될 수 없다.

그러나 기후변화에 무해의 원칙을 적용할 방식에 대해서는 많은 의문이 제기된다. 이러한 질문 중 하나는 위에서 언급한 바와 같이 유해한 활동이 발생하는 것을 방지하기 위한 국가의 의무에 대한 상당한 주의 의무의 기준과 관련이 있다. 만일 과실이나 중과실만 금지된다면, 국가는 1980년대 중반 이전 즉, 기후변화에 대한 명확한 과학적 증거와 그 영향이 발생하였던 이전의 온실가스 배출의 결과에 대해 책임을 지지 않을 것이다. 대신에, 책임 체제는 18

---

and 35 참조.

22) *Ibid.*, Dissenting Opinion of Judge Koroma and Dissenting Opinion of Judge Weeramantry, at 456−458 참조.

23) ILA Resolution 2/2014, "Declaration of Legal Principles relating to Climate Change" (Washington, April 7−11, 2014), art. 7A; Benoit Mayer, "The Applicability of the Principle of Prevention to Climate Change: A Response to Zahar" (2015) 5:1 *Climate Law* 1; ILC, *Second Report on the Protection of the Atmosphere by Special Rapporteur Shinya Murase*, doc. A/CN.4/681 (March 2, 2015), para. 51 and *Third Report on the Protection of the Atmosphere by Special Rapporteur Shinya Murase*, doc. A/CN.4/692 (February 25, 2016), para. 36 참조.

24) WRI, CATT Climate Data Explorer, "Total GHG emissions excluding land−use change and forestry." 명시된 국가 또는 연합체는 2013년 기준 전 세계 온실가스 배출량의 49%를 차지하였다.

세기 후반의 영국에서 산업혁명이 시작된 이래로 모든 역사적 온실가스 배출량을 고려하게 될 것이다. "과학적 확실성의 결여가 비용 효과적인 조치를 연기하는 이유로 사용되어서는 안 된다"는 사전주의 원칙(precautionary principle)의 인식이 높아짐에 따라, 설득력 있는 "심각하거나 돌이킬 수 없는 피해의 위협"이 인식되는 즉시 일부 국가의 의무가 발생한다는 점이 인지된다.[25]

또 다른 중요한 문제는 피해가 발생하는 활동과 관련하여 무해의 원칙의 지리적 범위와 관련이 있다. *Trail Smelter* 사건의 중재재판소는 책임있는 국가의 "영역" 내에서 수행되는 활동에 관하여 이 원칙을 정의하였다.[26] 이와는 대조적으로, 인간환경에 관한 스톡홀름 선언과 인간 및 개발에 관한 리우선언은 지리적 범위를 정부의 "관할권 또는 통제(jurisdiction or control)"[27]로 확장한 반면, 국제사법재판소는 *The Legality of the Threat or Use of Nuclear Weapons*에 관한 권고적 의견에서 "관할권 및 통제(jurisdiction *and* control)"를 언급하였다.[28] 이러한 대안은 온실가스 배출이 중국의 산업생산 일부와 같은 수출지향적 활동이나 개발도상국 내 초국가적 기업들의 활동에서 발생하는 상황에서 큰 의미를 갖는다.[29] 영토적으로 관련된 국가는 어느 정도 책임을 지지만, 투자유치국이나 투자국도 문제의 활동에 대해 어느 정도 통제권을 행사하기 때문에 어느 정도 책임을 질 수 있다는 것은 논쟁의 여지가 있다.

II. 국제환경법의 다른 원칙들

무해의 원칙은 기후변화에 관한 국제법의 "초석(cornerstone)"이기도 하지

---

25) Rio Declaration on Environment and Development, *supra* note 12, principle 15; UNFCCC, *supra* note 13, art.3.3 참조.

26) *Trail Smelter, supra* note 10, at 1965.

27) Stockholm Declaration, *supra* note 12, principle 21; Rio Declaration, *supra* note 12, principle 2.

28) ICJ, *The Legality of the Threat or Use of Nuclear Weapons, supra* note 15, para. 29. 또한 *Third Report on the Protection of the Atmosphere by Special Rapporteur Shinya Murase, supra* note 23, para. 33 참조.

29) 세계화된 경제에서 GhG 배출의 귀속 문제는 본서 제6장, I.A.1. 참조. 또한 *supra* note 16 참조.

만,[30] 지속가능한 개발, 사전주의 접근법(precautionary approach), 오염자부담의 원칙, 협력의 원칙 등의 개념을 포함한 국제환경법의 몇 가지 다른 원칙들 또한 기후변화와 관련이 있을 수 있다.

A. 지속가능한 개발의 개념

지속가능한 개발은 1987년 "브룬틀란트(Brundtland)" 보고서에 의해 "미래세대의 욕구를 충족시키는 능력에 영향을 주지 않으면서 현세대의 욕구를 충족시키는 개발의 한 형태"로 정의되었다.[31] 지속가능한 개발의 개념은 UN환경개발회의에서 환경보호와 사회 및 경제 개발을 조화시키려는 시도의 중심에 있었다. 그것은 인간 및 개발에 관한 리우선언의 27가지 원칙에서 8번 언급되었다.[32] 일관되게, UNFCCC는 지속가능한 개발을 촉진하기 위한 당사국들의 권리와 의무를 인정하고 있다.[33] 또한 "현세대와 미래세대를 위해 기후체계를 보호하겠다"는 집단적 결의를 별도로 강조하였다.[34] 보다 최근에는 파리협정에서 "지속가능한 개발"이라는 원칙이 부각되어 자그마치 12번이나 언급되었다. 그러나 이러한 개념을 반복적으로 암시하는 것은 그 의미를 명확히 하는 데 거의 도움이 되지 않았다.[35]

사실 지속가능한 개발 개념의 법적 의미는 대부분 정의되지 않은 채로 남아 있다. *Gabcikovo−Nagymaros* 사건의 경우, 국제사법재판소는 그 개념의 법적 가치를 "경제발전과 환경보호를 조화시킬 필요"라는 표현으로 인정함으로써, 슬로바키아와 헝가리 간 프로젝트에 대한 양자조약의 수정을 허용하였다.[36] 아마도 국가들에게는 형식적이나마 고려해야 할 절차적인 의무가 있을

---

30) *supra* note 16 참조.

31) WCED, *Our Common Future* (Oxford University Press, 1987) (이하 Brundtland Report), at Chapter II, para. 1.

32) Rio Declaration, *supra* note 12, principles 1, 4, 7, 8, 9, 12, 22 and 24 참조.

33) UNFCCC, *supra* note 13, art. 3.4. 또한 decision 1/CP.8, "Delhi Ministerial Declaration on Climate Change and Sustainable Development" (November 1, 2002) 참조.

34) UNFCCC, *supra* note 13, recital 25. 또한 *Ibid.*, art. 3.1.

35) Jorge E. Vinuales, "The rise and fall of sustainable development" (2013) 22:1 *Review of European Community & International Environmental Law* 3; John C. Dembach and Federico Cheever, "Sustainable development and its discontents" (2015) 4:2 *Transnational Environmental Law* 247 참조.

36) ICJ, *Gabcikovo−Nagymaros Project*, *supra* note 11, para. 140.

것이다. 예를 들어, 환경영향평가를 통해 미래세대에 영향을 미칠 수 있는 의
사결정 과정에서 미래세대의 권리와 환경보호에 대해 국가가 공식적으로 고려
하는 것이 중요하다. 이것을 넘어, 지속가능한 개발의 개념은 최소한 환경이나
미래세대에 해를 끼치는 무모한 행위를 금지함으로써 국가의 실질적인 의무에
어느 정도 영향을 미칠 수 있다. 그러나 사회경제발전과 환경보호, 또는 현세
대와 미래세대의 이익 사이에서 올바른 균형을 이루기는 여전히 어렵다. 그러
한 평가를 검토하도록 요구된 국제적 관할권은 그 행위가 국경을 넘어 해를
끼치지 않는 한, 국가 정부에 호의적일 가능성이 높다.

원칙적으로 지속가능한 개발의 개념은 기후변화에 대한 반응과 명확하게
관련이 있으며, 가장 중심적인 문제들 ― 경제 및 인간 개발을 환경보호와 조
화시키고 세대 간 형평성을 증진할 필요성에 대해 언급하고 있다. 그러나 그
것의 규범적 의미는 때때로 무해의 원칙을 확인하는 것에 불과하다. 다른 경
우에는 이러한 규범적 의미가 너무 모호해서 그 개념이 국가의 권리와 의무에
대한 평가에 거의 고려되지 않는다. 그러나 적어도 지속가능한 개발의 개념은
다자간 환경 체제[37) 간의 조정의 필요성과 개발도상국의 지원 필요성에 대한
적절한 고려를 포함하여, 전 세계적 환경보호에 대한 보다 총체적인(holistic)
비전을 지지한다.[38)

B. 예방적 접근법

국제환경법은 불확실성에 대해 이른바 "예방적 접근법(precautionary approach)"
을 장려한다. 환경 및 개발에 관한 리우선언(Rio Declaration)에서 정의된 바와
같이, 이 접근법은 다음과 같이 말한다.

심각한 또는 회복 불가능한 피해의 우려가 있을 경우, 과학적 불확실성이
환경악화를 지양하기 위한 비용/효과적인 조치를 지연시키는 구실로 이용
되어서는 안 된다.[39)

---

37) Decision 22/CP.5, "Institutional linkage of the Convention secretariat to the United
Nations" (October 25, 1999) 참조. 또한 본서 제4장, Ⅳ.B,본서 제16장, Ⅰ. 참조.

38) Decision 1/CP.8, *supra* note 33 참조.

39) Rio Declaration, *supra* note 12, principle 15. 또한 Antonio Auguste Cançado Trindade,
"Principle precaution" in Jorge E. Vinuales (ed.), *The Rio Declaration on Environment*

이 접근법의 방식과 법적 효력은 일반적으로 제대로 정의되지 않은 상태로 남아 있다.[40]

UNFCCC는 국가의 행동을 지도해야 하는 "원칙" 중에서 예방적 접근법과의 관련성을 강조하며, 당사국들이 "기후변화의 원인을 예견, 방지 및 최소화하고 그 부정적 효과를 완화하기 위한 예방조치를 취해야 한다"고 규정하고 있다.[41] 이 조항은 과학적 연구가 인위적 온실가스 배출이 역효과를 초래할 것은 분명하지만, 이러한 영향의 크기와 정도에 대해서는 결론을 내리지 못하고 있는 시점에 삽입되었다.[42] 추가연구가 이전의 발견을 확인함에 따라, 점차적으로 그 연관성은 점점 상실되었지만, 예방적 접근법은 손실 및 피해를 다루는 접근법과 관련하여 일시적으로 다시 언급되기도 하였다.[43]

예방적 접근법은 기후변동 시나리오의 위험성 평가와 관련하여 현재까지 연관성을 유지한다. 또한 온실가스 배출의 영향을 시사하기 위해 이미 과학적 근거가 축적되어 있을 때 적절한 조치를 취하지 않은 산업국가의 역사적 책임을 평가하는 데도 적절할 수 있다. 그러나 이러한 예방적 접근법은 적어도 1980년대 중반까지는 국제법에서 제대로 확립되지 않았는데, 이때는 이미 기후변화의 강력한 증거가 축적되어 기후변화의 발생 여부가 불확실성의 영역을 넘기 시작하였다. 마지막으로 중요한 것은 지구공학적 옵션이 태양 복사 관리를 포함한 기후변화의 영향에 대응하기 위해 고려되고 있기 때문에, 예방적 접근법은 심각하고 돌이킬 수 없는 영향을 미칠 전지구적 프로젝트와 관련하여 새로운 연관성을 획득한다.[44]

C. 오염자부담의 원칙

오염자부담의 원칙(Polluter-Pays Principle)은 환경에 부정적 영향을 끼치는

and Development: A Commentary (Oxford University Press, 2015) 403 참조.
40) Sands and Peel, supra note 9, at 217-228 참조.
41) UNFCCC, supra note 13, art.3.3.
42) This is reflected in Ibid., recital 6.
43) Decision 3/CP.18, "Approaches to address loss and damage associated with climate change impacts in developing countries that are particularly vulnerable to the adverse effects of climate change to enhance adaptive capacity" (December 8, 2012), recital 8.
44) 본서 제9장 참조.

사람이 그 역효과를 감수해야 한다는 점을 제시한다. 아마도 이는 오염자들이 그들이 이용할 수 있는 어떤 방법으로든 그들의 오염을 줄이도록 장려할 것이다. 그러나 집행이 제대로 감시되지 않는다면, 오염자들에게 돈을 지불하게 하는 것이 통제되는 물질의 밀수와 같은 불법적인 활동에 대한 동기를 유발할 위험이 있다.[45] 이 원칙은 OECD 내에서 오히려 칭송받는 원칙으로 잘 받아들여지고 있지만,[46] 그 외에서는 그러한 반응이 훨씬 적다. 예를 들어, 국제사회는 환경 및 개발에 관한 리우선언에서 다소 우회적인 발언을 이끌어냈다.

> 국가 당국은 오염자가 원칙적으로 오염의 비용을 부담하여야 한다는 원칙을 고려하여 환경비용의 내부화와 경제적 수단의 이용을 증진시키도록 노력하여야 한다. 이에 있어서 공공이익을 적절히 고려하여야 하며 국제무역과 투자를 왜곡시키지 않아야 한다.[47]

오염자부담의 원칙은 *Rhine Chlorides* 사건과 관련해 중재재판소에 제기되었다. 일부 조약에서 이 원칙이 인정되었음에 주목하면서도, 재판소는 일반국제법의 일부가 되었다는 견해는 부인하였다.[48] 필립 샌즈와 재클린 필이 지적하였듯이, 국가관행은 "특히 국가 간 관계에서 오염의 모든 비용은 오염자가 부담해야 한다"[49]는 관점을 지지하지 않는다.

그러나 확립된 법적 규범보다는, 하나의 이념(idea)으로서 오염자부담의 원

---

45) Lorraine Elliott, "Smuggling networks and the black market in ozone depleting substances" in Tanya Wyatt (ed.), *Detecting and Preventing Green Crimes* (Springer, 2016) 45; Graham Donnelly Welch, "HFC smuggling: preventing the illicit (and lucrative) sale of greenhouse gases" (2017) 44:2 *Boston College Environmental Affairs Law Review* 525 참조.

46) OECD, *Recommendation of the Council on Guiding Principles Concerning the International Economic Aspects of Environmental Policies*, doc. C(72)128 (May 26, 1972), reproduced in (1975) 14 ILM 236 참조.

47) Rio Declaration, *supra* note 12, principle 16.

48) *Case Concerning the Audit of Accounts in Application of the Protocol of 25 September 1991 Additional to the Convention for the Protection of the Rhine from Pollution by Chlorides of 3 December 1976 (Netherlands v. France)*, Arbitral Award of the March 12 2004, (2004) XXV *UNRIAA* 267, para. 103.

49) Sands and Peel, *supra* note 9, at 232. 또한 Priscilla Schwartz, "Principle 16: the polluter−pays principle" in Vinuales (ed.), *supra* note 39, at 429 참조.

칙이 기후변화에 관한 국제법의 발전에 어느 정도 영향을 끼쳐야 한다. 남에게 해를 끼치는 사람이 그 비용을 부담해야 한다는 생각은 결국 근본적이고 윤리적이며 일반적인 법적 개념이다. 이것은 오염자가 모든 상황에서 모든 비용을 지불해야 하는 것은 아니지만, 이를 통해 오염자가 오염을 발생시키는 것을 저해할 가능성이 있을 때마다 오염을 억제시킬 수 있는 약간의 수수료를 부과해야 한다는 견해를 지지한다. 공통의 그러나 차등화 된 책임이라는 원칙과 기후정의라는 개념을 통해, 일부 국가와 지지자들은 본질적으로 동일한 생각을 국제사회에 다시 도입하려고 노력해 왔으며, 이는 온실가스 배출량의 가장 큰 몫을 차지하는 국가가 기후변화의 영향을 책임지도록 한다.50) 국가는 무해의 원칙 하의 의무를 위반했을 때 국제위법행위에 대한 국가책임을 져야 한다는 일반국제법의 확립된 규범에 기초하여서도 비슷한 결론에 도달할 수 있다.51)

D. 협력의 원칙

마지막으로 중요한 것은, 논쟁의 여지없이, 전 세계적 환경문제를 해결하기 위한 협력 역시 법적 원칙의 문제가 되었다는 점이다. 인간 환경에 관한 스톡홀름 선언은 "다자간 또는 양자간 조정 기타 적절한 조치를 통한 협력은 환경에 대한 부정적 영향을 방지, 제거, 감소시키거나 효과적으로 규제하기 위하여 필요 불가결하다"52)고 강조한다. 마찬가지로, 환경 및 개발에 관한 리우선언은 "이 선언에 구현된 원칙을 준수하기 위하여 각 국가와 국민들은 성실하고 동반자적 정신으로 협력하여야 한다"는 필요성을 반영하였다.53) 국제해양법재판소는 UN해양법협약과 일반국제법상 해양환경오염방지의 근본원칙으로 협력의 의무를 인정하였다.54)

---

50) Teresa M. Thorp, *Climate Justice: A Voice for the Future* (Palgrave Macmillan, 2014); Simon Caney, "Cosmopolitan justice, responsibility, and global climate change" (2005) 18:4 *Leiden Journal of International Law* 747 참조.

51) 해당 장 Ⅰ., Ⅳ. 참조.

52) Stockholm Declaration, *supra* note 12, principle 24.

53) Rio Declaration, *supra* note 12, principle 27. Peter H. Sand, "Principle 27: cooperation in a spirit of global partnership" in Vinuales (ed.), *supra* note 39, at 617 참조.

54) ITLOS, *The MOX Plant Case (Ireland v. United Kingdom)*, Order for Provisional Measures of December 3, 2001, para. 82. See also ITLOS, *Case Concerning Land*

협력의 원칙은 특히 기후변화라는 본격적인(*par excellence*) 협력의 문제와 관련이 있기 때문이다. 기후변화는 여러 국가에서 일어나는 활동으로 인한 온실가스 배출의 누적 효과에 의해 발생하며, 이것은 한 국가만으로 해결될 수 없었다. 이에 따라 UNFCCC의 전문은 다음과 같이 확인한다.

> 기후변화의 세계적 석역에 대응하기 위하여는 모든 국가가 그들의 공통적이면서도 그 정도에 차이가 나는 책임, 각각의 능력 및 사회적 경제적 여건에 따라 가능한 모든 협력을 다하고 효과적이고 적절한 국제적 대응에 참여하는 것이 필요하다.[55]

협력의 원칙은 기후변화에 대한 협상을 성실하게 추진해야 한다는 다소 애매한 의무를 시사하는 것으로 해석될 수 있다. 다른 국가의 협력에 무임승차하는 것은 이 원칙과 일치하지 않는 것처럼 보일 수 있다.[56] 그러나 구체적으로는 국제협력를 노골적으로 거부하는 것을 제외하고는 특정 국가가 이 원칙에 따른 의무를 위반하고 있다고 주장하기는 어려울 수 있다. 미국이 파리협정에서 탈퇴하거나 교토의정서를 비준하지 않기로 한 이전의 결정은, 만약 이러한 결정이 단순히 다른 국가들의 노력에 대한 무임승차를 시도한 것 이상으로 이해된다면, 국제협력을 거부하는 가장 유력한 사례들이 될 것이다.

III. 국제인권법

오랫동안 국제법은 주권국가들 간의 관계만을 다루었다. 그러나 20세기는 국내문제에 적용되는 국제규범에 대해 진보적인 경향을 보았다. 이 같은 추세는 환경법에도 이질적이지 않지만, 인권보호에 관해서는 그 어느 분야보다도 확실한 추세이다. 인권이라는 철학은 정부가 그들의 관할권 안에서 인간의 존

Reclamation by Singapore in and around the Straits of Johor (Malaysia v. Singapore), Order for Provisional Measures of October 8, 2003.

55) UNFCCC, *supra* note 13, recital 7.

56) Eric A. Posner and David A. Weisbach, *Climate Change Justice* (Princeton University Press, 1010) 178 참조.

엄성을 존중하기 위해 그들의 권력 사용을 자제해야 한다거나 그렇지 않으면 그렇게 하지 못한 책임을 져야 한다는 생각을 발전시킴으로써 국가주권에 대한 절대주의적 사고에 미묘한 차이를 만들게 되었다.

이러한 생각은 새로운 것이 아니었다. 자연권의 존재는 인간이 조직된 공동체를 구성하는 한 외관상으로는 어떤 형태나 형상으로 논의되어 왔다.[57] 그러나 인권이라는 현대적 사상의 뿌리는 계몽주의 시대인 18세기 철학자들의 작품에서 비롯된다. 1776년 미국의 독립선언과 1789년 프랑스의 인권선언을 시작으로, 이러한 생각들은 국제적인 차원의 논쟁에 들어가기 전부터 점차적으로 대부분 국가의 헌법과 법률의 교리에 스며들었다.

제2차 세계대전 당시 자행된 잔학행위에 대한 대응으로 국제적인 차원의 인권운동이 탄력을 받게 되었다. 1948년 12월 10일 유엔총회는 세계인권선언을 채택하였다.[58] 이 선언을 명확한 법적 효력을 지닌 조약 조항으로 이해하기 위해, 총회는 두 개의 포괄적인 협약과 일련의 보다 구체적인 협약을 채택하였다.[59] 이러한 조약들은 국가가 관할권 내의 모든 사람의 권리를 존중하고, 관할권 내 다른 사람의 침해로부터 이러한 권리를 보호하고, 필요에 따라 적절한 법률, 정책, 프로그램, 프로젝트 및 결정을 통해 이러한 권리를 이행해야 하는 의무를 규정한다. 게다가 이러한 조약들은 개별적인 소송이나 국가정책을 검토할 수 있는 국제적인 메커니즘을 확립하였다. 세계의 일부 지역은

---

57) 대영박물관에 있는 사이러스 실린더(Cyrus Cylinder)는 기원전 539년경 아케메네스 키루스 대황제가 작성한 선언문으로 인권에 대한 고려를 보여주는 초기의 예이다.

58) UN General Assembly Resolution 217 A, "Universal Declaration of Human Rights" (December 10, 1948).

59) International Covenant on Economic, Social and Cultural Rights, December 16, 1966, 993 *UNTS* 3; International Covenant on Civil and Political Rights, December 16, 1966, 999 *UNTS* 171 참조. 또한 International Convention on the Elimination of All Forms of Racial Discrimination, December 21, 1965, 660 *UNTS* 195; Convention on the Elimination of All Forms of Discrimination against Women, December 18, 1979, 1249 *UNTS* 13; Convention against Torture and Other Cruel, Inhuman or Degrading Treatment or Punishment, December 10, 1984, 1465 *UNTS* 85; International Convention on the Rights of the Child, November 20, 1989, 1577 *UNTS* 3; International Convention on the Rights of All Migrant Workers and Members of Their Families, December 18, 1990, 2220 *UNTS* 3; International Convention on the Rights of Persons with Disabilities, December 13, 2006, 2515 *UNTS* 3; International Convention for the Protection of All Persons from Enforced Disappearance, December 20, 2006, 2716 *UNTS* 3 참조.

더 발전된 조항이 포함된 조약을 체결하였으며,[60] 때로는 지역인권재판소의 결정을 국가들이 이행하기로 약속한 지역인권재판소의 설립을 포함하기도 하였다.[61] 냉전 종식에 따른 국제적인 인권보호를 위한 추가조치가 취해졌다. 국제형사재판소 설립은 집단살해, 인도에 반한 죄, 전쟁범죄를 처벌하는 보다 일관된 접근방식을 반영한다.[62]

이런 범죄가 저질러졌을 때, 보호책임(responsibility to protect)이라는 개념은 국제사회의 개입을 위한 추가적인, 체계적인 정당성을 제공하게 되었다.[63] 주권은 단지 국가 정부의 권리로서 뿐만 아니라 그들의 관할권 내에 있는 모든 사람들을 보호하기 위한 책임으로 점진적으로 재구성되었다.[64] 밀레니엄 개발목표(Millennium Development Goals, MDGs)와 그 후 지속가능한 개발 목표(Sustainable Development Goals, SDGs)를 통해, 각 국가들은 전 세계에 걸쳐 경제 및 인간의 발전을 촉진하는 데 더 밀접하게 협력할 것을 약속하였다.[65]

국제인권법은 세 가지 면에서 다소 간접적이기는 하지만 기후변화와 관련이 있다.[66] 첫째, 기후변화의 영향은 인권의 향유에 대한 도전이다. 이에 따라 인권정책의 발전에는 기후변화에 대한 검토가 어느 정도 필요하다. 기후변화는 개인들이 생명, 건강, 음식, 적절한 생활수준, 재산, 문화적 번영에 대한 권

---

60) Convention for the Protection of Human Rights and Fundamental Freedoms, November 9, 1950, 213 *UNTS* 222; American Convention on Human Rights (hereinafter Pact of San Jose), November 22, 1969, 1144 *UNTS* 123; African Charter on Human and People's Rights (hereinafter "Banjul Charter"), June 27, 1981, 1520 *UNTS* 217 참조.

61) Dinah Shelton (ed.), *The Oxford Handbook of International Human Rights Law* (Oxford University Press, 2013) 참조.

62) Rome Statute of the International Criminal Court, July 17, 1998, 2187 *UNTS* 90.

63) UN General Assembly Resolution 60/1, "2005 World Summit Outcome" (October 24, 2005), paras. 138–140; UN Secretary General, *Implementing the Responsibility to Protect*, doc. A/63/677 (January 12, 2009), para. 11 참조.

64) Francis Deng *et al.*, *Sovereignty as Responsibility: Conflict Management in Africa* (Brookings Institution, 1996) 참조.

65) UN General Assembly Resolution 55/2, "United Nations Millennium Declaration" (September 8, 2000); UN General Assembly Resolution 70/1, "Transforming our world: the 2030 Agenda for Sustainable Development" (September 25, 2015) 참조.

66) Stephen Humphreys (ed.), *Human Rights and Climate Change* (Cambridge University Press, 2010); John Knox, "Human rights principles and climate change" in John S Dryzek, Richard B. Norgaard and David Schlosberg (eds.), *The Oxford Handbook of Climate Change and Society* (Cambridge University Press, 2011) 213 참조. 본서 제16장, I. 참조.

리를 누리는 방식에 영향을 미칠 수 있다. 기후변화 적응을 촉진하기 위한 노력은 때때로 국가들이 기후변화의 부정적인 영향에 직면했을 때 그들의 관할권 내에 있는 개인의 인권을 보호하는 방법으로 이해될 수 있다.

둘째, 인권을 존중하고 보호해야 하는 국가의 의무는 또한 자국의 관할권 내에서 온실가스 배출량을 억제해야 하는 의무, 즉 기후변화 완화에 대한 조치를 정당화해야 한다는 의무를 내포할 수 있다.[67] 그러나 이것은 인권보호에 대한 개념적 프레임워크의 확장이 필요하다. 왜냐하면 온실가스 배출 대부분의 영향은 이러한 배출이 발생하는 영역을 벗어나기 때문이다. 국가가 인권을 존중하고 보호해야 할 의무는 일반적으로 실효적인 통제 하에 있는 어떠한 상황에도 확대되는 것으로 이해되었는데,[68] 영토 내에서 또는 관할권 하에서 발생하는 온실가스 배출에 대한 국가 정부의 통제가 온실가스 배출의 동떨어진 결과에 대한 통제를 설정하기에도 충분한지는 불확실하다. 국제인권법은 기후변화를 완화하기 위한 효과적인 조치의 필요성을 지지할 수 있지만, 기존의 인권단체들은 전 세계에 흩어져 있는 활동에서 비롯되어 광범위한 영향을 초래하는 문제들을 다룰 정도로 적절하게 만들어진 것은 아니다.

셋째, 인권은 대응조치의 영향을 평가하는 것과 더 직접적으로 관련이 있다. 기후변화를 완화하거나 기후변화의 영향에 적응하는 것을 목표로 하는 프로젝트는 의도하지 않은 역효과를 초래할 수 있다.[69] 예를 들어, 수력발전 댐은 깨끗한 에너지원을 제공할 수 있고 수질관리를 개선할 수 있지만, 그것은 종종 댐이 위치할 장소에 사는 사람들의 이주를 포함한다. 중요한 것은 기후변화에 대한 대응이 그에 영향 받는 사람들의 인권을 대가로 이루어져서는 안 된다는 것이다.

---

67) UN General Assembly Resolution 70/1, *supra* note 65, goal 13; 본서 제2장, Ⅲ.B. 참조. 또한 CESCR, *Concluding Observations on the Fifth Periodic Report of Australia* (June 23, 2017), doc. E/C.12/AUS/CO/5, para. 12 참조.

68) Marko Milanovic, *Extraterritorial Application of Human Rights Treaties: Law, Principles, and Policy* (Oxford University Press, 2011) 참조.

69) Emily Boyd, "Governing the Clean Development Mechanism: global rhetoric versus local realities in carbon sequestration projects" (2009) 41:10 *Environment & Planning A* 2380.

IV. 국제위법행위에 대한 국가책임

법체계가 효과적이려면 의무위반에 대한 제재가 필요하다. 일부 제재는 예를 들어 사회적 비난과 수치심을 통해 법체계 밖에서 이루어진다. 다른 규범적 체계(예를 들어, 도덕적 또는 종교적)와 마찬가지로 법체계도 대체로 그러한 사회적 압력에 의존하여 준수를 요구한다. 그러나 법체계는 그 의무를 위반하는 행위에 대해서는 처벌과 구제의무와 같은 공식적인 제재를 추구한다. 따라서 국제위법행위에 대한 국가책임에 관한 국제법위원회 초안에서 "국가의 모든 국제위법행위에는 그 국가의 국제책임을 발생시킨다"고 인정함에 따라 일반국제법의 문제로서 잘 확립되어 있다.[70] 이러한 국가책임에 관한 초안은 국제위법행위를 "(a) 국제법에 따라 국가에 귀속될 수 있는 (b) 그 국가의 국제의무 위반을 구성하는" 작위 또는 부작위라고 규정한다.[71]

A. 국제위법행위에 대한 국가책임 원용 요건

기후변화와 관련하여, 국가책임은 여러 이유로 원용될 수 있다. 예를 들어, UNFCCC 체제나 다른 체제에서 관련 개발을 통해 확립된 특정 의무를 위반하는 것은 국가의 국제책임을 수반할 수 있다. 따라서 선진국 당사국의 국제책임은 "기후변화의 완화에 관한 국가정책을 채택하고, 이에 상응하는 조치를 취할 의무"를 이행하지 않아서 발생할 수 있다.[72] 이는 UNFCCC를 비준할 때 약속한 내용, 즉 온실가스 배출량이 교토의정서 제3조 및 부속서 B에 규정된 할당량을 초과하지 않도록 할 의무를 말한다.[73] 마찬가지로 개발도상국들은 UNFCCC를 비준할 때 약속하였던 것처럼 "기후변화를 완화하는 조치를 포함

---

70) ILC, *Draft Articles on Responsibility of States for Internationally Wrongful Acts with Commentaries*, in (2001) *Yearbook of the International Law Commission*, vol. Ⅱ, part two (이하 Articles on State Responsibility), art. 1 참조. 또한 James Crawford, *State Responsibility: The General Part* (Cambridge University Press, 2013); James Crawford, Alain Pellet and Simon Olleson (eds.), *The Law of International Responsibility* (Oxford University Press, 2010) 참조.

71) *Articles on State Responsibility, supra* note 70, art.2.

72) UNFCCC, *supra* note 13, art.4.2(a).

73) Kyoto Protocol to the United Nations Framework Convention on Climate Change, December 11, 1997, 2303 *UNTS* 162 (이하 Kyoto Protocol), art.3.1.

한… 계획을 수립, 실시, 공표하고 정기적으로 갱신하는 것"을 누락한 책임을
질 수 있다.74) 또한, 예를 들어 어느 국가가 오존층 파괴물질에 관한 몬트리올
의정서에 따른 의무 또는 MARPOL의 부속서 6에 따른 의무를 준수하지 않으
면 국가책임이 수반될 수 있다. UN 해양법협약(UNCLOS)에 따라 국가가 "해양
환경을 보호하고 보존"해야 하는 의무는 이러한 오염이 해양환경에 미치는 불
가피한 영향에도 불구하고(예: 산성화 또는 해수면 상승) 각국이 관할권 하에서
온실가스 배출량을 억제하기 위한 조치를 취하지 않을 때 책임의 또 다른 근
거를 제공할 수 있다.75)

   보다 일반적인 논쟁으로서, 과도한 온실가스 배출에 대한 산업국가의 책임
은 일반국제법에 따른 그들의 의무 위반을 원용할 수 있는데, 이는 가장 설득
력 있게 무해의 원칙에 기초하거나 또는 대안적으로 국제환경법 혹은 국제인
권법의 다른 원칙에 기초한다. 무해의 원칙과 관련하여, 국가책임은 그 자신의
행동에 대해 원용될 수 있다. 예를 들어, 국유기업은 종종 화석연료의 추출과
유통에 직접적인 역할을 한다.76) 또는 그 영토 내에서 또는 그 관할권 하에
있는 민간행위자들을 규제하지 못하였다는 이유로 발동될 수 있다. 제Ⅰ절에
언급된 바와 같이, 과도한 온실가스 배출의 원인이 되는 활동이 자국 영토 내
에서 또는 관할권 하에서 발생하는 것을 방지하기 위한 각국의 상당한 주의
의무의 존재는 국제법에서 잘 확립되어 있다.

   그러나 모든 온실가스 배출이 무해의 원칙의 위반을 수반하는 것은 확실히
아니다. 우리 모두는 숨을 쉬면서 소량의 이산화탄소를 배출하지만, 어떤 정부
라도 사람들이 숨쉬는 것을 막는 것을 기대하는 것은 터무니없거나 범죄적일

74) UNFCCC, *supra* note 13, art.4.1(b).

75) United Nations Convention on the Law of the Sea, December 10, 1982, 1833 *UNTS*
3, art .192 참조. 또한 Meinhard Doelle, "Climate change and the use of the dispute
settlement regime of the Law of the Sea Convention" (2006) 37:3–4 *Ocean Development
& International Law* 319; William C.G. Burns, "Potential causes of action for climate
change damages in international fora: the Law of the Sea Convention" (2006) 2:1
McGill International Journal of Sustainable Development Law & Policy 27; Roda
Verheyen, *Climate Change Damage and International Law: Prevention Duties and
State Responsibility* (Brill, 2005) at 193ff 참조.

76) Benoit Mayer and Mikko Rajavuori, "National fossil fuel companies and climate change
mitigation under international law" (2016) 44:1 *Syracuse Journal of International Law
& Commerce* 55.

것이다. 한편, 최소 허용가능한 기준값(*de minimis* threshold)의 존재는 제Ⅰ절에서 언급하였는데, 무해의 원칙은 충분히 유의하거나 "심각한" 결과의 월경 피해만을 금지한다고 일반적으로 이해된다. 반면에, 국가책임법은 위법성을 조각할 수 있는 상황의 존재를 인정한다. 특히 필요성은 "그 행위가 중대하고 급박한 위험으로부터 국가의 본질적 이익을 보호하기 위한 유일한 방법인 경우", 그리고 "그 행위가 의무이행의 상대국(들) 또는 국제공동체 전체의 본질적 이익을 심각하게 훼손하지 않는 경우"에 원용될 수 있다.[77]

인간이 숨을 쉬는 것과 같은 명백한 경우를 넘어, 일부 온실가스 배출은 최소한 인간 발전의 최소 수준으로 우리의 생활환경을 개선하는데 필요한 것으로 고려될 수 있다. 이런 의미에서 헨리 슈(Henry Shue)는 "(허용 가능한)생계형 배출"과 "(허용 불가능한)사치형 배출"의 구별을 제안하였다.[78] 무엇이 필요하거나 필요하지 않은 것인지에 대한 공허한 이분법보다는, 특정 온실가스 배출이 가져오는 편익과 그들이 야기하는 해악을 비교할 필요가 있을 수 있다. 즉 일반국제법에 대한 진보적인 해석을 요구하는 복잡한 일이다.

B. 2차적 의무

과도한 온실가스 배출에 대한 국가책임은 두 가지 유형의 의무를 수반한다. 즉, 중지(cessation) 및 손해배상(reparation)이다. 첫째로, ILC의 국가책임초안은 국제위법행위에 책임이 있는 국가는 "행위가 계속되고 있다면, 이를 중지할 것", 그리고 "상황에 따라 필요한 경우에는 재발방지에 관한 적절한 보증 및 보장을 제공할 것"이라는 의무를 지고 있음을 확인하였다.[79] 자국 관할권 내에서 과도한 온실가스 배출 방지에 많은 국가들이 계속해서 실패하고 있는 것으로 보이기 때문에, 이와 관련해서는 재발방지에 대한 적절한 보증 및 보장보다는 중지가 더 연관성이 있다. 따라서 산업국가들은 과도한 온실가스 배출을 야기하는 것으로부터 그들의 활동이나 그들의 관할권 내에서 수행되는

---

77) *Articles on State Responsibility*, *supra* note 70, art. 25.1. 또한 Alan O. Sykes, "Economic 'necessity' in international law" (2015) 109:2 *American Journal of International Law* 296 참조.

78) Henry Shue, "Subsistence emissions and luxury emissions" (1993) 15:1 *Law & Policy* 39.

79) *Articles on State Responsibility*, *supra* note 70, art.30.

활동을 통제하기 위한 즉각적인 조치를 취해야 할 의무가 있다. 그러나 이러한 의무의 범위는 특히 온실가스 배출량이 정당하다고 간주될 수 있는 정도에 따라 불확실하다. 적어도 '중지'라는 말은 '완화' 정책을 통해 고려되고 있는 것보다 훨씬 더 엄격한 노력을 시사하는 것 같다. 즉, 국가책임법은 증분감축(incremental reduction)으로 만족하지 못하고, 무해의 원칙 하에서 의무를 준수하기 위해서는 국가가 즉시 또는 가능한 한 빨리 과감한 조치를 취해야 할 것을 요구한다. 중지는 무해의 원칙을 위반하는 등 계속적인 국제위법행위에 책임이 있는 국가의 가장 긴급한 2차적 의무다.

둘째로, 국제위법행위에 책임이 있는 국가는 그 행위로 인한 피해에 대하여 적절한 배상(reparation)을 제공해야 한다.[80] 여기서의 어려움은 과도한 온실가스 배출이 특정 국가에 직접 영향을 미치지 않는다는 사실과 관련이 있다. 그 대신 그 피해는 전 세계 공유지에 직접적으로, 그리고 어느 특정 국가들에게는 덜 직접적으로 야기된다. 그러나 과도한 온실가스 배출의 결과로 인해 어떤 식으로든 국가들이 피해를 입을 수밖에 없기 때문에, 이러한 국가들이 직접적으로 피해를 입었거나 그렇지 않으면 어떤 형태의 배상 지급에 관심이 있는 것으로 해석하는 것을 배제하는 것으로 보이지 않는다. 그리고 국가는 관할권 내의 개인이나 기업이 입은 손실 및 피해에 대한 배상을 분배하는데 의존할 수 있는 가장 당연한 기관으로 보일 것이다.[81] 그렇다 하더라도 어떤 국가가 입은 피해를 평가하는 것은 매우 어려운 일이다.[82]

그러나 "적절한" 배상이 무엇인지를 평가하는 것은 그 원칙에서조차 명확하게 정의되지 않았기 때문에 간단하지 않다. ILC의 국가책임초안은 "책임국은 국제위법행위로 인한 피해에 대하여 완전한 배상의무를 진다"[83]고 명시하

---

80) PCIJ, *Factory at Chorzôw (Germany v. Poland)*, judgment on jurisdiction of July 26, 1927, in Series A, No. 9, at 21 참조.

81) ILC, *Draft Articles on Diplomatic Protection, with Commentaries*, in (2006) *Yearbook of the International Law Commission*, vol. II, part two; PCIJ, *Mavrommatis Palestine Concessions (Greece v. United Kingdom)*, judgment on jurisdiction of August 30, 1924, in Series A, No. 2, at 12 참조.

82) 기후 변화로 인한 피해에 대한 가치 환산은 본서 제2장, section II. 참조. 국가 간 피해에 대한 배분 역시 어려운 문제이다. Micahel Bowman and Alan Boyle (eds.), *Environmental Damage in International and Comparative Law: Problems or Definition and Valuation* (Oxford University Press, 2002) 참조.

83) *Articles on State Responsibility*, *supra* note 70, art .31.(emphasis added) 참조.

였다. 당시 ILC 특별보고자 제임스 크로포드(James Crawford)가 지적하였듯이, 배상의 액수가 피해의 평가에만 기초하여 이루어지는 경우, 완전한 배상은 국제재판소 및 중재판정부에 의해 결정된 대부분의 경우에 이행되는 것처럼 보였다.[84] 그러나 이러한 경우를 넘어, 외교적 수단을 통해 해결된 분쟁이나, 국제통상법,[85] 국제투자법[86] 또는 기타 전쟁배상이나 집단잔혹행위에 대한 배상 등과 관련된 분쟁에서 전문화된 국제재판소 및 중재판정부에 의해 해결된 분쟁에서도 완전한 배상이 항상 인정되기는커녕 청구되지도 않았다.[87] ILC 자체도 각 사례의 특정 상황에서 배상이 "완전"하게 인정되어야 하는지 아니면 단순히 "가능한 완전하게"로 인정되어야 하는지에 대해 의견이 나뉘었다.[88] ILC의 일부 회원국들은 완전한 배상은 종종 불가능하고 심지어 바람직하지 않다고 주장하였다.[89] 일반적으로 국제재판소 및 중재판정부에 의해 결정되는 사례와는 달리, 기후변화는 전 세계적으로 발생하고 시간이 지남에 따라 확산되는 광범위하고 심각한 피해를 수반한다. 특히 장기간에 걸쳐 발생하였거나 앞으로 직면하게 될 온실가스 배출의 결과에 대해 배상을 한 번에 지불해야 한다면 책임이 있는 국가에 큰 부담을 줄 수 있다. 배상은 (완전한 배상의 요건에 따른) 피해와 관련하여 정의되어야 할 뿐만 아니라 책임이 있는 국가의 지급능력 및 위법행위의 지속을 제재할 필요성과 관련하여 정의되어야 한다는 주장이 타당성을 갖는다.[90]

---

84) ILC, *Third Report on State Responsibility by Special Rapporteur James Crawford*, doc. A/CN.4/507 (March 15, 2000), para. 42.

85) WTO DSB, Minutes of Meeting on February 11, 2000, doc. WT/DSB/M/75, at 5,

86) Muthucumaraswamy Somarajah, *The International Law on Foreign Investment* (Cambridge University Press, 2010) 417

87) Eritrea—Ethiopia Claims Commission (EECC), decision of August 17, 2009, Final Award on Ethiopia's Damages Claims, in (2009) XXVI *UNRIAA* 631, paras. 18–22 참조.

88) ILC, *Summary Record of the 2615th Meeting* (May 4, 2000), doc. A/CN.4/SR.2615, paras. 52 (R. Goco) and 55 (P.S. Rao) 참조.

89) ILC, *Summary Record of the 2392nd Meeting* (May 31, 1995), doc. A/CN.4/SR.2392, para. 31 (Igor Lukashuk). 또한 *Ibid.*, para. 37 (C Tomuschat); *Summary Record of the 2314th Meeting* (June 30, 1993), doc. A/CN.4/SR.2314, para. 84 (A. Mahiou); *Summary Record of the 2454th Meeting* (July 5, 1996), doc. A/CN.4/SR.2454, para. 19 ("some members of the Drafting Committee") 참조.

90) Elena Kosolapova, *Interstate Liability for Climate Change—Related Damage* (Eleven, 2013); Christina Voigt, "State Responsibility for Climate Change Damages" (2008) 77:1 *Nordic Journal of International Law* 1; Benoit Mayer, "State responsibility and

그럼에도 불구하고, 일부 배상은 기후변화의 부정적인 영향에 의해 가장 영향을 받는 국가를 지원하는 것뿐만 아니라 위반된 국제의무에 대한 준수를 장려하는 측면에서도 중요하다. 전환기의 정의(transitional justice)와 유사하게 비춰질 수 있는데, 여기에는 종종 제한된 구제수단이 화해를 촉진하고 화해의 사회적 과정을 작동시키는데 큰 역할을 한다. 각국은 그들이 공정하다고 생각하는 협정을 더 지지할 가능성이 높기 때문에, 전 세계 온실가스 배출량을 줄이기 위한 국제협력은 과거의 잘못에 대한 공식적인 인식과 최소한 선진국의 속죄에 대한 상징적 행동으로부터 크게 발전할 수 있다.

따라서 무해의 원칙과 마찬가지로, 국가책임법은, 예를 들어, 과도한 온실가스 배출을 중지하고 어떤 형태나 형식으로든 구제수단을 제공할 것을 요구함으로써, 국가의 행동을 지도해야 하는 몇 가지 일반적인 규범을 정의한다. 이러한 규범들은 순전히 전통적인 규칙이 아니다. 그것들은 거의 필연적으로 국제 법질서의 자명한 전제, 특히 주권평등의 원칙에 의해 암시되고 있으며, 국가들이 오랫동안 법으로 수용해 온 관행에서 확고히 확립되어 있다. 그러나 이러한 일반적인 규범들의 적용방식은 대체로 불확실하다. 어느 정도의 온실가스 배출량이 무해의 원칙에 위배되는가? 과도한 온실가스 배출은 얼마나 빨리 중지되어야 하는가? 기후변화의 영향을 가장 많이 받는 국가에 어느 정도로 배상하여야 하는가? 그러한 질문들은 기존 법에만 근거해서는 대답할 수는 없지만, 기후변화와 관련하여 일반국제법에 따른 국가들의 의무를 명확히 하기 위해 답변될 필요가 있고, 이는 일반국제법의 진보적 해석을 요구한다.

V. 위험한 활동으로 인한 월경피해에 대한 국가책임

국가책임법에 대하여 오랫동안 연구하는 동안, ILC는 국가책임법과 합법적인 활동의 수행으로 인해 발생할 수 있는 해로운 결과에 대한 책임(liability)에

---

climate change governance: a light through the storm" (2014) 13:3 *Chinese Journal of International Law* 539; Benoit Mayer, "Climate change reparations and the law and practice of state responsibility" (2016) 7:1 *Asian Journal of International Law* 185; Benoit Mayer, "Less−than−full reparation in international law" (2016) 56:3−4 *Indian Journal of International Law* 465 참조.

관한 문제를 구별하였다.[91] 후자의 문제에 관한 병렬적인 작업으로 두 개의 별도 문서를 채택하게 되었다. 두 개의 문서는 2001년 위험한 활동에 의한 월경피해 예방에 관한 초안(2001 Articles on the Prevention of Transboundary Harm from Hazardous Activities)[92]과 2006년 위험한 활동에 의한 월경피해의 경우 손실배분에 관한 원칙(2006 Principles on the Allocation of Loss in the Case of Transboundary Harm Arising out of Hazardous Activities)이다.[93] 이 개별적인 작업은 국가책임에 관한 프로그램만큼 국제법 발전에 영향을 미치지 않았다. ILC의 국가배상책임(State liability)에 대한 연구는 다소 회의적인 반응을 얻었다.[94] 이 두 문서는 "중대한 월경피해를 야기할 높은 개연성" 또는 "끔찍한 월경피해를 야기할 낮은 개연성"을 포함하여 중대한 월경피해의 위험을 야기하는 활동에 적용된다.[95] 대규모 온실가스 배출은 확실히 상당한 월경피해에 대한 매우 높은 개연성(사실상 확실성)을 가지며, 급격한 기후변화 시나리오로 인한 대재앙의 결과는 낮지만 무시할 수 없는 개연성을 생성한다. 따라서 국가배상책임은 영토 또는 관할권 내에서 발생하는 대규모 온실가스 배출과 관련하여 발생할 수 있다.[96]

국가책임과 달리, 국가배상책임은 어떠한 국제위법행위도 없이 발생할 수

---

91) ILC, *Report of the Twenty-Fifth Session* (May 7-July 13, 1973), doc. A/9010/Rev.l, at 169, para. 39; ILC, *Report of the Forty-Fourth Session* (May 4-July 24, 1992), doc. A/CN.4/SER.A/1992/Add.l (Part 2), at 51, paras. 344-348 참조.

92) ILC, *Draft Articles on Prevention of Transboundary Harm, supra* note 16.

93) ILC, *Draft Principles on the Allocation of Loss in the Case of Transboundary Harm Arising out of Hazardous Activities*, in (2006) *Yearbook of the International Law Commission*, vol. Ⅱ, part two.

94) Alan Boyle, "State responsibility and international liability for injurious consequences of acts not prohibited by international law: a necessary distinction?" (1990) 31:1 *International & Comparative Law Quarterly* 1; Jutta Brunnée, "Of sense and sensibility: reflections on international liability regimes as tools for environmental protection" (2004) 53:2 *International & Comparative Law Quarterly* 351; Alan Boyle, "Liability for injurious consequences of acts not prohibited by international law" in James Crawford, Alain Pellet and Simon Olleson (eds.), *The Law of International Responsibility* (Oxford University Press, 2010) 95 참조.

95) ILC, *Draft Articles on Prevention of Transboundary Harm, supra* note 16, art. 2(a). 또한 *Draft Principles on the Allocation of Loss, supra* note 93, Commentary under principle 2, para. 24 참조.

96) Michael G. Faure and André Nollkaemper, "International liability as an instrument to prevent and compensate for climate change" (2007) 43 *Stanford Journal of International Law* 123.

있다. 따라서 국가책임은 과실에 기반한 배상체제를 말하는 반면, 국가배상책임은 위험이라는 유일한 근거에 기초하여 예방적 의무와 구제의무를 정의한다. 이 두 의무는 상호배타적인 것으로 보이지 않는다. ILC는 *Trail Smelter* 사건과 같은 월경피해 사례를 두 체제[97]의 사례로 분석하여 일부 사례가 동시에 국가책임법과 국가배상책임법에 속할 수 있음을 시사하였다. 마찬가지로, 두 체제 모두 기후변화와 관련이 있다. 과도한 온실가스 배출이 무해의 원칙의 위반을 구성하기 때문에 국가책임법이 적용되는 한편, 대규모 온실가스 배출이 심각한 월경피해를 유발하는 위험한 활동으로 간주될 수 있는 한 국가배상책임법도 적용된다.

2001년 위험한 활동에 의한 월경피해 예방에 관한 초안 일부는 특히 기후변화의 맥락과 관련이 있는 것으로 보인다. 이 조항들 중 일부는 무해의 원칙에서 파생된 국가의 의무와 중복된다. 특히, 각 국가는 "중대한 월경피해를 방지하거나 위험을 최소화하기 위해 어떠한 경우에도 모든 적절한 조치를 취할 의무가 있다."[98] 그러나 2001년 위험한 활동에 의한 월경피해 예방에 관한 초안은 월경피해의 위험을 예측할 수 있는 상황에 관한 보다 구체적인 조항을 포함하고 있다. 이러한 상황에서 요청된 국가는 "협의에 참여"하는 것을 수락하고 "형평한 이익균형"에 근거한 적절한 예방적 조치에 대한 합의를 모색해야 한다.[99]

또한 2006년 위험한 활동에 의한 월경피해의 경우 손실배분에 관한 원칙은 "월경피해의 피해자에 대한 신속하고 적절한 배상(prompt and adequate compensation)을 보장하고 환경을 보존하고 보호하기 위한" 구제조치를 요구한다.[100] 이러한 구제조치는 "운영자(operator) 또는 적절한 경우 다른 사람 혹은 실체에 대한 배상책임의 부과를 포함해야 한다."[101] 국가책임법에 따른 구제의무는 국

---

97) 예를 들어 트레일 스멜터 사건에 대한 판결은 위법한 국제적 행위에 대한 국가 책임의 예시로, 또는 국가의 위험한 활동으로 인해 발생하는 국가 간 피해에 대한 귀책국의 책임에 대한 사례로 논의되었다. *Articles on State Responsibility, supra* note 70, Commentary under art. 14, para. 14; ILC, *Draft Articles on Prevention of Transboundary Harm, supra* note 16, Commentary under art. 2, para, 6; and *Draft Principles on the Allocation of Loss, supra* note 93, Commentary under principle 2, para. 1 참조.

98) ILC, *Draft Articles on Prevention of Transboundary Harm, supra* note 16, art.3.

99) *Ibid.,* art.9.1, and 9.2.

100) *Draft Principles on the Allocation of Loss, supra* note 93, principle 3.

가로 인해 입은 피해(외교적 보호를 행사하거나 영토 손실이나 환경피해 사례에서 자신의 권리를 행사하는 것)에 대한 완전하거나 적절한 배상(full or appropriate reparation)에 있지만, 2006년 원칙은 운영자가 개인 또는 기업 피해자에게 지불해야 하는 "신속하고 적절한 배상(prompt and adequate compensation)"[102]을 고려한다. 그러나 2006년 원칙은 국가책임법을 넘어, 배상책임이 있는 국가에게 "운영자의 적절한 관여를 통해" 피해를 방지하거나 완화하기 위해 "적절한 대응조치가 취해지도록 보장"할 것을 요구하고 있다.[103] 마지막으로 2006년 원칙은 또한 "위험한 활동이라는 특정 범주와 관련하여 특정한 전 세계적, 지역적 또는 양자협정은 배상, 대응조치 및 국제구제 및 국내구제에 관한 효과적인 합의를 제공하는"[104] 특정 국제체제의 발전을 촉구한다.

국가배상책임법은 국가책임법을 대체하기보다는 국가책임법을 완성한다. 온실가스 배출이 이미 전 세계적으로 대혼란을 일으켰고 그 지속이 이러한 문제들을 악화시킬 것이 확실시되는 상황에서 위험한 활동에서 발생하는 손해의 방지에 대한 강조는 너무 편협하다. 비록 시간과 공간에 걸쳐 확산되는 온실가스 배출보다는 특정 시점에 특정 시설에서 발생한 산업 재해로 인한 손해와 관련된 사례와 더 직접적으로 관련이 있을 수 있지만, 운영자의 민사책임에 대한 강조 또한 흥미롭다. 기후변화와 관련하여 개인 또는 기업 활동에만 집중하면 온실가스 배출량을 줄이는 데 유용한 경제적 인센티브가 창출될 수 있지만 충분하지는 않을 것이다. 국가는 예를 들어, 교통인프라와 특정한 형태의 개발 홍보와 관련하여 중요한 집단적 의사결정을 할 때 수행해야 할 주도적역할과 부담해야 할 책임의 몫이 있다.

VI. 일반국제법의 적용

이전 절에서는 기후변화와 관련된 국제법의 일반규범, 특히 무해의 원칙과

---

101) *Ibid.*, principle 4.2.
102) *Ibid.*, principle 3.
103) *Ibid.*, principle 5(b).
104) *Ibid.*, principle 7.1.

국가책임법을 검토하였다. 마지막 절에서는 일반규범과 UNFCCC 체제와 다른 체제에서 탄생한 특별규칙들의 차이를 명확히 하고자 한다. 본장에서 분석한 일반국제법의 규범과는 대조적으로 UNFCCC와 다른 체제를 통해 채택된 규칙들은 국제법의 특정 이슈나 분야를 다루는 조약에 기초하고 있다. 그러나 이것은 반드시 후자의 규칙이 전자의 규범보다 우세해야 한다는 것을 의미하지는 않는다.

특별규칙이 일반규범에서 일탈할 수 있다는 것(*lex specialis derogat lege generali*)은 널리 인정되고 있다. 예를 들어, ILC의 국가책임초안은 "국제법의 특별규칙"이 일반국제법 규범의 적용을 배제할 수 있다는 것을 분명히 인식한다.[105] WTO 분쟁해결규칙 및 절차에 관한 양해와 유럽인권협약은 서로 다른 구제의무를 정의하여 국가책임에 관한 일반국제법 규범의 적용을 배제하는 국제법의 특별규칙에 속한다.[106] 그러나 특별규칙은 일반국제법의 적용을 배제하는 것을 추구하지 않는다. 예를 들어, 일부 특별규칙은 적용방식을 특정하거나 특별한 상황에서 이행을 용이하게 함으로써 기존의 규범을 보완하기 위해 채택될 수 있다.[107] 즉, 특별법 우선의 원칙(*lex specialis*)은 특정 문제를 다루는 모든 규칙이 동일한 주제에 대한 일반규범의 적용을 배제한다는 의미는 아니다.

특별규칙이 일반규범을 보완하거나 일반규범에서 일탈하는지 여부를 평가하려면 대상과 목적뿐만 아니라 그 성격도 고려해야 한다. ILC가 국가책임초안에 대한 주석에서 제안했듯이,

특별법 우선의 원칙(*lex specialis*)이 적용되기 위해서는 동일한 주제를 두 조항이 다루고 있다는 것만으로는 충분하지 않다.[108] 그것들 사이에 실제

---

105) *Articles on State Responsibility, supra* note 70, art.55.

106) *Ibid.*, Commentary under art.55, para. 3 .

107) ILC, *Fragmentation of International Law: Difficulties Arising from the Diversification and Expansion of International Law* (April 13, 2006), doc. A/CN.4/L.682, paras. 56–57, 88 참조. 일부 일반규칙은 특별규칙으로 뒤엎을 수 없다. 이러한 원칙은 "일반국제법의 강행규범" 또는 "jus cogens"라고 불린다. Vienna Convention on the Law of Treaties, May 23, 1969, 1155 *UNTS* 331, art.53 참조.

108) *Articles on State Responsibility, supra* note 70, Commentary under art. 55, para. 4 (emphasis added). 또한 ILC, *Fragmentation of International Law, supra* note 107,

의 불일치(some actual inconsistency)가 있어야 한다. 그렇지 않으면 한 조항이 다른 조항들을 배제하려는 식별 가능한 의도가 있어야 한다.

마르티 코스케니에미(Martti Koskenniemi)가 주도한 국제법의 파편화에 관한 ILC 보고서는 특별법 우선의 원칙(*lex specialis*)에 대한 제한적인 해석을 주장한다. 따라서 그 원칙은 두 규범 사이에서 "갈등의 … 관계"일 때에만 적용되지만, 그 관계가 "해석" 중 하나일 때에는 적용되지 않는다.[109] ILC는 "몇 가지 규범이 하나의 문제와 관련될 때, 가능한 범위 내에서 단일한 양립 가능한 의무를 발생시키기 위해 해석되어야 한다"는 "조화의 원칙"을 강조하였다.[110] 일반국제법을 배제하려는 당사국들의 어떤 뚜렷한 의도나 그것과의 실질적 불일치를 배제하려는 당사국들의 의도가 없는 상황에서 기후변화에 대한 특별규칙은 일반국제법의 규범 적용을 배제하는 그런 성격은 아니다.

기후변화와 관련된 조약규칙의 검토는 당사국들이 일반국제법의 규범을 배제하거나 또는 보완하려는 의도를 거의 드러내지 않는다. 이러한 조약에서 일반국제법에 대한 언급은 모호한 전문의 조항에 체계적으로 한정된다.[111] 특히 UNFCCC의 전문은 스톡홀름 선언의 "관련 조항"과 특히 무해의 원칙을 상기시킨다.

국가는 국제연합헌장과 국제법의 원칙에 따라 고유의 환경정책과 개발정책에 입각하여 자기나라의 자원을 개발할 주권적 권리를 가지며, 자기나라의 관할 혹은 통제지역 안의 활동 때문에 다른 국가나 관할권 이원지역의 환경에 피해가 발생하지 아니하도록 보장할 책임이 있음을 또한 상기하며,[112]

---

paras. 56ff; Sir Gerald Fitzmaurice, "The law and procedure of the International Court of Justice 1951−4: treaty interpretation and other treaty points" (1957) 33 *British Yearbook of International Law* 203, at 236−238 참조.

109) ILC, *Fragmentation of International Law*, *supra* note 107, para. 2.

110) *Ibid.*, para. 4.

111) 조약의 전문을 통해 조약의 목적에 대해 기재하기도 한다. Vienna Convention on the Law of Treaties, *supra* note 107, art.31.2 참조.

112) UNFCCC, *supra* note 13, recital 9.

법원칙의 단순한 "상기"는 조약의 대상과 목적이 이 원칙을 보완하기 위한 것인지, 아니면 이 원칙에서 일탈하기 위한 것인지에 대해서는 거의 언급하지 않는다. 한편, UNFCCC나 추후의 국제기후변화조약 중 어느 것도 국가책임법 (또는 국가배상책임법)을 전혀 언급하지 않는다.

협상 중 그리고 협상과 관련된 당사국들의 진술에서 보듯이, 이러한 양면성은 협상 당사국들이 더 광범위한 합의를 이룰 수 없음을 보여준다. 한편, 미국과 다른 산업국가들은 UNFCCC 체제 내에서 어떠한 원칙도 언급하는 것에 대해서 오랫동안 큰 반감을 보여왔다.113) 다른 한편, 저지대 군소도서개발국과 같이 기후변화에 특히 노출된 몇몇 개발도상국들은 UNFCCC, 교토의정서, 파리협정이 다음과 같다는 "이해"를 분명하고 반복적으로 등록하였다.

기후변화의 부정적 영향에 대한 국가책임에 관한 국제법상의 어떠한 권리도 포기하는 것이 아니며, 협약의 어떤 조항도 일반국제법의 원칙에서 벗어나는 것으로 해석될 수 없다.114)

따라서 UNFCCC 체제가 당사국들 사이에서 일반국제법의 규범 적용을 배제한다는 명백한 공통된 이해는 없었다.

또한 특별규칙과 일반규범 사이의 어떠한 실제적인 불일치도 고려 대상인 규착을 일탈(derogatory)이라고 판단하지 않는다. 실제적인 불일치에 가장 근접한 것으로 보이는 것은 아마도 국제기후협정, 특히 교토의정서 부속서 B의 조항인데, 이 조항은 때로로 "배출 할당량" 또는 "배출권"으로 이해되어 왔다.115) 특정 양의 온실가스를 배출할 권리를 정의하는 조약은 일반국제법상의 더 엄격한 의무와 일치하지 않을 것이다. 그러나 온실가스 배출량을 줄이기 위한 대상과 목적에 어긋나는 국제기후협정의 해석을 정당화하는 근거는 없다. 연이은 국가적 공약을 통해, 국가들은 특정한 단계를 수행하고 때로는 특정한 결과를 달성하는 의무를 가정하지만, 이러한 공약들은 어떤 특정한 양의

---

113) 본서 제3장, Ⅰ.B. 참조.

114) The declarations of Kiribati, Fiji, Nauru and Tuvalu upon signature of the UNFCCC (1992), 1771 *UNTS* 317－318 참조.

115) Alexander Zahar, "Methodological issues in climate law" (2015) 5:1 *Climate Law* 25, at 32.

온실가스를 배출할 권리를 수반하지 않는다.[116] 실제적인 불일치가 없다면, 한 의무는 다른 의무보다 더 엄격할 수 있다는 두 가지 의무는 공존할 수 있다. 더 자유로운 의무가 더 엄격한 의무를 위반할 수 있는 권리를 부여하지 않는다. 따라서 국제기후협정에 따른 의무를 준수하는 국가는 여전히 일반국제법 하에서의 의무를 위반할 가능성이 있다.

일반국제법의 적용이나 특별규정과 일반규범 사이의 실제적인 불일치를 배제하려는 공통의 의도가 없는 경우, UNFCCC와 다른 체제에서 기후변화에 관한 특별규정이 일반국제법으로부터 일탈되지 않는 것으로 보인다. 오히려, 특별규칙은 그 범위와 영역에서 제한되어 있다. 특히 UNFCCC 체제는 과도한 온실가스 배출로 인한 피해에 대해 어떠한 형태의 적절한 배상도 추진하지 않고 있으며, 이러한 무해의 원칙 위반이 즉각 중지되도록 보장할 만큼 충분한 조치를 취하지 않고 있다. 조약에 근거한 규칙은 상당한 국익이 개입된 곳에서는 협상하기가 극히 어려운 것으로 밝혀졌다. 많은 협상가들은 더 많은 조치가 필요하다고 이해하고 있었지만, 합의(consensus)의 결여로 인하여 좌절되었다. UNFCCC 체제는 일반국제법을 준수하기 위한 몇 가지 단계를 촉진하였지만, 아직 이 목적을 완전히 달성하지는 못하였다.[117]

일반국제법을 인정하는 것에 대한 산업국가들의 정치적 반대는 국제기후협정에 대한 협상 이상으로 확대되었다. 선진국의 대표들은 기후변화의 맥락에서 일반국제법에 대한 권위 있는 해석의 발달을 계속해서 방해하고 있다.

따라서 대기권 보호에 관한 ILC의 프로젝트는 커다란 정치적 반감에 부딪혔다.[118] ILC가 "그 주제의 과학적이고 기술적인 측면"[119]을 다룰 수 있는 능

---

116) Charlotte Streck and Moritz von Unger, "Creating, regulating and allocating rights to offset and pollute: carbon rights in practice" (2016) 13:3 *Carbon & Climate Law Review* 178, at 181 (교토의정서는 배출할 권리를 창설하지 않았다는 것을 강조하며); Decisions 15/CP.7, "Principles, nature and scope of the mechanisms pursuant to Articles 6, 23 and 17 of the Kyoto Protocol" (November 10, 2011), recital 6; 2/CMP.l, "Principles, nature and scope of the mechanisms pursuant to Articles 6, 12 and 17 of the Kyoto Protocol" (November 30, 2005), recital 6 참조.

117) 본서 제13장 참조.

118) Peter H. Sand and Jonathan B. Wiener, "Towards a new international law of the atmosphere?" (2016) 7(2) *Göttingen Journal of International Law* 195 참조.

119) UN General Assembly, Sixty–Seventh Session, *Summary Record of the 19th Meeting* (November 2, 2012), in doc. A/C.6/67/SR.19, para. 91, Ms. Belliard (France).

력이 있는지에 대하여 의문을 제기하면서, 서방외교관들은 ILC가 "관련 정치 협상"120)을 방해해서는 안 된다고 반복적으로 경고하였다. 코펜하겐 정상회의 가 무산된 직후, 그리고 칸쿤서약이 집단적 의욕을 충족시키고 전 세계적으로 큰 피해를 막기에는 부족하다는 모든 증거에도 불구하고, 서방외교관들은 기 후변화에 대한 정치협상이 결국 "상대적으로 효과적"121)이었으며, "국가들에 충분한 일반지침을 제공하였다"122)고 주장하면서, "이 주제는 이미 확립된 법 적 합의에 의해 잘 다뤄지고 있다"는 주장을 서슴지 않았다.123) 결국 ILC가 2013년에 대기권 보호 연구를 시작할 수 있었다고 하더라도 연구의 범위는 상 당히 제한되어야만 하였다. 특히 이 연구가 다음을 다루지 않기로 합의하였다.

> 국가 및 그 국민의 배상책임, 오염자부담 원칙, 사전주의 원칙, 공통의 그러 나 차등화 된 책임, 그리고 지적 재산권을 포함한 개발도상국에 대한 자금 과 기술의 이전과 같은 문제들.124)

ILC의 대안으로서 국제재판소와 중재판정부는 또한 일반국제법의 관련 규 범에 대한 권위 있는 해석을 발전시키는 데 도움을 줄 수 있다.125) 그러나 세 계에서 가장 영향력이 적은 국가들 중 일부의 시도는 가장 강력한 국가들 중 일부의 격렬한 반대에 직면하였다. 예를 들어, UN총회가 국제사법재판소에 권고적 의견을 요청할 것을 요구하는 군소도서개발국인 팔라우의 캠페인은 미

---

120) UN General Assembly, Sixty−Eighth Session, *Summary Record of the 18th Meeting* (October 29, 2013), in doc. A/C.6/68/SR.18, para. 102, Mr. Vâlek (Czech Republic).

121) UN General Assembly, Sixty−Sixth Session, *Summary Record of the 20th Meeting* (October 26, 2011), in doc. A/C.6/ 66/SR.20, para. 15, Mr. Simonoff (United States).

122) UN General Assembly, Sixty−Seventh Session, *Summary Record of the 19th Meeting* (November 2, 2012), in doc. A/C.6/67/SR.19, para. 118, Mr. Buchwald (United States).

123) UN General Assembly, Sixty−Eighth Session, *Summary Record of the 18th Meeting* (October 29, 2013), in doc. A/C.6/68/SR.18, para. 21, Mr. Macleod (United Kingdom).

124) ILC, *First Report on the Protection of the Atmosphere by Special Rapporteur Shinya Murase*, doc. A/CN.4/667 (February 14, 2014), para. 5(a). ILA Resolution 2/2014, *supra* note 23; 국제법, 인권법, 환경법 전문가 그룹이 2015년 3월 1일 채택한 기후변 화를 줄이기 위한 국제의무에 관한 오슬로 원칙(Oslo Principles on Global Obligations to Reduce Climate Change) 또한 참조.

125) 본서 제14장, Ⅰ. 참조.

국이 팔라우에 대한 개발원조 제공을 중단하겠다고 위협한 이후 2014년에 중단되었다.[126] 마찬가지로 국제원조에 의존하고 있는 군소도서개발국인 투발루는 국제재판관할권을 통해서 과도한 온실가스 배출에 대한 호주나 미국의 책임을 묻겠다는 위협을 실제로 시도한 적이 없다. ILC의 대기권 보호 및 기타 이니셔티브에 대한 연구가 진행 중이지만, 그러한 발전을 방해하기 위한 산업국가들의 외교적 노력은 기후변화와 관련된 각 국가의 권리와 의무의 결정을 계속해서 방해할 것이다.

VII. 결론

일반국제법의 일부 규범들은 기후변화에 적용가능하다. 한편, 무해의 원칙은 국가가 과도한 온실가스 배출로 인해 월경피해를 초래하지 않도록 하고, 그러한 피해를 야기할 수 있는 관할권 하의 활동을 방지할 것을 요구한다. 한편 국가책임법에 따르면, 그들은 이러한 의무의 지속적인 위반을 중지하고, 야기된 피해에 대해 적절한 배상을 지불해야 한다. 이러한 규범들은 UNFCCC 체제의 발전과 다른 체제의 발전에도 불구하고 적용된다. 그러한 특별규칙들은 그들의 적용을 배제하려는 어떤 실제적인 불일치나 식별할 수 있는 의도를 보여주지 않기 때문이다. 그러나 이러한 일반국제법 규범들의 많은 방식은, 부분적으로 어떤 권위 있는 해석의 발전을 방해하려는 선진국의 노력 때문에 결정되지 않은 채로 남아 있다.

본장과 앞의 두 장에서는 기후변화에 관한 국제법의 세 가지 구성 요소, 즉 UNFCCC 체제를 구성하는 일련의 구체적인 국제협정, 서로 다른 체제에 흩어져 있는 일부 관련 진전, 그리고 일반국제법의 관련 규범에 대해 논의하였다. 다음 장에서는 국가 간의 차등화 문제부터 시작하여 특별한 실체적인 문제를 살펴볼 것이다.

---

126) Stuart Beck and Elizabeth Burleson, "Inside the system, outside the box: Palau's pursuit of climate justice and security at the United Nations" (2014) 3:1 *Transnational Environmental Law* 17, at 26.

제6장

차등화
(Differentiation)

제6장
차등화(Differentiation)

많은 다자간 조약은 동등하게 주권을 가진 모든 국가가 동일한 권리를 보유하고 동일한 의무를 져야 한다고 가정한다. 그러나 국내 여건이 크게 다를 경우 형식적 평등은 극도로 불공정한 결론을 초래할 수 있다. 그러한 상황에서 실질적 평등을 추구하기 위해서는 차등화가 필요하다.

차등화는 기후변화에 관한 국제법에만 국한되지 않는다. 때로는 식민지 지배에 대한 맥락에서 사용되어 왔는데, 이는 UN 헌장[1]과 ICJ규정[2]에서도 확인된다. 차등화는 해방의 도구로서 특히 형식적 평등이 정치적, 경제적 구조가 약한 새롭게 탄생한 국가들에게 부당한 불이익이 되었을 때 탈식민지 국가들과 이전 식민지 권력 사이의 실질적 평등을 촉진하는 방법으로 사용되어 왔다. 따라서 "경제적 발전 수준의 차이 또는 주어진 문제를 해결하기 위한 불평등한 능력"[3]은 국제협정에 대한 당사국들 간의 차등화를 정당화할 수 있다는 것이 오랫동안 인정되어 왔다. 경제적, 사회적 및 문화적 권리에 관한 국제규약(ICESCR)에서는 개발도상국은 "이 규약에서 인정된 경제적 권리를 어느 정도까지 자국의 국민이 아닌 자에게 보장할 것인가를 결정할 수 있다"고 규정

---

1) Charter of the United Nations, June 26, 1946, 1 *UNTS* XVI, Chapters XI "regarding non‒self‒governing territories", XII "international trusteeship system" 참조.

2) 일반적으로 승인된 법의 일반원칙에 대해 언급한 Statute of the International Court of Justice, June 26, 1945, 3 *Bevans* 1179, art.38.1(c) 참조.

3) Philippe Cullet, "Differential treatment in international law: towards a new paradigm of inter‒state relations" (1999) 10:3 *European Journal of International Law* 549.

하면서, 선진국에 대해서는 동일한 선택권을 인정하지 않고 있다.[4] 마찬가지로 WTO법의 일부 조항은 개발도상국의 경제적 발전을 보호하기 위한 것이다.[5] 국제 환경법의 다른 분야도 다른 의무를 통해 서로 다른 국가들의 상황을 인식해 왔다.[6]

그러나 국제법 분야 중에서 기후변화에 관한 국제법만큼 차등화에 중점을 둔 경우는 거의 없다. UNFCCC 체제 내에서 차등화는 예외가 아닌 규범이 되었다. 차등화에 대한 조항은 특히 오존층 파괴물질에 관한 몬트리올 의정서 하에서 다른 관련 조약에 근거한 규칙에서 찾아 볼 수 있다.[7] 기후변화에 관한 국제법에서 차등화는 국가가 지속가능한 개발이라는 비전 속에서 환경에 대한 우선순위와 경제적 및 사회적 우선순위를 조화시킬 수 있는 다른 능력이 있다는 사실을 반영한다. 또한, 차등화는 세계 온실가스 배출량에 대한 각국의 기여와 기후변화의 영향에 대한 기후변화 완화 및 적응을 촉진해야 할 책임을 반영한다.

그러나 기후변화에 관한 국제법에서 차등화에 대하여 고유하고 합의된 공식은 없다. 차등화를 위한 잠재적 근거들은 과거 또는 현재의 온실가스 배출량에서 재정적 능력, 인구, 지리적 상황 또는 기후영향에 대한 노출에 이르기까지 다양하다. 이러한 차등화의 근거는 기후변화에 대한 국제협력의 특정 분야(예: 완화, 적응 또는 국제지원)와 관련하여 크게 다르게 나타난다. 차등화의 관

---

4) International Covenant on Economic, Social and Cultural Rights, December 16, 1966, 993 *UNTS* 3, art .2.3.

5) WTO Committee on Trade and Development, *Implementation of Special and Differential Treatment Provisions in WTO Agreements and Decisions* (October 25, 2000), doc. WT/COMTD/W/77.

6) Christina Voigt, "Equity in the 2015 Climate Agreement: lessons from differential treatment in multilateral environmental agreements" (2014) 4:1−2 *Climate Law* 50; Tuula Honkonen, "The development of the principle of common but differentiated responsibilities and its place in international environmental regimes" in Thomas Kuokkanen *et al.* (eds.), *International Environmental Law−Making and Diplomacy: Insights and Overviews* (Routledge, 2016) 160; Philippe Cullet, "Differential treatment in environmental law: addressing critiques and conceptualizing the next steps" (2016) 5:2 *Transnational Environmental Law* 305; Lavanya Rajamani, *Differential Treatment in International Environmental Law* (Oxford University Press, 2006); Philippe Cullet, *Differential Treatment in International Environmental Law* (Routledge, 2003) 참조.

7) Montreal Protocol on Substances that Deplete the Ozone Layer, September 16, 1987, 1522 *UNTS* 3, art.5.

련 근거와 각 부담에 대한 불일치는 지난 25년 동안 기후변화에 관한 국제협정에 가장 큰 장애물이 되어왔다.[8] 이러한 대립은 이해상충으로 인해 악화되는 한편 서로 다른 도덕적 가정에 깊이 뿌리 내리고 있다. 예를 들어, 이전 세대의 행동에 대한 국가의 책임이 그러하다.

　이 장에서는 기후변화에 대한 국제적 대응에 있어 차등화에 대한 주요 주장들에 대해 논의한다. 그런 다음 이러한 논쟁이 특히 공통의 그러나 차등화된 책임과 국가별 역량의 원칙을 통해 국제기후협정을 어떻게 형성하였는지 살펴보고자 한다.

I. 차등화에 대한 근거

　기후변화를 해결하려는 노력에 있어 국가를 차등화해야 하는 이유는 다양하다. 일부 국가에서는 막대한 양의 온실가스를 수십 년 동안 배출하였거나, 당분간 배출할 것이다. 다른 국가들은 기후변화의 영향으로 심각하게 영향을 받는다. 일부 국가는 세계적 노력에 효과적으로 기여할 수 있는 재정적 또는 기술적 능력을 가지고 있으나, 다른 국가는 인간의 기본적인 필요를 위태롭게 하지 않고는 그렇게 할 여유가 없다. 일부 국가에는 더 많은 온실가스 배출을 변명할 수 있는 많은 인구를 가지고 있다. 다른 국가는 광대한 영토를 개발하거나 가혹한 기후조건에 적응해야 하기 때문에 더 높은 수준의 온실가스 배출이 필요할 수 있다.

　이하에서는 국가별 책임(responsibilities)의 차이에 따른 차등화와 국가별 능력(capacities)에 따른 차등화의 근거를 구분한다. 국가별 책임에 기반한 차등화의 근거는 기후변화에 가장 크게 영향을 미친 국가가 기후변화를 해결하는 데 가장 크게 기여해야한다는 점에서 그 국가로부터 기인한 현재, 과거 및 미래의 온실가스 배출 수준과 관련이 있다. 반면, 국가별 능력에 기반한 차등화의 근거는 국가가 순 온실가스 배출량을 줄이고 기후변화 적응을 촉진하며 기후

---

8) 일부 학자들은 국가 내에서의 차등화와 지원에 대해 주장해 왔다. Daniel A. Farber, "Beyond the North-South dichotomy in international Climate Law: the distinctive adaptation responsibilities of the emerging economies" (2013) 22:1 *Review of European Community & International Environmental Law* 42.

행동에 대한 국제적 지원을 제공하는 능력과 관련이 있다. 이러한 요인에는 인구, 발전 수준, 재정적 능력 및 지리적 상황이 포함된다.

A. 책임 (Responsibility)에 근거한 차등화

1. 온실가스 배출 현황

일부 국가의 온실가스 배출량은 그 외의 국가들의 배출량보다 크다. 싱크탱크인 세계자원연구소(World Resources Institute, WRI)에서 수집한 자료에 따르면, 중국은 2013년 전세계 온실가스 배출량의 26%를 차지했으며 그 뒤를 이어 미국(14%), 유럽연합(9%), 인도(6%), 러시아(5%) 순으로 배출량이 많았다. UN 안전보장이사회의 5개 상임이사국인 중국, 프랑스, 러시아, 영국, 미국은 전 세계 온실가스 배출량의 거의 절반을 차지한다. 반면 100개 국가가 합쳐 3% 미만을 차지한다.[9] 현재 온실가스 배출량에 가장 큰 기여를 한 일부 산업국가와 관련하여, 무해의 원칙 위반과 국가책임법 하의 구제의무에 대한 사례는 있을 수 있다.

그러나 현재의 온실가스 배출량은 차등화를 위한 비교적 간단한 토대가 될 수 있지만, 국가 온실가스 배출량을 측정할 때 몇 가지 어려움이 있다.

첫째, 온실가스 배출량을 계산하는 것이 어려울 수 있다. 먼저 언급해야 할 부분은 온실가스 배출에 대한 책임을 묻는 것은 어려운 일이라는 점이다. 현재의 시스템은 당사국이 스스로 배출량을 보고하는 데 상당히 의존하고 있다.[10] 국가들은 IPCC에 의해 개발되고 UNFCCC 당사국총회에 의해 승인된 지침에 따라 데이터를 수집해야 한다.[11] 국가 데이터는 전문평가팀(ERTs)에

---

9) WRI, CAIT Climate Data Explorer, "Total GHG emissions excluding land—use change and forestry" (2013).

10) United Nations Framework Convention on Climate Change, May 9, 1992, 1771 *UNTS* 107 (이하 UNFCCC), art .4.1(a) and 12.1(a); Kyoto Protocol to the United Nations Framework Convention on Climate Change, December 11, 1997, 2303 *UNTS* 162 (이하 Kyoto Protocol), art .5 and art .7; decision 1/CP.16, "The Cancun Agreements: Outcome of the work of the Ad Hoc Working Group on Long—Term Cooperative Action under the Convention" (December 10—11, 2010), paras. 40(a), 60(c); Paris Agreement, December 12, 2015, in the annex of decision 1/CP.21, "Adoption of the Paris Agreement" (December 12, 2015), art .13.7(a) 참조.

11) Simon Eggleston *et al.*, *2006 IPCC Guidelines for National Greenhouse Gas Inventories* (IGES, 2006) 참조.

의해 검증된다.[12] 온실가스 수치를 보고하고 검증한다는 것은 데이터가 일반적으로 약 3년에서 4년 정도 지연될 수 있음을 의미한다. 이러한 노력에도 불구하고, 특히 개발도상국의 데이터는 항상 신뢰할 수 있는 것은 아니다. 예를 들어, 2015년에 중국은 2000년에서 2013년까지 추정 석탄소비량을 14% 증가시켜 수정하였다.[13]

특히, 토지이용, 토지이용변경 및 산림(Land Use, Land-Use Change and Forestry, LULUCF)의 온실가스 배출량 및 흡수원에 대한 계산은 어려운 방법론적 과제이다. LULUCF 배출은 너무 신뢰성이 낮기 때문에 국가 온실가스 배출량을 비교할 때 종종 제외된다. 그러나 LULUCF는 전세계 온실가스 배출량 중 무시할 수 없는 비율[14]에 해당하며 기후변화에 대한 특정 국가의 기여도를 평가할 때 매우 중요한 고려사항이다. 세계자원연구소(WRI)의 자료에 따르면, 잠비아, 보츠와나, 콩고민주공화국, 가이아나, 파라과이, 솔로몬제도 및 파푸아뉴기니에서 LULUCF 활동으로 인한 배출량은 국가 온실가스 배출량 중 3/4이상을 보여주며 인도네시아의 온실가스 배출량 중 약 2/3를 나타낸다.[15] 반면 가봉, 부탄, 루마니아, 칠레와 같은 대규모 재조림 프로그램에 참여한 일부 국가에서는 LULUCF에서 온실가스를 제거하는 것이 다른 모든 부문의 배출량을 상쇄하고도 남는다.[16]

둘째, 다른 종류의 온실가스의 배출량을 비교할 때 다소 기술적 어려움이 있다. 일단 대기에서 배출되면 이산화탄소는 자연적으로 제거되기 전에 수세기 동안 그곳에 머무를 수 있다. 반대로 보다 강력한 온실가스인 메탄은 특히 높은 대기에 도달할 때 다른 분자로 빠르게 분해되며, 메탄의 평균 대기수명

12) 본서 제13장, Ⅱ.B.3 참조.

13) International Energy Agency, "Special data release with revisions for People's Republic of China" (2015), www.iea.org/publications/freepublications/publication/Specialdatarelease withrevisionsforPeoplesRepublicofChina04.11.2015.pdf (accessed January 3, 2018).

14) IPCC는 2010년 기준 산림 또는 토지 사용으로 인한 이산화탄소 배출량은 전 세계 배출량의 약 11% 정도 예상하였다. R.K. Pachauri *et al.*, *Climate Change 2014: Synthesis Report. Contribution of Working Groups Ⅰ, Ⅱ and Ⅲ to the Fifth Assessment Report of the Intergovernmental Panel on Climate Change* (IPCC, 2015) 5.

15) WRI, CAIT Climate Data Explorer, "Total GHG emissions excluding land-use change and forestry" and "Total GHG emissions including land-use change and forestry" (2013).

16) *Ibid.*

(atmospheric lifetime)은 12년이다.[17] 따라서 메탄 배출량은 전 세계 기후에 강하고 짧게 영향을 미치는 반면 동일한 질량의 이산화탄소 배출은 느리지만 더 긴 영향을 미친다. 총 온실가스 배출량은 일반적으로 이산화탄소 등가(equivalence)로 표현되지만 이 등가 치환은 특정 기간에만 가능하다. IPCC의 보고서에 따르면 "그 어떤 단일한 측정법도 다른 배출의 모든 결과를 정확하게 비교할 수 없다"[18]고 결론지었다. 실제로 온실가스 목록은 일반적으로 100년 기준 각각의 온실가스 지구온난화지수를 사용한다.[19] 이러한 다소 자의적인 기술적 선택은 온실가스의 서로 다른 측정방식을 가진 국가들의 배출을 비교할 때 약간의 영향을 미친다. 메탄은 유기폐기물의 분해, 특히 적절한 폐기물 처리시설이 없는 개발도상국에서 배출되는 경우가 많다. 따라서 개발도상국은 메탄에 가중치를 덜 두기 위해 더 긴 기간에 걸쳐 서로 다른 온실가스의 배출량을 비교하는 경향이 있다.

셋째, 가장 중요한 것은 초국가적 생산과정은 실제로 경제활동이 일반적으로 국경을 넘어갈 때 온실가스 배출량을 특정 국가에 귀속시키는 데 문제가 있다는 것이다. 대부분 편의를 위해 온실가스 배출량은 일반적으로 화석연료가 연소되는 지역과 같이 해당지역에서 발생하는 국가에 귀속된다. 그러나 세계화된 경제에서 생산과정은 외국기업이 운영할 수 있으며, 그 생산품은 다른 국가의 소비자를 대상으로 할 수 있다. 대략적인 추정에 따르면 중국에서 발생되는 온실가스 배출의 최대 1/3이 수출지향적이며 종종 서구시장을 위해 생산되는 공업 상품으로 구성되어 있다.[20] 글렌 피터스(Glen Peters)와 동료들은 다른 국가에서 소비되기 위해 어느 한 국가에서 배출된 이산화탄소 양이 2008

---

17) Stefanie Kirschke *et al.*, "Three decades of global methane sources and sinks" (2013) 6:10 *Nature Geoscience* 813 참조. 이와 같이, 특정 HFC는 매우 독성이 강한 GhG이지만 대기권에 머무는 기간은 주(week) 단위를 벗어나지 않는다. G. Myhre *et al.*, "Anthropogenic and natural radiative forcing" in T.F. Stocker *et al.* (eds.), *Climate Change 2013: The Physical Science Basis. Contribution of Working Group I to the Fifth Assessment Report of the Intergovernmental Panel on Climate Change* (Cambridge University Press, 2013) 659, at 731, Appendix A.

18) L.V. Alexander *et al.*, "Summary for policymakers"in Stocker *et al.* (eds.), *supra* note 17, 3, at 17.

19) Thomas F. Stocker *et al.*, "Technical summary" in Stocker *et al.* (eds.), *supra* note 17, 33, at 58−59 참조.

20) Ben Block, *"Exports account for one−third of China's emissions"* (Worldwatch Institute, n.d.), www.worldwatch.org/node/5846 (accessed January 3, 2018).

년에 7.8 $GtCO_2$으로, 전 세계 탄소의 26%를 차지한다고 추정하였다.[21] 또한 경험적 증거에 따르면 서구국가의 완화 노력이 신흥경제국의 오염활동으로 이전되는 '탄소누출(carbon leakage)'이라고 불리는 현상이 발생하고 있다는 것이 밝혀졌다.[22] 실제로는 외국 소비자 및 때로는 외국인 투자자에게 이익이 될 때 온실가스 배출에 대해 그 국가에 모든 책임을 부가하는 것은 불공평하다고 주장할 수 있다. 이러한 활동이 종종 생산국에서 공중보건 문제를 일으키는 다른 오염물질의 배출과 일치하여 나타날 때 더욱 그렇다. 좀 더 실용적인 관점에서 온실가스 배출량을 계산하는 이러한 방식은 소비 측면에서의 완화 정책을 소홀히 하게 하는데, 예를 들어 생산할 때 다량의 온실가스 배출을 요구하는 상품의 구매 또는 사용을 억제할 수 있는 방법이 필요하다.[23] 만약 무해의 원칙이 국제무역 및 국제투자에 대한 통제를 통해 역외의무를 부과하는 것으로 해석되는 경우, 다른 국가들은 초국가적 생산 공정에서 발생하는 온실가스 배출감축에 대한 법적 의무를 지게 될 수 있다.

이러한 기술적 어려움의 결과로 다른 국가들에서 현재 온실가스 배출량을 비교하는 여러 가지 방법이 있다. LULUCF에 대한 계산은 산림이 사라진 나라보다는 인도네시아나 브라질과 같이 농업이 공간적으로 확장되는 국가에 더 많은 비난을 가한다. 반면 이 접근법은 중국과 유럽연합의 회원국들과 같이 대규모 재조림 프로그램을 추진할 수 있는 국가에 혜택을 준다. 마찬가지로, 온실가스 배출량을 비교하는 기간은 대조적인 온실가스 배출량 프로파일을 갖고 있는 국가들에게는 서로 다른 의미를 갖는다. 그러나 가장 영향력이 있는 방법론적 선택은 온실가스의 귀속을 이익기준보다는 영토기준에서 고려하는 것이다.

---

21) Glen P. Peters *et al.*, "Growth in emission transfers via international trade from 1990 to 2008" (2011) 108:21 *Proceedings of the National Academy of Sciences* 8903 참조.

22) Boqiang Lin and Chuanwang Sun, "Evaluating carbon dioxide emissions in international trade of China" (2010) 38:1 *Energy Policy* 613; Mustafa H. Babiker, "Climate change policy, market structure, and carbon leakage" (2005) 65:2 *Journal of International Economics* 421 참조.

23) Paul G. Harris and Jonathan Symons, "Norm conflict in climate governance: greenhouse gas accounting and the problem of consumption" (2013) 13:1 *Global Environmental Politics* 9.

2. 역사적 그리고 미래의 배출량

오늘날 관측된 기후변화의 영향은 1750년대 영국의 산업혁명으로 시작된 누적 온실가스 배출에 의해 발생하였다. 누적 온실가스 배출량의 상당 부분을 담당하는 국가는 역사적으로 책임이 있다. 현대 경제로의 전환을 촉진하기 위해, 전 세계적 기후에 이미 큰 영향을 미쳤던 이 국가들은 온실가스 배출량을 줄이기 위해 추가 조치를 취해야 한다. 현재 전 세계의 많은 사람들에게 영향을 미치는 변화를 일으킨 만큼, 적절한 배상을 하기 위해 특별한 도덕적 의무나 법적 의무가 있다.[24]

20세기 후반까지 화석연료는 일부 서구국가에서 거의 독점적으로 사용되어 왔으며, 1990년대에 급속한 경제성장이 이뤄질 때까지 중국도 주요 온실가스 배출국이 아니었다. 따라서 현재의 온실가스 배출보다 누적된 역사를 더욱 고려한다면 서구국가들이 더 큰 책임을 져야한다는 것을 시사한다. 세계자원연구소(WRI)의 자료에 따르면 미국은 20세기 동안 전 세계 이산화탄소 배출량의 1/4 이상을 차지하였으며 이는 중국보다 두 배나 높았다.[25]

역사적 배출에 대한 선진국의 책임은 당시 이러한 배출이 국제위법행위인지 여부, 즉 그 국가에 책임을 물을 수 있는 국제의무 위반 여부에 달려있다.[26] 1980년대 후반, 인위적 온실가스 배출로 인한 기후체계의 변화가 존재한다는 과학적 합의가 이루어졌다. 그러나 과학자들이 온실가스 배출의 영향을 몰랐거나 확신하지 못하였던 그 당시의 국가는 과도한 온실가스 배출을 막지 못한 책임이 있는가? 그러한 주장에 의하면 무해의 원칙을 특히 강력한 관리기준이 필요한 것으로 보거나 심지어 엄격책임 체제로 해석해야 하며, 이러한 체제 하에서 인식은 국제의무 위반의 필수요건이 아니다. 그러나 이런 해

24) Lukas H. Meyer and Pranay Sanklecha (eds.), *Climate Justice and Historical Emissions* (Cambridge University Press, 2017) 참조.

25) 1902년부터 2013년까지 이산화탄소 배출량의 비중은 미국이 26.7%, 중국이 11.8%를 차지하고 있다. 데이터 출처: WRI, CAIT Climate Data Explorer, "Total CO_2 emissions excluding land-use change and forestry." 그리고 한 세기에 걸쳐 총체적이고 신뢰할 만한 다른 GhG에 대한 데이터는 존재하지 않는다.

26) ILC, *Draft Articles on Responsibility of States for Internationally Wrongful Acts with Commentaries*, in (2001) *Yearbook of the International Law Commission*, vol. II, part two (이하 *Articles on State Responsibility*), art.1 and 2.

석은 아마도 타당하지 않을 것이다. 또한 사전주의 원칙이 나타나기도 전에 이 예방적 접근법을 적용하는 것도 불가능하다.[27]

역사적인 온실가스 배출량 외에도 예측가능한 미래의 온실가스 배출량을 통해 각각의 의무를 결정하는 데 관련성이 있다고 주장할 수 있다. 거의 모든 예측가능한 상황에서 전 세계 온실가스 배출량은 앞으로 몇 년 동안 계속 증가할 것이다. 국가들의 개발 전략은 이러한 배출을 시사한다. 전 세계에 석탄 공장, 고속도로 및 공항이 건설되고 있다. 대부분의 국가에서 2015년 파리 정상회의에 제출한 INDC가 완전히 이행된다면 전 세계 온실가스 배출량의 증가율만 낮출 것이다.[28] 온실가스 배출량은 대부분의 신흥산업국에서 빠른 속도로 증가할 것으로 예상된다.[29]

원칙적으로 국가는 미래의 행동에 책임을 질 수 없다. 책임은 단순한 의도가 아니라 행동에서 발생한다. 따라서 국가에게 행동의 과정을 바꿀 기회가 있었는데 그렇게 하지 않은 경우에만 책임을 질 것이다. 그러나 국가들은 현재 택하는 개발 경로가 (순수한 의도인지 알 수 없지만) 적어도 다른 개발 경로에 적응하는 것을 훨씬 더 어렵게 함으로써, 미래의 온실가스 배출량을 조절하는 조치를 시행하고 있다. 예를 들어 국가는 탄광, 고속도로 및 공항을 건설함으로써 온실가스를 배출하는 개발경로를 택한다. 따라서 미래지향적인 국가책임에 대한 주장은 미래의 온실가스 배출을 의미하는 과거 또는 현재의 국가행위에 근거할 수 있다.

그러나 향후 온실가스 배출 책임에 대한 주장은 성공적이지 않을 가능성이 높다. *Gabcikovo—Nagymaros* 사건의 경우, ICJ는 그 국제법에 위배되는 행위를 피할 수 있는 한, 준비행위를 국제위법행위를 구성하는 것으로 고려하기를 꺼려하는 것처럼 보였다.[30] 물론 국가의 준비조치가 해당국가가 향후 온실가

---

27) 1980년대 중반까지 국제수준에서의 예방적 접근법에 대한 인식은 Antonio Auguste Cançado Trindade, "Principle 15: precaution" in Jorge E. Vinuales, *The Rio Declaration on Environment and Development: A Commentary* (Oxford University Press, 2015) 403, at 404 참조.

28) 2025년에 전 세계 GhG 배출량이 55GtCO2eq에 도달하고 2030년에 56GtCO2eq에 도달할 것이라는 예측은 다음과 같은 문헌 참조. UNFCCC Secretariat, *Aggregate Effect of the Intended Nationally Determined Contributions: An Update*, doc. FCCC/CP/2016/2 (May 2, 2016), para. 34.

29) OECD, *OECD Environmental Outlook to 2050: The Consequences of Inaction* (OECD Publishing, 2012) 참조.

스 배출을 절대 피할 수 없도록 하는 상황이 있을 수 있다. 그리고 이 경우에는 그것만으로도 책임이 수반될 수 있다.

B. 능력 (Capacity)에 근거한 차등화

능력에 근거한 차등화는 모든 국가가 온실가스 배출량을 줄이거나 기후변화의 영향에 적응할 수 있는 동일한 역량을 가지고 있지 않다는 이해를 반영한다. 특정 국가는 인구가 많은 경우 해당 인구의 필요를 충족시키기 위해 더 많은 온실가스를 배출해야 할 수도 있다. 개발도상국은 사람들의 기본요구를 충족시키기 위해 발전단계에서 온실가스 배출량을 늘려야 할 수도 있다. 재정능력은 국가가 다른 사람들을 도울 수 있는 근거로 고려될 수 있다. 지리적 상황은 또한 예를 들어 광대한 영토를 개발하거나 재생가능 에너지원을 이용하는 능력과 같은 온실가스 배출에 대한 특별한 요구를 의미할 수 있다.

1. 인구

국가들은 주권이 평등하지만, 그들이 처한 상황은 매우 다르다. 중국의 14억 인구는 투발루의 10,000명과 크게 대조된다. 특히 국가의 관할권 하에서 개인의 기본적 필요나 근본적 권리와 관련하여 그러한 필요성이 정의되는 경우, 인구의 이러한 차이는 필요에 따라 특정 수준의 온실가스 배출량을 정당화하는 요소 중 하나로 고려되어야 한다.[31] 국가가 시민들에게 괜찮은 삶을 제공하기 위해 일부 온실가스 배출을 허용해야 한다면, 더 많은 시민을 가진 국가는 더 많은 온실가스 배출을 허용해야 한다. 모든 국가가 동일한 것처럼 다른 국가들의 온실가스 배출량의 절대 수준을 비교하는 대신, 1인당 온실가스 배출량, 즉 국가 또는 다른 실체의 온실가스 배출량의 크기를 인구의 규모에 따라 비교하는 것이 더 공정하다.

1인당 국가별 배출량을 비교하면 책임이 완전히 다르게 분배된다는 것을 알 수 있다. 평균적으로 지구상의 각 개인은 6.3 tCO_2eq의 온실가스 배출량을 유발하지만 국가마다 막대한 불평등이 있다. 미국인은 평균적으로 매년 19.9

---

30) ICJ, *Gabcikovo−Nagymaros Project (Hungary v. Slovakia)*, judgment of September 25, 1997, para. 79.

31) 제5장, Ⅲ. 참조.

tCO₂eq를 배출하는데, 이는 중국인 연평균 8.7 tCO₂eq, EU 시민의 연평균 8.4 tCO₂eq, 인도인의 연평균 2.3 tCO₂eq, 방글라데시인의 연평균 1 tCO₂eq, 그리고 콩고인의 연평균 0.5 tCO₂eq와 비교된다.[32] 석유가 싼 화석연료 생산국은 일반적으로 1인당 배출량이 높고,[33] 다른 개발도상국과 최빈국은 일반적으로 1인당 배출량이 훨씬 낮다. 중국 전체는 세계 최대의 단일 온실가스 배출국인 반면, 1인당 배출량은 유럽연합 전체와 비슷하고 독일보다 낮으며 미국보다는 훨씬 낮다.[34] 그러나 이 수치는 해외 소비자의 이익을 위해 신흥경제국에서 다량의 온실가스 배출이 발생한다는 사실을 제대로 반영하지 못한다.

　　인구는 반드시 고려해야 할 요소이지만, 한편 인구정책 또한 기후변화 및 기타 환경문제를 해결하는 도구가 될 수도 있다. 가족계획 정책은 인구통계학적 성장과 사회의 환경영향을 제한하는 정책도구의 중요한 구성요소가 될 수 있고, 지속가능한 개발로 나아가는 방향이 될 수 있다.[35] 비록 인구정책이 종종 인권침해와 연관되기도 하였지만, 오히려 권리에 기반하게 할 수 있으며 여성들에게 힘을 실어줄 수도 있다.[36]

---

32) WRI, CATT Climate Data Explorer, "Total GHG emissions excluding land−use change and forestry" (2013) and "Population" (2013).

33) 예를 들자면, 쿠웨이트 (54.5 tCO₂eq/년), 브루나이 (46.2 tCO₂eq/년), 카타르 (39.4 tCO₂eq/년), 벨리즈 (28.1 tCO₂eq/년) 그리고 오만 (26.1 tCO₂eq/년)은 1인당 GhG 배출량이 가장 높은 국가들이다.

34) 독일의 1인당 GhG 배출량은 10.9 tCO₂eq/년이다.

35) UNCHE, Stockholm Declaration on the Human Environment, available in (1972) 11 *ILM* 1416 (June 5−16, 1972) (이하 Stockholm Declaration), principle 16; UNCED, Rio Declaration on Environment and Development (June 3−14, 1992), available in (1992) 31 *ILM* 874 (이하 Rio Declaration), principle 8 참조.

36) Clare Heyward, "A growing problem? Dealing with population increases in climate justice" (2012) 19:4 *Ethical Perspectives* 703, at 704; Christina Voigt, "Principle 8: sustainable patterns of production and consumption and demographic policies" in Vinuales (ed.), *supra* note 27, 245, at 258 참조. 기후변화 완화에 대한 인구 정책의 실질적인 적용은 단기 또는 중기적인 관점에서 불확실하다. 시간이 지남에 따라 인구가 감소하면서 국가는 더 급진적인 성장 정책을 선호할 것이고 이는 적어도 국가의 경제 과도기 기간 동안 상승한 1인당 GhG 배출량을 동반할 것이다. 그러나 개발 속도가 빠르면 빠를수록 선진국에 진입하는 속도가 빠를 것이고 이는 GhG 중심 경제 시스템으로부터 멀어지는 것을 의미한다. 결과적으로 기후변화에 미치는 전반적인 영향이 줄어들도록 발전할 수 있다는 것을 시사한다.

2. 개발 수준

인구뿐만 아니라 가장 기본적인 욕구를 충족시키려는 경우에는 온실가스 배출이 허용되어야 한다는 주장이 있다. 선진국은 국민의 기본적인 욕구를 위태롭게 하지 않으면서 온실가스 배출량을 줄이기 위한 조치를 취할 수 있다. 그러나 개발도상국에서 온실가스 배출 증가를 제한하면, 오히려 빈곤을 퇴치하기 위한 정책을 방해할 수 있다. 헨리 슈(Henry Shue)가 "생계형 배출"과 "사치형 배출"[37] 사이에서 제안한 구별은 온실가스 배출의 첫 번째 단위(전자)가 우리의 기본적인 욕구를 충족시키는 데 가장 중요하고, 두 번째 배출 단위(후자)는 가장 낭비적이라는 아이디어를 반영한다. 개발은 점진적으로 인권으로 인식되어 왔지만,[38] 최소한의 온실가스 배출 수준이 없이는 인간의 발전을 생각하기가 어렵다.

그러나 개발이 필수적인 경우라고 하더라도 모든 온실가스 배출 수준에 대한 변명은 될 수 없다. 지속가능한 발전이라는 아이디어는 경제 발전, 사회적 형평성 및 환경보호 사이의 올바른 균형에 대한 추구를 촉진한다.[39] 이러한 의미에서 국제기후변화협정은 특히 개발도상국의 경우 "기후변화에 대한 대응은 사회적 및 경제적 발전에 대한 부정적인 영향을 피하기 위하여, 사회적 및 경제적 발전과 통합적인 방식으로 조정되어야 한다"[40]는 것을 지속적으로 확인하였다.

국가경제의 온실가스 배출 집약도(intensity)는 국가의 온실가스 배출량을 국내총생산(GDP)으로 나누어 계산한다. 일부 국가는 절대적인 배출량보다는 온실가스 배출 집약도의 관점에서 완화 목표를 표현하는 것을 선호한다.[41] 국

---

37) Henry Shue, "Subsistence emissions and luxury emissions" (1993) 15:1 *Law & Policy* 39.

38) UN General Assembly Resolution 41/128, "Declaration on the Right to Development" (December 4, 1986); and Rio Declaration, *supra* note 35, principle 3 참조. 또한 파리협정에서는 드물게 다자조약상 발전의 권리에 대해 언급하였다. Paris Agreement, *supra* note 10, 12th recital 참조.

39) WCED, *Our Common Future* (Oxford University Press, 1987) (이하 Brundtland Report) 참조.

40) UNFCCC, *supra* note 10, recital 25.

41) UNFCCC Secretariat, *supra* note 28, at para. 9(c) 참조.

가의 온실가스 배출의 절대적인 양이 증가하더라도 경제성장으로 인해 온실가스 집약도는 안정적으로 유지되거나 감소될 수 있다. 따라서 온실가스 배출 집약도는 절대적 수준의 온실가스 배출량 증가를 "숨길(conceal)" 수 있기 때문에 경제성장률이 높은 국가에 더 유리한 지표이다.[42] 이러한 지표는, 생산 기반에 기초한 전반적인 경제의 온실가스 배출 집약도가 급격히 감소할 수 있는 맥락에서, 한 국가가 산업개발에서 "더 깨끗한(cleaner)" 서비스 기반 경제로 전환할 때 특히 유리하다. 예를 들어, 중국은 전반적인 온실가스 배출량을 감소시키지 않으면서 2005년에서 2030년 사이에 이산화탄소 집약도를 60−65% 낮출 계획이다.[43] 같은 기간 동안 배출 집약도를 33−35% 줄이겠다는 인도의 공약 또한 온실가스 배출량이 크게 증가하는 것을 배제하지 않는다.[44]

완화 공약에 대한 호의적인 틀(framing)을 넘어서서, 온실가스 배출 집약도로 완화 목표를 표현하는 것은 기후변화 완화가 경제성장을 희생시켜서 얻어서는 안 된다는 이해를 반영한다. 낮은 온실가스 배출 집약도는 기후체계에 대한 간섭을 줄이면서 특정 수준의 개발을 달성하는 능력을 반영한다. 산업개발이 거의 이루어지지 않은 국가, 특히 최빈국은 일반적으로 온실가스 배출 집약도가 보통의 수준이다.[45] 반면, 새로 산업화된 경제와 석유와 가스 생산에 의존하는 경제는 일반적으로 가장 높은 온실가스 배출 집약도를 갖는다.[46] 서구국가들은 서비스 기반 경제로 전환함으로써 온실가스 배출 집약도가 낮아졌지만, 이는 신흥경제국으로 산업활동을 아웃소싱한 것이 크게 기여하였다.[47]

---

42) Timothy Herzog *et al.*, *Target: Intensity. An Analysis of Greenhouse Gas Intensity Targets* (WRI, 2006) 8−10 참조.

43) China, *INDC* (June 30, 2015), at 5 참조. 동일한 문서는 2030년 또는 전에 중국의 이산화탄소 배출량이 정점에 도달할 것이라고 명시하였다.

44) India, *INDC* (October 1, 2015), at 29. Climate Action Tracker에 기재된 인도에 대한 설명은, www. climateactiontracker.org/countries/india (accessed January 3, 2018) 참조.

45) 나이지리아의 온실가스 집약도(GhG intensity)는 715 tCO_2eq/백만달러이다. WRI, CATT Climate Data Explorer, "Total GHG emissions excluding land−use change and forestry" (2013) and "GDP−USD" (2010) 참조.

46) *Ibid.* 중국의 온실가스 집약도는 1,511 tCO_2eq/백만달러이며 미국은 397 tCO_2eq/백만달러이다.

47) *Ibid.* 따라서 스위스(85 tCO_2eq/백만달러), 스웨덴(100 tCO_2eq/백만달러), 노르웨이(104 tCO_2eq/백만달러), 그리고 프랑스(162 tCO_2eq/백만달러)는 가장 적은 온실가스 집약도를 갖는 국가들이다.

3. 재정능력

차등화의 또 다른 근거는 국가의 재정능력과 관련이 있다. 일반적으로 말하면 기후변화를 완화하거나 그 영향에 적응하기 위한 조치는 비용이 많이 든다. 일부 보고서에 의하면 재생가능 에너지는 화석연료와 비교할 만한 전반적인 비용으로 이용될 수 있는데, 이러한 전환에는 전기 생산 및 유통을 위한 새로운 인프라에 고비용의 투자가 필요하다.[48] 모든 국가에 이러한 투자에 필요한 재원이 있는 것은 아니다. 이러한 맥락에서, 예를 들어 투자와 기술이전을 통한 개발도상국에 대한 지원은 기후변화 완화에 대한 조치를 이행할 수 있게 한다. 일부 경제학자들은 적절한 지원을 통해 "보다 지속가능한 저탄소 개발 경로로 직접 전환하고 산업화된 국가들이 이전에 경험하였던 더 많은 배출 집약적 개발 단계"를 피함으로써, 개발도상국이 "도약(leapfrog)"할 수 있다고 제안한다.[49]

재정능력은 또한 기후변화의 부정적 영향에 의해 영향을 받는 다른 국가와 그 인구에 대한 지원을 제공하는 국가의 의무를 평가하는 것과 관련이 있다. 지원의무에 대한 주장은 일반적으로 기후변화의 영향을 가장 많이 받는 국가의 인구를 대상으로 한 표적화 된 개발원조 및 인도적 지원의 조합을 제안한다. 그러나 국가의 과도한 온실가스 배출량에 근거한 주장과는 달리, 재정능력에 근거한 주장은 다른 뉘앙스를 갖는다. 만약 어느 국가든지 다른 국가가 자국민을 보호할 수 없을 때 도움을 줄 의무가 있다면, 이 의무는 단순히 기후변화의 상황에만 관련이 있는 것은 아닐 것이다.

---

48) IRENA, *Renewable Power Generation Costs in 2014* (January 2015), at 14; REN21, *Renewables 2016: Global Status Report* (2016) 참조. 재생 에너지 이용을 위한 운영 비용은 일반적으로 매우 낮지만, 이러한 사업은 석탄 플랜트보다 선행 투자가 더 많이 필요하다. 금리가 일반적으로 서구국가보다 높은 신흥국에서는 재생 에너지 적용이 더 어려운 상황이다.

49) S. Agrawala *et al.*, "Regional development and cooperation" in O. Edenhofer *et al.* (eds.), *Climate Change 2014: Mitigation of Climate Change. Contribution of Working Group III to the Fifth Assessment Report of the Intergovernmental Panel on Climate Change* (Cambridge University Press, 2014) 1083, at 1106.

4. 지리적 상황

차등화에 대해 마지막으로 가능한 근거는 국가의 지리적 상황과 관련이 있다. 일부 지리적 상황은 국가의 완화 노력에 대한 제약을 나타낸다. 사람들이 넓은 지역에 흩어져 있을 때 그 기본적인 욕구를 충족시키기 위해 더 높은 수준의 온실가스 배출이 필요할 수 있다. 따라서 운송으로 인하여 더 많은 온실가스 배출이 필요하다. 긴밀한 전기철도 네트워크는 중국 동부나 서유럽과 같이 인구밀도가 높은 지역에서 저탄소 도시 간 운송을 촉진할 수 있지만, 호주, 미국 중서부 또는 전 세계의 고립된 섬들 사이에 흩어져 있는 도시와 마을들 사이의 주요 운송수단으로는 비행기가 계속 유지될 것으로 보인다. 기후 조건은 또한 난방이든 냉방이든 관계없이 더 큰 에너지 요구를 수반할 수 있다(냉방은 또한 지구온난화지수가 높은 탄소화합물의 배출과 관련이 있다).[50]

반면에, 지리적 상황은 기후변화 완화 프로젝트를 위한 기회를 제공할 수도 있다. 햇빛과 바람에 노출된 지역이나 큰 계곡은 국가가 화석연료의 대안으로 재생가능 에너지원을 이용할 수 있게 한다. 아이슬란드는 수력과 더불어 지열에너지에 대한 접근이 가능해 1차 에너지 사용의 85%를 재생에너지에서 갖고 오게 되었고, 재생에너지 사용의 선두 주자가 되었다.[51] 반면 싱가포르와 같은 도시국가는 기술의 발전이 파도와 조력에너지의 개발을 허용하지 않는 한 재생에너지를 이용하기 위해 사용할 수 있는 공간이나 천연자원이 거의 없다.[52]

---

50) 예시로 캐나다가 2015년 제출한 INDC에 위와 같은 주장이 명시되었다.

51) Orkustofnun (National Energy Authority), "Iceland: a leader in the use of Renewable Resources" (n.d.), http://os.is/gogn/Frettir/Iceland_Leader_RenewableEnergy.pdf (accessed January 3, 2018).

52) D. Arvizu *et al.*, "Technical summary" in O. Edenhofer *et al.* (eds.), *IPCC Special Report on Renewable Energy Sources and Climate Change Mitigation* (Cambridge University Press, 2011) 33, at 87 참조.

II. 국제협상에서의 차등화

모든 국가가 기후변화에 관한 국제협상 전반에 걸쳐 차등화를 원칙의 문제로 받아들였지만, 차등화해야 할 이유와 차등화해야 할 사항에 대해 다른 입장을 취하였다.[53] 일부는 책임과 구제의무의 문제로 차등화를 보았고, 다른 일부는 그것을 필요와 능력의 문제로 보았다. 이미 충분히 복잡한 국제협상에 더한 난제를 불러오긴 하지만, 차등화 없이 공정하고 형평한 국제기후협정에 도달할 수 없으며, 비교적 공정하고 형평한 것으로 간주되지 않는 한 국제기후협정을 광범위하게 이행할 수 없다는 일반적인 합의가 남아있다.[54] 이하에서는 기후변화에 관한 국제법의 차등화와 관련된 많은 발전의 일부 측면을 되짚어 본다. 오존층 보호 체제, UNFCCC 체제, 그리고 민간항공 및 해상운송에서의 차등화를 살펴본다.

A. 오존층 보호 체제에서의 차등화

1980년대 중반에 오존층 보호에 관한 협상이 시작되었을 때, 대부분의 오존층 파괴물질은 선진국에서 생산되어 소비되었다. 세계 인구의 3분의 1을 차지하는 중국과 인도가 전 세계 CFCs 배출의 2%만을 배출한 것에 비해 CFCs의 85%는 세계 인구의 25%를 차지하는 산업화된 국가들이 배출하였다.[55] 개발도상국에서 오존층 파괴물질의 소비가 증가할 것이라는 우려가 제기되었지만, 명확히 초점은 선진국들의 노력에 맞추어져 있었다. 한편 식품안전에 대한 우려 속에서 개발도상국이 냉장시설에 접근할 수 있는 것은 개발도상국의 발

---

53) Thomas Deleuil and Tuula Honkonen, "Vertical, horizontal, concentric: the mechanics of differential treatment in the climate regime" (2015) 5:1 *Climate Law* 82; Harald Winkler and Lavanya Rajamani, "CBDR&RC in a regime applicable to all" (2014) 14:1 *Climate Policy* 102; Lavanya Rajamani, "Ambition and differentiation in the 2015 Paris Agreement: interpretative possibilities and underlying politics" (2016) 65:2 *International Law Quarterly* 493; Jutta Brunnée and Charlotte Streck, "The UNFCCC as a negotiation forum: towards common but more differentiated responsibilities" (2013) 13:5 *Climate Policy* 589 참조.

54) Cullet, "Differential treatment," *supra* note 6.

55) James T.B. Trip, "The UNEP Montreal Protocol: industrialized and developing countries sharing the responsibility for protecting the stratospheric ozone layer" (1987–1988) 20:3 *New York University Journal of International Law & Politics* 733, at 743–744 참조.

전을 위한 중요한 조건으로 여겨졌다. 1972년 스톡홀름 선언은 개발도상국의 특정 상황에 대한 인식을 제공하였다.[56] 이러한 맥락에서 1985년 오존층 보호를 위한 비엔나협약은 국제협력에 있어서 특히 개발도상국의 요구를 고려해야 한다는 것을 분명히 인식하였다.[57] 마찬가지로, 몬트리올 의정서의 전문은 "이러한 물질에 대한 개발도상국의 수요를 충족시키기 위하여 특별규정이 필요함"을 인정하였다.[58]

차등화는 몬트리올 의정서에 삽입된 보다 구체적인 조항을 통해 이루어졌다. 특히, 개발도상국은 10년간 오존층 파괴물질의 배출 및 소비를 감소시키는 의무 준수를 연기할 수 있었다.[59] 또한 재정지원과 기술이전의 혜택을 누릴 수도 있다.[60] 이 규정의 혜택은 "규제물질의 1인당 연간 소비량 산정치가 0.3 킬로그램 미만"[61]인 개발도상국으로 제한되었으며, 이 수준의 소비량을 절대로 초과해서는 안 된다는 조건이 있다.[62]

"개발도상국"은 의정서에 정의되어 있지 않다. 실제로는 선진국과 개발도상국 간의 1인당 배출량의 현격한 차이로 인해 이러한 구별이 일반적으로 촉진되었다. 첫 번째 당사국회의에서 채택된 결정에서 몬트리올 의정서의 목적에 부합하도록 개발도상국의 목록이 정해졌다.[63] 그 후 오존 사무국(Ozone Secretariat)은 이들 국가 중 어느 국가가 1인당 연간 0.3kg 미만의 규제물질 소비 수준이라는 조건을 만족시키는지 검증하도록 요청받았다.[64] 원래 개발도상

---

56) Stockholm Declaration, *supra* note 35, principles 12 and 23.

57) Vienna Convention for the Protection of the Ozone Layer, March 22, 1985, 1513 *UNTS* 293, art .4.2. 또한 *Ibid.*, recital 4 참조.

58) Montreal Protocol, *supra* note 7, recital 7.

59) *Ibid.*, art .5.1. 특정한 물질에 대해서 더 세부적인 규칙이 채택되었다. 더 종합적인 설명은 Ozone Secretariat, *Handbook for the Montreal Protocol on Substances that Deplete the Ozone Layer*, 11th edn (UNEP, 2017) 33−42 참조.

60) Montreal Protocol, *supra* note 7, art .10 and 10A. 또한 Stephen O. Andersen, K. Madhava Sarma and Kristen N. Taddonio (eds.), *Technology Transfer for the Ozone Layer: Lessons for Climate Change* (Earthscan, 2007) 참조.

61) Montreal Protocol, *supra* note 7, art.5.1.

62) *Ibid.*, art.5.2.

63) Meeting of the Parties to the Montreal Protocol decision I/12E, "Clarification of terms and definitions: developing countries" (May 2−5, 1989).

64) Meeting of the Parties to the Montreal Protocol decision 11/10, "Data of developing countries" (June 27−29, 1990).

국 중 네 곳만이 더 높은 소비 수준을 보였다.[65] 당사국들의 요청에 따라 개발도상국의 분류를 개별적인 기준으로 결정하기로 수락한 결과,[66] 몬트리올 의정서 당사국회의는 특별한 기준을 채택할 필요가 없는 것으로 간주되었다.[67]

B. UNFCCC 체제에서의 차등화

오존층의 고갈과 마찬가지로 기후변화는 소수의 선진국에 집중된 활동으로 인해 발생한다. 1990년대 초반 상대적으로 작지만 강력한 선진 산업국가 그룹과 더 크지만 덜 강력한 개발도상국 사이에 명백한 격차가 존재하였으며, 개발도상국 중 다수는 비교적 최근에 식민지 지배에서 자유로워진 상태였다. 1989년 개도국의 느슨한 연합인 77그룹(G77) 회의는 다음과 같은 협상 입장을 규정하였다.

선진국은 환경에 유해한 물질의 대량생산 및 대량소비에 책임이 있기 때문에, 전 세계 환경보호를 위한 장기적인 구제책을 찾는 데 주된 책임을 져야 하며 그러한 물질의 소비를 줄이기 위한 국제적인 노력에 큰 기여를 해야 한다.[68]

개발도상국의 이러한 공통된 입장은 1992년 지구정상회의에서 공통의 그러나 차등화 된 책임의 원칙의 정의로 귀결된 국가 간 협상 추구에 중대한 영향을 미쳤다. 환경 및 개발에 관한 리우선언의 원칙 7은 다음과 같다.

지구의 환경악화에 대한 제각기 다른 책임을 고려하여, 각 국가는 공통된

---

65) Meeting of the Parties to the Montreal Protocol decision III/3, "Implémentation Committee" (June 19–21, 1991), para, (d) (Bahrain, Malta, Singapore and the United Arab Emirates).

66) Meeting of the Parties to the Montreal Protocol decision III/5, "Definition of developing countries" (June 19–21, 1991).

67) Meeting of the Parties to the Montreal Protocol decision IV/7, "Definition of developing countries" (November 23–25, 1992).

68) Caracas Declaration of the Ministers of Foreign Affairs of the Group of 77 on the Occasion of the Twenty–Fifth Anniversary of the Group (June 21–23, 1989), reproduced in doc. A/44/361, para. 11–34.

그러나 차별적인 책임을 가진다. 선진국들은 그들이 지구환경에 끼친 영향과 그들이 소유하고 있는 기술 및 재정적 자원을 고려하여 지속가능한 개발을 추구하기 위한 국제적 노력에 있어서 분담하여야 할 책임을 인식한다.[69]

이 조항은 선진국이 책임을 져야한다고 제안하였지만 다른 해석도 가능하였다. 리우선언이 채택되었을 때, 미국은 이 원칙에 대한 해석을 "산업발전, 환경보호 정책 및 행동에 대한 경험, 재력, 기술적 전문지식 및 역량을 바탕으로 선진국의 특별한 리더십 역할을 강조한다"라고 이해한다는 내용의 서면 진술서를 등록하였다. 미국은 또한 "미국은 국제 의무나 책임 또는 개발도상국의 책임 축소를 미국이 인정하거나 수용하는 것이라고 해석되는 한, 그러한 원칙 7의 해석을 수용하지 않는다"[70]고 하였다.

기후변화기본협약을 위한 정부 간 협상위원회(INC/FCCC)에서의 협상은 이 원칙에 대한 표현이 약간 다르다. UNFCCC에서 공통의 그러나 차등화 된 책임에 대한 언급은 "국가별 역량(respective capabilities)"에 대한 언급과 함께 수반된다. UNFCCC의 전문은 "모든 국가의 가능한 한 모든 협력"의 필요성과 "공통의 그러나 차등화 된 책임과 국가별 역량 및 사회적, 경제적 여건에 따른"[71] 참여를 언급한다. 제3조는 원칙을 일반적인 용어로 규정하고 있다.

당사자는 형평에 입각하고 공통의 그러나 차등화 된 책임과 각각의 능력에 따라 인류의 현재 및 미래 세대의 이익을 위하여 기후체계를 보호해야 한다. 따라서, 선진국인 당사자는 기후변화 및 그 부정적 효과에 대처하는 데 있어 선도적 역할을 해야 한다.[72]

마지막으로 제4.1조는 모든 당사국들이 "공통의 그러나 차등화 된 책임과

69) Rio Declaration, *supra* note 35, principle 7.
70) Written statement of the United States on Principle 7 of the Rio Declaration, in *Report of the United Nations Conference on Environment and Development*, UN document A/CONF.151/26 (vol. Ⅳ) (September 28, 1992), para. 16.
71) UNFCCC, *supra* note 10, recital 7.
72) *Ibid.*, art.3.1.

자기나라의 특수한 국가적, 지역적 개발우선순위·목적 및 상황을 고려"할 의무를 정의하고 있다.[73] 모든 공약은 다소 일반적인 표현이지만, 선진국에 대한 공약들이 개발도상국에 대한 공약들보다 일반적으로 더 높은 수준을 요구한다. 기후행동에 대한 국제적 지원에 대한 공약은 지원을 제공할 선진국과 이를 수용할 개발도상국 간에 분명한 차이를 만든다.[74]

공통의 그러나 차등화 된 책임의 원칙이 보편적으로 비준된 협정에 의해 승인되었다고 한다면, 이것은 대안적 해석에 열려있는 해석상 모호성에 근거한 것이다. "공통의(common)" 혹은 "차등화 된(differentiated)"이 무엇을 의미하는지 또는 차등화의 근거와 범위에 대해서는 합의가 없었으며 여전히 존재하지 않는다. 일부는 "책임(responsibilities)"은 일반국제법에 따른 의무위반에 대한 오염국의 책임을 의미하는 것으로 본다. 다른 일부는 효과적인 기후행동에 대한 지원을 위한 개발도상국의 역량과 필요에 기초하여 선진국의 지원의무를 반영하는 것으로 더 약한 의미로 해석되어야 한다고 본다. 따라서 국가들은 UNFCCC 체제 하에서 일부 의무가 다를 수 있다는 데에는 동의하였지만, 사실은 이 원칙에 대한 이해와 실제로 이것이 원칙인지 여부 자체에 대해서도 크게 다르게 생각하고 있었다.[75]

UNFCCC에는 두 개의 선진국 목록이 포함되어 있다. 부속서 Ⅰ은 기후변화 완화 및 적응 행동에서 일반적으로 주도적인 역할을 하는, 본래 36개국의 당사국 목록이다.[76] 이 목록은 OECD 회원국을 기준으로 한 것이다. 부속서 Ⅱ는 "시장경제로의 전환 과정을 겪고 있는" 구 소비에트 연방국가를 제외하고는 부속서 Ⅰ과 동일하다. 부속서 Ⅱ에 원래 열거된 25개 당사국은 다른 국가들이 기후변화와 그 영향의 문제를 해결하는 것을 지원하기 위해 노력할 것이라고 공약하였다.[77]

이 목록을 조약의 부속서에 삽입하는 것은 다소 어려운 일이었다. 일부 개발도상국이 부유해지고 산업화되어 전 세계 온실가스 배출량에 더 많이 기여

---

73) *Ibid.*, art.4.1.

74) *Ibid.*, art.4.3－5.

75) UNFCCC 제3조의 제목은 "원칙"이지만, 제1조 표제의 주석에 따르면 "조항의 표제는 독자에게 도움을 주기위한 역할만" 수행한다.

76) *Ibid.*, Annex Ⅰ 참조. 또한 *Ibid.*, art.4.2 참조.

77) *Ibid.*, art.4.3, 4.4, 4.5 참조.

함에 따라 UNFCCC 체제에서 그 변화하는 환경을 쉽게 인식할 수 없었다. 1992년 전 세계 경제생산의 5분의 1에서 부속서 Ⅰ 이외의 국가들은 2010년에는 3분의 1 이상을 차지하며 그 이후로는 더욱 성장하였다.[78] 마찬가지로, 전 세계 온실가스 배출량에서 차지하는 비중은 1992년 42%에서 2013년 63%로 증가하였다.[79] 위에서 논의한 바와 같이, 신흥경제국은 일부 서구국가에 필적하는 1인당 온실가스 배출 수준에 도달하였다.[80]

그러나 UNFCCC의 부속서에 대해 상대적으로 개별적인 몇 가지 사항만 수정되었다. 1997년 유고슬라비아와 체코슬로바키아의 해산을 고려하고 크로아티아, 체코, 리히텐슈타인, 모나코, 슬로바키아, 슬로베니아를 부속서 Ⅰ[81]에 추가하기 위해 1997년에 첫 수정이 이루어졌다. 그 이후 2009년과 2011년에 있었던 두 번의 수정은 각각 말타와 사이프러스를 부속서 Ⅰ에 추가하였다.[82] 부속서 Ⅰ의 공식적인 수정에 추가하여, 제4조 2항 (g)호는 부속서 Ⅰ 이외의 당사국이 기탁사무국(즉, UN사무총장)에게 보다 엄격한 제4조 2항 (a)호 및 (b)호의 공약을 이행할 의사가 있음을 통지할 수 있게 하였다.[83] 카자흐스탄은 이런 의미에서 2000년 3월 23일에 공약하였다. 따라서 카자흐스탄은 여전히 공식적으로 부속서 Ⅰ 당사국이 아니지만, UNFCCC에 따라 부속서 Ⅰ 당사국과 동일한 국가적 공약에 구속된다.[84] 터키는 국내 여건 때문에 부속서 Ⅰ 및 Ⅱ에서 이름을 삭제하도록 요청한 바 있는데, 제7차 당사국총회에 채택된 당사국들의 결정에 따라 부속서 Ⅱ(그러나 부속서 Ⅰ은 아님)에서 나왔으며, 터키가 UNFCCC에 가입할 수 있는 길을 닦아놓았다.[85]

---

78) WRI, CAIT Climate Data Explorer, "GDP-USD."

79) WRI, CAIT Climate Data Explorer, "Global greenhouse gas emissions excluding LULUCF."

80) 본장, I.B.1. 참조.

81) Decision 4/CP.3, "Amendments to the list in Annex I to the Convention under Article 4.2(f) of the Convention" (December 11, 1997) 참조.

82) Decisions 3/CP. 15, "Amendment to Annex I to the Convention" (December 18-19, 2009) and 10/CP. 17, "Amendment to Annex I to the Convention" (December 11, 2011).

83) UNFCCC, *supra* note 10, art.4.2(g) 참조.

84) 카자흐스탄은 UNFCCC의 부속서 1 당사국이 아니지만 교토의정서의 적용을 위해 부속서 1 당사국으로 간주되었다. 교토의정서의 목적상 *supra* note 10에 언급된 바와 같이 제1조 7항은 "부속서 1의 당사국이라 함은 협약의 부속서 1(당해 부속서가 개정되는 경우에는 그 개정 부속서를 말한다)에 포함된 당사자 및 협약 제4조 제2(g)항에 의하여 통고한 당사자를 말한다"라고 명시되어 있다.

교토의정서의 구조는 차등화에 대한 이분법적 접근법에 의존하였다. 베를린 위임사항은 교토의정서가 "부속서 Ⅰ에 포함되지 않은 당사국들에 대한 새로운 약속을 도입하지 않을 것"이라고 분명히 하였다.[86] 따라서 교토의정서의 부속서 B는 부속서 Ⅰ 당사국들이 2008년과 2012년 사이에 이행해야 하는 감축의무(QELRCs)을 정의한 반면,[87] 개발도상국은 새로운 완화 의무를 받지 않았다.[88] 이 접근법은 점점 더 분열적인 것으로 판명되었다. 1997년 7월 25일, 교토의정서 채택 몇 개월 전에 미국 상원은 선진국에 대해서만 완화 의무를 부과하는 협정을 미국이 비준해서는 안 된다는 "상원의 의견(sense of the Senate)"을 표명하기 위해 95대 0(5개의 기권) 투표로 버드─해겔(Byrd─Hagel) 결의안을 채택하였다.[89] 일관되게 미국 상원은 결코 교토의정서를 비준하지 않았다.

교토의정서가 발효될 무렵, 온실가스 배출량은 신흥경제국과 개발도상국에서 크게 증가하였다. 2004년 세계 온실가스 배출량의 절반은 개발도상국에서 발생하였다. 이듬해 중국은 세계 최대 온실가스 배출국으로 미국을 대체하였다.[90] 미국의 비준이 없고, 캐나다가 철회하였다는 점을 고려하면 교토의정서는 2008년과 2012년 사이에 전 세계 온실가스 배출량의 23%를 나타내는 당사국들에 대해서만 완화 의무를 부과하였다.[91] 그럼에도 불구하고, 1인당 온실가스 배출량은 선진국에서 훨씬 높게 나타났다. 공통의 그러나 차등화 된 책임의 원칙에 대한 서로 다른 이해는 양립할 수 없는 기대를 불러 일으켜 국제 기후변화 협상을 방해하였다.

차등화는 남북 관계에만 국한되지 않는다. 각각의 감축의무(QELRCs)를 정

---

85) Decision 26/CP.7, "Amendment to the list in Annex Ⅱ to the Convention" (November 9, 2001). 또한 Farhana Yamin and Joanna Depledge, *The International Climate Change Regime: A Guide to Rules, Institutions and Procedures* (Cambridge University Press, 2004) 106 참조.

86) Decision 1/CP.l, "Berlin Mandate" (April 7, 1995), para. 2.

87) Kyoto Protocol, *supra* note 10, art.3.1, 그리고 Annex B 참조.

88) *Ibid.*, art.10.

89) US Senate Resolution 98, 105th Cong., 143 Cong. Rec. S8138─39 (July 25, 1997) (이하 Byrd─Hagel Resolution).

90) WRI, CAIT Climate Data Explorer, "Total GHG emissions excluding land─use change and forestry."

91) *Ibid.*, 데이터 참조.

의하기 위해 교토의정서 협상가들은 선진국의 상황을 비교해야 하였다. 협상은 먼저 고려해야 할 기준에 중점을 두었다. 추가 협상을 위한 선례를 마련하고자 하는 일부 개발도상국은 부속서 B 당사국들 사이의 차등화는 공통의 그러나 차등화 된 책임의 원칙, 특히 각 당사국의 현재 및 역사적 온실가스 배출량에 근거해야 한다고 제안하였다.[92] 대신에 선진국들은 다음과 같은 역량 관련 기준에 중점을 둘 것이라고 자체적으로 동의하였다.

각 당사국이 전 세계적 노력에 형평하고 적절한 공헌을 할 필요성뿐만 아니라, 시작점과 접근법의 차이, 경제구조 및 자원기반, 강력하고 지속가능한 성장을 유지할 필요성, 이용가능한 기술 및 기타 개별상황[93]

마찬가지로, 유럽연합 회원국 간의 협상은 역사적 책임보다는 역량에 기초하여 국내 여건을 구별하였다.[94]

C. UNFCCC 체제 하에서의 차등화에 대한 대안적 접근법으로서의 자기 차등화

몬트리올 의정서와는 달리, UNFCCC 체제는 개발도상국의 "도약", 즉 저탄소 개발 모델로 직접 전환할 수 있는 선진국의 기술적 변화를 촉진할 수 없었다. 개발도상국의 온실가스 배출량은 크게 감소하지 않았으며, 개발도상국의

---

92) UNFCCC, Ad Hoc Group on the Berlin Mandate, *Framework Compilation of Proposals from Parties for the Elements of a Protocol or Another Legal Instrument, Note by the Chairman* (February 3, 1997), doc. FCCC/AGBM/ 1997/2, at 42 (Iran); UNFCCC, Ad Hoc Group on the Berlin Mandate, *Implementation of the Berlin Mandate Proposals from Parties* (February 26, 1997), doc. FCCC/AGBM/1997/Misc.l/Add.l, at 33 (Venezuela, Iran, Saudi Arabia and the United Arab Emirates); and UNFCCC, Ad Hoc Group on the Berlin Mandate, Implementation of the Berlin Mandate: Additional Proposals from Parties (May 30, 1997), doc. FCCC/AGBM/1997/Misc.l/Add.3, at 7 (Brazil). 또한 Lasse RingiusAsbjorn Torvanger and Arild Underdal, "Burden sharing and fairness principles in international climate policy" (2002) 2:1 *International Environmental Agreements* 1 참조.

93) UNFCCC, COP 3, *Adoption of a Protocol or Another Legal Instrument: Fulfilment of the Berlin Mandate: Revised Text under Negotiation* (November 12, 1997), doc. FCCC/CP/1997/2, at 31.

94) EC의 교토의정서 비준과 이에 근거하여 명시한 EC상의 기여에 대한 내용은 EU Council Decision 2002/358/EC (April 25, 2002), doc. 32002D0358 참조.

배출량은 지속적으로 빠르게 증가하였다. 선진국과 개발도상국 간의 단순한 이분법은 점점 더 관련성이 떨어졌다. UNFCCC는 1998년 말까지[95] 부속서 Ⅰ 및 Ⅱ에 대한 검토 및 개정을 제공하였지만, 부속서에 대한 중대한 변경은 강력한 정치적 저항에 직면하였다. 교토의정서의 첫 번째 공약기간 이후의 국제 협상은 합의에 기반한 협상에서 차등화에 대한 대안적 접근법을 정의해야 한다는 도전적인 문제로 인해 지연되었다.

2009년 코펜하겐 정상회의에서 합의에 도달하지 못한 것을 포함하여 2007년 발리행동계획의 이행은 선진국과 개발도상국 사이, 특히 미국과 중국 사이의 치열한 반대가 특징이었다. 전 세계 온실가스 배출량에서 개발도상국의 증가하는 비중을 강조하면서, 일부 선진국은 신흥경제국의 참여 없이는 완화 노력이 성공할 수 없다는 생각을 진전시켰다. 대조적으로, 개발도상국은 선진국과 개발도상국 사이의 이분법적 차등화를 지속적으로 지지하여, 빈곤 퇴치를 위해 개발과정에 제약이 없는 상태로 유지되어야 한다고 주장하였다.[96] 선진국의 대표들은 차등화가 1인당 GDP, 인구통계 또는 경제성장, 완화 잠재력 및 경제개발 단계 등[97] 역량과 관련된 요소에만 근거해야 한다고 주장하였다. 그러나 개발도상국의 관점에서 차등화는 정의와 책임에 관한 것이었다. 라반야 라자마니(Lavanya Rajamani)의 표현대로, "차등화의 약화는 책임의 경계를 흐리게 하고, 그들의 기여에 대한 불균형적인 부담을 개발도상국에게 전가시켜 그들의 발전가능성을 제한할 것"이라고 일반적으로 받아들여졌다.[98]

선진국과 개발도상국 사이의 이분법적 접근법을 넘어서기 위해 협상은 점차 자기 차등화 방식으로 향하였다. 여기서 각 당사국은 스스로 공정한 공헌이 무엇인지 평가한다. 코펜하겐 합의문과 칸쿤합의는 이러한 전환의 첫 단계였으며, 모든 국가는 자신의 노력과 의욕을 정의하도록 요청받았다. 그러나 선진국의 "수량화된 경제 전반의 배출량 감축목표"[99]와 개도국의 "국가별 적절

---

95) UNFCCC, *supra* note 10, art.4.2(f).

96) Submission by Philippines on Behalf of the G−77/China (December 10, 2008), reproduced in doc. FCCC/AWGLCA/2008/MISC.5/Add.2, pt. Ⅱ 참조.

97) Lavanya Rajamani, "Differentiation in the emerging climate regime" (2013) 14:1 *Theoretical Inquiries in Law* 151, at 158 참조.

98) *Ibid.*, at 159.

99) Copenhagen Accord, in the annex of decision 2/CP.15 (December 18−19, 2009), para. 4; decision 1/CP.16, *supra* note 10, para. 37.

한 완화행동"100) 사이에는 분명한 차이가 유지되었다. 국가 간 차등화를 재고해야 할 필요성은 행동강화를 위한 더반 플랫폼(Durban Platform for Enhanced Action)의 위임사항에 반영되어 "모든 당사국들에게 적용할 수 있는"101) 협정을 채택해야 한다는 내용으로 나타났다. 이 결정은 공통의 그러나 차등화 된 책임의 원칙에 대한 어떤 직접적인 언급도 하지 않았다.

이러한 점진적인 전환을 달성하기 위해 파리협정은 자기 차등화의 접근법을 선호하면서 차등화에 대한 이분법적 접근법을 분명히 포기한다. 그 전문은 당사국들이 "상이한 국내 여건에 비추어 형평의 원칙과 공통의 그러나 차등화 된 책임과 국가별 역량의 원칙을 포함하는 (유엔기후변화기본협약)의 원칙에 의해 따른다"고 지적하였다.102) 제2조는 파리협정이 "상이한 국내 여건에 비추어 형평 그리고 공통의 그러나 차등화 된 책임과 국가별 역량의 원칙을 반영하여 이행될 것이다"라고 덧붙였다.103) 그러나 이러한 조항의 의미는 당사국들이 국가적 공약을 결정할 때 스스로 결정하는 것이다.104) 제4조에 따르면, 국가별 기여방안(NDCs)은 "상이한 국내 여건에 비추어 공통의 그러나 차등화 된 책임과 국가별 역량을 반영하고, 가능한 한 가장 높은 의욕 수준을 반영해야 한다."105) "국내 여건(national circumstances)"은 차등화의 근거로 5번 언급되었지만, 어떤 여건이 그 구별에 관련된 것인지에 대한 내용이 없다. 다만 일반적으로 책임보다는 역량에 중점을 둔 것처럼 보인다.

그럼에도 불구하고 파리협정의 일부 조항은 선진국과 개발도상국의 구별을 제안한다. 특히, 제4조 4항에서 선진국 당사국은 "경제 전반에 걸친 절대량 배출 감축목표를 약속함으로써 주도적 역할을 지속하여야"하는 반면, 개발도상국 당사국은 "완화 노력을 계속 강화하여야 하며, 시간의 경과에 따라 경제

---

100) Copenhagen Accord, *supra* note 99, para. 5; decision 1/CP.16, *supra* note 10, para. 50.

101) Decision 1/CP.17, "Establishment of an Ad Hoc Working Group on the Durban Platform for Enhanced Action" (December 11, 2011), para. 2. 또한 Rajamani, *supra* note 97, at 164 참조.

102) Paris Agreement, *supra* note 10, recital 4.

103) *Ibid.*, art.2.2.

104) *Ibid.*, art.3.

105) *Ibid.*, art.4.3. 또한 Christina Voigt and Felipe Ferfeira, "'Dynamic differentiation': the principles of CBDR-RC, progression and highest possible ambition in the Paris Agreement" (2016) 5:2 *Transnational Environmental Law* 285 참조.

전반의 배출 감축 또는 제한 목표로 나아갈 것이 장려된다."106) UNFCCC 및 교토의정서와 달리, 이 조항들은 선진국과 개발도상국을 명확히 구분하지 않는다. 이전 협정과는 달리, 파리협정에는 UNFCCC의 부속서 I에 포함된 선진국 당사국 목록 또는 "선진국" 및 "개발도상국" 당사자에 대한 다른 정의에 대한 언급이 없다. 파리협정의 차등화는 따라서 이전 협정보다 훨씬 진보적이고 융통성이 있는 것으로 보인다.

파리협정의 접근법은 대담한 도박이다. 차등화는 시간이 지남에 따라 성실하게 기꺼이 협력하려는 국가를 희생시켜야 하는 위험이 있으며, 반면에 다른 국가들은 국내 여건을 이용하여 무임승차할 수 있다. 파리협정에서 자기 차등화 접근법의 성공은 선의의 협력을 장려하는 사회·정치적 과정의 능력에 달려있다. 결국 다른 국가와 시민사회 단체는 국가별 기여방안이 국내 여건에 비추어 충분히 의욕적인 것인지 판단해야 한다.107)

D. 민간항공 및 해상운송에서의 차등화

국제운송 부문의 기후변화 완화에 관한 협상에서 편의치적 또는 시장왜곡을 피해야 할 필요성으로 인해 차등화가 제한되었다. 국제해상법에서 개발도상국의 특정 상황에 대한 고려는 일반적으로 고유한 표준의 준수를 원활하게 하기 위하여 기술지원을 제공하는 것에 국한된다.108) UN 해양법협약은 개발도상국을 위한 몇 가지 특별한 협약을 포함한다. "개발도상국의 특별한 이익과 필요"를 인식하고,109) "개발도상국의 경제적 역량과 경제개발의 필요성을 고려하여" 육상 기반 배출원으로부터 해양 환경오염에 대한 국제협력을 요구한다.110) 2011년에 개정된 MARPOL 선박으로부터의 대기오염 방지에 관한 부속서 VI는 "기술원조을 요청하는 국가, 특히 개발도상국"의 이익을 위한 기술협력 및 기술이전을 촉진하는 조항을 포함한다.111)

---

106) *Ibid.*, art.4.4.

107) 예시로 Climate Action Tracker, www.climateactiontracker.org/countries/india(accessed January 3, 2018) 참조. 또한 본서 제13장 참조.

108) Convention on the International Maritime Organization, March 6, 1948, 289 *UNTS* 48, art.2(e) and 15(k) 참조.

109) United Nations Convention on the Law of the Sea, December 10, 1982, 1833 *UNTS* 3, recital 6.

110) *Ibid.*, art.207.4.

마찬가지로, 국제항공법에는 차등화가 깊게 고정되어 있지 않다. 반대로, 1944년 시카고 국제민간항공협약에 정의된 ICAO의 목적 중 하나는 "체약국 간의 차별을 피하는 것"이다.[112] 국가 간의 비차별과 동등한 대우는 점진적으로 ICAO의 국제민간항공 발전을 촉진하려는 목표를 실현하는 데 도움이 되는 국제항공법의 일반원칙[113]으로 인식되었다. 그럼에도 불구하고 ICAO 총회는 공식적으로 기후변화에 관한 정책 선언문에서 "상이한 국내 여건에 비추어 공통의 그러나 차등화 된 책임과 국가별 역량의 원칙"을 인정하였다.[114] 따라서 국제항공 탄소상쇄 및 감축제도(CORSIA)는 "특히 개발도상국의 특수한 상황과 국가별 역량에 맞추기 위해" 점진적으로 이행될 것이라는 데 원칙적으로 동의하였다.[115] CORSIA 이행에서의 차등화는 우선 자기결정적인데, 시범단계(2021~2023)와 제1단계(2024~2026)는 참여를 자원하는 국가로 제한된다. 최빈국, 군소도서개발국 및 내륙개도국뿐만 아니라 국제항공교통이 미미한 국가는 제2단계에 참여할 필요가 없다.[116]

해상운송 및 국제민간항공과 같은 초국가적 활동에서 국가를 차등화하려는 시도는 중대한 장애물에 직면해 있다. 이러한 초국가적 활동과 관련하여 온실가스 배출을 국가에 귀속시키는 것은 어려울 수 있다. 원칙적으로 국제항

---

111) MARPOL resolution MEPC.203(62), "Amendments to the Annex of the Protocol of 1997 to Amend the International Convention for the Prevention of Pollution from Ships, 1973, as Modified by the Protocol of 1978 Relating thereto" (July 15, 2011), in doc. MEPC 62/24/Add.l, Regulation 23, para. 1. 또한 MARPOL resolution MEPC.229(65), "Promotion of technical cooperation and transfer of technology relating to the improvement of energy efficiency of ships" (May 17, 2013), in doc. MEPC 65/22 참조.

112) Convention on International Civil Aviation, December 7, 1944, 15 *UNTS* 295 (이하 Chicago Convention), art.44(g). 또한 Beatriz Martinez Romera and Harro van Asselt, "The international regulation of aviation emissions: putting differential treatment into practice" (2015) 27:2 *Journal of Environmental Law* 259 참조.

113) Alejandro Piera Valdés, *Greenhouse Gas Emissions from International Aviation: Legal and Policy Challenges* (Eleven, 2015) 46.

114) ICAO Assembly Resolution A39-2, "Consolidated Statement of Continuing ICAO Policies and Practices Related to Environmental Protection-Climate Change" (September 27-October 7, 2016), recital 11.

115) ICAO Assembly Resolution A39-3, "Consolidated statement of continuing ICAO policies and practices related to environmental protection-Global Market-Based Measure (MBM) scheme" (September 27-October 7, 2016), para. 9.

116) *Ibid.*, para. 9(e).

공 또는 국제해상운송에서 발생하는 온실가스 배출량은 선박 또는 운항자의 등록지, 출발지 및 도착지, 승객 또는 무엇보다도 화물의 최종 목적지의 국적에 따라 대체적으로 귀속될 수 있다. 그러나 CORSIA의 구상은 최소허용치, 최빈국에 대한 고려, 초기 단계에서의 자발적 참여의 조합이 국제운송 체제에서의 차등화의 제약을 수용할 수 있다고 제안한다.

III. 결론

기후변화에 관한 국제법은 각 국가의 특정 상황에 따라 권리와 의무를 결정한다. 무해의 원칙에서 발생하는 의무는 무엇보다도 특히 국민의 기본적 요구를 충족시키는 데 있어 주요 관심사를 포기하지 않고 온실가스 배출을 제한할 수 있는 각 국가의 능력과 관련이 있다고 주장할 수 있다.[117] 차등화에 대한 필요는 공통의 그러나 차등화 된 책임(과 국가별 역량의 원칙)의 모호한 원칙을 통해 UNFCCC 체제 내에서 인정되었는데, 다른 체제, 예를 들어 오존층 파괴물질에 관한 몬트리올 의정서 및 ICAO에서 수행된 노력에서도 인정되었다.

차등화는 기후변화에 관한 국제법의 중요한 특성이다. 그러나 1990년대 초 '기후변화에 관한 기본협약을 위한 정부 간 협상위원회'의 협상 초기부터 격동적인 코펜하겐 정상회의에 이르기까지 차등화는 국제 기후변화 협상에 상당한 도전으로 등장하였다. 그리고 차등화는 여전히 논쟁적인 측면으로 남아있을 것이며 파리협정에서는 주로 정기적인 이행점검을 통해 논의될 것이다.[118] 차등화에 대한 어떠한 합의도 없는 상태에서, 국가의 상황을 고려하는 것은 '최소공통분모를 향한 움직임(a movement towards the lowest common denominator)'을 시작할 위험이 분명이 존재한다.[119] 그러나 차등화를 포기하는 것은 많은 개발도상국에게 불공평하고 수용할 수없는 체제를 초래할 것이기 때문에 이러한 위험은 피하는 것이 아니라 관리되어야 한다.

---

117) 본서 제5장, III. 참조.

118) 본서 제13장, III.C. 참조.

119) Christopher D. Stone, "Common but differentiated responsibilities in international law" (2004) 98:2 *American Journal of International Law* 276.

제7장

기후변화 완화에
대한 국제행동

제7장
기후변화 완화에 대한 국제행동

기후변화에 관한 국제법의 주된 목적은 기후변화를 완화시키는 것이다. 대기 중 온실가스 농도의 급격한 증가에 대한 즉각적인 조치는 우리 문명의 지속적인 번성을 보장하고 세계 문명 붕괴의 위험을 줄이는 데 필수적이다. 기후변화 완화는 대기 중 온실가스 농도의 증가에 대응하기 위한 노력을 포함한다. IPCC의 기후변화 완화 관련 특별작업반은 기후변화 완화를 "온실가스의 공급원을 줄이거나 흡수원을 늘리기 위한 인적 개입"으로 정의한다.[1]

"완화(mitigation)"라는 개념은 긴급한 목적과는 대조적으로 오히려 다소 점진적인 행동을 시사한다. 일반국제법에서의 각 국가들의 의무는 이 용어가 시사하는 것보다 더 높은 기준을 요구하고 있다. 각 국가는 자신의 국가 내에서 과도한 온실가스 배출을 막는 것을 포함하여 지구 환경에 해를 끼치는 활동을 방지해야 할 의무가 있다. 국제법상 국가책임에 의하면 각 국가는 이러한 국제의무를 계속 위반하는 한 국가들은 의무 위반을 중지하기 위한 관련 모든 조치를 취할 의무가 있다.[2] "중지(cessation)"는 "완화"보다 더 절박한 행동을 시사한다. 우리 기후체계에 대한 위험한 인위적 간섭을 완화시켜서는 안 되고

---

1) JM Allwood *et al.*, "Annex I: glossary, acronyms and chemical symbols" in O. Edenhofer *et al.* (eds.), *Climate Change 2014: Mitigation of Climate Change. Contribution of Working Group Ⅲ to the Fifth Assessment Report of the Intergovernmental Panel on Climate Change* (Cambridge University Press, 2014) 1249, at 1266.

2) ILC, *Draft Articles on Responsibility of States for Internationally Wrongful Acts with Commentaries*, in (2001) *Yearbook of the International Law Commission*, vol. Ⅱ, part two (이하 *Articles on State Responsibility*), art.30(a).

완전히 방지해야 하며, 과도한 온실가스 배출을 단지 제한하거나 감소시켜야 하는 것이 아니라 완전히 멈춰져야 한다. 만약 이 책이 과도한 온실가스 배출을 멈춰야 하는 국가의 의무를 언급하기 위해 "완화"라는 개념을 사용한다면, 그것은 용어의 개념을 승인한 것이라기 보다는 용어가 널리 알려져 있어 편의적으로 쓴 것에 불과하다.

이 장에서는 기후변화 완화와 관련한 국가의 의무를 일반적으로 분석한다. 다음 장에서는 기후변화 완화의 보다 특별한 측면인 "유연성체제(flexibility mechanisms)"에 초점을 맞춰 분석한다. "유연성체제"란 한 국가가 다른 국가에서 완화 행동에 대한 지원을 통해 자국의 완화 목표를 이행하는 것을 의미한다. 마지막으로 제9장에서는 지구공학과 관련한 최근의 논쟁에서 제기된 보다 구체적인 문제를 검토하는데, 그 중 일부는 기후변화 완화와 관련되어 있다.

본 장은 기후변화 완화와 관련된 일반국제법에서의 국가의 의무를 기술하는 것으로 시작한다. 다음으로, 국제기후협정에 따라 이루어진 공동의 완화 목표와 국가적 공약을 분석하여 UNFCCC 체제 하에서 이루어진 발전에 대해 논의한다. 공동의 목표와 국가적 공약을 포함한 유사한 구조는 다른 체제에서 이루어지는 발전이더라도 추적된다. 마지막으로, 마지막 절에서는 전형적인 명령 및 통제 규정, 경제적 유인의 사용, 국가 당국이 리더십을 발휘하는 방법과 같은 기후변화 완화에 대한 전형적인 이행 조치를 설명한다.

I. 일반국제법에서의 국가의 의무

각 국가가 평등하고 주권을 가진 국제 사회에서 다른 국가에 심각한 해를 끼치는 국가의 행위는 용인될 수 없다. 이러한 행위는 일반국제법상 국가의 의무를 위반하는 행위다. 이는 국가가 직접 수행하는 활동에서 오는 해이든 국가가 대신하여 수행하는 활동(작위)에서 오는 해이든, 또는 관할하는 사람들이 그러한 해를 일으키는 것을 방지하지 못한 데서 오는 간접적인 해(부작위)이든 간에 상관없이 유효하다. 제5장에서 논의한 바와 같이, 무해의 원칙은 각국이 국경을 넘어 환경 피해를 입히는 것을 자제해야 하는 소극적인 의무를 수반할 뿐만 아니라, 월경 환경 피해를 입히는 활동을 방지해야 한다는 상당한 주의 의무를 내포하고 있다(이것은 때때로 '사전예방의 원칙(preventive principle)'이라는 분명한 원칙으로 간주되는 경우도 있다).[3] 다양한 피해 원인과 과도한 온실가스 배출로 인한 전 지구적인 피해에서 비롯되는 추가적인 복잡성에도 불구하고, 기후변화와 같은 상황에서 무해의 원칙의 적용을 배제할 설득력 있는 이유는 없다.[4] 제6장에서 논했듯이, 인구 또는 아직 충족되지 않은 개발의 필요성과 같은 요소는 일부 온실가스 배출량을 정당화할 수 있지만 전부를 정당화할 수 있는 것은 아니다.[5]

따라서 모든 국가는 무해의 원칙에 따라 온실가스 배출을 유발하지 않고, 관할 내 활동에서 발생하는 즉, 기후체계를 방해하고 이러한 배출로부터 얻어진 편익에 명백히 반비례하여 그들의 관할권 밖의 지역에 상당한 해를 끼치는 배출을 방지해야 할 의무를 가지고 있다고 결론 내릴 수 있다. 또한 국가책임에 관한 일반국제법을 적용하면, 현재 자신의 영토에서 대규모 온실가스를 배출하고 있는 국가들은 온실가스 배출량을 제한하거나 감소시켜야 할 의무가 아닌, 온실가스 배출의 '중지'를 위해 가능한 모든 즉각적인 조치를 취할 의무를 진다.[6]

그러나 이 의무의 형태에 대해서는 상당한 불확실성이 남아 있다. 고유하고 권위 있는 문언이 없는 관습규범으로서, 무해의 원칙은 다소 불명확하게 정의되어 있다. 이웃 국가에 피해를 주는 전형적인 사례에서도 최소 허용가능한 기준값(de minimis threshold)의 존재와 같은 성가신 문제는 현재까지 발전된 국제법의 상태에서는 해답이 나오지 않고 있다.[7] 무해의 원칙에 따라 적용될 수 있는 국가의 상당한 주의 의무의 기준은 여전히 불명확하여, 온실가스 배출의 일부 수준에 대한 정당성으로서 국가의 상황에 부여되어야 하는 가중치에 대한 불확실성을 야기한다. 즉, 국가가 "즉각적인 조치"를 취해야 할 의

---

3) Philippe Sands and Jacqueline Peel, *Principles of International Environmental Law*, 3rd edn (Cambridge University Press, 2012). 또한 *Trail Smelter (U.S. v. Canada)*, Arbitral Award of March 11, 1941, (1949) Ⅲ *UNRIAA* 1938, at 1965; ICJ, *Legality of the Threat or Use of Nuclear Weapons*, Advisory Opinion of July 8, 1996, para. 29 참조. 그리고 본서 제5장, Ⅰ. 참조.

4) 본서 제5장, Ⅰ.B. 참조.

5) *Ibid*.

6) *Articles on State Responsibility*, *supra* note 2, art.30(a).

7) 본서 제5장, Ⅰ.B. 참조.

무의 속성을 정의하는 것이나 무엇이 "지나친" 온실가스 배출량을 구성하는지를 결정하는 것은 매우 어려운 일이다.

또한 기후변화에 무해의 원칙을 적용하는 것은 여러 가지 곤란한 문제를 야기한다. 온실가스 배출이 기후에 미치는 유해한 영향은 매우 느리지만 길고 널리 퍼져 있다. 이는 국제법원과 국제재판소들이 이전에 결정한 대부분의 판례들과는 확연히 다르다. 이전에 결정한 대부분의 판례들은 일반적으로 의무를 위반한 것으로 주장되는 한 국가와 오염물질에 의해 직접적인 월경 환경 피해를 입은 한 국가가 관련되어 있다. 이와는 대조적으로, 기후변화는 많은 국가들의 활동에 의해 발생하며 모든 국가에 영향을 미친다. 국가들 각각의 의무를 결정하기 위해서는 무해의 원칙의 창조적인 해석이 필요하다. 그러한 합의가 이루어졌거나 권위가 있는 해석은 여전히 부족하다.[8]

기후변화의 세대 간 차원과 관련하여 몇 가지 추가 문제가 제기된다. 미래 세대는 현세대에 의해 야기되는 온실가스 배출로 인해 큰 고통을 겪을 것이다 — 현세대의 존재도 심지어 위험하다. 그러나 여기서, 용인할 수 있는 세대 간 위해의 정도나 예방의 충분한 수준 등의 특정한 기준값을 결정할 수 있는 단순하고도 추상적인 법적 원칙이 부족하다는 것이 다시 문제된다.

이러한 맥락에서, 기후변화와 관련해 무해의 원칙의 협상 세부원칙을 정의하려는 일련의 시도로서 국제기후협정에 접근하고자 하는 것은 좋은 접근으로 보인다. 국제기후협정이 기존 법에 대한 공동의 이해를 반영하는 경우, 국제관습법에서 무해의 원칙의 적용 방식을 명확히 하는 데 도움이 될 수 있다.[9] 예를 들어, 국제기후협정은 일반적으로 개발도상국의 특수한 상황과 그들의 개발 요구를 각각의 완화 의무를 평가하기 위한 기준으로 인식하였고,[10] 따라서

---

8) 본서 제5장, Ⅰ., 그리고 본서 제16장, Ⅱ.A. 참조.

9) 국제법상 조약이 관습국제법이 성문화된 증거이며 따라서 관습국제법에 대한 해석으로서의 역할이라는 것에 대해서는 ILC, *Third Report on Identification of Customary International Law by Special Rapporteur Michael Wood* (March 27, 2015), doc. A/CN.4/682, paras. 31-44 참조.

10) United Nations Framework Convention on Climate Change, May 9, 1992, 1771 *UNTS* 107 (이하 UNFCCC), recital 24, art .3.2; Kyoto Protocol to the United Nations Framework Convention on Climate Change, December 11, 1997, 2303 *UNTS* 162 (이하 Kyoto Protocol), art .3.1; Paris Agreement, December 12, 2015, in the annex of decision 1/CP.21, "Adoption of the Paris Agreement" (December 12, 2015), recital 4, art.4.1.

무해의 원칙과 관련된 의무는 부분적으로 국가의 역량에 달려 있다는 것을 시사한다. 그러나 많은 국가들은 국제기후협정에 포함된 완화 공약의 단점을 거듭 비난해 왔다. 이런 상황에서 지금까지 UNFCCC 체제는 무해의 원칙의 극히 일부분의 선별적인 이행만을 달성한 것으로 보인다.[11]

II. UNFCCC 체제 하에서의 기후변화 완화 행동

일련의 국제기후협정은 기후변화 완화 행동을 위한 공동의 목표와 국가적 공약을 정의하였다. 이러한 목표와 공약은 일반국제법에 따른 국가의 의무보다 더 분명하고 구체적이다. 그러나 특히 국가적 공약은 일반국제법에 따른 국가의 의무보다 훨씬 덜 의욕적으로 보인다.

A. 공동의 목표

기후변화에 관한 UNFCCC의 궁극적인 목표는 "기후체계가 위험한 인위적 간섭을 받지 않는 수준으로 대기 중 온실가스 농도의 안정화를 달성하는 것이다."[12] 이것은 UNFCCC에서의 국제협력이 무엇을 이루기 위해 고안되었는지에 대한 매우 모호한 정의만을 제공한다. 대기 중의 온실가스 농도나 그 진전이 "위험"해지는 기준값을 평가하는 고유한 방법은 없다. 공동의 목표를 위한 보다 구체적인 제안이 제시되었다. 예를 들어 1990년 보고서에서 스톡홀름 환경연구소는 해수면 상승(0.5m 이하), 평균 지구온도 상승(섭씨 1~2도 이하), 대기 온실가스 농도(400~560ppm 이하)라는 목표를 정의하였다.[13] 궁극적인 목표의 최종 공식은 1992년에야 의견의 일치에 도달할 수 있었는데, 그때에도 산유국들은 여전히 기후변화 완화 조치의 필요성을 여전히 부인하고 있었다.[14]

---

11) 이것은 13장에서 더 논의되는데, 여기서 UNFCCC 체제는 일반국제법 준수의 광범위한 부족을 메우기 위한 점진적인 시도로 묘사된다.

12) UNFCCC, *supra* note 10, art.2.

13) F.R. Rijsberman and R.J. Swart, *Targets and Indicators of Climatic Change* (SEI, 1990). Michael Oppenheimer and Annie Petsonk, "Article 2 of the UNFCCC: historical origins, recent interpretations" (2005) 73:3 *Climatic Change* 195 참조.

14) Daniel Bodansky, "The United Nations Framework Convention on Climate Change: a commentary" (1993) 18:2 *Yale Journal of International Law* 451, at 481 참조.

그 모호함에도 불구하고, 또는 그 덕분에, 협약의 "궁극적" 목표는 오랫동안 국제기후협정의 주요한 기준으로 남아 있다.[15]

그러나 기후변화 완화에 관한 부속서 1 당사국들의 행동을 위한 보다 구체적인 목표가 채택될 수 있었다. 부속서 1 당사국들의 공약을 규정한 UNFCCC 제4조 2항은 "온실가스의 인위적 배출을 1990년대 말까지 종전 수준으로 회복시키는 것"은 "UNFCCC 목적에 부합하도록 인위적 배출의 장기적 추세를 수정하는데 선도적 역할을 수행한다"고 강조한다.[16] 즉, 부속서 1 당사국의 온실가스 배출량은 1990년대에 정점에 도달하여 감소하기 시작할 것이다. 이 야심찬 목표는 달성되지 못하였다. 부속서 1 당사국의 온실가스 배출량은 1992년부터 2000년까지 16.4~16.8GtCO$_2$eq 사이였으나, 2007년에는 역사적인 최고치인 17.5GtCO$_2$eq에 도달하였다가 2013년에는 16.4GtO$_2$eq로 약간 감소하였다.[17]

부속서 1 당사국의 완화 행동에 대한 또 다른 공동의 목표는 몇 년 후 교토의정서에 정의되었다. 교토의정서 제3조는 부속서 1 당사국의 완화 공약을 "온실가스의 총 인위적 배출량을 2008년부터 2012년까지의 공약기간 동안 1990년도 수준의 5퍼센트 이상 감축"하도록 규정하였다.[18] 이 목표는 미국의 불참과 캐나다의 탈퇴로 인해 달성되지 않았지만 부속서 1 당사국의 전체 온실가스 배출량은 1990년부터 2012년까지 대체로 안정적이었다.[19] 그럼에도 불구하고, 교토의정서의 도하 개정안은 부속서 1 당사국에 의한 온실가스의

---

15) Decision 1/CP.13, "Bah Action Plan" (December 14−15, 2007), recital 2; decision 1/CP.16, "The Cancun Agreements: outcome of the work of the Ad Hoc Working Group on Long−Term Cooperative Action under the Convention" (December 10−11, 2010), recital 4; decision 1/CP.21, "Adoption of the Paris Agreement" (December 12, 2015), recital 7 참조.

16) UNFCCC, *supra* note 10, art.4.2(a).

17) WRI, CAIT Climate Data Explorer, "Total GHG emissions excluding land−use change and forestry." Similar trends appear in *Ibid.*, "Total GHG emissions including land−use change and forestry."

18) Kyoto Protocol, *supra* note 10, art.3.1.

19) WRI, CAIT Climate Data Explorer, "Total GHG emissions excluding land−use change and forestry" 참조. 1990년과 1991년에 대한 일부 데이터가 미기재 되어 있다. 부속서 1 당사국은 1992년에 16.8GtCO$_2$eq, 그리고 2008년부터 2012년까지 평균적으로 16.6 GtCO$_2$eq의 온실가스를 배출하였다. 상기된 데이터 역시 비슷한 경향을 보인다. *Ibid.*, "Total GHG emissions including land−use change and forestry."

전체 배출량을 "2013년에서 2020년까지의 공약기간 동안 1990년도 수준의 18퍼센트 이상 감축"이라는 추가적인 목표를 정의하였다.[20] 2018년 초 현재 이 목표가 달성될지는 미지수다.

2007년 발리행동계획(Bali Action Plan)은 선진국을 넘어서는 "장기간의 협력적 행동을 위한 공동의 비전(a shared vision for long-term cooperative action)"을 요구하였다. 이것은 특히 "배출량 감축을 위한 장기적 전 지구적 목표"의 채택과 관련이 있었다.[21] 2년 후 코펜하겐 합의문은 지구온도 상승을 "섭씨 2도 이하"로 억제해야 하고, "가능한 한 조속히" 전 지구적 온실가스 배출량이 정점에 도달해야 한다고 과학적으로 인식하였다.[22] 게다가, 코펜하겐 합의문은 "섭씨 1.5도의 기온 상승과 관련된 것을 포함하여, 2015년까지 이 장기 목표의 이행에 관한 평가를 완료할 것을 요청하였다."[23] 칸쿤합의는 이러한 목표를 승인하였으며,[24] 또한 "전 지구적 온실가스 배출의 정점을 위한 시간대를 확인하기 위한 작업"을 즉각적으로 요청하였다.[25]

파리협정의 채택은 "산업화 전 수준 대비 지구 평균기온상승을 섭씨 2도 이내로 유지"한다는 목표를 승인하였다. 또 "산업화 전 수준 대비 지구 평균기온 상승을 1.5도로 제한하기 위한 노력"의 필요성을 강조하였다.[26] 또한 파리협정은 다음과 같은 목적을 재확인하였다.

개발도상국 당사자에게는 온실가스 배출최대치 달성에 더욱 긴 시간이 걸릴 것임을 인식하면서, 당사자는 전지구적 온실가스 배출최대치를 가능한 한 조속히 달성할 것을 목표로 하고, 그 후에는 이용 가능한 최선의 과학

---

20) Kyoto Protocol, *supra* note 10, as modified by the Doha Amendment to the Kyoto Protocol, December 8, 2012, in the annex of decision 1/CMP.8, "Amendment to the Kyoto Protocol pursuant to its Article 3, paragraph 9 (Doha Amendment)" (December 8, 2012) (이하 Doha Amendment), art.3, para. 1 bis.

21) Decision 1/CP.13, *supra* note 15, para. 1(a).

22) Copenhagen Accord, in the annex of decision 2/CP.15 (December 18-19, 2009), paras. 1 and 2.

23) *Ibid.*, para. 12.

24) Decision 1/CP.16, *supra* note 15, para. 4.

25) *Ibid.*, para. 6.

26) Paris Agreement, *supra* note 10, art.2.1(a).

에 따라 급속한 감축을 실시하는 것을 목표로 하여 금세기의 하반기에 온실가스의 배출원에 의한 인위적 배출과 흡수원에 의한 제거 간에 균형을 달성할 수 있도록 한다.[27]

따라서 파리협정은 탄소중립 인류에 대한 장기적 열망을 정의한 최초의 기후협정으로, 21세기 후반에 드디어 국가들은 일반국제법에 따른 그들의 의무를 준수하게 할 것이다. 그러나 그 목표가 의욕적인 반면에 UNFCCC 체제가 그 달성에 필요한 규칙을 포함하고 있는지는 불명확하다.

B. 국가적 공약

기후변화 완화에 대한 공동의 목표는 선진국이 주도하면서 각국이 추구한다.[28] 공동의 목표를 정의하는 것에 더해, 기후변화에 관한 일련의 국제협정은 국가에게 기후변화 완화를 촉진하기 위한 특정한 노력을 공약할 것을 요청한다.

국가 완화 공약을 포함한 UNFCCC 체제의 역사적 발전은 제1장에서 다루어졌다. UNFCCC는 일부 광범위한 완화 공약만을 보여주며,[29] 일부는 모든 당사국에게 적용되고 다른 일부는 선진국에만 적용된다.[30] 교토의정서는 2008년부터 2012년까지의 초기 공약기간 동안 선진국에 적용할 수 있는 QELRC를 정의하고 있으며,[31] 도하 개정안은 두 번째 공약기간을 2013~2020년으로 정한다.[32] 2013년~2020년 기간 동안의 모든 당사국의 자발적 완화공약은 코펜하겐 합의문과 칸쿤합의에 의해 제안되었으며, 선진국이 이행해야 하는 수량화된 경제 전반의 배출량 감축목표와 개발도상국들이 이행해야 하는 기타 국가적으로 적절한 완화 조치를 구별하였다.[33] 마지막으로, 파리협정은 모든 당사국들에게 완화 조치에 대한 국가결정기여를 통보할 것을 요청한다.[34]

---

27) *Ibid.*, art .4.1.

28) UNFCCC, *supra* note 10, art.3.1.

29) 구체적인 내용은 *Ibid.*, art.4.1. 참조

30) 구체적인 내용은 *Ibid.*, art.4.2. 참조

31) Kyoto Protocol, *supra* note 10, art.3, Annex B.

32) Doha Amendment, *supra* note 20.

33) Decision 1/CP.16, *supra* note 15, paras. 36 and 49.

34) Paris Agreement, *supra* note 10, art.4.2.

이러한 역사적 설명을 넘어, 다음은 기후변화 완화와 관련된 세 가지 유형의 국가적 공약을 자세히 설명한다. 첫째, 연이은 국가 간 기후협정의 당사국들은 그들의 영토 내에서 일어나는 순 온실가스 배출을 제한하고 줄이기로 약속하였다. 둘째, 그들은 또한 그들의 영역 내에서 일어나고 있는 온실가스 배출을 계산하고, 그 후 배출 제한과 감축 공약을 준수했는지 여부를 검증할 수 있도록 하였다. 마지막으로, 잇따른 국제기후협정의 당사국들은 기후변화 완화에 대한 추가적 공약을 위한 협상에 지속적으로 참여하기로 약속하였다. 전반적으로 이러한 국가적 공약은 기후변화 완화에 대한 공동의 목표 실현에 기여하지만 실현을 보증하지는 않는다.

1. 배출 제한 및 감축 공약

온실가스 배출의 제한과 감축에 대한 국가적 공약은 국제기후협정의 핵심이다. 이러한 공약의 성격은 잇따른 국제기후협정에 따라 다양해졌다. 따라서 각국은 대안적으로 일부 조치를 추구하거나, 배출 제한 및 감축 목표를 달성하거나, 사전에 결정된 기여를 달성하기 위한 조치를 추구하기로 약속하였다.

첫째, 가장 기초적인 공약은 영토 내에서 온실가스 배출량을 억제하기 위한 목적으로 어떤 조치를 강구하는 것이다. UNFCCC를 통해 각국은 "기후변화를 완화하는 조치를 수립, 실시, 공표하고 정기적으로 갱신한다"는 비교적 모호하고 불특정한 의무에 동의하였다.[35] 선진국들은 "인위적 배출의 장기적 추세를 수정하는데 선도적 역할을 수행함을 증명하기 위한 국가정책을 채택하고 그에 상응하는 조치를 취한다"는 의무에 추가적으로 동의하였다.[36] 교토의정서는 선진국의 후반 공약에 대해 자세하게 기술하며, 에너지 효율성 향상, 온실가스의 흡수원 및 저장소(예: 숲) 보호, 지속가능한 농업 실행 촉진, 신재생에너지 개발 및 배치, 화석연료 보조금의 폐지, 운송 개선 또는 폐기물관리를 통한 메탄 배출 감축 등 선진국이 취할 수 있는 관련 정책과 조치를 언급하고 있다.[37] 코펜하겐 합의문과 칸쿤합의에 따라, 부속서 1 비당사국은 그들이 통보한 "국가적으로 적절한 완화 행동"을 이행하기로 공약하였다.[38] 마지

---

35) UNFCCC, *supra* note 10, art.4.1(b).

36) *Ibid.*, art.4.2(a).

37) Kyoto Protocol, *supra* note 10, art.2.1(a). 또한 개도국에 대해서는 art .10(b)(i) 참조.

막으로, 파리협정에서 모든 당사국은 매 5년마다[39] "달성하고자 하는 차기 국
가결정기여를 준비하고, 통보하며, 유지하여야" 한다.[40] 파리협정의 당사국들
은 또한 "장기적인 온실가스 저배출 발전 전략을 수립하고 통보하기 위하여
노력하여여 한다"고 권장된다.[41]

특정 조치를 추진하겠다는 각국의 공약은 단순한 절차상의 의무(예: 법률이
나 정책을 채택하는 것)가 아니다. 적어도 형식적으로는 이러한 공약에 실질적인
의무도 수반되며, 각국은 온실가스 배출량을 제한하기 위한 최소한의 명목상
노력을 기울여야 한다. 이러한 공약은 처음에는 어떤 구체적인 조치도 포함하
지 않았지만, 온실가스 배출량을 억제하기 위한 어떤 조치도 전혀 통보하지
않거나, 조치의 이행을 위해 합리적인 노력을 기울이지 않는 것은 조약 의무
를 위반하게 된다.

둘째, 각국은 배출 제한 및 감축 공약을 달성하기로 약속하였다. 이러한 공
약은 교토의정서에 의해 시작되었고, 부속서 1 당사국은 다음과 같이 공약하
였다.

> 부속서 1의 당사자는, 이들 당사자에 의한 부속서 A에 규정된 온실가스의
> 총 인위적 배출량을 이산화탄소를 기준으로 환산한 배출량에 대하여 이를
> 2008년부터 2012년까지의 공약기간동안 1990년도 수준의 5퍼센트 이상
> 감축하기 위하여, 이러한 총 배출량이 이 조 및 부속서 B에 규정된 이들 당
> 사자의 수량적 배출량의 제한·감축을 위한 공약에 따라 계산되는 배출허
> 용량을 초과하지 아니하도록 개별 또는 공동으로 보장한다.[42]

부속서 B는 각각의 부속서 1 당사국들에게 적용할 수 있는 QELRC를 정의
하였다(1990년을 기준연도로 하여 2008년부터 2012년까지 배출할 수 있는 평균 온실가
스 배출량을 백분율로 정의하였다). 이 공약들은 8% 감축(유럽연합)부터, 8 또는

---

38) Decision 1/CP.16, *supra* note 15, para. 49. 또한 Copenhagen Accord, *supra* note 22, para. 5 참조

39) *Ibid.*, art.4.9.

40) Paris Agreement, *supra* note 10, art.4.2.

41) *Ibid.*, art.4.19.

42) Kyoto Protocol, *supra* note 10, art.3.1.

10% 증가(호주와 아이슬란드 각각)로 제한하는 등 범위가 다양하였다. 비록 교토의정서의 일부 당사국(일본, 뉴질랜드, 러시아 등)들이 도하 개정안에 따른 제한 및 감축 공약을 거부하였지만, 두 번째 공약기간인 2013년부터 2020년까지의 공약이 도하 개정안에 의해 규정되었다.[43] 마찬가지로, 코펜하겐 합의문과 칸쿤합의에서 선진국들은 동일 기간 동안 경제 전반의 수량적 배출량 감축 목표를 이행할 것을 공약하였다.[44]

일부는 이러한 조항에서 정해진 양의 온실가스를 배출할 수 있는 "권리"를 확인할 수 있다고 본다.[45] 그러나 이러한 해석은 텍스트에는 요구되지 않는다. 즉 온실가스 배출량의 "할당량(assigned amounts)"을 정의하는 것이 엄격히 말해서 이에 대한 권리를 의미하는 것은 아니다. 샬롯 슈트렉과 모리츠 폰 운거(Charlotte Streck and Moritz von Unger)가 지적했듯이, 교토의정서는 "배출 제한량만을 정의하고 배출권이라는 권리를 만들지는 못하였다."[46] 또한 "대기 중의 온실가스 농도의 안정화"[47]를 추구하는 조약 체제의 목적은 교토의정서나 추후의 협정들이 온실가스를 배출할 "권리"를 창출하였다는 견해를 지지하지 않는다. COP는 "교토의정서는 부속서 1 당사국들에게 배출에 대한 그 어떠한 종류의 권리, 권원, 또는 자격도 만들거나 부여하지 않았다"고 확인하였다.[48] 특정한 배출량의 제한 및 감축 목표를 달성하기 위한 각국의 공약은 과도한 온실가스 배출을 중지할 것을 요구하는 일반국제법에서의 의무를 침해하

---

43) Doha Amendment, *supra* note 20. 도하 개정안은 2017년 중반까지 국제법적으로 시행되지 않았지만 적어도 당사국은 임시적으로 기존의 QELRC(Quantified Emission Limitation and Reduction Commitment)를 준수하도록 요구되었다. Decision 1/CMP.8, *supra* note 20, paras. 5 and 6 참조.

44) Copenhagen Accord, *supra* note 22, para. 4; decision 1/CP.16, *supra* note 15, para. 36.

45) Alexander Zahar, "Methodological issues in Climate Law" (2015) 5:1 *Climate Law* 25, at 32 참조. 지자체 수준의 배출에 대해서 비슷한 논리를 전개한 부분에 대해서는 본장 각주 149 참조.

46) Charlotte Streck and Moritz von Unger, "Creating, regulating and allocating rights to offset and pollute: carbon rights in practice" (2016) 13:3 *Carbon & Climate Law Review* 178, at 181 참조.

47) UNFCCC, *supra* note 10, art.2.

48) Decision 15/CP.7, "Principles, Nature and Scope of the Mechanisms Pursuant to Articles 6, 23 and 17 of the Kyoto Protocol" (November 10, 2011), recital 6. 또한 Decision 2/CMP.l, "Principles, Nature and Scope of the Mechanisms Pursuant to Articles 6, 12 and 17 of the Kyoto Protocol" (November 30, 2005), recital 6 참조.

지 않는다.

교토의정서와 칸쿤합의에서 정의한 바와 같이, 이러한 공약은 특정한 완화 목표를 "보증"하거나 "이행"할 의무로 표현되는 결과의무와 관련된다.[49] 일관되게, 특정 완화 공약의 달성 여부와 준수 여부를 확인할 수 있는 방법은 실제 온실가스 배출량의 검증에 기초한다. 이러한 "결과의무(obligation of result)"는 국제기관이 이행에 관한 복잡한 국내 조치의 효과를 평가하기 어려운 상황에서 매력적으로 보일 수 있다. 온실가스 배출량의 특정 감축을 "보증"하는 공약을 한 국가는 어떤 조치가 가장 적절하고 효과적인지를 결정하는 것이 허용된다.

결과의무로서 완화 공약을 표현하는 것은 각국이 몇 해 빨리 특정 완화 경로를 보다 쉽게 보증할 수 있다고 가정한다. 그러나 한 국가 내 온실가스 배출의 진전은 주로 국가가 통제할 수 없는 상황에 달려 있다. 2007~2008년 금융 위기는 선진국의 온실가스 배출량을 일시적이지만 상당히 줄이는 결과를 가져 왔으며, 따라서 선진국들이 탄소중립 경제를 향한 길을 걷도록 강요하지 않으면서도 완화 공약의 공식적인 달성을 용이하게 하였다.[50] 다른 상황에서, 빠른 경제 성장이 진행 중인 국가는 분명히 의무를 준수하는데 예기치 못한 어려움에 직면할 것이다. 유연성체제는 서명국들이 필요한 경우 탄소 단위를 구입함으로써 각자의 QELRC를 수행할 수 있도록 하는 편리한 방법으로 보였다.[51] 그러나, "보증"의무의 엄격한 성격도 비교적 의욕적이지 않은 목표와 관련이 있었다.

더욱이, 국가적 완화 공약을 결과의무로 정의하더라도 실제 이행 조치가 충분한지 여부를 평가하는 어려움을 피할 수 없다. 이행 기간 동안 신뢰를 쌓고, 각 국에게 다른 국가가 진정으로 준수를 위한 조치를 취하고 있음을 보증하기 위해서는 국가의 조치에 대한 면밀한 감독을 피할 수 없다. 그럼에도 불구하고, 교토의정서를 이행하는 동안 이러한 접근 방식은 이행 기간의 완료 전 불이행에 대한 어떠한 공식적인 판단도 못하게 하였다. 캐나다는 악명높게

---

49) Kyoto Protocol, *supra* note 10, art .3.1 참조; Decision 1/CP.16, *supra* note 15, para. 36.

50) Igor Shishlov, Romain Morel and Valentin Beilassen, "Compliance of the parties to the Kyoto Protocol in the first commitment period" (2016) 16:6 *Climate Policy* 768 참조.

51) 본서 제8장 참조.

이 결점을 이용하였다. 배출량이 QELRC보다 약 25% 높은 상황에서 스테판 하퍼(Stephen Harper) 정부는 교토의정서 이행기간이 시작되기 2주 전인 2012 년 12월 15일, 교토의정서에서 사실상 탈퇴함으로써 불이행 판단을 막았다.[52]

마지막으로, 각 국가는 미리 정해진 기여를 달성하기 위한 조치를 추구하기로 공약할 수 있다. 따라서 파리협정 제4조 2항은 NDC를 통보한 각 당사국에게 "이러한 기여의 목적을 달성하기 위해 국내 완화 조치를 추진"할 것을 요구하고 있다.[53] 이 독특한 표현은 부분적으로 결과의무를 정의하기를 원하는 일부 국가들(군소도서개도국과 유럽연합, 그리고 상원에 의한 비준을 필요로 하는 조항을 피하고 싶은 미국)의 정치적 합의의 일부였다.[54] 이 공약은 각 국가들이 NDC에 의해 명시적 또는 묵시적으로 완화 목표를 준수할 수 있는 방식으로 신의성실하게 행동할 것을 요구한다.[55]

교토의정서에 따른 배출 제한과 감축 공약과는 달리 파리협정 제4조 2항은 결과의무와 관련되지 않는다. 따라서 당사국들은 예상보다 높은 경제성장 또는 주요한 청정 기술 프로젝트의 지연을 이유로 하여 NDC에서 언급된 목적을 달성하지 못하는 것을 정당화할 수 있다. 반면에, 이 방식은 공약 준수에 대한 이른 검토를 가능하게 한다. 또한 국가가 성취를 완전히 확신할 수 없는 의욕적인 공약을 하는 것에 대한 거부감을 극복하는 데에 도움이 될 수 있다.

파리협정의 당사국들에 의해 통보되는 INDC는 매우 다른 형식이다. 선진국은 "경제 전반에 걸친 절대량 배출 감축목표"를 통보할 것으로 예상되는 반면 개발도상국들은 "시간의 경과에 따라 경제 전반의 배출 감축 또는 제한 목표로 나아갈 것이 장려된다."[56] 전반적인 목표 외에도, 대부분의 당사국들은

---

52) UNFCCC, Compliance Committee, Facilitative Branch, "Report on the Meeting" (November 9, 2012), doc. CC/FB/12/2012/3, in particular the correspondence between the chairperson of the facilitative branch and the Canadian ambassador for climate change in the annex 참조. 또한 본서 제13장, Ⅱ.C. 참조.

53) Paris Agreement, *supra* note 10, art .4.2. 또한 M.J. Mace, "Mitigation commitments under the Paris Agreement and the way forward" (2016) 6:1−2 *Climate Law* 21 참조.

54) 본서 제3장, Ⅳ.A. 참조.

55) Benoit Mayer, "Obligations of conduct in the international law on climate change: a defence" *Review of European, Comparative and International Environmental Law* (forthcoming) 참조. 또한 Lavanya Rajamani, "The 2015 Paris Agreement: interplay between hard, soft and non−obligations" (2016) 28:2 *Journal Environmental Law* 337, at 354 참조.

56) Paris Agreement, *supra* note 10, art.4.4.

시장기반 메커니즘이나 경제적 다양화와 같이 그들이 취하고자 하는 조치에 대한 정보를 제공하였다.[57] 이는 파리협정의 당사자들이 NDC에 기술된 특정 조치를 이행할 의무가 없다는 제4조 2항의 문구로 인해 발생하며, 유사한 효과의 다른 조치를 이행하기로 결정할 수 있다.[58] 2018년 초 현재, INDC를 이행함으로써 예상되는 총 효과는 전 지구적 평균 온도 상승을 산업화 이전 수준보다 섭씨 2도 이하로 유지한다는 파리협정의 공동의 목표를 달성하기에는 명백히 불충분하다.[59]

2. 계산 공약

온실가스 배출량을 계산하는 강력한 시스템 없이는 배출 제한과 감축 약속의 준수 여부를 평가할 수 없다. 따라서 연이은 국제기후협정은 당사국들에게 그들의 온실가스 배출량을 신뢰 가능한 방식으로 설명하도록 요구함으로써, 당사국들 간 비교를 가능하게 하는 조화로운 방법론을 사용하였다. 특히 UNFCCC는 모든 당사국들에게 다음과 같은 조치를 취할 것을 요구하고 있다.

몬트리올 의정서에 의하여 규제되지 않는 모든 온실가스의 배출원에 따른 인위적 배출과 흡수원에 따른 제거에 관한 국가통계를 작성, 정기적으로 갱신 및 공표하고 당사자총회에 통보한다.[60]

이는 선진국들의 의무가 개발도상국들과 실질적으로 다르지 않은 몇 안 되는 기후변화 완화 측면 중 하나이다. 비록 전자는 국가통계를 낼 때[61] "최고의 과학적 지식을 고려해야 한다"고 요구하지만, 후자는 국제적 지원을 받을 수 있다.

교토의정서에 의해 부속서 1 당사국들이 그들의 QELRC를 준수하는지 평

57) UNFCCC Secretariat, *Aggregate Effect of the Intended Nationally Determined Contributions: An Update*, doc. FCCC/CP/2016/2 (May 2, 2016), para. 8.
58) Paris Agreement, *supra* note 10, art.4.2 참조. 또한 Susan Biniaz and Daniel Bodansky, "*Legal issues related to the Paris Agreement*" (C2ES, May 2017) 참조.
59) UNFCCC Secretariat, *supra* note 57, at para. 5. 또한 UNEP, *The Emissions Gap Report 2017: A UN Environment Synthesis Report* (November 2017) 참조.
60) UNFCCC, *supra* note 10, art.4.1(a). 또한 Kyoto Protocol, *supra* note 10, art.10(a) 참조.
61) UNFCCC, *supra* note 10, art.4.2(c).

가할 수 있도록 보다 엄격한 계산체제가 필요하게 되었다. 이 협약에서, 선진
국들은 교토의정서 당사국회의에서 채택한 지침에 따라 "모든 온실가스(몬트리
올 의정서에 의하여 규제되는 것을 제외한다)의 배출원에 의한 인위적 배출량과 흡
수원에 의한 제거량을 추산하기 위한 국가제도"[62]를 공약하였다.[63] 선진국은
또한 기준연도 배출량[64]을 평가하고 QELRC와의 적합성을 감시해야 한다.[65]

파리협정은 모든 국가에 대한 엄격한 계산 공약을 연장한다. 모든 당사국
이 통계목록 보고서를 "정기적으로(regularly)" 제공해야 한다.[66] 파리협정의
채택에 관한 당사자들의 결정에서 "정기적으로"의 의미를 "적절한, 적어도 2
년에 한 번 정도"라고 보았고 최빈개도국과 군소도서개발국은 그들의 재량에
따라 통계목록을 제공할 수 있다고 하여 제외하였다.[67] 이는 파리협정 당사국
회의의 후속 결정에 의해 당연히 변경될 수 있고 더 높은 빈도가 부과될 수
있다.

이러한 의무의 특성은 기후변화에 관한 국제법의 가장 기술적으로 도전적
인 측면 중 하나인 '측정, 보고, 검증(MRV)'에 관한 기술적 지침을 개발하도록
하였다. 이러한 기술적 지침은 신뢰성 있고 비교 가능한 국가통계 보고를 촉
진하고자 하는 시도로 발전되었다. 이와 관련하여 COP 결정은 IPCC의 다량
의 보고서에 수록된 지침과 모범 사례에 크게 의존해 왔다.[68] 불행히도 그러

---

62) Kyoto Protocol, *supra* note 10, art.5.1.

63) Decision 19/CMP.l "Guidelines for national systems under Article 5, paragraph 1, of
the Kyoto Protocol" (November 30, 2005); Decision 20/CMP.l "Good practice
guidance and adjustments under Article 5, paragraph 2, of the Kyoto Protocol"
(November 30, 2005); Decision 21/CMP.l "Issues relating to adjustments under
Article 5, paragraph 2, of the Kyoto Protocol" (November 30, 2005) 참조.

64) Kyoto Protocol, *supra* note 10, art.3.4.

65) *Ibid.*, art.7.1.

66) Paris Agreement, *supra* note 10, art.13.7(a).

67) Decision 1/CP.21, *supra* note 10, para. 91.

68) Decisions 24/CP.19, "Revision of the UNFCCC reporting guidelines on annual inventories
for Parties included in Annex I to the Convention" (November 22, 2013); 3/CMP.ll,
"Implications of the implementation of decisions 2/CMP.7 to 4/CMP.7 and 1/CMP.8
참조. on the previous decisions on methodological issues related to the Kyoto
Protocol, including those relating to Articles 5, 7 and 8 of the Kyoto Protocol, part
Ⅰ: implications related to accounting and reporting and other related issues"
(December 10, 2015). 또한 Simon Eggleston *et al.*, *2006 IPCC Guidelines for National
Greenhouse Gas Inventories* (IGES, 2006) 참조.

한 노력에도 불구하고, 신흥국과 개발도상국의 온실가스 배출에 대한 국가 통계는 대부분 불완전하고 종종 신뢰할 수 없는 상태로 남아 있으며, 특히 토지이용, 토지이용변경 및 산림(LULUCF)에서 발생하는 배출과 관련한 통계에서 더욱 그렇다.[69]

3. 추가 행동 증진 및 촉진에 대한 공약

배출 제한과 감축 공약 외에도, 일련의 국제기후협정의 당사자들은 기후변화 완화에 대한 추가 행동을 증진하고 촉진하기로 공약하였다. 특히, 그들은 세 가지 방법으로 추가적인 완화 조치를 추진하기로 공약하였다. 즉, 추가 협상을 통해 현재의 배출 제한과 감축 약속을 넘을 것, 다른 국가에게 지원을 제공하여 자국의 영역을 넘을 것, 다른 포럼에서의 협력을 통해 국제기후협정의 적용 분야를 넘을 것을 공약하였다.

첫째, 각국은 계속되는 기후변화 협상을 통해 추가 공약을 계속 협상할 것을 약속하였다. 모든 국제기후협정에서 추가 협상을 추진하자는 합의가 이루어졌다. UNFCCC는 첫 회기에서 COP가 완화에 관한 규정의 적정성을 검토하고 "이러한 공약에 대한 개정안의 채택을 포함한 적절한 조치"를 취할 것을 요구하였다.[70] 이 조항은 교토의정서의 채택으로 이어졌는데, 교토의정서는 "제1차"[71] 공약기간을 제공하고 "추후 기간의 공약"[72]을 수립할 것을 당사국회의에 요청하였다. 이 조항에 따라 도하 개정안을 채택한 결정은 각 선진국이 의욕을 높이기 위하여 "최소한 2014년까지 제2차 공약기간 동안 수량화된 배출량 제한과 감축 약속을 재검토"할 것을 요구하고 있다.[73] 칸쿤합의는 "선

---

69) P. Ciais et al., "Carbon and other biogeochemical cycles" in T.F. Stocker et al. (eds.), *Climate Change 2013: The Physical Science Basis. Contribution of Working Group I to the Fifth Assessment Report of the Intergovernmental Panel on Climate Change* (Cambridge University Press, 2007) 465, at 489 (section 6,3.2.1); H. Kunreuther et al. "Integrated risk and uncertainty assessment of climate change response policies" in Edenhofer et al. (eds.), *supra* note Ⅰ, 151, at 182－183 (section 2.6.4.3) 참조.

70) Convention on the International Maritime Organization, March 6, 1948, 289 *UNTS* 48, art.4.2(d) 참조.

71) Kyoto Protocol, *supra* note 10, art.3.7.

72) *Ibid.*, art.3.9.

73) Decision 1/CMP.8, *supra* note 20, para. 7. Only three States have reviewed their commitment: Japan, Kazakhstan and New Zealand. UNFCCC, *Compilation of Economy－Wide Emission Reduction Targets to Be Implemented by Parties Included*

진국 당사국들에게 의욕을 높일 것을 재촉"[74]하면서도 또한 "개발도상국의 완화 공약을 요청"하였다.[75]

파리협정은 일련의 공식적 합의보다는 당사국들의 일방적 선언으로 더욱 나아갈 것을 촉구하고 있다. 파리협정의 각 당사국은 "각 당사자의 차기 국가결정기여는 당사자의 현재 국가결정기여보다 진전되는 노력을 시현할 것이며 가능한 한 가장 높은 의욕 수준을 반영"하여 통보해야 한다.[76] 이 조항은 효과적일 경우 각국이 항상 더 의욕적인 완화 약속을 하도록 결부시키는 효과가 있다. 따라서 트럼프 미국 대통령이 잠시 고려하였던 것처럼, 의욕을 격하시켜 NDC를 재검토하고자 하는 것은 파리협정의 대상과 목적에 어긋나는 것임이 분명하다.[77] 이러한 부정적 영향 외에도, 파리협정의 당사국들은 그들의 잇따른 NDC가 그들의 "가능한 가장 높은 목표 설정"을 반영할 것이라고 공약하였다.[78] 이러한 규정에서 당사자들은 신의성실하게 추가 배출 제한과 감축 약속을 협상해야 할 의무가 발생한다. 흥미롭게도 트럼프 미국 대통령이 파리협정에서 미국을 빼내겠다는 의사를 밝히면서도, 대체적인 '합의(deal)'를 협상해야 할 의무를 암묵적으로 인정하였다.[79] 이와 같은 추가 협상 공약은 환경과 개발에 관한 리우선언에서 전 세계적인 동반자적 정신을 갖고 협력할 것을 인정한 것과 밀접한 관련이 있다.[80]

둘째, 일련의 국제기후협정은 당사자들의 재정지원, 기술이전 및 역량배양

---

in *Annex I to the Convention* (May 9, 2014), doc. FCCC/SBST A/2014/INF.6, para. 5 참조.

74) Decision 1/CP.16, *supra* note 15, para. 37.

75) *Ibid.*, para. 50.

76) Paris Agreement *supra* note 10, art.4.3.

77) Lavanya Rajamani, "The US and the Paris Agreement: in or out and at what cost?" EJIL: Talk! (May 10, 2017), www.ejiltaIk.org/the−us−and−the−paris−agreement−in−or−out−and−at−what−cost (accessed January 3, 2018) 참조. 이에 대한 대조적인 내용에 대해서는 Biniaz and Bodansky, *supra* note 58 참조.

78) Paris Agreement, *supra* note 10, art.4.3.

79) Mythili Sampathkumar and Alexandra Wilts, "Donald Trump confirms withdrawal from Paris Agreement on climate change in huge blow for global deal" *The Independent* (June 1, 2017) 참조.

80) UNCED, Rio Declaration on Environment and Development (June 3−14, 1992), available in (1992) 31 *ILM* 874 (이하 Rio Declaration), principle 27 참조. 또한 본서 제5장, Ⅱ.A. 참조.

을 통해 다른 당사국들의 완화행동의 이행을 촉진시키도록 요구한다. UNFCCC
에서, 부속서 2 당사국(이전의 소비에트 연방을 제외한 선진국)은 온실가스 배출량
계산에서 "개발도상국이 공약을 이행하는 데에서 부담하는 합의된 만큼의 모
든 비용을 충족시키기 위하여 새로운 추가적 재원을 제공"하기로 약속하였
다.[81] 또한 부속서 2 당사국은 온실가스 배출량을 제한하거나 줄이기 위해 채
택할 수 있는 조치의 "기술이전을 위한 비용을 포함하여, 합의된 만큼의 모든
부가비용을 충족시키기 위하여 개발도상국인 당사자가 필요로 하는 새로운 추
가적 재원을 제공"하기로 약속하였다.[82] 부속서 2 당사국 이외의 국가들은
"남−남 협력" 등을 통해 완화조치를 지원하는 데 점점 더 전념하게 되었다.
파리협정에서 지원 조항은 더 이상 선진국에 국한되지 않았다. 오히려 파리협
정은 소극적인 형태로 기후변화 완화조치의 "이행을 위하여 개발도상국 당사
국에게 지원이 제공된다"고 언급하였다.[83]

　셋째, 각국은 또한 제3의 포럼에서 협상을 추진하기로 약속하였다. 특히,
교토의정서를 비준함으로써, 부속서 1 당사국은 "국제민간항공기구 및 국제해
사기구에서의 활동을 통하여, 항공기용 및 선박용 연료로부터 각각 발생하는
온실가스(몬트리올 의정서에 의하여 규제되는 것을 제외한다) 배출량의 제한·감축
을 추구"할 것을 약속하였다.[84] 이러한 활동들은 국경을 넘어서 확장됨에 따
라, 특정 국가에 활동을 귀속시키는 것은 개별 국가가 만든 QELRC의 관점에
서 문제가 있었다. 그렇기 때문에 선진국이 전문 포럼 내에서 협상하며 해답
을 찾도록 요구하는 것이 더 편리해 보였다. 마찬가지로, 기후변화에 관한 협
상과 '오존층 파괴물질에 관한 몬트리올 의정서'에 따른 협상 사이의 시너지
효과를 탐색하기 위한 노력이 이루어졌다.[85] 국제기구, 정부당국, 비정부기구,
영리단체 등 모든 관련국과의 협력도 UNFCCC 체제를 넘어 국제협력을 활성
화하는 한 방편으로 장려되고 있다.[86]

---

81) UNFCCC, *supra* note 10, art.4.3.

82) *Ibid.*

83) Paris Agreement, *supra* note 10, art.4.5. 또한 *Ibid.*, art.9.2 참조. 기후 변화에 대한 국
　　제적 대응에 대해서는 본서 제12장 참조.

84) Kyoto Protocol, *supra* note 10, art.2.2.

85) Decision 12/CP.8, "Relationship between efforts to protect the stratospheric ozone
　　layer and efforts to safeguard the global climate system: issues relating to
　　hydrofluorocarbons and perfluorocarbons" (November 1, 2002) 참조.

III. 다른 조약 체제 하에서의 기후변화 완화 행동

기후변화 완화를 위한 노력은 UNFCCC 체제에 국한되지 않는다. 오존층 보호를 위한 비엔나협약과 오존층 파괴물질에 관한 몬트리올 의정서에서부터 ICAO와 IMO에 이르기까지, 다양한 법적 체제는 특정 가스나 특정 경제 분야에서 기후변화 완화에 관한 국제협력을 증진시켰다. 교토의정서는 ICAO와 IMO 하에서 협력할 것을 지시하였다.[87] 이러한 그리고 다른 발전도 UNFCCC 체제 하에서 만들어진 추진력에 의해 촉발되었다. 따라서, 코펜하겐 정상회담과 파리 정상회담이 열린 직후인 2010년과 2016년에 중요한 진전이 일어난 것은 우연이 아니다.

A. 특정 가스 관련 행동

오존층 보호를 위한 비엔나협약과 오존층 파괴물질에 관한 몬트리올 의정서는 기후변화 완화와는 다른 목적을 추구한다.[88] 이 조약들은 "오존층을 변화시키거나 변화시킬 수 있는 인간활동 때문에 초래되거나 초래될 수 있는 역효과로부터 인간의 건강과 환경을 보호하는 것"을 추구한다.[89] 그림에도 불구하고, 많은 오존층 파괴물질이 강력한 온실가스이기 때문에, 오존 체제 하에서 수행된 노력은 기후변화 완화에 상당한 공동의 이익을 가져왔고, 따라서 UNFCCC의 목표를 상당히 진전시켰다.[90] 몬트리올 의정서 당사국들은 "이 물질들의 배출이 가져올 잠재적 기후 영향에 대해 잘 의식하고 있다"고 기록하고 있다.[91]

나중에 UNFCCC가 그랬듯이,[92] 오존층 보호를 위한 비엔나협약은 각 당사

---

86) Decision 1/CP.16, *supra* note 15, paras. 121(f), 125; decision 1/CP.21, *supra* note 10, recital 16 and para. 74(a); Paris Agreement, *supra* note 10, recital 15, 그리고 art.10.2, 11.3, 그리고 12 참조.
87) Kyoto Protocol, *supra* note 10, art.2.2 참조.
88) 본서 제4장, Ⅰ. 참조.
89) Vienna Convention for the Protection of the Ozone Layer, March 22, 1985, 1513 *UNTS* 293, art.2.1.
90) UNFCCC, *supra* note 10, art.2.
91) Montreal Protocol on Substances that Deplete the Ozone Layer, September 16, 1987, 1522 *UNTS* 3 (hereinafter Montreal Protocol), recital 5.

자들에게 그 이행을 확실히 하기 위해 "적절한 조치"를 취할 것을 요구하였다. 이를 토대로 오존층 파괴물질에 관한 몬트리올 의정서가 채택되어 보다 구체적인 국가적 공약을 규정하였다. 각 당사국은 1인당 배출량이 적은 개발도상국의 특수한 상황을 감안하여, 역사적 배출량[93])에 근거하여 계산된 특정 물질의 소비 수준을 "초과하지 않을" 것을 공약하였다.[94]

몬트리올 의정서의 당사국들은 오존층을 고갈시키지 않지만 오존층 파괴물질 대신 사용되고 있는 강력한 온실가스인 HFC의 배출량 증가를 해결하기 위한 특별한 조치들을 채택할 필요성을 인식하였다. 2010년, 오존층 파괴물질에 관한 몬트리올 의정서 당사국들 중 108개 당사국은 염화불화탄화수소(HCFCs)와 프레온(CFCs)으로부터 탈피하기 위한 전 지구적 전환에 관한 선언서에 서명하였다. 이 선언에서 공통적으로 "몬트리올 의정서에서 세계를 HCFCs와 CFCs를 대신할 환경적으로 건전한 대안들로 전환하는 것을 목표로 하는 추가 조치를 추구할 것"을 표명하였다.[95] 이에 따라 6년 후, HFCs의 소비와 생산을 단계적으로 중단하기 위해 몬트리올 의정서에 대한 키갈리 개정안(Kigali Amendment)'을 채택하게 되었다.[96] HFCs는 오존을 배출하는 물질이 아니기 때문에, 키갈리 개정안은 오존 체제의 목적을 직접적으로 진전시키지 않는다. 오히려, 오존 체제 내에서의 이러한 발전은 기후변화 완화를 촉진하고, 따라서 UNFCCC의 목적을 더욱 진전시키기 위한 것이다.

오존 체제 하에서의 국가적 공약은 UNFCCC 체제에서의 국가적 공약 중 전부는 아니지만 일부와 중복된다. UNFCCC, 교토의정서, 파리협정에서의 국가적 공약과 구별할 필요가 있다.

- 기후변화 완화에 대한 국가적 공약을 "몬트리올 의정서에 의해 규제되지

---

92) 해당 장, Ⅱ.B. 참조.

93) Montreal Protocol, *supra* note 91, art.2, paras. 1, 2, 3, 4 참조.

94) *Ibid.*, art.5.

95) Declaration on the Global Transition away from Hydrochlorofluorocarbons (HCFCs) and Chlorofluorocarbons (CFCs), adopted by 108 parties at and around the Twenty-Second Meeting of the Parties (November 8-12, 2010), para. 6.

96) Amendment to the Montreal Protocol on Substances that Deplete the Ozone Layer, adopted in Kigali on October 15, 2016, reproduced in (2017) 56 *ILM* 196 (이하 Kigali Amendment).

않는 온실가스"[97]로 제한하는 UNFCCC 하에서는 중복이 배제된다. 이 공식은 동적인 해석을 가능하게 하는 장점이 있으며, 키갈리 개정안에 따라 몬트리올 의정서의 범위가 자동적으로 확장되었고 이는 UNFCCC의 범위에 대한 제한을 시사한다.[98]

- 2019년 1월 1일 몬트리올 의정서에 대한 키갈리 개정안이 발효된 후 교토의정서의 도하 개정안의 발효에 따라 중복이 발생할 것이다(또는 각국이 키갈리 개정안의 발효에 앞서 도하 개정안에 따른 의무를 이행하기로 결정함에 따라 발생할 것이다). 이는 교토의정서에 따른 국가적 공약이 부속서 A에 포함된 온실가스의 목록으로 확대되어, 이 목록에는 몬트리올 의정서에 의해 규제되는 물질과 초기 개정안 내용은 제외되었지만 HFCs가 포함되어 있었기 때문이다. 따라서 HFCs의 배출은 두 개의 다른 조약 체제 하에서 동시에 규제될 것이다. 이러한 조약은 배출량을 줄여야 할 의무를 규정하지만 배출할 권리를 규정하지 않기 때문에, 어떠한 불일치도 없을 것이다.

- 파리협정의 당사국들이 통보하는 NDC와 몬트리올 의정서에 따른 의무 사이에 중첩이 나타날 수 있으며, 어쩌면 키갈리 개정안이 발효되기 이전에도 중첩이 될 수 있다. 파리협정은 가스 목록을 포함하지 않으며, "협약 이행의 강화"[99]를 목표로 하고 있지만, UNFCCC에서의 국가적 공약의 범위에 의해 분명히 제한되는 것은 아니다. 일부 국가의 INDC는 HFCs을 대상으로 한다.[100]

그러한 중복은 특별히 문제가 되지 않는다. 중복되는 것은 받아들여졌고 심지어 의도적이기까지 하다. 몬트리올 의정서의 당사국들은 키갈리 개정안이 "UNFCCC 체제의 범위에서 [HFCs]를 제외하는 효과를 의도한 것은 아니다"라고 분명히 언급하였다.[101] HFCs는 온실가스 배출의 큰 부분을 차지하지 않

97) UNFCCC, *supra* note 10, art.4.1, 4.2 and *passim*.
98) 여기서 제기된 UNFCCC의 한계는 몬트리올 의정서에 대한 개정안 발효 여하에 달려있으며 개정안의 당사국에게만 해당된다.
99) Paris Agreement, *supra* note 10, art.2.1.
100) UNFCCC Secretariat, *supra* note 57, para. 16.
101) Kigali Amendment *supra* note 96, art.Ⅲ.

으므로 중복이 UNFCCC 체제에서 합의된 더 일반적인 협정의 이행을 크게 방해하지 않는다.

B. 특정 부문별 행동

기후변화 완화 행동은 다른 여러 체제에서도 이루어진다. 기후변화 완화에 관한 가장 진보된 분야별 협력 과정 중 두 가지는 교토의정서의 범위에 포함되지 않은 국제운송의 측면을 고려한다. 즉 국제항공과 해상운송이다.

1973년 선박으로부터의 오염방지를 위한 국제협약(MARPOL)은 "석유 및 기타 유해물질에 의한 해양환경의 의도적 오염의 완전 제거 및 우발적 오염의 최소화를 달성"하기 위해 채택되었다.[102] 1997년에는 질소산화물 등 대기오염물질의 배출량을 규제하는 개정안이 채택되었는데, 그 중 일부는 온실가스이다. 2011년에 추가 개정되어, 선박에서의 온실가스 배출 집약도에 대한 규정이 도입되었다.[103] 시장 기반 조치를 포함한 가능한 추가 조치들에 대한 협상은 2018년 초까지 계속 진행되었다.[104]

ICAO 총회는 2010년에 "2020년부터 국제항공에서 배출되는 전 세계 탄소 순 배출량을 동일한 수준으로 유지하는 것을 목표로 하는 공동의 중기적 전 세계적 희망 목표"[105]를 채택하였다. 그러나 이 목표는 "개별 국가에 대한 특정 의무의 귀속 없이" 채택되었음을 명확히 하였다.[106] 3년 후인 2016년 9월, 총회는 국제민간항공의 온실가스 배출에 적용되는 국제 시장기반 메커니즘에 대한 구체적인 규정인 국제항공 탄소상쇄 및 감축제도(CORSIA)를 채택하였다.[107] 기후변화 완화를 촉진하기 위한 다른 노력과는 대조적으로, 이 국제 시

---

102) 1973 International Convention for the Prevention of Pollution from Ships, November 2, 1973, 1340 *UNTS* 184, recital 4.

103) MARPOL resolution MEPC.203(62), "Amendments to the Annex of the Protocol of 1997 to Amend the International Convention for the Prevention of Pollution from Ships, 1973, as Modified by the Protocol of 1978 Relating Thereto" (July 15, 2011), in IMO document MEPC 62/24/Add.l.

104) 본서 제4장, II.A. 참조.

105) ICAO Assembly Resolution A37−19, "Consolidated statement of continuing ICAO policies and practices related to environmental protection−climate change" (September 28−October 8, 2010), para. 6.

106) ICAO Assembly Resolution A38−18, "Consolidated statement of continuing ICAO policies and practices related to environmental protection−climate change" (September 24−October 4, 2013), para. 7.

장기반 메커니즘은 비록 이행은 국가의 책임으로 남겠지만, 국제기구가 보다 중심적인 역할을 수행할 수 있다. CORSIA는 다른 부문의 완화 프로젝트에 자금을 지원해 배출량을 상쇄하고자 하기 때문에 항공 부문의 순 완화 성과를 보장하지 않는다. 따라서 2010년 ICAO 총회에서 채택한 "2021년부터 2050년까지 연간 2%의 글로벌 연비효율 개선"108)은 CORSIA의 방식 또는 추가적인 국가적 공약을 통해 구현되어야 한다. 마지막으로 2005년 수준과 비교해 2050년까지 항공운송의 탄소배출량을 50% 줄이겠다는 국제항공운송업계 대표기관들의 공약에 대한 이행 계획은 아직 발표되지 않았다.109)

　　다양한 다른 이니셔티브도 주목할 만 하다. 일부는 완화의 공동이익을 갖는 다른 행동을 통해 완화행동을 보완하고자 한다. 따라서 COP는 특히 1971년 "람사르"에서 '물새 서식지로서 국제적으로 중요한 습지에 관한 협약(COP/Ramsar)'을 논의하였다.110) COP/RAMSAR는 2008년 온실가스 흡수원으로서의 습지를 보호하기 위한 "긴급행동을 취할 것"과 "기후변화 완화와 관련하여, 이탄지대 복원에 대한 시범지역의 확대와 현명한 이용 관리를 장려하는 것"에 합의하였다.111) 2015년 COP/RAMSAR은 "온실가스 배출을 일으킬 수 있는 활동을 제한하는 것을 고려"하기로 합의하였다.112)

　　선구적인 이니셔티브를 통해 UNFCCC 내의 행동을 촉진하려는 다른 시도들도 있었다. UNFCCC 체제 내에서 삼림에 대한 행동의 발전을 촉진하기 위해 50개국이 2010년에 가입한 구속력이 없는 '열대우림 보호를 위한 자금 조달 및

---

107) ICAO Assembly Resolution A3 9-3, "Consolidated statement of continuing ICAO policies and practices related to environmental protection - Global Market-Based Measure (MBM) scheme" (September 27-October 7, 2016), para. 5.

108) ICAO Assembly Resolution A3 7-19, *supra* note 105, para. 4.

109) *Ibid.*, para. 22.

110) Convention on Wetlands of International Importance Especially as Waterfowl Habitat, February 2, 1971, 996 *UNTS* 246 (이하 람사르 협약(Ramsar Convention)은 협약이 채택된 마을의 이름에서 유래한다).

111) Conference of the Parties to the Ramsar Convention, Resolution X.24, "Climate change and wetlands" (October 28-November 4, 2008), para. 32. 또한 Conference of the Parties to the Ramsar Convention, Resolution VIII.3, "Climate change and wetlands: impacts, adaptation, and mitigation" (November 18-26, 2002), para. 15 참조.

112) Conference of the Parties to the Ramsar Convention, Resolution XII. 11, "Peatlands, climate change and wise use: Implications for the Ramsar Convention" (June 1-9, 2015), para. 21.

신속 조치에 관한 협정(Agreement on Financing and Quick－Start Measures to Protect Rainforests)'의 경우였다.[113] 마찬가지로 G20 회원국들은 2009년 피츠버그 정상회담에서 채택된 "리더십 성명(Leadership Statement)"을 통해 "비효율적인 중기 화석연료 보조금을 단계적으로 폐지하고 합리화하겠다"[114]고 약속하였는데, 이 목표를 UNFCCC 체제 내에서 채택하는 것에 대해 많은 개발도상국들로부터 계속해서 상당한 저항을 받고 있다.

제15장에서 더 자세하게 논의될 일부 이니셔티브는 그 이행을 위해 부분적으로 또는 전체적으로 비국가행위자에게 의존한다. 세계은행의 '제로 루틴 플레어링(Zero Routine Flaring by 2030)' 계획은 석유와 가스를 추출하고 정제하는 과정에서 발생하는 온실가스 배출과 대기오염의 중요한 원천인 플레어링을 제거하는 것을 목표로 하고 있다.[115] 2018년 초까지 이 목표는 26개의 국가정부와 1개의 지방정부(캘리포니아), 31개의 석유회사 및 15개의 개발기관에서 승인되었다.[116] 비국가행위자는 기후변화 완화에 대한 자발적인 공약을 장려하고 그들의 효과적인 이행을 공적으로 감시하기 위해, 각종 표준 및 검증 과정과 같은 다수의 체계를 개발하였다.

IV. 이행조치 개관

본서는 기후변화에 관한 국제법에 초점을 맞추고 있지만, 기후변화 완화에 관한 국제적 의무를 수행하기 위해 국가들과 유럽연합이 채택한 조치의 일반적인 개관을 제공하는 것이 유용할 것이라 생각된다. 이러한 이행조치는 효율

---

113) Government of Norway, Agreement on Financing and Quick－Start Measures to ProtectRainforest (May 27, 2010), www.regjeringen.no/en/aktuelt/Agreement－on－fmancing－and－quick－start－measures－to－protect－rainforest/id605756(accessed January 3, 2018).

114) G20 Leaders' Statement: The Pittsburgh Summit (September 24－25, 2009), para. 24.

115) David G. Victor *et al*, "Introductory chapter" in Edenhofer *et al.* (eds.), *supra* note 1, 111, at 123. 해당 문헌에 따르면 플레어링은 전 세계 온실가스 배출량의 6%를 차지한다.

116) The World Bank, "Zero routine flaring by 2030" (January 31, 2017), www.worldbank .org/en/programs/zero routine－flaring－by－2030#1 (accessed January 3, 2018).

성 제고와 소비 방식의 변화를 통해 온실가스의 공급원을 줄이거나 삼림과 토양과 같은 온실가스의 흡수원과 저장소를 개선하기 위한 것이다.[117] 정부는 표준을 부과하거나 특정 행동방침을 금지하는 "명령 및 통제(command and control)" 조치 외에, 시장기반 메커니즘이나 탄소세의 창출 등을 통해 경제적 유인을 제공하려고 노력해 왔다. 각국은 또한 계획, 투자, 소유권, 연구 및 교육을 통해 리더십을 발휘하고자 하였다.

기후변화 완화에 관한 국제법은 국가의 의무를 규정하지만, 국가가 이러한 의무를 이행하기 위해 반드시 취해야 하는 특정한 조치에 관한 규칙은 거의 없다. UNFCCC는 "기후변화에 대처하기 위한 국제협력에 있어서 국가주권의 원칙"을 인정하고 있다.[118] 따라서, 경제 발전과 복지, 인권과 같은 다른 국가적 목표에 불균형적으로 영향을 미치지 않고 기후변화 완화를 하기 위해 어떤 이행조치가 더 바람직한지 결정하는 것은 각 국가에 달려 있다. 그럼에도 불구하고 교토의정서는 기후변화를 완화하는 특정한 방법을 촉진하고, 사회적 형평성보다 경제적 효율성을 극대화하는 시장기반의 접근과 전략을 장려하는 방향으로 나아갔다. 이는 상대적으로 유사한 환경을 가진(예: 일반적으로 잘 작동하는 정부) 부속서 1 당사국에게만 배출 제한과 감축 공약이 부과되었기 때문에 가능하였다. 파리협정은 모든 당사국으로 확고한 완화 공약을 확장하면서 당사국들이 시장 및 비시장 접근법을 포함하여 더 다양한 완화조치를 계획하도록 권장한다.[119]

국가적인 이행조치는 여러 가지 방법으로 국내법에 제정될 수 있다. 일부 국가 헌법에는 지속가능한 개발 촉진,[120] 환경보호[121] 또는 심지어 기후변화 완화에 관한 규정[122]이 포함되어 있다. 그들의 상징적인 중요성 외에도, 그러한 조항들은 소송의 근거를 제공할 수 있다. 그러나 법령, 규정, 정책문서 등

---

117) 인공 흡수원에서 이루어지는 탄소 포집 및 저장 기술은 제9장에서 논한다.

118) UNFCCC, *supra* note 10, recital 10.

119) Paris Agreement, *supra* note 10, art.6 참조.

120) Charter for the Environment (June 24, 2004), in Constitution of France (1958), art.6.

121) Constitution of India (November 26, 1949); Constitution of Fiji (August 22, 2013), art.40.

122) Constitution of Tunisia (June 26, 2014), art .45; Constitution of Ecuador (September 28, 2008), art.414.

보다 구체적인 조치가 필요하다. 완화 전략은 일반적으로 발전(power generation), 운송, 건축, 산업, 농업 및 거주지를 포함한 현대 경제의 거의 모든 분야를 포함한다. 이러한 조치들은 종종 협력에 익숙하지 않은 정부기관에서 개발되고 이행되어 조정의 문제를 야기한다. 일부 국가 완화 전략에는 상당히 복잡한 시장기반 메커니즘이 포함된다.

A. 명령 및 통제 규정

정부가 기후변화 완화에 대한 국제적 의무를 이행하는 첫 번째 그리고 가장 분명한 방법은 행정적, 형사적 제재를 통해 관할 내 법인에 의무를 부과하는 것이다. 일부 규정은 기후변화를 완화하기 위한 목적으로 채택되었고, 다른 규정은 대기질 개선이나 에너지 안보 확보와 같은 목표를 추구하며, 기후변화 완화에 부수적으로 기여한다. 많은 국가, 특히 선진국은 많은 양의 온실가스와 다른 오염물질을 배출하는 부문에 대해 상세한 규제를 부과하였다. 이러한 규정은 일반적으로 배출표준, 기술표준 또는 상품표준을 포함한다.[123]

"배출표준(emission standard)"은 주어진 기간 동안 특정인이 환경에 배출하는 오염물질의 양과 관련이 있다. 이 수량은 고정되거나 생산 수준과 같은 다른 변수에 따라 달라질 수 있다. 성능표준은 배출 집약도의 관점에서 표현되는 배출표준의 하위 항목으로, 배출 수준을 생산단위(예를 들어 발전소의 출력 단위)로 나눈 배출량이다. 하나 또는 여러 종류의 온실가스에 대해 별도의 배출표준을 부과할 수 있고, 가중치가 있는 온실가스 바스켓에 하나의 배출표준을 부과할 수 있다. 배출표준의 이행을 위해서는 측정, 보고 및 검증을 위한 규정이 필요하며, 이는 종종 인가된 기관의 자체 보고와 외부 검증에 의존한다. 이와 같이 배출표준은 일반적으로 더 쉽게 통제할 수 있는 대규모의 고정오염원으로 제한된다.

"기술표준(technology standard)"은 생산공정에서 특정 기술을 사용할 것을

---

123) E. Somanathan *et al.*, "National and Sub-national Policies and Institutions" in Edenhofer *et al.* (eds.), *supra note* 1, 1141, at 1155; S. Gupta *et al.*, "Policies, instruments and co-operative agreements" in B. Metz *et al.* (eds.), *Climate Change 2007: Mitigation. Contribution of Working Group Ⅲ to the Fourth Assessment Report of the Intergovernmental Panel on Climate Change* (Cambridge University Press, 2007) 745, at 753-755 참조.

요구한다. 예를 들어, 기술표준은 더 나은 환경성과를 촉진하기 위해 석탄 발전소에서 특정 장비를 사용하도록 강요할 수 있다. 기술표준은 또한 예를 들어, 토양이 탄소 섭취를 최대화하도록 하는 농업 관행과 같은 특정 방법론을 요구할 수 있다.[124] 비록 배출표준보다 집행이 더 쉬울 수 있지만, 기술표준은 규제할 수 있는 활동에 특정되며, 특히 기술이 빠르게 발전하고 있는 부문에서 빈번하고 복잡한 업데이트를 필요로 한다. 기술표준은 자발적 혁신의 여지가 거의 없다.

"상품표준(product standard)"은 시장에서 무엇이 만들어지고 팔릴지에 대한 특정한 특징을 부과한다. 상품표준은 새로운 전자제품에 적용할 전력효율 기준, 차에 적용할 연료효율 기준,[125] 새로운 건물에 적용할 단열재 기준[126] 등 상품이 수명기간 동안 야기할 에너지의 양과 온실가스 배출을 줄이기 위해 성능수준을 부과할 수 있다. 또한 디젤연료에서 바이오연료(석유 추출이 아닌 식물과 나무에서 생산된 연료)의 특정 비율과 같은 생산방법을 부과할 수 있다.[127] 상품표준은 최종 사용자에 의해 분산된 온실가스 배출원에 비교적 쉽게 적용되며, 여기서 배출이나 제어과정을 감시하는 것은 어려울 수 있다. 이러한 표준은 "소비자가 기기의 에너지 소비에 관한 정보를 제공받아 그 정보에 입각한 결정을 내릴 수 있도록" 하기 위해 수많은 국가에서 채택된 에너지 효율 라벨의 경우처럼 의무적이거나 자발적일 수 있다.[128]

B. 가격기반 메커니즘

가격기반 완화 인센티브는 온실가스 배출을 금지하기 보다는 배출량에 가

---

124) Jonathan Verschuuren, "Toward a regulatory design for reducing emissions from agriculture: lessons from Australia's carbon farming initiative" (2014) 7:1 *Climate Law* 1 참조.

125) US Code Chapter 85 (1963), Title 42, *Air Pollution Prevention and Control*, Subchapter Ⅱ, "Emission Standards for Moving Sources." 참조.

126) US Energy Policy Act, August 8, 2005, Pub. I. 109−158; US Energy Independence and Security Act, December 19, 2007, Pub. L 110−140; India Energy Conservation Building Code (May 2007) 참조.

127) India, *INDC* (October 1, 2015), at 16; Brazil, *INDC* (September 28, 2015), at 3 참조.

128) EU Directive 2010/30/EU on the indication by labelling and standard product information of the consumption of energy and other resources by energy−related products (May 19, 2010), doc. 32010L0030. India, INDC (October 1, 2015), at 11 참조.

격을 매기는 것을 추구한다. 그러한 메커니즘은 시장실패로서 기후변화를 이해하는 것과 관련이 있다. 온실가스 배출량은 경제학적 용어로 "부정적 외부효과(negative externalities)"라고 할 수 있는데, 생산자와 소비자를 제외한 개인이 겪고 있는 "비용"이며, 따라서 생산자와 소비자가 내린 합리적인 경제적 결정에서 적절히 설명되지 않는다. 가격기반 완화 메커니즘은 생산자 또는 (직접적으로) 소비자에게 온실가스 배출로 인한 피해에 상당하는 비용을 지불하도록 요구함으로써 이러한 "부정적 외부효과"를 "내부화"하려고 하며, 따라서 "오염자부담의 원칙"을 반영한다.[129]

그러나 제2장에서 논했듯이, 기후변화에 대한 객관적인 경제적 평가는 있을 수 없다. 특히 기후변화의 "비용"을 평가하려면 시중에 나와 있지 않은 물건에 가격표를 붙이거나 수 세기 또는 수천 년에 걸쳐 발생해야 하는 해악의 가치를 평가해야 하기 때문이다.[130] 같은 이유로 온실가스를 한 단위 배출하는 것과 관련된 "부정적 외부효과"의 객관적 가치를 결정하는 것은 불가능하다. 온실가스 배출에 대해 가치를 매긴다면 이는 무엇보다도 인간의 삶과 사회, 생물다양성, 미래세대를 얼마나 아끼는가에 대한 가치기반 판단에 근거할 수밖에 없다. 실제로, 국내법에서 온실가스 배출량에 부여하는 가격은 종종 이러한 배출량의 영향을 평가하려는 진지한 시도보다도 경제적 제약의 특정 수준에 대한 정치적 수용성과 관련된다.

온실가스 배출량에 가격을 부과하는 가장 직접적인 방법은 경제 주체들에게 배출량에 비례하여 세금을 내도록 하는 것이다. 스웨덴은 1991년부터 온실가스세를 도입해 1tCO_2eq당 29 유로에서 137 유로로 증액하였다.[131] 인도는 2010년부터 온실가스 배출량에 세금을 부과하기 시작하였다.[132] 호주에서는

---

129) 본서 제5장, Ⅱ.C. 참조.

130) 본서 제2장, Ⅱ. 참조. 또한 Endre Tvinnereim and Michael Mehling, "Carbon pricing and the 1.5°C target: near-term decarbonisation and the importance of an instrument mix" *Carbon and Climate Law Review* (forthcoming) 참조.

131) "When it comes to emissions, Sweden has its cake and eats it too" *World Bank* (May 16, 2016), www.worldbank.org/en/news/feature/2016/05/16/when-it-comes-to-emissions-sweden-has-its-cake-and-eats-it-too (accessed January 3, 2018).

132) India, Finance Act (2010), section 83. 또한 Ipshita Chaturvedi, "The 'carbon tax package': an appraisal of its efficiency in India's clean energy future" (2016) 10:4 *Carbon & Climate Law Review* 194 참조.

2012년 1tCO$_2$eq당 25.40 호주달러의 세금이 부과됐으나, 2014년 정권이 바뀌면서 폐지되었다.[133] 칠레는 2014년에 2018년부터 1tCO$_2$eq당 5 달러의 세금을 부과하겠다고 발표하였다.[134] 포르투갈은 2015년 1tCO$_2$eq당 7 달러에 해당하는 세금을 신설하였다.[135] 마찬가지로 캐나다는 2018년부터 10개 주 중 8개 주에서 1tCO$_2$eq당 10 캐나다달러의 세금을 온실가스 배출에 부과할 것이라고 발표하였다.[136]

일반적으로 이러한 직접적 온실가스세는 과도한 어려움 없이 활동을 감시, 보고, 부과할 수 있는 발전소나 산업 시설과 같은 대형 배출 업체에만 적용된다. 또한 화석연료의 생산이나 구매에 세금이 부과될 수 있기 때문에 경제사슬 전반에 걸쳐 화석연료를 사용하는 모든 경제 주체에게 부담을 준다. 자동차 등록에 대한 세금(싱가포르)과 같은 일부 특정 세금은 또한 상당한 온실가스 배출량을 유발하는 일부 활동에 경제적 디스인센티브(disincentives)을 줄 수 있다.[137]

그러나 세금은 인기가 없다.[138] 정치적 논쟁에서, 경제적 이익은 기후체계보다 더 강하게 표현되어, 환경적 이익보다 온실가스 세금의 경제적 영향에 훨씬 더 많은 비중을 둘 수 있다. 기후변화 완화와 즉각적인 경제 성장의 균형을 맞추라는 질문에 대부분의 유권자들은 후자를 선호한다. 원칙적으로, 온실가스세의 도입은 다른 소득원을 대체하는 국가의 소득원을 창출하고, 따라서 다른 세금을 대신하게 된다.[139] 온실가스세는 많은 나라에서, 많은 경제 주체

---

133) Lenore Taylor, "Australia kills off carbon tax," *The Guardian* (July 17, 2014) 참조.

134) Kate Galbraith, "Climate change concerns push Chile to forefront of carbon tax movement" *New York Times* (October 29, 2014).

135) World Bank, State and Trends o f Carbon Pricing 2016 (Washington, D.C., October 2016) 27.

136) Reuters in Ottawa, "Canada sets its first national carbon price at C$10 a ton" *The Guardian* (December 10, 2016). 캐나다가 NDC를 통해 소개한 당국의 재정적 규제에 대해서는, Anika Terton *et al*, "Fiscal instruments in INDCs: how countries are looking to fiscal policies to support INDC implementation" (IISD and Global Subsidies Initiative, December 2015) 참조.

137) "Tax structure for cars" on the website of the Land Transport Authority of Singapore, at www.lta.gov.sg/content/ltaweb/en/roads−and−motoring/owning−a−vehicle/ costs−of−owning−a−vehicle/tax−structure−for−cars.html(accessed January 3, 2018) 참조.

138) Justin Gundlach, *To Negotiate a Carbon Tax: A Rough Map of Policy Interactions, Tradeoffs, and Risks* (Sabin Center for Climate Change Law, June 2017) 참조.

들에게 계속해서 잘못된 유인을 제공하고 있는 화석 연료 보조금을 중단할 수 있는 기회가 될 수 있다. 그 대신에, 온실가스세로 얻게 되는 소득은 직접 보조금, 차등 과세 정책140) 또는 재정지원141)을 통해 재생에너지 생산을 하고 기후변화 완화를 촉진하는 데에 사용될 수 있다.

일부 국가는 세금 대신 시장기반 메커니즘을 통해 온실가스 배출량에 대한 가격을 부과하는 방안을 모색하고 있으며, 이를 배출권거래제라고 한다. 많은 국가는 INDC에 시장기반 메커니즘의 존재 또는 이를 발전시키고자 하는 의욕을 보였다.142) 특히 유럽연합은 2005년부터 시장기반 메커니즘을 이행하고 있으며,143) 중국은 7개의 현지 시범사업을 실시한 후 2017년 말 전력부문에서 전국적인 시장기반 메커니즘을 구축하였다.144) 시장기반 메커니즘은 경제 주체들이 일정 이행기간 내 그들의 활동에 의해 야기되는 각 온실가스 배출 단위에 대한 배출허용량을 획득하도록 요구한다. 배출허용량은 국가 당국에 의해 발행된다. 세금이 배출허용량에 대해 고정가격을 부과하는 반면, 시장기반 메커니즘은 수요가 이러한 허용량의 가격을 결정하도록 한다.

시장기반 메커니즘에서의 배출허용량은 일반적으로 세 가지 방법으로 획득할 수 있다.

---

139) 캐나다가 도입한 탄소세에 대하여 "조세 중립성" 원칙이 명시되어 있다. Government of British Columbia, *June Update: Budget and Fiscal Plan 2013/14−2015/16* (February 19, 2013), at 64 참조.

140) China, *INDC* (June 30, 2015), at 14.

141) 인도의 INDC에는 Partial Risk Guarantee Fund for Energy Efficiency, 그리고 Venture Capital Fund가 언급되어있다. 자세한 내용은 India's *INDC* (June 30, 2015), at 11 참조.

142) UNFCCC Secretariat, *supra* note 57, para. 162. 또한 World Bank, *State and Trends of Carbon Pricing 2016* (October 2016) 참조.

143) EU Directive 2003/87/EC establishing a scheme for GhG emission allowance trading within the Community (October 13, 2003), doc. 32003L0087.

144) U.S.−China Joint Announcement on Climate Change, November 12, 2014; U.S.−China Joint Presidential Statement on Climate Change, September 25, 2015 참조. 또한 Shen Ying, "Crossing the river by groping for stones: China's pilot emissions trading schemes and the challenges for a national scheme" (2016) *18 Asia Pacific Journal of Environmental Law* 1; Anatole Boute, "The impossible transplant of the EU emissions trading scheme: the challenge of energy market regulation" (2017) 6:1 *Transnational Environmental Law* 59; Duan Maosheng, "From carbon emissions trading pilots to national system: the road map for China" (2015) 9:3 *Carbon & Climate Law Review* 231; Zhang Hao, "Designing the regulatory framework of an emissions trading programme in China: lessons from Tianjin" (2012) 6:2 *Carbon & Climate Law Review* 329 참조.

1. 일부 배출허용량은 불가피한 것으로 간주되는 배출량에 따라 경제 주체에게 무료로 분배된다. 개별 쿼터는 (부문별 추세의 예측뿐만 아니라) 이전 연도의 배출량에 기초하여 결정되는 경우가 많기 때문에, 이러한 초기 분배를 과거배출량에 근거한 "그랜드파더링(grandfathering)"이라고 한다. 그랜드파더링이 새로운 진입자를 포함하여 경쟁을 왜곡하지 않도록 하기 위한 일반적인 조항들이 만들어진다.

2. 국가당국은 또한 배출허용량에 대한 일부 허용량을 발행시장에서 경매할 수도 있다. 새로운 시장기반 메커니즘은 대부분 그랜드파더링에 의존하지만, 경매의 중요성은 시간이 지남에 따라 증가하고 있다. 그랜드파더링과 달리 경매를 통한 할당량은 조세 제도와 비슷하게 국가당국에 약간의 소득을 창출한다.

3. 경제 주체들은 2차 시장에서 배출허용량을 사고팔 수 있다. 초기 경매 및 2차 시장에서의 추가 거래는 경제 주체들이 온실가스 배출량을 감소시킴으로써 이득을 얻고 온실가스 배출량을 유지하거나 증가시키기 위해 비용을 지불해야 함을 보장하고, 따라서 기후변화 완화에 대한 경제적 유인을 창출한다.

1차 시장 또는 2차 시장의 배출허용량 가격은 공급과 수요에 따라 결정된다. 공급은 국가 당국이 발행하는 배출허용량 수로 이루어진다. 허용량을 줄임으로써, 정부는 경제 주체들에 대한 압력을 높일 수 있고, 더 많은 허용량을 발행함으로써, 가격을 낮출 수 있게 한다. 정부가 개입하지 않는 한 이행기간 내 배출허용량의 가격은 수요에 따라 결정된다. 따라서 기술 혁신이나 느린 경제 성장은 배출허용량의 가격 하락으로 이어질 수 있다. 2005년부터 2007년까지의 EU 배출권거래제 공약의 첫 기간 동안 배출허용량 가격은 30 EUR/tCO$_2$eq 이상에서 몇 센트까지 다양하였다.[145]

비록 가격기반 유인이 기후변화 완화를 장려할 수 있지만, 그것은 확실히 묘책은 아니다.[146] 모든 가격기반 메커니즘은 정부와 경제 행위자들이 온실가

145) Beat Hintermann, "Allowance price drivers in the first phase of the EU ETS" (2010) 59:1 *Journal of Environmental Economics & Management* 43.

146) Stefan E. Weishaar, *Emissions Trading Design: A Critical Overview* (Edward Elgar,

스 배출량의 수준을 측정, 보고 및 검증하기 위해 부담하는 거래비용을 포함
한다.[147) 증가분의 변화에 대한 이러한 유인은 종종 공동의 선택에 의해 결정
되는 환경에서 구조적 변화를 유발하기에는 불충분하다.[148) 전반적으로 가격
기반 메커니즘은 환경을 해치는 것에 "권리(right)"나 "자격(entitlement)"[149)을
부여하는 것처럼 보일 수 있고, 전 세계 환경을 해치기 위한 허가를 팔고 사는
것의 올바름에 대한 윤리적 문제를 제기한다. 모든 사회는 예를 들어 생명이
나 근본적인 권리와 같은 것들은 거래될 수 없다는 것을 인정한다.[150) 그리고
가격기반 메커니즘은 정의상 가장 가난한 사람들에게 가장 영향을 미친다.

C. 리더십

정부는 규제하는 것 이상의 일을 한다. 정부는 선도적인 경제적, 과학적,
문화적 역할을 할 수 있다. 이 역할은 정부에게 기후변화 완화를 촉진할 수 있
는 여러 가지 기회를 제공한다.

2014) 참조.

147) Peter Heindl, "The impact of administrative transaction costs in the EU emissions trading system" (2017) 17:3 *Climate Policy* 314.

148) David M. Driesen, "The limits of pricing carbon" (2014) 4:1−2 *Climate Law* 10

149) Andrew Hedges, "Carbon units as property: guidance from analogous common law cases" (2016) 13:3 *Carbon & Climate Law Review* 190; Kelvin F.K. Low and Jolene Lin, "Carbon credits as EU like it: property, immunity, traciCO2medy? (2015) 27:3 *Journal of Environmental Law* 377; Hope Johnson *et al.*, "Towards an international emissions trading scheme: legal specification of tradeable emissions entitlements" (2017) 34:1 *Environment & Planning Law Journal* 3; Sabina Manea, "Defining emissions entitlements in the constitution of the EU emissions trading system" (2012) 1:2 *Transnational Environmental Law* 303. 이에 대해 국제체제 차원에서 같은 논리로 서술한 내용은 *supra* note 45 참조.

150) Robert E. Goodin, "Selling environmental indulgences" (1994) 47:4 *KYKLOS International Review for Social Sciences* 573, reproduced in Stephen M. Gardiner *et al.* (eds.), *Climate Ethics: Essential Readings* (Oxford University Press, 2010) 231; Gerd Winter, "The climate is no commodity: taking stock of the emissions trading system" (2010) 22:1 *Journal of Environmental Law* 1; Glen Lehman, "Environmental accounting: pollution permits or selling the environment" (1996) 7:6 Critical Perspective on Accounting 667 참조. 또한 Douglas A. Kysar, "Global environ mental constitutionalism: getting there from here" (2012) 1:1 *Transnational Environmental Law* 83; Edward A. Page, "Cashing in on climate change: political theory and global emissions trading" (2011) 14:2 *Critical Review of International Social & Political Philosophy* 259; Clive L. Spash, "The brave new world of carbon trading" (2010) 15:2 *New Political Economy* 169 참조.

국가는 토지이용 및 개발정책 또는 공공 기반시설 및 에너지 생산시스템에 대한 투자를 통해 공동의 발전 방향을 정의한다.[151] 그러한 공동의 결정은 종종 향후 몇 년 또는 수십 년 동안 사회를 개발 경로에 가두어 놓는 공동의 경로를 만든다. 예를 들어, 국가 개발전략, 도시계획 및 토지이용 규정(삼림 관리 포함)을 통해 다수의 방향을 채택할 수 있다.[152] 기반시설 투자는 도로와 공항[153]보다 철도 및 수로의 개발과 적절한 대중교통 네트워크의 개발을 통해 보다 지속가능한 교통 형태를 촉진해야 한다.[154] 지방정부 이니셔티브는 종종 산업지역 대신 저탄소 개발지역의 개발을 촉진하여 이를 향해 먼 길을 갈 수 있다.[155] 전기 송전망은 재생에너지 개발을 지원하도록 조정될 수 있다.[156]

소유권 정책을 통해 리더십이 발휘될 수 있다. 중국, 러시아, 인도, 사우디 아라비아 및 그 밖의 많은 주요 국가들은 화석연료의 추출, 정제 및 분배, 전력 생산, 시멘트 생산, 대중교통, 금속 등 일부 주요부문에서 소유지분이 높다. 350.org에 의해 주도된 초국가적인 지지 캠페인은 공공기관을 포함한 많은 투자자들을 화석연료 산업에서 벗어나게 하였다.[157] 투자회수가 일어나지 않는

---

151) Israel Solorio and Helge Jörgens (eds.), *A Guide to EU Renewable Energy Policy: Comparing Europeanization and Domestic Policy Change in EU Member States* (Edward Elgar, 2017); Marjan Peeters and Thomas Schomerus, "Modifying our society with law: the case of EU renewable energy law" (2014) 4:1−2 *Climate Law* 131; Leonie Reins *et al.*, "China's climate strategy and evolving energy mix: policies, strategies and challenges" (2015) 9:3 *Carbon & Climate Law Review* 256; and special issue in (2016) 6:3−4 *Climate Law* 1; Gary Biyner, with Robert J. Duffy, *Integrating Climate, Energy, and Air Pollution Policies* (MIT Press, 2012) 참조.

152) China, INDC (June 30, 2015), at 10; Brazil, INDC (September 28, 2015), at 3 참조. 또한 Susanna Hecht and Alexander Cockbum, *The Fate of the Forest: Developers, Destroyers, and Defenders of the Amazon*, updated edn (University of Chicago Press, 2010) 참조.

153) India, *INDC* (October 1, 2015), at 15.

154) *Ibid.*, at 15; China, *INDC* (June 30, 2015), at 10; Brazil, *INDC* (September 28, 2015), at 4 참조.

155) Dave Sawyer and Hubert Thieriot, *Policy Trends and Drivers of Low−Carbon Development in China's Industrial Zones* (USD, March 2015) 참조.

156) India, INDC (October 1, 2015), at 9−10; China, INDC (June 30, 2015), at 7; Brian Scaccia, "California's Renewable Energy Transmission Initiative as a model for state renewable resource development and transmission planning" (2012) 3:1 *Climate Law* 25 참조.

157) The website of the initiative, https://gofossilfree.org (accessed January 3, 2018) 참조. 이와 관련된 비평에 대해서는 Jeff Tollefson, "Fossil−fuel divestment campaign hits resistance" (2015) 521:7550 *Nature* 16 참조.

한, 온실가스 경제에 강하게 관여하고 있는 기업들이 녹색경제에서 기회를 다시 잡을 수 있는 능력을 보여주기 위해 국영기업(State Owned Enterprises)들이 사용될 수 있다. 예를 들어, 석유와 가스 재벌을 지열과 지구공학 분야로 전환시킬 수 있다. 따라서 국영기업은 이러한 예시처럼 국가가 모범을 보이는 통로가 될 수 있다.[158]

마지막으로, 국가는 과학적이고 문화적인 리더십을 통해 시간이 지남에 따라 변화를 일으킬 수 있다. 국가들은 종종 학교 교과와 연구기관, 박물관, 도서관 그리고 심지어 미디어에 영향력을 행사한다. 기후변화를 학교 수업에 포함시키는 것은 필수사항이고,[159] 기후변화에 관한 박물관 및 전시회는 대중의 인식을 더욱 증진시킬 수 있다.[160] 연구와 혁신을 지원하는 것은 기술발전을 촉진하고 더 환경 친화적인 경제로의 전환을 촉진할 수 있다. 중국이 INDC에서 지적했듯이, 국가는 "녹색, 저탄소, 건강하고 문명화된 생활 및 소비 패턴"을 옹호하고 사회 전반에 걸쳐 저탄소 소비를 촉진할 수 있다.[161] 전반적으로 교육과 기후변화에 대한 인식을 촉진시키는 것은 "지속가능한 생활방식"과 더욱 "지속가능한 소비 패턴"으로 변화하는 데에 기여할 수 있다.[162]

V. 결론

국가는 관할 내 활동이 중대한 월경피해를 초래하지 않도록 보장해야 한

---

158) Benoit Mayer and Mikko Rajavuori, "National fossil fuel companies and climate change mitigation under international law" (2016) 44 *Syracuse Journal of International Law and Commerce* 55; Benoit Mayer, Mikko Rajavuori and Fang Meng, "The contribution of state-owned enterprises to climate change mitigation in China" (2017) 7:2-3 *Climate Law* 97 참조.

159) UNFCCC, *supra* note 10, art.6; Kyoto Protocol, *supra* note 10, art .10(e); Paris Agreement, *supra* note 10, art.12 참조.

160) 기후변화에 대한 최초의 박물관은 홍콩 중문대학 소속인 Hong Kong Jockey Club에 의해 2013년 12월 16일 설립되었다. CUHK Jockey Club Initiative Gaia, www.gaia. cuhk.edu.hk/index.php/en/mocc (accessed January 3, 2018) 참조.

161) China, *INDC* (June 30, 2015), at 4.

162) Paris Agreement, *supra* note 10, recital 17. 또한 Paul G, Harris and Taedong Lee, "Compliance with climate change agreements: the constraints of consumption" (2017) 17:6 *International Environmental Agreements* 779 참조.

다. 준수를 촉진하기 위해, 국제협상은 공동의 목표를 채택하고 국가적 공약을 정의한 일련의 국제기후협정으로 이어졌다. 목표와 공약은 다른 체제에서도 채택되었다. 각 국가들은 자국의 관할권 내에서 전형적인 명령과 통제 규정뿐만 아니라 경제적, 과학적, 문화적 리더십과 가격기반 유인 등을 포함한 다양한 방법으로 온실가스 배출량을 감소시켰다. 국가적 공약과 이행 조치들이 분명히 무시할 수 없는 결과를 가져왔음에도 불구하고, 이러한 노력들은 중대한 월경피해를 야기하지 않도록 하는 국가의 의무를 이행하기에는 불충분하며 더 많은 것이 필요하다.

다음 두 장에서는 두 가지 다른 방법으로 완화 조치를 강화하려는 시도를 탐구한다. 제8장에서는 유연성체제의 탄생을 되짚어보는데, 국가는 다른 국가의 영토에서 수행되는 프로젝트를 지원함으로써 완화 공약을 이행할 수 있다. 그런 다음 제9장은 온실가스의 흡수원과 저장소를 향상시키는 몇 가지 "급진적인" 방법 및 지구공학 개념에서 수집된 다른 극단적인 공학 기법과 관련하여 제기되는 윤리적, 법적 문제를 탐구한다.

제8장

유연성체제

제8장
유연성체제

　제7장에서는 기후변화 완화에 관한 국제기후협정 조항의 일반적인 구조를 설명하였다. 이러한 협정은 일반적으로 국가가 자국 영역 내에서 이행하겠다고 약속한 공동의 목표와 국가적 공약을 정의한다. 그러나 공약을 이행하는 동안 일부 당사국은 약속을 달성하는 데에 예기치 않은 어려움에 직면할 수 있다. 다른 당사국들은 특히 그들이 추가적인 노력을 수행하기 위해 약간의 지원을 받는다면, 약속한 것보다 더 많은 것을 달성할 수 있다. 유연성체제를 통해 당사국들은 자신의 영역을 넘어 다른 당사국 관할 내 이행된 조치를 지원함으로써 자체 완화 공약을 수행할 수 있다.

　유연성체제의 주요 근거는 완화조치를 보다 더 저렴하고 효과적으로 만드는 것이다. 다른 형태의 국제무역과 마찬가지로 유연성체제는 국가 간 상대비용의 차이를 이용하려고 한다. 비용 효과적인 완화조치를 위한 기회는 국내 여건에 따라 그리고 시간이 지남에 따라 국가마다 달라질 수 있다. 선진국이 기후변화 완화에 앞장서기로 동의하였지만[1] 신흥경제국에서의 비용 효과적인 단기 완화 기회를 무시할 수는 없었다. 1992년 다니엘 보단스키(Daniel Bodansky)가 언급했듯이,

　국가 B에서보다 국가 A에서 온실가스 배출을 더 저렴하게 줄일 수 있다면,

---

1) United Nations Framework Convention on Climate Change, May 9, 1992, 1771 *UNTS* 107 (hereinafter UNFCCC), art.3.1.

B가 자국 내에서 동일한 감소를 달성하도록 요구하는 것보다 A에서의 배출 감소를 지원함으로써 B가 이러한 비용 차이를 이용할 수 있게 하는 것이 더 효과적이다.[2]

또한 유연성체제는 국가가 공약을 이행할 수 있다는 것을(특히 교토의정서에 따라 QELRC를 달성하는 것) 확인하는 정치적인 목표와 함께 등장하였다. 교토의정서를 협상할 때, 부속서 1 당사국은 특정 완화 성과를 달성할 수 있는 능력을 확실하게 예측할 수 없었다. 온실가스 배출량의 진화는 경제 상황과 공약기간 전 또는 공약기간 중 관련 기술을 발전시키고 배치하는 능력에 의해 크게 좌우될 것이다. 예를 들어 급속한 경제 성장은 온실가스 배출량 증가로 이어질 것이다. 사전 결정된 QELRC를 달성하면서 예상보다 비용이 더 많이 든다는 것이 드러날 수도 있다. 유연성체제를 통해 부속서 1 당사국은 자신의 관할 외의 영역에서 수행된 사업에 의존하여 그들이 약속한 완화 성과를 달성할 수 있게 함으로써 그러한 위험을 줄일 수 있었다. 한편, 유연성체제는 신흥경제국의 기후변화 완화를 지원하기 위해 자금과 기술을 이전하였다.

그러나 유연성체제의 탄생과 관련하여 여러 가지 위험이 있었다. 당사국은 개입 없이 발생했을 온실가스 배출 감소를 보고하여 국제기후협정의 전반적인 영향을 줄일 수 있다. 교토의정서에 따르면, (수량화된 완화 공약 없는)비부속서 1 당사국에서 온실가스 배출 감소로 보고된 것은 다른 지역으로 온실가스 배출원이 이동된 것임을 숨기는 것일 수 있다. 예를 들어, 공장을 폐쇄하고 동일한 조건에서 동일한 활동을 수행하는 다른 공장을 다른 지역에 열 수 있다. 또한, 금융 투자와 마찬가지로 가장 비용 효과적인 완화 사업을 해외에서 추구하면 인권 침해가 발생하거나 지역 환경에 영향을 줄 수 있으며, 특히 법과 제도가 약한 개발도상국에서는 더욱 그러할 수 있다. 결과적으로, 이러한 위험을 줄이기 위한 광범위한 규제는 유연성체제 하에서 수행되는 완화 사업에 대해 복잡한 절차와 긴밀한 국제적 감시를 요구한다.

이 장에서는 UNFCCC와 교토의정서 내 유연성체제의 발전에 대해 이야기한다. 그런 다음 도하 개정안과 칸쿤합의에 따른 지속적인 이행과 파리협정에

---

2) Daniel Bodansky, "The United Nations Framework Convention on Climate Change: a commentary" (1993) 18:2 *Yale Journal of International Law* 451, at 520.

따른 계속된 협상에 대해 말한다. 마지막으로 기후변화 완화와 지속가능한 개발에 대한 유연성체제의 기여를 평가한다.

I. UN 기후변화협약에서의 공동이행

원칙적으로 UNFCCC는 "기후변화에 대한 대응노력은 이해 당사자가 협동하여 수행할 수 있다"[3]고 규정하고 있다. 더욱 구체적으로, "선진국인 당사자는 그 밖의 당사자와 (완화) 정책과 조치를 공동으로 이행할 수 있으며, 또한 그 밖의 당사자가 협약의 목적을 달성하는 데 기여하도록 지원할 수 있다"고 규정한다.[4] 이러한 조항의 이행 방식은 COP 첫 회기에서 결정되었다.[5]

본격적인 방안은 이후의 의정서에 따라 수립될 것으로 이해되었지만, "실행함으로써 학습(learning by doing)"하는 것을 장려하기 위해 협약에 따른 공동이행(JI/UNFCCC)을 위한 시범단계가 1995년 COP1에 의해 즉시 확립되었다.[6] 이 시범단계에서 선진국 당사자는 다른 선진국 당사자 또는 개발도상국과 협력할 수 있다.[7] 한 국가가 지원해 다른 국가의 관할에서 이행하는 활동은 "그러한 활동이 없었다면 발생하지 않았을 실질적이고 측정 가능한 장기적 감축 성과"[8]를 가져오는 것이어야 하였다. 반면에 재정지원은 UNFCCC 재정 메커니즘이나 기존의 공식적인 개발 원조에 의해 이루어졌다.[9] 시범단계에서는 신뢰할만한 방법론이 없었기 때문에 그 어떤 당사국의 공동이행 활동도 제대로 평가받지 못하였다.[10]

이 체제는 다양한 결과를 낳았다. 1995년에서 2002년 사이에 해당 체제에 따라 42개 국가가 총 157개의 사업(일반적으로 중간규모의 재생가능 에너지 또는

---

3) UNFCCC, *supra* note 1, art.3.3.

4) *Ibid.*, art.4.2(a).

5) *Ibid.*, art.4.2(d).

6) Decision 5/CP.l, "Activities implemented jointly under the pilot phase" (April 7, 1995).

7) Decision 5/CP.21, "Long−term climate finance" (December 10, 2015), para. 1(a).

8) *Ibid.*, para. 1(d).

9) *Ibid.*, para. 1(e).

10) *Ibid.*, para. 1(f).

지역난방 프로젝트)을 수행하였다.[11] 이러한 활동은 선진국뿐만 아니라 개발도상국에서도 시행되었다. 국가 보고서에 따르면, 약 $500MtCO_2eq$를 감축할 수 있는데,[12] 이는 2002년 전 세계 온실가스 배출량의 약 1.5%를 감축할 수 있는 수치였다.[13] 그러나 완화 성과는 엄격하게 측정, 보고 및 검증되지 않았으며 이 수치는 크게 과장된 것일 수 있다. JI/UNFCCC하의 활동에 의한 완화 성과가 그러한 활동이 없었다면 정말 발생하지 않았을지 여부를 결정하기 위한 합의된 방법론적 접근법이 없었다.

2002년부터 마라케쉬 합의문(Marrakesh Accords)에서 교토의정서의 유연성체제가 이행될 것으로 예상되었기에 JI/UNFCCC의 시범단계는 최종 유휴 단계에 들어갔다.[14] 그리고 2012년 공식적으로 중단되었다.[15]

II. 교토의정서에서의 유연성체제

교토의정서는 공동이행제도, 청정개발체제(CDM) 및 배출권거래제의 세 가지 유연성체제를 확립하였다. COP는 여러 결정, 특히 2001년 마라케쉬 합의문을 통해 채택된 일련의 결정을 통해 추가 적용 방식을 채택하였다.[16] 이러한 각 방안은 교토의정서에 따른 QELRC를 수행함에 있어 부속서 B 당사국에게 약간의 유연성을 제공한다.[17] 이러한 방안은 기후변화 완화에 대한 국내의

---

11) UNFCCC, *Activities Implemented Jointly under the Pilot Phase, Seventh Synthesis Report* (September 13, 2006), doc. FCCC/SBSTA/2006/8, paras. 6−9 참조.

12) UNFCCC에 부분적으로 보고된 것에 기초하여 추정하였으며, *Activities Implemented Jointly under the Pilot Phase, Fifth Synthesis Report* (September 12, 2001), doc. FCCC/SBST/2001/7, at 8 참조. 이 수치는 교토의정서에서의 유연성체제에 대한 보고(아래 각주 37, 38)와 비교하기 부적절하다. 교토의정서에 따른 조사는 상대적으로 더 엄격하고 보수적인 방법론에 기초하였기 때문이다.

13) WRI, CAIT Climate Data Explorer, "Total GHG emissions excluding land−use change and forestry" (2013) 참조. 2002년 약 34.3 $MtCO_2eq$가 배출되었다.

14) Decision 17/CP.7, "Modalities and procedures for a clean development mechanism, as defined in Article 12 of the Kyoto Protocol" (November 10, 2001), para. 1 참조.

15) Decision 22/CP.18, "Activities implemented jointly under the pilot phase" (December 7, 2012) 참조.

16) 본서 제3장, II.B. 참조.

17) Kyoto Protocol to the United Nations Framework Convention on Climate Change,

노력을 보완하기 위한 것으로, 유연성체제에 의존한다고 해서 국가가 관할 내의 활동으로 인한 배출을 줄이려는 노력을 하지 않아도 된다는 것을 의미하지 않았다.[18)]

  교토의정서(JI/KP)에서의 "공동이행"은 UNFCCC(JI/UNFCCC)에서의 "공동이행"과 다르다. JI/UNFCCC는 모든 당사국의 영역에서 사업을 수행할 수 있는 반면, JI/KP는 부속서 Ⅰ 당사국으로 제한되고 청정개발체제(CDM)에 의해 완료되며, 선진국 당사자는 개발도상국 영역 내에서 완화 사업을 지원할 수 있다. 또한 공동이행을 해야 할 사항이 다르다. UNFCCC에 의해 정의된 모호한 완화 공약과는 달리,[19)] JI/KP의 공동이행 사항은 부속서 1 당사국의 QELRC 이행과 관련되어 있다.[20)] 따라서 부속서 1 당사국들이 완화 성과와 배출 제한 및 감축 공약 이행을 보고하기 위해, 이러한 결과는 UNFCCC 시범단계보다 교토의정서에서 보다 엄격하고 신뢰할 수 있는 방식으로 수량화되어야 하였다.

  JI/KP는 부속서 1 당사국이 다른 부속서 1 당사국의 완화 사업을 지원할 수 있는 방안을 제공하며, 그 결과 배출감축단위(ERUs)가 전자의 자체 배출 감소로 보고된다.[21)] 예를 들어, 국가 A가 국가 B의 발전소를 개발하는 데에 보조금을 지급한다면, 이는 B국의 온실가스 배출량을 줄이지만 JI/KP에 따른 배출 감소를 보고할 때에는 A국의 감축량에 속하게 된다. JI/KP 하의 사업은 배출원(예: 발전소)의 온실가스 배출을 줄이거나 온실가스의 흡수원과 저장소(예: 산림)를 증대시키려고 한다. 각 사업은 반드시 관련 당사자의 승인을 받아야하며, "그 사업이 시행되지 아니하는 경우와 대비하여" 배출 감소를 가져와야 한다.[22)]

  JI/KP는 자신의 QELRC에 묶인 부속서 1 당사국의 영역 내에서 발생하는 완화 사업과 관련이 있지만, CDM은 부속서 1 이외의 당사국 영역에서 발생하

December 11, 1997, 2303 *UNTS* 162 (이하 Kyoto Protocol), art. 6.1 (joint implementation), 12.2 (clean development mechanism), 17 (emissions trading) in conjunction with art.3.1, 그리고 Annex B. 참조.

18) *Ibid.*, art.6.1(d), 12.3(b), 17 참조. 또한 Decision 3/CMP.7, "Emissions trading and the project-based mechanisms" (December 11, 2001), para. 1 참조.

19) UNFCCC, *supra* note 1, art.4.2(a) 참조.

20) Kyoto Protocol, *supra* note 17, art.3.1, 그리고 Annex B. 참조.

21) *Ibid.*, art.6.1.

22) *Ibid.*, art.6.1(b).

는 완화 프로젝트와 관련이 있다. CDM의 목적은 부속서 1 당사국이 QELRC 준수를 달성하는 동시에 부속서 1 당사국이 아닌 당사자(특히 신흥경제국)가 청정개발 전략을 촉진하는 데 도움을 주는 것이다.[23] 부속서 1 당사국은 따라서 비 부속서 1 당사국의 영토에서 진행된 사업의 공인인증감축량(CERs)을 자신의 배출 제한 및 감축 공약 이행에 기여하기 위해 보고할 수 있다.[24] 사업은 각 당사국의 "자발적 참여", "기후변화 완화와 관련된 실제적이고 측정 가능하며 장기적인 이익"의 입증, 그리고 사업이 시행되지 않았을 경우와 대비하여 추가적으로 감축이 발생했을 때 CDM에 적합하다.[25]

2001년 마라케쉬 합의문은 CDM 및 JI/KP 이행을 위한 임시 지침을 정의하였다. 이 지침은 2005년 발효된 교토의정서 당사국회의에서 공식적으로 채택되었다.[26] 따라서, JI 감독위원회와 CDM 집행이사회는 이러한 메커니즘의 기능을 보장하기 위해 이행을 감시하고 필요한 복잡한 규제 시스템을 추가로 개발하는 임무를 맡았다. 그 후 선진국 당사자들은 핵 시설에서 생성된 배출감축단위(ERUs) 또는 공인인증감축량(CERs)을 사용하여 공약을 이행하지 않겠다는 데에 동의하였다.[27] CDM은 지질에서 이산화탄소의 포집 및 저장을 수용할 수 있지만, 그러한 사업은 등록되지 않았다.[28]

JI/KP와 CDM은 모두 사업의 완화 성과가 사업이 시행되지 아니한 경우와 대비하여 추가적인 결과를 제공할 것을 요구한다. 그러나 가상 시나리오에 대비하여 추가적인 결과인지 여부는 입증하기 어렵다.[29] 집행이사회와 JI 감독

23) *Ibid.*, art.12.2 참조.

24) *Ibid.*, art.12.3 참조.

25) *Ibid.*, art.12.5.

26) Decision 16/CP.7, "Guidelines for the implementation of Article 6 of the Kyoto Protocol" (November 10, 2001); and decision 9/CMP.l, "Guidelines for the implementation of Article 6 of the Kyoto Protocol" (November 30, 2005) 참조.

27) Decision 16/CP.7, *supra* note 26, recital 5; and decision 17/CP.7, *supra* note 14, recital 6.

28) Decision 7/CMP.6, "Carbon dioxide capture and storage in geological formations as clean development mechanism project activities" (December 10 – 11, 2010), para. 1; decision 10/CMP.7, "Modalities and procedures for carbon dioxide capture and storage in geological formations as Clean Development Mechanism project activities" (December 9, 2011) 참조. 또한 본서 제9장, Ⅲ.B.3. 참조.

29) Decision 3/CMP.l, "Modalities and procedures for a clean development mechanism as defined in Article 12 of the Kyoto Protocol" (November 30, 2005), para. 5(d);

위원회는 예를 들어 부문별 배출 시나리오를 추가적인 결과 제공 여부의 기준으로 정의함으로써 특정 유형의 사업에 적용할 수 있는 여러 방법론을 승인하거나 검토하였다.[30) 사업 또는 사업 활동의 적격성을 결정하고 JI/KP 또는 CDM에 대한 요건의 준수 여부를 확인하기 위해 독립적인 기관(JI/KP에 따른 사업에 대해서는 "인증된 독립 실체", CDM에 따른 사업 활동에 대해서는 "지정된 운영 실체")이 승인되었다.[31)

배출권거래는 교토의정서에서의 세 번째 유연성체제이다. 이 메커니즘은 부속서 1 당사국이 QELRC를 이행할 목적으로 서로 다른 배출허용량을 판매 및 구매할 수 있도록 한다.[32) CDM 및 JI/KP와는 달리 배출권거래는 특정 사업을 기반으로 하지 않으므로 기술규정이 덜 필요하다. 극소수의 제한사항 중 하나는 당사자가 교토의정서에 따라 할당된 온실가스 배출량의 90% 이상 또는 공약기간 전체에 추정된 현재 배출량의 100% 중 어느 것이든 공약 준수를 보장하는 방법으로 "배출권 예치율(commitment period reserve)"을 유지해야 한다는 것이다.[33) 각 부속서 1 당사국의 배출 제한 및 감축 공약에 포함된 할당 배출권(AAUs), JI/KP 사업에 따른 배출감축단위(ERUs), CDM에 따른 사업의 공인인증감축량(CERs)을 포함하여 모든 배출단위를 거래할 수 있다.[34)

교토의정서에서의 배출권거래는 일부 국가 또는 유럽연합과 같은 지역공동체가 국내 이행 조치로 확립한 시장기반 메커니즘("배출권거래제도(emission trading schemes)"로 불림)과 구별되어야 한다.[35) 교토의정서에서 유연성체제로서의 배출권 거래는 당사국(즉, 국가 또는 지역공동체) 간의 거래 메커니즘이며,

---

decision 9/CMP.l, *supra* note 26, Annex, para. 3(d).

30) Decision 9/CMP.l, *supra* note 26, Annex, Appendix B, para. 1.

31) *Ibid.*, Annex, paras. 32−34; and decision 3/CMP.l, *supra* note 29, Annex, para. 27(e).

32) Kyoto Protocol, *supra* note 17, art .17. 또한 *Ibid.*, art. 3.10 and 3.11; decision 11/CMP.l, "Modalities, rules and guidelines for emissions trading under Article 17 of the Kyoto Protocol" (November 30, 2005) 참조.

33) Decision 11/CMP.l, *supra* note 32, Annex, para. 6.

34) *Ibid.*, Annex, para. 1. 여기서 논의되지 않은 측정 단위는 교토의정서에서의 흡수배출권(Removal Unit, RMU)이다. 이것은 당사국의 관할권 하에서 토지이용 변화를 통한 흡수원 강화의 결과라고 할 수 있다. *supra* note 17, art.3.3 and 3.4 참조. 또한 Decision 3/CMP.l, *supra* note 29 참조.

35) 본서 제7장, Ⅳ. 참조.

국내 (또는 지역) 시장기반 메커니즘에 연결될 필요는 없다. 당사국은 법적 실체가 배출단위를 양도 또는 취득하도록 허용할 수 있지만 완화 공약 이행을 보장하는 것은 전적으로 당사국의 책임으로 남아 있다 .[36] 모든 배출권거래는 국제거래장부(international transaction log)에 기록된다.

교토의정서의 유연성체제는 상당한 양의 온실가스 배출을 감축하였다. 2017년 중반, CDM 하에서 $1.8GtCO_2eq$의 배출 감소가 보고되었으며,[37] JI/KP를 통한 배출 감소는 약 $0.9GtCO_2eq$이며,[38] 배출권거래를 통해 약 $0.25GtCO_2eq$가 거래되었다.[39] CDM은 주로 중국, 특히 개발도상국에서 시행되고 있는 반면, JI/KP는 시장경제로 전환하는 과정에 있는 국가의 에너지 효율을 높이는 데에 크게 주력하였다. 전체 공약기간 동안 교토의정서의 36개국의 부속서 1 당사국 중 9개국이 유연성체제를 사용하지 않고서는 QELRC를 준수하지 못했을 것으로 보인다.[40]

III. 도하 개정안과 칸쿤합의에서의 유연성체제

교토의정서의 초기 공약기간은 2008년에서 2012년까지로 연장되었다. 이 기간이 끝났을 때, 2013년에서 2020년까지의 제2차 공약기간은 2012년 말에 겨우 채택된 도하 개정안에 의해 정의되었다.[41] 세 가지 유연성체제와 교토의

36) Decision 11/CMP.l, *supra* note 32, Annex, para. 5.

37) Information retrieved from the CDM Registry Issuance Report, http://cdm.unfccc.int/Registry/index.html (accessed January 5, 2018).

38) Decision 4/CMP.12, "Guidance on the implementation of Article 6 of the Kyoto Protocol" (November 17, 2016).

39) R. Stavins *et al.*, "International cooperation: agreements & instruments" in O. Edenhofer et. al (eds.), *Climate Change 2014: Mitigation of Climate Change. Contribution of Working Group Ⅲ to the Fifth Assessment Report of the Intergovernmental Panel on Climate Change* (Cambridge University Press, 2014) 1001, at 1044.

40) 다음과 같은 국가가 여기에 해당된다: 오스트리아, 덴마크, 아이슬란드, 일본, 리히텐슈타인, 룩셈부르크, 노르웨이, 스페인, 스위스. S. Ignor, M. Romain and B. Valentin, "Compliance of the parties to the Kyoto Protocol in the first commitment period" (2016) 16:6 *Climate Policy* 770 참조.

41) Doha Amendment to the Kyoto Protocol, December 8, 2012, in the annex of decision 1/CMP.8, "Amendment to the Kyoto Protocol Pursuant to its Article 3, paragraph 9 (Doha Amendment)" (December 8, 2012) (이하 Doha Amendment).

정서의 다른 규정들은 제2차 공약기간에도 변함없이 유지되었다.[42] 당사국들은 "유연성체제를 포함하여 교토의정서의 지속적인 이행이 필요하다"[43]는 것을 인식하였다. 도하 개정안은 2018년 초까지 발효되지 않았지만 교토의정서 당사국들은 잠정적으로 약속을 이행하기로 합의하였다.[44] 제2차 공약기간 동안 QELRC를 가진 부속서 1 당사국이 도하 개정안의 승인을 수락하는 조건으로 유연성체제를 이용할 수 있도록 하기 위한 특정 조치가 채택되었다.[45] 부속서 1 당사국 가운데 일본, 뉴질랜드, 러시아 3국은 제2차 공약기간에 따른 새로운 배출 제한 또는 감축 공약을 하지 않기로 결정하였다.[46] 도하 개정안을 채택한 당사국회의의 결정은 제2차 공약기간에 새로운 공약을 한 부속서 1 당사국만이 세 가지 유연성체제에 따라 배출허용량의 양도 또는 취득 자격을 가질 수 있음을 명확히 하고 있다.[47]

교토의정서에서의 제2차 공약기간 외에도 코펜하겐 합의문과 칸쿤합의는 같은 기간에 적용할 수 있는 UNFCCC에서의 완화 서약(pledges)을 도입하였다.[48] 이 문서에는 각 국가가 기후변화 완화 공약을 이행할 때 당사국들에게 허용된 유연성체제에 대한 세부 사항이 거의 없다. 교토의정서 제2차 공약기간에 QELRC에 합의한 당사국들은 칸쿤서약(Cancun pledges)에서의 동일한 목표를 발표하였으며, 이는 교토의정서 당사국회의에서도 동등하게 주목되었다.[49] 따라서 일반적으로 교토의정서의 제2차 공약기간에 QELRC에 합의한

---

42) 이는 사실 Decision 1/CMP.6, "The Cancun Agreements: outcome of the work of the Ad Hoc Working Group on Further Commitments for Annex I Parties under the Kyoto Protocol at its fifteenth session" (December 10−11, 2010), para. 6(b)에서 이미 결정되었다.

43) Doha Amendment, *supra* note 41, recital 9.

44) Decision 1/CMP.8, *supra* note 41, paras. 5 and 6.

45) Decision 7/CMP.9, "Modalities for expediting the establishment of eligibility for Parties included in Annex I with commitments for the second commitment period whose eligibility has not yet been established" (November 22, 2013) 참조.

46) Doha Amendment, *supra* note 41, modifying Annex B of the Kyoto Protocol 참조.

47) *Ibid.*, para. 15.

48) Copenhagen Accord, in the annex of decision 2/CP.15 (December 18−19, 2009), paras. 4 and 5; decision 1/CP.16, "The Cancun Agreements: outcome of the work of the Ad Hoc Working Group on Long−Term Cooperative Action under the Convention" (December 10−11, 2010), paras. 36−37 and 48.

49) Decision 1/CMP.6, *supra* note 42, para. 3 참조. 해당 합의사항에서 언급한 문서는 각주 48에 기재된 합의사항에서 언급된 문서인 Decision 1/CP.16, *supra* note 48, para.

당사국은 수정된 교토의정서에 따른 국가적 공약뿐만 아니라 칸쿤합의에 따른 자국의 공약을 이행하기 위해 교토의정서 유연성체제를 이용할 수 있다.[50]

교토의정서의 당사국이 아닌 UNFCCC 당사국(미국 및 캐나다) 또는 제2차 공약기간에 새로운 공약을 하지 않기로 결정한 당사국(일본, 뉴질랜드 및 러시아)은 그럼에도 불구하고 칸쿤합의에 따라 경제 전체에 배출량 감축 목표를 이행하기로 서약하였다.[51] 마찬가지로, 개발도상국은 교토의정서에 따른 추가적인 공약에 구속되지 않지만,[52] 칸쿤합의에 따라 국가적으로 적절한 완화 조치를 이행할 것을 서약하였다.[53] 교토의정서의 당사국이 아닌 UNFCCC 당사국, 제2차 공약기간에 새로운 공약을 하지 않기로 결정한 당사국, 그리고 개발도상국의 국가적 공약들은 (부속서 1 당사국의 경우) 유연성체제와 (비부속서 1 당사국의 경우) 전 지구적 재정, 기술지원 등 다양한 가정에 기반한다. 예를 들어, 캐나다는 국제적으로 이전된 완화 성과의 사용을 완전히 배제하지는 않았지만, 칸쿤합의에 따른 "2020년 목표에 대해 교토의정서 메커니즘의 상당한 사용을 가정하거나 제공하지 않는다"[54]고 선언하였다. 대조적으로, 미국은 "환경 건전성과 투명성에 대한 높은 기준을 충족시킬 수 있는" 방안을 국내법에 따라 만들 수 있다고 하여 메커니즘의 사용 가능성을 제시하였다.[55]

36와 동일.

50) 부속서 B 당사국들이 제시한 조건에 대해서는 *Quantified Economy—Wide Emission Reduction Targets by Developed Country Parties to the Convention: Assumptions, Conditions and Comparison of the Level of Emission Reduction Efforts* (June 3, 2011), doc. FCCC/TP/2011/1 참조. 그러나 교토의정서의 제2차 공약기간에 QELRC에 합의한 당사국은 칸쿤서약을 이행하기 위한 유연성체제가 다소 상이할 수 있다. 예를 들자면, 교토의정서에 따른 QELRC는 부속서 A에 나열된 부문 및 온실가스에만 적용되며 항공 및 해양 벙커유의 온실가스 배출에는 적용되지 않는다. 그러나 칸쿤합의는 국가 경제 전체로 인해 야기된 배출 감축 목표의 범위를 정하는 것을 각 당사국에게 맡겼다.

51) UNFCCC, *Compilation of Economy—Wide Emission Reduction Targets to Be Implemented by Parties Included in Annex I to the Convention* (June 7, 2011), doc. FCCC/SB /2011/INF.l/Rev.l. 참조.

52) Kyoto Protocol, *supra* note 17, art.10.1.

53) UNFCCC, *Compilation of Information on Nationally Appropriate Mitigation Actions to Be Implemented by Parties Not Included in Annex I to the Convention* (March 18, 2011), doc. FCCC/AWGLCA/2011/INF.1 참조.

54) UNFCCC, *Quantified Economy—Wide Emission Reduction Targets by Developed Country Parties to the Convention: Assumptions, Conditions, Commonalities and Differences in Approaches and Comparison of the Level of Emission Reduction Efforts* (August 23, 2012), doc. FCCC/TP/2012/5, para. 32 참조.

코펜하겐 합의문이나 칸쿤합의에는 유연성에 관한 실질적인 조항이 없다. 코펜하겐 합의문은 개발도상국에게 완화 유인을 제공하기 위해 시장 메커니즘을 사용할 것을 제안하지만, 그러한 유인을 선진국 당사자의 완화 공약 이행과 명확하게 연계시키지는 않는다.[56] 반면에 칸쿤합의는 "시장기반 메커니즘에서의 탄소배출권 사용"을 포함하여, 경제 전반의 배출량 감축 목표에 대한 "가정 및 달성과 관련된 조건을 명확히 하기 위해" 추가 협의를 요청하였다.[57] 차후의 협의들에서는 "완화 목표를 달성하고 엄격성을 강화하기 위해서 비용 효율적인 완화 노력을 하려면 시장기반 메커니즘에서의 탄소배출권을 사용하는 것이 필수적"이라는 많은 선진국 당사자들의 견해를 반영하였다.[58] 그러나 "탄소배출권의 예상 사용 정도와 목표 달성의 기여 정도에 대한 명확성이 부족"하다고 인식되었다.[59] 2014년 말까지의 이러한 협의는 칸쿤합의에 따른 약속 이행을 위한 유연성체제의 사용에 관한 접근방식의 인식 차이로 교착되었다.[60] 또한 칸쿤합의는 "비용효율성의 강화와 완화행동의 촉진을 위한 하나 또는 그 이상의 시장기반 메커니즘의 수립"을 향한 논의를 개시하였다.[61] 2011년 COP17에서 "새로운 시장기반 메커니즘"이 공식적으로 수립되었지만[62] 어떠한 세부원칙이나 절차가 채택되지 않았다.[63] 곧, 행동강화를 위한

---

55) *Ibid.*, para. 43 참조.

56) Copenhagen Accord, *supra* note 48, para. 7.

57) Decision 1/CP.16, *supra* note 48, para.38. 또한 decisions 2/CP.17, "Outcome of the work of the Ad Hoc Working Group on Long−Term Cooperative Action under the Convention" (December 11, 2011), para. 5; and 1/CP.18, "Agreed outcome pursuant to the Bali Action Plan" (December 8, 2012), para. 8 참조.

58) UNFCCC, *Quantified Economy−Wide Emission Reduction Targets by Developed Country Parties to the Convention:Assumptions, Conditions, Commonalities and Differences in Approaches and Comparison of the Level of Emission Reduction Efforts*, October 18, 2013, doc. FCCC/TP/2013/7, para. 24.

59) *Ibid.*

60) UNFCCC SBSTA, *Work Programme on Clarification of Quantified Economy−Wide Emission Reduction Targets of Developed Country Parties, Draft Conclusions Proposed by the Chair*, December 5, 2014, doc. FCCC/SBSTA/2014/ L.22, para. 5.

61) Decision 1/CP. 16, *supra* note 48, para. 80.

62) Decision 2/CP.17, *supra* note 57, para. 83.

63) IISD, "Summary of the Warsaw Climate Change Conference: 11−23 November 2013" (2013) 12:594 *Earth Negotiations Bulletin* 28 (right), 그리고 "Summary of the Lima Climate Change Conference: 1−14 December 2014" (2014) 12:629 *Earth Negotiations Bulletin* 10 (right) 참조.

더반 플랫폼(Durban Platform for Enhanced Action)이 파리협정 채택을 향한 상당한 진전을 이룩함에 따라 칸쿤합의에 따른 유연성체제 협상이 잠잠해졌다.

IV. 파리협정에서의 유연성체제

이 책을 쓰는 시점에서, 파리협정에 따른 유연성체제의 본질에 관해서는 큰 불확실성이 남아 있다.[64] 제6조는 매우 광범위한 개요만을 포함하고 있으며, 이는 파리협정 당사국회의의 역할을 하는 COP의 결정을 통해 이행되어야 한다. 따라서, 제6조 1항은 당사자 간의 "자발적 협력(voluntary cooperation)"의 역할을 인정하고,[65] 제6조 2항은 NDC에 포함된 완화 목표[66]를 달성하기 위한 완화 성과의 이전을 허용한다. 이러한 협력은 "지속가능한 발전을 촉진하고 환경 건전성과 투명성을 보장"해야 한다.[67] 협력은 완화 행동뿐만 아니라 적응 행동도 수반될 수 있다.[68] 추가 세부조항은 파리협정 당사자회의의 역할을 수행하는 당사국총회에 의해 정의된다.[69]

파리협정 당사국은 제6조 4항에 따라 설립된 "온실가스 배출 완화에 기여하고 지속가능한 개발을 지원하는 메커니즘"내에서 완화 성과를 이전할 수 있는 선택권을 가질 것이다.[70] "제6조 4항 메커니즘(Article 6.4 Mechanism)"은 본질적으로 칸쿤합의에서 고려되었던 "신시장 메커니즘(New Market Mechanism)"의 부활이다.[71] 그것은 JI/KP처럼 선진국에서 일어나는 완화와 CDM처럼 개

---

64) 유연성체계에 대해 두 가지 다른 방법(allowance 접근과 credit 접근)은 Charlotte Streck and Moritz von Unger, "Creating, regulating and allocating rights to offset and pollute: carbon rights in practice" (2016) 10:3 *Carbon & Climate Law Review* 178 참조.

65) Paris Agreement, December 12, 2015, in the annex of decision 1/CP.21, "Adoption of the Paris Agreement" (December 12, 2015), art.6.1.

66) *Ibid.*, art.6.3.

67) *Ibid.*, art.6.2.

68) *Ibid.*, art.6.1.

69) Daniel Bodansky *et al.*, "Facilitating linkage of climate policies through the Paris outcome" (2016) 16:8 *Climate Policy* 956 참조.

70) *Ibid.*, art.6.4.

71) Decision 2/CP.17, *supra* note 57, para. 83. 일부는 제6조 4항 메커니즘을 "지속개발가능한 메커니즘(Sustainable Development Mechanism)"이라고 명명하였으나 이러한 용어

발도상국에서 일어나는 완화와 같이 감축에 대한 완화 성과의 이전과 지원을 허용한다. 그러나 CDM과 JI/KP는 잘 정의된 완화 사업으로 국한되었지만, 제6조 4항 메커니즘은 전체 프로그램이나 부문별 정책에도 적용될 수 있었다.[72]

마지막으로, 파리협정 제6조 9항은 "지속가능한 개발에 대한 비시장적 접근 프레임워크"를 수립한다.[73] 이 틀은 기후변화 완화에 대한 "통합적이고, 전체적이며, 균형적인 비시장 접근"을 촉진하고자 한다.[74] 다른 유연성체제의 경우, 비시장적 접근 프레임워크는 관련 완화 조치가 시행되는 국가 이외의 국가에서 완화 성과를 보고할 수 있게 한다.

V. 유연성체제에 대한 평가

유연성체제는 당사국들이 비용을 절약할 수 있게 해줄 뿐만 아니라 이행 비용을 낮추어 보다 의욕적인 국가적 공약을 낼 수 있도록 촉진하였다. 2012년에 대략적으로 발표된 통계에 따르면, CDM은 교토의정서의 제1차 공약기간 동안 선진국 당사자가 QELRC를 준수하면서 36억 달러를 절약할 수 있도록 허용하였다.[75] 사업 운영자와 신흥경제국 또한 상당한 이익을 얻었다.[76]

는 당사국에 의해 채택되지 않았다.

72) 비공식적 의견에 대해서는 "SBSTA 46 agenda item 10 (b)−rules, modalities and procedures for the mechanism" (May 17, 2017), http://unfccc.int/files/meetings/bolin_may_2017/in−session/application/pdf/sbsta_10b_informal_note_fmal.pdf (accessed January 5, 2018), at 3 참조. 또한 Joséluis Samaniego and Christiana Figueres, "Evolving to a sector−based Clean Development Mechanism" in Kevin A. Bauipert *et al.* (eds.), *Building on the Kyoto Protocol: Options for Protecting the Climate* (WRI, 2002) 89; David Hone, "Paris Agreement: developing Article 6," *The Energy Collective* (February 22, 2016), www.theenergycollective.com/davidhone/2322758/developing−article−6 (accessed January 5, 2018) 참조.

73) Paris Agreement, *supra* note 65, art.6.9.

74) *Ibid.*, art.6.8.

75) Randall Spalding−Fecher *et al.*, *Assessing the Impact of the Clean Development Mechanism: Report Commissioned by the High−Level Panel on the CDM Policy Dialogue* (CDM Policy Dialogue, 2012) 5, 8,

76) Jiang Xiaoyi, *Legal Issues for Implementing the Clean Development Mechanism in China* (Springer, 2013) 78−79. 또한 Maosheng Duan, "Clean Development Mechanism development in China" in Yan Jinyue *et al.* (eds.), *Handbook of Clean Energy Systems* (Wiley, 2015) 3427 참조.

중국의 경우, CDM 하에서 가장 많은 지분의 사업을 진행하면서 해당 영역 내에서 발생하는 사업으로 얻은 공인인증감축량(CERs) 가치의 65%까지 세금을 부과하였다.[77] 이 세금의 수익금을 징수하는 중국의 CDM 펀드는 2012년 121억 5천만 위안(USD 1.92억)의 총 수입을 보고하였다.[78]

유연성체제는 국제기후협정을 공식적으로 준수하여 진정한 완화 성과를 보장하기 위한 복잡한 규제에 대해 문제를 제기하였다. 유연성체제에서 수행된 사업이 그 사업이 시행되지 않은 경우와 대비하여 그 국가에 진정으로 추가적인 완화를 보장하는지는 알기가 어렵다.[79] 모든 노력에도 불구하고, 일부 연구에 따르면, 유연성체제 없이도 많은 배출 감소가 발생했을 것으로 보고되었다.[80] 예를 들어, 이전 사회주의 국가들이 경제 변화를 겪었을 때, 비록 그러한 결과를 얻기 위해 국제적인 지원이 거의 필요하지는 않았지만, 그들은 JI/KP 하에서 풍부한 배출감축단위(ERUs)를 발행할 수 있었기 때문에 효율성을 크게 향상시켰다.[81] 또한 많은 증거들은 신흥경제국은 CDM의 지원 없이도 경제개발, 환경보호(예: 대기오염 감소) 및 에너지 독립에 대한 고려만으로 재생 에너지에 투자했을 수 있다고 본다.[82] 만약 부속서 1 당사국이 QELRC를 준수하기 위해 비추가적인 완화 성과에 의존할 수 있다면 교토의정서의 기후변화 완화에 대한 전반적인 기여는 예상보다 낮을 것이다.

또 다른 규제 과제는 유연성체제에 대한 기대가 창출했을 수 있는 부정적인 유인과 관련이 있다. CDM 하에서의 사업은 "의무적이고 적용 가능한 법적

77) Measures for the Operation and Management of CDM Projects in China (2005), art. 24 참조.
78) Duan, *supra* note 76, at 3326.
79) Stavins *et al.*, *supra* note 39, at 1045−1046 참조.
80) 특정 연구는 "공동이행제도의 약 75%가 추가적인 배출 감소를 상쇄하지 않을 것"이라고 주장한다. Anja Kollmuss *et al.*, *Has Joint Implementation Reduced GHG Emissions? Lessons Learned for the Design of Carbon Market Mechanisms* (SEI Working Paper No. 2015−07, 2015) 116, 참조.
81) Gemot Klepper and Sonja Peterson, "Trading hot−air. The influence of permit allocation mles, market power and the US withdrawal from the Kyoto Protocol" (2015) 32:2 *Environmental & Resource Economics* 205; Richard B. Stewart and Jonathan B. Wiener, *Reconstructing Climate Policy: Beyond Kyoto* (AEI Press, 2003) 117−118 참조.
82) Jiang, *supra* note 76, at 44−45 참조. 또한 International Rivers & Friends of the Earth, *Trading in Fake Carbon Credits: Problems with the Clean Development Mechanism* (CDM) (October 2008) 참조.

및 규제적 요건"의 이행에 따른 것 외에 추가적인 완화 성과를 얻지 못하면 자격을 갖추지 못한다.[83] 이 조항은 사업을 수행할 수 있는 국가들로 하여금 외국 자금을 확보하기 위해 기후변화 완화에 대한 모든 의무적 요건의 도입을 연기하도록 유도할 수 있다.[84]

또한 배출허용량 시장가격의 예측할 수 없는 변동으로 인해 유연성체제의 경제적 효율성이 저해되고 있다.[85] 배출감축단위(ERUs)와 공인인증감축량(CERs)의 시장가치는 EU 배출권거래제도(EU-ETS) 내에서의 배출허용량의 불규칙한 가격 변동에 의해 영향을 받아왔고, 이는 유연성체제에 대한 수요에 영향을 미쳤다.[86] 2016년, 매우 낮은 시장 가치로 인해 CDM 집행이사회가 가격을 높이기 위해 공인인증감축량(CERs)의 자발적 취소를 장려하였다.[87] 공인인증감축량(CERs) 가격의 예측할 수 없는 변동은 공인인증감축량(CERs)의 수익에 의존하는 투자를 방해할 수 있다.

유연성체제가 진정한 환경 편익을 만들어 낼 수 있도록 복잡한 규정이 개발되었지만 허점은 예상한 대로 나타났으며, 이를 수정하기 전에 파렴치한 행위자들은 즉시 이를 악용하였다. 가장 중요한 예는 일반적으로 사용되는 추진제 및 냉매이자 HCFC-22의 합성에서 나오는 부산물인 HFC-23에 관한 것이다. HFC-23과 HCFC-22는 모두 매우 강력한 온실가스이다.[88] HFC-23

---

83) CDM Executive Board, *Tool for the Demonstration and Assessment of Additionality*, 3rd version (29th session, 2007), at 4, sub-step 1b, para. 2 참조.

84) Christiana Figueres, "Sectoral CDM: opening the CDM to the yet unrealized goal of sustainable development" (2006) 2:1 *McGill International Journal of Sustainable Development Law & Policy* 5, at 12-13 참조.

85) Claudia Kettner, "The EU emission trading scheme: first evidence on Phase 3" in Lariy Kreiser *et al.* (eds.), *Carbon Pricing: Design, Experiences and Issues* (Edward Elgar, 2015) 63; Sean Healy, Verena Graichen and Sabine Gores, *Trends and Projections in the EU ETS in 2016: The EU Emissions Trading System in Numbers* (European Environment Agency, 2016) 참조.

86) S. Agrawala *et al.*, "Regional development and cooperation" in O. Edenhofer *et al* (eds.), *Climate Change 2014: Mitigation of Climate Change. Contribution of Working Group III to the Fifth Assessment Report of the Intergovernmental Panel on Climate Change* (Cambridge University Press, 2014) 1083, at 1112-1114 참조.

87) World Bank Group and Ecofys, *Carbon Pricing Watch 2017* (World Bank, 2017) 9.

88) 오존파괴물질인 HCFC-22는 1987년 9월 16일 채택된 오존층파괴물질에 관한 몬트리올 의정서(Montreal Protocol on Substances that Deplete the Ozone Layer, 1522 *UNTS* 3, 이하 Montreal Protocol)에 의해 규제되고 있다, 이 의정서는 1992년 11월 25일 코펜하겐 개정안(1785 *UNTS* 517)에 의해 개정되었다. 또한 본서 제4장, I. 참조.

은 상업적 사용이 적고 독성이 없기 때문에 HCFC‐22 생산 과정에서 단순히 대기로 방출된다. 이러한 HFC‐23의 배출은 온실가스 배출의 중요한 원천이다. HFC‐23 배출에 대응하기 위해 CDM 집행이사회는 2003년에 HFC‐23 폐기물 소각 방법을 승인하여 CDM 하의 공인인증감축량(CERs)과 JI/KP 하의 배출감축단위(ERUs) 사업을 허용하였다.[89] HFC‐23 소각 비용은 한 단위를 판매함으로써 발생하는 실질적인 수입에 비해 무시해도 될 정도이기 때문에 HCFC‐22 생산자에게 엄청난 경제적 기회를 창출하였다.[90] 많은 HCFC‐22 생산자가 있는 중국은 그러한 활동에 의한 공인인증감축량(CERs)에 65%의 세금을 부과하였다.[91] 이러한 방법론에 따라 운영되는 19개의 프로젝트는 CDM 및 JI/KP 전체에서 생성된 모든 배출량의 약 5번째를 차지하여 5억 tCO₂e를 나타내는 공인인증감축량(CERs) 및 배출감축단위(ERUs)를 받았다. 그러나 곧 일부 운영자가 HFC‐23을 더 생산하고 소각하여 주요 수입을 얻을 수 있는 공인인증감축량(CERs) 또는 배출감축단위(ERUs)를 받기 위해 HCFC‐22의 생산량을 크게 늘렸다는 증거가 나타났다.[92] 즉, 유연성체제가 의도하지 않게 공인인증감축량(CERs) 또는 배출감축단위(ERUs)의 판매가 주요 수익의 원인인 산업을 창출한 것이다. 비극적으로 이것은 CDM과 JI/KP의 재정적 손실을 의미했을 뿐 아니라 HCFC‐22 생산에 유인을 제공하여 오존층과 온실가스 배출에 부정적 영향을 미쳤다. 이 방법론이 마침내 중단되었을 때, 몇몇 HCFC‐22 생산자들은 HFC‐23의 재고를 대기 중으로 배출하기로 결정하여 상대적으로 작은 공장들을 "세계에서 가장 큰 온실가스 배출원 중 하나"로 만들었다.[93]

---

89) CDM Executive Board, "Incineration of HFC 23 waste streams," approved baseline methodology AM0001, September 26, 2003.

90) Michael Wara, "Is the global carbon market working?" (2007) 445:7128 *Nature* 595 참조.

91) Environmental Investigation Agency, *Two Billion Tonné Climate Bomb: How to Defuse the HFC−23 Problem* (June 2013) 5.

92) The "Form for submission of requests for revisions of approved methodologies to the Methodologies Panel" filed by Det Norske Veritas Certification AS on March 8, 2010, regarding methodology AM0001 "Incineration of HFC23 waste streams," https://cdm.unfccc.int/methodologies/PAmethodologies/revisions/58215 (accessed January 5, 2018) 참조. 또한 Lambert Schneider and Anja Kollmuss, "Perverse effects of carbon markets on HFC−23 and SF6 abatement projects in Russia" (2015) 5 *Nature Climate Change* 1061 참조.

93) Environmental Investigation Agency, *supra* note 91, at 2.

HFC‑23 사건은 특정 온실가스 배출원을 해결하기 위한 시장기반 메커니즘의 한계를 보여준다. HFC‑23 배출의 점진적인 금지와 같은 명령 및 통제의 접근방식은 배출자들에게 상대적으로 저렴한 조치를 취하도록 하기에 분명히 더 적절하였다. 이 접근방식은 2016년 10월 기후체계를 보존하기 위해 HFCs 중에서 HFC‑23의 생산 및 소비의 단계적 폐지를 부과하는 오존층 파괴물질에 관한 몬트리올 의정서에 대한 키갈리 개정안에서 채택되었다.[94] 지나고 나서 보면, 명령 및 통제 규정보다는 시장기반 메커니즘에 대한 체계적인 의존이 HCFC‑22의 추가 배출을 유발하면서 상당한 시간과 자원을 낭비하게 하였다.

유연성체제는 또한 지역공동체의 인권과 지역환경에 부정적인 영향을 미칠 수 있다. 특히 CDM을 통해 활동이 이행되고, 엄격한 표준이 없거나 체계적인 이행이 적은 개발도상국에서 그러하다. 시장기반 접근방식은 해외에서의 부정적인 결과에도 불구하고 가장 저렴한 완화 사업을 추구하는 것이다. 개발도상국이 "지속가능한 발전을 달성하는 데"[95] CDM이 도움을 준다는 표현과 "지속가능한 발전"을 제6조 4항 메커니즘이 지지한다는[96] 표현은 더 구체적인 보증이 수반되지 않으면 불충분하다.[97] 그러나 사실상 이러한 보증은 거의 채택되지 않았다.[98]

따라서 모든 공인인증감축량(CERs)의 약 3분의 1이 수력발전 사업에 발행되었다.[99] 이러한 사업은 종종 많은 사람들의 강제 이주를 초래하였다.[100] 국

---

94) Amendment to the Montreal Protocol on Substances that Deplete the Ozone Layer, adopted in Kigali on October 15, 2016, reproduced in (2017) 56 ILM 196 (이하 Kigali Amendment). 또한 본서 제4장, I. 참조.

95) Kyoto Protocol, *supra* note 17, art.12.2.

96) Paris Agreement, *supra* note 65, art.6.4.

97) 제6조 4항에 의한 메커니즘에 대한 세부원칙은 현재 정의되지 않은 상태이며 지속가능한 발전에 대한 언급이 없다. Decision 1/CP.21, *supra* note 65, para. 37 참조.

98) REDD+ (본서 제12장, III. 참조)에서 또한 같은 상황이 벌어졌다. 지역공동체를 위한 형평한(equitable) 결과를 추구할 것에 대한 권고가 실제 사업 이행에서 거의 포함되지 않았다. Stephanie Venuti, "REDD+ in Papua New Guinea and the protection of the REDD+ safeguard to ensure the full and effective participation of indigenous peoples and local communities" (2015) 17 *Asia Pacific Journal of Environmental Law* 131 참조.

99) CDM Watch, *Hydro Power Projects in the CDM: Policy Brief* (February 2012).

100) 수력발전 댐에 대해서는 WCED, *Dams and Development: A Framework for Decision*

제원조기구가 원치 않는 인구의 이동과 이주를 막기 위해 점진적으로 채택하고 있는 세이프가드정책[101]은 유연성체제를 통해 제공되는 재정지원에는 적용되지 않는다.[102] 이것은 지역 인구의 가장 기본적인 인권에 심각한 영향을 미치는 수력발전 사업에 공인인증감축량(CERs)을 발행할 수 있도록 허용하였다.[103] 칸쿤합의[104]와 파리협정[105]에서의 인권법에 대하여 언급하는 것 외에, 유연성체제가 지역 이해관계자의 권리와 환경을 존중할 수 있도록 보장하기 위해 보다 구체적인 조항이 채택될 필요가 있다.[106]

VI. 결론

유연성체제는 국가들이 보다 의욕적인 약속에 보다 쉽게 동의하고 기후변화 완화에 대한 재정지원을 활용하는 데 기여하였다. 그러나 유연성의 확보가 환경건전성의 희생을 초래하지 않도록 하는 것은 복잡한 규제를 필요로 한다. 또한 HFC‒23 사건은 파렴치한 행위자들이 허점을 빠르게 악용할 수 있음을 보여준다.

Making (Earthscan, November 2000) 참조. 또한 댐에 대한 대표적인 사례 연구는 David Howarth, *The Shadow of the Dam* (Macmillan, 1961) 참조.

101) *The World Bank Environmental and Social Framework* (World Bank, 2017) 참조.

102) Nature Code & Carbon Market Watch, *Social and Environmental Accountability of Climate Finance Instruments* (policy brief, September 2015).

103) Annette Gartland, "Mega‒dams 'create the illusion of climate action'" Byline (January 19, 2016); John Vidal, "Why is Latin America so obsessed with mega dams?" *The Guardian* (May 23, 2017); Philip M Feamside, "Tropical hydropower in the clean development mechanism: Brazil's Santo Antonio Dam as an example of the need for change" (2015) 131:4 *Climatic Change* 575 참조.

104) Decision 1/CP.16, *supra* note 48, recital 8 and para. 8.

105) Paris Agreement, *supra* note 65, recital 12. 또한 본서 제16장, 1. 참조.

106) Damilola S. Olawuyi, *The Human Rights‒Based Approach to Carbon Finance* (Cambridge University Press, 2016) 참조.

기후변화와 국제법
제9장

지구공학
(geoengineering)

제9장

지구공학 (geoengineering)

국가들은 "기후체계에 대한 위험한 인위적 간섭"[1]을 방지하는 것의 중요성을 인식하고 있으며, 국제법에 따라 지구 환경에 심각한 피해를 주지 않아야 할 의무가 있다. 그러나 온실가스 배출량을 줄이고 자연적인 온실가스 흡수원을 강화하는 고전적인 방법을 통해 기후변화를 완화하려는 노력은 공동의 목표를 달성하지 못하였다. 분명히 더 많은 일을 할 수는 있지만, 사회와 정치적 대표자들은 대체로 이러한 비용을 지불하는 것을 꺼려한다. 결과적으로 진행 중인 기후 위기를 보다 쉽게 해결할 수 있는 기술적 해결책과 같은 경제 개발과 환경 지속가능성을 조정하는 다른 방법을 모색하고 있다.

지구공학은 기후체계 또는 지구 환경을 변화시키기 위한 기술의 개발 및 잠재적인 전개를 의미한다.[2] 기후변화 완화는 기후 활동에 대한 인간 활동의 영향을 줄이기 위해 노력하는 반면, 지구공학은 반대의 힘을 통해 균형을 맞추는 것을 목표로 한다. 지구공학은 태양 복사열 관리 또는 이산화탄소의 제거를 통해 기후체계에 영향을 줄 수 있다. 태양 복사열 관리는 지구시스템에 의한 태양열의 흡수를 변경하는 것으로 구성되는데, 예를 들어 공간에 큰 그늘을 배치하거나 더 높은 대기(성층권)에 에어로졸을 주입한다. 대조적으로, 이

---

1) United Nations Framework Convention on Climate Change, May 9, 1992, 1771 *UNTS* 107 (이하 UNFCCC), art.2.

2) S. Planton, "Glossary" in T.F. Stocker *et al.* (eds.), *Climate Change 2013: The Physical Science Basis. Contribution of Working Group I to the Fifth Assessment Report of the Intergovernmental Panel on Climate Change* (Cambridge University Press, 2013) 1447, at 1454.

산화탄소의 제거는 인공적인 온실가스 흡수원 및 저장소를 생성하고자 하는
데, 예를 들어, 이산화탄소를 안정적인 지질에 지하 깊숙이 주입함으로써 대기
중의 온실가스 농도를 감소시킨다.

　기후변화 완화와 지구공학 사이의 개념적 관계에 접근하는 방법에는 여러
가지가 있다.

- 첫 번째 견해는 두 개념이 별개라는 것이다. 기후변화 완화는 온실가스
  배출을 줄이거나 산림을 보존하여 우리의 행동을 대체함으로써 기후변화
  의 원인을 치료하려고 한다. 반대로 지구공학은 이산화탄소 제거를 통해
  대기 중의 이산화탄소 농도를 균형 있게 조절하거나 태양 복사열 관리를
  통해 온실효과를 높여 균형을 유지함으로써 증상을 해결한다. 따라서 삼
  림벌채를 방지하는 것은 완화 전략이지만 대규모 재조림 프로그램은 오
  히려 지구공학으로 간주된다.
- 다른 견해는 기후변화 완화와 지구공학을 상호 배타적(mutually exclusive)
  으로 보지 않는다. 지구공학은 기후변화 완화를 위한 기술로 사용될 수
  있다. 대규모 재조림 프로그램 또는 이산화탄소 포집 및 저장을 통한 이
  산화탄소 제거는 기후변화 완화의 다른 조치와 동일한 목표(대기 중 온
  실가스 농도 감소)를 달성한다. 대안적으로, 태양 복사열 관리와 같은 일
  부 형태의 지구공학은 전 세계적으로 기후변화 적응에 대한 행동으로 접
  근될 수 있다. 이러한 관점에서 지구공학은 행동의 목적보다 행성계 전체
  에 영향을 미치는 대규모 기술을 통해 행동이 수행되는 방식과 관련이
  있다.

　그러나 지구공학과 기후변화 완화 사이의 관계에 대한 이러한 개념화는 지
구공학의 고유한 특징에 대하여 주의를 분산시켜서는 안 된다. 즉 거대하고,
갑작스럽고, 예측 불가능하며, 어쩌면 돌이킬 수 없는 결과를 초래하는 행성계
에 대한 의도적인 조정이라는 점이다.[3] 지구공학은 기술 및 과학에 있어 중요

---

3) Clive Hamilton, *Earthmasters: The Dawn of the Age of Climate Engineering* (Yale
University Press, 2013) 20; R.K. Pachauri *et al.*, *Climate Change 2014: Synthesis
Report. Contribution of Working Groups I, II and III to the Fifth Assessment Report
of the Intergovernmental Panel on Climate Change* (IPCC, 2015) 125 참조.

한 윤리적 및 법적 문제를 제기한다. 중요한 문제는 행성계를 의도적으로 변경하는 것이 윤리적으로 정당화될 수 있는지 여부다. 이러한 개입의 경우 기후체계를 더 변화시키는 태양 복사열 관리보다 온실가스의 인위적 배출량의 균형을 찾는 이산화탄소 제거가 더 쉽다. 파리협정의 목적은 "금세기의 하반기에 온실가스의 배출원에 의한 인위적 배출과 흡수원에 의한 제거 간에 균형을 달성"[4]하는 것인데, 대규모 이산화탄소 제거 프로그램에 의지하지 않고는 이 목적이 달성될 수 있을 것 같지 않다.[5] 대조적으로, 태양 복사열 관리가 전 지구적 평균기온을 산업화 이전 수준으로 되돌릴 수 있다면, 예를 들어 산업화 이전보다 낮이 더 시원하고 밤이 더 따뜻하다면 근본적으로 다른 기후를 만들 것이다.[6] 이는 물 순환을 극적으로 변화시키며 해양 산성화 및 해수면 상승과 같은 기후변화의 다른 많은 영향을 피할 수 없게 할 것이다.[7] 극단적인 형태의 지구공학은 최후의 수단으로서만 정당화될 수 있으며, 여기서 의미하는 최후의 수단이란 국제적 기후변화 완화에 대한 국제적 행동이 극적으로 실패하여 전례 없는 절대적인 위기 상태에 직면한 경우를 의미한다.[8]

역사적 관점에서 지구공학에 대한 논쟁을 제기하기 위해 다음 절에서는 이전의 기상조절 기술과 국제법에서의 초기 규제에 대해 살펴본다. 그런 다음, 지구공학의 전개와 관련된 위험을 포함하여 기존 지구공학의 옵션에 대해 설명한다. 마지막으로 지구공학 규제와 관련하여 제기된 주요 도덕적, 법적 문제를 탐구한다.

---

4) Paris Agreement, December 12,2015, in the annex of decision 1/CP.21, "Adoption of the Paris Agreement" (December 12, 2015), art.4.1.

5) IPCC 제5차 평가보고서의 완화 시나리오에서 탄소 포집 및 저장을 위한 바이오에너지를 포함시켰다. 또한 O, Edenhofer *et al.*, "Technical summary" in O. Edenhofer *et al.* (eds.), *Climate Change 2014: Mitigation of Climate Change. Contribution of Working Group III to the Fifth Assessment Report of the Intergovernmental Panel on Climate Change* (Cambridge University Press, 2014) 31, at 60 참조.

6) 이것은 낮 동안 지구 표면에 도달하는 태양 복사량이 적고 밤 동안 지구에서 우주로 방출되는 복사량이 적기 때문이다.

7) David Reichwein *et al.*, "State responsibility for environmental harm from climate engineering" (2015) 5:2–4 *Climate Law* 142 참조.

8) David G. Victor *et al.*, "The geoengineering option: a last resort against global warming?" *Foreign Affairs* (March–April 2009).

I. 기상조절 기술의 선례

우리는 날씨를 제어하는 기술을 개발하려고 오랫동안 노력해 왔다. 1950년대부터 1970년대까지 구름씨뿌리기(cloud seeding)에 대한 연구가 수행되었다. 공기 중에 작은 입자(일반적으로 요오드화은)를 첨가함으로써 응축이 발생할 수 있고 강수가 발생할 수 있을 것으로 생각되었다. 이러한 연구는 전략적 군사 예산으로 뒷받침되었다. 일부 실험은 베트남 전쟁 동안 뽀빠이 작전(Operation Popeye)의 일환으로 날씨를 통제하는 것이 미군에 일종의 전략적 이점을 줄 수 있다는 모호한 직관에 기초하여 수행되었다.[9] 그러나 대체로 관련 기술의 개발은 초기의 예측을 충족시키지 못하였으며, 1980년대 이후 기상조절 기술에 대한 정치적인 연구가 크게 감소하였다. 미국 국립연구위원회의 2003년 보고서에 따르면 "기상조절에 대한 모든 평가는 구름씨뿌리기의 효과에 대한 과학적 증거가 부족하다는 것을 발견하였다(냉안개의 분산과 같은 몇 가지 주목할 만한 예외가 있음)."[10] 그럼에도 불구하고 여전히 중국과 인도네시아와 같은 개발도상국에서는 기상조절 기술을 사용하려는 몇 가지 시도가 계속되고 있다.[11]

기술 개발이 완전히 이루어지지는 않았지만, 기상조절 기술에 대한 논쟁은 지구공학 기술에 대한 현재 논쟁의 배경을 형성하는 도덕적, 법적 논쟁을 유발하였다. 특히 한 국가의 기상 조절은 다른 국가에도 영향을 줄 수 있음을 분명히 이해하였다. 한 곳에 비가 내리게 하면 다른 곳에서 그것을 우회시킬 것이다. 1963년 보고서에서 세계기상기구(WMO)가 관찰한 것처럼 "대기 과정의 복잡성에 따라 세계 어느 곳에서 인위적으로 유발된 날씨의 변화가 다른 곳에 영향을 미치게 될 것"이지만 "2차 효과의 정도, 성질 또는 지속시간을 확실하게 예측할 수 없다"고 하였다.[12] 이는 기상조절 기술이 신중하고 협력적인 방

---

9) James R. Fleming, "The pathological history of weather and climate modification: three cycles of promise and hype" (2006) 37:1 *Historical Studies in the Physical & Biological Sciences* 3, at 13.

10) Committee on the Status and Future Direction in US Weather Modification Research and Operations, *Critical Issues in Weather Modification Research* (National Research Council, 2003) 1.

11) Clifford Coonan, "How Beijing used rockets to keep opening ceremony dry" *The Independent* (August 10, 2008); Rongxing Guo, *How the Chinese Economy Works* (Palgrave Macmillan, 2017) 332 참조.

식으로 사용되어야 함을 보여준다.

미국이 베트남 전쟁 중 기상조절 기술의 사용에 대한 아이디어를 포기한 후에 국제협상이 더 쉽게 이루어질 수 있었다.[13] 미국과 소련은(USSR)은 협상을 시작하여 1976년 환경 변경 기술 사용금지협약(Convention on the Prohibition of Military or Any Other Hostile Use of Environmental Modification Techniques)을 채택하였다.[14] 대부분의 선진국을 포함하여 이 협약의 각 당사국은 "환경을 제어하는 것은 광범위하고 오래 지속되는 심각한 영향을 미칠 수 있으므로, 다른 당사국에 대한 파괴, 손상 및 피해의 수단으로서 환경 제어를 군사적 또는 기타 적대적으로 사용하는 데에 관여하지 않겠다"고 약속하였다.[15] 협약의 실질적 범위는 "생물권, 암석권, 수권, 대기권, 그리고 우주권을 포함한 지구의 역학, 구성, 또는 구조 등의 자연적인 과정을 의도적으로 조작하여 변경하는 기술"에 적용되므로 광범위하다.[16] 그러나 협약은 "평화로운 목적을 위한 환경조절 기술의 사용"에는 적용되지 않으며 "이러한 사용에 관해 국제법에서 일반적으로 인정된 원칙과 적용 가능한 규칙을 침해하지 않는다."[17]

국가는 군사적 또는 기타 적대적인 사용 이외에도 일반적으로 기상조절 기술을 이해하는 데 적극적으로 협조해야 한다는 점을 인식하였다. 이미 1961년 UN 총회는 "기후와 대규모 기상조절 가능성에 영향을 미치는 기본 물리력에 대한 더 많은 지식을 제공하기 위해 각국이 대기 과학과 기술을 향상시키는 방안을 연구할 필요가 있다"고 밝혔다.[18] 20년 후, 유엔환경계획(UNEP) 집행이사회는 국가의 협력 의무를 강조한 국제 기후변화 관련 규정을 채택하였다.[19] 집행이사회는 "기상조절이 인류와 환경을 위해 기여해야 한다"[20]는 중

---

12) World Weather Watch and WMO, *Second Report on the Advancement of Atmospheric Sciences and their Application in the Light of Developments in the Outer Space* (WMO, 1963) 19.

13) Fleming, *supra* note 9, at 14.

14) Convention on the Prohibition of Military or Any Other Hostile Use of Environmental Modification Techniques, December 10, 1976, 1108 *UNTS* 151.

15) *Ibid.*, art. Ⅰ.1.

16) *Ibid.*, art. Ⅱ.

17) *Ibid.*, art. Ⅲ.

18) UN General Assembly Resolution 1721 (XVI) C, "International co−operation in the peaceful uses of outer space" (December 20, 1961), para. 1(a).

19) 기상조절에 관한 국가 간 협력에 대한 조항은 UNEP Governing Council decision 8/7,

심원칙을 확인하였고, 그 외에도 다음과 같은 점을 강조하였다.

> 기상조절에 관한 정보 교환, 통보, 협의 및 기타 형태의 협력은 신의성실,
> 선한 이웃의 정신, 그리고 그러한 형태의 협력이나 기상조절 활동을 수행함
> 에 있어 불합리한 지연을 방지하는 방식으로 수행되어야 한다.[21]

기상조절 기술이 인류와 환경의 이익을 위해 사용되어야 한다는 요건은 군사적 사용을 포함하여 다른 국가를 희생하여 한 국가의 이익을 증진시키는 일방적인 행동을 분명히 배제하였다. 그러나 "인류와 환경의 이익"에 대한 보다 긍정적인 정의는 어려웠을 것이다. 한 지역에서 비가 내릴 때 다른 지역에서는 비가 줄어들 수 있기 때문에 기상조절 기술은 종종 제로섬 게임을 만들었을 것이다. 미국에서는 1960년대 동안, 그리고 최근에는 중국에서 기상조절 기술을 사용하는 지역에 영향을 미치는 가뭄과 중국 지역 내 천둥과 비로 인한 피해에 대한 책임 문제가 제기되었다. 이러한 주장은 기상조절 기술이 영향을 미쳤다는 증거의 부족으로 체계적으로 거부된 것으로 보인다.[22] 기상조절 기술이 효과적이라고 입증되었다면 국내뿐 아니라 국제적으로도 더 많은 분쟁이 발생했을 것이다.

다음 두 절에서 볼 수 있듯이 이러한 문제는 지구공학에 대한 현재 논쟁의 서막을 형성하였다. 그러나 기후변화의 영향이 전 세계의 많은 지역공동체에 심각한 영향을 미치고 일부 형태의 지구공학이 도달할 수 있는 영역처럼 보이기 때문에 21세기 동안 지구공학에 대한 논쟁이 점차 커질 것이다. 해수면 상승에 의해 영토 존재가 직접 위협을 받는 군소도서개발국, 인구 밀도가 높은 영토의 상당 부분을 잃을 수 있는 해안 국가, 또는 가뭄, 전쟁 혹은 기근을 겪고 있는 국가, 또는 심지어 강력한 비국가행위자조차도 이러한 기술이 행성계

April 29, 1980 참조. doc. A/35/25, 117을 통해 재규정되었다.

20) *Ibid.*, para. 1(a).

21) *Ibid.*, para. 1(b).

22) 1960년대 미국에서 발생한 사례에 대해서는 Donald Frenzen, "Weather modification: law and policy" (1971) 12:4 *Boston College Law Review* 503; Charles F. Cooper and William C. Jolly, "Ecological effects of silver iodide and other weather modification agents: a review" (1970) 6:1 *Water Resources Research* 88 참조.

에 미칠 수 있는 극적이고 예측할 수 없는 영향에도 불구하고 빠른 기술적 "해결책(fixes)"에 의지하려는 유혹을 받을 수 있다. 문제가 더욱 구체화되고 국익이 더 잘 이해될수록, 의견 불일치 또한 해결하기가 더 어려워질 것이다.

II. 지구공학 옵션

주어진 장소와 시간에 날씨를 제어하려는 시도와는 달리 지구공학은 전체 행성계, 특히 기후체계를 변경하려고 한다. 이를 위해서는 지구 환경에 예측할 수 없는 결과를 가져 오기 때문에 더 큰 규모의 노력이 필요하다. 태양 복사열 관리의 일부 기술은 제한된 비용으로 이행될 수 있지만 행성계에 상당한 영향을 미친다.

A. 태양 복사열 관리

태양 복사열 관리는 지구시스템의 태양 에너지 흡수를 줄이려는 일련의 기술을 의미한다. IPCC에 의해 정의된 바와 같이, 이는 "기후변화를 줄이기 위한 지구 단파 복사 수지를 의도적으로 조정"하는 것이다.[23] 특히 일부 가시광선은 지구 평균온도를 낮추기 위해 우주로 반사될 것이다.

예를 들어, 지구와 태양 사이에 큰 그늘을 두어 태양 복사열을 줄일 수 있다. 그러나 이 옵션을 탐구한 몇몇 연구는 앞으로 수년간 공상과학의 영역 안에 머무를 가능성이 가장 높음을 확인하였다.[24] 기후변화에 대응하는 데 큰 영향을 미치기 위해서는 지구 궤도에서 수억 평방 킬로미터 또는 더 높은 효율을 위해서는 지구에서 더 멀리 가서 지구와 태양이 동등한 중력을 끌어당기는 지점에 그늘이 배치되어야 한다.

다른 기술은 지구의 알베도를 증가시킬 것이며, 이는 지구로 들어오는 태양 복사열을 반사하는 능력이다. 햇빛에 노출되면 검은색 표면이 따뜻해지지

---

23) Planton, *supra* note 2, at 1462.

24) O. Boucher *et al.*, "Clouds and aerosols" in Stocker *et al.* (eds.), *supra* note 2, at 571; Naomi E. Vaughan and Timothy M. Lenton, "A review of climate geoengineering proposals" (2011) 109:3－4 *Climatic Change* 745, at 762 참조.

만, 흰색 표면에 들어오는 태양 복사열은 높은 비율로 더 많이 반사하므로 더 시원하게 유지된다. 마찬가지로, 지구 전체의 알베도를 증가시킴으로써(표면을 "미백"함으로써) 냉각할 수 있다.[25] 사막을 채색하거나, 더 하얀 초목을 심거나 지붕이나 포장도로를 건설하기 위해 반사율이 높은 물질을 선택하는 것은 기후체계 전체에 그 영향이 미미하다. 정해진 시간에 지구를 덮는 구름의 비율을 증가시키면 구름이 대부분의 지구 표면보다 태양 복사열을 더 많이 반사하지만, 예를 들어 전 세계적인 범위로 공기 중에 바닷물을 분사함으로써 하늘에서 끊임없이 구름을 재생하는 것은 거의 불가능하다.

지구의 알베도를 증가시키는 보다 현실적인 방법은 아황산염과 같은 가벼운 에어로졸 입자를 성층권(10~50km 사이의 고도)에 주입하는 것이다. 화산 폭발로 인해 성층권에 아황산염 입자를 대량 주입하면 일시적인 냉각 효과가 나타난다는 것을 반복적으로 보여준다. 1991년 필리핀 피나투보 화산의 폭발로 인해 지구는 약 섭씨 0.5도 정도 냉각되었다.[26] 1815년 인도네시아 탐보라 화산의 폭발로 인해 "여름 없는 해"라고 불릴 정도로 지구의 기후가 크게 냉각되었고 그 후 몇 년 동안 전 세계에 걸쳐 큰 격변이 일어났다.[27] 다른 화산 폭발 역시 비슷한 결과를 초래하였다.[28] 동일한 결과를 달성하기 위해 대포, 풍선 또는 고공 비행기를 사용하여 성층권에 충분한 양의 에어로졸을 주입해 기후체계 전체에 영향을 미치는 것은 단적으로 비현실적이지는 않을 것이다.[29] 아황산염 입자들이 몇 년간 떨어지는 동안 지속적으로 보충되어야 한다.

태양 복사열 관리는 전 세계 평균기온의 상승을 제한하거나 심지어 하락시킬 수 있지만 기후변화에 대응하지는 않는다. 태양 복사열 관리의 냉각 효과는 온실가스 농도의 증가가 지구를 따뜻하게 하는 것과 같은 방식으로 지구상

---

25) Boucher *et al.*, *supra* note 24, at 627 참조.

26) Stephen Self *et al.*, "The atmospheric impact of the 1991 Mount Pinatubo eruption" in Christopher G. Newhall and Raymundo S. Punongbayan (eds.), *Fire and Mud: The Eruptions and Lahars of Mount Pinatubo, Philippines* (University of Washington Press, 1996) 1089.

27) J. Luterbacher and C. Pfister, "The year without a summer" (2015) 8:4 *Nature Geoscience* 246.

28) K.R. Briffa *et al.*, "Influence of volcanic eruptions on Northern Hemisphere summer temperature over the past 600 years" (1998) 393:6684 *Nature* 450.

29) Vaughan and Lenton, *supra* note 24, at 764－765.

의 다른 장소를 냉각시키지 않는다. 강수패턴과 지역패턴은 다른 방식으로 계속 변경된다. 반드시 같은 지역은 아니더라도 가뭄이 발생할 수 있다. 대기 중 이산화탄소 농도의 증가는 해양 생태계에 계속해서 영향을 줄 것이다.[30] 유추해 보면, 화산 폭발은 날씨 패턴과 전 세계 식량생산에 광범위한 영향을 미치는 것으로 나타났다.[31] 이 외에도, 성층권에 지속적으로 주입되는 아황산염 입자는 일차적으로 성층권에서 오존층을 고갈시키고 이차적으로 아황산 입자가 떨어지면서 산성비가 발생하기 때문에 생물권에 매우 심각한 부정적 영향을 미친다.[32] 성층권에 입자를 주입하는 과정에서 중단이 발생하면 기후에 더 급작스러운 변화를 주고 자연과 사회체제가 적응할 수 있는 시간이 적어져 잠재적으로 훨씬 더 해롭다.[33] 태양 복사열 관리는 최종적인 치료책이 아니다. 빠른 중독과 같은 극단적인 부작용이 발생하기 때문에 단지 증상치료적인 수단이다.

B. 이산화탄소 제거

급격한 태양 복사열 관리 옵션 외에, 보다 합리적인 지구공학 기술이 대기에서 이산화탄소를 제거하는 데 도움이 될 수 있다. 이러한 기술 중 일부는 산림, 토양 및 바다와 같은 자연적인 온실가스 흡수원 저장소를 향상시키려고 한다. 다른 기술은 인공 저장소, 예를 들어 땅속 깊숙이 이산화탄소를 저장하는 것을 목표로 한다.[34]

---

30) Katharine L. Ricke, M. Granger Morgan and Myles R. Allen, "Regional climate response to solar−radiation management" (2010) 3:8 *Nature Geoscience* 537; Ming Tingzhen *et al.*, "Fighting global warming by climate engineering: is the Earth radiation management and the solar radiation management any option for fighting climate change?" (2014) 31 *Renewable & Sustainable Energy Reviews* 792 참조.

31) Victor *et al.*, *supra* note 8 참조.

32) Paul J, Crutzen, "Albedo enhancement by stratospheric sulphur injections: a contribution to resolve a policy dilemma?" (2006) 77:221 *Climatic Change* 211.

33) Andy Jones *et al.*, "The impact of abrupt suspension of solar radiation management (termination effect) in experiment G2 of the Geoengineering Model Intercomparison Project (GeoMIP)" (2013) 118:17 *Atmospheres: Journal of Geophysical Research* 9743 참조.

34) J.C. Abanades *et al.*, "Summary for policymakers" in B. Metz *et al*, *IPCC Special Report on Carbon Dioxide Capture and Storage. Prepared by Working Group Ⅲ of the Intergovernmental Panel on Climate Change* (Cambridge University Press, 2005) 1, at 3.

1. 온실가스의 천연 저장소 강화

이산화탄소를 제거하는 기술에 대한 논의는 산림, 토양 및 바다를 포함하여 온실가스의 모든 주요 천연 저장소의 잠재력에 대해 탐구되어 왔다.

첫째, 숲은 탄소의 큰 저장소이다. 나무와 식물은 이산화탄소와 물이 당과 산소로 변환되는 과정인 광합성을 통해 성장하기 때문이다. 산림관리는 기후변화 완화 및 지구공학과 관련이 있다. 산림전용(deforestation)을 피하는 것은 분명히 기후변화 완화의 영역 내에 있지만, 숲으로 사용되었던 토지의 재조림(reforestation) 또는 최근의 숲이 아닌 토지의 신규조림(afforestation)은 지구공학으로 고려될 수 있다.[35] 그러나 산림의 유지, 복원, 확장 또는 사용의 노력은 가용토지의 부족과 식량생산을 포함하여 희소한 경작지의 경쟁적 사용으로 인해 제약을 받는다.

둘째, 토양은 부분적으로 탄소가 풍부한 분해된 유기물질로 만들어져 탄소 저장소를 구성한다. 이 저장소는 적절한 토지사용 기술, 특히 바이오 숯(bio-char)을 사용하는 기술을 통해 증가될 수 있다. 바이오 숯은 유기폐기물의 열분해(즉, 산소 및 이산화탄소 배출이 없는 연소)에 의해 생성된 숯이다. 바이오 숯에는 영양분뿐만 아니라 고농도의 탄소가 포함되어 있기 때문에 비료로 그리고 토양에 장기적으로 탄소를 축적하는 데에 사용할 수 있다. 시간이 지남에 따라 빗물은 탄산염을 해저의 퇴적물로 밀어 넣어 지속적인 탄소격리를 보장한다.[36] 전 세계적으로 바이오 숯이 점점 더 많이 사용되고 있지만 대기 중의 온실가스 농도를 감소시키는 능력은 다소 제한되어 있다.[37]

셋째, 바다는 이산화탄소의 자연 저장소로 이용될 수 있다. 인위적인 이산화탄소 배출의 약 3분의 1이 탄산으로 용해되어 바다에 흡수된다.[38] 일부 기술들은 이러한 자연적인 현상을 강화시킬 수 있다. 탄산을 바다에 직접 주입하는 것을 제외하고 미세하게 분쇄된 석회석 또는 감람석을 주입하면 해수의

---

35) Vaughan and Lenton, *supra* note 24, at 751 참조.

36) *Ibid.*, at 751-752 참조.

37) Dominic Woolf *et al.*, "Sustainable biochar to mitigate global climate change" (2010) 1:1 *Nature Communications* 56 참조.

38) L.V. Alexander *et al*, "Summary for policymakers" in Stocker *et al.* (eds.), *supra* note 2, 3, at 11 참조.

알칼리도를 증가시키고 산성도에 영향을 미치지 않고 탄소 흡수 능력을 높일 수 있다.[39] 그러나 화학적 흡수원보다는 대부분의 연구는 바다가 탄소를 흡수하는 생물학적 흡수원에 초점을 맞췄다. 예를 들어, 철, 질소 또는 인과 같은 영양소를 부족한 곳에 추가하거나 해수의 용승(영양분이 풍부한 심해의 상향 이동)을 증가시켜 바다에 더 많은 생명을 육성함으로써 더 많은 플랑크톤이 발생하고 광합성을 통해 더 많은 탄소가 흡수될 것이다. 이러한 기술은 대규모로 구현된 적이 없다. 그 효과는 확실하지 않지만, 해양환경에 미치는 영향은 심각할 수 있다. 탄소를 직접 첨가하여 해양의 산성도를 높이면 많은 종들이 위험에 처할 수 있으며 전체 해양 생태계에 혼란을 초래할 수 있다.[40] 화학적 또는 생물학적 탄소 흡수원을 강화시키기 위한 다른 기술들을 대기화학에 중요한 영향을 미칠 만큼 충분한 정도를 배치할 경우, 해양 생태계에 다양한 영향을 미칠 수 있으며, 이는 대체로 예측할 수 없지만 심각하고 거의 되돌릴 수 없는 경향이 있다.[41]

2. 탄소 포집 및 저장

천연 탄소 저장소가 이미 한계에 도달함에 따라, 이산화탄소 제거에 대한 대안적인 접근방법으로 대규모 인공 온실가스 저장소를 들 수 있다. 이를 위해서는 대량의 이산화탄소를 광범위하게 포획하고 지속적으로 격리해야 한다.

이산화탄소 포집 기술은 시간이 지남에 따라 크게 개선되었다. 흡착제를 사용한 후 화학 반응을 일으키면 대기에서 이산화탄소를 추출할 수 있다. 발전소에서 배출되는 매연같이 고농도의 이산화탄소가 있는 공기에서 가장 효율적이다. 화석연료의 연소에 의해 생성된 가스에서 이산화탄소가 제거되어 저장될 때, 탄소 포집 및 저장(CCS)은 추가적인 온실가스 배출을 방지하지만 대기 중의 온실가스 농도는 감소시키지 않는다. 그러나 재생되는 목재와 같은 바이오매스의 연소에 의해 생성된 가스로부터 이산화탄소가 포획되면 대기 중의 온실가스 농도가 감소될 수 있다. 따라서 바이오에너지 탄소 포집 및 저장

---

39) Vaughan and Lenton, *supra* note 24, at 754.

40) M. Rhein *et al.*, "Observations: ocean" in Stocker *et al.* (eds.), *supra* note 2, 255, at 295.

41) L. Clarke, "Assessing transformation pathways" in Edenhofer *et al.* (eds.), *supra* note 5, 413, at 485.

기술(BECCS)은 나무가 심어지고 잘려 교체되고, 나무가 연소되는 과정에서 생성된 이산화탄소를 분리하고 저장하는 비교적 긴 과정을 통해 대기 중 온실가스의 농도를 감소시킬 수 있다.

이산화탄소를 지속적으로 저장하는 방법에는 여러 가지가 있다. 기술적으로 이산화탄소를 함유한 인공 광물을 생성하는 것이 가능하지만 공정이 비싸고 많은 에너지를 소비한다.[42] 일부 연구에서는 압력이 물보다 이산화탄소를 더 조밀하게 유지하기에 충분한 경우, 3,000m 깊이의 해저에 액화 이산화탄소를 주입할 수 있다고 제안하였다. 그러나 이 기술은 저장의 내구성에 대한 불확실성, 예를 들어 심각한 지진이 발생할 때 심해 해양환경에 미치는 잠재적 영향과 같은 불확실성 때문에 크게 무시되어 왔다.[43]

그 대신에, 다량의 이산화탄소를 저장하는 가장 신뢰할 수 있는 방법은 고갈된 석유 및 가스 저장소와 같은 깊은 지질 구조에 이산화탄소를 주입하는 것이다. 적절한 조건 하에서, 그러한 구조물에 갇힌 압축 이산화탄소는 주변 요소와 반응하며 여러 해에 걸쳐 안정적인 광물의 일부가 된다.[44] 2005년 IPCC 특별보고서는 이러한 저장기술을 통해 "주입된 이산화탄소의 99% 이상이 1000년 동안 유지될 것"이라고 결론을 내렸다.[45] 최근 IPCC 특별작업반은 "통합 탄소 포집 및 저장 시스템의 모든 구성요소가 존재하며, 석유화학 정제 부문뿐만 아니라 오늘날 탄화수소 탐사, 생산, 운송 부문에서 사용"되고 있다고 밝혔다.[46]

깊은 지질 구조에 주입된 BECCS는 지금까지 가장 매력적인 대규모 지구공학 옵션으로 보인다. 그러나 이것은 묘책이 아니며 온실가스 배출량을 줄이

42) A. Sanna *et al.*, "A review of mineral carbonation technologies to sequester CO_2" (2014) 43 *Chemical Society Reviews* 8049.

43) Rattan Lal, "Carbon sequestration" (2008) 363:1492 *Philosophical Transactions of the Royal Society B: Biological Sciences* 815 참조.

44) Lei Li *et al.*, "A review of research progress on CO_2 capture, storage, and utilization in Chinese Academy of Sciences" (2013) 108 *Fuel* 112; Matthew E. Boot-Handford, "Carbon capture and storage update" (2014) 7 *Energy & Environmental Sciences* 130 참조.

45) S. Benson *et al.*, "Underground geological storage" in Metz *et al*, *supra* note 34, 195, at 197.

46) T. Bruckner *et al.*, "Energy systems"in Edenhofer *et al* (eds.), *supra* note 5, 511, at 532.

기 위한 더욱 효율적인 단계를 대체해서는 안 된다. 대기 중의 온실가스 농도에 큰 차이를 만들려면 수십 년에 걸쳐 BECCS를 대규모로 배치해야 한다.[47] 바이오에너지 생산은 산림보다 빠른 탄소 흡수원을 만들 수 있지만, 식량생산과 경쟁하여 토지를 사용해야 한다.[48] 저장소의 안전성과 내구성을 면밀히 감시하기 위해 국제 및 국내 규정도 개발해야 한다.

III. 지구공학 규제

지구공학은 지구 환경을 전체적으로 바꾸려는 의도적인 시도로서 독특한 윤리적, 법적, 지정학적 질문을 제기한다. 이러한 문제는 완화 행동의 실패와 BECCS와 같은 지구공학 기술의 개발로 인해 더욱 시급해지고 있다. 따라서 지구공학에 대한 논의는 수행가능한(could) 것에 대한 기술적 논쟁에서 수행되어야(should) 하는 것에 대한 윤리적 논쟁, 어떻게(how) 수행해야 할지에 대한 규제적 논쟁, 그리고 누가(who) 이 문제를 결정해야 할지에 대한 논쟁으로 점진적으로 변화하고 있다.

이러한 논쟁은 주어진 형태의 지구공학과 관련하여 다르게 전개된다. 도덕철학자들은 지구공학의 "명확한 사례"로서 태양 복사열 관리기술에 초점을 맞추는 반면,[49] 구체적인 규제 개발은 CCS와 더 자주 관련된다. 태양 복사열 관리기술은 (아마도 꼭 필요한 경우는 제외하고) 사용하지 않는 분명한 윤리적 이유가 있지만, 잘 규제된 BECCS는 기후변화 완화 정책에 대한 매력적이고도 보완적인 정책으로 보인다.

---

[47] P. Ciais *et al.*, "Carbon and other biogeochemical cycles" in Stocker *et al.* (eds.), *supra* note 2, 465, at 546.

[48] Clarke, *supra* note 41, at 485 참조.

[49] Stephen Gardiner, "Is 'arming the future' with geoengineering really the lesser evil?" in Stephen Gardiner *et al.* (eds.), *Climate Ethics: Essential Readings* (Oxford University Press, 2010) 284, at 285. 또한 Christopher Preston (ed.), *Engineering the Climate: The Ethics of Solar Radiation Management* (Lexington, 2012) 참조.

A. 지구공학에 의지할 수 있는 기회

상호 작용하는 행성계의 극도로 복잡한 반응에 대해 우리가 아는 바가 거의 없기 때문에 인간 사회가 지구 환경을 더 변화시킬 수 있다는 생각은 완전히 섬뜩하다. 태양 복사열 관리는 대기와 해양 화학성분의 추가적인 변화를 일으키며 지구온난화를 줄일 수도 있다. 성층권으로의 아황산염 유입은 산성비를 통해 심각한 환경 피해를 초래할 수 있다. 태양 복사열 관리에 대한 추가 연구를 선호하는 사람들은 이러한 기술이 우리가 급격한 기후변화 시나리오에 진입할 경우 잠재적으로 덜 악한 기술임을 제시한다.[50] 그러나 기술을 개발할 때 기술이 사용되어야 한다는 사회적 기대는 기후변화 완화에 필요한 노력에서 벗어나게 할 위험이 있다.[51] 기술개발은 또한 새로운 기득권을 조장하는 투자자들의 이익공동체를 만들며, 우리 사회가 온실가스를 줄이기 위해 긴급한 조치를 취하는 대신 임시방편에 의존하려는 유혹을 증가시킨다.[52] 이러한 고려 사항이 반드시 태양 복사열 관리에 대한 연구를 금지해야 하는 것은 아니지만, 그러한 극단적인 지구공학 옵션에 관한 연구에 참여하고 의사소통할 때에는 과학계로부터 큰 주의를 기울여야 한다.

대조적으로, 이산화탄소 제거에 대해서는 일반적으로 반대의견이 거의 없다. 토지이용 정책과 산림관리에 관한 노력은 기후변화를 완화하기 위해 시행된 최초의 정책 중 하나였다. 그 대신에, 그러한 행동의 양식과 관련하여 윤리적 문제가 제기될 가능성이 더 높다. 심층 지질 구조에 탄소 포집 및 저장을 대규모로 시행하려는 경우, 규제 프레임워크가 "화석연료 의존도를 감소시키기 보다는 오히려 부주의로 영구화되지" 않도록 주의를 기울여야 한다.[53]

---

50) Crutzen, *supra* note 32; David Keith, *A Case for Climate Engineering* (MIT Press, 2013) 참조.

51) C. Kolstad *et al.*, "Social, economic, and ethical concepts and methods" in Edenhofer *et al.* (eds.), *supra* note 5, 207 at 219. 또한 Gardiner, *supra* note 49; Nils Markusson, "Review of 'A Case for Climate Engineering' by David Keith" (2014) 4:3–4 *Climate Law* 365 참조.

52) Dale Jamieson, "Ethics and intentional climate change" (1996) 33:3 *Climatic Change* 323, at 333. 또한 Hamilton, *supra* note 3, at 162; William C.G. Bums and Andrew L. Strauss (eds.), *Climate Change Geoengineering: Philosophical Perspectives, Legal Issues, and Governance Frameworks* (Cambridge University Press, 2015) 참조.

53) Jennie C. Stephens, "Carbon capture and storage: a controversial climate mitigation

BECCS는 기후변화 완화 노력을 대체하기보다는 보완해야 한다.[54] 나중에 이산화탄소를 제거하고 저장하는 것보다 이산화탄소를 먼저 방출하지 않는 것이 환경에 훨씬 경제적이고 덜 영향을 미친다는 것은 의심의 여지가 없다.[55] 파리협정에 의해 정의된 "금세기의 하반기에 온실가스의 배출원에 의한 인위적 배출과 흡수원에 의한 제거 간에 균형"이라는 목적을 달성하기 위해 BECCS에 대한 대안이 거의 없는 것처럼 보인다.[56] 그러나 바이오에너지 또는 식량생산을 위한 대안적인 토지이용을 조정할 뿐만 아니라 탄소의 운반과 격리에 있어서 내구성과 안전을 보장하기 위한 규제가 필요하다.[57]

B. 지구공학에 대한 규제

지구공학 활동은 조약에 의해 설정된 일부 규칙뿐만 아니라 일반국제법의 규범에 의해 규제된다. 일반국제법의 관련 규범에는 무해의 원칙과 사전주의 원칙, 환경영향평가를 수행할 의무, 1차 의무를 위반하는 경우 국가책임법에 따른 2차 의무 등이 포함된다.[58] 조약기반 체제는 해양환경 보호, 생물다양성 보호 또는 UNFCCC 체제 내에서의 지구공학과 관련하여 이러한 규범의 일부 측면을 명확하게 한다. 추가적인 규제체계는 국내 여건에 따라 개발되었다.

---

approach" (2015) 50:1 *International Spectator: Italian Journal of International Affairs* 74.

54) Kevin Anderson and Glen Peters, "The trouble with negative emissions" (2016) 354: 6309 *Science* 182.

55) Hamilton, *supra* note 3, at 20－50.

56) Paris Agreement, *supra* note 4. IPCC 5차 평가보고서는 완화 시나리오에 BECCS를 포함하였다. 또한 Edenhofer *et al.*, *supra* note 5, at 60 참조.

57) Robert Amon, "Bioenergy carbon capture and storage in global climate policy: examining the issues" (2016) 10:4 *Carbon & Climate Law Review* 187.

58) Kerryn Brent, Jeffrey McGee and Amy Maguire, "Does the 'no－harm' rule have a role in preventing transboundaiy harm and harm to the global atmospheric commons from geoengineering?" (2015) 5:1 *Climate Law* 35; David Reichwein *et al*, "State responsibility for environmental harm from climate engineering" (2015) 5:2－4 *Climate Law* 142; Karen N. Scott, "International law in the Anthropocene: responding to the geoengineering challenge" (2013) 34:2 *Michigan Journal of International Law* 309; Ralph Bodle, "Geoengineering and international law: the search for common legal ground" (2010) 46:2 *Tulsa Law Review* 305; Neil Craik, "International EIA law and geoengineering: do emerging technologies require special rules?" (2015) 5:2－4 *Climate Law* 111 참조. 또한 CBD decision XI/20, "Climate－related geoengineering" (Hyderabad, October 8－19, 2012), para. 11; UN General Assembly Resolution 66/288, "The future we want" (July 27, 2012), para. 167 참조.

1. 해양환경 보호

몇몇 이산화탄소 제거 기술은 해양의 자연적인 탄소 흡수원를 강화시키려
는 시도이든 해저 또는 해저 아래에 액화 이산화탄소의 주입을 통해서든 해양
환경에 큰 영향을 미친다. 이와 관련하여 여러 조약은 그러한 지구공학 활동
과 관련된 추가적인 발전을 위한 규칙과 포럼의 장을 제공한다.

UN 해양법협약 제192조는 "해양 환경보호 및 보존"에 대한 국가의 일반적
인 의무를 정의하고 있다.[59] 보다 구체적인 조약으로 1972년 폐기물 및 기타
물질의 투기에 의한 해양오염방지에 관한 협약(이하 런던협약)과 1996년 의정
서(이하 런던의정서)가 있고,[60] 북동 대서양 해양환경보호 협약(이하 OSPAR 협약
)에 의해 지역적으로 보완되었다.[61] 이러한 조약 당사자들은 해상 지구공학
활동을 규제하는 규칙을 채택하였다.

해양 시비(해양에서 이산화탄소의 생물학적 흡수원을 증가시키는 기술)에 대하여,
2008년에 런던의정서 및 런던협약의 체약당사국은 "현재의 지식 상태에서" 그
러한 활동은 "정당한 과학적 연구"의 범위 내로 제한되어야 한다는 데에 동의
하였다.[62] 2년 후, 그들은 무엇이 정당한 과학적 연구를 구성하는지를 사례별
로 결정하기 위해 "해양 시비와 관련된 과학적 연구를 위한 평가체계"를 채택
하였다.[63] 2013년 채택된 런던의정서 개정안에 이 조항들을 포함시켜 조약법
으로 전환시켰다.[64] 해양 시비에 관한 일시적 정지는 2012년 UN 총회가 채택

---

59) United Nations Convention on the Law of the Sea, December 10, 1982, 1833 *UNTS*
3, art. 192. 또한 본서 제12장 참조.

60) London Convention on the Prevention of Marine Pollution by Dumping of Wastes
and Other Matter, December 29, 1972, 1046 *UNTS* 120 (이하 London Convention);
Protocol to the Convention on the Prevention of Marine Pollution by Dumping of
Wastes and Other Matter, November 7, 1996, 1046 *UNTS* 138 (이하 London Protocol).

61) Convention for the Protection of the Marine Environment of the North – East
Atlantic, September 22, 1992, 2354 *UNTS* 67.

62) London Convention/London Protocol resolution LC – LP.1(2008) on the regulation of
ocean fertilization (October 31, 2008), para. 8.

63) London Convention/London Protocol resolution LC – LP.2(2010) on the assessment
framework for scientific research involving ocean fertilization (October 14, 2010).

64) London Protocol resolution LP.4(8) on the amendment to the London Protocol to
regulate the placement of matter for ocean fertilization and other marine geoengineering
activities (October 18, 2013). 또한 Harald Ginzky and Robyn Frost, "Marine geo –
engineering: legally binding regulation under the London Protocol" (2014) 9:2 *Carbon*

한 UN 지속가능발전 정상회의(UNCSD)의 결과에 기초한 결의에 의해 지지되었는데, 이는 국가들의 "해양 시비의 잠재적 환경적 영향"을 반영하였으며 "극도의 주의"를 요구하였다.[65]

또한, 런던의정서에 대한 2006년 개정안은 해저 아래에 위치한 지질 구조에서의 이산화탄소 격리는 의정서에 의해 금지된 불법 투기가 되지 않을 것임을 분명히 하고 있다.[66] 이는 해저 아래에 위치한 깊은 지질 구조에 이산화탄소를 저장하는 것을 가능하게 하여, 누출 시 추가적인 안전층을 제공한다. 함축적으로, 이 개정안은 해저 위의 이산화탄소의 주입은 투기에 해당하고 의정서의 위반을 구성할 것임을 보여준다.[67] 2007년 OSPAR 협약의 체약당사국은 지역 수준에서 해수에 이산화탄소를 저장하지 않기로 약속하였으며 해저 지질 구조에서의 탄소저장의 위험평가 및 관리에 대한 지침을 채택하였다.[68]

2. 생물다양성에 관한 협약

지구공학 규제를 향한 중요한 단계는 생물다양성협약에서 이루어졌다. COP/CBD의 2008년 결정은 런던의정서 당사자들의 결정이 해양 시비에 대한 일시적 중지를 가져오며 국가들에게 다음과 같이 결정되었다고 언급하였다.

관련 위험평가를 포함하여 그러한 활동을 정당화할 수 있는 적절한 과학적 근거가 있을 때까지 연안 해역에서의 소규모 과학 연구를 제외하고는 해양 시비 활동이 일어나지 않도록 하고, 이러한 활동에 대해 전 지구적이고 투

& *Climate Law Review* 82 참조.

65) UN General Assembly Resolution 66/288, *supra* note 58, para. 167. 또한 *infra* note 69 참조.

66) 런던의정서(London Protocol) 부속서 1에서 해저 지질 지형에 CO_2를 저장하는 것을 포함하는 개정에 대한 London Protocol resolution LP.1(1) (November 2, 2006). 해저 지질 지형에 CO_2를 저장하는 것에 관한 런던의정서 제6조 개정((October 30, 2009)에 관한 London Protocol resolution LP.3(4)를 참조, 그리고 *Specific Guidelines for the Assessment of Carbon Dioxide for Disposal into Sub-seabed Geological Formations* (November 2, 2012), London Convention doc. LC 34/15, Annex 8 참조.

67) London Protocol, *supra* note 60, art.4.1 참조.

68) OSPAR Convention decision 2007/1 (June 25-29, 2007); OSPAR Convention decision 2007/2 on the Storage of Carbon Dioxide Streams in Geological Formations (June 25-29, 2007); *OSPAR Guidelines for Risk Assessment and Management of CO_2 in Sub-seabed Geological Formations*, document 2007-12 참조.

명하며 효과적인 통제 및 규제 메커니즘이 확립되어야 한다.[69]

COP/CBD는 2010년에 이 일시적 중지를 해양 환경을 넘어 "활동을 정당화할 수 있는 충분한 과학적 근거가 있기 전까지 생물다양성에 영향을 미칠 수 있는 기후 관련 지구공학 활동"으로 확장하는 결정을 채택하는 것으로 나아갔다.[70] 당사자들이 "지구공학 활동"의 정의에 대해서는 동의에 이를 수는 없었지만, 각주에서는 이 일시적 중지가 태양 복사열 관리뿐만 아니라 탄소 포집 및 저장 활동(대기에 방출되기 전에 이산화탄소를 포집하는 화석 연료에서의 탄소포획저장 활동을 제외)에도 적용된다고 언급하였다.[71] 이 일시적 중지는 "그러한 활동을 정당화할 수 있는 적절한 과학적 근거가 있을 때까지, 그리고 환경, 생물다양성, 사회적, 경제적, 문화적 영향 등 관련 위험에 대한 적절한 고려가 있을 때까지 유지되어야 한다.[72] "소규모 과학적 연구"는 영향을 받지 않는다.[73] 이 일시적 중지는 생물다양성에 영향을 미치지 않을 가능성이 높은 지리공학 활동에 영향을 주지 않는다.

이 결정에 따라 CBD 사무총장은 두 가지 보고서를 준비하였다. 하나는 기후 관련 지구공학이 생물다양성에 미치는 영향에 대한 것이었고, 다른 하나는 기후 관련 지구공학의 규제 체계에 대한 것이었다.[74] 이를 근거로 하여, COP/CBD는 2012년 결정에서 2010년의 일시적 정지를 다시 확인하며, 특히 "기후 관련 지구공학에 대한 과학기반의, 전 지구적인, 투명하고 효과적인 통제와 규제 메커니즘의 결여"에 대해 언급하였다.[75] 2014년과 2016년에도 비

69) CBD decision IX/16, "Biodiversity and climate change" (Bonn, May 19–30, 2008), para. C.4. 또한 resolution LC–LP. 1(2008), *supra* note 62 참조.

70) CBD decision X/33, "Biodiversity and climate change" (Nagoya, October 18–29, 2010), para. 8(w).

71) *Ibid.*, note 3.

72) *Ibid.*, para. 8(w).

73) *Ibid.*

74) CBD Subsidiary Body on Scientific, Technical and Technological Advice, *Impacts of Climate– Related Geoengineering on Biological Diversity* (April 5, 2012), doc. UNEP/CBD/SBSTTA/16/INF/28; CBD Subsidiary Body on Scientific, Technical and Technological Advice, *Regulatory Frameworkfor Climate–Related Geoengineering Relevant to the Convention Biological Diversity* (April 2, 2012) 참조.

75) CBD decision XI/20, *supra* note 58, para. 6.

숫한 결정이 채택되었다.[76]

3. UNFCCC 체제

UNFCCC 체제에서 지구공학에 대한 규제는 상대적으로 거의 채택되지 않았는데, 기후변화에 대응되는 기술의 역할에 대한 합의가 없기 때문이다. 그럼에도 불구하고, UNFCCC는 기후변화 완화에 대한 국가적 공약을 온실가스 배출을 제한하고 감소시키는 노력뿐만 아니라 "온실가스 흡수원 및 저장소의 보호 및 향상"과 관련된 것으로 정의하였다.[77] 1992년, 이는 인공 탄소 포집 및 저장 과정이 아닌 산림 및 기타 천연 흡수원 및 저장소를 의미하는 것으로 받아들여졌다. 동일한 이해를 바탕으로, 교토의정서는 부속서 1 당사국이 완화 노력을 준수하기 위해 "인간이 직접 유발하는 토지이용의 변화와 임업활동에 기인하는 온실가스의 배출원에 의한 배출과 흡수원에 의한 제거 간의 순 변화량"을 사용할 수 있도록 허용하였다.[78] 그러한 활동은 CDM에서의 사업으로 인정될 수 있다.[79] 더 나아가, 발리행동계획은 "개발도상국에서의 산림전용 및 산림황폐화 방지로부터의 탄소배출 감축(Reduced Emissions from Deforestation and Forest Degradation in Developing Countries)"과 "개발도상국의 보전, 지속가능한 산림관리 및 산림 탄소저장소 강화의 역할"(REDD+)에 관한 프로그램을 시작하였다.[80]

대조적으로, 탄소 포집 및 저장으로부터 감축된 배출 및 BECCS로부터의 역배출(negative emmission)은 즉시 허용되지는 않았다. 2006년, IPCC의 국가 온실가스 목록에 대한 개정된 지침에는 "이산화탄소의 운송, 주입 및 지질 저장"에 관한 새로운 장이 포함되었다.[81] 수년간의 논쟁 끝에[82] 2010년, CDM

76) CBD decision XII/20, "Biodiversity and climate change and disaster risk reduction" (Pyeongchang, October 6–17, 2014), para. 1; CBD decision XIII/14, "Climate–related geoengineering" (Cancun, December 4–17, 2016), para. 1.

77) UNFCCC, *supra* note 1, art.4.2(a).

78) Kyoto Protocol to the United Nations Framework Convention on Climate Change, December 11, 1997, 2303 *UNTS* 162 (hereinafter Kyoto Protocol), art. 3.3.

79) See decision 5/CMP.l, "Modalities and procedures for afforestation and reforestation project activities under the clean development mechanism in the first commitment period of the Kyoto Protocol" (November 30, 2005).

80) Decision 1/CP.13, "Bali Action Plan" (December 14–15, 2013), para. 1(b)(iii). 또한 본서 제12장, Section III. 참조.

은 원칙적으로 지질 구조에서의 탄소 포집 및 저장에 대한 지원을 제공할 수 있다는 데에 동의하였다.[83] 2011년에는 지질 저장 장소의 선택 및 정의, 위험 및 안전 평가, 감시, 재정적 규정 및 배상책임, 환경 및 사회경제적 영향평가 등에 대한 세부규칙과 절차들이 채택되었다.[84] 그러나 현재까지 CDM 집행이 사회는 방법론을 승인하지 않았다.[85]

"금세기 하반기에 온실가스의 배출원에 의한 인위적 배출과 흡수원에 의한 제거 간에 균형을 달성"하는 것을 목적으로 하는 파리협정[86]은 처음으로 "역배출"에 대한 새로운 합의를 반영하였으며 자연적인 흡수원과 저장소에 국한되지 않고 BECCS를 포함할 가능성이 높다.[87] 몇몇 국가는 INDC에 기술된 완화 행동의 일부로 탄소 포집 및 저장을 언급하였다.[88] 향후 몇 년 동안 UNFCCC 체제의 주요한 도전은 온실가스 배출 감축의 긴급한 필요성을 보장

81) Sam Holloway et al., Carbon dioxide transport, injection and geological storage" in Simon Eggleston et al., 2006 IPCC Guidelinesfor National Greenhouse Gas Inventories (IGES, 2006) Chapter 5 참조.

82) Global Change Strategies International, Use of the Clean Development Mechanism for CO2 Capture and Storage (ŒA GhG RftD Programme, July 15, 2004); Cedric Philibert, Jane Ellis and Jacek Podkanski, Carbon Capture and Storage in the CDM (OECD and IEA, December 2007); Tim Dixon et al., "CCS projects as Kyoto Protocol CDM activities" (2013) 37 Energy Procedia 7596 참조.

83) Decision 7/CMP.6, "Carbon dioxide capture and storage in geological formations as clean development mechanism project activities" (December 10 – 11, 2010), para. 1. 당사국 그리고 옵저버들 간 제기된 주장에 대한 총제적인 내용은 UNFCCC SBSTA, Synthesis of Views on Technological, Methodological, Legal, Policy and Financial Issues Relevant to the Consideration of Carbon Dioxide Capture and Storage in Geological Formations as Project Activities under the Clean Development Mechanism (September 25, 2008), doc. FCCC/SBSTA/2008/INF.3 참조.

84) Decision 10/CMP.7, "Modalities and procedures for carbon dioxide capture and storage in geological formations as Clean Development Mechanism project activities" (December 9, 2011). 또한 Meinhard Doelle and Emily Lukaweski, "Carbon capture and storage in the CDM: finding its place among climate mitigation options?" (2012) 3:1 Climate Law 49 참조.

85) UNFCCC CDM, CDM Methodology Booklet, 8th edn (November 2016) 5 참조.

86) Paris Agreement, supra note 4, art.4.1. IPCC가 BECCS를 완화 시나리오에 포함시켰다는 것은 점차 커지는 국제적 컨센서스를 의미한다. 또한 Edenhofer et al., supra note 5, at 60 참조.

87) Joeri Rogelj et al., "Paris Agreement climate proposals need a boost to keep warming well below 2°C" (2016) 534:7609 Nature 631.

88) 중국, 말라위, 노르웨이, 사우디아라비아, 남아프리카공화국, 그리고 UAE가 제시한 INDCs (국가의 자발적 기여방안) 참조.

하는 것으로부터 이탈하지 않으면서, 안전하고 신뢰할 수 있으며 경제적인 BECCS 활동을 위한 탄소 포집 및 저장의 개발에 대해 높아지는 관심에 집중하고자 할 것이다.

4. 국내 규정

기술규정의 개발 및 이행은 탄소 포집 및 저장 기술이 안전하고 효과적임을 보장하는 데 중요하다. 누출이 되면 호흡가능한 공기를 대체하여 질식을 유발할 수 있기 때문에 이산화탄소의 운송 및 보관은 인간과 동물의 삶에 위험을 내재하고 있다.[89] 깊은 지질 구조에 저장하는 경우, 잠재적인 장소를 신중하게 선택해야 하며 공정 중에 안전 예방 조치를 취해야하고 수십 년 동안 현장 감시가 수행되어야 한다. 법적인 측면에서 이는 장기간에 걸쳐 운영자에게 배상책임에 관한 어려운 문제를 제기한다.

이산화탄소의 지질 저장에 관한 유럽연합 지침 2009/31/EC는 탄소 포집 및 저장에 대해 가장 발전된 규정 중 하나다. 이 지침은 저장장소 선택, 저장 허가 발급 및 운영, 폐쇄 및 사후 폐쇄 의무에 대한 자세한 규칙을 제공한다.[90] 운영 완료 후, 지침은 사후 운영 감시 및 유지보수에 대한 책임을 국가 책임기관(competent national authorities)에 이전하고 "30년 동안 예상되는 감시 비용"으로 국가책임기관이 추정한 비용을 운영자가 재정적으로 지원하여 관리하도록 규정하고 있다.[91]

C. 의사결정

지구공학 및 국가규제의 발전은 국제협력과 관련된 새로운 의문을 제기한다. 특정 지구공학 기술에 의존해야 하는지 여부와 기술적인 전문지식 이상을

---

89) 이산화탄소의 갑작스런 배출에 노출된 인구의 위험은 1986년 카메룬에서 발생한 자연재해에 의해 비극적으로 서술되었다. George W. Kling *et al.*, "The 1986 Lake Nyos gas disaster in Cameroon, West Africa" (1987) 236:4798 *Science* 169 참조.

90) EU Directive 2009/31/EC on the geological storage of carbon dioxide (April 23, 2009), doc. 02009L0031. 또한 Michael G. Faure and Roy A Partain, *Carbon Capture and Storage: Efficient Legal Policies for Risk Governance and Compensation* (MIT Press, 2017); Michael B. Gerrard and Tracy Hester (eds.), *Climate Engineering and the Law: Regulation and Liability for Solar Radiation Management and Carbon Dioxide Removal* (Cambridge University Press, 2018) 참조.

91) Directive 2009/31/EC, *supra* note 90, art.20.

요구하는 조건을 결정하는 데에 있어, 그러한 결정은 불가피하게 경쟁 관심사, 다양한 가치와 상충되는 법적 원칙을 숙고하게 한다. 사실상 어떤 형태의 지구공학도 어떤 관심사에 도움이 되고, 어떤 가치를 추구하며, 다른 것에 반하여 행동하면서 어떤 법적 원칙을 이행할 것이다. 예를 들어, 태양 복사열 관리기술은 지구 온도를 낮추는 동시에 지구 환경시스템에 많은 영향을 미치고 이러한 영향을 완전히 예측할 수는 없다. 마찬가지로, BECCS의 대규모 배치는 대기 중의 온실가스 농도를 감소시킬 것이지만, 바이오에너지 생산은 희소한 토지의 식량생산 용도와 경쟁할 것이며 이산화탄소 운송 및 저장은 제대로 감시되지 않으면 공중보건과 환경에 위험을 초래할 수 있다.

보다 일반적으로 지구공학에 대한 논쟁은 의도한 변화가 기후체계에 영향을 미칠 수 있는 세계를 보여주며, 국제협력에 엄청난 도전을 제기할 수 있다. 각 국마다 지구의 기후에 대한 관점이 다를 수 있다. 일부 국가는 지구 평균기온을 과거 이전 수준으로 낮추는 데 큰 관심을 가질 수 있지만, 다른 국가는 약간 높은 온도를 유지하거나 더 낮은 온도를 원할 수도 있다. 예를 들어, 일부 국가는 더 이상의 온난화를 피하기 위해 환경오염 또는 생물다양성 측면에서 더 높은 비용을 지불할 준비가 되어 있는 반면, 다른 국가는 그렇지 않을 수도 있다. 모든 지구공학 옵션은 일부 국가에는 이익이 되지만 다른 국가에는 피해를 줄 수 있다. 데이비드 빅터(David Victor)와 동료들은 다음과 같이 말하였다.

> 한 국가의 비상사태는 다른 국가의 기회일 수 있으며, 모든 국가가 지구공학의 위험성과 점검되지 않은 부정적인 기후변화 가능성 간 균형을 맞추는 방법에 대해 비슷한 평가를 할 가능성은 거의 없다.[92]

기술적, 경제적 관점에서 볼 때, 몇몇 국가 또는 일부 강력한 비국가행위자들이 전 세계적으로 치명적인 환경적 결과를 초래하는 아황산염의 성층권 주입과 같은 태양 복사열 관리기술을 시행할 수 있게 될 수 있다.[93] 기후변화 영향에 가장 취약한 국가, 존재를 위협받거나 해수면 상승으로 인해 개발이

---

92) Victor *et al.*, *supra* note 8.

93) Vaughan and Lenton, *supra* note 24, at 782.

크게 방해받는 국가는 기후변화 완화에 대한 국제협력의 느린 진행으로 인내심을 잃을 수 있다. 지구공학의 사용 또는 사용 위협은 환경자원에 대한 접근경쟁과 밀접하게 관련된 잠재적인 갈등을 악화시킬 수 있다. 국가 간 관계에 심각한 영향을 미치는 급격한 지구공학 기법의 이용을 피하기 위해서는 국제협력과 신뢰가 필수적이다. 지구공학은 기술적인 도전이 아니라 주로 국제협력에 대한 도전이다.

IV. 결론

지구공학은 공상과학에서 지정학(geopolitics)의 영역으로 들어왔다. 그것이 제공하는 옵션은 솔직히 바람직하지 않다. 그들 중 어느 것도 기후변화에 대한 만병통치약이 될 수 없다. 성층권에 아황산염을 주입하는 것과 같은 태양복사열 관리기술은 빠르게 전개될 수 있지만 불완전하고 일시적이며 매우 위험한 "해결책(fix)"을 보여준다. 반면에 이산화탄소 제거는 운영 속도가 느리지만 이점이 더 분명하다. BECCS는 앞으로 수십 년 동안 대기 중의 이산화탄소 농도를 낮추고 온실가스 배출량을 크게 줄이는 유용한 기술이 될 수 있다.

기후변화 적응에
관한 국제행동

제10장
기후변화 적응에 관한 국제행동

온실가스 배출량을 줄이고 온실가스의 흡수원 및 저장소를 개선하려는 모든 노력에도 불구하고 이미 기후변화가 일어나고 있다. 지구 평균기온은 산업화 이전 수준보다 약 섭씨 1.1도 정도 상승한 것으로 추정된다.[1] 대기 중 존재하는 온실가스 농도와 지속적인 배출은 추가적인 온난화를 야기할 수 있으며, 현재의 온실가스 배출량 추세에 따르면 21세기 중 산업화 이전 수준보다 섭씨 2도를 초과해 상승할 가능성이 높다.[2] 이것은 물 순환에 대한 고온의 영향(예: 가뭄 및 강수량 패턴의 변화)에서 해수면 상승, 해수의 산성화 및 기상이변(예: 토네이도, 폭풍, 산불)의 빈도 및 심각성의 증가에 이르기까지 다양한 방식으로 지구시스템에 점점 더 영향을 미치고 있다. 이러한 기후변화의 물리적 영향은 무엇보다도·식량생산, 공중보건, 경제개발, 평화, 안보 및 인적자원의 이동에 영향을 미치며 인류 사회에 광범위한 영향을 미친다.[3] 때때로, 이러한 부정적 영향을 줄이거나 관리하기 위한 조치를 취할 수 있다.

기후변화의 부정적 영향은 보호(protection) 또는 구제(remediation)의 두 가지 대안적인 법적 관점에서 접근할 수 있다.[4] 보호의 관점에서, 기후변화의

---

[1] World Meteorological Organization, *Statement on the State of the Global Climate in 2016* (WMO, 2017) 2.

[2] L.V. Alexander *et al.*, "Summary for policymakers" in T.F. Stocker *et al* (eds.), *Climate Change 2013: The Physical Science Basis. Contribution of Working Group I to the Fifth Assessment Report of the Intergovernmental Panel on Climate Change* (Cambridge University Press, 2013) 3, at 20.

[3] 본서 제1장, I.C. 참조.

부정적 영향은 국가가 해결해야 할 과제로 간주된다. 예를 들어 인권과 환경의 보호, 그리고 일반적으로는 지속가능한 발전의 촉진을 통해 기후변화의 부정적 영향을 해결할 수 있다. 대조적으로, 구제의 관점에서 볼 때, 이러한 부정적 영향은 잘못된 행동에 따른 결과로 본다. 즉 과도한 온실가스 배출을 막지 못한 것을 국가의 실패로 보아, 책임 있는 국가가 책임을 지게하고 영향을 받는 국가에 대한 적절한 배상 의무를 수반하는 의무의 결과로 인식된다.[5] 보호의 관점은 UNFCCC 체제와 그 이후의 기후변화 적응에 관한 논쟁을 지배하고 있으며, 이 장에서 살펴본다. 제11장은 기후변화의 부정적 영향에 대한 구제의 관점에서 새로운 시도로 접근한 "손실 및 피해"의 개념을 설명한다.

IPCC는 기후변화 적응을 "실제 또는 예상되는 기후 및 그 영향에 대한 조정 과정"으로 정의한다.[6] 보다 구체적으로, 닐 에드거(Neil Adger)와 동료들은 기후변화 적응을 근본적으로 "날씨와 기후에 따른 변화에 대한 반응 또는 예상에 따라 위험을 조정하는 것"이라고 본다.[7] 기후변화 완화 행동이 불충분하고 우리 사회가 기후체계를 지속적으로 간섭함에 따라 기후변화 적응은 더욱 긴급해졌다.[8] UNFCCC 체제는 초기에 완화 노력에 국한되어 있었지만,[9] 기후변화 적응은 특히 2007 발리행동계획을 채택한 이래 국제적 우선순위로 점차 인정받고 있다.[10] 오늘날, 완화와 적응은 일반적으로 기후변화에 대한 국제적 대응의 두 가지 주요 기둥으로 간주되고 있다.

각국 정부는 다양한 방법으로 적응을 장려하려고 노력하였다. 적응 행동은

4) 더 나아가, 기후변화로 인한 영향이 강조되면서 완화에 대한 보다 엄격한 행동이 지지를 얻었다. 또한 기후변화를 야기하는 사건들에 대한 단순한 인과적 귀속이 역효과를 일으킬 수 있는 위험도 제기되었다. Michelle Nijhuis, "What's missing from 'An Inconvenient Sequel,' A1 Gore's new climate-change documentary" *New Yorker* (July 29, 2017) 참조.

5) 본서 제5장, Ⅳ. 참조.

6) R.K. Pachauri *et al.*, *Climate Change 2014: Synthesis Report Contribution of Working Groups Ⅰ, Ⅱ and Ⅲ to the Fifth Assessment Report of the Intergovernmental Panel on Climate Change* (IPCC, 2015) 118.

7) Neil Adger *et al*, Cultural dimensions of climate change impacts and adaptation" (2013) 3:2 *Nature Climate Change* 112, at 112.

8) Lisa Schipper, Conceptual history of adaptation in the UNFCCC process" (2006) 15:1 *Review of European, Comparative & International Environmental Law* 82, at 84.

9) United Nations Framework Convention on Climate Change, May 9, 1992, 1771 *UNTS* 107 (이하 UNFCCC), art.2 참조.

10) Decision 1/CP.13, "Bali Action Plan" (December 14-15, 2007), para. 1(c).

예를 들어 음식과 물, 공중보건, 문화유산 및 생물다양성에 영향을 미칠 수 있으며, 무엇보다도 인프라 개발, 토지이용 계획, 건설법 또는 사회 보호 및 보험과 관련될 수 있다.[11] 국가영토의 특정한 상황에 기후변화가 미치는 특정한 영향을 다루기 때문에 적응 행동은 매우 상황 특수적이다. 또한, 적응에는 보호할 가치가 있는 것과 희생할 가치가 있는 것에 대한 가치기반 판단이 포함된다. 따라서 적응 전략의 결정은 궁극적으로 정치적이고, 국가 개발전략에 깊은 뿌리를 두고 있으며, 그러한 개발전략에서 적응 노력을 분리하는 것은 종종 어려운 일이다.[12] 그러므로 기후변화에 관한 국제법이 자국의 영토 내에서 적응과 관련해서 국가에 대한 무조건적인 권리 또는 의무를 거의 부여하지 않는 것은 놀라운 일이 아니다.[13] 오히려, 기후변화 적응에 관한 국제법은 국가 정부 내에서 적응 문제에 대한 인식과 주의를 높이고, 개발도상국에 지원을 강화하려는 시도로 제한된다.

---

11) 해당 장은 국내 이행 조치에 대해 다루지 않는다. 대신 Jonathan Verschuuren (ed.), *Research Handbook on Climate Change Adaptation Law* (Edward Elgar, 2013); He Xiangbai, "Setting the legal enabling environment for adaptation mainstreaming into environmental management in China: applying key environmental law principles" (2014) 17 *Asia Pacific Journal of Environmental Law* 23; Sushil Vachani and Jawed Usmani (eds.), *Adaptation to Climate Change in Asia* (Edward Elgar, 2014); Koh Kheng−Lian *et al.* (eds.), *Adaptation to Climate Change* (World Scientific, 2015); Meinhard Doelle, Steven Evans and Tony George Puthucheml, "The role of the UNFCCC regime in ensuring effective adaptation in developing countries: lessons from Bangladesh" (2014) 4:3−4 *Climate Law* 327; Daniel A. Farber, "The challenge of climate change adaptation: learning from national planning efforts in Britain, China, and the USA" (2011) 23:3 *Journal of Environmental Law* 359; Anja Bauer, Judith Feichtinger and Reinhard Steurer, "The governance of cli- mate change adaptation in 10 OECD countries: challenges and approaches" (2012) 14:3 *Journal of Environmental Policy & Planning* 279; Justin Gundlach and P. Dane Warren, *Local Law Provisions for Climate Change Adaptation* (Sabin Center for Climate Change Law, May 2016)에서 구체적인 예를 찾을 수 있다.

12) J.D. Ford *et al.*, "Adaptation tracking for a post−2015 climate agreement" (2015) 5:11 *Nature Climate Change* 967, at 967.

13) Paris Agreement December 12, 2015, in the annex of decision 1/CP.21, "Adoption of the Paris Agreement" (December 12,2015), art.7 참조. 2장에 걸쳐 절차상의 의무만 기재하였으며 어떠한 무조권적 권리 또는 의무에 대해서 정의하지 않았다. 또한 Lavanya Rajamani, "The 2015 Paris Agreement: interplay between hard, soft and non− obligations" (2016) 28:2 *Journal of Environmental Law* 337, at 344 참조. 더 포괄적인 설명은 Jan McDonald, "The role of law in adapting to climate change" (2011) 2:2 *Wiley Interdisciplinary Reviews: Climate Change* 283; J.B. Ruhl, "Climate change adaptation and the structural transformation of environmental law" (2010) 40:2 *Environmental Law* 363 참조.

적응 개념에 대한 좀 더 살펴본 뒤에, 이 장은 UNFCCC 체제와 다른 체제에서 발생한 관련 발전을 살펴본다. 마지막으로, 기후변화 적응에 관한 국제행동을 점진적으로 드러내고 이끌어낸 다섯 가지 원칙을 확인한다.

I. 적응의 개념

국가는 관할 내 기후변화의 영향과 관련하여 적용되는 국제법에서의 특정 의무가 있다. 국제인권법에 따라 관할 내 모든 사람의 권리를 보호, 이행할 수 있는 모든 합리적인 조치를 취해야 한다.[14] 일반적으로, 국가는 인간 개발을 위한 조건을 만들고,[15] 재난 위험에 대한 효과적인 관리를 장려하고,[16] 환경을 보호해야 한다.[17] 국가는 이러한 의무를 개별적으로 수행해야 하지만 필요한 경우 협력을 통해 수행해야 한다.[18]

종종 기후변화는 이러한 목표의 달성을 방해한다. IPCC의 최근 평가보고서는 행성계에서 최근에 관찰된 "많은 관측된 변화"가 "수십 년에서 수천 년 동안 전례가 없는 것"이라는 명백한 증거를 인정하였다.[19] 그 결과는 주로 추가적인 어려움을 직면할 준비가 되지 않은 빈곤한 국가에 집중되어 있다.[20]

---

14) Charter of the United Nations, June 26, 1945, 1 *UNTS* XVI, art. 1.3; UN General Assembly Resolution 217 A, "Universal Declaration of Human Rights" (December 10, 1948); International Covenant on Economic, Social and Cultural Rights, December 16, 1966, 993 *UNTS* 3; 또한 International Covenant on Civil and Political Rights, December 16, 1966, 999 *UNTS* 171 참조.

15) UN General Assembly Resolution 41/128, "Declaration on the Right to Development" (December 4, 1986); UN General Assembly Resolution 70/1, "Transforming our world: the 2030 Agenda for Sustainable Development" (September 25, 2015) 참조.

16) Sendai Framework for Disaster Risk Reduction 2015−2030, in UN General Assembly Resolution 69/283 (June 3, 2015), Annex Ⅱ 참조.

17) UNCED, Rio Declaration on Environment and Development (June 3−14, 1992), available in (1992) 31 *ILM* 874 (이하 Rio Declaration) 참조.

18) 본서 제5장, Ⅱ.D. 참조.

19) Alexander *et al.*, *supra* note 2, at 4.

20) Christopher B. Field *et al*, "Summary for policymakers" in Christopher B. Field *et al* (eds.), *Climate Change 2014: Impacts, Adaptation, and Vulnerability. Part A: Global and Sectoral Aspects. Working Group Ⅱ Contribution to the Fifth Assessment Report of the Intergovernmental Panel on Climate Change* (Cambridge University Press, 2014) 1, at 6.

가뭄, 홍수, 열파, 사이클론 및 기근은 그러한 도전에 직면할 수 없는 국가에서 발생한다. 기후변화의 영향은 기후변화 적응에 대한 국제협력이 적어도 부분적인 대응을 제공해야 한다는 새로운 보호 과제를 요구한다.

IPCC는 제5차 평가보고서에서 기후변화의 영향을 다루는 보완적인 진입지점을 이해하는 데 유용한 개념적 프레임워크를 개발하였다. 이 프레임워크는 위험, 노출 및 취약성의 세 가지 요소를 가지고 기후변화의 영향에 접근한다. 위험(hazard)은 특정 장소에서 물리적 현상이 발생할 가능성을 나타낸다. 노출(exposure)은 현상이 발생할 수 있는 장소나 환경에서의 사람이나 사물의 존재와 관련이 있다. 마지막으로, 취약성(vulnerability)은 노출된 사람이나 사물이 현상에 의해 부정적 영향을 받는 경향성을 의미한다. 기후변화 완화는 위험의 증가를 제한하는 것을 목표로 하지만, 적응 행동은 피해를 예방하거나 줄이기 위해 그러한 위험에 대한 노출과 취약성을 해결하고자 한다.21)

노출을 줄이기 위한 노력에는 재정착 및 이주뿐만 아니라 고위험 지역에서의 인간 정착을 피하기 위한 토지이용 계획, 인프라 투자 또는 다양한 재정적 유인이 포함될 수 있다. 반면에 취약성은 가뭄에 대한 취약성을 줄이기 위해 담수를 저장하거나 홍수로부터 인구를 보호하기 위해 제방을 짓는 것과 같은 상황별 위험관리 전략을 통해 줄일 수 있다. 또한 외부의 압박으로부터 복구할 수 있는 시스템(예: 사회 보호 또는 보험 메커니즘)과 같이 회복력을 키워 재해 발생 후 피해를 입은 개인이나 회사가 손실을 신속하게 복구할 수 있게 함으로써 취약점을 줄일 수 있다.

점진적 적응 조치와 구조적 적응 조치 간에도 구별이 가능하다. 점진적 적응은 시스템의 필수 기능을 변경하지 않은 채 유지하지만 기후변화의 가장 중대한 영향에 대한 대응으로는 불충분할 수 있다.22) 예를 들어, 홍수의 위험으로부터 공동체를 보호하기 위한 제방 건설은 해수면 상승에 대한 공동체의 점진적 적응 조치로 간주될 수 있는데, 홍수위험이 특히 높은 경우에는 불충분할 수 있다. 재정착과 같은 구조적 적응은 일반적으로 즉각적인 경제적 비용과 인적 비용뿐만 아니라 장기적으로 더 많은 이익을 가져온다.

---

21) *Ibid.*, at 5.
22) Christopher B. Field *et al.*, "Technical summary" in Field *et al* (eds.), *supra* note 20, 35, at 40.

'부적응(maladaptation)'은 잘못된 적응 조치를 지칭하며 바람직하지 않은 결과를 초래한다. 예를 들어 부적응은 "빈약한 계획을 수립하거나, 지나치게 단기성과를 강조하거나, 결과를 충분히 예측하지 못함"으로 인해 발생한다.[23] 전문가들은 부적응을 막기 위해 기후변화 적응을 효율적으로 촉진시키고 기후변화에 따른 피해를 최소화할 수 있는 일련의 결정과 행동을 통해 "기후회복의 길을 가능하게 하는" 방법을 정의하고자 한다.[24]

그러나 전문가만으로는 적응 결정을 내릴 수 없다. 기후변화 적응의 중심은 무엇이 부정적인 영향을 구성하는지, 어떤 영향이 우선순위인지, 그리고 이를 위해 얼마나 많은 자원을 투입해야 하는지에 대한 가치 판단이다.[25] 예를 들어, 상어나 호랑이와 같은 멸종 위기에 처한 포식자 종의 보호는 생물다양성에 대한 기후변화의 부정적인 영향이라고 볼 수도 있지만 인간 안전 측면에서의 긍정적인 영향이라고 볼 수도 있다. 따라서 대안적 가치에 근거한 합리적인 의견 불일치가 있을 수 있다. 모든 적응 행동은 비용이 들고 종종 다른 부작용이 발생한다. 예를 들어 공동체의 재정착은 물리적 위험으로부터 멀어지게 할 수 있지만, 문화적 가치가 있는 곳으로부터 떠나게 만들고 전통적인 생계에 영향을 미칠 수도 있다. 이와 같이, 기후변화 적응을 위해 수행되어야 할 행동에 대해, 대안적 가치에 근거한 합리적인 의견 불일치가 충분히 있을 수 있다.

적응은 다양한 수준의 의사결정에서 이루어진다. 인지 여부와 무관하게 개인과 가족, 회사, 지방 및 국가 정부, 지역실체 및 국제기구는 모두 기후변화 적응과 관련된 결정을 내린다. 개인, 가족 및 회사는 환경이 바뀔 때 우선순위와 대응 방법을 가장 잘 결정할 수 있다. 그러나 부족한 개인의 지식, 합리성 또는 자원을 보충하고, 가능한 한 모든 사람이 피해를 입지 않도록 하려면 규제가 필요할 수 있다. 국가는 자국의 인구와 환경을 보호해야 할 1차적인 책

---

23) Field *et al.*, "Summary for policymakers," *supra* note 20, at 28.

24) *Ibid.*, at 29.

25) Siri H, Eriksen, Andrea J. Nightingale and Hallie Eakin, "Reframing adaptation: the political nature of climate change adaptation" (2015) 35 *Global Environmental Change* 523; Olanrewaju Fagbohun, "Cultural legitimacy of mitigation and adaptation to climate change: an analytical framework" (2011) 6:3 *Carbon & Climate Law Review* 308; and Thoko Kaime, *International Climate Change Law and Policy: Cultural Legitimacy in Adaptation and Mitigation* (Routledge, 2014) 참조.

임이 있지만 국제적 지원은 성공적인 적응 전략에 도움이 될 수 있다.

기후변화 적응과 관련하여 국제법의 역할은 제한적이다. 기후변화 완화와 달리 기후변화에 적응하기 위해서 국제협력과 중요한 공동의 행동이 필요하지는 않다. 일반적으로 국가가 관할 내에서 인구와 환경을 보호할 수 있는지는 다른 국가의 행동에 의존하지 않는다.[26] 인권과 환경보호에 대한 국가의 일반적이고 추상적인 의무는 국가가 기후변화에 특별한 영향을 받는지와 관계없이 적용된다. 따라서 여러 COP 결정 및 기타 국제문서의 채택에도 불구하고 기후변화에 관한 국제법은 적응에 관한 실질적인 권리와 의무를 정의하지 않는다. 오히려, 다음 절에서 논의될 바와 같이, 관련 규정은 종종 'should' 등의 표현을 사용해 권고하는 것으로 제한된다.

II. UNFCCC 체제 내에서의 발전

25년간의 기후변화에 대한 국제협상에서, 적응은 완화와 동등한 입장에서 공식적으로 세계적인 우선순위로 올라섰다. 일련의 합의와 결정은 국제적 지원을 장려할 뿐만 아니라, 우선순위 영역을 결정하고 실행의 교환 기회를 창출하였다.

A. UNFCCC

UNFCCC는 기후변화 완화에 주로 초점을 맞추고 있지만 기후변화 적응에 관한 몇 가지 조항이 있다. UNFCCC 제2조에 의해 정의된 "궁극적 목적"에서, 적응은 "기후체계가 위험한 인위적 간섭"을 받게 되는 것을 방지하기 위한 보완 전략으로 해석될 수 있다.[27] 제2조에 따르면 노력은 "생태계가 자연적으로 기후변화에 적응하고 식량생산이 위협받지 않으며 경제개발이 지속가능한 방식으로 진행되도록 할 수 있기에" 충분해야 한다.[28]

---

26) 예외는 존재하는데, 예를 들어 국제 이주 또는 두 개 국가 이상의 영토에 걸쳐 서식지가 있는 생물종 보호로 이어질 수 있는 문제에 관한 것이다.

27) UNFCCC, *supra* note 9, art.2.

28) *Ibid.*, art.2.

UNFCCC 당사자는 기후변화에 대한 적응을 촉진하기 위한 조치를 취해야
할 것을 공약하도록 되어 있지만 이러한 공약은 매우 일반적인 용어로 표현되
어 있다. 기후변화 완화와는 달리 기후변화 적응에 대한 국가적 공약은 국가
의 빈부와 온실가스 배출량에 관계없이 일반적으로 모든 당사자에게 동일하게
관할 내 생태계와 국민을 보호하도록 한다. 따라서 모든 당사자는 "기후변화
에 충분한 적응을 용이하게 하는 조치를 포함한 국가적 및 적절한 경우 지역
적 계획을 수립·실시·공표하고 정기적으로 갱신"해야 한다.[29] 모든 당사자는
또한 "기후변화의 영향에 대한 적응을 준비하는 데 협력"해야 하는데, 특히
"연안관리·수자원 및 농업을 위한 계획 그리고 특히 아프리카 등 가뭄·사막
화 및 홍수에 의하여 영향받는 지역의 보호와 복구를 위한 적절한 통합계획을
개발하고 발전"해야 한다.[30] 마지막으로, 모든 당사자들은 "관련 사회·경제
및 환경정책과 조치에서 가능한 한 기후변화를 고려"하기로 하였다.[31]

모든 국가가 적응 노력을 기울여야 하지만 적절한 조치를 이행하는 데 필
요한 자원이 부족한 경우도 있다. 협상 마지막 날, 군소도서국가연합(AOSIS)은
개발도상국의 적응을 위한 재정지원 조항을 포함시켰다. 제4조 4항에 따라,
부속서 2 당사국은 "기후변화의 부정적 효과에 특히 취약한 개발도상국인 당
사자가 이러한 부정적 효과에 적응하는 비용을 부담할 수 있도록 지원"해야
한다.[32] 일부 현대 평론가들은 이 조항이 "선진국이 기후변화에 대한 책임을
진다는 것을 암묵적으로 받아들였다"고 보았다.[33] 그러나 다니엘 보단스키
(Daniel Bodansky)가 의미한 "비용"은 "모든 비용"을 의미하지는 않았다.[34] 선
진국의 공약은 적응 비용의 일부를 다루는 것이었는데, 이는 이후의 실행에서
굉장히 적은 양인 것으로 드러났다.[35]

---

29) *Ibid.*, art.4.1(b).

30) *Ibid.*, art.4.1(e). UNCED, *Agenda 21* (June 3–14, 1992), paras. 12.40; United Nations
   Convention to Combat Desertification in Those Countries Experiencing Serious
   Drought and/or Desertification, Particularly in Africa, October 14, 1994, 1954 *UNTS* 3
   (이하 Convention against Desertification) 참조.

31) UNFCCC, *supra* note 9, art.4.1(f).

32) *Ibid.*, art.4.4.

33) Philippe Sands, "The United Nations Framework Convention on Climate Change" (1992)
   1 *Review of European Community & International Environmental Law* 270, at 275.

34) Daniel Bodansky, "The United Nations Framework Convention on Climate Change: a
   commentary" (1993) 18:2 *Yale Journal of International Law* 451, at 528 참조.

UNFCCC 당사자들은 또한 "각 지역에 대한 기후변화의 부정적 효과에 따른 영향으로부터 발생하는 개발도상국인 당사자의 특수한 필요와 관심을 충족시키기 위하여 재원 제공, 보험 그리고 기술이전과 관련된 조치를 포함하여 이 협약에 따라 어떠한 조치가 필요한지를 충분히 고려"하기로 공약하였고[36] 특히 "최빈국의 특수한 필요와 특별한 상황을 충분히 고려"할 것을 공약하였다.[37] 이러한 조항의 이행에 대한 논의를 통해 최빈국을 위한 작업 프로그램이 탄생했고 최빈국 기금에 의해 지원되는 국가 적응 행동 프로그램이 발전하게 되었다.[38]

그러나 일반적으로 UNFCCC가 기후변화 적응에 대해 정의한 목표와 국가적 공약은 기후변화 완화에 대한 것보다 덜 의욕적이고 덜 구체적이다.[39] 예측된 것 이상의 불확실성을 가진 기후변화의 영향이 있을 때마다 적응보다는 기후변화 완화가 자연스럽게 더욱 강조되었다. 이러한 맥락에서, "적응은 '패배주의자'적 옵션으로 여겨졌으며, 그에 대한 지지는 기후변화 효과에 대해 정상적인 범위 이상의 조정이 필요하고, 완화조치는 불충분하거나 비효율적이라는 입장을 인정한 것으로 간주되었다."[40] 선진국들은 적응에 대한 언급은 그들이 매우 논의하기 꺼려하는 책임의 문제에 대한 논의로 이어지게 될 수 있다고 보았다.[41]

B. 교토의정서

교토의정서는 기후변화 완화에 대한 UNFCCC의 강조와 균형을 이루지 못하고 주로 완화에 관한 내용만을 다룬다. UNFCCC 제4.2(d)조에 근거하여 채택되었으며 COP가 오로지 기후변화 완화에 관한 선진국 공약의 적절성을 검토할 수 있게 하였다.[42] 협상은 예비 합의에 기초하여 진행되어 개발도상국에

---

35) 본서 제12장 참조.

36) UNFCCC, *supra* note 9, art.4.8.

37) *Ibid.*, art.4.9.

38) Decision 5/CP.7, "Implementation of Article 4, paragraphs 8 and 9, of the Convention" (November 10, 2001), para. 11(c); Decision 28/CP.7, "Guidelines for the preparation of national adaptation programmes of action" (November 10, 2001) 참조.

39) 본서 제7장, Ⅱ. 참조.

40) Schipper, *supra* note 8, at 84.

41) *Ibid.*, at 83－84.

대한 새로운 공약은 도입되지 않았고,[43] 이미 합의된 사항을 재확인하는 데 그쳤다. 따라서 교토의정서 제10조에 따라 당사자들은 UNFCCC에서 이루어진 "기존 공약을 재확인하며 공약의 이행을 계속 진전시킨다"고 약속한다.[44] 제10조는 모든 국가가 "기후변화에 대한 충분한 적응을 용이하게 하는 조치를 내용으로 하는 국가적 계획, 적절한 경우에는 지역적 계획을 수립·실시·공표하고 정기적으로 이를 갱신할 것"을 요구한다.[45]

그러나 개발도상국의 주장에 따라 기후변화 적응을 지원하기 위해 CDM도 만들어졌다.[46] 교토의정서는 인증받은 사업 활동의 수익 중 일부가 "기후변화의 부정적 효과에 특히 취약한 개발도상국을 지원하기 위해 사용될 것"이라고 규정하였다.[47] 개발도상국의 관점에서 볼 때, 이 조항은 적응에 대한 재정지원을 강화할 뿐만 아니라, 최소한 지원의 일부가 다자기금을 통해 제공되도록 보장하여, 그러한 재정적 지원에 정치적 조건이 부과되는 것을 피할 수 있는 기회였다.[48] 이 조항의 이행 방식은 2001년 마라케쉬 합의안의 일부로 COP에 의해 결정되었다. 따라서 적응기금은 CDM의 수익금 2%와 자발적인 기부자로부터의 추가 지원을 받아 만들어졌다.[49] 적응기금의 목표는 "교토의정서 당사국인 개발도상국 당사자들의 구체적인 적응 사업 및 프로그램에 자금을 조달

42) See UNFCCC, *supra* note 9, art.4.2(d).
43) Decision 1/CP.l, "The Berlin Mandate: review of the adequacy of Article 4, paragraph 2 (a) and (b), of the Convention, including proposals related to a protocol and decisions on follow−up" (April 7, 1995), para. 2(b).
44) Kyoto Protocol to the United Nations Framework Convention on Climate Change, December 11, 1997, 2303 *UNTS* 162 (이하 Kyoto Protocol), art.10.
45) *Ibid.*, art.10(b). 또한 UNFCCC, *supra* note 9, art.4.1(b) 참조.
46) 본서 제8장, Ⅱ. 참조.
47) Kyoto Protocol, *supra* note 44, art.12.8.
48) Sebastian Oberthür and Hermann E. Ott, *The Kyoto Protocol: International Climate Policy for the 21st Century* (Springer, 1999) 170 참조.
49) Decision 10/CP.7, "Funding under the Kyoto Protocol" (November 10, 2001), para. 2; decision 17/CP.7, "Modalities and procedures for a clean development mechanism, as defined in Article 12 of the Kyoto Protocol" (November 10, 2001), para. 15. See also decision 28/CMP.l, "Initial guidance to an entity entrusted with the oper- ation of the financial mechanism of the Convention, for the operation of the Adaptation Fund" (December 9−10, 2005), recital 7; decision 1/CMP.8, "Amendment to the Kyoto Protocol pursuant to its Article 3, paragraph 9 (the Doha Amendment)" (December 8, 2012), paras. 20 and 22 참조.

하는 것"이다.[50]

C. 발리행동계획

2007년 발리행동계획은 완화뿐만 아니라 기후변화 적응에 대한 국제행동을 위한 기후변화 국제협상의 중요한 시금석이다. 발리행동계획이 채택되기 몇 달 전, IPCC의 제4차 평가보고서는 기후변화가 미치는 영향에 대한 놀라운 과학적 증거를 전하였다.[51] 협상은 길고 "치열한" 것으로 묘사되었다. 개발도상국은 기후변화에 대한 국내행동을 위한 지지를 원하였다. 선진국은 적어도 일부 개발도상국이 기후변화 완화에 대한 구체적인 행동을 약속하기를 원하였다.

발리행동계획은 교토의정서의 성공을 위한 수단을 채택하기 위해 "포괄적인 과정(comprehensive process)"[52]을 시작하였다. 기후변화 완화에 중점을 두었지만, 이 로드맵에는 지금까지 가장 강력한 적응 조항이 포함되어 있다.[53] 당사국은 "적응에 대한 강화행동"에 다섯 가지 요소를 포함하기로 합의하였다.

(i) 다음을 포함한 적응 행동의 긴급한 이행을 지원하기 위한 국제협력: 취약성 평가, 행동 우선순위 지정, 재정적 요구 평가, 역량배양 및 대응전략 수립, 적응 행동의 부문별 및 국가별 계획 통합, 특정 사업 및 프로그램, 적응 행동의 이행을 장려하는 수단, 그리고 기후 회복을 가능하게 하고 당사자의 취약성을 감소시키는 기타 모든 방법

(ii) 위험관리 및 위험감소 전략

(iii) 기후변화의 부정적 영향에 특히 취약한 개발도상국의 기후변화 영향과 관련된 손실 및 피해를 다루기 위한 재난 감소 전략 및 수단

(iv) 회복력을 구축하기 위한 경제 다각화

---

50) Decision 10/CP.7, *supra* note 49, para. 1. 또한 decision 28/CMP.l, *supra* note 49, para. 1 참조.

51) Hermann E. Ott, Volfgarig Sterk and Rie Watanabe, "The Bali roadmap: new horizons for global climate policy" (2008) 8:1 *Climate Policy* 91, at 92.

52) Decision 1/CP.13, *supra* note 10, para. 1.

53) Decision 1/CP.10, "Buenos Aires programme of work on adaptation and response measures" (December 17－18, 2004)와 비교하라.

(v) 일관되고 통합된 방식으로 적응을 지원하기 위한 수단으로서, 다자간기
구, 공공 및 민간 부문과 시민사회를 장려하고, 활동과 과정간의 시너
지 효과를 만들 수 있도록 협약의 촉매 역할을 강화하는 방법[54]

협상을 위한 "로드맵"으로서 발리행동계획은 '협약에 따른 장기협력행동에
관한 특별작업반(AWG-LCA)'에 의해 수행된 추가협상을 통해 전개되었으며
특히 칸쿤합의의 채택으로 이어졌다.

D. 코펜하겐 합의문(Copenhagen Accord)과 칸쿤합의(Cancun Agreement)

코펜하겐 합의문은 기후변화 적응에 관한 국제행동의 중요성을 재확인하
였다. 이 문서에 동의한 141개 당사국은 "기후변화의 부정적 영향에 취약한
국가에 미치는 중대한 영향을 인식하고 국제적 지원을 포함한 포괄적인 적응
프로그램을 수립할 필요성을 강조하였다."[55] "적응이 모든 국가들이 직면한
과제"라고 밝히며, 그들은 "적응에 대한 강화행동과 국제협력이 시급히 요구
된다"고 밝혔다.[56] 코펜하겐 합의문의 서명자들은 또한 "선진국이 개발도상국
의 적응 행동 이행을 지원하기 위해 적절하고, 예측가능하고, 지속가능한 재
원, 기술 및 역량배양을 제공할 것이라는 데에 동의하였다."[57] 그들은 개발도
상국에 완화와 함께 기후변화 적응을 지원하기 위해 확장된 재정지원을 제공
해야 한다고 결론지었다.[58]

2010년 칸쿤합의는 발리행동계획에 의해 시작된 과정의 공식적인 결과를
보여준다. 이 문서에서 정의한 "장기협력 행동에 대한 공유 비전"에서 "적응에
대한 강화행동"에 관한 조항이 "완화에 대한 강화행동"[59]에 관한 조항보다 먼
저 나오는데, UNFCCC 체제에서 적응의 중요성이 증가하고 있음을 보여준다.

---

54) Decision 1/CP. 13, *supra* note 10, para. 1(c).

55) Copenhagen Accord, in the annex of decision 2/CP.15 (December 18−19, 2009), para. 1.

56) *Ibid.*, para. 3.

57) *Ibid.*

58) *Ibid.*, para. 8. 적응에 대한 지원은 본서 제12장 참조.

59) Decision 1/CP.16, "The Cancun Agreements: outcome of the work of the Ad Hoc Working Group on Long−Term Cooperative Action under the Convention" (December 10−11, 2010), para. 11, parts Ⅱ. and Ⅲ. 참조.

일부 조항은 코펜하겐 합의문의 내용과 유사하며, 특히 "적응은 모든 당사자가 직면한 과제"라는 인식을 가지고 있다.[60] 또한 일반적인 언어로 기후변화 적응에 대한 행동의 공통된 비전의 개요를 제시하기로 합의하였다. 특히 적응에 대한 염원은 다음과 같다.

> 적응은 취약계층, 지역공동체 및 생태계를 고려하면서 국가 주도적이고, 성인지적이며, 참여적이고 전적으로 투명한 접근을 따라야 하며, 또한 적응을 관련 사회, 경제 및 환경 정책과 행동에 통합시키는 관점에서 이용 가능한 최선의 과학, 그리고 적절히 전통지식, 원주민 지식에 기반을 두고 따라야 한다.[61]

보다 구체적으로, 소위 "칸쿤 적응 프레임워크(Cancun Adaptation Framework)"[62]에 따라 각 당사자는 "적응 행동에 대한 계획, 우선순위의 결정 및 이행",[63] 효과, 취약성 및 적응 필요성에 대한 평가,[64] "경제다각화를 포함한 회복력 강화",[65] "기후변화 관련 재난 위험 감소 전략의 강화",[66] 그리고 인간 이동성에 따른 기후변화의 발생 정도를 파악하고 이에 대응하기 위한 조치를 취해야 한다.[67] 적응위원회는 지원, 지도, 정보공유 및 지지와 같은 방법을 통해 "협약에서 일관된 태도로 적응에 대한 강화행동의 이행을 촉진"하고자 만들어졌다.[68] 최빈국 및 기타 개발도상국은 "중장기 적응 필요성을 파악하고 그러한 요구를 해결하기 위한 전략 및 프로그램을 개발 및 이행하기 위한 수단으로서 국가 적응 계획을 수립하고 이행할 것을 권장한다."[69] 재정지원, 기술 및 역량 배양에 대한 보완적인 규정도 채택되었다.[70]

---

60) *Ibid.*, para. 11.
61) *Ibid.*, para. 12.
62) *Ibid.*, para. 13.
63) *Ibid.*, para. 14(a).
64) *Ibid.*, para. 14(b).
65) *Ibid.*, para. 14(d).
66) *Ibid.*, para. 14(e).
67) *Ibid.*, para. 14(f).
68) *Ibid.*, para. 20.
69) *Ibid.*, para. 15.

E. 파리협정

파리협정은 발리행동계획과 칸쿤합의의 접근을 취해, 공식적으로 적응과 완화 조치를 동등한 위치에 놓고 판단하였다. 제2조 1항은 파리협정의 목적을 기후변화 완화뿐만 아니라 "식량 생산을 위협하지 아니하는 방식으로, 기후변화의 부정적 영향에 적응하는 능력과 기후 회복력 및 온실가스 저배출 발전을 증진하는 능력의 증대"하는 것으로 정의하였다.[71] 제4조는 기후변화 완화에 관한 국제적 행동을 진전시키기 위해 노력하지만, 제7조는 적응 행동에 전념하고 있다.

특히, 제7조는 "적응역량 강화, 회복력 강화 그리고 기후변화에 대한 취약성 경감이라는 전 지구적 적응목표를 수립한다."[72] 이 조항은 "인간, 생계 및 생태계"[73]를 기후변화의 영향으로부터 보호해야 할 필요성을 주장하고 "개발도상국의 적응 노력"[74]을 인정해야 할 필요성을 언급한다. 그것은 또한 "적응 노력에 대한 지원과 국제협력의 중요성"[75]뿐만 아니라, 완화 성과, 적응 필요성 및 적응 비용 사이의 관계를 강조한다.[76] 마지막으로, 당사자들은 원칙적으로 "취약계층, 지역공동체 및 생태계를 고려하면서 적응 행동이 국가 주도적이고 성 인지적이며 참여적이고 전적으로 투명한 접근을 따라야 한다는 점"을 확인한다.[77]

또한 파리협정 당사자는 비록 "should"이기는 하지만 정보와 모범 사례를 공유하고, 제도적 준비를 강화하고, 과학적 지식을 강화하고, 개발도상국 당사자의 발전을 돕고, 보다 일반적으로 "적응 행동을 강화"시키자고 약속하였다.[78] 각 당사자는 "적절히" 적응 행동을 이행하고, 적응 계획을 수립하고, 적

---

70) *Ibid.*, paras. 95 – 137.
71) Paris Agreement, *supra* note 13, art.2.1(b).
72) *Ibid.*, art.7.1.
73) *Ibid.*, art.7.2.
74) *Ibid.*, art.7.3.
75) *Ibid.*, art.7.4.
76) *Ibid.*, art.7.6.
77) *Ibid.*, art.7.5.
78) *Ibid,*, art.7.7.

응 필요성을 우선시하며, 경험으로부터 감시하고 배우며, "사회경제적 그리고 생태계의 회복력을 구축"한다.[79] 당사국들은 "적응 보고서를 정기적으로 제출하고 갱신"하도록 권장된다.[80] 파리협정 제3조에 따라 모든 당사국은 "기후변화에 전 지구적으로 대응하기 위한 국가결정기여로서" 완화 등 다른 기후 행동과 함께 기후변화 적응을 "수행하고 통보"해야 한다.[81]

파리협정은 조약이지만 기후변화 적응과 관련하여 국가에 대한 명확한 법적 의무를 거의 만들지 못한다.[82] 이는 적응에 관한 파리협정의 대부분의 규정이 "법적 의무보다는 권고 또는 기대로 구성되기" 때문이다.[83] 일부 평론가들은 적응에 대한 파리협정 조항이 적응 필요성과 적응에 대한 국가의 책임 사이에 "구체적인 연결"을 확립하지 못하였다는 것을 후회하였다.[84] 다른 사람들은 적응에 대한 전 세계적 목표가 측정 가능한 방식으로, 추적 기준을 통해 국제적 지원과 함께 국가 활동을 통해 체계적으로 이행할 수 있도록 더 정의될 수 있기를 희망하였다.[85]

III. 다른 국제 체제에서의 관련 발전

기후변화에 적응하려는 노력은 좁은 통제 영역에 국한되지 않는다. 오히려 기후변화의 영향은 UNFCCC 이외의 많은 관련 국제 체제에서 설명될 필요가 있다. 국제인권법과 국제환경법은 기후변화가 각각 인구와 생태계에 미치는 영향을 고려할 때 특히 관련이 있다.

---

79) *Ibid,,* art.7.9.

80) *Ibid.,* art.7.10.

81) *Ibid.,* art.3.

82) Rajamani, *supra* note 13 참조.

83) Daniel Bodansky, "The legal character of the Paris Agreement" (2016) 25:2 *Review of European Comparative & International Environmental Law* 142, at 146.

84) Anju Sharma, "Precaution and post−caution in the Paris Agreement: adaptation, loss and damage and finance" (2017) 17:1 *Climate Policy* 33, at 43.

85) Alexandre K. Magnan and Teresa Ribera, "Global adaptation after Paris" (2016) 352:6291 Science 1280; Alexandra Lesnikowski *et al.*, "What does the Paris Agreement mean for adaptation?" (2017) 17:7 *Climate Policy* 825 참조.

A. 인권과 개발

관할권 내에서 개인의 권리와 복지를 증진시켜야 할 국가의 의무는 1966년의 두 국제 협약을 포함하여 수많은 기구에 의해 인식되어 왔다.[86] 국가책임법이 주로 영토에 국한된데 반해, 국제인권조약은 "가용한 자원을 최대한 활용하기 위한" 국제 원조와 협력에 참여하는 각 국가의 의무를 인정해 왔다.[87] 국제기구는 이러한 원조와 협력을 촉진하고 용이하게 하기 위해 지속적인 노력을 하였다.[88] 따라서 다자개발은행들은 개발을 위한 재정지원을 하였고, 유엔인도주의업무조정국(OCHA)은 인도주의적 지원을 장려하였으며, 유엔난민기구(UNHCR) 또는 식량농업기구(FAO)와 같은 기관을 통해 구체적인 보호 요구를 다루어왔다.

그러나 기후변화의 많은 영향은 국가가 자국의 관할권 내에서 효과적인 보호를 제공하는 것을 어렵게 하고 국제기구의 업무를 방해한다. 예를 들어, 가뭄으로 인해 국가는 영토 내의 모든 사람에게 충분한 식량을 제공하기가 어려워질 수 있다. 종종 국가의 자원이 부족하여 국민의 권리와 복지를 효과적으로 보호할 수 없을 때, 기후변화의 영향은 부수적인 보호를 제공하는 국제협력 및 지원의 단점을 드러나게 한다. 기근, 재난, 갈등, 대량이주 및 기후변화의 많은 다른 사회적 영향은 새로운 것이 아니지만 이러한 기후변화는 기존 기관이 그러한 위험을 줄이고 해결하기에 충분하지 않다는 것을 보여준다.

기후변화의 영향으로 인권보호를 향상시키고 개발을 발전시켜려는 노력이 새롭게 다시 시작되었다. 특히 요코하마(1994),[89] 고베(2005)[90], 센다이(2015)[91]에서의 협의를 통해 재난위험을 줄이고 관리하기 위한 노력을 기울이고자 노

86) 해당 장 각주 14번 참조. 또한 Amitai Etzioni, "Sovereignty as responsibility" (2006) 50:1 *Orbis* 71 참조.

87) International Covenant on Economic, Social and Cultural Rights, *supra* note 14, art.2.1.

88) UN General Assembly Resolution 70/1, *supra* note 15 참조.

89) World Conference on Natural Disaster Reduction, *Yokohama Strategy and Plan of Action for a Safer World* (May 23–27, 1994).

90) World Conference on Disaster Reduction, "Hyogo Framework for Action 2005–2015: building the resilience of nations and communities to disasters" (January 18–22, 2005), doc. A/CONF.206/6.

91) UNGA resolution 69/283, "Sendai Framework for Disaster Risk Reduction 2015–2030" (June 3, 2015).

력하였으며, 일부 모범사례를 교환하고 비구속적인 지침을 채택하였다. 종종 그렇듯이 이러한 이니셔티브는 기후변화 영향과 다른 유사한 보호 필요성을 구분하지 않는다. 예를 들어, 재난위험 감소를 위한 센다이 프레임워크(2015) 는 "많은 재해들이 기후변화에 의해 악화된다"[92]고 지적하지만 "기후재난"과 다른 것 사이를 구별하려고 하지는 않는다. 기후변화와 관련이 있든 없든, 기후변화로 인해 기존 거버넌스 메커니즘의 단점을 해결하는 것이 시급한 경우에도, 모든 재난은 다루어져야 한다.

더 뚜렷하게 기후변화가 이주에 미치는 영향은 국제 이주 거버넌스의 결점에 대한 새로운 논쟁으로 이어졌다. 1967년 의정서에 의해 개정된 1951년 난민의 지위에 관한 협약은 "인종, 종교, 국적, 특정 사회집단의 구성원 신분 또는 정치적 의견을 이유로 박해를 받을 우려가 있다는 충분한 이유가 있는 공포로 인하여" 본국으로 돌아갈 수 없는 사람들만을 보호한다.[93] 이러한 정의는 똑같이 긴급한 인도주의적 고려가 추방을 반대할 수 있는 일반적인 폭력, 극심한 빈곤 또는 다른 환경적 영향 등으로 인해 본국으로 돌아갈 수 없는 사람들을 공식적으로 포함하지 않는다.[94] 국제법과 국제기구는 국내실향민(internally displaced persons)에 대한 보호도 거의 제공하지 않는다.[95] "기후변화의 영향 때문에 자신의 나라나 지역을 떠나야 하는 사람들이라고 종종 애매하게 말해지는 기후난민(climate refugees)" 또는 "기후이주민(climate migrants)"의 보호에 대한 지지는 기존의 보호기관들의 결점을 보여주고 있는데, 이러한 결점은 기후변화 영향에 국한되지 않는다.[96] 모든 강제이주민은 이주의 원인

92) *Ibid.*, Annex Ⅱ, para. 4.

93) Convention Relating to the Status of Refugees, July 28, 1951, 189 *UNTS* 150, art. 1(A)(2); Protocol Relating to the Status of Refugees, January 31, 1967, 606 *UNTS* 267 참조.

94) James Hathaway, "A reconsideration of the underlying premise of refugee law" (1990) 31:1 *Harvard International Law Journal* 129, at 132–133 참조.

95) 국제법상 실향민의 권리에 대한 진보적인 종합적 설명은 *Guiding Principles on Internal Displacement* (February 11, 1998), doc. E/CN.4/1998/53/Add.2 참조. 또한 Roberta Cohen and Francis M. Deng, *Masses in Flight: The Global Crisis of Internal Displacement* (Brookings Institution, 1998); Erin Mooney, "The concept of internal displacement and the case for internally displaced persons as a category of concern" (2005) 24:3 *Refugee Survey Quarterly* 9 참조.

96) Alexander Betts, *Survival Migration: Failed Governance and the Crisis of Displacement* (2013) 참조.

이 정치적 박해, 기후변화 또는 다른 요인에 의한 것인지와 상관없이 보호되어야 한다. 실제로, 이주의 원인을 구분하기는 거의 불가능하며, 기후변화는 일반적으로 여러 원인들 중에서 간접적인 요인이 된다.[97] 따라서 "기후변화와 이동(climate change and displacement)"에 관한 컨퍼런스를 통해 정부 간 협의가 이루어졌으며,[98] 2015년에 재난으로 인한 국경을 넘는 이동에 대한 일반 보호 의제를 채택하여 기후변화의 영향을 훨씬 뛰어 넘는 범위까지 보호 범위를 확장하였다.[99]

따라서 기후변화의 영향에 대한 논쟁은 재난위험 감소 및 강제이민자 보호와 같은 영역에서 충족되지 않은 보호 필요성에 대한 인식을 높일 수 있는 기회가 될 수 있다. 이러한 영역과 관련하여 기후변화는 놀랄만한 위기일 수 있지만, 개혁은 기후변화에만 국한되지는 않는다. 기후변화와 재난 또는 이주 사이의 복잡하고 간접적이며 종종 확률적인 인과관계 때문에 기후변화에 의해 유발되는 재난 또는 이민자를 구별하는 것은 극히 불가능하지는 않지만 매우 어려울 것이다. 더욱이, 그러한 필요성에 대해 원인이 아니라 필요성에 기초하여 보호를 제공해야한다는 점이 인정되는 한, 그러한 구별은 자의적일 것이다.

그러나 기후변화의 개별 영향에 대해 보다 구체적인 대응이 필요한 경우가 있다. 해수면 상승의 경우와 같이 기후변화의 영향이 뚜렷한 경우가 여기에 해당한다. 인류의 건축유산의 상당 부분이 해수면 상승의 위협을 받는 해안지역에 위치하고 있다. 1972년 세계유산협약(World Heritage Convention)에[100] 의해 창설된 세계유산위원회(World Heritage Committee)는 "기후변화의 결과이거나 결과일 수 있는 세계유산에 대한 위협과 관련한 우려"[101]를 인식하였고, "모든 국가 당사자가 이러한 잠재적인 영향에 대해 행동을 취할 것을 장

97) Benoit Mayer, *The Concept of "Climate Migration Advocacy and its Prospects* (Edward Elgar, 2016).

98) The Nansen Conference, *Climate Change and Displacement in the 21st Century* (Oslo, June 5-7, 2011).

99) Nansen Initiative, *Agenda for the Protection of Cross-Border Displaced Persons in the Context of Disasters and Climate Change* (December 2015).

100) Convention for the Protection of the World Cultural and Natural Heritage, November 16, 1972, 1037 *UNTS* 151.

101) UNESCO World Heritage Committee, 29th Session, decision 29 COM 7B.a (Durban, July 10-17, 2005), in doc. WHC-05/29.COM/22, 36, para. 4.

려"102)하였다. 2007년 세계유산협약 총회는 "국가 당사자들에게 적절한 관리 대응을 이행하도록 지원하는 전략(Strategy to Assist States Parties to Implement Appropriate Management Response)"을 채택하였다.103) 마찬가지로, 2001년 수중 문화유산보호협약(Convention on the Protection of the Underwater Cultural Heritage)에 관한 당사국회의는104) "기후와 해수면 변화의 영향으로부터 유적지를 보존 해야 할 시급한 필요성"과 유적지를 보존하기 위해 "국가 당사자가 적극적 조치를 취하도록 격려"105)할 것을 강조하였다.

B. 환경보호

기후변화가 자연환경, 특히 생물다양성과 자연생태계에 미치는 영향을 다루기 위한 다자간환경협정에 따라 이니셔티브가 진행되었다. 1992년 지구정상회의에서 UNFCCC와 함께 채택된 조약인 생물다양성협약에 따라 이러한 이니셔티브가 취해졌다.106) 생물다양성협약의 COP는 보다 일반적으로 "생물다양성의 상실과 잠재적 피해는 기후변화의 영향 중 하나"라는 점을 강조하기 이전에107) 산호초를 시작으로108) 기후변화가 특정 지역에 미치는 영향을 반복적으로 강조하였다. COP는 기후변화에 대한 "생태계 기반(ecosystem-based)" 적응의 개념을 장려하면서, "생태계는 생물다양성에 대한 기후변화의 영향을 제

---

102) *Ibid.*, para. 6.

103) UNESCO World Heritage Convention, *A Strategy to Assist States Parties to Implement Appropriate Management Responses* (2007), reproduced in UNESCO World Heritage Centre, *Climate Change and World Heritage* (World Heritage Reports, May 22, 2007). See also UNESCO World Heritage Convention, *Policy Document on the Impacts of Climate Change on World Heritage Properties* (2007), at 4.

104) Convention on the Protection of the Underwater Cultural Heritage, November 2, 2001, 41 *ILM* 37.

105) Meeting of the States Parties to the Convention on the Protection of the Underwater Cultural Heritage, resolution 5/MSP 5 (April 28-29, 2015), reproduced in doc. UCH/15/5.MSP/11, para. 10.

106) United Nations Convention on Biological Diversity, June 5, 1992, 1760 *UNTS* 79 (이하 CBD).

107) CBD decision X/33, "Biodiversity and climate change" (Nagoya, October 18-29, 2010), para. 2.

108) CBD decision V/3, "Progress report on the implementation of the programme of work on marine and coastal biological diversity (implementation of decision IV/5)" (Nairobi, May 15-26, 2000), para. 5.

한하고 사람들이 기후변화의 부정적 영향에 적응하도록 관리될 수 있다"[109]고 주장하였다. 마찬가지로, 2005년부터 1979년 이동성 야생동물 보호협약(Convention on Migratory Species)[110]의 COP는 이동성 야생동물에 대한 기후변화의 영향을 강조하였고, 모든 국가가 보호받는 야생동물에 대해 "기후변화의 예측 가능한 부작용을 줄이는 데 도움이 되는 적응 조치를 적절하게 이행"할 것을 요구하였다.[111] 2014년 동일한 COP는 "기후변화에 대응하여 야생동물의 적응을 촉진하기 위해" 다양한 조치를 포함하는 "기후변화 및 이동성 야생동물에 대한 작업 프로그램"을 채택하였다.[112]

사막화방지협약(Convention to Combat Desertification)은 기후변화 적응과 직접적인 관련이 있는 또 하나의 다자간환경협정이다.[113] 협약의 전문은 "사막화는 물리적, 생물학적, 정치적, 사회적, 문화적, 경제적 요인들 사이의 복잡한 상호작용에 의해 발생된다"고 지적하였다.[114] 또한 "사막화방지에 기여하는 것이 UNFCCC의 목표를 달성하는 데 기여할 수 있다"[115]고 주장하였다. 제8조는 이 협약과 UNFCCC에 따라 수행되는 활동의 조정을 촉진한다.[116] 사막화의 영향을 가장 많이 받는 국가는 종종 기후에 적응하려는 노력에 동참하였으며 사막화방지와 가뭄의 영향을 완화하기 위해 노력하였다.[117]

---

109) *Ibid.*, para. 8(j). 또한 CBD decisions XI/15, "Review of the programme of work on island biodiversity" (Hyderabad, October 8−19, 2012), paras. 2(b) and 4(b); and XII/20 "Biodiversity and climate change and disaster risk reduction" (Pyeongchang, October 6−17, 2014), paras. 7(a) and (c) 참조.

110) Convention on the Conservation of Migratory Species of Wild Animals, June 23, 1979, 1651 *UNTS* 333 (hereinafter Convention on Migratoiy Species).

111) Convention on Migratory Species resolution 8.13, "Climate change and migratory species" (Nairobi, November 20−25, 2005), para. 3. 또한 Convention on Migratory Species resolutions 9.7, "Climate change impacts on migratory species" (Rome, December 1−5, 2008); 10.19, "Migratory species conservation in the light of climate change" (Bergen, November 20−25, 2011) 참조.

112) Conference of the Parties to the Convention on Migratory Species, 11th meeting, *Programme of Work on Climate Change and Migratory Species* (Quito, November 4−9, 2014).

113) Convention against Desertification, *supra* note 30, art.2.

114) *Ibid.*, recital 7.

115) *Ibid.*, recital 24.

116) *Ibid.*, art.8.1.

117) UNFCCC, "Synergy among multilateral environmental agreements in the context of national adaptation programmes of action" (April 6, 2005), doc. FCCC/TP/2005/3 참조.

마찬가지로, 1971년 물새서식처로서 국제적으로 중요한 습지에 관한 협약 (Convention on Wetlands of International Importance Especially as Waterfowl Habitat, 람사르 협약)은[118] 생태계가 기후변화의 영향에 의해 점점 더 영향을 받고 있음을 인식하였다. 체약당사국총회는 2002년에 "기후변화가 습지의 생태적 특성과 지속가능한 사용에 실질적으로 영향을 미칠 수 있다"고 강조하였다.[119] 이에 따라, 각국은 기후변화가 습지에 미치는 영향을 줄이기 위해 관련 보존 및 복원 조치를 고려하도록 장려되었다.[120]

이러한 다양한 개발은 기후변화의 영향을 알리고 적절한 수준의 인식을 보장하는 것을 목표로 하지만 그 자체로는 이러한 영향에 대한 적절한 대응을 제공하지 않는다. 모범사례 교환이 일반적으로 권장되지만 국제적 원조와 지원 또한 중요한 역할을 할 수 있다. 그러나 종종 기후변화가 환경에 미치는 영향을 해결하기 위해서는 보다 구체적인 행동이 필요하다.

IV. 새로운 원칙

기후변화에 대한 적응과 관련하여 주로 UNFCCC 체제 내에서 진행되는 발전을 통해 몇 가지 원칙이 등장하였다. 이러한 원칙 중 일부는 기존 국제법에 확고히 확립되어 있다. 다른 원칙들은 국제기구들과 국가들에 의해 반복적으로 확인되는 관습이 점차 관습국제법의 규범으로 받아들여지고 있는 단계이다. 이러한 새로운 원칙은 단순한 열망 이상의 의미를 지니지만 종종 명확한 구속력 있는 법적 원칙은 아니다. 따라서 그러한 원칙을 독립적인 권리나 의무의 원천으로서 항상 직접적으로 의지할 수는 없지만, 그럼에도 불구하고 다

---

118) Convention on Wetlands of International Importance Especially as Waterfowl Habitat, February 2, 1971, 996 *UNTS* 246 (이하 Ramsar Convention).

119) RAMSAR Convention resolution Ⅷ.3, "Climate change and wetlands: impacts, adaptation, and mitigation" (Valencia, November 18–26, 2002), recital 1.

120) *Ibid.* 또한 Ramsar Convention resolutions Ⅹ.24, "Climate change and wetlands" (Changwon, October 28–November 4, 2008); Ⅺ. 14, "Climate change and wetlands: implications for the Ramsar Convention on Wetlands" (Bucharest, July 6–13, 2002); Ⅻ.11, "Peatlands, climate change and wise use: implications for the Ramsar Convention" (Punta del Este, June 1–9, 2015) 참조.

른 법적 문서를 해석하는 데 역할을 수행할 수 있다.

기후변화 적응에 관한 다섯 가지 새로운 법적 원칙은 다음과 같다. 적응 행동이 지속가능한 발전에 기여해야 한다는 원칙, 적응 행동은 참여과정을 통해 결정되어야 한다는 원칙, 적응 행동이 효과적이어야 한다는 원칙, 국제협력은 적응 행동을 촉진시켜야 한다는 원칙, 특히 선진국은 특히 개발도상국을 지원해야 한다는 원칙으로 구성된다.

A. 지속가능한 발전에 기여

UNFCCC는 "당사자는 지속가능한 발전을 증진할 권리를 보유하며 또한 증진하여야 한다"고 인식한다.[121] 적응 조치를 포함한 기후변화에 대한 대응에서 이러한 권리와 타협해서는 안 된다. 가능하다면, 사회보호, 경제개발 및 환경보호의 세 가지 지속가능한 발전의 차원을 진전시켜야 한다.[122] COP는 "기후변화에 대한 대응은 사회 및 경제 개발과 통합된 방식으로 조정되어야 한다"고 여러 번 확인하였다.[123] 적응 조치는 비용효과적이어야 하지만,[124] 일부 당사자들은 비용효과성이 지속가능한 개발의 다른 측면을 희생하여서는 안 된다고 주장하였다.[125] 파리협정은 적응에 대한 전 세계적 목표가 "지속가능한 발전에 기여하는 관점에서" 이행되어야 함을 확인하였다.[126]

---

121) UNFCCC, *supra* note 9, art.3.4.

122) 본서 제5장, II.A. 참조.

123) Decision 2/CP.ll, "Five-year programme of work of the Subsidiary Body for Scientific and Technological Advice on impacts, vulnerability and adaptation to climate change" (December 9-10, 2005), recital 5; decision 1/ CP.16, *supra* note 59, para. 12 참조.

124) Annex of decision 28/CP.7, *supra* note 38, para. 7. 또한 Decision 5/CP.9, "Further guidance to an entity entrusted with the operation of the financial mechanism of the Convention, for the operation of the Special Climate Change Fund" (December 12, 2003), para. 1(b); "Terms of reference for the third review of the Adaptation Fund," in the annex of decision 1/CMP.12, "Third review of the Adaptation Fund" (November 17, 2016), para. 1 참조.

125) "Annotated Guidelines for the Preparation of National Adaptation Programmes of Action," in UNFCCC SBI, *Input of the Least Developed Countries Expert Group on the Improvement of the Guidelines for the Preparation of National Adaptation Programmes of Action*, doc. FCCC/SBI/2002/INF.14 (August 26, 2002), annotations under para. 7(h).

126) Paris Agreement, *supra* note 13, art.7.1.

기후변화 적응과 지속가능한 발전 사이의 관계는 UNFCCC 체제를 넘어 동등하게 인정되었다. 생물다양성협약 당사국은 기후변화 적응이 "지속가능한 생물다양성의 사용"을 통해 달성되어야 한다는 데에 동의하였다.127) 비슷하게, UN총회가 2015년에 채택한 지속가능한 발전을 위한 2030 의제(2030 Agenda for Sustainable Development)는 기후변화 적응을 지속가능한 발전의 필수적인 요소로 인식하였다.128) 지속가능한 발전을 위한 2030 의제는 기후변화 적응과 다른 두 가지 지속가능한 발전목표(Sustainable Development Goals) 간의 연관성을 더욱 강조하였다.129) 두 가지 목표는 식량생산에서 기후변화의 영향을 줄일 수 있는 식량안보를 보장하는 목표와 성공적인 기후변화 적응에 참여하는 "도시와 주거지를 안전하고 회복력 있고 지속가능"하도록 하는 목표이다.130)

적응 행동이 지속가능한 발전에 기여해야 한다는 원칙은 특히 기후변화 적응을 촉진하기 위한 조치가 인권을 침해해서는 안 된다는 것을 암시한다. 시민사회 지지와 UN 인권이사회의 몇 가지 결의안은 기후변화 대응, 특히 적응 행동과 인권보호 사이의 관계를 강조하였다.131) 칸쿤합의에서 COP는 "기후변화의 부정적 영향은 인권의 효과적인 향유에 직간접적 영향을 미친다"132)고 보았다. 5년 후 파리협정은 "당사국은 기후변화에 대응하는 행동을 할 때 인권에 관한 각자의 의무를 존중하고 촉진하며 고려하여야 함을 인정하였다."133) 기후변화에 대한 적응에 관한 조항은 취약한 인구에 대한 보호의 필요성을 체계적으로 강조하였다. 적응 조치는 "성 인지적인"134) 또는 심지어 "성에 민감

---

127) CBD decision XII/20, *supra* note 109, recital 2.

128) UN General Assembly Resolution 70/1, *supra* note 15, para. 31.

129) *Ibid*., 2.4

130) *Ibid*., goal 11.b.

131) Fluman Rights Council resolutions 35/20, "Human rights and climate change" (June 22, 2017); 32/33, "Human rights and climate change" (July 1, 2016); 29/15, "Human rights and climate change" (July 2, 2015); 18/22, "Climate change and human rights" (September 30, 2011); 7/23, "Human rights and climate change" (March 28, 2008); 10/4, "Human rights and climate change" (March 25, 2009); 7/23, "Human rights and climate change" (March 28, 2008) 참조.

132) Decision 1/CP.16, *supra* note 59, recital 8.

133) Paris Agreement, *supra* note 13, recital 12. 또한 Benoit Mayer, "Human rights in the Paris Agreement" (2016) 6:1–2 *Climate Law* 109 참조.

134) Decision 1/CP.16, *supra* note 59, para. 12.

한"135) 접근을 해야 하고, 보다 일반적으로 "취약계층, 지역공동체 및 생태계를 고려"하여 접근해야 한다.136) 인권과 국민복지에 대한 이행 조치의 의도하지 않은 결과 또한 국제적인 검토를 받고 있다.137)

B. 상향식 접근법 (Bottom-up Approach)

또 다른 새로운 원칙은 적응 노력이 관련 이해관계자에게 부과되는 것(하향식 접근법)이 아니라 관련 이해관계자에 의해 결정되어야 한다는 것(상향식 접근법)이다. UNFCCC의 전문에서 확인된 "기후변화에 대응하기 위한 국제협력에 있어서 국가주권원칙"138)에 따르면, 각국 정부는 관할 내 기후변화 적응을 촉진하기 위한 최선의 전략으로 고려할 사항을 스스로 결정해야 한다. 기후변화 적응에 대한 "국가주도적(country-driven)" 접근법의 중요성은 2001년 마라케쉬 합의안139)과 2015년 파리협정을 포함하여 여러 번 인식되었다.140) 적응 필요성은 주어진 공동체의 환경, 특히 특정 위험에 대한 노출, 취약성, 회복력에 크게 의존하며 각 국가 내에서 진행되는 정치적 과정을 통해 결정된 관련 집단에 가장 적합한 가치 판단에도 의존한다.141) 따라서 적응 행동은 국가주도적으로 진행될 때, 개발 우선순위에서 공동의 이익을 달성할 가능성이 더 높다.

이러한 적응의 상향식 접근법에는 몇 가지 의미가 있다. 예를 들어, "적응

135) Paris Agreement, *supra* note 13, art. 7.5. Decisions 21/CP.22, "Gender and climate change" (November 17, 2016); and 18/CP.20, "Lima work programme on gender" (December 12, 2014) 참조.

136) Paris Agreement, *supra* note 13, art.7.5 Decision 1/CP.16, *supra* note 59, para. 12; Decision 5/CP.17, "National adaptation plans" (December 11, 2011), para. 3; Decision 3/CP.20, "National adaptation plans" (December 12, 2014), para. 3 참조.

137) UNFCCC, *supra* note 9, art.4.8; decision 3/CP.3, "Implementation of Article 4, paragraphs 8 and 9, of the Convention" (December 11, 1997); Decision 11/CP.21, "Forum and work programme on the impact of the implementation of response measures" (December 13, 2015) 참조. 또한 제16장, II.B. 참조.

138) UNFCCC, *supra* note 9, recital 10.

139) Guidelines for the preparation of national adaptation programmes of action in the annex of decision 28/CP.7, *supra* note 38, para. 6; Decision 1/CP.16, *supra* note 59, para. 12 참조.

140) Paris Agreement, *supra* note 13, art.7.5.

141) 해당 장 I. 참조.

의 맥락에 따른 특성으로 인해" COP는 기후변화 적응에 관한 공통의 전 지구적 지표들을 개발하는 것은 적절하지 않다[142]고 결정하였다. 그러나 파리협정은 국가적 공약을 통해 전 지구적 적응 목표를 설정하며 이 논쟁을 재개시켰다.[143] 국내적으로도 국가는 기후변화 적응에 참여적이고 투명한 접근법을 이행하도록 요청받았다.[144] 민간부문, NGO 및 시민사회 단체의 참여는 의사 결정에 정보를 제공해야 하는 한편, 정당성에 기여하고 적응 계획의 효과적인 이행을 촉진한다.[145] 반면에, COP는 예를 들어 "국가적응계획 과정은 규범적(prescriptive)이면 안 된다"[146]고 확인하는 등 자신의 결정 범위를 제한할 필요성을 인식하였다. 마찬가지로 최빈국 전문가그룹(Least Developed Countries Expert Group)은 "국가는 자신의 상황에 가장 맞는 적응 기준을 자유롭게 선택할 수 있어야 한다"고 주장하였다.[147]

그러나 상향식 적응의 필요성에 대한 인식과 개발도상국을 돕기 위한 노력 사이에는 긴장이 남아 있다. 이러한 긴장은 한 때 COP에 의해 "국가주도적 접근법과 관련하여 당사자들에게 기술지원과 지침을 제공"하고자 하는 욕구에 의해 표현되었다.[148] 기술지원과 지침은 반드시 구속력이 있는 것은 아니지만, 상당한 힘의 차이로 인해 개발도상국 정부는 외국 또는 국제기구의 제안을 따르도록 압력을 받을 수 있다. 또한 국제적 지원을 받기를 원하는 많은 정부들에게 국제지침을 준수하도록 유인할 가능성이 있다. 그러한 지침이 그들 자신의 특정 상황에 적합한지 여부에 관계없이 말이다.

142) "Recommendations for the Conference of the Parties," in the annex of decision 4/CP.20, "Report of the Adaptation Committee" (December 12, 2014), para. 3(a).
143) Magnan and Ribera, *supra* note 85 참조.
144) Paris Agreement, *supra* note 13, art.7.5; decision 1/CP.16, *supra* note 59, para. 12 참조.
145) "Annotated Guidelines for the Preparation of National Adaptation Programmes of Action," *supra* note 125, annotations under para. 7(a) 참조.
146) Decision 5/CP.17, *supra* note 136, para. 4. 또한 Decision 12/CP.18, "National adaptation plans" (December 7, 2012), recital 10 참조.
147) "Annotated Guidelines for the Preparation of National Adaptation Programmes of Action," *supra* note 125, annotations above para. 15.
148) Decision 1/CP.16, *supra* note 59, para. 20(a).

C. 효과성 (Effectiveness)

세 번째 원칙은 효과성이다. 효과성은 상향식 접근법을 통해 정의된 목표를 달성하기 위한 적응 조치의 능력을 의미한다. 효과성의 요건에는 최소한 합리적인 계획과정이 포함된다. 따라서 UNFCCC의 모든 당사국들은 "기후변화에 충분한 적응을 용이하게 하는 조치를 포함한 국가적 및 적절한 경우 지역적 계획을 수립·실시·공표하고 정기적으로 갱신한다"고 약속하였다.[149] COP는 "부적응을 방지하고 적응 행동이 환경적으로 건전하고 지속가능한 발전을 지원하는 데 실질적인 이익을 창출할 수 있도록 하기 위해 적응과 관련된 행동이 사정과 평가 과정을 따라야 한다"고 주장하였다.[150] 또한 COP는 특히 최빈국에서 사용할 계획과정에 대한 세심한 세부지침을 채택하였다.[151] COP는 "국가별 적응 계획을 수립하고 이행하는 과정은 적응력을 구축하고 기후변화의 영향에 대한 취약성을 줄이는 데 핵심적"이라고 주장하였다.[152] 다른 정책 분야, 특히 국가발전 우선순위와의 시너지와 통합은 반복적으로 장려되었다.[153]

효과성 원칙의 또 다른 측면은 적응 계획이 관련 지식에 기초되어야 한다는 것이다. COP에 따르면, 국가는 건전한 과학적 증거뿐만 아니라, "토착적 지식"에 더해 "지역적", "전통적"지식을 바탕으로 결정을 내려야 한다.[154] "모든 당사국, 특히 개발도상국이 건전하고, 과학적이고, 기술적, 사회경제적 기반에서 기후변화에 대응하는 실질적인 적응 행동과 조치에 대해 정보에 근거

---

149) UNFCCC, *supra* note 9, art.4.1(b). 또한 Kyoto Protocol, *supra* note 44, art.10(b); Paris Agreement, *supra* note 13, art.7.9 참조.

150) Decision 1/CP.10, *supra* note 53, para. 4. 또한 Decision 1/CP.16, *supra* note 59, recital 5 참조.

151) The annex of Decision 28/CP.7, *supra* note 38 참조.

152) Decision 3/CP.20, *supra* note 136, para. 2.

153) UNFCCC, *supra* note 9, art.4.1(f) 참조. 또한 Decision 1/CP. 16, *supra* note 59, para. 34; "Summary and recommendations by the Standing Committee on Finance on the 2016 biennial assessment and overview of climate finance flows" in the annex of decision 8/CP.22 "Report of the Standing Committee on Finance" (November 18, 2016), para. 32 참조.

154) Decision 2/CF.ll, *supra* note 123, recital 6; 1/CP.16, *supra* note 59, para. 12; and decision 5/CP.17, *supra* note 136, para. 3.

해 결정을 내릴 수 있도록 지원"하기 위한 5년간의 프로그램이 UNFCCC의 후원으로 시행되었다.[155] 같은 입장에서, 파리협정은 적응 행동이 "이용가능한 최선의 과학, 그리고 적절한 전통 지식, 원주민 지식 및 지역 지식체계에 기반을 두고 따라야 한다"고 요구한다.[156] 과학적이고 전통적인 세계관을 어떻게 조정해야 하는지는 불분명하며 아마도 국가 당국이 결정하도록 하는 것이 최선일 것이다.

D. 국제협력

기후변화에 적응하기 위한 조치를 고안하고 이행할 때 국가들이 함께 노력하도록 요구하는 것은 기후변화 적응에 관한 국제법의 또 다른 새로운 원칙이다. 예를 들어, 지속가능한 발전을 위한 2030 의제는 "기후변화의 부정적 영향에 대한 적응을 다루는 것을 목표로 하는 가장 광범위한 국제협력"을 촉구하였다.[157]

그러한 협력에 대한 정당화는 다소 일관성이 없다. 코펜하겐 합의문은 적응이 "모든 국가들이 직면한 도전"[158]이라는 사실에서 협조해야 할 필요성과 관련되지만, 전자는 후자를 따르지 않는다. 모든 또는 대부분의 국가에서 많은 동시대의 거버넌스 문제에 직면하고 있지만, 그럼에도 국제협력은 필수적인 것으로 보이지 않는다. 예를 들어, 많은 국가 정부가 보편적인 건강보험을 제공하려고 노력하고 있지만 그렇게 하기 위해 협력할 필요성은 보이지 않는다. 기후변화 완화와는 달리 기후변화에 대한 적응은 집단행동 문제(collective action problem)를 일으키지 않는다. 한 국가에서의 적응의 성공은 일반적으로 다른 국가에서 취해진 조치에 의존하지 않는다.[159] 오히려 국가가 기후변화에 적응하기 위해 협력해야 한다는 일반적인 인식은 관할권 내에서 과도한 온실가스 배출을 피하지 못하였거나 적어도 국가가 관할권 내에서 국민을 효과적으로

155) "Five-year programme of work of the Subsidiary Body for Scientific and Technological Advice on impacts, vulnerability and adaptation to climate change," in the annex of decision 2/CP.ll, *supra* note 123, para. 1.

156) Paris Agreement, *supra* note 13, art.7.5.

157) UN General Assembly Resolution 70/1, *supra* note 15, para. 31.

158) Copenhagen Accord, *supra* note 55, para. 3.

159) 협력이 필수적인 몇 가지 예외가 있다. 예를 들어, 지역적 범위에서 국경 간 생태계, 이동성 종, 그리고 국경 간 담수 자원의 보호와 같은 문제들이다.

보호할 수 없는 경우, 모든 국가, 특히 개발도상국이 어느 정도의 책임을 공유한다는 의미에 관한 것으로 보인다. 그러나 이것은 국제협력보다는 다음 원칙인 국제지원을 더욱 정당화한다.

기후변화 적응에 대한 국제협력은 대부분 정보와 모범사례 공유를 포함한다. UNFCCC 하에서 모든 국가는 기후변화에 적응하기 위해 취하고 있는 조치를 보고하고,[160] "기후변화의 영향에 대한 적응을 준비하는 데 협력해야 한다."[161] 마라케쉬 합의문 당사자들에게 "기후변화의 부정적 영향에 대한 관련 경험과 부정적 영향에 따른 조치에 관한 정보를 교환하도록 장려"하였다.[162] 칸쿤합의는 "국제협력을 포함한 적응에 대한 행동강화"의 필요성을 인정하였다.[163] 적응위원회(Adaptation Committee)의 임무에는 "관련 정보, 지식, 경험 및 모범사례의 공유를 강화하고 통합하고 향상시키는 것"과[164] "당사국총회에서 고려할 수 있도록 정보 및 권고 사항을 제공하고 적응 모범사례를 도출하는 것"[165]이 포함되었다. 파리협정은 당사자들에게 비슷한 수단을 통해 "적응에 대한 행동강화를 위해 협력을 강화할 것"을 요구하였다.[166]

기후변화 적응에 대한 협력은 국가뿐만 아니라 국제기구와 민간부문을 참여시키기 위해 점차 확대되었다. 따라서 발리행동계획은 당사국들이 "일관되고 통합된 적응을 지원하기 위한 수단으로서, 활동과 과정 사이의 시너지를 바탕으로 다자간기구, 공공 및 민간 부문 그리고 시민사회를 장려하는 협약의 촉매 역할을 강화"하도록 장려하였다.[167] 마찬가지로 칸쿤합의는 "관련 다자간, 국제, 지역 및 국가 기구, 공공 및 민간 부문, 시민사회 및 기타 관련 이해관계자들이 모든 수준에서 적응에 대한 강화행동을 취하고 지원"하도록 요구하였다.[168] 다음 해에 COP는 당사자들에게 "적응 행동의 이행을 강화하기 위

---

160) UNFCCC, *supra* note 9, art.4.1(b), 12.1(b) 참조.

161) *Ibid.*, art.4.1(e).

162) Decision 5/CP.7, *supra* note 38, para. 5.

163) Decision 1/CP.16, *supra* note 59, para. 13.

164) *Ibid.*, para. 20(b).

165) *Ibid.*, para. 20(d).

166) Paris Agreement, *supra* note 13, art.7.7.

167) Decision 1/CP.13, *supra* note 10, para. 1(c)(v).

168) Decision 1/CP.16, *supra* note 59, para. 34.

해 국가, 지역 및 국제기구, 센터 및 네트워크와의 협력을 강화하고 시너지를 촉진"할 것을 장려하였다.[169] 파리협정은 UN의 전문기구 및 기관의 역할을 구체적으로 강조한다.[170] 일관되게, 2016년 장기 기후재원에 관한 내부 워크숍에서 "적응 재원에서 민간부문의 역할이 더욱 향상될 필요가 있다"고 결론을 내렸고,[171] 녹색기후기금(Green Climate Fund)은 적응을 지원하기 위해 민간부문을 참여시키는 추가적인 조치를 취할 것을 권고받았다.[172]

E. 국제지원

밀접하게 관련된 또 다른 원칙은 모든 관련 행위자(주로 선진국)가 개발도상국에서 적응에 대한 지원을 제공해야 한다는 요건과 관련이 있다. 이 원칙은 이 장의 도입부에서 논의된 보호 및 회복의 관점과 관련하여, 일반국제법에서의 두 가지 대안적 기초를 가지고 있다. 기후변화 적응에 대한 국제행동을 보호의 관점에서 본다면, 적응에 대한 국제지원은 본질적으로 부유한 국가들이 기후변화의 영향으로 인해 심각한 어려움을 겪고 있는 국가들을 도울 수 있는 방법처럼 보인다. 그러나 기후변화 적응에 관한 국제행동을 과도한 온실가스 배출을 막지 못한 선진국의 책임과 관련하여 본다면, 적응에 대한 지원은 국가가 다른 국가에 야기한 피해를 완화하려는 시도 또는 이례적인 배상의 유형으로 여겨질 수 있다.[173] 구제의 관점에서 발전된 주장들은 개발도상국들의 협상 위치에서 중심이 되었지만,[174] 이러한 주장은 선진국에 의해 끊임없이 거부되었다.[175] 손실 및 피해에 대한 작업이 UNFCCC에 따른 국제협상에

---

169) Decision 2/CP.17, para. 93(c).

170) Paris Agreement, *supra* note 13, art.7.8.

171) Decision 7/CP.22, "Long-term climate finance" (November 18, 2016), para. 7(c).

172) Decision 10/CP.22, "Report of the Green Climate Fund to the Conference of the Parties and Guidance to the Green Climate Fund" (November 18, 2016), para. 11 참조.

173) 본서 제5장, Sections Ⅰ., Ⅳ. 참조.

174) Caracas Declaration of the Ministers of Foreign Affairs of the Group of 77 on the Occasion of the Twenty-Fifth Anniversary of the Group (June 21-23, 1989), reproduced in doc. A/44/361.

175) Written statement of the United States on Principle 7 of the Rio Declaration, in *Report of the United Nations Conference on Environment and Development*, UN document A/CONF. 151/26 (vol. Ⅳ) (September 28, 1992).

서 이러한 주장을 다시 가져오려고 시도하였지만, 기후변화 적응에 대한 기존의 지원은 보호의 관점에서 보다 설득력 있게 해석된다.

지원 의무는 일반국제법에서 잘 확립되어 있지만 그 범위와 양식은 모호하다. 이미 18세기에 에메르 드 바텔(Emer de Vattel)은 "국가가 기근에 시달리고 있다면 여분의 식량이 있는 모든 국가들은, 그러나 자신들의 부족을 드러내지 않고, 해당 국가의 고통을 덜어주어야 한다"고 적었다.176) 이것은 단지 도덕적 의무만이 아니었다. 바텔은 이처럼 "극도의 긴급한 상황에서 지원을 제공하는 것은 본질적으로 인류에게 부합하는 것이기 때문에 문명의 혜택을 조금이라도 받은 국가는 그 의무를 거의 소홀히 하지 않는다"고 덧붙였다.177) UN의 공약인 "모든 국민의 경제적 및 사회적 발전을 촉진하기 위하여 국제기관을 이용한다는 것"178)은 동일한 의무의 인정을 의미한다. 경제적·사회적 및 문화적 권리에 관한 국제규약은 각 국가가 규약에서 인정된 "국제 원조 및 협력, 특히 경제적, 기술적 협력을 통해 가용 자원의 최대치까지 점진적으로 전체 권리의 실현을 달성하기 위한 조치를 취할 것"을 촉구한다.179) UN 총회의 여러 결의안은 재정지원 제공을 포함하여 개발도상국을 지원180)해야 하는 선진국의 의무를 강조한다.181) 경제적·사회적·문화적 권리위원회(CESCR)는 "결과적으로 경제적, 사회적, 문화적 권리의 개발과 실현을 위한 국제협력은 모든 국가의 의무이다"라고 단언하였다182)

일관되게 위에서 논의된 바와 같이, UNFCCC의 선진국 당사자들은 "기후변화의 부정적 효과에 특히 취약한 개발도상국인 당사자가 이러한 부정적 효과에 적응하는 비용을 부담할 수 있도록 지원하는 것"을 약속하였다.183) 또한

---

176) Emer de Vattel, *The Law of Nations*, Joseph Chitty trans. (Sweet, Stevens and Maxwell, 1758), at Ⅱ1, para. 5.

177) *Ibid.*

178) UN Charter, *supra* note 14, recital 8.

179) International Covenant on Economic, Social and Cultural Rights, *supra* note 14, art.2.1.

180) UN General Assembly Resolutions 3201 (S−Ⅵ), "Declaration on the Establishment of a New International Economic Order" (May 1, 1974); 41/128, *supra* note 15 참조.

181) UN General Assembly Resolutions 2626 (ⅩⅩⅤ), "International Development Strategy for the Second United Nations Development Decade" (October 24, 1970); and 66/288, "The future we want" (July 27, 2012).

182) CESCR General Comment No. 3, "The nature of State parties' obligations" (December 14, 1990), para. 14.

모든 당사자는 개발도상국, 특히 군소도서개발국, 저지대 연안을 보유한 국가, 건조지역, 자연재해에 취약한 지역을 보유한 국가 또는 연약한 생태계 지역을 보유한 국가, 그리고 최빈국의 필요와 관심사를 충분히 고려해야 한다.[184] 많은 개발도상국에 제한된 국제지원을 배분하기 위한 기준으로서 원조의 필요성이 반복적으로 강조되었다. 예를 들어, 칸쿤 적응 프레임워크에 따르면, "최빈국, 군소도서개발국 및 아프리카와 같이 가장 취약한 개발도상국에게는 적응을 위한 기금이 우선시 될 것이다."[185] 마찬가지로, GCF이사회는 "최빈국, 군소도서개발국 및 아프리카 국가를 포함한 기후변화의 부정적 영향에 특히 취약한 개발도상국의 긴급하고 즉각적인 필요"에 따라 우선순위를 매길 것이 권장되었다.[186]

그러나 이러한 반복된 선언에도 불구하고, 적응에 관한 국제협력의 중심이 되어야 하는 기후변화 적응에 대한 실질적인 지원은 여전히 제한적이다. "기후변화의 부정적 효과에 특히 취약한 개발도상국인 당사자의 적응비용의 충당을 지원하는데 사용된"[187] CDM의 수익 중 일부는 선진국이 동의한 기후변화 적응 지원을 위한 가장 구체적인 공약으로 현재까지 남아 있다. 실질적인 의무 대신에, 국가들은 "적응 비용의 충족시키는데 있어 개발도상국인 당사자에게 지원한 상세한 정보를 제공하라는 요구를 받았을 뿐이다."[188] 파리협정에 따라 선진국은 "완화 및 적응 모두와 관련하여 개발도상국 당사자를 지원하기 위한 재원을 제공"하기로 약속한 반면,[189] 개발도상국은 "자발적으로 그러한 지원을 제공하거나 제공을 지속하도록 장려되었다."[190] 물론 기술이전과 역량배양 또한 장려되었다.[191]

---

183) UNFCCC, *supra* note 9, art.4.4.

184) *Ibid.*, art.4.8, 4.9.

185) Decision 1/CP.16, *supra* note 59, para. 95.

186) Annex of decision 3/CP.17, "Launching the Green Climate Fund" (December 11, 2011), para. 52.

187) Kyoto Protocol, *supra* note 44, art.12.8.

188) Decision 1/CP.9, "National communications from parties included in Annex I to the Convention" (December 12, 2003), para. 5.

189) Paris Agreement, *supra* note 13, art.9.1.

190) *Ibid.*, art.9.2.

191) Decision 4/CP.4, "Development and transfer of technologies" (November 14, 1998),

V. 결론

기후변화 적응에 대한 국제행동은 기후변화에 관한 국제법의 가장 정치적인 측면 중 하나이다. 대부분의 경우, 선진국의 과도한 온실가스 배출로 인한 손해배상 청구라는 개발도상국의 초기 주장은 여전히 미해결 상태로 남아있다. 기후변화에 가장 큰 영향을 받고 기후변화의 부정한 영향에 대처할 수 없는 이러한 국가들의 국민을 보호하는 데에 도움을 주어야 한다는 주장조차도 여전히 해결되지 않은 채 남아 있다. 절실히 필요한 재정적, 기술적 지원 대신, 기후변화 적응에 대한 국제행동은 주로 국내행동과 모범사례의 교환을 지도해야 하는 원칙의 결정에 크게 국한되어 왔다.

---

para. 6; Paris Agreement, *supra* note 13, art.10, 11 참조. 또한 본서 제12장 참조.

제11장

손실 및 피해

제11장
손실 및 피해

기후변화에 대한 적응은 기후변화로 인한 피해를 줄일 수 있지만, 피해를 피할 수는 없다. 적응 행동 자체에는 종종 경제적, 인적 비용이 수반된다. 적응 노력이 불가능하거나 비경제적이거나, 불충분하거나, 자금이 부족하거나, 불완전하게 이행되거나 계획이 잘못된 경우(부적응) 피해가 발생한다. 이는 윤리적인 질문을 제기한다. 종종 기후변화에 가장 덜 기여하고 산업 발전으로 인한 혜택을 가장 적게 받는 사람들이 기후변화 영향에 가장 큰 영향을 받으며 적응할 수 없다는 점이다. 국제적 차원에서, 최빈국은 세계 온실가스 배출에 거의 기여하지 않지만 기후변화의 영향으로 가장 심각하게 영향을 받고 효과적인 적응 전략에 투자할 수 없는 경우가 많다. 마찬가지로, 국가 내 빈곤층은 구매력이 제한되어 있기 때문에 기후변화에 가장 적게 기여하는 경우가 많지만, 자신의 안전에 투자할 재원이 부족하여 환경위험에 가장 많이 노출되는 경우가 많다.[1]

책임에 대한 주장과 손해배상 청구는 오랫동안 개발도상국의 대표들이 소리를 높여 왔다. 1989년 G77(Group of 77) 회의에서 개발도상국은 "선진국은 환경적으로 유해한 물질을 대량 생산하고 소비하기 때문에 지구 환경에 대한 장기적인 구제책을 찾는 데 주된 책임을 져야한다"[2]고 주장하였다. 그러나

---

1) Chester Hartman and Gregory D. Squires (eds.), *There Is No Such Thing as a Natural Disaster: Race, Class, and Hurricane Katrina* (Routledge, 2006) 참조.

2) Caracas Declaration of the Ministers of Foreign Affairs of the Group of 77 on the Occasion of the Twenty−Fifth Anniversary of the Group (June 21−23, 1989),

"기후정의(climate justice)"에 대한 그러한 주장에 대해 선진국은 오랫동안 무시해 왔다. UNFCCC는 개발도상국에 약간의 지원을 제공하였지만, 이는 주로 최빈국에 적응을 장려하기보다는 CDM을 통해 신흥경제국에서 이행되는 완화조치를 위한 것이었다. 어느 옵저버가 지적하였듯이, 최빈국은 단순히 "재무이전을 대가로 선진국에 제공하는 것이 적었다."[3] UNFCCC가 채택된 이후, 개발도상국의 배상 요구는 기후에 대한 국제협력에 통해 단지 미미하게 다루어졌다.[4] 2007년 발리행동계획에서야 COP가 "강화된 적응행동"의 일환으로 "특히 기후변화의 부정적 영향에 취약한 개발도상국의 기후변화 영향과 관련된 손실 및 피해를 처리하는 수단"을 고려할 것을 동의하였다.[5]

10년 지났지만 손실 및 피해에 대처하기 위하여 해야 할 일에 대해서는 근본적으로 상이한 견해가 존재한다. 한편으로, 손실 및 피해를 다루기 위한 수단이 손실 및 피해를 줄이거나 피하기 위한 목적이라면, 기후변화 적응에 대한 조치로서 이미 고려 중인 사항을 복제하는 것일 뿐이다. 다른 한편으로, 적응을 통해 줄이거나 피할 수 없는 손해배상 청구는 선진국으로부터 심한 반대에 계속 직면하고 있다. 손실 및 피해에 대한 작업반(workstream)은 책임과 손해배상에 대한 분쟁의 장이 되었다. 구제의무는 UNFCCC 체제 내에서 인정되지 않았지만, 이러한 의무는 일반국제법, 즉 관할권에서의 활동으로 인한 과도한 온실가스 배출을 막지 못한 국제위법행위에 대한 국가책임법에 따라 성립된다.

이 장에서는 먼저 손실 및 피해의 개념에 대한 개요를 제공한다. 그런 다음 UNFCCC 작업반을 통해 손실 및 피해에 대한 의무를 이행하려는 시도를 살펴보기 전에 일반국제법에 따른 구제의무의 근거를 탐색한다. 마지막으로, 손실 및 피해에 대해 진행 중인 협상의 전망을 평가한다.

---

reproduced in doc. A/44/361, para. II -34.

3) Daniel Bodansky, "The United Nations Framework Convention on Climate Change: a commentary" (1993) 18:2 *Yale Journal of International Law* 451, at 528.

4) 기후행동에 대한 국제적 지원 관련 내용은 본서의 제10장, 제12장 참조.

5) Decision 1/CP. 13, para. 1(c)(iii).

I. 손실 및 피해의 개념

기후변화 영향과 관련된 손실 및 피해에 대한 합의된 정의는 없다.[6] 이 개념은 사회과학, 법적 관점에서 이해되기 전에 국제협상에서 쓰이기 시작하였다. 일반 영어와 때로는 법률 영어에서 "손실 및 피해"란 표현은 배상(compensation)이 지불될 수 있는 손해액(damages)과 유사한 것을 의미한다.[7] 그러나 "피해(injury)"와 달리, 손실 및 피해의 존재는 위법행위에 귀속되는 것을 전제하지 않는다. 위법행위의 존재 없이도 손실 및 피해가 인정될 수 있다. 국제관행에서, 이 표현은 공식적으로 잘못을 인정하지 않고 일시불로 지불하는 내용을 포함하는 국제협정에서 종종 사용되었다.[8] 따라서 이 용어는 당사자가 어떤 형태의 손해액(damages)을 지불할 의향이 있지만, 공식적으로 잘못을 인정하지 않고자 하는 경우, 예를 들어, 이로 인해 국가적 감정을 상하게 하거나 또는 더 실리적으로는 잘못을 인정하는 것이 훨씬 더 큰 손해배상 청구에 대한 활로를 열게 될 것이 우려되기 때문에, 국제협상을 촉진할 수 있다.

따라서 "손실 및 피해"는 기후변화에 관한 국제협상에서 건설적 모호성으로 나타났으며, 일부 개발도상국의 손해배상 청구와 선진국의 거부 간의 긴장을 일시적으로 진정시켰다. 대부분의 가장 취약한 국가들의 대표자에게 "손실 및 피해"는 배상(compensation) 청구의 의미를 가진다. 반대로 산업국가의 대표자들은 손실 및 피해의 인식을 기후변화 완화와 기후변화 적응행동에 대한 국제협력 강화의 필요성에 대한 인식으로 보는 것을 선호하였다. 오랜 정치적 협상을 통해 만들어진 개념을 이해하는데 애를 먹는 법학자들은 일반적으로 손해배상(reparation)의 완곡한 표현으로 접근하려는 경향이 있다.[9]

---

6) IPCC는 제5차 평가보고서에서 이 용어의 개념을 정의하지 않았다.

7) *Lambert v. Bessey* (T. Ray. 421), cited in James Barr Ames, "Law and morals" (1908) 22 *Harvard Law Review* 97, at 98 참조.

8) 예를 들어, 1959년 소련과 핀란드 간의 손실 및 피해의 배상에 대한 추가적인 합의와 관련하여 Agreement of 29 April 1959 concerning the regulation of Lake Inari by means of the Kaitakoski hydro-electric power station and dam, April 29, 1959, 212 *UNTS* 4981, art.1 참조.; 또한 Memorandum of Understanding between the United Nations and the Government of Pakistan contributing resources to the United Nations Special Police Unit in Kosovo, April 4, 2000, 43437 *UNTS* Ⅰ-43437, paras. 17-22 참조.

9) Rosemary Lyster, "A fossil fuel-funded climate disaster response fund under the Warsaw International Mechanism for Loss and Damage Associated with Climate

　　이처럼 영악한 건설적 모호성은 이 용어가 약 10년 만에 정치적으로 통용
되도록 이끌었다. UN대학과 같은 정책지향 기관은 기후변화 영향과 관련된
손실 및 피해를 방지하거나 해결하기 위한 일반적이고 개념적인 또는 실용적
인 도구를 개발하기 위해 대규모 연구 프로그램을 시작하였다.[10] 이 개념의
정의를 더 발전시키기 위한 시도도 있었다. 예를 들어, 살리무르 후크(Saleemul
Huq)와 동료들은 손실이 "영구적인 기후변화의 부정적인 영향"을 의미하는 반
면, 피해는 "되돌릴 수 있는" 피해(harms)와 관련이 있다고 주장하였다.[11]

　　손실 및 피해에 대한 논쟁은 종종 기후변화 적응을 통해 쉽게 피할 수 없
는 특히, 인명 손실, 이주 또는 문화적 관행 및 전통의 상실과 같은 비경제적
손실과 같은 손실 및 피해를 강조한다.[12] 예를 들어 태풍 하이안이 필리핀을
강타한 며칠 후, COP18의 필리핀 수석 협상가는 UNFCCC 당사자들에게 "이
광기를 막기 위해서" 조치를 취하도록 요구하는 감정적인 탄원을 하였다.[13]

Change Impacts" (2015) 4:1 *Transnational Environmental Law* 125; Meinhard Doelle, "The birth of the Warsaw Loss Ö Damage Mechanism: planting a seed to grow ambition?" (2014) 8:1 *Carbon & Climate Law Review* 35; Benoit Mayer, "Whose 'loss and damage'? Promoting the agency of beneficiary states" (2014) 4:3−4 *Climate Law* 267; Emma Lees, "Responsibility and liability for climate loss and damage after Paris" (2017) 17:1 *Climate Policy* 59; Maxine Burkett, "Reading between the red lines: loss and damage and the Paris outcome" (2016) 6:1−2 *Climate Law* 118; Sumudu Atapattu, "Climate change, differentiated responsibilities and State responsibility: devising novel legal strategies for damage caused by climate change" in Benjamin J. Richardson *et al.* (eds.), *Climate Law and Developing Countries: Legal and Policy Challenges for the World Economy* (Edward Elgar, 2009) 3,7; Benoit Mayer, "Migration in the UNFCCC Workstream on Loss and Damage: an assessment of alternative framings and conceivable responses" (2017) 6:1 *Transnational Environmental Law* 107 참조. 또한 Ivo Wallimann−Helmer, "Justice for climate loss and damage" (2015) 133:3 *Climatic Change* 469; Roda Verheyen, *Climate Change Damage and International Law: Prevention Duties and State Responsibility* (Brill, 2005) 참조.

10) Kees van der Geest and Markus Schindler, *Handbook for Assessing Loss and Damage in Vulnerable Communities* (UNU EHS, 2017); Erin Roberts *et al*, *Loss and Damage: When Adaptation is Not Enough* (UNEP, 2014); Koko Warner *et al*., *Evidence from the Frontlines of Climate Change: Loss and Damage to Communities Despite Coping and Adaptation* (UNU−EHS Report, 2012) 참조.

11) Saleemul Huq, Erin Roberts and Adrian Fenton, "Loss and damage" (2013) 3:11 *Nature Climate Change* 947, at 948.

12) Decision 1/CP.16, "The Cancun Agreements: outcome of the work of the Ad Hoc Working Group on Long−Term Cooperative Action under the Convention" (December 10−11, 2010), footnote 3 under para. 25.

13) "'It's time to stop this madness': Philippines plea at UN climate talks" *Climate Home* (November 11, 2013).

기후 관련 "재난(disasters)", "난민(refugees)", "전쟁(wars) 피해자(victims)"는 국제협력을 통해 다루어져야 할 손실 및 피해로서 거듭 원용되어 왔다.[14]

그러나 확실한 과학적 증거에 근거하여 특정 손실 및 피해가 기후변화 영향에서 직접 기인했는지를 확인하는 것은 특히 어렵다. 특정 피해가 기후변화에서 기인한다고 보는 것은 두 가지 어려움에 직면한다. 첫째, 가뭄과 같은 물리적 사건이 기후변화에 기인해야 할 필요가 있다. 둘째, 개인, 사회 및 생태계에 대한 이러한 물리적 사건의 결과는 이러한 물리적 사건에 기인할 필요가 있다. 기후변화, 물리적 사건 및 특정 피해 사이의 인과관계를 증명하는 것은 그리 간단하지 않다.

과학은 기후변화에 대한 물리적 사건의 직접적인 귀속에 대해 거의 지지를 보내지 않는다. 기후는 날씨 패턴의 확률과 관련이 있기 때문에[15] 기후변화는 그러한 확률의 변화로 구성된다. 예를 들어 심한 토네이도, 폭풍 또는 가뭄이 더 자주 일어나고 있다고 해서 과도한 인위적인 온실가스 배출 없이는 그러한 사건이 발생하지 않았을 것이라고 볼 수는 없다. 또한 살인자가 방아쇠를 당김으로 인해 피해자를 죽인 것과 같은 정도로 그러한 사건과 기후변화 사이의 인과관계를 인정하기는 힘들다. 실제로 기후변화에 대한 사건의 과학적 귀속은 확률적인 성격을 갖고 있다. 예를 들어, 한 연구에 따르면 2000년 가을 영국과 웨일즈에서 발생한 기후변화로 인해 홍수가 발생할 위험이 20% 증가한 것으로 나타났다.[16] 종종 가장 심한 피해를 일으키는 극단적인 사건에 관해서는, 심지어 그러한 확률론적 귀속은 기후 변화 이전에 주어진 장소에서 물리적 사건의 주어진 유형의 가능성에 대한 제한된 지식과 기후변화에 따른 점진

---

14) US President Barack Obama, "Remarks at United Nations Climate Change Summit" (New York, September 22, 2009) 참조.

15) 기후는 "보통 수개월에서 수천 년 또는 수백만 년에 이르는 기간 동안 관련 수량의 평균과 변동성의 측면에 관한 통계적 서술로서 평균 날씨로 또는 더 엄격하게" 정의된다. S. Planton, "Glossary" in T.R Stocker *et al* (eds.), *Climate Change 2013: The Physical Science Basis. Contribution of Working Group I to the Fifth Assessment Report of the Intergovernmental Panel on Climate Change* (Cambridge University Press, 2013) 1447, at 1450 참조.

16) Pardeep Pall *et al.*, "Anthropogenic greenhouse gas contribution to flood risk in England and Wales in autumn 2000" (2011) 470:7334 Nature 382; 비평은 Mike Hulme, "Attributing weather extremes to 'climate change': a review" (2014) 38:4 *Progress in Physical Geography* 499 참조.

적인 진전에 의해 방해받는다. 극심한 기상현상은 그 정의상 매우 드물기 때문에, 과학자들은 "관측 기록이 상대적으로 부족한 상황에서 발생의 체계적인 변화를 감지하는 것은 어렵다는 것"을 인식한다.[17]

귀속에 관한 두 번째 어려움은 주어진 물리적 사건과 개인, 사회 및 생태계에 영향을 미치는 손실 및 피해 사이의 연결과 관련이 있다. 물리적 사건은 긴 일련의 사건들을 촉발시킬 수 있다. 한 번의 충격이 수면에 동심원을 만들어내는 것과 마찬가지로, 기후변화가 인간 사회와 생태계에 미치는 영향은 시공간에서 극한으로 확대될 수 있다. 다소 철학적인 의미에서 기후변화의 영향은 사실상 모든 개인, 사회 및 생태계에 좋건 나쁘건 수많은 영향을 미친다고 말해도 결코 과언이 아니다. 그러나 인과적 파동은 잔잔한 수면에서 방해받지 않고 퍼지지 않는다. 오히려, 그들은 인간의 삶, 인간사회의 역사 및 생태계의 진화 과정에서 여러 다른 파동과 상호 작용한다. "자연"재해는 결코 완전히 자연스럽지 않다는 일반적 통념이 있다. 비록 재해가 자연현상에 의해 유발될 수 있지만, 보호 메커니즘의 실패는 개인, 사회, 때로는 생태계의 취약성을 결정하는 사회적, 정치적 요소를 포함한다.[18] 다시 말해, 물리적 사건이 사회나 생태계에 미치는 피해는 후자의 특성, 특히 노출, 취약성 및 회복력, 그리고 적응 행동과 같이 이러한 특성을 변화시키기 위해 취해진 조치 등에 많은 부분 달려 있다.

II. 일반국제법에서의 손해배상

손실 및 피해의 개념은 기후변화에 관한 국제협상에서 비롯되었지만, 일반국제법을 통해서도 접근될 수 있는 책임에 대한 주장과 밀접한 관련이 있다. 제5장은 국제위법행위에 대한 국가책임에 관한 관습국제법과의 관련성을 강조하였다. 특히, 국가가 관할 내 활동으로 인한 과도한 온실가스의 배출을 방지하지 못한 것은 무해의 원칙을 위반하는 것으로 제안되었다.

---

17) Peter A. Stott *et al.*, "Attribution of extreme weather and climate–related events" (2016) 7:1 *WIREs Climate Change* 23, at 23.

18) Hartman and Squires (eds.), *supra* note 1 참조.

제5장에서 언급한 바와 같이, 국제위법행위에 대한 국가책임은 구제의무를 수반한다. 국제위법행위에 대한 국가책임에 관한 국제법위원회 초안은 국제위법행위에 책임이 있는 국가는 "국제위법행위로 인한 피해에 대하여 완전한 배상의무를 진다"고 규정하고 있다.[19] 그러나 국가들의 관행은 완전한 배상 요건을 지지하지 않는다. 전 세계적으로 발생하고 수세기에 걸쳐 확산된 광범위하고 심각한 손해와 관련하여, 피해에 근거할 뿐만 아니라 책임 있는 국가의 지불 능력을 고려하고 위법행위의 지속에 대한 제재 필요성에 근거하여 적절한 배상이 결정되어야 한다.[20] 이러한 피해에 대한 광범위한 이해는 여전히 필요하겠지만, 국가책임법에 대한 이러한 해석은 국가가 과도한 온실가스 배출 방지를 실패하여 일으킨 피해에 대해 덜 구체적인 평가를 요구할 것이다.

국가책임법에서 국가가 과도한 온실가스 배출을 방지하는데 실패하여 야기된 피해의 특성은 손실 및 피해의 결정과 관련하여 위에서 논의한 것과 유사한 도전에 직면한다. 국가가 관할 내의 활동으로 인한 과도한 온실가스 배출을 방지하지 못하였다고 하여 손실 및 피해가 직접 발생하는 것은 아니다. 오히려 이러한 부작위는, 국가의 관할권 범위에 크게 의존하여, 기후체계에 대한 인위적 간섭에 다소 상당히 기여하며, 시간이 지남에 따라 영향이 밝혀지고, 전 세계에 흩어져서, 때로는 기존의 어려움을 악화시킨다.

피해를 특징짓는데 있어 그러한 어려움이 구제의무의 존재를 배제시킬 수 있다고 주장할 수 있다. 국제재판소에 비교할 만한 사건이 제소된 적은 없었다. 그러나 심지어 상대적으로 입증되지 않은 피해에 대해서도 국가에 구제의무를 부과하는 국가책임에 관한 국제법이 위법행위가 전 세계에 불행을 퍼뜨리고, 다른 국가의 영토의 일부 또는 전부를 살 수 없게 만들고, 문명과 하나의 종으로서 우리의 존재를 위협할 수 있는 경우에도 아무런 손해배상을 할 필요가 없다고 본다면 불합리하고 정의의 원칙에 반하는 것으로 보일 수 있다. 법의 방식에 대한 명확성이 부족하다고 하여 법원이 법을 적용하는 것을 방해해서는 안 된다.

---

19) ILC, *Draft Articles on Responsibility of States for Internationally Wrongful Acts with Commentaries*, in (2001) *Yearbook of the International Law Commission*, vol. Ⅱ, part two (이하 *Articles on State Responsibility*), art.31.1.

20) 본서 제5장, Ⅳ.B. 참조.

법원이 과도한 온실가스 배출에 대한 국가책임 분쟁에 관해 관할권을 인정한다면,[21] 광범위한 구제의무를 부과하는 것을 꺼려할 수 있다. 이미 행해진 피해의 배상보다는 국제위법행위가 계속되고 있는 것을 중지하는 것이 우선순위가 되어야 한다는 것은 거의 틀림없다. 법학 정책에 대한 고려도 위태로울 수 있는데, 국제위법행위를 중지하지 않을 수도 있는 일부 국가에 과도한 손해배상을 부과하는 법원의 결정으로 얻을 수 있는 이익이 거의 없기 때문이다. 반면, 그러한 경우에 법원은 국가 간 관계에서 정의를 증진시키는 국제법의 과제를 공개적으로 저버리지 않고는 손해배상에 대한 어떠한 청구도 거부할 수 없다. 아마도 법원은 적어도 만족(satisfaction)이라는 상징적 조치를 통해 강력한 정치적 메시지를 제공할 수 있을 것이다. 국제법위원회는 국제위법행위로 인한 피해가 원상회복(restitution) 또는 금전배상(compensation)으로 전보될 수 없는 경우, 위반의 인정, 유감의 표시, 공식사과 또는 기타 적절한 방식[22] 등을 포함하는 만족(satisfaction)이라는 조치의 역할을 인정하였다.[23] 기후변화와 관련된 경우, 그러한 조치는 책임을 인정하고 사과하는 태도를 취해야 할 의무뿐만 아니라 교육, 인식제고, 기념관, 기념행사 및 박물관 등의 정책도 포함될 수 있다.[24]

그러나 법원이 국가가 관할 내 활동으로 인한 과도한 온실가스의 배출을 막지 못하여 입힌 피해에 대한 배상으로서 금전배상(compensation)을 지불할 의무를 확인할 법적 근거가 있다. 국가책임법은 국제위법행위와 피해 사이에 직접적인 인과관계를 요구하지 않는다. 자주 인용되는 상설국제사법재판소(PCIJ)의 호르죠 공장 사건 판결에 따르면,[25] 행위의 직접적 결과에 국한되지 않고, "손해배상은 불법행위(illegal act)의 모든 결과를 가능한 한 없애야 한다"

---

21) 본서 제14장, I. 참조.

22) *Ibid.*, art.37.2.

23) *Articles on State Responsibility, supra* note 19, art.37.1.

24) Benoit Mayer, "Climate change reparations and the law and practice of state responsibility" (2016) 7:1 *Asian Journal of International Law* 185 참조. 이러한 혁신적인 배상에 대한 조치는 미주인권재판소(Inter-American Court of Human Rights, 이하 LACrHR)에 의해 반복적으로 부과되었다. IACrHR, *Velásquez Rodríguez v. Honduras*, judgment of July 29, 1988, Ser. C, No. 4 (1988) 참조.

25) PCIJ, *Factory at Chorzów (Germany v. Poland)*, Judgment on the merits of the claim for indemnity of September 13, 1928, in Series A, No. 17, at 47.

고 밝혔다.[26] 다른 국제법원과 재판소는 "위법행위로 인한 피해"와 관련한 구제의무를 평가하였으며, 국제법위원회는 "인과관계의 요건이 반드시 모든 국제의무과 관련하여 반드시 같을 필요는 없다"[27]고 결론지었다. 관할 내 과도한 온실가스 배출 방지의 실패라는 국가의 행위가 다른 국가의 기후변화에 따른 심각한 영향을 더욱 악화시킬 것이 예상된다면, 특정 손실 및 피해가 간접적으로만 밝혀지더라도, 손해배상에 대한 충분한 인과관계가 확인될 수 있다.

III. 손실 및 피해에 관한 UNFCCC 작업반(workstream)

기후변화에 관한 국제협상이 시작된 이래로 기후변화와 관련하여 산업국가들의 책임에 대한 주장이 제기되었다. 앞서 언급한 바와 같이, 1989년 카라카스 선언(Caracas Declaration)을 통해 개발도상국은 선진국이 지구 환경 악화에 대한 더 크게 기여하였기 때문에 "주된 책임을 져야한다"고 주장하였다.[28] 마하티르 모하마드 전 말레이시아 총리는 서구국가 국가들이 개발원조로 제공하거나 또는 적응에 대한 지원으로써 약속한 "아주 적은 돈"과 훨씬 더 큰 "빈곤국의 소득손실"을 대비하면서 책임 논쟁에서 활발한 역할을 하였다.[29] AOSIS는 1991년 선진국이 "가장 취약한 군소도서국과 저지대 연안을 보유한 개발도상국에게 해수면 상승으로 인한 손실 및 피해를 보상"[30]하기 위해 보험

---

26) United States−Germany Mixed Claims Commission, Administrative Decision No. Ⅱ, November 1, 1923, Ⅶ *UNRIAA*, 23, at 30.

27) *Articles on State Responsibility, supra* note 19, 제31조에 대한 주석, para. 10.

28) Caracas Declaration, *supra* note 2, para. 11−34 참조.

29) Statement by Malaysia Prime Minister Mahathir Mohamad, in *Report of the United Nations Conference on Environment and Development*, UN document A/CONF.151/26/Rev.l(vol. Ⅲ) (August 14, 1992) 230, at 233.

30) Submission by Vanuatu, "Draft Annex Relating to Insurance," in INCFCC, *Negotiation of a Framework Convention on Climate Change: Elements Relating to Mechanisms* (December 17, 1991), doc. A/AC.237/WG.II/CRP.8, at 2. AWG−LCA에 제출된 비교가 능한 다른 제안은 AOSIS submission, "Multi−window Mechanism to Address Loss and Damage from Climate Change Impacts," in UNFCCC AWG−LCA, I*deas and Proposals on the Elements Contained in Paragraph 1 of the Bali Action Plan: Submissions from Parties* (December 10, 2008), doc. FCCC/AWGLCA/2008/Misc.5/Add.2 (Part Ⅰ), at 24 참조. 손실 및 피해에 관한 UNFCCC 협상 과정 및 역사적인 설명은 Maxine Burkett, "Loss and damage" (2014) 4:1−2 *Climate Law* 119 참조.

메커니즘에 자금을 지원할 것을 제안하였다.

그러한 메커니즘 대신에, UNFCCC는 선진국이 "기후변화의 부정적 효과에 특히 취약한 개발도상국 당사자가 이러한 부정적 효과에 적응하는 비용을 부담할 수 있도록 지원한다"는 모호한 의무만을 인정하였다.31) UNFCCC 체제는 기후변화 완화와 적응을 우선시하며 미래에 초점을 맞춘다. 과거의 책임에 대한 논쟁은 더 시급한 우선순위에 대한 시의적절하지 않은 방해라는 것이 지배적인 견해였다. 그러나 금전적 문제가 아닌 원칙의 문제로, 책임 문제에 대한 여러 가지 견해는 양립될 수 없는 기대를 불러 일으켜 국제협상을 방해하였다.

2007년경에 관련 변화가 일어났다. 그 해에는 기후변화가 더욱 빠르게 전개되고 있다는 증거가 IPCC 제4차 평가보고서에서 발표되었다.32) 발리행동계획도 그 해에 채택되어 장기협력행동에 관한 특별작업반(AWG-LCA)의 후원 하에 수행될 "장기적인 협력행동에 대한 공유된 비전"33)에 기초한 협상의 새로운 길을 개척하였다. 이 협상의 단계에서, 개발도상국들이 기후변화 완화에 참여하도록 하기 위한 노력의 일환으로 개발도상국에 양보가 이루어졌다. 이 새로운 협상 흐름은 "기후변화의 부정적 영향에 특히 취약한 개발도상국의 기후변화 영향과 관련된 손실 및 피해를 다루기 위한 수단에 대한 고려"를 포함하여, 적응에 대한 강화행동과 관련되었다.34) 따라서 UNFCCC 당사국들이 채택한 결정에서 손실 및 피해의 개념이 처음으로 소개되었다. 나중에 적응과는 별개의 협력 분야로 간주될 것이지만, 기후변화 적응에 대한 강화행동의 범위 안에 분명히 위치하였다.

그러나 그 후 몇 년 동안 손실 및 피해에 대한 논쟁은 열외로 취급받았다. 선진국은 특히 위험공유 메커니즘과 재해 위험감소 전략을 통해 위험관리에 대한 대안을 제시함으로써 "손실 및 피해에 관한 배상(compensation)에 관한 제안과 관련된 논의를 피하려고"35) 하였다.36) 3년 후 COP16은 2010년 칸쿤

---

31) United Nations Framework Convention on Climate Change, May 9, 1992, 1771 *UNTS* 107 (이하 UNFCCC), art.4.4, 4.8 and 4.9 참조.

32) M.L. Parry *et al.* (eds.), *Contribution of Working Group II to the Fourth Assessment Report of the Intergovernmental Panel on Climate Change* (Cambridge University Press, 2007) 참조.

33) Decision 1/CP.13, *supra* note 5, para. 1(a). 본서 제3장, III. 참조.

34) Decision 1/CP.13, *supra* note 5, para. 1(c)(iii).

35) K. Warner and S. Zakieldeen, *Loss and Damage Due to Climate Change: An Overview*

합의를 통해 "극심한 기후현상과 서서히 일어나는 현상과 관련된 영향을 포함하여 기후변화의 부정적 영향과 관련된 손실 및 피해를 이해하고 감소시키기 위해 국제협력 및 전문성을 강화할 필요성"[37]을 인식하였다. 그 결정에 대한 각주에서 문제가 되는 기후변화에 따른 영향은 "해수면상승, 기온상승, 해양산성화, 빙하퇴각 및 관련 영향, 염류화, 토지 및 산림 황폐화, 생물다양성 상실 및 사막화"를 포함한다는 점을 명확하게 밝혔다.[38] 국제협력과 전문성을 강화하기 위해, 칸쿤합의는 이행부속기구(Subsidiary Body for Implementation, SBI)에 의해 이행되고 COP에 보고하는 "작업 프로그램"을 설립하였다. 이 작업 프로그램은 "워크숍 및 전문가회의를 포함하여 기후변화의 부정적 영향에 특히 취약한 개발도상국의 기후변화 영향과 관련된 손실 및 피해를 해결하기 위한 적절한 접근법을 고려"하는 것을 목적으로 한다.[39]

이듬해, COP의 결정은 SBI가 세 가지의 다른 주제 영역을 탐색하도록 이끌었다.

1. 손실 및 피해의 위험성과 이러한 위험성에 대한 현재 지식의 평가
2. 경험에 기초해 손실 및 피해를 다루기 위한 접근법을 정의
3. UNFCCC 체제 내에서 국제협력을 위한 옵션 탐색[40]

이러한 각각의 주제 영역에서 특정 행동이 권장되었다.

2012년에 COP18은 "손실 및 피해를 다루는 행동을 강화하는 바람"을 재확인하는 또 다른 결정을 채택하였다.[41] 이 결정은 "손실 및 피해의 위험평

of the UNFCCC Negotiations (European Capacity Building Initiative, 2012) 4.

36) 발리행동계획에서 손실 및 피해는 "재난 경감 전략"과 함께 언급되었다. Decision 1/CP.13, *supra* note 5, para. 1(c)(iii) 참조.

37) Decision 1/CP.16, *supra* note 12, para. 25.

38) *Ibid.*, 해당 장 각주 3번 para. 25.

39) *Ibid.*, para. 26.

40) Decision 7/CP.17, "Work programme on loss and damage" (December 9, 2011), paras. 6–15.

41) Decision 3/CP.18, "Approaches to address loss and damage associated with climate change impacts in developing countries that are particularly vulnerable to the adverse effects of climate change to enhance adaptive capacity" (December 8, 2012), para. 6.

가", "옵션 확인", "체계적 관찰", 그리고 "포괄적인 기후 위험관리 접근법의
이행"[42]과 같은 여덟 가지 우선순위를 정의하였다. 또한 "손실 및 피해에 대
한 이해와 전문성을 향상시키기 위한 더 많은 노력의 필요성"[43]을 강조하였
다. 이 결정은 연구와 데이터 수집을 장려하고 기존의 기관과 메커니즘 간의
조화와 공동작업을 장려하지만, 일반적으로 협력에 관해서는 칸쿤합의보다 덜
강조하였다.[44] 가장 중요한 것은, COP가 다음 회기에서 "손실 및 피해를 다
루기 위한 제도적 합의, 예를 들어 기능과 방식을 포함하는 국제적 메커니즘"
을 확립하기로 결정하였다는 점이다.[45]

　　COP19는 기후변화영향(CCI)과 관련된 손실 및 피해에 관한 바르샤바 국제
메커니즘(Warsaw International Mechanism for Loss and Damage associated with
Climate Change Impact, WIM)을 확립하였다.[46] WIM의 목표는 "포괄적, 통합적,
일관된 방식으로, 손실 및 피해를 다루기 위한 접근법의 이행을 촉진하는 협
약 하에서, 역할을 수행하는 것"이다. 이는 "지식과 이해의 강화", "관련 이해
관계자 간의 대화, 조정, 일관성 및 시너지 강화", 그리고 "손실 및 피해를 다
루기 위한 재무, 기술 및 역량배양을 포함한 행동 및 지원 강화" 등의 방법을
포함한다.[47] 다음 해 COP20에서 WIM 집행위원회 구성, 절차에 관한 기본 규
칙, 2년 작업계획 등 구체적인 합의가 채택되었다.[48] 작업계획은 취약성, 위험
관리 접근법, 더딘 영향, 비경제적 손실, 회복력, 이주, 재정적 수단과 도구 등
에 대한 연구를 촉진하고 인식을 높이는 데 중점을 두었다.[49]

　　이듬해, 손실 및 피해에 대한 작업반은 파리협정에 의해 인정되었다. 파리

---

42) *Ibid.*, para. 6(a), (b), (c) and (d).

43) *Ibid.*, para. 7.

44) *Ibid.*, recital 4 참조.

45) *Ibid.*, para. 9.

46) Decision 2/CP. 19, "Warsaw International Mechanism for Loss and Damage associated with Climate Change Impacts" (November 23, 2013)

47) *Ibid.*, para. 5.

48) Decision 2/CP.20, "Warsaw International Mechanism for Loss and Damage associated with Climate Change Impacts" (December 13, 2014), para. 5.

49) UNFCCC SBSTA and SBI, *Report of the Executive Committee of the Warsaw International Mechanism for Loss and Damage Associated with Climate Change Impacts* (October 24, 2014), doc. FCCC/SB/2014/4, Annex Ⅱ; and decision 2/CP.20, *supra* note 48, para. 1.

협정 제8조는 "손실 및 피해를 방지하고, 최소화하며, 해결해 나가는 것의 중
요성"⁵⁰⁾을 강조하고 WIM의 창설을 지지하였다.⁵¹⁾ 파리협정 당사자는 "협력
과 촉진을 기반으로, 적절한 경우 바르샤바 국제 메커니즘 등을 통하여 기후
변화의 부정적 영향과 관련된 손실 및 피해에 관한 이해, 행동 및 지원을 강화
하여야 한다"⁵²⁾고 공약하였다. 선진국의 주장에 따라, 파리협정 채택에 대한
COP 결정에는 "본 협정 제8조는 어떠한 책임이나 배상(compensation)과 연관
성을 가지거나 그 근거를 제공하지 않는다"는 것을 명확히 하는 통고를 포함
시켰다.⁵³⁾ 이 조항은 파리협정의 제8조가 배상(compensation) 문제에 대해 중
립적인 의미를 가지고 있음을 명확히 하고, 그것은 일반국제법에 근거한 손해
배상 청구에 대한 포기를 의미하지 않으며, 향후 손해배상에 관한 합의의 가
능성을 배제하지 않는다.

　파리협정 채택에 관한 COP 결정은 WIM에 "보험 및 위험이전에 대한 정
보의 저장소 역할을 하는 위험이전을 위한 청산소"를 설립하고⁵⁴⁾ "기후변화의
부정적 영향과 관련된 이동을 피하고, 최소화하고, 해결하기 위한 통합된 접근
법을 위한 권고를 개발하는 전담반"⁵⁵⁾을 설립할 것을 요구하였다. 다음 해,
COP22는 이번에는 5년 동안의 WIM에 대한 두 번째 작업계획을 승인하였
다.⁵⁶⁾ COP는 WIM의 집행위원회가 "손실 및 피해를 해결하기 위하여, 재정,
기술 및 역량배양을 포함하여 WIM의 행동과 지원을 강화하는 기능을 이행하
도록 지도하는 전략적 작업반"을 시작하도록 지시하였다.⁵⁷⁾ 또한 "관련 결정

50) Paris Agreement, December 12, 2015, in the annex of decision 1/CP.21, "Adoption of the Paris Agreement" (December 12, 2015), art.8.1.

51) *Ibid.*, art.8.2.

52) *Ibid.*, art.8.3.

53) Decision 1/CP.21, *supra* note 50, para. 51.

54) *Ibid.*, para. 48. 또한 UNFCCC WIM, *Concept Paper: Clearing House on Risk Transfer* (September 2016) 참조.

55) Decision 1/CP.21, *supra* note 50, para. 49. 또한 UNFCCC WIM, *Summary of Proceedings of the First Meeting of the Task Force on Displacement* (June 7, 2017); Benoit Mayer, *The Concept of Climate Migration: Advocacies and its Prospects* (Edward Elgar, 2016) 참조.

56) Decision 3/CP.22, "Warsaw International Mechanism for Loss and Damage associated with Climate Change" (November 17, 2016), para. 3.

57) *Ibid.*, para. 4.

에서 기술된 손실 및 피해를 해결하기 위해, 재정메커니즘(Financial Mechanism)을 통해 제공되는 재정지원의 출처를 상술하고 그러한 지원에 접근하는 방식에 관한 기술보고서의 준비"를 요구하였다.[58] 이러한 규정은 효과적인 지원을 통해 지침이 완성되는 운영기관으로 나아가는 WIM의 점진적인 전환이라고 할 수 있을 것이다.

10년간의 협상에서 손실 및 피해에 관한 작업반은 연구를 조성하고 지지와 의제설정에 이바지하였다. 그러나 그 지지자들이 원하는 실질적인 결과는 아직 달성하지 못하였다.[59] 일부 국가들이 원인을 제공하고 다른 국가들이 고통 받는 손실 및 피해를 다루기 위한 메커니즘의 자연적 진화는 손해배상과 유사한 것에 있다. 그러나 손해배상과 유사한 어떤 것도 대부분의 선진국들에게는 애시당초 가망성이 없이 남아 있다. 관련 협상은 발리행동계획에 따른 장기적 협력행동의 구성요소에서 칸쿤합의에 따라 이행부속기구(SBI)가 수행한 "작업 프로그램"으로 이동한 다음, (그 당시 몇몇 보조기관을 설립한)WIM의 집행위원회가 채택한 일련의 작업계획으로 이동하였다. 발리행동계획에 따른 10년 동안의 손실 및 피해에 대한 작업반은 양립할 수 없는 협상 위치에 따라 실질적인 합의를 배제할 때 복잡성을 초래하는 기후변화 협상의 경향을 전형적으로 보여준다.

---

58) Decision 4/CP.22, "Review of the Warsaw International Mechanism for Loss and Damage associated with Climate Change Impacts" (November 17, 2016), para. 2(f).

59) 이사회의 비공식적 의견에는, "Reflections on progress made at the fourth part of the second session of the Ad Hoc Working Group on the Durban Platform for Enhanced Action" (April 17, 2014), at 12라고 되어 있으며, "[a] specific commitment to provide support for financing and operationalization of the WIM for Loss and Damage"라고 하여 실제로 일부 파리협정 당사국들이 제기한 요구가 반영되었다. 또한 나우루공화국이 군소도서국가연합(AOSIS)을 대신하여 제출한 손실 및 피해에 관한 의견에 대해서는 2015 Agreement (November 4, 2014), at 1, 참조. 실제 문헌에서 발췌된 내용은 다음과 같다, "Immediate financial, technical and capacity building support that is adequate, provided on a timely basis and truly accessible will be required to address loss and damage in SIDS. Financial flows from developed countries for addressing loss and damage in vulnerable developing countries should be new and additional to financing for mitigation and adaptation."

IV. 앞으로 가능한 방법

당분간은 손실 및 피해에 관한 UNFCCC 작업반의 성격과 목적에 관해 많은 문제들은 남아 있다. 첫 번째 질문은 이 작업반과 기후변화 적응에 대한 행동과의 관계에 관한 것이다. 발리행동계획을 통해 소개된 "손실 및 피해를 다루기 위한 접근법"은 강화된 기후변화 적응에 대한 행동의 일부였다.[60] 칸쿤 합의에서, 손실 및 피해에 대한 조항은 적응에 관한 절에 삽입되었다.[61] 그러나 그 이후, 기후변화영향과 관련된 손실 및 피해를 다루는 접근법은 별도의 COP 결정,[62] COP 결정의 별도의 절[63]과 파리협정의 별도의 항에서 다루어졌다.[64] 이 작업반에 대한 언급은 때때로 적응에 관한 논의에 삽입되었다.[65] 그러나 손실 및 피해가 이제 적응과 구별된다는 생각에는 여전히 저항이 있다. 2018년 초 현재, UNFCCC 웹사이트는 적응에 관한 절에 손실 및 피해를 유지하였다.[66] 다른 방법에 대한 분명하고 명확한 합의가 없기 때문이다. UNFCCC 체제를 넘어서서, 다른 기관들과 체제들은 아직 "적응"[67]을 승인한 것과 같은 방식으로 "손실 및 피해"라는 용어를 승인하지 않는다. 배상(compensation) 청구에 대한 두려움과 우려로 인해 선진국은 여전히 손실 및 피해를 기후변화 대응의 구별되는 형태로 인정하는데 주저하고 있다.

둘째, 관련 문제는 정확하게 국제협상의 손실 및 피해에 대한 잠재적 결과에 관해 고려한다. 기후변화에 관한 국제협상이 배상(compensation)에 대한 합

---

60) Decision 1/CP.13, *supra* note 5, para. 1(c)(iii).

61) Decision 1/CP.16, *supra* note 12, paras. 25–29.

62) Decision 7/CP.17, *supra* note 40; decision 3/CP.18, *supra* note 41; Decision 2/CP.19, *supra* note 46; Decision 2/CP.20, *supra* note 48; Decision 2/CP.21, "Warsaw International Mechanism for Loss and Damage associated with Climate Change Impact" (December 10, 2015); Decision 3/CP.22, *supra* note 56; 4/CP.22 *supra* note 58 참조.

63) Decision 1/CP.21, *supra* note 50, paras. 48–52 참조.

64) Paris Agreement, *supra* note 50, art.8. 참조.

65) Decision 1/CP.18, "Agreed outcome pursuant to the Bali Action Plan" (December 8, 2012); C. Ruell, "Australia wins fossil on lost and damaged position on loss and damage" *Climate Action Network International* (December 4, 2014) 참조.

66) "Groups and Committees: Adaptation" on the UNFCCC website, http://unfccc.int/adaptation/groups_committees/items/6992.php (accessed January 18, 2018) 참조.

67) 적응에 대해서는 본서 제10장, III. 참조.

의로 이어질 수 있을 것으로 보이지는 않지만, 적응에 대한 지원과 실질적으로 다르지 않은 일부 제한된 재정적 지원이 제공될 수 있다. 그럼에도 불구하고, 책임에 대한 논쟁이 제기될 수 있는 포럼의 존재는 최빈국들에게 지속적인 협상에서 추가적인 정치적 수단을 제공한다. 작업반은 기후변화 영향과 관련된 위험을 지속적으로 문서화하고 다른 기관이 채택한 대응조치에 대한 정보를 유포시킬 것이다. 작업반은 당사자들이 보다 효과적이거나 바람직한 것처럼 보이는 특정 대응 조치를 취하도록 장려할 수 있다. 기후변화의 부정적 영향으로 가장 큰 영향을 받는 국가에 선진국이 기술 및 재정적 지원을 제공하도록 장려할 수 있다. WIM이 좀 더 운영기관으로 전환하여 필요한 국가에 직접 프로젝트를 이행할 수도 있다.

그러나 WIM의 운영은 적응에 대한 국제행동의 중복 위험을 악화시킬 것이다. 기후변화에 적응하려는 노력과 다른 한편으로 기후변화 영향과 관련된 손실 및 피해를 피하고 줄이기 위한 노력 사이에는 분명한 구분은 없다. 이러한 개념은 분석적 가치 때문이 아니라 모호성과 정치적 편리성으로 인해 오랜 국제협상을 통해 채택되었다. 일부 학자들은 적응을 피해를 피하는 과정으로 보고, 손실 및 피해를 해결하기 위한 접근법은 피할 수 없는 영향을 관리하는 과정으로 구분하고자 하였다.[68] 그러나 적응 조치는 모든 피해를 완전히 피하게 할 수 없으므로, 이러한 구분은 정도의 차이일 뿐 본질적인 것은 아니다.[69]

배상(compensation) 청구에서 지도 및 지원 제공으로 옮겨가면서, 손실 및 피해에 대한 작업반은 UNFCCC 하에서 적응의 진화를 모방하는 경향이 있다. 배상(compensation)과는 달리, 지원 및 지도는 "공여국(donors)"이 가장 취약한 국가에서 이행되는 조치를 결정하는 역할을 할 수 있도록 한다. 이로 인해 이들 국가들은 자국의 이익이 아닌 공여국의 이익을 위한 조치를 시행할 위험이 있다. 이주 및 보험에 관한 손실 및 피해에 대한 작업반의 최근 관심을 보면 이러한 추세는 이미 진행 중인 것으로 보인다.[70] 국제이주 관리가 선진국의 명확한 우선순위이지만, 기후변화의 부정적 영향에 가장 취약한 사람들은 이

---

68) Kees van der Geest and Koko Warner, "Loss and damage from climate change: emerging perspectives" (2015) 8:2 *International Journal of Global Warming* 133, at 135 참조.

69) 이것은 적어도 적응 조치가 비용과 의도하지 않은 영향을 가지는 경우이다.

70) 해당 장 각주 54번, 55번 참조.

주할 자원, 특히 해외이주에 필요한 자원이 부족하다는 강력한 증거가 존재한다.[71] 이주조차 할 수 없는 취약한 집단보다 국경을 넘는 이주민 보호에 대한 손실 및 피해에 대한 대응에 초점을 맞추는 것은 원조에 대한 긴급한 요구를 적절하게 해결하지 못한다. 마찬가지로, 기후변화 영향과 관련된 손실 및 피해를 해결하기 위한 방법으로 보험 메커니즘을 홍보하는 것은 대형 보험 회사의 이익에 유리할 수 있지만, 보험은 미래의 기후변화 영향에 대한 과학적 이해가 부족하여 너무 예측할 수 없거나 또는 해수면 상승과 같이 환경 변화가 느리게 시작되는 경우와 같이 너무 예측가능하면 위험을 적절하게 다루지 못한다. 보험은 전 세계적으로 그리고 국내적으로 부유한 사람의 전유물이며[72], 보험 범위를 확대하려는 노력은 가까운 미래에 어떤 사회에서도 가장 취약한 사람들을 보호할 것 같지 않다. 국가 주도 사회보호와 같은 기존의 대안은 손실 및 피해에 대한 작업반에서 충분히 조성되지 않았다.

손실 및 피해에 관한 UNFCCC 작업반은 손해배상 청구에 대하여 다시 고려할 수 있지만, 그렇지 않을 가능성이 높다. 그러나 그러한 청구는 만족될 때까지 포기되지 않을 것이다. 기후변화의 영향이 해마다 더 눈에 띄게 됨에 따라, 전 세계에 큰 혼란이 생겨나면서, 그러한 청구는 계속해서 제기될 것이다. 소송은 계속 진행되어 왔으며 앞으로도 계속 진행될 것이다.[73] 국제법위원회와 같은 전문기관은 계속 그들의 일을 할 것이다. 시민사회 단체는 정의를 지지할 것이다. 국제책임에 대한 일부 인정과 과도한 온실가스 배출로 인한 피해에 대한 어떤 형태의 손해배상이 언젠가는 부여될 것이다.

---

71) Foresight Agency: The Government Office for Science (United Kingdom), *Migration and Global Environmental Change: Final Project Report* (2011) 참조.

72) Joanne Linnerooth-Bayer, Reinhard Mechler and Stefan Hochrainer-Stigler, "Insurance against losses from natural disasters in developing countries: evidence, gaps and the way forward" (2014) 7 *International Journal of Disaster Risk Reduction* 154; Swenja Surminski and Dalioma Oramas-Dorta, "Flood insurance schemes and climate adaptation in developing countries" (2014) 7 *International Journal of Disaster Risk Reduction* 154; Jyotsna Jalan and Martin Ravallion, "Are the poor less well insured? Evidence on vulnerability to income risk in rural China" (1999) 58:1 *Journal of Development Economics* 61 참조.

73) 본서 제14장 참조.

제12장

국제지원

제12장
국제지원

역량 부족은 특히 발전과 환경 문제에 직면하고 있는 국가들의 효과적인 기후행동에 주요한 걸림돌이 되고 있다. 다른 행위자들은 이러한 국가들이 기후변화에 적응하고 기후변화 완화를 증진시키는 행동을 이행하도록 도울 수 있다. 제8장에서 논의된 유연성체제, 특히 CDM은 개발도상국에 대한 지원을 제공하는데 기여하였지만 많은 다른 이니셔티브 또한 많이 이루어졌다. 주로 재정원조에 국한되었던 선진국에서 개도국으로의 국제지원은 이제 다른 차원까지 확대되고 있다. "남남 협력(South−South cooperation)"은 개발도상국이 다른 개발도상국에 제공하는 지원을 말하며, 일반적으로 중국과 같은 신흥경제국이 일부 최빈국들을 도와주는 형태로 이루어진다. 투자자, NGO 및 지방정부와 같은 비국가행위자도 점차 더 많은 역할을 수행하고 있다. 마찬가지로 재정원조를 넘어 기술이전과 역량배양을 통해 장기적인 지원을 제공하려는 시도가 이루어지고 있다.

선진국들은 2020년대 개발도상국의 기후변화 행동을 지원하기 위해 1조 달러를 부과하기로 약속하였지만,[1] 그럼에도 불구하고 기후행동을 위한 국제지원은 아직 국제법의 관점에서는 거의 논의되지 못한 실정이다.[2] 이러한 일

---

1) Copenhagen Accord, in the annex of decision 2/CP.15 (December 18−19, 2009), para. 8 참조. 선진국의 노력으로 2020년까지 1,000억 달러를 동원할 수 있도록 목표를 설정하였다.

2) Alexander Zahar, *Climate Change Finance and International Law* (Routledge, 2017) 참조.

반적 부작위는 이런 점에서 국가들의 권리와 의무가 불명확한 것과 관련이 있다. 25년 동안 개발도상국은 공통의 그러나 차등화 된 책임에 기초하여 기후행동에 대한 새롭고, 추가적이고, 적절하고 예측가능한 지원을 요구해왔다. 선진국들은 그들에게 지원을 제공해야 한다는 점을 인정하면서도 어떠한 특정한 공약에 대해서도 열의를 보이지 않았다. 현재까지 기후행동을 위한 국제지원은 대체로 "공여국"의 경제적 또는 정치적 이익에 따라 순전히 재량에 의해 제공되고 있다. 개발도상국이 기후변화 완화를 위해 노력하고 있고 막대한 양의 자본이 이들 국가들로부터 투자되고 있음을 고려할 때 국제지원과 관련된 법적 쟁점들을 해결하는 것이 더욱 시급한 문제가 될 것이다.

이 장은 기후행동을 위한 국제지원에 관한 국제법의 일반적인 개요를 제공한다. 제1절은 그러한 지원을 위한 세 가지 명확한 근거를 제시한다. 제2절은 기후재정, 기술이전 및 역량배양에 관한 규제적 및 제도적 발전에 대해 살펴본다. 제3절은 UNFCCC REDD+ 프로그램에서 제공되는 산림정책에 대한 지원을 설명한다. 마지막으로 제4절에서는 기후행동을 위한 국제지원에 관한 새로운 규범적 담론의 핵심적인 부분을 살펴본다.

I. 기후행동을 위한 국제지원의 근거

기후행동을 위한 국제지원은 세 가지의 구별되는 방식으로 정당화될 수 있다. 첫째, 국제지원을 국제인권법과 개발에 관한 국제법의 관점에서 기후변화의 영향을 가장 크게 받는 사람들에 대한 원조로서 접근하는 것이다. 둘째, 대안적으로 기후행동을 위한 국제지원을 기후변화 피해를 완화하고 더 나아가 위법행위(예: 선진국의 과도한 온실가스 배출 방지 실패)에 대한 이례적인 형태의 손해배상이라는 방식으로 이해하는 것이다. 셋째, 완화행동에 대한 지원을 개발도상국에서의 프로젝트를 통한 기후변화 해결의 더 경제적인 방식으로 이해하는 것이다. 각각의 근거는 서로 다른 형태의 지원을 제안한다. 각 근거는 기후행동을 위한 국제지원에 관한 협상에 어느 정도 영향을 미쳤지만 국제지원의 실제 관행에 가장 큰 영향을 미친 것은 세 번째 방식이다.

A. 일반적 원조 의무

단순히 항구적 평화의 보장이나 보다 야심차게는 인간 복지 향상을 위해 국가 간에 국제 협력과 원조를 증진하기 위한 노력이 계속되었다. 따라서 "경제적, 사회적, 문화적 또는 인도적 성격의 국제문제를 해결하기 위한 국제적 협력을 달성하는 것"은 UN의 목표 중 하나로 인식되었다.[3] 예를 들어, 어떤 이유로든 자국민을 효과적으로 보호할 수 없는 국가에 대한 원조와 같이 보편적이고 양도할 수 없는 인권의 효과적인 보장을 위해서는 한 국가를 넘어서는 협력이 요구된다. 세계인권선언은 국가들이 "국제연합과 협력하여 인권과 기본적 자유에 대한 보편적 존중과 준수의 증진을 달성할 것"을 요구하고 있다.[4]

탈식민지화로 국제기구에 새로운 목소리와 생각들이 편입됨에 따라, 저개발상태가 효과적인 보편적 인권의 향유에 도전이 된다는 점을 인식하게 되었다. 경제적, 사회적 및 문화적 권리에 관한 국제규약(ICESCR)은 국가들이 "특히 경제적, 기술적인 국제지원과 국제협력을 통하여, 자국의 가용 자원이 허용하는 최대한도까지 조치를 취할 것"을 단언하였다.[5] 그러나 경제적, 사회적 및 문화적 권리의 실현에 협력해야 할 국가들의 의무는 추상적인 언어로 표현되어 있어 구체적 사안에서의 준수를 평가하는 것이 어려웠다. 국제인권법의 한 진보적인 견해에서는 국가들에게 "국제적으로 가능한 환경 조성", "국제원조 제공", "원조 요청 시 신의성실하게 고려할" 의무가 있다고 주장하기도 한다.[6] 그러나 이러한 견해조차 국제원조를 필요로 하는 국가가 원조를 받는 것을 보장하기 어렵다.

---

3) Charter of the United Nations, June 26, 1945, 1 *UNTS* XVI, art. 1.3. 또한 *Ibid.*, art. 55 참조.

4) UN General Assembly Resolution 217 A, "Universal Declaration of Human Rights" (December 10, 1948), recital 6 (emphasis added).

5) International Covenant on Economic, Social and Cultural Rights, December 16, 1966, 993 *UNTS* 3, art.2.1. 또한 CESCR General Comment No. 3, "The nature of State parties' obligations" (December 14, 1990), para. 14 참조.

6) Maastricht Principles on Extraterritorial Obligations of States in the area of Economic, Social and Cultural Rights, adopted by a group of experts in international law and human rights (September 28, 2011), principles 29, 33 and 35.

UN 총회에서의 수십 년간의 협상을 통해 개도국은 전 지구적 불평등을 해
결하기 위한 선진국의 의무를 구체화하고, 빈국의 경제발전을 위한 국제경제
질서를 제공하고, "국제사회의 모든 구성원의 상호의존성"을 인식해왔다.[7]
1970년대 초반부터 실질적인 의무를 정의하기 위한 노력의 일환으로 선진국은
국민총생산(GNP)의 0.7%를 공적개발원조(ODA)로 할당하도록 요청받았는데,[8]
대부분은 이를 이행하지 않았다. 밀레니엄 개발 목표(Millennium Development
Goals, MDGs)와 지속가능 개발 목표(Sustainable Development Goals, SDGs)는 국
가들이 "전 세계의 경제적 및 사회적 발전을 위한 공동의 책임"을 맡도록 하
여 국제개발원조를 지원하는 모멘텀을 창출하기 위해 노력하였다.[9]

이러한 맥락에서 기후변화는 개발도상국의 보호능력, 특히 가장 저개발되
고 가장 취약한 국가의 보호능력에 대한 기존의 도전을 악화시키는 요인으로
나타났다. 따라서 지속가능 개발목표는 국가들에게 "기후변화와 그 영향에 맞
서기 위해 긴급한 행동을 취할 것"을 요구하였다.[10] 마찬가지로 인권이사회는
기후변화가 인권의 효과적인 향유에 미치는 영향, 특히 지리, 빈곤, 성별, 나
이, 토착민 혹은 소수민족 지위, 국가적 혹은 사회적 기원, 출생 혹은 기타 지
위 및 장애와 같은 요인이 이미 취약한 상황에 처한 사람들에 미치는 영향을
강조해왔다.[11] 이러한 근거에서 인권이사회는 "국가의 인권의무와 관련하여

---

7) UN General Assembly Resolution 3202(S-Ⅵ), "Declaration on the Establishment of a
New International Economic Order" (May 1, 1974), para. 3. 또한 UN General
Assembly Resolution 41/128, "Declaration on the Right to Development" (December
4, 1986); World Conference on Human Rights, *Vienna Declaration and Programme
of Action* (June 25, 1993), doc. A/CONF. 157/23 참조.

8) UN General Assembly Resolution 2626 (ⅩⅩⅤ), "International Development Strategy for
the Second United Nations Development Decade" (October 24, 1970), para. 43;
International Conference on Financing for Development, *Monterrey Consensus of the
International Conference on Financing for Development* (March 18-22, 2002), para.
42; UN General Assembly Resolution 60/1, "2005 World Summit outcome" (October
24, 2005), para. 23(b); UN General Assembly Resolution 66/288, "The future we
want" (July 27, 2012), para. 258 참조.

9) UN General Assembly Resolution 55/2, "United Nations Millennium Declaration" (September
8, 2000), para. 6. 또한 UN General Assembly Resolution 70/1, "Transforming our
world: the 2030 Agenda for Sustainable Development" (September 25, 2015) 참조.

10) UN General Assembly Resolution 70/1, *supra* note 9, goal 13.

11) Human Rights Council resolution 35/20, "Human rights and climate change" (June
22, 2017), recital 15 참조. 또한 Human Rights Council resolutions 32/33, "Human
rights and climate change" (July 1, 2016); 29/15, "Human rights and climate change"

기후변화의 부정적 영향에 대한 지속적 대응의 중요성"을 강조하였다.12) 국가
들은 특히 "기후변화의 부정적 영향에 취약한 개발도상국의 적응을 돕기 위한
국제협력과 국제원조를 계속하고 강화할 것"을 요구받았다.13)

따라서 효과적인 인권보호를 위해 원조와 지원을 제공해야 하는 국가의 일
반적인 의무는 기후행동을 위한 국제지원이 필요하다. 기후변화 완화는 확실히
인권의 효과적인 향유에 대한 도전과 발전을 저해하는 과제를 해결하는 데 역
할을 한다. 그러나 가장 직접적으로, 국제인권법에 따른 일반적인 원조의무는
국가들이 가장 기후변화의 부정적 영향에 취약한 국가들에게 적응행동을 위한
국제지원을 제공할 것을 요구한다. 예를 들어, 파리협정에서와 같이 국가들은
최빈국, 군소도서개발국 등 기후변화의 부정적 영향에 특히 취약한 개발도상국
에 우선적으로 국제지원을 제공해야 한다는 것을 일관되게 인식하고 있다.14)

B. 특정 책임

기후변화의 인위적 원인은 인권이나 개발의 효과적인 보호의 관점에서의
원조뿐만 아니라 위법행위로부터 발생하는 도덕적, 법적 책임에 근거한 국가
들의 더 구체적인 요구를 뒷받침한다. 개발도상국은 선진국이 지구 환경에 입
힌 피해(damage)를 보전해야 한다는 관점에서 기후변화 협상에 접근하였다.15)
이들은 일반국제법에 근거하여 선진국이 자국의 관할권 내에서 온실가스의 과
도한 배출을 방지할 의무를 다하지 못하여 발생한 피해(injury)에 대해 정당한
손해배상을 해야 할 법적 의무가 있다고 주장한다.16) 지원은 "공여국"이 "수

(July 2, 2015); 18/22, "Climate change and human rights" (September 30, 2011);
7/23, "Human rights and climate change" (March 28, 2008); 10/4, "Human rights
and climate change" (March 25, 2009); 7/23, "Human rights and climate change"
(March 28, 2008) 참조.

12) Human Rights Council resolution 35/20, *supra* note 11, para. 2.

13) *Ibid.*, para. 6.

14) Paris Agreement, December 12, 2015, in the annex of decision 1/CP.21, "Adoption
of the Paris Agreement" (December 12, 2015), art.9.4. 또한 United Nations Framework
Convention on Climate Change, May 9, 1992, 1771 *UNTS* 107 (hereinafter UNFCCC),
art. 4.4 참조.

15) Caracas Declaration of the Ministers of Foreign Affairs of the Group of 77 on the
Occasion of the Twenty–Fifth Anniversary of the Group (June 21–23, 1989),
reproduced in doc. A/44/361, paras. Ⅱ–34 참조.

16) 본서 제5장, Ⅳ., 본서 제11장, Ⅱ. 참조.

원국"에 지원된 기금의 사용을 감독할 수 있도록 하기 때문에, 특히 손해배상 표준적인 형태, 즉 금전배상(compensation)과 다르다. 손해배상이 아니라면, 선진국들이 그들의 위법행위에 의해 야기된 피해(injury)를 완화하기 위한 방법으로 기후행동에 관한 국제지원이 접근될 수 있다.

개발도상국의 배상(compensation) 요구는 선진국의 적응을 위한 국제지원 협상을 촉발시켰고 손실 및 피해 접근 방식에 기여하였다.[17] 아직 선진국은 위법행위에 대한 책임이라는 관점을 완전히 받아들이지는 않고 있지만 UNFCCC는 선진국과 개도국을 차등하는 기준으로서 공통의 그러나 차등화 된 책임을 그 근거로 받아들였다. 따라서 선진국들은 그들의 재정적 능력과 역사적 책임뿐만 아니라[18] "기후변화와 그로 인한 부정한 영향에 맞서 싸우는 데 앞장서야 한다는 점"을 인식하였다.[19] 이러한 두 가지 근거에서 선진국은 개도국의 기후행동을 위한 지원을 제공하기로 약속하였다.[20]

C. 자기이익

인권의 효과적인 보호와 위법행위에 대한 책임에 대하여 원조와 협력을 제공하여야 하는 의무 외에도, 기후행동을 지원하는 것은 선진국 혹은 다른 행위자 스스로의 이익을 위한 것일 수 있다. 한 국가에서의 인위적인 배출은 모든 국가에 영향을 미치기 때문에 기후변화는 "인류 공동 관심사(common concern of humankind)"이다.[21] 모든 국가의 "가능한 모든 협력"의 필요성은 UNFCCC 의 전문에서 확인되고 있다. 한 국가의 기후변화 완화 노력이 효과적이기 위하여 그러한 노력이 그 국가의 영역에 국한될 필요는 없다. 반대로 선진국은 기후행동을 지원하기 위한 더 많은 자원을 보유하고 있지만, 일부 완화 프로젝트는 개발도상국에서 더 낮은 비용으로 실현될 수 있다. 순전히 공리주의적 관점에서 본다면, 가장 쉽게 달성할 수 있는 목표, 즉 온실가스 배출량 감축을

---

17) 본서 제10장, 제11장 참조.

18) Decision 1/CP. 16, "The Cancun Agreements: outcome o f the work of the Ad Hoc Working Group on Long-Term Cooperative Action under the Convention" (December 10-11, 2010), second recital before para. 36 참조.

19) UNFCCC, *supra* note 14, art.3.1. 본서 제6장, Ⅱ.B 참조.

20) UNFCCC, *supra* note 14, art.4.3 and 11 참조.

21) *Ibid.*, preamble, second recital.

위한 보다 경제적인 방법은 장소를 불문하고 우선적으로 달성되어야 한다. 제8장에서 논의된 바와 같이 합리적인 비용으로 기후변화 완화를 달성하고자 하는 선진국의 관심으로 유연성체제가 만들어졌으며, 이를 통해 국가는 타 지역에서 실행되는 프로젝트를 지원함으로써 완화 공약을 이행할 수 있다. 같은 근거는 선진국이 기후행동을 위한 지원의 다른 형태를 타 선진국에 제공하는 것을 주저하는 것을 확실히 극복할 수 있게 하였다.

다른 두 가지 근거는 본질적으로 규범적으로 윤리적, 법적 주장에 근거한 반면, 세 번째 근거는 실용적 주장에 근거하고 있다. 이는 기후변화 완화를 매우 강조하여, 적응보다는 전 세계적 이익에 초점을 맞추고 있다.[22] 이익에 근거한 원조는 그러한 행위가 지역 주민이나 환경에 미칠 의도치 않은 결과를 고려할 필요 없이 비용 효율성에 의해 결정될 가능성이 높다. 그러므로 자기이익에 근거한 지원은 유해한 결과를 발생시키지 않도록 면밀히 감시되어야 한다.

다음 절에서 논의되는 바와 같이, UNFCCC 체제 하에서 채택된 문서와 기후행동을 위한 국제지원의 관행 사이에는 차이가 존재하였다. 개발도상국은 처음 두 가지 근거로부터 도출된 기후행동을 위한 지원을 요구하는 조항을 당사국총회 결정에 포함시킬 수 있었다. 그러나 실제 국제지원의 제공은 공여국의 자기이익에 가장 직접적으로 영향을 받았다. 따라서 당사국총회의 결정은 "적응과 완화 사이의 균형적 배분"을 요구하였지만,[23] 선진국들이 기후변화 완화에 훨씬 더 많은 지원을 제공해왔다.[24] 마찬가지로 선진국들은 다자간 은

---

22) 한 국가의 경제 위기, 빈곤 또는 정치적 혼란이 다른 국가로 확산될 가능성이 있기에 적응에 대한 원조가 자국의 이익으로 간주될 수도 있다. 그러나 적응에 대한 원조의 이익은 완화 조치로 인한 이익보다 덜 직접적이며 예측하기 어렵고 이해하기 쉽지 않다.

23) Decision 1/CP.16, *supra* note 18, para. 95. 또한 Copenhagen Accord, *supra* note 1, para. 8 참조.

24) Barbara K. Buchner *et al.*, *Global Landscape of Climate Finance 2015* (CPI, November 2015), at 2, *passim* 참조. 적응을 위한 지원을 위해 매년 약 250억 달러가 소요될 것이며 반대로 완화 조치를 지원하기 위해 약 3,610억 달러, 그리고 중복 혜택을 위해 40억 달러가 소요될 것이다. 또한 "Summary and recommendations by the Standing Committee on Finance on the 2016 biennial assessment and overview of climate finance flows" in the annex of decision 8/CP.22, "Report of the Standing Committee on Finance" (November 18, 2016), para. 27 참조. 개발도상국의 경우 총공공기후재원의 약 25%가 적응을 위해 지출될 것으로 추정된다. 또한 Erik Haites (ed.), *International Climate Finance* (Routledge, 2013); Bradly J. Condon and Tapen Sinha, *The Role of Climate Change in Global Economic Governance* (Oxford University Press, 2013) 200ff 참조.

행과 국가기관을 통해 지출금에 대한 강력한 통제권을 유지하고자 하였기 때문에, 당사국총회에 의해 마련된 다자적 기금은 거의 사용되지 못하였다.

II. 기후행동을 위한 국제지원의 일반적 구조

기후변화에 관한 국제협상은 기후행동을 위한 국제지원을 조성하기 위한 다양한 조항의 채택으로 이어졌다. 재정지원에 가장 중점을 두었지만, 역량배양뿐 아니라 기술이전을 조성하기 위한 규칙과 제도 또한 확립되었다.

A. 재정지원

1. 국가별 그리고 공동 의무

개발도상국에 대한 재정지원의 필요성은 기후변화에 대한 국제협상[25]의 시작 단계부터 인식되었으나, 그 근거, 범위, 방식은 장기간의 협상 대상으로 남아있었다. UNFCCC 하에서 재정지원을 제공할 책임은 부속서 2 당사국들(협상 중 시장경제로의 전환을 겪고 있었기 때문에 재정지원을 제공할 수 없었던 동구권 국가들을 제외한 선진국 당사자)에 있었다. 부속서 2 당사국은 우선 개발도상국이 국가 온실가스 통계 목록을 개발하고 보고하기 위한 재정지원을 제공하고, 기후변화를 해결하기 취하거나 예정한 조치에 대한 설명을 제공하기로 약속하였다.[26] 당사국총회는 이 조항을 "기후변화의 잠재적 영향에 관한 연구와 적응 조항을 이행하는데 필요한 선택 사항들의 확인과 적절한 역량배양을 포함하는 것"으로 해석하였다.[27] 이러한 활동의 비용은 전 세계적 참여를 확보할 때의 이익과 비교하여 낮은 것으로 판단되며 부속서 2 당사국은 "합의된 총비용"을 충족시킬 것을 약속하였다.[28] 교토의정서[29]에서도 반복된 이 공약은 파리협

---

25) UN General Assembly Resolution 44/228, "United Nations Conference on Environment and Development" (December 22, 1989), paras. 15(j) and 15(k) 참조.

26) UNFCCC, *supra* note 14, art. 4.3. 또한 *Ibid.*, art.12.1, 4.1(a) 참조.

27) Decision 11/CP.l, "Initial guidance on policies, programme priorities and eligibility criteria to the operating entity or entities of the financial mechanism" (April 7, 1995), para. 1(d)(iv), 첫 번째 의견.

28) UNFCCC, *supra* note 14, art.4.3. 또한 Daniel Bodansky, "The United Nations Framework

정에서는 "역량배양(capacity building)"으로 재구성되었다.[30]

　다음으로, 부속서 2 당사국은 기술이전을 포함하여 개발도상국에서의 적응 및 완화 조치 이행의 "합의된 총증분비용을 충족시키기 위해" 재정지원을 제공하기로 약속하였다.[31] 또한 부속서 2 당사국은 기후변화의 부정적 영향에 대한 적응 비용을 충족시키는 데 기후변화의 부정적 영향에 특히 취약한 개발도상국 당사자들을 지원할 것을 약속하였다.[32] 후자의 조항의 이행을 촉진하는 방법으로 교토의정서는 CDM에서의 사업 활동의 수익 중 일부를 기후변화의 부정적 효과에 특히 취약한 개발도상국 당사자를 지원하기 위해 사용되도록 약속하였고[33] 그 당시 이 비율은 2%였다.[34]

　선진국과 개발도상국 간의 어려운 정치적 거래의 일환으로, 코펜하겐 합의문은 적응과 완화를 지원하기 위해 "확장되고, 새롭고, 추가적이고, 예측가능하며 적절한 기금"[35]의 필요성을 인정하였다. 적응과 관련하여, 코펜하겐 합의문은 선진국들이 개발도상국에 "적절하고 예측가능하며 지속가능한 재원, 기술 및 역량배양"[36]을 제공할 것을 요구하였다. 선진국은 국제지원의 이용가능성에 대한 관련 완화행동에 대한 약속의 이행을 조건으로 할 수 있다는 것이 인정되었다.[37] 전체적으로 코펜하겐 합의문은 2010~2012년 기간 동안 선진국들의 300만 달러의 재정지원과 2020년까지 1,000억 달러의 재정지원을 제공하겠다는 공동의 공약을 확인하였다.[38] 칸쿤합의는 나중에 이러한 국가적

Convention on Climate Change: a commentary" (1993) 18:2 *Yale Journal of International Law* 451, at 527 참조.

29) Kyoto Protocol to the United Nations Framework Convention on Climate Change, December 11, 1997, 2303 *UNTS* 162 (이하 Kyoto Protocol), art.11.2.

30) 역량배양에 대한 논의는 해당 장, II.C. 참조.

31) UNFCCC, *supra* note 14, art.4.3 and 4.1 참조.

32) *Ibid.*, art.4.4.

33) Kyoto Protocol, *supra* note 29, art.12.8.

34) Decision 17/CP.7, "Modalities and procedures for a clean development mechanism, as defined in Article 12 of the Kyoto Protocol" (November 10, 2001), para. 15.

35) Copenhagen Accord, *supra* note 1, para. 8.

36) I*Ibid.*, para. 3. 또한 decision 1/CP.13, "Bali Action Plan" (December 14–15, 2013), paras. 1(d) and 1(e) 참조.

37) Copenhagen Accord, *supra* note 1, para. 5.

38) *Ibid.*, para. 8.

공약과 공동의 목표를 승인하였다.[39]

파리협정은 재정지원의 중요성을 강조하였다. 이는 완화 및 적응과 함께 세 가지 목표 중 하나로 "온실가스 저배출 및 기후 회복적 발전이라는 방향에 부합하도록 하는 재정 흐름의 조성"을 목표로 하였다.[40] 재정지원, 기술이전 및 역량배양[41]은 기후변화에 대한 전 세계적 대응의 다른 구성요소들 중에서, 기후변화 완화, 적응 및 투명성과 동등한 기반 위에서 통합된다. 개발도상국들도 자발적으로 그러한 지원을 제공하거나 제공을 지속하도록 장려되면서 기여국의 범위는 개발도상국으로까지 확대되고 있다. 이는 개발도상국들 간의 국내여건이 점점 더 차이 나는 것을 인정하는 것이다.[42]

2. UNFCCC의 재정지원체계 (Financial Mechanism)

재정지원을 전달하기 위한 제도적 조치도 이루어졌다. 특히 UNFCCC는 "기술이전을 포함하여 무상 또는 양허성 조건의 재원제공을 위한 지원체계를 기반으로 재원을 제공하기 위한 재정지원체계"를 확립하였다.[43] 교토의정서와 파리협정에 의해 동일한 재정지원체계가 승인되었다.[44] UNFCCC의 협상 과정 중 새로운 재정 제도를 위한 개발도상국의 제안은 선진국의 반대에 부딪혔다.[45] 대신 선진국들은 세계은행의 후원 하에서 각 국가의 투표권이 은행의 지분율에 가중되어 반영되는 제도적 조정을 선호하였다.[46] 결국 1992년에 지구환경기금(Global Environment Facility, GEF)이 "임시적으로" 재정지원체계의 운영을 위임받을 것에 합의하였고[47] 이러한 상황은 지난 25년 동안 지속되었다.

지구환경기금(GEF)은 세계은행, 유엔개발계획(UNDP) 및 유엔환경계획(UNEP)

39) Decision 1/CP.16, *supra* note 18, paras. 95 and 98.
40) Paris Agreement, *supra* note 14, art.2.1(c).
41) *Ibid.*, art.3 참조.
42) *Ibid.*, art.9.2.
43) UNFCCC, *supra* note 14, art.11.1.
44) Kyoto Protocol, *supra* note 29, art.11.2 참조.; Paris Agreement, *supra* note 14, art.9.8.
45) Bodansky, *supra* note 28, at 538.
46) 따라서 2017년 3월 29일까지 미국의 투표권은 전체의 16.30%를 차지한다. 반대로 투발루의 경우 전체의 0.05%에 머물고 있다. IBRD, "Subscriptions and voting power of member countries" (July 27, 2017) 참조.
47) UNFCCC, *supra* note 14, art.21.3.

에 의해 1991년 시범적으로 설립되어 지구 환경보호를 위한 다양한 행동에 재
정지원을 제공한다. 지구정상회의 이후 지구환경기금은 세계은행과는 독립적
으로 자체 회원 자격을 갖춘 체제로 "구조조정"되어, 따라서 선진국의 직접적
인 통제 하에 놓여 있지 않을 것이라는 데 동의하였다. UNFCCC의 대부분 당
사국들은 구조조정에 따라 지구환경기금의 "참가국"이 되었다.[48] 구조조정된
지구환경기금은 "합의된 전 세계적 환경편익 달성을 위한 조치의 합의된 증분
비용을 충족하기 위한 새롭고 추가적인 무상 및 양허성 기금을 제공하는 것을
목적으로 하는 국제협력 체제"로 정의되었다.[49] "전 세계적 환경편익"을 추구
하는 이 목표는 기후변화 완화와 확실히 일치하지만, 기후변화 적응과는 덜
일치하고 이러한 편익은 적절한 활동이 시행되는 지역적 상황에 국한된다. 기
후변화 외에도 지구환경기금은 현재 생물다양성, 국제 해수 및 토지 황폐화(주
로 사막화 및 산림황폐화), 화학물질 및 폐기물 관리의 영역에 초점을 두고 있
다.[50]

지구환경기금의 제도적 구조는 모든 국가의 균형 있는 대표성을 추구하는
것을 목표로 한다. 모든 참가국들의 총회는 3년마다 개최되며, 특히 지구환경
기금의 일반 정책에 대해서는 컨센서스 방식으로 의사를 결정한다.[51] 선진국
과 개도국을 동등하게 대표하는 32개국으로 이루어진 이사회는 지구환경기금
이 지원하는 활동의 운영정책과 프로그램들을 개발하고, 채택하고, 평가하는
업무를 담당한다.[52] 지구환경기금 사무국은 "세계은행으로부터 행정적 지원을
받지만"[53] 기금의 수탁자로서 독립적으로 활동한다.[54] 워싱턴 D.C. 사무실과

---

48) GEF에 따르면 1994년 기존 당사국은 총 140개국이며 2017년 초 기준으로 183개국이다.

49) Instrument for the Establishment of the Restructured Global Environmental Facility, March 14−16, 1994, 33 *ILM* 1283, para. 2.

50) Revised Instrument for the Establishment of the Restructured Global Environmental Facility (as of March 2015) (이하 Revised GEF Instrument), para. 2; United Nations Convention on Biological Diversity, June 5, 1992, 1760 *UNTS* 79 (이하 CBD), art. 39; Stockholm Convention on Persistent Organic Pollutants, May 22, 2001, 2256 *UNTS* 119, art. 14; United Nations Convention to Combat Desertification in those Countries Experiencing Serious Drought and/or Desertification, Particularly in Africa, October 14, 1994, 1954 *UNTS* 3 (이하 Convention against Desertification), art.20.2(b), 21; Minamata Convention on Mercury, October 10, 2013, 55 *ILM* 582, art.13.6, 13.7 and 13.8.

51) Revised GEF Instrument, *supra* note 50, paras. 13, 14 and 25.

52) *Ibid.*, para. 15.

의 지리적 근접성뿐만 아니라 지구환경기금의 관리자가 종종 전(前) 세계은행
직원이라는 사실을 감안할 때 세계은행의 강한 이념적 영향을 받는 것으로 보
인다.[55]

　　지구환경기금은 기후행동을 위한 재정지원을 제공하는 다양한 기관을 조
정한다. 3개의 공동 창립기관은 "지구환경기금 자금 지원 프로젝트를 파악하
는 데 적합한 국가와 협력하는 이행기관"으로 인정받고 있다.[56] 유엔개발계획
(UNDP)은 역량배양 및 기술지원에 중점을 두고 있으며, 유엔환경계획(UNEP)은
과학적 및 기술적 분석과 환경관리를 촉진하며, 세계은행은 투자 프로젝트의
개발 및 관리에 도움을 준다.[57] 이러한 이행기관 외에도 지구환경기금은 이행
기관과 유사한 방식으로 다른 국제기구, 특히 지구환경기금이 자금을 지원하는
활동에 참여하고 있는 다자간 개발은행들과의 협력을 모색하고 있다.[58]

　　지구정상회의 이후 지구환경기금을 구조조정하려는 노력에도 불구하고, 기
금은 서구의 이익으로부터 충분히 독립적이지 않고, 너무 관료적이며, 전용의
다자간 재정을 충분히 효율적으로 활용하지 못하는 것으로 인식되었다. 2009
년 코펜하겐 정상회의에서 대규모의 자금 마련을 위한 새롭고 전문화된 제도
적 체제가 필요하다는 것에 대한 합의가 이루어졌다.[59] 지구환경기금 외에도
칸쿤합의는 녹색기후기금(GCF)을 UNFCCC 하의 새로운 운영 주체로 설립하
였다.[60] 녹색기후기금도 임시적으로 세계은행의 신탁 하에 있는데, 그 본사는
한국 송도에 설립되었다.[61] 녹색기후기금은 선진국과 개발도상국을 동등하게

53) *Ibid.*, para. 21.

54) *Ibid.*, para. 8.

55) Joyeeta Gupta, "The global environmental facility in its North−South context" (1995) 4:1 *Environmental Politics* 19 참조.

56) "Principles of cooperation among the implementation agencies," in Annex D of the Revised GEF Instrument, *supra* note 50, para. 6.

57) *Ibid.*, para. 11.

58) Revised GEF Instrument, *supra* note 50, para. 28; Laurence Boisson de Chazoumes, "The Global Environment Facility (GEF): a unique and crucial institution" (2005) 14:3 *Review of European, Comparative & International Environmental Law* 193, at 198−199 참조.

59) Copenhagen Accord, *supra* note 1, para. 10.

60) Decision 1/CP.16, *supra* note 18, para. 102.

61) *Ibid.*, para. 107. 2017년 11월 COP23에서 상설 수탁자가 선임되었어야 하지만, 녹색기후기금(GCF) 이사회의 지명에 대한 합의가 이루어지지 않았다. GCF, Report of the

대표하는 24개국의 이사회로 구성된다.[62] 또한 지구환경기금과는 달리 "전적으로 독립된" 사무국을 보유하고 있다.[63]

녹색기후기금은 공공 및 민간 부문을 통해서 "기후재정의 촉진"을 추진하고,[64] 대체적 자금처를 포함한 공공 및 민간의 다양한 자금처로부터 재정투입을 받기 위해 노력하고 있다.[65] 따라서 녹색기후기금은 "국가 주도적인 접근 방식에 그 활동을 기반하여, 직접적인 접근을 포함한 기금에 대한 단순하고 향상된 접근을 제공하는 것을 목표로 한다."[66] 완화 및 적응 프로젝트를 위해 두 개의 별도 기금 창구가 정의되어 있다.[67] 기후행동, 특히 적응을 위한 재정지원의 상당 부분이 녹색기후기금을 통해 이루어 질 것이다.[68] 녹색기후기금은 2014년에 운영되기 시작하였고, 2017년 중반까지 100억 달러 이상의 기부금이 녹색기후기금에 약속되었으며,[69] 2016년부터 기금 지원을 위한 프로젝트를 승인하기 시작하였다. 그러나 녹색기후기금이 이러한 목표를 달성할 수 있을지는 계속 지켜봐야 할 것이다.[70]

Eighteenth Meeting (September 30 – October 2, 2017), GCF/B. 18/23, para. 58 (Agenda item 15). GCF, Report of the Eighteenth Meeting (September 30 – October 2, 2017), GCF/B. 18/23, para. 58 (Agenda item 15) 참조. Decision B.08/22를 통해 GCF 이사회는 세계은행(World Bank)이 상설 신탁 기구가 설립되기 전까지 계속 임시적 신탁의 역할을 해줄 것을 요구하였다. GCF, Report of the Eighth Meeting (October 14 – 17, 2014), GCF/B.08/45, para. 42 (Agenda item 30) 참조.

62) "Governing instrument for the Green Climate Fund," in the annex of decision 3/CP.17, "Launching the Green Climate Fund" (December 11, 2011), para. 9.

63) *Ibid.*, para. 19.

64) *Ibid,*, para. 3.

65) *Ibid.*, para. 30.

66) *Ibid.*, para. 31.

67) *Ibid.*, para. 37.

68) Copenhagen Accord, *supra* note 1, para. 8; decision 1/CP.16, *supra* note 18, para. 100; and decision 1/CP.18, "Agreed outcome pursuant to the Bali Action Plan" (December 8, 2012), para. 64 참조. 또한 Alexander Thompson, "The global regime for climate finance: political and legal challenges" in Cinnamon P. Carlame, Kevin R. Gray and Richard Tarasofsky (eds.), *The Oxford Handbook of International Climate Change Law* (Oxford University Press, 2016) 137 참조.

69) The Green Climate Fund website, "Resource mobilization," www.greenclimate.fund/ partners/ contributors/resources – mobilized 참조.

70) Joëlle de Sépibus, "Green Climate Fund: how attractive is it to donor countries?" (2015) 9:4 *Carbon & Climate Law Review* 298.

3. 기타 개발

UNFCCC는 재정지원체계 외에도 "양자간, 지역 또는 기타 다자간 경로"를 통해 재정지원을 제공할 수 있다는 점을 인식하고 있다.[71] 다자간 개발은행들로부터 다양한 이니셔티브들이 수행되고 있다. 예를 들어, 세계은행은 2008년에 "72개의 개발도상국과 중위소득 국가에 기후변화 문제를 관리하고 온실가스 배출량을 감축하기 위해 긴급히 필요한 자원을 제공할 목적으로" 기후투자기금(Climate Investment Funds)을 설립하였다.[72] 이러한 전용 기금 이외에도, 많은 개발기관은 그들이 지원하는 모든 프로젝트에서 기후 관련 고려사항을 주요하게 다룰 필요성을 인식하였다. 정부들도 기후행동을 위한 재정지원을 전담하는 기관을 설립하였다.[73] 가장 중요한 점은 재생가능 에너지에 대한 대규모 민간투자를 통해 비국가행위자들로부터 재정지원이 제공되었다는 점이다.

여러 출처로부터의 다양한 유형의 재정지원으로 인해 회계책임 문제가 복잡해 지기는 하였지만, 기후행동을 위한 재정지원이 급격히 증가하였다는 확실한 증거가 존재한다. 2014년에는 UNFCCC의 재정지원체제 하에서 관리되는 기후변화에 관한 전용 다자간 펀드를 통해 25억 달러가 융통되었다.[74] 현재 훨씬 더 많은 재정지원이 다른 다자간, 지역 또는 국가 기관을 통해 융통되고 있는데, 2014년 다자간 개발은행에서만 257억 달러의 기후금융이 제공되었다.[75] 같은 해 영리부문에서는 개발도상국의 관련 부문에 200억 달러 이상 직접 투자하였다.[76] 그러나 무상으로부터 양허성 혹은 비양허성 차관, 해외투자 등의 다양한 금융상품들 간에는 분명한 차이점이 존재한다. 전체적으로 관련

---

71) UNFCCC, *supra* note 14, art. 11.5. 또한 Kyoto Protocol, *supra* note 29, art. 11.3; Paris Agreement, *supra* note 14, art.9.3.

72) Climate Investment Funds website, "What we do," www.climateinvestmentfunds.org/about (accessed January 25, 2018).

73) 예를 들어 중국은 CDM 사업에 대한 과세를 통해 청정개발체제펀드(Clean Development Mechanism Fund)를 설립하였다. Duan Maosheng, "Clean Development Mechanism Development in China" in Yan Jinyue *et al.* (eds.), *Handbook of Clean Energy Systems* (Wiley, 2015) 3427 참조.

74) "Summary and recommendations by the Standing Committee on Finance on the 2016 biennial assessment and overview of climate finance flows," *supra* note 24, para. 16.

75) *Ibid.*, para. 17.

76) *Ibid.*, para. 18.

기관의 복잡성 때문에 비국가행위자에 의한 재정지원의 범위와 성격에 대한 신뢰할만한 통합된 정보가 명백히 부족한 실정이다.[77] 또한 기후재정의 품질과 효과에 관한 이용가능한 통합된 정보 또는 기후변화 적응 및 완화에 관한 추가적인 행동을 촉진하는 실질적인 기여에 대한 어떠한 구체적인 정보 또한 거의 존재하지 않는다.[78]

B. 기술이전

기술이전은 기후행동을 위한 국제지원의 또 다른 형태이다. 여기서 기술은 넓은 의미를 지니는데 이는 상품이나 설비뿐만 아니라 그러한 상품이나 설비를 생산하고 이용하는데 필요한 지식과 경험을 의미한다.[79] 기술 개발 및 사용은 에너지 효율을 높이거나 대체에너지 생산 방법을 모색함으로써 기후변화 완화에 도움이 된다.[80] 가뭄에 잘 견디는 종자에서부터 환경관리시스템과 같은 기술을 개발하고 사용하는 방식으로 적응을 위한 지원이 이루어질 수 있다. 선진국이나 신흥경제국에서의 국내정책은 필요한 기술 발전에 중요한 역할을 하고 있다.[81] 가장 큰 변화를 일으킬 수 있는 이러한 기술의 효과적인 사용은 유용한 기술이 관할권을 넘어서, 특히 선진국에서 신흥경제국으로, 그리고 개발도상국으로 효과적으로 이전되도록 보장하기 위한 단계를 요구한다. 기술이전의 장애물에는 소유자원의 경우 지적재산권[82] 뿐만 아니라 정보, 인력

---

77) Thompson, *supra* note 68, at 150. 또한 Buchner *et al.*, *supra* note 24 참조.

78) Zahar, *supra* note 2, at 111－112.

79) S.O. Andersen *et al.*, "Summary for policymakers" in B. Metz *et al.* (eds.), *Methodological and Technological Issues in Technology Transfer: A Special Report of IPCC Working Group Ⅲ* (Cambridge University Press, 2000) 2, at 3.

80) UNFCCC, *Application of Environmentally Sound Technologies for Adaptation to Climate Change* (May 10, 2006), doc. FCCC/TP/2006/2 참조.

81) O. Edenhofer *et al.*, "Summary for policymakers" in Pichs－Madruga *et al.* (eds.), *Climate Change 2014: Mitigation of Climate Change. Contribution of Working Group III to the Fifth Assessment Report of the Intergovernmental Panel on Climate Change* (Cambridge University Press, 2014) 1, at 29; Ademola A. Adenle, Hossein Azadi and Joseph Arbiol, "Global assessment of technological innovation for climate change adaptation and mitigation in developing world" (2015) 161 *Journal of Environmental Management* 261 참조.

82) Ahmed Abdel－Latif, "Intellectual property rights and the transfer of climate change technologies: issues, challenges, and way forward" (2015) 15:1 *Climate Policy* 103; Varan Rai, Kanye Schultz and Erik Funkhouser, "International low carbon technology

및 자본 부족, 다양한 무역 및 정책 장벽 등이 있다.[83] 그러므로 기술이전은 재정지원 및 역량배양과 밀접한 관련이 있으면서도 차이가 존재하는 것이다.

기술이전은 기후변화에 관한 국제협상 초기부터 개발도상국의 요구 사항 중 하나였다.[84] 기후재정이 지원할 수 있는 행동 중 하나로서 앞서 언급한 기술이전과 더불어,[85] UNFCCC는 부속서 2 당사국들에게 "이 협약의 규정을 이행할 수 있도록 환경적으로 건전한 기술과 노하우의 이전 또는 이에 대한 접근을 적절히 증진·촉진하며, 그리고 이에 필요한 재원을 제공하기 위한 모든 실행가능한 조치를 취할 것"[86]을 약속하였다. 마찬가지로 교토의정서는 국가들에게 "공공소유 또는 사적 권리가 소멸된 환경적으로 건전한 기술의 효과적인 이전을 위한 정책 및 계획의 수립과 민간부문으로 하여금 환경적으로 건전한 기술의 이전과 이에 대한 접근을 증진하고 향상시킬 수 있도록 하는 환경을 조성하는 것"[87]을 고려할 것을 요구하였다. 교토의정서에서의 유연성체제, 특히 CDM 및 공동이행은 사업활동이 이행되고 있는 신흥경제국으로의 기술 확산에 기여하고 있다.[88]

마라케쉬 합의안의 일환으로, COP7은 기술이전 전문가그룹(Expert Group on Technology Transfer)을 설립하고, 필요성의 평가, 가용기술에 대한 정보 교환, 제도적 장벽의 제거, 역량배양, 관련 제도적 메커니즘의 고려를 통해 기술이전을 강화하기 위해 "의미있고 효과적인 행동을 위한 프레임워크(Framework for Meaningful and Effective Actions)"를[89] 시작하였다. 이 전문가그룹의 권한은 코

---

transfer: do intellectual property regimes matter?" (2014) 24 *Global Environmental Change* 60; David G. Ockwell *et al.*, "Intellectual property rights and low carbon technology transfer: conflicting discourses of diffusion and development" (2010) 20:4 *Global Environmental Change* 729 참조.

83) Andersen *et al.*, *supra* note 79, at 4 참조.

84) Bodansky, *supra* note 28, at 530.

85) UNFCCC, *supra* note 14, art.4.3.

86) *Ibid.*, art.4.5. UNCED, Rio Declaration on Environment and Development (June 3–14, 1992), available in (1992) 31 *ILM* 874 (이하 Rio Declaration), principle 9; Agenda 21, Chapter 34 참조.

87) Kyoto Protocol, *supra* note 29, art.10(c).

88) David Popp, "International technology transfer, climate change, and the Clean Development Mechanism" (2011) 5:1 *Review of Environmental Economics & Policy* 131 참조. 또한 본서 제8장 참조.

89) Decision 4/CP.7, "Development and transfer of technologies" (November10,2001). An

펜하겐 합의문에서 발표한 바와 같이,[90] 칸쿤합의가 기술 집행위원회(Technology Executive Committee, TEC)와 기후기술센터네크워크(Climate Technology Centre and Network, CTCN)[91]로 구성된 기술메커니즘(Technology Mechanism)을 설립한 2010년에 종료되었다. 협의 후 2012년 기후기술센터네크워크(CTCN)는 협력기관 컨소시엄의 리더로서 유엔환경계획(UNEP)에 의해 처음 5년 간 개최되는 것에 동의하였다.[92] 지구환경기금(GEF) 프로젝트에서 기술이전을 장려하기 위한 여러 가지 노력이 이루어졌고,[93] 기술메커니즘의 운용화에 따라 재정메커니즘과의 연계가 장려되었다.[94] 마지막으로 파리협정은 국가들이 의욕적인 노력을 하고 소통하는 것과 관련하여 우선순위 목록에 기술이전에 관한 내용을 포함하고 있다.[95]

C. 역량배양

국제지원의 세 번째 측면인 역량배양(capacity building)은 국제개발 분야에서 원조 수혜자에게 권한을 부여하기 위한 다양한 노력을 포괄하기 위해 등장한 다소 정의가 불분명한 개념이다.[96] 기후변화와 관련하여 역량배양은 관련

---

additional set of actions was defined by decision 3/CP.13, "Development and transfer of technologies under the Subsidiaiy Body for Scientific and Technological Advice" (December 14−15, 2007), para. 2.

90) Copenhagen Accord, *supra* note 1, para. 11.

91) Decision 1/CP.16, *supra* note 18, para. 117. 또한 Decision 2/CP.17, "Outcome of the work of the Ad Hoc Working Group on Long−Term Cooperative Action under the Convention" (December 11, 2011), paras. 133−143; Decision 4/CP.17, "Technology Executive Committee−modalities and procedures" (December 9, 2011) 참조.

92) Decision 14/CP.18, "Arrangements to make the Climate Technology Centre and Network folly operational" (December 7, 2012), para. 2.

93) GEF, *Elaboration of a Strategic Program to Scale up the Level of Investment in the Transfer of Environmentally Sound Technologies* (November 13, 2008), GEF document GEF/C.34/5.Rev.1 참조.

94) Decision 2/CP.17, *supra* note 91, para. 140; 13/CP.18, "Report of the Technology Executive Committee" (December 7, 2012), para. 7; decision 13/CP.21, "Linkages between the Technology Mechanism and the Financial Mechanism of the Convention" (December 13, 2015); and decision 14/CP.22 "Linkages between the Technology Mechanism and the Financial Mechanism of the Convention" (November 17, 2016) 참조.

95) Paris Agreement, *supra* note 14, art.3 and 10 참조.

96) Beth Walter Honadle, "A capacity−building framework: a search for concept and purpose" (1981) 41:5 *Public Administration Review* 575; Deborah Eade, *Capacity−*

행위자들이 관련 기후행동을 계획하고 이행하는 충분한 역량을 개발할 수 있도록 하는 것이다. 예를 들어, 관련 지식, 인적 자원, 대중 인식 및 제도를 개선하는 것은 개발도상국이 국제지원에 의존하지 않고 기후변화 적응 및 완화를 촉진하기 위한 미래의 시도를 크게 용이하게 할 수 있다.[97]

UNFCCC와 교토의정서는 역량배양에 대한 내용을 어느 정도 포함하고 있다. UNFCCC는 과학·기술자문 보조기관(Subsidiary Body for Scientific and Technological Advice, SBSTA)에 "개발도상국의 내생적 역량배양을 지원하는 방법 및 수단"에 대한 자문을 제공할 권한을 부여하고 있다.[98] 위에서 논의한 바와 같이 부속서 2 당사국들은 개발도상국의 국가보고서(national communication)에 합의된 개발의 총비용을 충족시켜, 개발도상국이 미래의 기후행동에 대한 필요성과 기회를 확인하는 과정을 촉진할 것을 약속하였다.[99] 교토의정서에서 역량배양은 부속서 1 국가들은 "정보를 제출하고, 다른 당사국들은 그들의 국가보고서에 적절히 포함시키도록 노력하는" 행동 중 하나이다.[100] 교토의정서 당사국들은 "특히 국가적 능력, 특히 인적·제도적 능력형성의 강화, 특히 개발도상국에 있어서 이 분야의 전문가를 양성할 요원의 교류나 파견에 관한 것"에 협력할 것을 약속하였다.[101]

UNFCCC와 교토의정서 채택 이후 개발도상국의 역량배양을 강화하기 위한 보다 구체적인 노력이 이루어졌다. 재정메커니즘에 대한 당사국총회의 초기 지침은 무엇보다도 "제도 강화, 훈련, 연구 및 교육을 포함한 계획수립과 내생적 역량배양과 같은 개발도상국 당사자가 선택한 활동을 가능하게 하는 것"에 우선순위를 두었다.[102] COP5에서 채택된 결정에서 확인된 바와 같이,

---

Building: An Approach to People−Centred Development (Oxfam, 1997) 참조.

97) 기후행동과 관련한 "역량배양"에 대한 자세한 설명은 "List of capacity−building needs of developing country parties" in the annex of decision 10/CP.5, "Capacity-building in developing countries (non−Annex I Parties)" (November 4, 1999) 참조.

98) UNFCCC, *supra* note 14, art.9.2(d).

99) *Ibid,,* art.4.3. 또한 *supra* note 26 참조.

100) Kyoto Protocol, *supra* note 29, art.10(b)(ii).

101) *Ibid.,* art.10(e).

102) Decision 11/CP.l, *supra* note 27, para. l(b)(i), 또한 *Ibid.,* para. l(b)(iv); Decision 3/CP.2, "Secretariat activities relating to technical and financial support to Parties" (July 19, 1996), para. 1; Decision 2/CP.4, "Additional guidance to the operating entity of the financial mechanism" (November 14, 1998), para. 1(i); and decision

UNFCCC 체제 내 협상 및 기타 프로세스는 개발도상국과 시장경제 전환국가에서 역량배양이 실효적 참여에 결정적인 역할을 하였다는 점을 보여주었다.[103] 마라케쉬 합의안의 일부로 채택된 개발도상국과 시장경제 전환국가를 위한 역량배양 프레임워크는 부속서 2 당사국에게 이들 국가에서 국가주도적 역량배양을 지원하기 위해, 특히 기후변화 적응을 위한 재정 및 기술 자원을 제공할 것을 요구하고 있다.[104]

2009년까지 역량배양은 주로 기술이전과 재정지원의 형태로 간주되었다.[105] 코펜하겐 합의문은 선진국에 개발도상국에서의 적응 활동에 대한 세 가지 다른 형태의 국제지원으로서 "재정 자원, 기술 및 역량배양"을 제공하도록 요청하였다는 점에서 혁신적이었다.[106] 마찬가지로 칸쿤합의는 부속서 2 당사국에게 재정, 기술개발 및 기술이전, 역량배양 등 세 가지 측면에서 기후행동(완화 포함)을 위한 강화된 국제지원을 제공할 것을 권장하였다.[107] 칸쿤합의는 2년마다 제출하는 보고서에 역량배양을 위한 지원 제공에 관한 정보를 포함할 것을 부속서 2 당사국에 요구하였다.[108]

그러나 개발도상국들은 칸쿤합의의 범위를 넘어서, 역량배양에 전문화된 제도적 정비와 성과지표를 채택할 것을 주장하였다.[109] 역량배양에 대한 심도

4/CP.4, "Development and transfer of technologies" (November 14, 1998), para. 4 참조.

103) Decision 10/CP.5, *supra* note 97, recital 5.

104) Decisions 2/CP.7, "Capacity building in developing countries (non-Annex I Parties)" (November 10, 2001); and 3/CP.7, "Capacity building in countries with economies in transition" (November 10, 2001). See also decisions 2/ CP. 10, "Capacity-building for developing countries (non-Annex I Parties)" (December 17-18, 2004); and 3/CP.10, "Capacity-building for countries with economies in transition" (December 17-18, 2004).

105) Decision 1/CP.13, *supra* note 36, para. 1 참조.

106) Copenhagen Accord, *supra* note 1, para. 3. 반대로 para.8은 기술이전과 역량배양 모두 재정지원의 형태라고 제시한다.

107) Decision 2/CP.16, *supra* note 18, paras. 95-140 참조.

108) *Ibid.*, para. 40(a); "UNFCCC biennial reporting guidelines for developed country Parties," in Annex I of decision 2/CP.17, *supra* note 91, para. 23.

109) IISD, "Summary of the Copenhagen Climate Change Conference: 7-19 December 2009" (2009) 12:459 *Earth Negotiations Bulletin* 1, at 18 (right); UNFCCC SBI, "Submission by the United Republic of Tanzania on behalf of the Group of 77 and China" (September 11, 2009), reproduced in doc. FCCC/SBI/2009/MISC.12/Rev.l (May 18, 2010) 5, para. 2 참조.

있는 논의를 위한 더반 포럼(Durban Forum)이 COP17[110]에서 설립되었고, COP21에서는 파리 역량배양 위원회(Paris Committee on Capacity−Building, PCCB)가 설립되었다. 파리 역량배양 위원회는 특히 초기 5년 동안의 업무계획을 통하여,[111] 개발도상국 당사자의 역량배양을 이행하고, 역량배양 노력을 더 강화하는 데 있어, 현재 및 새롭게 대두되는 격차와 필요성을 다룰 권한을 가진다.[112] 파리협정은 완화, 적응, 재정, 기술이전, 투명성과 같은 차원에서 역량배양을 기후변화에 대한 전 세계적인 대응의 한 측면으로 특징짓고 있다.[113] 제11조는 모든 당사국들에게 지역적, 양자적, 다자적 접근 등의 수단을 통하여 개발도상국의 역량배양을 위해 노력할 것을 약속하는 한편,[114] 제13조에서는 "개발도상국 당사자의 투명성 관련 역량배양"을 위한 지원을 구체적으로 요구하고 있다.[115] 역량배양을 더 강화하기 위하여, 파리협정의 당사국회의 제1차 회기에서 국가들이 "적절한 제도적 장치"를 마련할 것을 요구하였다.[116]

역량배양은 UNFCCC 체제에 국한되지 않는다. UN 총회는 기후변화에 대한 지속가능한 개발 목표의 일환으로 "최빈국 및 군소도서개발국의 효과적인 기후변화 관련 계획 및 관리를 위한 역량을 높이기 위한 메커니즘을 장려할 필요성"[117]을 강조함으로써 유사한 노력을 촉진해오고 있다. 수많은 기관들이 역량배양 지원을 위한 이니셔티브에 참여했거나 기후변화에 관한 다른 활동에 역량배양 요소로 삽입하고 있다.[118] 그러나 이해관계자들은 역량배양에 대한

---

110) Decision 1/CP.17, "Establishment of an Ad Hoc Working Group on the Durban Platform for Enhanced Action" (December 11, 2011), para. 144. 또한 BSD, "Summary of the Warsaw Climate Change Conference: 11−23 November 2013" (November 26, 2013) 12:594 *Earth Negotiations Bulletin* 1, at 11−12 참조.

111) Decision 1/CP.21, *supra* note 14, para. 73.

112) Decision 1/CP.21, *supra* note 14, para. 71. 또한 decision 2/CP.22 "Paris Committee on Capacity−building" (November 17, 2016) 참조.

113) Paris Agreement, *supra* note 14, art.3.

114) *Ibid.*, art.11.4.

115) *Ibid.*, art.13.15.

116) *Ibid.*, art.11.5.

117) UN General Assembly Resolution 70/1, *supra* note 9, goal 13.b.

118) UNFCCC SBI, *Capacity−Building Work of Bodies Established under the Convention and its Kyoto Protocol. Addendum: Compilation of Capacity−Building Activities Undertaken by Bodies Established under the Convention and its Kyoto Protocol*

많은 "임시적, 단명의, 주로 프로젝트 기반의 개입"이라는 비효과성을 비난하였다.[119] 이에 대해서는 보다 체계적인 제도적 체제가 필요할 것으로 보인다.

III. REDD+

온실가스 배출량의 상당 부분은 특히, 농업 생산을 위해 열대우림[120]을 베어내고 태우는, 때로는 역설적이게도 바이오연료 생산을 위한 토지 사용의 변화에서 비롯된다. 이러한 관행은 종종 불법이지만 일부 개발도상국은 산림 보호에 필요한 자원이 부족하다. 산림전용(deforestation)은 특별히 다른 방식으로는 온실가스를 많이 배출하지 않는 국가들에서 발생한다.[121] 재정지원, 역량배양 및 기술지원을 포함한 개발도상국의 산림을 보호하기 위한 행동들은 점차적으로 북남지원(North–South support)의 우선순위가 되고 있다.[122]

산림 보호는 일부 자원을 기꺼이 제공하고자 하는 선진국과 산림 보호를 위해 이를 기꺼이 이용하고자 하는 개발도상국간에 상호 유익한 국제협력의 기회였다. 그러나 지원이 기후행동을 효과적으로 강화하기 위해서는 이러한 협력이 잘 조정될 필요가 있었다. 멀리 떨어져 있는 광대한 우림지역을 감시하는 것은 쉽지 않은 일이다. 산림의 한 구역을 보호하려는 국가의 공약이 단

(April 25, 2017), doc. FCCC/SBI/2017/2/Add.l 참조.

119) Mizan Khan *et al.*, *Capacity Building under the Paris Agreement* (European Capacity Building Initiative, October 2016) 2.

120) 토지이용 및 토지이용 변화는 1850년부터 2000년까지 전체 온실가스 배출량의 약 3분의 1을 차지하는 것으로 추정되었다. 그러나 산업부문의 온실가스의 배출 증가로 인해 최근에는 더 적은 비중을 차지하고 있다. R.T. Waton *et al.*, Land Use, *Land–Use Change and Forestry: A Special Report of the Intergovernmental Panel on Climate Change* (Cambridge University Press, 2000); R.K. Pachauri *et al.*, *Climate Change 2014: Synthesis Report. Contribution of Working Groups I, II and III to the Fifth Assessment Report of the Intergovernmental Panel on Climate Change* (IPCC, 2015) 45 참조.

121) 따라서 세계은행 데이터에 근거하여 나이지리아, 우간다, 그리고 수단은 1990년부터 2015년까지 산림 손실의 비중이 가장 큰 국가들 중 하나다. World Bank's data, "Forest Area (% of land area)" (accessed July 13, 2017) 참조.

122) Paris Agreement, *supra* note 14, art.5; Decision 10/CP.19, "Coordination of support for the implementation of activities in relation to mitigation actions in the forest sector by developing countries, including institutional arrangements" (November 22, 2013), para. 3(d) 참조.

순히 산림전용을 다른 구역이나 다른 산림으로 돌리는 것이 되지 않도록 하기 위한 조치를 충분히 정의해야 한다.[123] CDM과 달리 이 부문에 대한 지원은 특정한 프로젝트 활동보다는 포괄적인 정책에 대해 이루어져야 한다. 다른 형태의 국제지원과 달리, 국제협력은 미리 정해진 방법론에 따라 구체적으로 산림 보호에 초점이 맞춰지고 있다. 이때 비준수의 위험은 검증비용과 균형을 이루어야 한다.[124]

2007년에 발리행동계획은 개발도상국에서의 산림전용 및 산림황폐화 방지로부터의 탄소배출 감축과 관련된 문제에 대한 정책 접근과 긍정적 인센티브를 요구함으로써 이 분야에서의 협력의 기회를 인식하였다.[125] COP13에서 채택된 또 다른 결정은 "자발적으로 산림전용 및 산림황폐화 방지로부터의 탄소배출을 감축하기 위한 지속적인 노력을 더욱 강화할 것"[126]을 당사국에게 장려하였다. REDD는 "개발도상국에서의 산림전용 및 산림황폐화 방지로부터의 탄소배출 감축(Reduced Emissions from Deforestation and Forest Degradation in Developing Countries)"의 약어로 발리행동계획은 "REDD+"의 "+"에 담긴 의미로 "개도국의 산림보존, 산림의 지속가능한 관리, 산림 탄소저장량 강화 등의 역할"을 고려할 필요가 있음을 강조하였다.[127]

그 다음 몇 년 동안 당사국총회는 더 자세한 방법론적 지침을 채택하고 REDD+를 촉진하기 위한 추가 단계에 대해 논의하였다.[128] 칸쿤합의는 특히

---

123) Michael Dutschke, "Key issues in REDD+ verification" (CIFO occasional paper 88, 2013) 참조.

124) Lee J. Alston and Krister Andersson, "Reducing greenhouse gas emissions by forest protection: the transaction costs of implementing REDD" (2011) 2:2 *Climate Law* 281.

125) Decision 1/CP.13, *supra* note 36, para. l(b)(iii).

126) Decision 2/CP.13, "Reducing emissions from deforestation in developing countries: approaches to stimulate action" December 14−15, 2007), para. 1.

127) Decision 1/CP.13, *supra* note 36, para. l(b)(iii).

128) Decision 4/CP.15, "Methodological guidance for activities relating to reducing emissions from deforestation and forest degradation and the role of conservation, sustainable management of forests and enhancement of forest carbon stocks in developing countries"; Decision 1/CP.16, *supra* note 18, paras. 68−79 and Appendixes I and II; Decision 2/CP.17, *supra* note 91, paras. 63−73; Decision 1/CP.18, *supra* note 68 참조. 또한 Christina Voigt and Felipe Ferreira, "The Warsaw Framework for REDD+: implications for national implementation and result−based finance" in Christina Voigt (ed.), *Research Handbook on REDD−Plus and International Law*

국가전략 개발부터 시작하여, 국가정책의 이행을 거쳐, 완전한 측정, 보고, 검증이 이루어지는 결과기반의 행동으로 진화하는 단계적인 활동의 조정을 발표하였다.[129] 이듬해 COP17에서는 결과기반의 재정지원이 대체 자원을 포함한 공적 및 민간, 양자 및 다자 등의 다양한 출처로부터 나올 수 있다는 원칙에 합의하였다.[130] 또한 이러한 지원은 CDM과 같은 시장기반 접근법 또는 대안적 접근법을 통해 제공될 수 있다고 결정하였다.[131] 그러나 비교적 복잡한 적용방식과 관련된 협상의 진전은 느렸다. 포스트 교토 완화 체제의 틀을 잡는데 집중된 치열한 협상의 우선순위는 아니었다. 50개 국가는 "열대우림 보호를 위한 재정 및 신속조치에 관한 협정(Agreement on Financing and Quick-Start Measures to Protect Rainforests)"을 통해 2010년 병행협상을 시작하였다.[132] 그리고 이는 신속한 진행을 위하여 당사국총회에 추가적인 압력을 가하였다.

2013년에 COP19는 드디어 일곱 가지 결정을 통해 바르샤바 REDD+ 프레임워크(Warsaw REDD+ Framework, WRF)에 대한 포괄적인 합의를 채택하였다.[133] 바르샤바 프레임워크는 산림을 보호하기 위한 개발도상국들에 대한 재정지원을 용이하게 한다. 참가를 위해서는, 개발도상국은 산림에서 온실가스 배출 및 제거를 설명하기 위하여 가장 최근의 IPCC 지침을 적용한 국가 산림 감시 시스템을 설치해야 한다.[134] 또한 UNFCCC 사무국에 예상 기준선(국가수준의 산림배출기준선 및/또는 산림기준선)을 보고해야 하며, 이는 전문가팀이 이 보고에 대한 기술평가를 구성하기 위한 것이다.[135] 개발도상국 당사자가 적절

(Edward Elgar, 2016) 30; Louisa Denier *et al.*, *The Little Book of Legal Frameworks for REDD+: How Policy and Legislation Can Create an Enabling Environment* for REDD+ (Global Canopy Programme, 2014); special issue in (2015) 9:2 *Carbon & Climate Law Review* 99 참조.

129) Decision 1/CP.16, *supra* note 18, para. 73.

130) Decision 2/CP.17, *supra* note 91, para. 65.

131) *Ibid.*, paras. 66 and 67.

132) 본서 제4장, Ⅲ. 참조.

133) Decisions 9-15/CP.19 참조.

134) Decision 11/CP.19, "Modalities for national forest monitoring systems" (November 22, 2013), para. 2. 해당 결정사항 직전의 결정사항에서 서술된 모니터링에 대한 원문 내용은 다음과 같다, "use a combination of remote sensing and ground-based forest carbon inventory approaches for estimating, as appropriate, anthropogenic forest-related greenhouse gas emissions by sources and removals by sinks, forest carbon stocks and forest area changes." Decision 4/CP.15, *supra* note 128, para. 1(d)(i) 참조.

하다고 간주하는 관련 국가정책의 완화 결과는 해당 당사국의 다른 기후행동 과 함께 격년갱신보고서(biennial update report, BUR)를 통해서 보고되어야 한 다.136) 마지막으로 바르샤바 프레임워크는 개발도상국의 산림 관련 활동의 이 행에 대한 적절하고 예측가능한 지원의 필요성을 인식하고, 이해당사자 간의 협의를 촉진한다.137) 파리협정 제5.2조는 바르샤바 프레임워크의 필수적인 특 징들을 승인하고 있다.138)

REDD+ 재정은 사전 보조금 또는 사후 성과기반 보상으로 구성될 수 있 다. 사후 보상은 원칙적으로 CDM과 같은 국제시장 메커니즘과 연결될 수 있 다. 그러나 이는 전체 산림에 대한 정책의 실제적 효과에 대한 공정하고 신뢰 할 수 있는 계량적 평가를 요구하므로 어려운 과제로 남아 있다.139) 현재 약 800만 달러가 매년 지원되고 있는 것으로 추정된다. REDD+ 프로젝트의 경 우 약 20개의 공여국에서 약 80개의 개발도상국으로의 사전 공적 보조금을 통 해 REDD+ 프로젝트를 지원하고 있다.140) REDD+ 프로젝트에 재정지원을 위한 전용 다자간 기금이 만들어졌다. 특히 UN-REDD 프로그램은 식량농업 기구(FAO), 유엔개발계획(UNDP) 및 유엔환경계획(UNEP)에 의해 만들어졌다. 그러나 REDD+ 프로그램에 의해 지원되는 여러 프로젝트의 효과적인 기후편 익을 평가하는 것은,141) 실행역량이 열악한 국가에 여전히 어려운 과제로 남

---

135) Decision 13/CP.19, "Guidelines and procedures for the technical assessment of submissions from Parties on proposed forest reference emission levels and/or forest reference levels" (November 22, 2013).

136) Decision 14/CP.19, "Modalities for measuring, reporting and verifying" (November 22, 2013). 본서 제13장, II.B.2. 참조.

137) Decision 10/CP.19, *supra* note 122, recital 4.

138) Paris Agreement, *supra* note 14, art.5.2. 또한 Decision 1/CP.21, *supra* note 14, para. 54 참조.

139) 본서 제8장, II. 참조.

140) Marigold Norman and Smita Nakhooda, *The State of REDD+ Finance* (Center for Global Development Working Paper No. 378, May 2015). 또한 Marigold Norman *et al.*, "*Climate finance thematic briefing: REDD+finance*" (Henrich Böll Stiftung, December 2015) 참조.

141) R.M. Ochieng *et al.*, "Institutional effectiveness of REDD+ MRV: countries progress in implementing technical guidelines and good governance requirements" (2016) 61 *Environmental Science & Policy* 42; Richard S. Mbatu, "Domestic and international forest regime nexus in Cameroon: an assessment of the effectiveness of REDD + policy design strategy in the context of the climate change regime" (2015) 52 *Forest Policy & Economics* 46 참조.

아 있다.[142]

산림정책은 기후변화 완화를 촉진하기 위한 노력에 그쳐서는 안 된다. 일부 토착민 공동체를 포함하여 그 생계를 산림에 의존하는 공동체의 이익을 간과해서는 안 된다. 기후변화 완화가 정치적으로 과소대표된 공동체의 희생을 통해 이루어지는 것을 방지하기 위하여, 당사국총회는 많은 안전장치를 채택하였다. 특히 REDD+ 의 범위에 속하는 활동은 이행되는 개발도상국의 "국가 발전 요구 및 목표"와 일치해야 하며 "지속가능한 산림관리를 촉진"해야 한다.[143] 또한 "토착민과 지역공동체 구성원의 지식과 권리에 대한 존중"과 "관련 이해관계자의 완전하고 효과적인 참여"를 촉진해야 한다.[144] 개발도상국은 이러한 안전장치 및 기타 비탄소 혜택 준수에 대한 정보를 보고하도록 장려된다.[145] 이 조항들이 정말 현장에서 도움이 될지는 확실하지 않다.

IV. 기후행동을 위한 국제지원의 새로운 비전

특히 UNFCCC 체제하에서 기후행동을 위한 국제지원을 장려하고 지도하기 위한 다양한 문서가 채택되었다. 이러한 지원은 일반적으로 자발적 성격을 띠고 있는데, 기후행동을 위한 국제지원이 어떠해야 하는지에 대한 비전은 조

---

142) Astrid B. Bos *et al.*, "Comparing methods for assessing the effectiveness of subnational REDD+ initiatives" (2017) 12:7 *Environmental Research Letters* 1; S. Naeem *et al.*, "Get the science right when paying for nature's services" (2015) 347:6227 *Science* 1206 참조.

143) Decision l/CP.16, *supra* note 18, Appendix Ⅰ, para. 1(1) and (k).

144) *Ibid.*, Appendix Ⅰ, para. 2(c) and (d).

145) Decision 12/CP.17, "Guidance on systems for providing information on how safeguards are addressed and respected and modalities relating to forest reference emission levels and forest reference levels as referred to in decision l/CP.16" (December 9, 2011); decision 11/CP.19, *supra* note 134, para. 5; decision 12/CP.19, "The timing and the frequency of presentations of the summary of information on how all the safeguards referred to in decision l/CP.16, appendix Ⅰ, are being addressed and respected" (November 22, 2013); decision 17/CP.21, "Further guidance on ensuring transparency, consistency, comprehensiveness and effectiveness when informing on how all the safeguards referred to in decision l/CP.16, appendix Ⅰ, are being addressed and respected" (December 10, 2015); Decision 18/CP.21, "Methodological issues related to non−carbon benefits resulting from the implementation of the activities referred to in decision l/CP.16, paragraph 70" (December 10, 2015) 참조.

약, 당사국총회 결정 및 기타 관련 성명에서 거듭 확인된 바 있다. 이러한 서서히 생겨나고 있는 기후행동을 위한 국제지원에 관한 비전은 가장 취약한 일부 국가들의 주장과 이에 대한 선진국의 반대 사이의 긴장을 나타낼 뿐만 아니라, 정의나 공정의 개념 혹은 국가이익의 관점에서 기후행동을 위한 국제지원의 두 가지 상반된 비전을 반영한다.

A. 신규성 및 추가성

기후행동을 위한 국제지원이라는 새로운 비전의 첫 번째 요소는 그러한 지원, 특히 재정지원이 "새롭고 추가적(new and additional)"이어야 한다는 점이다.[146] 개발도상국의 환경보호를 위한 기금이 "새롭고 추가적"이어야 한다는 생각은 지구정상회의 이전에도 제기되었다.[147] 그로부터 2년 후 사막화방지협약과 생물다양성협약에도 유사한 조항이 삽입되었다.[148] 일반적인 생각은 "협약을 이행하기 위한 자금이 기존 개발원조 내에서 이루어져야 한다"는 것이었다.[149] 이 일반적인 생각을 구체적인 법적 요건으로 전환하기 위해서는 기금의 신규성뿐만 아니라 특정 비용의 성격도 "어쨌든 공여국이 할당한 것에 대한 추가적인" 것으로 평가할 수 있는 명확한 방법론이 요구되었을 것이다.[150] 이것은 어쨌든 어떤 당사자들이 할당할 것으로 예상되었는지에 대한 기준선의 결정을 요구하였을 것이다. 그러나 국가들이 동의할 수 있는 기준선을 결정할 방법론이 정해지지 못했기 때문에, 대신에 당사국총회는 재정지원 제공에 대

---

146) UNFCCC, *supra* note 14, art. 4.3; Kyoto Protocol, *supra* note 29, art. 11.2(a); Copenhagen Accord, *supra* note 1, para. 8; decision 1/CP.16, *supra* note 18, paras. 18, 95 and 97 참조. 또한 Charlotte Streck, "Ensuring new finance and real emission reduction: a critical review of additionality concept" (2011) 5:2 *Carbon & Climate Law Review* 158 참조.

147) UN General Assembly Resolution 44/207, "Protection of global climate for present and future generations of mankind" (December 22, 1989), para. 14; UN General Assembly Resolution 44/228, "United Nations Conference on Environment and Development" (December 22, 1989), para. 15(j); Amendment to the Montreal Protocol on Substances that Deplete the Ozone Layer adopted in London on June 29, 1990, 1598 *UNTS* 469, (다른 재정적 이전에 추가적인 기여를 요구) art. 1T 참조.

148) CBD, *supra* note 50, art.20.2; and Convention against Desertification, *supra* note 50, art.20.2(b) 참조.

149) Bodansky, *supra* note 28, at 526.

150) Zahar, *supra* note 2, at 26.

한 보고를 할 때 각각의 선진국 당사자가 어떻게 '새롭고 추가적인' 재원으로 결정하였는지를 명확하게 명시하도록 하였다.[151]

시간이 지나 실행이 반복됨에 따라 국가보고서에서 기후재정의 "새롭고 추가적" 성격에 대한 고려는 점차 기후재정의 제공이 지속적으로 증가하였는지 여부를 증명하는 것으로 압축되었다.[152] 파리협정은 이러한 진화에 주목하였으며, 요건은 단지 재정지원은 "이전보다 진전되는 노력을 보여주어야 하고,"[153] "확대되어야 한다"[154]는 점이었다. 그러나 이는 추가성이라는 요건을 제쳐두고, 개발원조가 기후재원이라는 이름으로 대체되거나 재인정되는 지속적인 위험을 야기한다.

B. 적정성

재정지원에 대한 새로운 비전의 두 번째 요소는 이러한 지원이 적정한 범위 내에 있어야 한다는 것이지만 이 용어의 구체적인 의미는 아직 명확하지 않다. UNFCCC, 교토의정서 및 다자간 당사국총회 결정에 따라 부속서 2 당사국은 보고활동의 "합의된 총비용 및 개발도상국에서의 이행조치의 "합의된 총 증분비용"을 충족하도록 하고 있다.[155] 여기서 "총(full)"이란, 국가책임법에서 국가가 국제위법행위로 인한 피해에 대하여 "완전한(full)" 배상을 해야 한다는

---

151) "Revised Guidelines for the Preparation of National Communications by Parties included in Annex I to the Convention," in the annex of decision 9/CP.2, "Communication from Parties included in Annex I to the Convention: Guidelines, schedule and process for consideration" (July 19, 1996), para. 42; "Guidelines for the preparation of national communications by Parties included in Annex I to the Convention," in the annex of decision 4/CP.5, "Guidelines for the preparation of national communications by Parties included in Annex I to the Convention, Part II: UNFCCC reporting guidelines on national communications" (November 4, 1999), at para. 51; "Guidelines for the preparation of the information required under Article 7 of the Kyoto Protocol," in the annex of decision 15/CMP.l, "Guidelines for the preparation of the information required under Article 7 of the Kyoto Protocol" (November 30, 2005), para. 41; "UNFCCC biennial reporting guidelines for developed country Parties," *supra* note 108, para. 18(f) 참조.

152) The United States, *Second Biennial Report under the UNFCCC* (December 31, 2015), at 46 참조.

153) Paris Agreement, *supra* note 14, art.9.3.

154) *Ibid.*, art.9.4. 또한 Copenhagen Accord, *supra* note 1, para. 8 참조.

155) UNFCCC, *supra* note 14, art.4.3; Kyoto Protocol, *supra* note 29, art.11.2; "Governing instrument for the Green Climate Fund," *supra* note 62, para. 35.

점을 상기시킨다.[156] 그러나 특정 상황에서 국가들은 "적절한(appropriate)" 배상이라는 보다 유연한 결정에 동의하였다.[157] 마찬가지로 기후행동을 위한 완전한(full) 재정지원은 선진국의 특별(ad hoc) 합의에 의해 이루어진다.[158] 국가가 적정하다고 여기는 수준에 도달하기 위한 지원을 강화하기 위한 노력이 있었지만, 그러한 지원이 개발도상국이 직면하게 되는 비용의 총합을 반드시 보여주는 것이 아니라는 점이 널리 받아들여지고 있다.[159]

완화 또는 적응과 관련된 기후변화 행동은 종종 특정되지 않은 정책, 프로그램, 프로젝트를 통해 이루어진다. 예를 들어 국가개발전략에서 기후변화를 고려해야 하는데, 이 경우 개발도상국이 그러한 광범위한 활동의 모든 비용을 충당하기 위해 국제지원을 요구할 수는 없다. 오히려 기후행동을 위한 국제지원은 증분비용, 즉 이러한 활동에 기후변화 고려사항을 포함시킴으로써 발생하는 추가비용으로 제한되어야 한다. 따라서 예를 들어 국제지원은 보다 효율적인 발전소 건설을 위한 증분비용(완화)과 더 심화될 수 있는 극한 기후상황을 견딜 수 있는 개발 프로젝트를 수행하는 데 초점을 맞출 수 있다(적응). 지원을 점진적인 노력에 대한 것으로 제한하는 것은 공여국들이 이용할 수 있는 희소한 자원의 영향을 극대화하는데 매우 중요하다.

그러나 구체적으로는 제대로 정의된 기준점이 존재하지 않기 때문에, 증분비용을 확인하는 것이 다시 한 번 어려울 수 있다.[160] 당사국총회는 이러한 어려움을 인식하고, 투명한 과정을 통한 유용하고 실용적인 접근법을 제안하였다.[161] 이러한 의미에서 당사국총회는 기술지침을 개발하기 위해 지구환경기금에 의존하였다.[162] 지구환경기금은 초기에 증분비용으로부터 기준비용을

---

156) ILC, *Draft Articles on Responsibility of States for Internationally Wrongful Acts with Commentaries*, in (2001) *Yearbook of the International Law Commission*, vol. Ⅱ, part two (이하 *Articles on State Responsibility*), art.31.1.

157) 본서 제5장, Ⅳ.B. 참조. 구제의무로서 반드시 선진국이 개발도상국의 완화 비용 전액을 부담할 것을 요구하지는 않는다.

158) UNFCCC, *supra* note 14, art.4.3 참조.

159) *Ibid.*, art.4.4 참조.

160) Bodansky, *supra* note 28, at 526; Luis Gomez-Echeveni, "The changing geopolitics of climate change finance" (2013) 13;5 *Climate Policy* 632, at 635 참조.

161) Decision 11/CP.l, *supra* note 27, para. 1(e); Decision 11/CP.2, "Guidance to the Global Environment Facility" (July 19, 1996), para. 1(b); Decision 2/CP.4, *supra* note 102, recital 5 참조.

결정하기 위한 복잡한 계량적 방법론을 개발하였다.[163] 2006년에 수행된 내부
평가는 이 접근법이 "명확하게 비현실적"이고 심지어 비생산적이며, 재정지원
을 받고자 하는 개발도상국들에게 추가적인 장애물이 되었다고 평가하였
다.[164] 2007년 6월에 평가국(Evaluation Office)의 권고에 따라, 지구환경기금은
"점증적 추론방법(incremental reasoning)"이라는 질적 접근법에 더욱 중점을 둔
새로운 정책을 채택하였다.[165]

파리협정은 증분(incrementality)이라는 요건에 대해 훨씬 덜 강조하였지만,
합의된 프로젝트를 위해 더 큰 재원을 활용하기 위한 실질적인 노력이 이루어
졌다. 지구환경기금의 정책 변화에 따라 국가들은 증분(incrementality)에 대한
엄격한 수량화된 접근법이 가능하지 않다는데 동의하게 되었으며, 특히 점차
기후변화 적응행동을 위한 지원의 불충분이 점점 강조됨에 따라, 특히 개발과
구별하기 어려울 수 있다.[166] 반면에 2020년 이후의 야심찬 공동의 동원목표
채택은 포괄적인 재정지원의 약속과의 합의점을 찾고자 한다.[167] "온실가스
저배출 및 기후 회복적 발전이라는 방향에 부합하도록 하는 재정 흐름의 조
성"[168]이라는 파리협정의 목적은 기후행동을 위한 더 많은 재정지원이 필요함
을 다시 한 번 확인하고 있다.

C. 효율성 (Efficiency)

기후행동을 위한 국제지원이라는 새로운 비전의 세 번째 요소는 그러한 지

---

162) Decision 11/CP.2, *supra* note 161, para. 3; Decision 2/CP.4, *supra* note 102, para. 3(c); Decision 5/CP.8, "Review of the financial mechanism" (November 1, 2002), para.4(c) 참조.

163) Decision 11/CP.2, *supra* note 161, recital 6; decision 2/CP.4, *supra* note 102, recitals 5 and 6; decision 7/CP.13, "Additional guidance to the Global Environment Facility" (December 14–15, 2007), para. 1(c) 참조.

164) Global Environmental Facility, *Evaluation of Incremental Cost Assessment* (November 2, 2006), GEF document GEF/MEC/C.30/2, para. 43.

165) GEF, *Operational Guidelines for the Application of the Incremental Cost Principle* (GEF Policy Paper, June 13, 2007), para. 6(d). 또한 GEF, *Evaluation of Incremental Cost Assessment*, *supra* note 164, para, 46 참조.

166) Bodansky, *supra* note 28, at 528; Zahar, *supra* note 2, at 27 참조.

167) Paris Agreement, *supra* note 14, art.9.3; Decision 1/CP.21, *supra* note 14, para. 53 참조.

168) Paris Agreement, *supra* note 14, art.2.1(c).

원이 효율적이어야 한다는 것이다. 이 요건은 국제 기후변화 협상 초기에 제
공되는 지원을 최대한 활용해야 할 필요성을 인식하면서부터 등장하게 되었
다. 예를 들어 UNFCCC는 재정 공약의 이행에서 "자금 흐름의 적정성 및 예측
가능성이 필요하다는 점을 고려할 것"을 요구하고 있다.169) 지원의 예측가능
성은 수원국이 이를 최대한 활용할 수 있도록 돕는다. 적정성과 관련하여 그
것은 전체적인 양 뿐만 아니라 다른 수원국들과 다른 기능들(적응 및 완화) 사
이에 필요한 균형과도 관련이 있다.

효율성은 주어진 목적에 의해 평가된다. 기후행동을 위한 국제지원을 정당
화하기 위한 세 가지 근거가 존재한다.170) 따라서 효율성은 필요시 사람들을
지원하며 과도한 온실가스 배출로 인한 피해를 적절하게 배상하기 위한 기후
재정의 능력과 관련하여 대안적으로 평가될 수 있다. 실제로 공여국은 기후변
화 완화를 위한 지원을 전 세계적 이익으로 강조하고 있지만, 개도국은 기후
변화 협상 전반에 걸쳐 원조의 필요성과 때로는 유책국이 적절한 배상을 해야
할 의무를 주장하였다. 이는 공식적 결정에서의 원조의 성행과 기후행동을 위한
국제지원의 관행에 있어서 자기이익의 영향 사이에 긴장을 가져왔다. 지구환경
기금이 세계은행 산하에 있다는 것은 분명히 도움이 되지 않았다. 가중투표는
선진국이 관련 세부사항을 결정하는 데 있어 훨씬 더 큰 영향력을 미쳤다.

효율적인 지원은 가장 필요한 국가 및 활동을 대상으로 해야 한다. UNFCCC
에서 선진국은 공통의 그러나 차등화 된 책임의 원칙을 적용하여 개발도상국
에 대한 지원을 제공해야 한다는 점을 분명히 인식하였다.171) 개발도상국의
특정 범주에 대한 요구가 더 크게 고려되어야 한다는 것도 이해되었다.172)
"충분한 고려(full consideration)"를 요구하는 군소도서국과 자연재해, 해수면
상승, 가뭄과 사막화에 특히 취약한 국가들은 최빈국과 함께 특히 강조되었
다.173) 이들 국가는 직면하고 있는 기후변화의 부정적 영향의 심각성과 적응
역량 부족을 고려할 때, 적응 프로그램에 대한 재정지원이 가장 절실하게 필

---

169) UNFCCC, *supra* note 14, art.4.3. 또한 Kyoto Protocol, *supra* note 29, art.11.2.
170) 해당 장, Ⅰ. 참조.
171) UNFCCC, *supra* note 14, art.4.4.
172) *Ibid.*, art.3.2.
173) *Ibid.*, art.4.8 and 4.9.

요하다. 그러나 실제로 대부분의 기후행동을 위한 재정지원은 적응보다는 완화를, 최빈국과 가장 취약한 국가들보다는 신흥경제국을 대상으로 이루어졌다.[174]

재정지원을 제공하는 데 있어, 적응과 가장 취약한 국가들에 유리한 재조정을 장려하기 위한 노력이 있어왔다. 교토의정서를 이행함에 있어 마라케쉬 합의안은 기후변화의 부정적 영향에 특히 취약한 개발도상국을 위해 적응기금(Adaptation Fund)을 통해 모집된[175] CDM 수익의 2%를 적응을 위해 사용하였다.[176] 당사국총회는 최빈국의 재정상황에 대한 특별한 관심을 기울였다. 2000년에는 UN최빈국회의(United Nations Conference on the Least Developed Countries)를 통해 채무면제 체제의 수립을 고려하도록 장려하였다.[177] 이듬해 마라케쉬 합의문은 특히 이러한 국가들의 적응 필요성에 대한 보고서, 즉 국가적응행동프로그램(National Adaptation. Programme of Action, NAPA) 개발을 촉진하기 위해, 최빈국에 대한 작업 프로그램을 이행하기 위한 최빈국기금(Least Developed Countries Fund, LDCF)을 설립하였다.[178] 코펜하겐 합의문, 칸쿤합의 및 파리협정을 통해 각국은 "적응과 완화 사이의 균형적 배분"이라는 선언적 목표에 동의하였다.[179] 지속적으로 녹색기후기금은 적응과 완화 활동 사이의 기금의 균형을 이룰 것을 요청받았다.[180]

효율적인 지원은 국가 우선순위 및 방향과 일치해야 한다. 개발원조가 수원국이 정한 우선순위에 존중해야 한다는 점진적인 인식이 생겨나면서,[181] 국

174) Buchner *et al.*, *supra* note 24, at 2, *passim* 참조.
175) Decision 17/CP.7, *supra* note 34, para. 15.
176) Decision 28/CMP.l, "Initial guidance to an entity entrusted with the operation of the financial mechanism of the Convention, for the operation of the Adaptation Fund" (December 9-10, 2005). 다소 긍정적인 견해로서 Britta Horstmann and Achala Chandani Abeysinghe, "The Adaptation Fund of the Kyoto Protocol: a model for financing adaptation to climate change?" (2011) 2:3 *Climate Law* 415 참조.
177) Resolution 2/CP.6, "Input to the Third United Nations Conference on the Least Developed Countries" (November 25, 2000), para. 2 참조.
178) See decision 5/CP.7, "Implementation of Article 4, paragraphs 8 and 9, of the Convention" (November 10, 2001), paras. 11-17; and decision 7/CP.17, "Work programme on loss and damage" (December 9, 2011), para. 6.
179) Copenhagen Accord, *supra* note 1, para. 8; decision 1/CP.16, *supra* note 18, para. 95; Paris Agreement, *supra* note 14, art.9.1.
180) Decision 3/CP.17, *supra* note 62, para. 8.

가들은 기후재정이 개발도상국의 국가 주도적 정책을 지원하여야 한다는 필요
성에 동의하였다. 당사국총회는 제1차 회기에서 "재정지원체계를 통해 기금을
지원받는 프로젝트는 국가 주도적이어야 하며, 각 국가의 국가발전 우선순위를
준수하며 지원해야 한다"고 밝혔다.[182] 마찬가지로, 파리협정은 기후재정이 개
발도상국 당사자들의 요구와 우선순위를 고려할 필요가 있다는 점을 강조하였
다.[183] 일관되게 녹색기후기금은 지원활동에서의 수원국 주인의식(country
ownership)과 "주도성(drivenness)"을 촉진하고 강화시킬 수 있는 방안을 채택
하였다.[184] 역량배양에 대한 강조는 개발도상국의 기후행동에 대한 그러한 주
인의식을 촉진하는 것을 목표로 한다.

D. 부담배분 (Burden Sharing)

기후행동을 위한 국제지원이라는 새로운 비전의 네 번째 요소는 부담배분
이다. UNFCCC와 교토의정서는 "선진국 당사자 간의 적절한 부담배분의 중요
성"을 인식하고 있다.[185] 당사국총회는 "부담배분을 위한 적절한 방식을 개발
할 필요가 있다"고 반복적으로 동의하였지만,[186] 선진국은 어떠한 수량화된
재정공약도 거부하였다. 대신 재정적 지출은 일반적으로 특별(ad hoc) 합의에
의해 결정되었다. 선진국들 사이의 체계적인 부담배분의 열망을 실현하기 위
하여 할 수 있는 일은 거의 없었다. UNFCCC에서 개발도상국에 적정한 지원
을 제공하기 위한 선진국의 공동의 공약과 그러한 지원이 실제로 제공되는 자
발적 근거 사이에는 긴장이 존재한다. 위에서 언급한 바와 같이, 선진국은 재
정지원이 "합의된 총비용"과 "합의된 총증분비용"으로 제한될 것을 주장하였
다.[187] 아니나 다를까, 사실상 모든 합리적인 관찰자라면 적정한 지원으로 간

181) Paris Declaration on Aid Effectiveness (2005) and Accra Agenda for Action (2008)
참조.
182) Decision 11/CP.l, *supra* note 27, para. 1(a)(ii).
183) Paris Agreement, *supra* note 14, art.9.3.
184) GCF, Guidelines for Enhanced Country Ownership and Country Drivenness (March
31, 2017), doc. GCF/B.16/06,
185) UNFCCC, *supra* note 14, art.4.3; Kyoto Protocol, *supra* note 29, art.11.2.
186) "Core elements for the implementation of the Buenos Aires Plan of Action," in the
annex of decision 5/CP.6, "The Bonn Agreements on the implementation of the
Buenos Aires Plan of Action" (July 25, 2001); Decision 7/CP.7, "Funding under the
Convention" (November 10, 2001), para. 1(d) 참조.

주할 만한 것과 개발도상국에 실제로 제공되는 것 사이에는 격차가 빠르게 나타났다.

이러한 격차를 해소할 수 있는 한 가지 가능성 있는 방법은 부속서 2 당사국 이외에 지원에 대한 추가적인 자원을 장려하는 것이었다. 따라서 발리행동계획은 "기후 친화적인 투자 선택의 촉진을 포함하여, 공공 및 민간 부문 기금과 투자의 동원"을 요구하였다.[188] 파리협정은 선진국뿐만 아니라 "그 밖의 당사자도 자발적으로 그러한 지원을 제공하거나 제공을 지속하도록 장려된다"는 점을 강조하였다.[189] 공동 재원조달은 재정지원의 효과를 높이기 위한 방법일 뿐만 아니라 수원국 정부, 다자간 및 양자간 재정주체, 민간부문, 시민사회와의 파트너십을 강화하기 위한 방법으로도 강력하게 장려되었고 때로는 심지어 요구되기도 하였다.[190] UNFCCC 체제는 비당사국들의 참여를 이끌어내기 위해 노력하였다.[191]

기후행동을 위한 국제지원 제공에 있어 투명성을 증진시키기 위한 노력이 이루어졌고, 따라서 가장 기여하려고 하지 않는 국가들의 명단을 공표하여 망신주기를 할 수 있게 되었다. 따라서 UNFCCC의 부속서 2 당사국은 자국의 국가보고서의 일부로 재정지원 공약에 따라 취한 조치의 상세내용을 포함하도록 요구받는다.[192] 칸쿤합의는 특히 "개발도상국 당사자에게 제공되는 지원의 측정, 보고, 검증"을 통해 재정지원을 감독하기 위한 상설위원회(Standing Committee)를 설립하였다.[193] 이듬해 부속서 2 당사국들은 새로운 격년보고 요건의 일환으로, 비부속서 1 당사국에게 재정지원, 기술지원, 역량배양 지원을 제공하는 것을 상세하게 알리도록 요구받았다.[194] 마찬가지로 파리협정은 "공적 개입을 통하여 제공 및 조성된 개발도상국 당사자에 대한 지원에 관하여 투명하고 일

---

187) UNFCCC, *supra* note 14, art.4.3. 또한 Kyoto Protocol, *supra* note 29, art. 11.2; Bodansky, *supra* note 28, at 527 참조.

188) Decision 1/CP.13, *supra* note 36, para. I(e)(v).

189) Paris Agreement, *supra* note 14, art.9.2.

190) GEF, *Co-Financing Policy* (June 30, 2014), doc. FI/PL/01, para. 2(b).

191) Decision 1/CP.21, *supra* note 14, para. 118.

192) UNFCCC, *supra* note 14, art.12.3.

193) Decision 1/CP.16, *supra* note 18, para. 112.

194) "UNFCCC biennial reporting guidelines for developed country Parties," *supra* note 108, para. 13.

관된 정보를 제공"하도록 선진국 당사자에게 요구하고, 다른 당사자에게는 장
려하고 있다.195)

V. 결론

기후행동을 위한 국제지원은 기후변화에 관한 국제법 분야 중 가장 논쟁적
인 분야 중 하나이다. 장기간의 협상의 결과는 개도국에 대한 체계적인 지원,
더 나아가서 손해배상이라는 기대에는 훨씬 못 미치는 것이었다. 그 대신 국
제지원은 신흥경제국에서의 기후변화 완화에 초점을 맞추고 있다. 그러나 코
펜하겐 합의문과 칸쿤합의를 통해 국제지원을 위한 새로운 추진력이 만들어졌
다. 개발도상국의 기후행동을 지원하기 위해 2020년까지 매년 1,000억 달러를
동원한다는 선진국의 공동의 목표는 야심찬 것이지만 그 성공 여부는 이 재원
의 성격에 달려 있을 것이다.

---

195) Paris Agreement, *supra* note 14, art.9.7.

제13장

목표와 준수

제13장
목표와 준수

　지난 25년간의 오랜 국제협상에도 불구하고 국제협력이 기후체계를 위협하는 장애물들을 피할 수 있을지는 분명하지 않다. 기후변화 국제대응에 관한 과학적, 정치적 토론은 우리에게 종종 좌절감을 안겨 준다. "정치적, 부문별 이익이 공동의 노력을 지연시키는 데 기여하였다"는 것에는 의심의 여지가 없다.[1] 현재까지 파리협정을 준비하는 동안 국가 간에 통보된 국가별 기여방안(INDCs)은 섭씨 1.5도 이내로 유지하려는 선언적 목표는 말할 것도 없고, 산업화 전 수준 대비 지구 평균기온 상승을 섭씨 2도 보다 현저히 낮은 수준으로 유지한다는 공동의 목표와도 일치하지 않는 것으로 보인다.[2] 이러한 목표가 달성된다 하더라도 이는 전 세계 인구, 특히 저지대의 섬이나 해안 지역의 인구에 심각한 피해를 입힐 수 있다.

　제5장에서 논의한 바와 같이 일반국제법의 원칙들에는 기후변화와 관련된 규범이 포함되어 있다. 무해의 원칙에 따라 국가는 과도한 온실가스 배출을 통해 다른 국가에 심각한 피해를 야기해서는 안 된다. 이런 의무를 위반한 국가는 국가책임법에 따라 적절한 배상을 지불해야 한다. 현재의 기후위기는 국제법적 의무의 부족으로 인한 것이 아니다. 오히려 이러한 의무에 대한 준수

---

1) Robert Watson *et al.*, *The Truth about Climate Change* (FEU－US, September 2016) 3 참조.

2) Paris Agreement, December 12, 2015, in the annex of decision 1/CP.21, "Adoption of the Paris Agreement" (December 12, 2015), art. 2.1(a) 참조. 또한 Watson *et al.*, *supra* note 1, at 7 참조.

가 이루어지지 않기 때문에 발생하는 것이다. 따라서 국가 간 일반국제법의 준수를 촉진하는 것이 기후변화를 해결하는 열쇠가 될 수 있다.

이 장은 UNFCCC 체제 전체가 일반국제법에 따른 의무, 특히 무해의 원칙과 국가책임법에 따른 의무를 국가가 준수하도록 하려는 시도로 이해될 수 있다는 것을 보여준다.[3] UNFCCC 체제는 일반국제법 준수를 촉진하기 위한 일련의 중간단계와 제도적 틀을 정의하고 있다. 국가적 공약은 특히 온실가스 배출량 제한에 대한 실질적인 의무를 확립하며 점차적으로 국가들이 일반국제법을 준수할 것을 요구하고 있다. 보고에 관한 절차규칙과 검증에 관한 제도적 발전은 각 국가가 공약을 이행하도록 장려하는 동시에 이러한 공약에 대한 의욕을 강화하도록 장려한다. 이 역동적인 시스템 하에서 절차규칙의 준수는 실질적 규칙의 준수로 이어져 국가들이 일반국제법의 규범을 더 잘 준수하도록 할 수 있다.

우선 이 장에서는 특히 배출 및 배상 분야에서 나타나는 일반국제법 준수에서의 격차를 살펴본다. 그 다음 UNFCCC 체제하의 준수 격차를 세 가지의 중간 격차, 즉 국가행동 격차, 국가적 공약 격차, 공동의 목표 격차로 세분화하여 이러한 격차를 해소하려는 노력들을 살펴본다.

I. 국제기후협정의 일반적 구조

일반국제법상 각 국가는 주권을 가지고 그 논리적 귀결로서 다른 국가의 주권을 존중할 의무가 있다. 앞에서 논의한 바와 같이[4] 이는 각 국가가 자신의 관할 하에서의 활동이 타국의 영토에 중대한 해를 입히거나 또는 그 원인이 되는 활동을 야기하는 것을 삼가야 하며, 이 의무를 위반할 경우 해당 피해를 입은 국가들에게 적절한 배상을 지불해야 함을 의미한다. 관련 일반국제법 의무의 방식에는 아직 상당한 불확실성이 남아 있다. 그럼에도 불구하고 현재

---

3) 이 장은 부분적으로 Benoit Mayer의 "Construing international climate change law as a compliance regime" (2018) 7:1 *Transnational Environmental Law* 115에 근거한 내용이다. ICAO, 그리고 IMO 하에서 발전된 규칙과 같이 다른 조약 기반의 규칙과 관련된 유사한 비슷한 분석이 발생할 수 있다. 본서 제4장, II. 참조.

4) 본서 제5장, I. 참조.

의 노력은 많은 국가, 특히 군소도서개발국과 저지대 연안 국가에 "중대한 (significant)" 피해를 야기하는 것을 막지는 못할 것이다. 마찬가지로 과도한 온실가스 배출에 책임이 있는 국가들은 그 결과로 피해를 입은 국가들에게 적절한 배상을 지불하기 위한 노력을 거의 기울이지 않았다. 다시 말해 일반국제법상 국가의무와 실제 국가행동 사이에는 큰 격차가 존재하는 것이다.

이러한 준수 격차를 두 가지 평행측면으로 구별할 수 있다. '배출 준수 격차(compliance gap on emissions)'는 국가들이 다른 국가의 환경에 심각한 피해를 초래할 수 있는 자국 관할권 내에서의 활동을 방지하는 데 실패하는 것에서 비롯된다. 기후변화 완화를 위한 국제행동은 점차적으로 온실가스 배출을 제한하고 줄이기 위한 국가적 공약을 장려함으로써 이러한 준수 격차를 극복하고자 한다. '배상 준수 격차(compliance gap on reparations)'는 국가가 과도한 온실가스 배출로부터 발생한 국제위법행위로 발생한 피해에 적절한 배상을 하지 않아 발생한다. 이러한 준수 격차를 해결하기 위한 요구는 적응에 대한 국제협력, 국제지원을 위한 요구, 그리고 최근에는 손실 및 피해를 해결하기 위한 가능한 접근법에 대한 논의로 이어졌다.

기후협정은 배출 준수 격차와 배상 준수 격차를 줄이기 위한 일련의 시도들로 이해될 수 있으며 두 개의 기둥에 기초하고 있다. 첫째, 각각의 협정은 적어도 기후변화 완화와 때로는 적응 및 지원에 대한 공동의 목표를 정의한다. 둘째, 각각의 협정은 이러한 목표의 실현에 기여하는 국가적 공약을 승인한다. 따라서 각각의 국제기후협정에는 3개의 중간격차가 발생한다(그림 13.1 참조). 첫째, 일반국제법과 기후협정에 의해 정의된 공동의 목표 사이에 격차가 나타난다. 예를 들어, 선진국의 온실가스 배출량 5% 감축이라는 교토의정서의 공동의 목표는 일반국제법상 의무이행에는 충분하지 않을 수 있다. 둘째, 공동의 목표와 국가적 공약 사이에 격차가 존재할 수 있다. 따라서 INDC는 파리협정에 의해 승인된 섭씨 2도 또는 섭씨 1.5도 목표 달성을 위해 충분하지 않다. 셋째, 국가적 공약과 실제 국가행동 사이에 격차가 자주 발생한다. 이러한 국가행동 격차는 미참여(비준수 또는 후속적인 철회) 또는 이행 부족으로 인해 발생할 수 있다.

그림 13.1 준수 격차의 세부내용

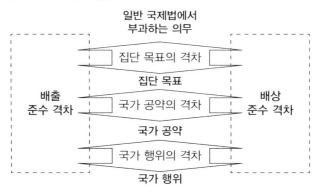

이러한 일반적인 틀을 넘어 각각의 국제기후협정은 서로 다른 방식으로 준수격차를 다룬다. UNFCCC는 공동완화목표("기후체계가 위험한 인위적 간섭을 받지 않는 수준으로 대기중 온실가스 농도의 안정화를 달성하는 것")[5]와 국가적 공약을 정의하고 있다.[6] 그러나 이러한 공동의 목표와 국가적 공약은 조항에서 모호하게 정의되어 있어, UNFCCC에서 국가적 공약이 이행되고 공동의 목표가 달성되었는지에 대한 명확하고 객관적인 평가는 매우 어려운 일이다.

교토의정서는 보다 구체적인 국가적 공약을 정의하는 것을 목표로 하였다. 선진국 당사자들은 2008년~2012년 기간 동안 그들의 감축의무(QELRC)를 달성하기 위해 노력하였다. 전체적으로 볼 때, 이러한 공약들은 공약기간 동안 선진국의 온실가스 배출량을 1990년 수준 대비 5%까지 감축할 수 있었을 것이다.[7] 국가행동 격차는 교토의정서를 비준하지 않기로 한 미국의 결정과 이후 캐나다가 공약기간 만료 전 교토의정서에서 탈퇴할 것을 통보한 것에서 나타난다. 또한 공약기간 동안 선진국의 전체 온실가스 배출량을 5% 줄이겠다는 목표와 일반국제법상 선진국 및 개발도상국의 의무 사이에는 공동의 목표 격차가 분명히 존재하였다. 신흥경제국의 온실가스 배출량이 선진국의 배출량 감소보다 훨씬 빠르게 증가함에 따라 이러한 공동의 목표 격차가 더욱 분명해졌다. 그러나 교토의정서의 접근법은 완화에 대한 공동의 목표가 처음 협상된

5) United Nations Framework Convention on Climate Change, May 9, 1992, 1771 *UNTS* 107 (이하 UNFCCC), art.2.

6) *Ibid.*, art.4.

7) Kyoto Protocol to the United Nations Framework Convention on Climate Change, December 11, 1997, 2303 *UNTS* 162 (이하 Kyoto Protocol), art.3.1.

국가적 공약의 총합을 통해 달성될 것이었기 때문에, 이러한 국가적 공약의 격차를 배제하였다.

그에 반해, 파리협정은 보다 까다로운 공동의 목표를 정의하지만 보다 유연한 국가적 공약을 정의하기 때문에, 적어도 초기에는 국가적 공약에 큰 격차가 존재할 여지를 남겨 두고 있다. 공동의 목표는 기후변화 완화뿐만 아니라 적응과 재정도 고려하는데 후자의 목표는 모호한 용어로 정의되어 있다.8) 국가적 공약은 국가적으로 결정되고 통보되어야 한다.9) 교토의정서의 경우와 같이, 예를 들어 어떤 국가가 국가적 공약을 이행하지 못하거나 또는 심지어 미국이 그랬던 것처럼 협정에서 탈퇴하는 경우, 국가행동 격차가 발생할 수 있다. 또한 파리협정의 목표와 일반국제법 사이의 공동의 목표에는 차이가 존재할 수 있다. 예를 들어 섭씨 1.5도의 온난화도 전 세계의 많은 국가에 큰 피해를 입힐 수 있다. 그러나 전반적으로 파리협정의 효과에 대한 가장 큰 초기의 과제를 보여주는 국가적 공약 격차이다. 2018년 초 현재 당사국들이 제출한 INDC는 평균기온 상승을 섭씨 2도 이내로 유지한다는 목표와는 거리가 먼 것으로 보인다.10)

기후변화 협정의 성공 여부는 공동의 목표, 국가적 의욕, 국가행동 격차를 동시에 줄여, 일반국제법에 따른 국가의 의무 준수를 성실하게 촉진하는 능력에 의해 평가될 수 있다. 이러한 관점에서 교토의정서는 공동의 목표 범위가 제한적이고 의욕이 야심찬 것은 아니었기 때문에 성과가 미미하였고, 더 나아가 미국의 불참과 캐나다의 탈퇴로 영향을 받았다. 이에 반해 파리협정은 의욕적인 목표를 정의하면서 신속하게 준(quasi) 보편적 참여11)를 달성할 수 있지만, 이는 국가적 공약(NDC)과 파리협정의 공동의 목표 사이에 큰 격차를 초래할 수 있다. 따라서 파리협정의 성공 여부는 참여를 유지하면서 효과적인 이행을 촉구하는 동시에 국가들의 공약을 크게 강화하려는 의지를 조성하려는

---

8) Paris Agreement, *supra* note 2, art.2.1.

9) *Ibid.*, art.3.

10) UNEP, *The Emissions Gap Report 2017: A UN Environment Synthesis Report* (November 2017) 참조.

11) 미국 유권자들의 파리협정 참여에 대한 정치적 지지를 고려할 때 미국의 탈퇴는 일시적일 것으로 보인다. Scott Clement and Brady Dennis, "Post–ABC poll: nearly 6 in 10 oppose Trump scrapping Paris Agreement" *Washington Post* (June 5, 2017) 참조.

관련 기관의 능력에 달려있을 것이다.

다음 세 절에서는 연이은 협정들이 어떻게 국가행동, 국가적 공약 및 공동의 목표 격차를 줄이기 위해 시도하였는지 살펴본다.

II. 국가행동 격차 해소

국가행동 격차는 일반국제법 의무를 준수하는 격차의 구성요건 중 하나이다. 이러한 격차는 국가의 실제 행동이 국제기후협정에서 예상되는 것과 다를 때 나타나며, 그러한 협정의 당사국인지 여부와는 관계없다. 따라서 국가행동 격차는 특정 협정에서 국가의 미참여(non-participation)로 발생할 수 있다. 그렇지 않으면, 국가행동 격차는 당사국의 협정 비준수(non-compliance)로 발생할 수도 있다. 이런 의미에서 "준수(compliance)"는 일반국제법에서의 준수와 같은 넓은 의미가 아니라 특정 기후협정의 준수라는 좁은 의미로 이해해야 한다. 국가들은 일반적으로 교토의정서[12]의 QELRCs와 같이 명확하고 구체적인 용어로 수립된 국가적 공약은 준수하였다. 그러나 국가들은 UNFCCC에 포함된 더 모호한 공약은 준수하지 않을 지도 모른다. UNFCCC에는 이러한 조항에 사용된 일반적인 표현 때문에 객관적으로 평가하는 것을 더 어렵게 한다.[13]

이 절은 국가행동 격차를 피하거나 줄이기 위해, 그리고 더 구체적으로 국제기후협정 당사국의 국가적 공약 준수를 보장하기 위해 행한 많은 노력을 담고 있다. 특히 상호검토(peer-review) 또는 '이름 불러 망신주기(naming and shaming)' 메커니즘은 국가적 공약의 비준수로 인한 정치적 비용을 증대시키는 데 이용되었다. 비준수하는 국가의 '이름을 부르는 것(naming)'은 상대적으로 복잡한 데이터에 대한 평가를 요하기 때문에, 독립적인 검증 뿐 아니라 일관성 있고 투명한 보고를 위한 정교한 규칙과 제도적 준비가 필요하였다.

---

12) 교토의정서의 당사국이었던 모든 선진국은 1차 공약기간 동안 배출제한과 감축의무를 준수하였으나, 캐나다는 비준수(non-compliance)의 결과를 피하기 위해 탈퇴를 선택하였다. Igor Shishlov, Romain Morel and Valentin Bellassen, "Compliance of the parties to the Kyoto Protocol in the first commitment period" (2016) 16:6 *Climate Policy* 768 참조.

13) UNFCCC, *supra* note 5 참조.

A. 협력적 국가행동 조성을 위한 사회정치적 메커니즘

국제법 그 자체만으로는 국가행동 격차를 좁히기에 다소 역부족일 수 있다. 국가는 국제협정에 동의할지는 자유롭게 정할 수 있다. 일단 협정의 당사자가 되면, 국제 수준에서의 집행 메커니즘은 국내 법원 및 재판소에서의 절차와는 상이하다.[14] 그러므로 루이스 헨킨(Louis Henkin)의 말을 빌리자면, 대부분의 국가들이 대부분의 기후협정에 참여하였고 대부분의 시간을 그들의 공약을 이행하였다는 것은 놀랍게 느껴질 수 있다.[15] 이러한 "기적"은 오직 법적 도구(legal tools)에 대한 전후 사정과 관련지어 분석하여야만 설명될 수 있다.

국익은 국가행동을 결정하는 중요한 요소다. 국가들을 기후협정에 참여시키고 협정에 따른 의무 준수를 국가 자신의 이익으로 제시하기 위한 노력들이 이루어져 왔다. 예를 들어, 국제지원의 조건부 제공은 개발도상국의 참여를 장려하였다. 그러나 기후변화에 대한 효과적인 국제협력은 때로는 국가가 당장의 국익에 반하는 행동을 하도록 요구한다. 그럼에도 법이 유도하고 강화하는 일련의 사회적·정치적 과정에 의해 국제의무 준수가 장려된다. 정부는 국익 증진이라는 의제에 국한되지 않은 사람들로 구성되어 있다. 일부는 국제의무를 준수할 필요성에 민감하다. 마찬가지로 NGO와 여론도 국제기후협정 준수를 장려할 수 있다.[16] 특정 정치 체제에서 기후변화를 부정하는 정치인은 유권자의 표를 잃을 수 있으며, 기후변화 완화에 참여하지 않는 정부는 재선되지 않을 수 있다. 약속을 지키기 위해 노력하지 않는 정부는 국내수준이 아니라도 국제수준에서 비난 받을 것이다. 트럼프 미국 대통령이 국익을 위해 파리협정에서 탈퇴하기로 한 결정은 국내에서는 모든 정치 위원회로부터, 국제적으로 많은 국가들의 비난을 불러 일으켰다. 시간의 흐름에 따라 국제법을 준수하는 것은 제약이 아닌 습관(habit)이 된다.[17]

---

14) 본서 제14장, I. 참조.

15) Louis Henkin, *How Nations Behave*, 2nd edn (Columbia University Press, 1979) 47.

16) Martha Finnemore and Kathryn Sikkink, "International norm dynamics and political change" (1998) 52:4 *International Organization* 887; Thomas M. Franck, *The Power of Legitimacy among Nations* (Oxford University Press, 1990) 참조.

17) Harold Hongju Koh, "Why do nations obey international law?" (1997) 106:8 *Yale Law Journal* 2599, at 2646.

국제법의 발전은 이러한 사회적·정치적 과정을 강화시킬 수 있다. 국제의무 준수는 일반적으로 "당사자들이 그 행위를 판단해야 할 기준에 대해 미리 합의한 경우" 더 가능성이 높다.[18] 이러한 국가적 공약의 명확성은 비준수를 보다 명백하게 하여, 정치적으로 더 많은 비용을 초래하게 한다. 정확히 말하자면 국제기후협정에서 채택된 규칙들은 일반국제법 규범이 결여하고 있는 명확성을 가지고 있기 때문에 준수를 이끌어내기 쉽다. 아래에서 논의하는 바와 같이, 기후행동의 투명성을 높이기 위해 정교한 규칙들이 개발되었다.

B. 투명성

국가의 의무 준수 여부가 객관적이고 공적인 과정을 통해 평가되는 경우, 준수를 촉진하기 위한 도구로서 '이름 불러 망신주기(naming and shaming)'가 더욱 효과적일 수 있다.[19] 이러한 평가는 일반국제법 규범과 관련해서는 잘 정의된 기준이 없어 평가가 어렵지만, 국제기후 협정의 특정 규칙들은 그렇지 않다. 다시 말해, 가장 효과적인 국가적 공약은 공적이고 객관적인 과정을 통해 준수를 검증할 수 있도록 하는 공약이다.[20]

준수 여부를 용이하게 평가하기 위하여 기후변화에 관한 국제협력에서 중요한 것은 필요한 정보를 일관되고 신뢰할 수 있는 출처로부터 접근하도록 하는 것이다. 이는 기후변화 완화에서 온실가스의 배출원과 흡수원이 다수이고 분산되어 있기 때문에 특별한 기술적 어려움을 야기한다. 지난 수십 년 동안의 상당한 개선에도 불구하고 주어진 해당국가의 영역 내의 순온실가스 배출에 대한 완전한 목록을 만드는 것은 여전히 어려운 일이다. 특히 토지 이용 변화 및 임업에서 발생하는 온실가스 배출량은 정확한 측정법이 없기 때문에 선진국을 포함한 많은 국가들의 보고에서 자주 제외되고 있다. 많은 개발도상국은 다른 많은 부문에서도 온실가스 배출량을 추정하는 데 큰 어려움을 겪고 있다. 상공에서 온실가스 배출량을 측정하기 위해 글로벌 위성시스템이 점차

---

18) Abram Chayes and Antonia Handler Chayes, *The New Sovereignly Compliance with International Regulatory Agreements* (Harvard University Press, 1995) 120.

19) Sylvia I. Karlsson-Vinkhuyzen *et al.*, "Entry into force and then? The Paris Agreement and state account-ability" *Climate Policy* (forthcoming) 참조.

20) Kyoto Protocol, *supra* note 7, art.3.1 참조.; 그리고 UNFCCC, *supra* note 5, art.4.2와 비교.

개발되고 있는 상황이다. 이는 중기적으로 국가 보고서를 보완할 수 있는 전 세계적이고, 독립적이며, 신뢰할 수 있는 정보의 출처를 제공할 수 있다.[21]

따라서 국가적 공약 준수 여부를 평가하기 위한 필요한 예비 단계로서, UNFCCC 체제가 출범하면서부터 온실가스 배출량 및 시간경과에 따른 진화를 평가하기 위한 도구의 개발에 많은 노력을 이루어져 왔다.[22] 신뢰가능하고 일관된 온실가스 배출의 측정을 위한 여러 가지 복잡한 기술적 방법들이 채택되어 왔다. 다음에서는 기후변화 완화의 측정, 보고, 검증(MRV)을 위한 기술체계의 주요한 특징을 소개한다.

1. 측정

국가들이 자국의 영역에서 발생하는 온실가스 배출에 일관된 가정과 유사한 방법론을 사용해서 보고해야 할 경우, 비교 가능한 데이터를 만들기 위한 기술 지침이 채택되어야 하였다. UNFCCC는 당사국총회에 "온실가스 배출원에 의한 배출 및 흡수원에 따른 제거에 관한 목록을 작성하고, 온실가스 배출을 제한하고 제거를 강화하는 조치의 유효성을 평가하기 위한 비교 가능한 방법론의 개발 및 개선"할 권한을 부여하였다.[23] 그러나 이러한 작업의 세부 사항은 IPCC의 작업에 크게 의존하고 있었던 당사국총회에 큰 도전이 되었다.

IPCC는 1994년 3권짜리 국가 온실가스 배출 목록 지침(Guidelines for National Greenhouse Gas Inventories)을 채택하였다. 새로운 연구와 필요한 개선을 위해, 이 문서는 1996년에 다시 개정되어 2006년 5권으로 확대되었고,[24] 추가적인 갱신은 2019년에 발표될 예정이다.[25] 또한 IPCC는 불확실성을 고려하는 방법론[26]과 토지 이용 변화 및 임업에서 발생하는 온실가스 배출 및 흡수원을 측

---

21) Decision 19/CP.22, "Implementation of the global observing system for climate" (November 17, 2016) 참조.

22) M.J. Grubb, D.G. Victor and C.W. Hope, "Pragmatics in the greenhouse" (1991) 354: 6352 *Nature* 348, at 349; Daniel Bodansky, "The United Nations Framework Convention on Climate Change: a commentary" (1993) 18:2 *Yale Journal of International Law* 451, at 546 참조.

23) UNFCCC, *supra* note 5, art.7.2(d) 참조.

24) Simon Eggleston *et al.*, *2006 IPCC Guidelines for National Greenhouse Gas Inventories* (IGES, 2006).

25) IPCC, "Update of methodologies on national greenhouse gas inventories" (April 11 – 13, 2016), doc. IPCC – XLIII/Doc. 6, Corr.l (22.Ⅲ.2016), para. 19.

정하기 위한 방법론을 구체적으로 명시하는 한 단계 더 발전된 지침을 채택하였다.[27] 기후변화 완화 외에도 기후변화 영향 및 적응 평가를 위한 기술 지침 (Technical Guidelines for Assessing Climate Change Impacts and Adaptations)이 개발되었다.[28]

당사국총회의 제1차 회기에서는 국가 온실가스 배출 목록 지침을 배출 목록 데이터 측정, 보고, 검증을 위한 기본 방법으로 사용하는 것을 승인하였다.[29] 개정된 지침의 추후 승인과 이 지침 또는 그 일부에 대한 향후 상세화를 통해,[30] 교토의정서 당사국총회는 IPCC에 그 기술적 역할의 일부를 위임하였다. 파리협정은 일관되게 각 당사국이 "IPPC에서 수락되고 이 협정의 당사자회의 역할을 수행하는 당사국총회에서 합의된 모범관행 방법론을 사용하여" 온실가스 배출을 평가할 것을 요구하고 있다.[31]

2. 보고

각 국가는 자국 내에서 발생하는 온실가스 배출량과 기후변화에 대한 대응을 UNFCCC 사무국에 정기적으로 보고해야 한다. 보다 구체적으로 UNFCCC는 각 당사국이 국가 온실가스 배출 목록, 협약 이행을 위해 취한 정책 및 조치, 개발도상국의 경우 지원 필요성에 대한 고려 사항을 포함한 기타 관련 정보를 통보하도록 요구하고 있다.[32] 부속서 1 당사국은 채택된 이행 조치와 온실가스 배출에 미치는 영향에 대한 상세한 서술을 보고에 포함시켜야 한다.[33]

---

26) IPCC, *Good Practice Guidance and Uncertainty Management in National Greenhouse Gas Inventories* (2000).

27) IPCC, *Good Practice Guidancefor Land Use, Land-Use Change and Forestry* (2003).

28) IPCC, *Technical Guidelines for Assessing Climate Change Impacts and Adaptations* (1995).

29) Decision 4/CP. 1, "Methodological issues" (April 7,1995), para. 1 참조.; 또한 "Revised Guidelines for the Preparation of National Communications by Parties included in Annex I to the Convention," in the annex of decision 9/CP.2, "Communication from parties included in Annex I to the Convention: guidelines, schedule and process for consideration" (July 19, 1996), para. 14 참조.

30) Decision 16/CMP.l, "Land use, land-use change and forestry" (December 9-10, 2005), para. 3. 또한 Kyoto Protocol, *supra* note 7, art. 5.2 참조.

31) Paris Agreement, *supra* note 2, art.13.7(a).

32) UNFCCC, *supra* note 5, art .12.1. 또한 Alexander Zahar, *International Climate Change Law and State Compliance* (Routledge, 2015) 31-39 참조.

부속서 2 당사국은 개발도상국에 재정 및 기술 지원을 제공하기 위해 시행한 조치를 명시해야 한다.[34)]

또한 교토의정서는 부속서 1 당사국이 당사국의 결정에 따라 UNFCCC에서의 온실가스 배출 목록 및 국가보고서에 대한 추가 정보를 포함하도록 요구하고 있다.[35)] 후속 결정은 유연성체제에 따라 수행된 거래을 기록하는 국제거래장부(international transaction log)를 포함하여 등록시스템을 확립하였다.[36)] 국제거래장부는 연간 온실가스 배출 목록의 일부로 통보된 국가 계정의 검증을 용이하게 한다.[37)]

이러한 보고의 제출 빈도는 선진국과 개발도상국이 상이하다. 당사국총회가 결정한대로 부속서 1 국가들은 매년 4월 15일에 온실가스 배출 목록을 통보해야 하고,[38)] 4년마다 1월 1일에 완전한 국가보고서를 제출해야 한다(예: 2014년, 2018년).[39)] 반면 비부속서 1 국가들의 정기적인 통보는, 부속서 2 국가들의 재정지원 여부에 달려있기 때문에, 이들의 보고 기한은 정해지지 않았다.[40)]

---

33) UNFCCC, *supra* note 5, art.12.2.

34) *Ibid.*, art.12.3.

35) Kyoto Protocol, *supra* note 7, art.7.

36) Decisions 12/CMP. 1, "Guidance relating to registry systems under Article 7, paragraph 4, of the Kyoto Protocol" (December 9-10, 2005); 13/CMP.l, "Modalities for the accounting of assigned amounts under Article 7, paragraph 4, of the Kyoto Protocol" (November 30, 2005); and 14/CMP.l, "Standard electronic format for reporting Kyoto Protocol units" (November 30, 2005) 참조.

37) Decision 15/CMP.l, "Guidelines for the preparation of the information required under Article 7 of the Kyoto Protocol" (November 30, 2005).

38) Decision 3/CP.l, "Preparation and submission of national communications from the parties included in Annex I to the Convention" (April 7, 1995), para. 2(b).

39) Decision 2/CP.17, "Outcome of the work of the Ad Hoc Working Group on Long-Term Cooperative Action under the Convention" (December 11, 2011), para. 14. 해당 결정 사항이 합의되기 전에, 그리고 협약 제12조 5항에 따른 1차 공약기간이 지난 이후 COP가 결정한 2차 보고 기한은 1997년 4월 15일, 3차는 2001년 11월 30일, 4차는 2006년 1월 1일, 5차는 2010년 1월 1일, 그리고 6차는 2014년 1월 1일이었다. 또한 decision 3/CP.l, *supra* note 38, para. 2(a); decision 11/ CP.4, "National communications from parties included in Annex I to the Convention" (November 14, 1998), para. 2(a); decision 4/CP.8, "National communications from parties included in Annex I to the Convention" (November 1, 2002), para. 3; decision 10/CP.13, "Compilation and synthesis of fourth national communications" (December 14-15, 2007), para. 2; Decision 9/CP.16, "National communications from parties included in Annex I to the Convention" (December 10-11, 2010), para. 5 참조.

40) UNFCCC, *supra* note 5, art.4.7. 또한 본서 제12장, Ⅱ.A.1. 참조. 재정지원을 받은 당사

표 13.1 2018년에 적용가능한 국가적 공약 개요

관련 당사국	법적 근거	보고	빈도 (2018년 기준)	내용(가장 중요한 부분)
부속서 1 당사국	UNFCCC 제12.1-3조	온실가스(GhG) 배출 목록	매년	온실가스 배출량 및 흡수원 추정
	교토의정서 제7조	국가보고서	4년마다	UNFCCC 공약 및 교토의 정서 공약 이해
	칸쿤합의	격년보고서	2년마다	칸쿤서약 이행
비부속서 1 당사국	UNFCCC 제12.1조	국가보고서	4년마다	온실가스 배출량 및 흡수원 추정, UNFCCC 공약 이행
	칸쿤합의	격년갱신보고서	2년마다	칸쿤서약 이행

코펜하겐 합의문과 칸쿤합의에서는 선진국의 수량화된 경제 전반의 배출량 감축목표와 개발도상국의 국가별 적절한 완화행동 이행을 검증하기 위해 보다 빈번한 보고가 요구되었으며,[41] 따라서 보고에 대한 국가적 공약에 또 다른 복잡성이 추가된다. 부속서 1 당사국은 매년 1월 1일 온실가스 배출량에 대한 정보, 수량화된 경제 전반의 배출량 감축목표 달성 방향, 개발도상국에 대한 지원 제공에 관한 보고서를 2년마다 제공하기로 약속하였다.[42] 비부속서 1 당사국들은 재정지원에 따라 4년마다 국가보고서(온실가스 배출 목록 포함)를 제작하고, 국가별 적절한 완화행동 이행에 대한 정보를 포함하는 격년갱신보고서(BUR)를 2년마다 작성하기로 하였다.[43] 국가보고서의 범위는 완화의 범위를 넘어 적응뿐만 아니라 국제지원을 포함하는 것으로 확대되었다.[44]

국은 협약 발효 후 3년 이내에 초기 보고를 이행해야 한다. UNFCCC, *supra* note 5, art.12.5 참조. 또한 Decision 8/CP.ll, "Submission of second and, where appropriate, third national communications from parties not included in Annex Ⅰ to the Convention" (December 9-10, 2005), para. 2; UNFCCC, *supra* note 5, art.12.5; Decision 8/CP.ll, "Submission of second and, where appropriate, third national communications from parties not included in Annex Ⅰ to the Convention" (December 9-10, 2005), para. 2 참조.

41) Copenhagen Accord, in the annex of decision 2/CP.15 (December 18-19, 2009), paras. 4 and 5 참조.

42) *Ibid*., para. 40(a) 참조.

43) *Ibid*., para. 60(b) and (c).

44) Decision 1/CP.16, "The Cancun Agreements: outcome of the work of the Ad Hoc Working Group on Long-Term Cooperative Action under the Convention" (December

파리협정은 그동안의 경험을 바탕으로 "행동 및 지원을 위하여 강화된 투명성 프레임워크"를 설정한다.[45] 이 프레임워크의 목적은 "관련 개별 당사자가 제공하고 제공받는 지원에 대한 명확성"뿐 아니라 "협약의 목적에 비추어 기후변화 행동에 대한 명확한 이해"[46]를 제공하는 것이다."[47] 이행의 세부규칙, 특히 보고의 빈도와 기존 보고의무와의 관계는 파리협정 특별작업반(Ad Hoc Working Group on the Paris Agreement)에서 협상된 내용을 바탕으로 결정될 것이다.

3. 검증

당사자들이 신뢰할 수 있고 일관된 정보를 보고하도록 하기 위해서는 검증 과정이 필수적이다. 검증 과정은 국가의 보고 의무 준수를 위한 과정으로 이해될 수 있고, 기후변화 완화, 적응, 지원에 관한 보다 실질적인 국가적 공약 준수를 보장하기 위한 필수적인 단계이며, 이는 결국 일반국제법의 규범 준수를 촉진한다.

UNFCCC의 채택으로 이어진 협상 과정에서 검증에 관한 문제가 충분히 논의되었지만 이 단계에서는 거의 합의가 이루어지지 못하였다.[48] 협약은 단지 당사국총회에 "협약의 규정에 따라 제공된 모든 정보에 입각하여, 당사자의 협약 이행상황"을 평가할 수 있는 권한을 부여할 뿐이다.[49] 기후변화에 관한 정부간 협상위원회(Intergovernmental Negotiating Committee for a Framework Convention on Climate Change, INC/FCCC)의 권고에 따라 당사국총회의 제1차 회기는 검토 과정의 "SOP(statement of purpose)"[50]를 채택하였다. 따라서 이 검토 과정은 국가보고서에 포함된 정보를 검증하는 것으로 제한되었고, 따라서 각 당사자의 실질적 공약 준수를 평가할 때, 당사국총회가 정확하고 일관

10−11, 2010), paras. 40(c), 41 and 42.

45) Paris Agreement, *supra* note 2, art.13.1.

46) *Ibid.*, art.13.5.

47) *Ibid.*, art.13.6.

48) Bodansky, *supra* note 22, at 546−547.

49) UNFCCC, *supra* note 5, art.7.2(e).

50) Decision 2/CP.l, "Review of first communications from the parties included in Annex Ⅰ to the Convention" (April 7, 1995), para. 1.

된 관련 정보를 갖도록 할 것을 보장한다.[51] 전문평가팀(Expert Review Team, ERT)이 수행한 검토는 "촉진적이고, 비대립적이며, 공개되고 투명한 방식으로" 진행되었다.[52] 이후 부속서 1 당사국의 온실가스 배출 목록을 검토하기 위하여 유사한 과정이 확립되었다.[53] 이러한 검토 과정에는 초기 점검 및 요약 검토뿐 아니라 심층 연구, 전문가 토론과 같은 집중 검토 및 국가 내 방문도 포함되었다.

교토의정서는 국가보고서 검증을 위해 동일한 과정에 의존하였다. 부속서 1 당사국이 QELRC를 이행하기 위해 취한 단계는 협약에 따른 국가보고서 검토의 일부로 간주되었다.[54] 마찬가지로 이들 국가의 QELRC 준수 평가에 필요한 온실가스 배출에 관한 추가 자료는 온실가스 배출 목록 검토의 일부로서 검토되었다.[55]

칸쿤합의에 따라 보다 엄격한 검증 절차가 수립되어 최초로 비부속서 1 당사국에까지 확대되었다. 칸쿤합의는 부속서 1 당사국에 대한 국제 평가 및 검토(International Assessment Review, IAR) 과정과 비부속서 1 당사국에 적용할 수 있는 국제 협의 및 분석(International Consultations and Analysis, ICA) 과정을 수립하였다.[56] 이 두 과정들에 대한 관련 방식과 절차는 이듬해인 COP17에서 채택되었다.[57] 따라서 부속서 1 당사국의 국제 평가 및 검토(IAR)는 격년보고서, 온실가스 배출 목록 및 당사국의 국가보고서에 대한 전문평가팀(ERT)의 기술적 검토로 구성되며, 이행부속기구(SBI)에서 수행된 수량화된 경제 전반의 배출량 감축목표의 이행에 대한 다자간 평가(다른 당사국의 서면 및 구두 질문이

---

51) "Purpose of the review of the first communications from Annex Ⅰ parties," in Annex Ⅰ of decision 2/CP.l, *supra* note 50.

52) *Ibid*.

53) Decision 3/CP.5, "Guidelines for the preparation of national communications by parties included in Annex Ⅰ to the Convention, Part Ⅰ: UNFCCC reporting guidelines on annual inventories" (November 4, 1999) and UNFCCC, *Guidelines on Reporting and Review* (February 16, 2000), doc. FCCC/CP/1999/7 참조. 또한 Decision 19/CP.8, "UNFCCC guidelines for the technical review of greenhouse gas inventories from parties included in Annex Ⅰ to the Convention" (November 1, 2002) 참조.

54) Kyoto Protocol, *supra* note 7, art.8.1 and 7.2.

55) *Ibid*., art.8.1 and 7.1.

56) Decision 1/CP.16, *supra* note 42, paras. 44 and 63 참조.

57) Annex Ⅱ and Annex Ⅳ of decision 2/CP. 17, *supra* note 39 참조.

포함)로 구성된다.[58] 조금 덜 까다롭기는 하지만, 비부속서 1 당사국의 국제 협의 및 분석(ICA) 과정은 격년갱신보고서(BUR)에 대한 전문평가팀(ERT)의 기술적 검토와 관련이 있으며, 뒤이어 워크숍을 통한 "촉진적 경험공유(Facilitative Sharing of Views, FSV)"를 수반한다.[59] 두 가지 경우 모두 이러한 다중 검증 과정은 보고에 대한 국가적 공약을 이행하지 않는 국가에게 대중적 압력을 가중시킬 가능성이 크며, 따라서 '이름을 불러 망신을 주는(naming and shaming)' 효과를 용이하게 한다.[60] 게다가 지침은 이 과정이 "촉진적이고, 비대립적이며, 공개되고 투명할 것"을 그리고 "보고된 정보의 검토 과정에서 일관성, 비교가능성, 투명성을 증진할 것"을 요청하였다.[61]

파리협정에 의해 발표된 "행동 및 지원을 위하여 강화된 투명성 프레임워크"[62]는 국제 평가 및 검토(IAR)과 국제 협의 및 분석(ICA)의 경험을 바탕으로 할 것이다. 각 당사자는 국가별 기여방안(NDC)에 대하여 "그 진전에 대한 촉진적, 다자적 고려에 참여할 것"을 공약하였다.[63] 파리협정의 당사국회의 역할을 하는 당사국총회의 제1차 회기에서 "행동과 지원의 투명성을 위한 공통의 방식, 절차 및 지침을 적절히 채택한다."[64] 2018년 말까지 채택될 방식의 결정을 준비하는 파리협정 특별작업반(AWG-PA)의 작업은[65] 공약을 지키지

---

58) Decision 2/CP.17, *supra* note 39, para. 23, and Annex Ⅱ, part Ⅳ.

59) Annex Ⅳ of decision 2/CP.17, *supra* note 39, para. 3(b).

60) Antto Vihma, "Analyzing soft law and hard law in climate change" in Erkki J. Hollo, Kati Kulovesi and Michael Mehling (eds.), *Climate Change and the law* (Springer, 2013) 143, at 161.

61) "Guidelines for the technical review of information reported under the Convention related to greenhouse gas inventories, biennial reports and national communications by parties included in Annex Ⅰ to the Convention," in the annex of decision 23/CP.19, "Work programme on the revision of the guidelines for the review of biennial reports and national communications, including national inventory reviews, for developed country parties" (November 22, 2013), paras. 5(a) and 6. 또한 the annex of decision 13/CP.20, "Guidelines for the technical review of information reported under the Convention related to greenhouse gas inventories, biennial reports and national communications by parties included in Annex Ⅰ to the Convention" (December 12, 2014) 참조.

62) Paris Agreement, *supra* note 2, art.13.1.

63) *Ibid.*, art.13.11.

64) *Ibid.*, art.13.13.

65) Decision 1/CP.21, *supra* note 2, para. 91.

못한 국가들에게 공적 당혹감을 주는 과정으로 밀어붙이려고 할 것이다.

C. 준수 검토

기후변화 완화에 대한 공약을 포함하여, 일련의 기후협정들에서 실질적인 국가적 공약에 대한 준수를 평가하기 위한 제도적 메커니즘이 확립되었다.[66] 검증 과정과 대조적으로 준수에 대한 검토는 기후변화 완화에 대한 실질적인 국가적 공약을 포함하여, 국가들의 국가적 공약 준수 여부에 대한 결론을 도출한다는 점에서 한 단계 더 나아간 것이다.[67] 실제로 준수에 대한 검토는 검증 단계에서 확인되었으나 해결되지 않은 보고 의무 준수라는 기술적 문제에 초점을 맞추고 있다.

UNFCCC에서는 검토메커니즘을 개발할 필요성이 인정되었다. 제7조는 "당사국의 협약 이행평가"를 포함하여 "협약의 이행을 정기적으로 검토하는" 당사국총회의 기능을 담고 있다.[68] 더 구체적으로 제13조는 당사국총회의 제1차 회기는 "이 협약의 이행관련 문제의 해결을 위하여, 당사국의 요청으로 이용 가능한, 다자간 협의절차의 수립을 심의한다"고 명시하고 있다.[69] 이러한 명확한 표현은 비국가행위자의 당사자적격(standing) 및 비준수의 경우 처벌(penalties) 가능성을 포함하여, 많은 문제를 미해결의 과제로 남겨두었다.[70]

이후의 협의는 기타 다자간 환경협정에서 수립된 다자간 협의 과정이 "보통 실질적인 집행력이 결여되어 있음에도 불구하고 정부 간 절차에서 당사국들에 의한 상호 압력과 일반적 책임을 통해 그 강점이 드러났다"는 이해를 반영하였다.[71] COP4에서 채택된 결정은 상설 "다자협의위원회(multilateral consultative

---

66) 이러한 메커니즘은 다른 다자간 환경협정에서 이미 도입된 준수 시스템으로부터 영향을 받아 도입되었다. Meinhard Doelle, "Early experience with the Kyoto system: possible lessons from MEA compliance system design" (2010) 1:2 *Climate Law* 237 참조.

67) 실제로 준수를 문서로 기록하는 것과 실제로 이행하는 것 사이의 차이가 분명하지 않다. 검증 메커니즘이 아닌 의무 준수로서 국제 평가 및 검토(IAR), 그리고 국제 협의 및 분석(ICA)를 다룬 내용은 Sebastian Oberthür, "Compliance under the evolving climate change regime" in Kevin R. Gray, Cinnamon Pinon Carlame and Richard Tarasofsky (eds.), *The Oxford Handbook of International Climate Change Law* (Oxford University Press, 2016) 120 참조.

68) UNFCCC, *supra* note 5, art.7.2 and 7.2(e).

69) *Ibid.*, art.13.

70) Bodansky, *supra* note 22, at 548.

committee, MCC)"의 위임사항 초안을 포함하고 있으며, 그 구성과 투표 절차에 대해서만 결정되지 않았다.[72] 그러나 UNFCCC에 포함된 모호한 공약의 이행을 강화하기보다는 보다 구체적인 의무를 담고 있는 의정서 초안에 우선순위에 두었다. COP4 후에, 다자간 협의 과정에 대한 협상이 동결되었고 이 위원회는 결코 설립되지 않았다. 준수 검토에 대한 메커니즘은 UNFCCC에서 처음 시도된 것은 아니고 교토의정서에 의해 직접적으로 만들어진다.[73]

교토의정서 제18조에는 교토의정서의 당사자회의 역할을 수행하는 당사국총회는 "이 의정서가 준수되지 아니하는 사례를 결정하고 이에 대응하기 위한 적절하고 효과적인 절차 및 메커니즘을 승인"하도록 요청하였다.[74] 비록 절차 및 메커니즘으로서 기속력 있는 결과를 수반하는 것은 이 의정서의 개정에 의하여 채택되어야 한다는 것에는 합의되었지만, 여기에는 "결과에 관한 예시목록"이 포함되어야 한다.[75] 따라서 "의무준수위원회(Compliance Committee)"를 설립하는 결정은 2001년 교토의정서 이행규칙에 관한 마라케쉬 합의(Marrakesh Agreements on the implementation of the Kyoto Protocol)의 일부를 구성하였고, 이후 당사국회의 제1차 회기(CMP1)에서 확정되었다.[76]

의무준수위원회는 당사국회의에서 선출된 20명의 전문가들로 구성되지만 이들은 개별적으로 활동한다. 의무준수위원회는 협조분과(Facilitative Branch)와 강제분과(Enforcement Branch)라는 두 가지 분과로 구성된다. 의무준수위원회에 상정되는 "이행문제(Questions of Implementation)"는 국가보고서를 검증할 때 당사자 또는 전문평가팀(ERT)에 의해 제출될 수 있다.[77] 의무준수위원회

---

71) INC/FCC, *Consideration of the Establishment of a Multilateral Consultative Process for the Resolution of Questions Regarding Implementation* (Article 13) (July 26, 1994), doc. A/AC.237/59, para. 11.

72) Decision 10/CP.4, "Multilateral consultative process" (November 6, 1998).

73) Decision 5/CP.2, "Linkage between the Ad Hoc Group on Article 13 and the Ad Hoc Group on the Berlin Mandate" (July 19, 1996); Kyoto Protocol, *supra* note 7, art.16 참조.

74) Kyoto Protocol, *supra* note 7, art.18.

75) *Ibid*.

76) Decision 24/CP.7, "Procedures and mechanisms relating to compliance under the Kyoto Protocol" (November 10, 2001); Decision 27/CMP.l, "Procedures and mechanisms relating to compliance under the Kyoto Protocol" (November 30, 2005) 참조.

77) Annex of decision 27/CMP.l, *supra* note 76, section Ⅵ.1.

사무국은 각 분과의 권한에 따라 적절하다고 판단되는 이행문제를 두 분과 중 하나에 할당한다.[78]

협조분과는 조언을 제공하고, 지원을 조성하며, 권고를 함으로써 교토의정 서에 따른 모든 공약의 잠재적 비준수를 선제적으로 처리한다.[79] 이에 대조적 으로 강제분과는 부속서 1 당사국이 완화 공약, 보고 공약 또는 유연성체제를 확립하는 조항을 준수하는지 여부를 결정할 책임이 있다.[80] 강제분과에는 "비 준수 선언(declaration of non–compliance)"을 채택할 수 있는 더 큰 권한이 부 여된다.[81] 강제분과는 당사국에게 시행할 구제조치에 대한 보고서를 작성하 고, 구제조치의 이행을 위한 경과보고서(progress report)를 제출하도록 요구할 수 있다.[82] 강제분과는 당사국이 유연화체제를 사용할 수 있는 자격을 정지시 키거나 당사국이 이후의 공약기간 동안 할당된 배출량에서 초과 배출량의 1.3 배를 공제할 수 있다.[83] 배출 제한 및 감축 공약 준수에 관한 강제분과 결정 에 대한 항소는 이 의정서의 당사자회의 역할을 수행하는 당사국총회에 제기 될 수 있지만, 적법절차 부인이라는 매우 좁은 근거에서만 가능하다.[84]

2006년 남아프리카 공화국은 G77과 중국을 대표하여 여러 부속서 1 당사 국의 국가보고서 및 온실가스 배출 목록의 제출이 지연된 것에 대하여 이행문 제를 제출하였다.[85] 이 문제는 협조분과에 할당되었는데, '어느 당사국'을 대 표하여 제출되지 않았고, 다수의 당사자들이 한 점을 고려하여, 10명의 분과 원은 이 이행문제가 제대로 제출되었는지에 대한 결정을 내릴 수 없었다.[86]

---

78) *Ibid.*, section Ⅶ.1.

79) *Ibid.*, sections Ⅳ and ⅩⅣ.

80) *Ibid.*, section Ⅴ.4.

81) *Ibid.*, section ⅩⅥ.

82) *Ibid.*, sections ⅩⅤ.2–3.

83) *Ibid.*, sections ⅩⅤ.4–5.

84) *Ibid.*, section ⅩI1. 또한 UNFCCC, *Procedural Requirements and the Scope and Content of Applicable Law for the Consideration of Appeals under Decision 27/CMP.1* (September 15, 2011), doc. FCCC/TP/2011/6 참조.

85) Facilitative Branch of the Compliance Committee, letter of the Chairman of the Group of 77 and China (May 26, 2006), doc. CC–2006–1–1/FB.

86) Facilitative Branch of the Compliance Committee, "Report to the Compliance Committee on the Deliberations in the Facilitative Branch Relating to the Submission Entitled 'Compliance with Article 3.1 of the Kyoto Protocol'" (2006) doc. CC–2006– 11–3/FB. See also Meinhard Doelle, "Compliance and enforcement in the climate

결과적으로 이에 대해 아무런 조치도 취해지지 않았다. 이후 아직까지 다른 이행문제가 협조분과에 할당되지 않았다. 더 유의미한 활동을 위해 협조분과는 캐나다와 같이 예측 가능한 의무준수 문제가 있는 국가에 서비스를 제공하는 이니셔티브를 시도하였다. 그러나 그들이 제공할 수 있는 서비스가 거의 없었으며 캐나다는 이들과의 협력에 관심을 보이지 않았다.[87]

강제분과는 캐나다의 경우를 제외하고는 실질적인 국가적 공약보다는 보고 의무에 중점을 두고 적극적으로 활동하고 있다. 강제분과에는 8개의 서로 다른 당사국에 관한 9개의 이행문제가 할당되었으며, 이 중 우크라이나에 관한 2개의 이행문제가 존재한다(표 13.2 참조). 종종 이러한 이행문제는 온실가스 배출의 계산 및 보고에 대한 복잡하고 기술적인 문제로 간주되었다. 모든 이행문제는 전문평가팀(ERT)의 보고서에서 비롯된 것이다. 다자간 협정에서 종종 그렇듯 어떠한 당사국도 다른 당사국의 비준수에 직접 영향을 받아 검토를 시작하게 되는 "적대적인" 단계를 원하지 않았다. 9개의 이행문제 중 7개가 시장경제 전환국가에 관한 것이었다. 실질적 결정을 내리지 못했던 캐나다에 대한 문제 이외의 모든 다른 이행문제들은 때로 국가들이 유연성체제에 참여할 수 있는 자격을 일시적으로 중단하면서 비준수에 대한 구제를 요청하였다. 크로아티아는 비준수 판결에 대해 당사국총회에 항소하였지만 이를 철회하였다.[88] 결국 8건의 사건이 강제분과의 결정으로 더 이상 이행문제가 존재하지 않는다고 결정되었다.

의무준수위원회의 관행은 대체로 절차상의 문제에 국한되었다. 실제적 공약과 관련된 이행문제는 캐나다가 자국의 QELRC를 달성하지 못했던 사건이 유일하다. 그러나 의무준수위원회는 배출 제한 및 감축 공약에 대한 이 위반 사례를 처리할 수 없는 것처럼 보였다. 한편 강제분과는 공약기간이 만료된 후 확인된 비준수 사례만 처리할 수 있다. 따라서 공약기간이 만료되기 전 당사자가 유연성체제로 배출권을 구입하여 국내 배출량 균형을 유지할 가능성을 완전히 배제할 수는 없다. 다른 한편 협조분과는 보다 구체적인 권한이 없는

---

change regime" in Hollo *et al.* (eds.), *supra* note 60, 165, at 171.

87) Zahar, *supra* note 32, section 3.2.2; Oberthür, *supra* note 67, at 125 참조.

88) Decision 14/CMP.7, "Appeal by Croatia against a final decision of the enforcement branch of the Compliance Committee in relation to the implementation of decision 7/CP.12" (December 9, 2011) 참조.

경우에는 준수를 선제적으로 다루기에는 불충분해 보였다. 캐나다는 교토의정서 제1차 공약기간 만료 2주 전에 탈퇴하여 배출 제한 및 감축 공약의 위반을 면할 수 있었다.[89] 이러한 사례는 준수에 대한 작은 기술적인 문제는 해결할 수 있을지 몰라도 주권국가들이 협력하지 않을 경우의 무력함이라는 국제 매커니즘의 내재적 한계를 여실히 보여준다.

파리협정[90]은 이행을 원활히 하고 그 준수를 촉진하기 위한 새로운 메커니즘을 확립하였다. 교토의정서 의무준수위원회와 마찬가지로 파리협정의 메커니즘은 "전문가를 기반으로 한 촉진적 성격"이며 "투명하고 비대립적이며 비징벌적인 방식으로" 기능한다.[91] 파리협정 의무준수위원회는 이 협정 당사자회의 역할을 수행하는 당사국총회에 의해 선출된 12명의 위원으로 구성된다.[92] 이 위원회의 기타 방식과 절차는 2018년 말에 체결될 파리협정 당사국총회의 제1차 회기에서 채택될 예정이다.[93] 현재 협상은 메커니즘의 성격, 준수의 검토 범위 및 이러한 검토의 발동요건을 고려하고 있다.

표 13.2 의무준수위원회 강제분과에서 고려한 사례 개요

당사국 (위임일)	결과	절차 종료
그리스 (2007년 12월 28일)	• 비준수 판결 • 구제조치 요청 • 유연성체제의 자격 정지	더 이상 이행 쟁점이 아님 (2008년 11월 13일)
캐나다 (2008년 4월 11일)	없음	비준수 사항 없음 (2008년 6월 15일)
크로아티아 (2009년 8월 26일)	• 비준수 판결 • 구제조치 요청 • 유연성체제의 자격 정지	더 이상 이행 쟁점이 아님 (2012년 2월 8일)

---

89) UNFCCC Compliance Committee, Facilitative Branch, "Report on the Meeting" UN Doc CC/FB/12/2012/3 (November 9, 2012).

90) Paris Agreement, *supra* note 2, art.15.1.

91) *Ibid.*, art.15.2.

92) Decision 1/CP.21, *supra* note 2, para. 102.

93) Paris Agreement, *supra* note 2, art.15.3; Decision 1/CP.21, *supra* note 2, para. 103 참조.

불가리아 (2010년 3월 9일)	• 비준수 판결 • 구제조치 요청 • 유연성체제의 자격 정지	더 이상 이행 쟁점이 아님 (2008년 11월 13일)
루마니아 (2011년 5월 11일)	• 비준수 판결 • 구제조치 요청 • 유연성체제의 자격 정지	더 이상 이행 쟁점이 아님 (2012년 7월 13일)
우크라이나 (2011년 6월 3일)	• 비준수 판결 • 구제조치 요청 • 유연성체제의 자격 정지	더 이상 이행 쟁점이 아님 (2013년 3월 9일)
리투아니아 (2011년 9월 7일)	• 비준수 판결 • 구제조치 요청 • 유연성체제의 자격 정지	더 이상 이행 쟁점이 아님 (2012년 10월 24일)
슬로바키아 (2012년 5월 8일)	• 비준수판결 • 구제조치 요청	더 이상 이행 쟁점이 아님 (2013년 7월 4일)
우크라이나 (2016년 4월 8일)	• 비준수 판결 • 구제조치 요청	더 이상 이행 쟁점이 아님 (2017년 9월 6일)

검증 및 검토 메커니즘은 궁극적으로 정부의 공약 이행 의지에 달려 있다. 전문평가팀(ERT)의 보고나 강제분과의 비준수 선언 그 자체로는 국가들의 행동을 바꾸도록 강요할 수 없다. 유연성체제에 참여할 수 있는 국가의 권리 정지는 제한적이기는 하지만 경제적 인센티브가 될 수 있다. 검증 및 검토 메커니즘은 국가적 공약을 "강요"하기보다는 국가들이 국제 의무를 준수하고 비준수를 부끄럽게 여기도록 하는 다양한 국내적, 초국가적 사회·정치적 과정을 지원하고자 노력하고 있다. 이러한 관점에서 검증 및 준수 과정의 공개는 당사국총회가 인정한 바와 같이 "협약 이행을 지지하는 의견을 이끌어내기 위한" 필수적인 단계라고 할 수 있다.[94] UNFCCC 사무국은 일반 대중까지는 아니더라도 최소한 더 광범위한 이해관계자들에게 국가적 공약의 준수를 평가받는 이러한 다소 불분명한 과정에 대한 이해를 증진시키기 위해 노력해 왔다.[95]

---

94) Decision 7/CP.l, "The report on implementation" (April 7, 1995), recital 3.

95) *Ibid.* 예를 들어, 세계자원연구소(WRI)의 기후 정책 실행 프레임워크(Climate Policy Implementation Tracking Framework)와 같이 비정부기구에 의해 보완적 계획이 이행되기도 한다. Priya Barua, Taryn Fransen and Davida Wood, *Climate Policy Implementation Tracking Framework* (World Resource Institute Working Paper, November 2014) 참조.

III. 국가적 공약 격차 해결

위에서 설명한 바와 같이 국가행동과 일반국제법에 따른 의무 사이의 격차 (준수 격차)는 국가행동 격차, 국가적 공약 격차 및 공동의 목표 격차로 구성된 다. 이전 절에서는 더 좁은 의미에서 국가적 공약의 준수를 촉진하는 것을 포 함하여, 국가행동 격차를 줄이기 위해 사용되는 방법에 대해 논의하였다. 국가 행동 격차를 줄이는 것이 필요하지만, 충분하지는 않다. 국가가 더 적극적인 목표를 달성하고자 하는 것을 제한하는 방식으로 국가행동 격차를 해소하고자 한다면 목표가 거의 달성되지 못할 것이다. 국가적 공약이 충분히 의욕적인 경우에만 그러한 공약이 국가가 일반국제법상 의무를 준수하도록 기여할 수 있다. 이 절에서는 국가적 공약 격차를 해결하기 위한 노력을 살펴보고, 다음 절에서는 공동의 목표 격차를 살펴본다.

국가적 공약 격차는 각국 정부가 개별적으로 그 이행을 약속한 사항과 자 체적인 평가에서 공동으로 달성해야하는 사항 간의 불일치와 관련이 있다. 이 러한 불일치가 국제기후협정에 존재한다는 사실은 반직관적인 것처럼 보일 수 있다. 그러나 아래에서 논의되는 바와 같이 기후변화 완화와 관련하여 가장 명백하게 대부분의 협정에서 국가적 공약 격차가 나타난다. 국가는 특정 시점 에 이행할 수 있는 것보다 더 많은 행동을 요구하는 공동의 목표를 만들어 냄 으로써, 국가적 공약을 강화하기 위해 추가적인 협상을 해야 할 필요성을 인 식하고 있다.[96] 따라서 국가적 공약과 공동의 목표 사이의 격차는 기본적으로 일반국제법 준수를 장려하기 위한 점진적인 일련의 단계로서의 UNFCCC 체제 의 성격을 반영한다.

A. UNFCCC

관련 조항의 모호함에도 불구하고 UNFCCC에서 국가적 공약의 격차는 분 명히 구별된다. "기후체계가 위험한 인위적 간섭을 받지 않는 수준으로 대기 중 온실가스 농도의 안정화를 달성하는 것"[97]이라는 공동의 목표는 국가적 공

---

96) UNFCCC, *supra* note 5, art.4.2(d); Decision 1/CP.16, *supra* note 42, paras. 37 and 50; Paris Agreement, *supra* note 2, art.14 참조.

97) UNFCCC, *supra* note 5, art.2.

약의 일관성 평가를 위한 기준으로 적절하지 않다. 다른 한편으로 이러한 국가적 공약은 그 자체로 일반적인 용어로 정의된다. 그러나 "국가정책을 채택하고 이에 상응하는 조치를 취할 것"이라는 선진국의 불특정한 공약이 어떻게 정의되든 간에 기후체계에 대한 "위험한" 인위적 간섭을 방지하기에는 충분하지 않을 것으로 보인다.[98]

보다 구체적인 조치에 대해서는 1992년에 합의되지 않았지만, 국가들은 "이 협약의 목적이 달성될 때까지" 일정한 간격으로 부속서 1 당사국 공약의 "적정성을 검토"하기로 하였다.[99] 이러한 검토를 하면서, 당사국총회는 제1차 회기에서 선진국의 공약이 "적정하지 않으며" 의정서나 다른 문서의 채택을 통해 강화될 필요가 있다고 결론지었다.[100] 교토의정서의 채택으로 이끈 후속 협상을 통해, 각국은 "정치적 모멘텀의 유지할" 필요성에 합의하였다.[101]

B. 교토의정서

교토의정서는 특히 기후변화 완화에 대해 보다 구체적이고 명확한 조치를 취하려는 열망을 가지고 있었다. 공약기간(2008~2012) 동안 부속서 1 당사국에 적용가능한 QELRC의 수립에 중점을 두었고, 초기 공약기간 동안 부속서 1 당사국의 온실가스 배출량을 "1990년 수준 대비 적어도 5% 감축하는" 공동의 목표("관점")를 제안하였다.[102] 이 공동의 목표는 단순히 국가적 공약의 총체적인 효과를 반영한 것이었다. 부속서 1 당사국들이 그들의 국가적 공약에 따라 온실가스 배출량을 감축한다면 원칙적으로는 이러한 목표를 달성할 수 있었을 것이다.[103] 따라서 교토의정서는 어떠한 국가적 공약 격차도 수반하지 않았다. 그러나 이는 공약기간 내 부속서 1 당사국의 배출에만 제한된 공동의 목표였다. 교토의정서는 국가적 공약을 확대시키는 것이 아니라 공동의 의욕

---

98) *Ibid.*, art.4.2(a).

99) *Ibid.*, art.4.2(d).

100) Decision 1/CP.l, "The Berlin Mandate" (April 7, 1995), Preamble.

101) Decision 1/CP.4, "The Buenos Aires Plan of Action" (November 14, 1998).

102) Kyoto Protocol, *supra* note 7, art.3.1.

103) 그러나 교토의정서 제 12조에 의해 초기의 목적과 다른 이론적 불일치가 발생한다. CDM을 통해 부속서 1 당사국이 비부속서 1 당사국에 의해 실행된 프로젝트 활동으로 생긴 탄소배출권(CER)을 보고함으로써 배출 제한 및 감축 공약 준수에 기여할 수 있도록 허용한다.

을 줄임으로써 국가적 공약 격차를 해결하려는 위험한 유혹을 보여준다.

C. 파리협정

교토의정서와 달리 파리협정은 초기에 국가적 공약과 공동의 목표 사이에 상당한 격차가 존재하였다. 국가적 공약은 국가가 결정하기 때문에,[104] 산업화 전 수준 대비 지구 평균기온 상승을 섭씨 2도 보다 현저히 낮은 수준으로 유지하고 섭씨 1.5도로 제한하도록 노력하여도[105] 기후변화의 위협에 대한 전 지구적 대응을 강화하는 목표를 달성할 수 있다는 보장은 없다.[106] 오히려 초기 국가적 공약을 검토해 보면, 섭씨 1.5도 달성은 고사하고 산업화 전 수준 대비 지구 평균기온 상승을 섭씨 2도 이내에서 유지하려는 목적과 불일치된다는 점을 보여준다.[107] 기후변화 완화에 관한 기존의 국가적 공약을 보면, 평균기온이 섭씨 3.2도 상승할 가능성이 가장 높으며, 섭씨 2도 미만 상승할 확률은 5%, 섭씨 1.5도 미만 상승할 확률은 1%에 불과하다.[108] 완화 노력 이외에도 국제지원을 포함하여 기후변화에 관한 국제협력의 다른 측면과 관련해서도 국가적 공약 격차가 확인되었다.[109]

파리협정은 국가별 기여방안에 반영된 의욕을 강화함으로써 국가적 공약의 초기 격차를 줄이기 위한 몇 가지 메커니즘을 확립하고 있다. 국가별 기여방안이 각 당사국의 "가능한 한 가장 높은 의욕 수준(highest possible ambition)"을 반영해야 한다는 모호한 언급[110]은 사회 · 정치적 또는 심지어 법적 절차를 만족시키고 더 강력한 공약을 유도할 수 있다. 파리협정은 각 당사자가 "목표 수준을 높이기 위해" 언제든지 국가별 기여방안을 조정하도록 권장한다.[111] 또한 국가별 기여방안은 개정할 필요가 있는 특정 기간에 대한 공약을 나타내

---

104) Paris Agreement, *supra* note 2, art.3.

105) *Ibid.*, art.2.1.

106) *Ibid.*, art.2.1(a).

107) UNFCCC Secretariat, *supra* note 16; UNEP, *supra* note 10 참조.

108) Adrian E. Raftery *et al*, "Less than 2°C warming by 2100 unlikely" (2017) 7 *Nature Climate Change* 637.

109) Decision 10/CP.21, "The 2013–2015 review" (December 13, 2015), para. 6 참조.

110) Paris Agreement, *supra* note 2, art.4.3.

111) *Ibid.*, art.4.11.

며, 파리협정은 각 당사국의 차기 국가별 기여방안이 "진전되는 노력을 시현할 것"을 요구한다.[112] 라반야 라자마니(Lavanya Rajamani)가 "파리협정의 완전성, 근거 및 정신은 진보에 달려있다"고 주장한 것처럼, 이러한 조항들은 더 큰 목표로의 진행 방향을 보여준다.[113]

전반적으로 파리협정은 이 협정의 목적과 그 장기적 목표의 달성을 위한 공동의 진전을 평가하기 위하여 다자간 "전지구적 이행점검(global stocktake)"을 수립한다.[114] 이 국가적 공약 검토는 2023년부터 5년마다 진행된다.[115] 특히 국가별 기여방안으로부터 기대되는 전반적인 영향과 IPCC의 최신보고서가 공지될 것이다.[116] 전지구적 이행점검의 결과는 당사국들이 공약을 갱신하고 강화시키는 데 필요한 정보를 제공할 것이다.[117] 대부분의 적용방식은 파리협정 특별작업반(AWG–PA)에 의해 결정되며, 파리협정 당사자회의 역할을 수행하는 당사국총회 제1차 회기에서 채택되어야 한다.[118] 2018년 탈라노아 대화(Talanoa Dialogue)는 국가별 기여방안의 목표에 대한 첫 번째 검토가 될 것이고, 전지구적 이행점검에 포함될 제도들을 시험하는 기회가 될 것이다. 파리협정의 성공 여부는 UNFCCC 체제 내외의 다른 제도적 절차와 함께 국가적 공약 격차 해소를 위한 전지구적 이행점검에 크게 좌우될 것이다.

IV. 공동의 목표 격차 해결

공동의 목표 격차는 국가행위와 일반국제법상 의무 간 준수 격차의 세 번

---

112) *Ibid.*, art.4.3.

113) Lavanya Rajamani, "The US and the Paris Agreement: in or out and at what cost?" EJIL: Talk! (May 10, 2017), www.ejiltalk.org/the–us–and–the–paris–agreement–in –or–out–and–at–what–cost (accessed January 25, 2018) 참조. 또한 Niklas Höhne, "The Paris Agreement: resolving the inconsistency between global goals and national contributions" (2017) 17:1 *Climate Policy* 16 참조.

114) Paris Agreement, *supra* note 2, art.14.1.

115) *Ibid.*, art.14.2.

116) Decision 1/CP.21, *supra* note 2, para. 99.

117) Paris Agreement, *supra* note 2, art.14.3.

118) Decision 1/CP.21, *supra* note 2, para. 101.

째 요소다. 공동의 목표 격차는 국제기후협정에 정의된 공동의 목표와 일반국
제법 요건 사이에서 발생할 수 있는 불일치와 관련이 있다. 국제기후협정이
일부 점진적 개선을 촉진하기는 하지만, 이러한 협정을 통해 국가가 합의한
공동의 목표는 가장 분명하게는 국제위법행위를 저지른 국가가 적절한 배상을
제공해야 한다는 점에서 일반국제법에 따른 관련 의무를 수행하기에는 일반적
으로 부족하다.119)

특정 국제기후협정과 관련하여 공동의 목표 격차의 존재 여부와 정도를 평
가하는 것은 어려울 수 있다. 한편 일반국제법의 관련 규범은 권위적인 해석
의 부재로 인해 명확히 결정되지 않고 있다.120) 다른 한편, 연이은 국제기후협
정을 통해 정의된 공동의 목표는 각국의 외교전을 통해 어렵게 이루어져 종종
모호한 용어로 표현된다. 예를 들어 UNFCCC의 목적은 "기후체계에 대한 위
험한 인위적 간섭"을 구성하는 것에 대해 정의하지 않고 있다.121) 다른 국가
에게 중대한 영향을 줄 수 있는 기후체제의 변화를 방지해야 하는 의무로 해
석된다면, 이 목표는 무해의 원칙에서의 국가의 의무와 일치할 것이지만 "위
험한(danagerous)"이 더 좁게 해석되는 경우에는 공동의 목표 격차가 발생한
다. 전체적으로 UNFCCC의 목적은 과도한 온실가스 배출에 영향을 받는 국가
에 적절한 배상을 제공할 책임이 있는 국가가 의무를 수행하도록 하는데 거의
도움이 되지 않는다.

교토의정서의 공동의 목표는 의욕뿐만 아니라 범위에서도 훨씬 더 제한적
이다. 그 범위는 지리적으로는 부속서 1 당사국의 배출량으로, 역사적으로는
2008년부터 2012년까지의 공약기간으로 제한된다. 그 목표는 1990년 수준보
다 5% 이하의 감축으로 제한된다.122) 따라서 교토의정서는 모든 국가 또는 어
떤 국가에 대해서도 무해의 원칙에 따른 의무를 준수하도록 만들기에 충분하
지 않았다. 모든 부속서 1 당사국이 각자의 배출 제한 및 감축 공약에 참여하
고 이행하더라도 과도한 온실가스 배출은 중단되지 않았을 것이다. 여기에서
또한 기후변화 배상에 관한 규정은 없었다.

119) 본서 제5장, section Ⅳ, 본서 제11장, Ⅱ. 참조.
120) 본서 제5장 참조.
121) UNFCCC, *supra* note 5, art.2.
122) Kyoto Protocol, *supra* note 7, art.3.1.

대조적으로 코펜하겐 합의문과 칸쿤합의는 보다 의욕적인 목표를 지지하
였다. 이는 산업화 전 수준 대비 지구 평균기온 상승을 섭씨 2도 이내에서 유
지하려는 것이었다.[123] 이 방향으로 나아가면서, 파리협정 제2조는 적응과 지
원을 명시적으로 강조한 UNFCCC의 "궁극적 목적(ultimate objective)"에 대한
다소 엄격한 해석을 상세하게 보여주었다. 그러나 UNFCCC 체제에서 국가들
이 추구하는 공동의 목표에 대한 이러한 명확화는 일반국제법과의 불일치를
더욱 명확하게 드러낸다. 섭씨 2도 목표와 섭씨 1.5도라는 완화 목적은 확실하
게 해수면 상승을 막지는 못하여 일부 군소도서개발국이 사라지게 되는 심각
한 피해의 사례로 쉽게 간주될 수 있다. 다시 한 번 파리협정의 어떠한 내용도
온실가스의 과도한 배출이라는 위법행위에 대한 배상으로 간주될 수 없다. 따
라서 파리협정은 의욕적인 공동의 목표를 만들었지만 이러한 목표와 일반국제
법상 국가의 의무 사이에는 여전히 격차가 존재한다.

섭씨 2도 목표를 승인할 때 칸쿤합의는 "섭씨 1.5도 온도 상승과 관련한
장기적인 전지구적 목표 강화를 고려하여, 당사국총회에 이 목표[124]의 적절성
을 주기적으로 검토할 것"을 요구하였다.[125] 2015년에 제1차 검토가 완료되었
으며,[126] IPCC의 평가보고서 채택 이후 또는 적어도 7년마다 새로운 검토가
시작되어야 한다.[127] 기후변화 완화와 관련하여, 이미 2016년에 관찰된 평균
섭씨 1.1도 상승[128]으로 파리협정에서 결정된 수준보다 높은 수준의 공동의
목표를 추구하기에는 늦은 것으로 보인다. 그러나 이 목표에 대한 승인은 현

---

123) Copenhagen Accord, *supra* note 41, para. 1; decision 1/CP.16, *supra* note 42, para. 4 참조.

124) Decision 1/CP.16, *supra* note 42, para. 138.

125) *Ibid.*, para. 139(a)(iv).

126) Decision 1/CP.18, "Agreed outcome pursuant to the Bali Action Plan" (December 8, 2012), paras. 86−89; UNFCCC SBSTA and SBI, "Report on the structured expert dialogue on the 2013−2015 review" (May 4, 2015), doc. FCCC/SB/2015/INF.1; decision 10/CP.21, *supra* note 109 참조.

127) Decision 2/CP.17, *supra* note 39, para. 167.

128) World Meteorological Organization, *Statement on the State of the Global Climate in 2016* (WMO, 2017) 2 참조. 또한 1880년부터 2012년까지 0.85℃가 상승하였다고 언급한 L.V. Alexander *et al.*, "Summary for policymakers" in T.F. Stocker *et al.* (eds.), *Climate Change 2013: The Physical Science Basis. Contribution of Working Group I to the Fifth Assessment Report of the Intergovernmental Panel on Climate Change* (Cambridge University Press, 2013) 3, at 5 참조.

재 상태에 안주하게 함으로써 전 세계 인구와 생태계에 심각한 피해를 야기할 수도 있다. 최소한 적절한 배상을 제공하기 위한 책임 있는 국가의 적응, 지원 및 의무와 관련해서는 훨씬 더 의욕적인 공동의 목표가 정의될 필요가 있다.

V. 결론

각국 정부는 추상적인 법적, 도덕적 원칙을 위해 많은 비용을 들이기를 꺼려한다. 그들에게 국제법 의무를 준수하도록 설득하는 것은 어려운 일이다. 많은 국내법과 달리 국제법은 비준수를 제재할 수 있는 강력한 제도가 존재하지 않는다. 이보다는 외국정부와 국제기구 또는 시민단체와 유권자들의 설득과 옹호에 의존하고 있다. UNFCCC 체제는 이러한 관점에서 국가가 일반국제법, 특히 무해의 원칙에 따른 의무를 점차적으로 준수하도록 함께 노력하려는 시도로 이해될 수 있지만, 아마도 국제위법행위로 인한 피해에 대한 적절한 배상을 지불해야 하는 2차 의무로도 이해될 수 있다. 준수에 관한 체제로서, UNFCCC 체제는 국가들이 절차적, 실제적으로 국가적 공약과 합치되는 행동을 채택하고, 공동의 목표를 달성하기 위해 그들의 공약을 검토하고, 일반국제법에 합치하는 공동의 목표를 정의하도록 하고 있다.

제14장

사법적 해결

제14장
사법적 해결

　재판소에 의한 법의 집행은 법과 도덕 규범과 같은 다른 규범 체계를 구별한다. 비록 법의 준수가 사회학적 과정에 크게 의존하지만 최근 몇 년 동안 기후변화에 관한 국제법의 발전에서 소송이 점차 큰 역할을 하고 있다.

　기후변화에 관한 국제법 이행에 관한 사건은 국제 혹은 국내 관할권에 제기될 수 있다. 그러나 국제관할권에 대한 접근은 여러 절차적, 정치적 장애물로 인해 금지되는 경우가 많았으며, 대부분의 경우에서 국내법원이 더 두드러진 역할을 해왔다. 국내법원은 때로 국제법을 직접 적용하기도 하였다. 다른 경우에는 국내법원은 국가당국이 그들의 국제의무와 일치하는 행동을 채택하도록 하기 위해 국내법에 의존하기도 하였다. 기후변화 관련 소송에 많은 장애물이 존재하였다고 하더라도 이러한 소송은 일반국제법을 준수하지 않은 국가들을 대상으로 속히 '이름 불러 망신주기(naming and shaming)'를 통해 사회·정치적 과정을 강화시켰고, 간접적으로 준수를 촉진시켰다.

　그러나 소송 또한 기후행동을 방해할 수도 있다는 사실을 잊기 쉽다. 예를 들어, 국제인권법이나 국제통상법과 같은 다른 국제법 분야에서의 이행에 관한 국내 조치와 국가들의 의무 사이에 상반된 성격이 나타날 때 이런 일이 발생할 수 있다.[1] 그렇지 않은 경우라면 이행에 관한 국내 조치는 헌법이나 행정법과 같은 국내법에 위반될 수 있다.[2] 이런 소송은 기후변화에 대한 대응이

---

1) 본서의 제16장, I.B. 참조.
2) US Supreme Court, *West Virginia et al. v. Environmental Protection Agency*, No. 15A773,

법의 지배라는 원칙을 침해하지 않도록 보장하지만, 기후행동을 방해하고자 하는 경제 주체들에 의해 이용될 수도 있다.

이 장은 기후변화에 관한 국제법의 이행을 촉진하는 소송에 중점을 둔다. 우선 국내 관할권의 역할을 논의하기 전에 국제 법원 및 재판소에 소송을 제기할 가능성에 대해 논의한다.

I. 국제 판결

국제분쟁을 다루는 여러 법원과 재판소가 있지만 그 중 다수는 제한적인 관할권을 가지고 있다. 국제사법재판소(ICJ)는 기후변화에 대응하는 국가의 의무에 관한 사건을 판결하기 위한 가장 확실한 장이 될 것이다.[3] 또는 유엔해양법협약(UNCLOS)에 따라 설립된 국제해양법재판소(ITLOS)를 이용할 수도 있다.

국제 법원이나 재판소에서의 소송 절차는 본질적으로 계쟁사건이나 권고적 의견에 관한 것일 수 있다. 계쟁사건은 제소국과 피제소국 두 국가 간의 분쟁과 관련이 있다. 이와는 대조적으로 권고적 의견을 위한 절차는 국제기구에 의해 또는 구체적인 상황에 관계없이 모든 법적 문제에 대한 다자간 합의를 통해 제기될 수 있다. 계쟁사건과 권고적 의견에 관한 소송은 일련의 법적, 정치적 장애물에 직면할 수 있다. 그러나 성공적인 경우 그러한 절차는 일반국제법에 따른 국가 의무에 대한 이해를 높일 수 있다.[4]

A. 국제사법재판소에 제기된 계쟁사건에 대한 전망

국제사법재판소의 관할권은 분쟁 당사자 간의 동의에 기초하여 설정된다.[5] 일반적으로 두 국가 간의 협정이라는 특별동의(*ad hoc* consent)를 통해 해당 분쟁을 국제사법재판소에 제기할 수 있다. 사전동의(advance consent)는

---

order of February 9, 2016 staying the Clean Power Plan 참조.

3) Charter of the United Nations, June 26, 1945, 1 *UNTS* XVI, art.92.

4) Daniel Bodansky, "The role of the International Court of Justice in addressing climate change: some preliminary reflections" (2017) 49 *Arizona State Law Journal* 689 참조.

5) Statute of the International Court of Justice, June 26, 1945, 3 *Bevans* 1179 (이하 ICJ Statute), art.36.

조약으로 규정될 수 있으며, 종종 국가의 선언에 의해 효력이 발생하는 선택 조항을 통해 수립될 수도 있다.6) 마지막으로, 국제사법재판소의 강제관할권에 대한 동의(consent to the compulsory jurisdiction of the ICJ)는 국제사법재판소 규정 제36조 2항을 수락한 당사국 상호간에 향후 법적 분쟁에 대한 국제사법재판소의 강제관할권을 수락하는 선언을 한 경우 성립한다.7)

사전동의의 한 형태로서, UNFCCC 제14조 2항은 모든 당사국이 UNFCCC의 해석 또는 적용과 관련된 후속 분쟁과 관련하여, 국제사법재판소의 강제관할권을 인정할 수 있도록 한다.8) 그러나 이러한 사전동의 선언은 쿠바와 네덜란드에 의해서만 이루어졌다. 따라서 이들 간의 분쟁은 이론적으로 다른 당사자의 합의에 관계없이 어느 한 당사자에 의해 진행될 수 있다. 그렇다 하더라도 UNFCCC의 해석 또는 적용에 관한 청구는 소인으로 원용할 조항을 결정하는 것을 불가능하게 하는 매우 모호한 의무의 성격에 의해 방해받는다.9) 파리협정은 보다 구체적인 소인을 제공할 수 있지만 국가적 공약은 일반국제법상 국가의 의무 범위에 일반적으로 훨씬 못 미친다.10)

사전동의는 본질적으로 조약법의 범위에 국한되지만 국제사법재판소의 강제관할권에 대한 동의는 일반국제법상 국가의 권리와 의무에 관한 계쟁사건을 허용할 수도 있다. 72개 국가는 국제사법재판소 규정 제36조 2항에 따른 선언을 수락하였다.11) 그러한 선언으로 발생한 재판소의 강제관할권에는 조약의 해석뿐만 아니라 "국제법상의 문제"와 "국제의무 위반에 대하여 이루어지는 배상의 성질 또는 범위"가 포함된다.12)

---

6) *Ibid.*, art.36.

7) *Ibid.*, art.36.2.

8) United Nations Framework Convention on Climate Change, May 9, 1992, 1771 *UNTS* 107 (이하 UNFCCC), art.14.2. 또한 *Ibid.*, art.14.8 참조; Kyoto Protocol to the United Nations Framework Convention on Climate Change, December 11, 1997, 2303 *UNTS* 162 (이하 Kyoto Protocol), art.19; Paris Agreement, December 12, 2015, in the annex of decision 1/CP.21, "Adoption of the Paris Agreement" (December 12, 2015), art.24.

9) Philippe Sands, "Climate change and the rule of law: adjudicating the future in international law" (2016) 28:1 *Journal of Environmental Law* 19, at 28.

10) 파리협정에서 합의된 국가별 완화 공약에 대해서는 본서 제7장, Ⅱ.B.1. 참조. 국가별 기여의 차이는 본서 제13장, Ⅲ. 참조.

11) 자세한 사항은 ICJ, "Declarations recognizing the jurisdiction of the Court as compulsory", www.icj-cij.org/en/declarations (accessed January 25, 2018) 참조.

12) ICJ Statute, *supra* note 5, art.36.2(b),(d).

이러한 분쟁에는 여러 가지 잠재적 장애물이 있을 수 있다. 예를 들어, 당사국 간 진정한 분쟁의 존재가 절차가 개시되기 전에 확립되어야 한다. 마샬 군도에 의해 제기된 *Obligation Concerning Negotiation relating to Cessation of the Nuclear Arms Race and to Nuclear Disarmament*와 관련된 3개의 병행사건에서, 국제사법재판소는 피제소국이 그들의 견해가 제소국에 의해 적극적으로 반대되고 있다는 것을 알거나, 알지 못했을 수 있는 증거를 요구하였다.13) 이 사건에서 다자간 협상에 참여하는 것은 충분한 증거로 간주되지 않았다. 기후변화와 관련된 계쟁사건의 경우, 사전 양자협의는 분쟁의 존재를 확립하는 데 도움이 될 수 있다.

또 다른 어려움은 기후변화는 그 결과가 모든 국가에 영향을 미치는 여러 국가의 동시 행동으로 인한 것이라는 점이다. Monetary Gold 원칙을 통해, 국제사법재판소는 분쟁당사자가 아닌 제3국의 법적 이익이 바로 그 사건의 주제인 경우 제3국의 동의 없이는 심리할 수 없다고 결정하였다.14) 한편, 호주와 일본 간의 *Whaling in the Antarctic* 사건에서 국제사법재판소는 다자적 의무 위반에 의해 피해를 입지는 않았지만 영향을 받는 국가의 적용에 대해서도 관할권을 가진다고 만장일치로 결정하였다.15)

국제사법재판소에 제소된 계쟁사건에 대한 가장 큰 장애물은 사실 법적인 문제라기보다는 정치적인 문제일 수 있다. 지구 환경문제를 해결하기 위해 서로에 대한 소송에 참여할 국가는 거의 없을 것이다. 그러한 소송에는 특정 국

---

13) ICJ, *Obligations Concerning Negotiations relating to Cessation of the Nuclear Arms Race and to Nuclear Disarmament (Marshall Islands v. United Kingdom)*, judgment of October 5, 2016, para. 41; *Ibid. (Marshall Islands v. Pakistan)*, para. 38; *Ibid. (Marshall Islands v. India)*, para. 38. 해당 판결은 ICJ 재판관들의 의견이 8:8로 나뉘어 재판소장의 결정(President's casting vote)으로 채택되었다.

14) ICJ, *East Timor (Portugal v. Australia)*, judgment of June 30, 1995, para. 35; ICJ, *Monetary Gold Removed from Rome in 1943 (Italy v. France, United Kingdom and United States)*, judgment of June 15, 1954, at 32; ICJ, *Certain Phosphate Lands in Nauru (Nauru v. Australia)*, judgment of June 26, 1992 on preliminary objections, para. 55 참조. 반대로 다른 극단적인 접근으로는 ITLOS, *Request for an Advisory Opinion Submitted by the Sub- Regional Fisheries Commission (SRFC)*, Advisory Opinion of April 2, 2015, para. 76 and declaration of Judge Cot, para. 7 참조. 또한 Phoebe Okowa, *State Responsibility for Transboundary Air Pollution in International Law* (Oxford University Press, 2000) 202 참조.

15) ICJ, *Whaling in the Antarctic (Australia v. Japan: New Zealand Intervening)*, judgment of March 31, 2014.

익 달성으로 정당화되지 않는 외교비용이 소요되기 때문이다.[16] 정치적 장애물은 광범위한 기후변화와 같은 상황에서 더 크다. 기후변화에 크게 영향을 받는 국가들이 일반적으로 외교적 힘이 가장 약한 국가들 중 하나이기 때문이다. 국제사법재판소 자체는 입장이 분명하게 나누어지는 문제에 대해 특정한 입장을 취하는 것을 꺼릴 수 있다. *Northern Cameroon* 사건에서 국제사법재판소는 만약 자신이 관할권을 가지고 있다 하더라도 본안에 대한 판결을 내리는 것이 국제사법재판소의 사법적 기능과 배치되는 경우 판결을 거부할 수 있다는 점을 밝혔다.[17] 소극적 재판소는 정치적으로 매우 민감한 분야에 대해서는 이러한 혹은 다른 방식을 취할 수 있다.

B. 국제사법재판소의 권고적 의견에 대한 전망

계쟁사건 이외에 국제사법재판소에 권고적 의견을 요청할 수도 있다. 유엔총회 및 안전보장이사회는 국제사법재판소에 "어떠한 법적 문제"에 대해서도 권고적 의견을 요청할 수 있다. 또한 총회는 UN의 다른 기관 및 전문기구도 "그 활동범위 안에서 발생하는 법적 문제"에 관하여 권고적 의견을 요청할 수 있는 권한을 부여할 수 있다.[18] 국제사법재판소는 "할 수 있지만(may)" 이러한 요청에 대하여 권고적 의견을 제시해야 하는 엄격한 의무는 없다.[19] 그럼에도 불구하고 권고적 의견에 대한 요청이 거부된 적은 거의 없다. 요청된 문제에 법적인 성격이 있다고 한다면, 광범위한 정치적 함의에도 불구하고 요청이 받아들여졌다.[20] 국제사법재판소는 세계보건기구(WHO)가 요청한 권고적 의견에 관한 사건에서, 그 문제가 이 전문기구의 "활동범위"에 있지 않다는 이

---

16) Daniel Bodansky, "The United Nations Framework Convention on Climate Change: a commentary" (1993) 18:2 *Yale Journal of International Law* 451, at 543. 이러한 점에서 남극에서의 포경 사례는 주목할 만한 예외이다. 그러나 과도한 온실가스 배출이 포경의 경우보다 국가 간에 훨씬 흔하게 발생하고 있으며 온실가스 배출에 대해 특정 국가가 사법적 절차를 이행하고자 한다면 다수의 국가로부터 적대적 반응에 직면할 것이다.

17) ICJ, *Northern Cameroons (Cameroon v. United Kingdom)*, judgment of December 2, 1963, at 37.

18) UN Charter, *supra* note 3, art.96.

19) ICJ Statute, *supra* note 5, art.65.1.

20) ICJ, *Accordance with International Law of the Unilateral Declaration of Independence in Respect of Kosovo*, Advisory Opinion of July 22, 2010, para. 27 참조. 또한 PCIJ, *Status of Eastern Carelia*, Advisory Opinion of July 23, 1923, PCD Ser. B, No. 5 참조.

유로 핵무기의 적법성에 대한 의견 요청을 거절하였으나,[21] 같은 날 제기된 총회의 유사한 요청에 대해서는 받아들였다.[22]

국제사법재판소의 권고적 의견은 일반국제법의 관련 규범에 대한 권위 있는 해석을 제공하는 중요한 기회가 될 수 있지만 반발을 불러일으킬 수도 있다. 국제사법재판소가 권고적 의견을 제시하는 경우 불균형적인 관할권 상의 예방조치로 인해 일반국제법을 지나치게 보수적으로 해석할 가능성이 있기 때문이다. 국제사법재판소는 이미 몇 차례 그 권고적 의견이 국제법의 발전에 기여하기를 희망하는 사람들을 실망시킨 바 있다. *Legality of the Threat or Use of Nuclear Weapons*에 대한 권고적 의견에서, 국제사법재판소는 국가의 생존이 달려있는 극도의 자위적 상황에서 핵무기 사용의 적법성 여부를 결정할 수 없다고 판단하였다.[23] 필립 샌즈(Philippe Sands)는 이에 대해 다음과 같이 평가하였다. "자국의 존재가 위협받는 상황에서는 합법적으로 타국을 멸망시킬 수 있다는 불만족스러운 결론은 기후변화 문제에 있어 좋은 징조로 보이지는 않는다."[24]

건설적인 권고적 의견의 가능성은 재판소에 요청된 문제에 크게 좌우될 것이다. 아마도 기후행동을 위한 국제지원에 중점을 두지 않는 한, 정치적 민감성과 실제적 관련성이 부족하다는 점을 들어 재판소의 구성원들은 역사적 책임에 대한 문제를 다루는 것을 꺼릴 수도 있다. 국제사법재판소는 무해의 원칙과 같은 일반국제법 관련 규범의 해석과 이러한 규범과 국제기후협정에 포함된 규칙과의 관계를 분석하는 방식을 포함하여, 기후변화 완화에 대한 국가들의 의무에 관하여 논의하는 것을 더 선호할 것이다.

UN 총회 또는 안전보장이사회가 기후변화 문제에 대한 권고적 의견을 요청하기 전 상당한 정치적 지원이 필요할 것이다. 예를 들어, 총회는 총의에 의한 결정에 도달할 수 없다면 국제사법재판소에 권고적 의견을 요청하기 위해

---

21) ICJ, *Legality of the Use by a State of Nuclear Weapons in Armed Conflict*, Advisory Opinion of July 8, 1996, para. 31.

22) ICJ, *Legality of the Threat or Use of Nuclear Weapons*, Advisory Opinion of July 8, 1996.

23) *Ibid.*, para. 105.2(E). 또한 *Advisory Opinion on Accordance with International Law of the Unilateral Declaration of Independence in Respect of Kosovo*, *supra* note 20 참조.

24) Sands, *supra* note 9, at 20.

투표를 거쳐야 할 것이다. 팔라우는 한때 그러한 요청을 위한 캠페인을 시작하였는데, 미국이 팔라우에 상당한 양의 개발원조를 제공하여 압력을 가한 것으로 추정된 이후 갑자기 이러한 캠페인을 중단하였다.[25] 총회가 권고적 의견을 요청할 수 있도록 승인한 UN의 전문기구 중 가장 강력한 경쟁자들은 식량농업기구, 유네스코, 세계기상기구일 것이다.[26] 그러나 이러한 기관들의 결정 또한 각 기관의 총회에서 결정되어야 하기 때문에 비슷한 정치적 어려움을 겪을 것으로 예상된다.[27]

C. 유엔해양법협약에서의 판결 전망

유엔해양법협약은 계쟁사건이나 권고적 의견을 위한 대안적 재판소의 역할을 수행한다.[28] 유엔해양법협약에서 "해양환경오염(pollution to the marine environment)"의 정의는 해수면 상승 또는 해양산성화와 같은 해양에 대한 기후변화의 영향을 포함할 정도로 광범위하다.[29] 따라서 "해양환경을 보호하고 보존"해야 하는 유엔해양법협약상 당사국들의 의무[30]는 무해의 원칙에서 발

---

25) Stuart Beck and Elizabeth Burleson, "Inside the system, outside the box: Palau's pursuit of climate justice and security at the United Nations" (2014) 3:1 *Transnational Environmental Law* 17, at 26 참조.

26) "Jurisdiction of the court and the procedure followed by it" (2014–15) 69 *International Court of Justice Yearbook* 52, at 64–68; "Organs and institutions authorized to request advisory opinions of the court" (Annex 13(A)) (2012–2013) 67 *International Court of Justice Yearbook* 166 참조.

27) *Agreement between the United Nations and the World Meteorological Organization, Approved by the General Assembly of the United Nations*, December 20, 1951, 123 *UNTS* II –415, art. VII.3 참조.

28) United Nations Convention on the Law of the Sea, December 10, 1982, 1833 *UNTS* 3, part XV. 또한. Roda Verheyen and Cathrin Zengerling, "International dispute settlement" in John S. Dryzek, Richard B. Norgaard and David Schlosberg (eds.), *The Oxford Handbook of Climate Change and Society* (Cambridge University Press, 2011) 417 참조.

29) United Nations Convention on the Law of the Sea, *supra* note 28, art. 1.1(4). 협약에서 명시한 해양 생태계 오염의 원문 표현은 다음과 같다, "the introduction by man, directly or indirectly, of substances or energy into the marine environment, including estuaries, which results or is likely to result in such deleterious effects as harm to living resources and marine life, hazards to human health, hindrance to marine activities, including fishing and other legitimate uses of the sea, impairment of quality for use of sea water and reduction of amenities."

30) *Ibid.*, art.192.

생하는 것과 유사한 의무를 포함하는 것으로 해석될 수 있다. 다시 말해, 해양
은 유엔해양법협약에 의해 확립된 분쟁해결 체제에서 기후체계에 미치는 피해
의 대용물처럼 보인다.

유엔해양법협약은 강력한 분쟁해결 체제를 만들었다. 유엔해양법협약를 비
준할 때, 국가는 국제사법재판소, 중재재판, 국제해양법재판소 사이의 분쟁해
결 절차에 대한 선호를 표시할 수 있다.[31] 이 중 서로 다른 선호를 나타내거
나 선호를 표시하지 않은 당사국 간의 분쟁은 다른 합의가 없는 한 중재재판
이 기본 절차이다.

국제해양법재판소는 독일 함부르크에 위치한 상설재판소다.[32] 유엔해양법
협약에 포함된 분쟁해결 체제 외에도 국제해양법재판소 규칙 제138조에 따르
면 "유엔해양법협약의 목적과 관련이 있는 국제협정이 재판소에 대한 권고적
의견 요청을 규정하고 있는 경우"에 국제해양법재판소는 법적 문제에 관하여
권고적 의견을 부여할 수 있다.[33] 초안과정의 후반부에 추가된 이 다소 독특
한 조항은 유엔해양법협약의 "목적과 관련"이 있다면, 다자간 또는 양자간에
관계없이, 관련 국제협정에서 요청된 어떠한 관련 법적 문제에 대해서도 권위
있는 답변을 제공할 수 있는 관할권을 창설한다.[34] 따라서 국제해양법재판소
는 2013년에 서부아프리카 7개 국가들이 지역협정을 통해 수립한 지역수산기
구(Sub-Regional Fisheries Commission, SRFC)의 요청에 따라 권고적 의견을 낼
수 있는 관할권을 만장일치로 인정하였다.[35]

마찬가지로 국제해양법재판소 규칙 제138조는 기후변화의 맥락에서 해양
환경을 보호해야 하는 국가의 의무 적용에 관한 권고적 의견에 흥미로운 기회

---

31) *Ibid.*, art.287.

32) *Ibid.*, Annex Ⅵ 참조.

33) ITLOS, *Rules of the Tribunal* (as of March 17, 2009), doc. ITLOS/8, art. 138.1.

34) José Luis Jesus, "Commentary under Article 138" in P. Chandrasekhara Rao and P.
Gautier (eds.), *The Rules of the International Tribunalfor the Law of the Sea: A
Commentary* (Martinus Nijhoff, 2006) 393, at 394; Ki-Jun You, "Advisoiy opinions
of the International Tribunal for the Law of the Sea: Article 138 of the rules of the
tribunal, revisited" (2008) 39 *Ocean Development & International Law* 360 참조.

35) ITLOS, *Request for an Advisory Opinion Submitted by the Sub-Regional Fisheries
Commission (SRFC)*, Advisory Opinion of April 2, 2015. 또한 Michael A. Becker,
"Request for an advisory opinion submitted by the Sub-Regional Fisheries Commission(SRFC)"
(2015) 109:4 *American Journal of International Law* 851 참조.

를 제공할 수 있다. 기후변화에 관한 국제재판에 우호적인 둘 또는 여러 국가가 합의하여 국제해양법재판소에 권고적 의견을 요청하는 방식도 생각해 볼 수 있다. 그러나 국제해양법재판소가 관할권이 있더라도 권고적 의견을 제공해야 할 의무는 없으며,[36] 제3자 의무에 대한 권고적 의견을 요청하기 위한 유일한 목적으로 그러한 합의가 이루어진 경우라면 권고적 의견을 제시하지 않으려 할 것이다. 규모가 있는 기존 기관이 권고적 의견을 요청한 경우에도 국제해양법재판소는 해당 협정의 범위를 넘어서는 권고적 의견에 대한 요청을 거부할 수 있다.[37] 지역수산기구(SRFC)가 요청한 권고적 의견의 개별의견에서 콧(Cot) 판사는 권고적 의견에 대한 "남용과 조작의 위험"을 강조하였으며, 권고적 의견을 요청하는 기관이 제3국보다 유리한 위치를 차지하여 재판소를 곤란한 상황에 놓이게 하는 경우에는 국제해양법재판소가 권고적 의견 제공을 거부할 수 있는 재량권 행사해야 한다고 제안하였다.[38]

II. 국내 판결

국제 법원과 재판소는 국제법 판결에 대한 독점권을 가지고 있지 않다. 국내 법원도 이러한 역할을 수행할 수 있고 하고 있다.[39] 이 역할은 관할권과 법적 전통에 따라 다르다. 미국과 호주와 같은 강력한 소송 전통을 가진 국가에서는, 국내 법원에 제기된 많은 사례는 생활방해(tort of nuisance)와 같은 보

---

36) 이것은 ITLOS에서 "may"라는 단어로 암시된다. ITLOS, *Rules of the Tribunal*, *supra* note 33, art. 138.1 참조.

37) *Status of Eastern Carelia*, *supra* note 20 참조. PCIJ는 소련과 핀란드 간의 분쟁에서 소련의 명시적 거부 표명으로 국제연맹(League of Nations)이 요청한 권고적 의견에 대한 요청을 거부하였다. 그러나 이어진 다른 사건은 Eastern Carelia 사건과 구별될 필요가 있다. James Crawford, *Brownlie's Principles of Public International Law*, 8th edn. (Oxford University Press, 2012) 730 참조.

38) ITLOS, *Request for an Advisory Opinion Submitted by the Sub-Regional Fisheries Commission (SRFC)*, Declaration of Judge Cot annex to the Advisory Opinion of April 2, 2015, para. 9.

39) Brian J. Preston, "The contribution of the courts in tackling climate change" (2016) 28:1 *Journal of Environmental Law* 11 참조. 또한 Brian J. Preston "Climate change litigation (part 1)" (2011) 5:1 *Carbon & Climate Law Review* 3; Biyan J. Preston "Climate change litigation (part 2)" (2011) 5:2 *Carbon & Climate Law Review* 244 참조.

통법에 초점을 맞추고 있다.[40] 반면 대륙법 전통의 일원론 국가들에서는 소송
에서 국제법이 중심이 될 수 있다.

　여기서는 국내 법원에 제기된 많은 사건에 대해 매우 광범위한 개요를 제공
하는 것만이 가능할 것이다. 법적 분쟁은 완화, 적응 및 대응 조치를 포함하여
기후 관련 법률 및 정책의 다양한 측면과 관련될 수 있다. 이들은 사법심사 혹
은 행정책임 청구 등의 공법소송이나 또는 불법행위에 관한 사법소송 혹은 계
약 외 책임 등의 사법소송으로 이루어질 수 있다. 이들은 매우 다양한 법체계와
법전통에서 발생한다. 소송의 법적 결과를 넘어서, 국내 소송은 당국에 대한 공
개 조사를 강화하기 위한 시도에서 지지를 위한 도구로 사용될 수 있다.

A. 기후변화의 원인을 다루는 소송

　지속적으로 기후변화 완화를 위한 소송이 존재하였다. 따라서 파이프라인
건설부터 발전소 또는 공항 건설에 이르기까지 다양한 프로젝트들이 기후변화
관련 분쟁을 야기하였다.[41] 그러나 국가행위에 가장 큰 영향을 미친 사건들은
대부분 기후변화 완화와 이행에 대한 국내법과 정책이었다. 이하에서는 세 가
지 주요 공법 사건들을 살펴본다. 미국의 *Massachusetts v. Environmental
Protection Agency* 사건, 네덜란드의 *Urgenda v. The Netherlands* 사건, 남아
프리카 공화국의 *Earthlife Africa Johannes burg v. Minister of Energy* 사건
이다.

　Massachusetts v. Environmental Protection Agency 사건에서 미국 환경보
호국(EPA)이 새로운 자동차의 온실가스 배출을 규제할 의무가 있다고 주장하
는 여러 주, 지방정부 및 환경 단체의 신청을 고려하였다.[42] 청정대기법(Clean
Air Act)에 따라 환경보호국은 "공중보건 또는 복지에 영향을 미칠 가능성이

---

40) Jacqueline Peel and Hari M. Osofsky, *Climate Change Litigation: Regulatory Pathways
　to Cleaner Energy* (Cambridge University Press, 2015) 참조. 또한 William C.G. Bums
　and Hari M. Osofsky, *Adjudicating Climate Change: State, National, and International
　Approaches* (Cambridge University Press, 2011); Ken Alex, "A period of consequences:
　global warming as public nuisance" (2007) 26 *Stanford Journal of Environmental
　Law* 77 참조.

41) Richard Lord *et al.* (eds.), *Climate Change Liability: Transnational Law and Practice*
　(Cambridge University Press, 2012) 참조.

42) US Supreme Court, *Massachusetts v. Environmental Protection Agency*, judgment of
　April 2, 2007, 549 US 497.

있다고 합리적으로 예측되는 대기오염을 유발하거나 기여하는 대기오염물질"
에 대하여 새로운 자동차에 적용 가능한 기준을 채택해야 한다.[43] 이 사건의
2007년 판결에서 미국 대법원은 환경보호국이 그러한 차량을 규제하지 않을
"합리적인 설명"을 제공할 수 없다면, 환경보호국이 새로운 자동차의 온실가
스 배출을 규제할 의무가 있다고 결론지었다.[44] 이 사건은 국제법에 의존하고
있지는 않았지만, 대법원은 진행되고 있는 협상을 방해해서는 안 된다는 것을
근거로 하여, 환경보호국의 항변을 "허용할 수 없는 고려사항"이라고 하여 배
척하였다.[45] 이 사건은 국가 당국이 일반국제법 규범에 따라 합리적으로 행동
할 것을 요구하는 복수의 조항들이 국내법에 존재하고 있음을 보여준다.

이와는 대조적으로 2015년 6월 헤이그 지방법원이 결정한 *Urgenda v. The
Netherlands* 사건은 네덜란드의 국제의무와 직접적인 관련이 있다.[46] 우르헨
다 재단(Urgenda Foundation)은 1990년 기준으로 2020년까지 14~17% 감축이
라는 국가정책 목표가 네덜란드가 달성해야 하는 국제법상 의무 이행에 불충
분하다고 주장하였다. 네덜란드는 무해의 원칙에 따른 국가의무의 존재에 대
해 이의를 제기하지 않았다.[47] IPCC의 작업과 국제협상의 다양한 진술에 광
범위하게 근거하여, 지방법원은 네덜란드가 1990년 기준으로 2020년까지 온
실가스 배출량을 최소 25% 감축해야 할 의무가 있다고 판단하였다.[48] 따라서

---

43) Clean Air Act, 42 U.S.C.A. § 7521(a)(1), para. 202(a)(1).

44) *Massachusetts v. Environmental Protection Agency*, *supra* note 42, at 534.

45) *Ibid.*, at 501.

46) District Court of the Hague, *Urgenda Foundation v. The State of the Netherlands*, judgment of June 24, 2015. 비공식적 번역본은 아래 링크를 통해 접근이 가능하다. www.urgenda.nl/documents/VerdictDistrictCourt-UrgendavStaat-24.06.2015.pdf (accessed January 25, 2018). 또한 Marjan Peeters, "Case note: *Urgenda Foundation and 886 Individuals v. The State of the Netherlands*: The dilemma of more ambitious greenhouse gas reduction action by EU Member States" (2016) 25:1 *Review of European Community & International Environmental Law* 123; K.J. de Graaf and J.H. Jans, "The Urgenda decision: Netherlands liable for role in causing dangerous global climate change" (2015) 27:3 *Journal of Environmental Law* 517; Jolene Lin, "The first successful climate negligence case: a comment on *Urgenda Foundation v. The State of the Netherlands (Ministry of Infrastructure and the Environment)* (2015) 5:1 *Climate Law* 65; Josephine van Zeben, "Establishing a governmental duty of care for climate change mitigation: will *Urgenda* turn the tide?" (2015) 4:2 *Transnational Environmental Law* 339 참조.

47) *Urgenda Foundation*, *supra* note 46, para. 4.39.

48) *Ibid.*, para. 4.29. 또한 para. 4.42 참조.

지방법원은 네덜란드가 1990년 기준으로 2020년까지 25% 감축이라는 국가정책 목표를 채택하도록 명하였다.[49] 네덜란드 정부는 이 결정에 항소하였다.[50] 이 사건 결정은 다른 나라들에서도 유사한 소송을 유발시켰다.

국제법에 간접적으로 근거한 또 다른 사례인 *Earthlife Africa Johannesburg v. Minister of Energy* 사건은 기후변화에 관한 프로젝트의 이행을 허용하기 전에 그 영향에 대해 고려해야 할 국가의 절차상 의무가 존재한다고 보았다. 많은 국가에서 환경에 중대한 영향을 미칠 것으로 예상되는 프로젝트는 그 영향을 문서화하고 논의하는 상세하고 공개적인 절차인 환경영향평가(EIA)를 거친 후에만 허용될 수 있다.[51] UNFCCC는 모든 당사국에게 "관련 사회·경제 및 환경정책과 조치에서 기후변화를 고려할 것"을 요구한다.[52] 그러나 모든 환경영향평가 법규에 기후변화 고려가 명확하게 포함되는 것은 아니다.[53] 남아프리카공화국 정부가 기후변화에 미치는 영향을 고려하지 않은 환경영향평가에 근거하여 대규모 석탄화력발전소 건설을 승인하자 Earthlife는 사법심사를 요청하였다. 남아프리카 공화국 고등법원은 UNFCCC에 따른 남아프리카 공화국의 의무를 포함하여, 국제법에 일관되게 국내법이 해석되어야 한다는 점을 고려하여, 2017년 Earthlife에 유리한 판결을 내렸다.[54] 고등법원은 발전

---

49) Government of the Netherlands, "Cabinet begins implementation of Urgenda ruling but will file appeal" (September 1, 2015), www.government.nl/latest/news/2015/09/01/cabinet-begins-implementation-of-urgenda-ruling-but-will-file-appeal (accessed January 25, 2018).

50) 이는 벨기에의 "Klimaatzaak"를 포함한다(불어 표현은 "Le Procès"로 L'Affaire Climat 웹사이트에서 검색가능하다) www.klimaatzaak.eu/fr/le-proces/#klimaatzaak (accessed January 25, 2018)); the Magnolia case in Sweden (see press release of Magnoliamalet on September 15, 2015, www.xn-magnoliamlet-lcb.se/news/press-release-in-english-2016-09-15 (accessed January 25, 2018)); 파키스탄 Rabab Ali 사건 (Naeem Sahoutara, "Seven-year-old girl takes on federal, Sindh governments" *Express Tribune* (July 31, 2017) 참조).

51) Philippe Sands and Jacqueline Peel, *Principles of International Environmental Law*, 3rd edn (Cambridge University Press, 2012) 601 *et seq.*; Neil Craik, *The International Law of Environmental Impact Assessment* (Cambridge University Press, 2011); Jane Holder, *Environmental Assessment: The Regulation of Decision Making* (Oxford University Press, 2006) 참조.

52) UNFCCC, *supra* note 8, art.4.1(f).

53) EIA 규정상 기후변화에 대한 언급은 EU Directive 2011/92/EU on the assessment of the effects of certain public and private projects on the environment (December 13, 2011), doc. 02011L0092, art.3.1(c) 참조.

54) High Court of South Africa (Western Cape Division), *Earthlife Africa Johannesburg*

소가 기후에 미치는 영향에 대한 평가는 "제안된 석탄화력발전소가 남아프리카 공화국의 공약에 적합한지를 판단하는데 매우 필요하고 관련이 있다"고 결론내렸다.[55] 비슷한 이유로 오스트리아 행정법원은 비엔나 국제공항의 세 번째 활주로 계획을 취소하였으나, 이는 이후 헌법재판소에 의해 기각되었다.[56]

민간기업에 대한 소송으로 기후변화 완화를 촉진할 수도 있다. 영미법 국가에서는 생활방해(nuisance) 소송은 온실가스 배출 감축을 위해 금지명령을 강구하기도 하지만, 그러한 사례는 입법 체계가 이미 마련되어 있는 경우에는 성공할 가능성이 없는 것으로 보인다.[57] 생활방해를 넘어, 필리핀 인권위원회는 기후변화의 영향으로 인한 인권 침해 또는 침해위협에 대하여 주요 탄소배출자들의 책임에 대한 조사를 개시하였다.[58] 미국에서는 정보를 은폐하고 부인함으로써 대중이나 투자자를 속인 대규모 화석연료 기업들에게 형사상 소추가 이루어질 수 있다.[59]

B. 기후변화의 영향을 다루는 소송

소송은 때로는, 예를 들어, 적응 행동 또는 손실 및 피해를 해결하기 위한 접근법을 통해서 기후변화의 영향에 대한 대응을 촉진하기 위한 수단으로 사

v. Minister of Energy, judgment of April 26, 2017, [2017] *ZAWCHC* 50, para. 83.

55) *Ibid.*, para. 90.

56) Austria Bundesverwaltungsgericht (Administrative Court), case W109 2000179−1/291E, judgment of February 2, 2017, www.bvwg.gv.at/amtstafel/291_ERKENNTNIS_2.2.17_ee.pdf?5spp26 (accessed January 25, 2018) 참조; 해당 사건에 대해 헌법재판에서 번복된 판결에 대해서는 Verfassungsgerichtshof (Constitutional Court), case E 875/2017, judgment of June 29, 2017, www.vfgh.gv.at/downloadsAfGH_E_875−2017_Verkuendungstext_Flughafen.pdf (accessed January 25, 2018) 참조.

57) US Supreme Court, *American Electric Power v. Connecticut*, June 20, 2011, 131 S.Ct. 2527 참조. 이와 같이 새로운 시도는 새로운 발전으로 이어질 수 있다. 또한 Michael Burger, "Local governments in California file common law claims against largest fossil fuel companies" *Climate Law Blog* (July 18, 2017), http://blogs.law. columbia.edu/climatechange/2017/07/18/local−governments−in−california−file−common−law−claims−against−largest−fossil−fuel−companies (accessed January 25, 2018) 참조.

58) Greenpeace, "Shell to face pressure at AGM for failing to take responsibility for climate− related human rights harms," press release, May 23, 2017, www.greenpeace.org/seasia/ph/press/releases/Shell−to−face−pressure−at−AGM−for−ailing−to−take−responsibility−for−climate−related−human−rights−harms (accessed January 25, 2018) 참조.

59) Justin Gillis and Clifford Krauss, "Exxon Mobil investigated for possible climate change lies by New York Attorney General" *New York Times* (November 5, 2015).

용되기도 한다.[60] 여기서도 *Ashgar Leghari v. Pakistan* 사건과 같이 국가 당국의 책임을 제기하거나, *Native Village of Kivalina v. ExxonMobil Corporation* 사건에서와 같이 사적 주체들의 책임을 주장하였다.

Ashgar Leghari v. Pakistan 사건에서 라호르(Lahore) 고등법원은 파키스탄 정부가 국가 기후변화 정책과 기후변화 정책 이행을 위한 체제를 이행하지 못했음을 주장하는 공익소송의 관점에서 접근하였다. 기후변화부(Ministry for Climate Change)가 설립되었지만, 법원에서 그 대표들은 정책이 거의 집행되지 못하였고, 다른 부처들의 인식도 부족하였다는 점을 "솔직하게" 시인하였다.[61] 2015년 9월 4일 명령에서, 시예드 만수르 알리 샤흐(Syed Mansoor Ali Shah) 판사는 "적응 정책을 이행함에 있어 국가의 지연과 무기력이 시민의 헌법적 권리에 부정적인 영향을 미쳤다는 점에 주목하였다.[62] 법원은 관계 부처에 중심인물을 지정하고 행동강령을 정의할 것과 부처 간 기후변화위원회를 설치해 법원이 진행상황을 감시하도록 지시하였다.[63] 10일 후 2차 명령으로 라호르 고등법원은 기후변화위원회의 구성과 위임사항을 결정하였다.[64] 이 사건은 국가들이 스스로 채택한 공약의 국제적 이행이 단순히 눈속임에 그치지 않도록 하기 위해 국내 사법권이 할 수 있는 역할을 보여준다.[65]

Native Village of Kivalina v. ExxonMobil Corporation 사건에서는 해빙에 대한 기후변화의 영향으로 인해 침식과 폭풍해일의 영향이 점점 커지는 해안 알래스카 마을이 문제가 되었다. 주민들은 20년 동안의 공동 재정착 계획을 고려하고 있었다. 이 마을은 24개의 주요 석유, 에너지, 전력 기업들을 상대로 생활방해(nuisance)로 소를 제기하였다. 캘리포니아 주 북부 지방법원은 미국의 통치행위 이론(political question doctrine)에 근거하여 그러한 주장에 대해 법

60) Brian Preston, *The Role of the Courts in Facilitating Gimate Change Adaptation* (Asia—Pacific Centre for Environmental Law Climate Change Adaptation Platform, 2016) 3-4.

61) High Court of Lahore, *Ashgar Leghari v. Federation of Pakistan*, order of September 4, 2015, https://elaw.org/ system/files/pk.leghari.090415_0.pdf (accessed January 25, 2018), para. 3.

62) *Ibid.*, para. 8.

63) *Ibid.*

64) *Ibid.*

65) Jolene Lin, "Litigating climate change in Asia" (2014) 4:1-2 *Climate Law* 140 참조.

원이 결정할 사안이 아니라고 판단하였다.[66] 제9순회항소법원은 청정대기법과 같은 구체적 법률의 채택에 의하여 생활방해 소송이 대체되었다는 판단에 근거하여 같은 결론에 도달하였다.[67] 대법원은 이 사건에 대한 심사를 부인하였다.[68] 키발리나(Kivalina) 시는 세계 최대의 오염자에 대하여 법적 소송은 할 수 없었지만, 그 과정에서 언론의 상당한 관심을 받게 되었고 선진국 내에서 기후변화의 영향에 관한 인식을 제고하는 데 기여하였다.[69]

다른 유형의 법적 소송은 이민자 보호와 관련이 있다. 기후변화의 영향은 일반적으로 오히려 간접적인 방식이지만 국제이주를 증가시킨다. 기후변화의 부정적 영향에 따른 빈곤으로 인해 해외로 이주를 강요당하는 일부 사람들은 소위 "기후난민"으로서 제3국으로의 망명을 주장하였다. 이들의 주장은 일반적으로 난민의 지위에 관한 협약이나 비참함보다는 박해의 위험에 처한 난민으로 난민을 좁게 정의하고 있는 관련 국내 법률에 대한 문의적 해석으로 인해 기각되었다.[70]

C. 대응 조치의 영향을 다루는 소송

소송은 또한 기후변화 완화 또는 기후변화에 대한 적응을 촉진하는 조치를 포함하여 기후 행동을 방해할 수도 있다. 대응 조치는 종종 납세자가 부담하는 경제적 비용뿐만 아니라 인구와 환경에 의도치 않은 부정적인 결과를 초래

---

66) US District Court, N.D. California, *Native Village of Kivalina v. ExxonMobil*, decision of September 30, 2009, 663 F.Supp.2d 863 (N.D.Cal. 2009).

67) US Court of Appeals for the Ninth Circuit, *Native Village of Kivalina v. Exxon Mobil*, decision of September 21, 2012, 696 F.3d 849 (9th Cir. 2012). 또한 *American Electric Power v. Connecticut*, *supra* note 57 참조.

68) US Supreme Court, *Native Village of Kivalina v. ExxonMobil*, (2013) 133 S.Ct. 2390. Kivalina 소송에 대한 평가는 Qin M. Sorenson, "*Native Village of Kivalina v. ExxonMobil Corp.*: the end of 'climate change' tort litigation?" *Trends* (January–Februaiy 2013); Nicole Johnson, "*Native Village of Kivalina v. ExxonMobil Corp*: say goodbye to federal public nuisance claims for greenhouse gas emission" (2013) 40 *Ecology Law Quarterly* 557 참조.

69) Christine Shearer, *Kivalina: A Climate Change Story* (Haymarket Books, 2011) 참조.

70) Supreme Court of New Zealand, *Teitota v. Chief Executive of the Ministry of Business*, Innovation and Employment, judgment of July 20, 2015, [2015] NZSC 107, www.courtsofnz.govt.nz/cases/ioane-teitiotoa-v-the-chief-executive-of-the-ministry-of-business-innovation-and-employment/at_download/fdeDecision (accessed January 25, 2018) 참조. 또한 Convention relating to the Status of Refugees, July 28, 1951, 189 *UNTS* 150, art. 1(A)(2) 참조.

한다. 완화와 때로는 적응이라는 목적으로 정당화되었던 대규모 수력발전 프로젝트는 종종 실향민과 프로젝트 옹호자들 사이에 장기적인 법적 분쟁을 야기하였다.[71] 미국에서는 *Massachusetts v. Environmental Protection Agency* 사건에서, 대법원이 환경보호국으로 하여금 온실가스 배출량에 관한 규정을 채택하도록 촉구한 뒤에는 환경보호국을 상대로 100건 이상의 소송이 제기되었다.[72] 기후변화 대응 조치에 관한 일부 분쟁들은 기후변화 완화 및 적응이 취약계층에 대해 불균형적인 비용부담을 막음으로써 대응 조치의 질을 향상시켰다는 데에는 의심의 여지가 없지만, 다른 분쟁들은 실제 필요한 행동을 지연시킴으로써 단순히 탄소경제에 존재하는 기득권을 유지하려고 했을 수도 있다.[73]

III. 결론

소송, 특히 국내 소송은 기후변화에 관한 국제법의 발전과 보다 일반적으로 기후변화에 관한 행동을 촉진시키는데 점차적으로 더 큰 역할을 하고 있다. 보다 야심찬 국제협정 채택 이후 일부 국내법원은 국가 당국과 민간 주체가 관련 의무를 준수할 의무를 인식하고 있다는 확신을 갖게 되었다. *Urgenda v. Netherlands* 사건은 상당히 독특하지만 국내 법원들은 기후변화 완화에 국가가 더 야심찬 정책을 시행할 수 있도록 일반국제법에 의존할 수 있음을 보여주었다. 이것은 새로운 흐름의 시작일 수 있다. 정부와 의회가 대체로 일반국제법 규범을 준수하지 못할 때, 사법부가 이 분야에서의 의미 있는 한 걸음을 내딛을 수 있다.

---

71) 여기서 쟁점이 되는 프로젝트에서 기후변화는 단지 부차적 이유로 나타났다. Supreme Court of India, *Narmada Bachao Andolan v. Union of India*, judgment of March 15, 2005; Tokyo High Court, decision of December 26, 2012 on the Kotopajang dam, discussed in "Statement of protest: we strongly denounce the Tokyo High Court's unfair judgment" (Support Action Center for Kotopanjang Dam Victims, January 10, 2013) 참조.

72) US Supreme Court, *Utility Air Regulatory Group v. EPA*, June 23, 2014, (2014) 573 US 573. See generally Lord Camwath JSC, "Climate change adjudication after Paris; a reflection" (2016) 28:1 *Journal of Environmental Law* 5, at 6 참조.

73) US District Court, N.D. Texas, Fort Worth Division, *ExxonMobil v. Healey*, decision of October 13, 2016, Civil Action No. 4:16−CV−469−K 참조.

비국가행위자

제15장
비국가행위자

국제법은 전통적으로 주권국가 간 관계에 적용되는 법률로 구성되었다. 이러한 웨스트팔리아[1] 체제는 국제기구의 발전 및 인권보호 같은 '내부적' 문제에 초점을 맞춘 국제법의 새로운 분야의 등장으로 미묘한 차이가 나타났을 뿐여전히 국제법의 지배적 패러다임이라고 할 수 있다. 따라서 기후변화에 관한국제법은 일반적으로 국가의 동의(조약) 또는 법으로 인정된 국가의 일반관행(관습)에 근거하여 국가에 부과된 의무로 구성된다. 그러나 기후변화는 단지주권적 권리 및 의무에 관한 것이 아니다. 기후변화는 모든 사람에 대한 것이다. 기후변화에 효과적으로 대응하기 위해서는 모든 관련 비국가행위자의 참여와 관여를 촉진해야 한다.

비국가행위자는 기업, 비영리단체, 지방행정기관 또는 국제기구와 같은 개인 및 단체를 포함하며, 유일한 예외는 주권국가이다. 특정 기후 관련 행동을진전시키기 위해 일부 그룹이 특별히 구성되어 있지만, 다른 많은 비국가행위자들은 그들의 넓은 활동 범위에서 실제적 혹은 잠재적으로 기후변화 또는 일부 대응 조치의 영향에 대해 우려하거나 관심을 가지고 있다. 비국가행위자들은 기후변화에 대한 논의에 풍부한 경험과 다양한 아이디어를 제공하지만, 불가피하게도 자신의 기득권을 위해 행동하기도 한다.

비국가행위자는 기후변화에 대한 대응에 두 가지 뚜렷한 방식으로 참여할

---

1) 30년 전쟁의 종말을 알리는 일련의 조약인 1648년 웨스트팔리아 평화 조약(Peace of Westphalia)은 영토와 인구 내에서 배타적 주권을 가진 국가를 인정한 것으로 널리 기억되고 있다.

수 있다. 첫째, UNFCCC 체제 하에서 인정된 옵저버(observer) 기관의 지위를 통해 공식적인 방식으로 기후변화에 관한 법 제정에 참여하여 정부 간 협상에 정보를 제공하거나 영향력을 행사할 수 있다. 둘째, 비국가행위자들은 그들의 활동에서 온실가스 배출량을 줄이거나 국제협력 이니셔티브에 참여함으로써 자발적인 이니셔티브를 취할 수도 있다.

I. 기후변화에 관한 국제법 제정 참여

비국가행위자들은 기후변화에 관한 국제법을 만드는 데 중요한 역할을 한다. 예를 들어 "기후정의(climate justice)"에 관한 담론을 통해, 일반국제법에 따른 국가의 의무에 대한 인식을 제고하는 데 중심이 된다.[2] 관련 일반국제법에 대한 권위 있는 견해가 없는 경우, 관련 규범을 확인하고 해석하는 것은 학자들이나 지지자들과 같은 비국가행위자들에게 달려있다.[3] 국가중심적 과정에서 공식적으로 인정되지는 않더라도, 비국가행위자들은 분명 국가관행과 법적 확신에 영향을 미칠 수 있는 지지와 국내소송을 통해 다소 직접적인 방식으로 국제관습법의 형성에 기여하고 있다.[4] 다른 한편으로 비국가행위자들은 기후 행동에 반대하는 로비를 벌여왔는데, 특히 이제는 해체된 기후변화 완화에 대한 의무 조치에 반대하는 석유회사, 자동차 제조업체 및 기타 공익기업들의 연합인 지구기후연합(Global Climate Coalition)을 통해 로비해왔다.[5]

비국가행위자의 역할 또한 UNFCCC 체제 내에서 특히 중요하다. 기후행동

---

2) Mary Finley‐Brook, "Climate justice advocacy" *Public Diplomacy Magazine* (June 2, 2016); Michael Mintrom and Joannah Luetjens, "Policy entrepreneurs and problem framing: the case of climate change" (2017) 35:5 *Environment and Planning C: Politics and Space* 1362 참조.

3) Steven Wheatley, *The Democratic Legitimacy of International Law* (Hart Publishing, 2010) 150 참조.

4) UC, *First Report on the Identification of Customary International Law by Special Rapporteur Michael Wood* (May 17, 2013), doc. A/CN.4/663, para. 98; Hilary Charlesworth, "The unbearable lightness of customary international law" (1998) 92 *Proceedings of the Annual Meeting (American Society of International Law)* 44 참조.

5) Harriet Bulkeley and Peter Newell, *Governing Climate Change* (Routledge, 2015) 115 참조.

을 장려하기 위해, UNFCCC 체제는 비국가행위자들의 행동에 의존하여 중앙
정부가 일반국제법에 따른 의무 준수를 위한 조치를 취하도록 설득한다. NGO
와 언론 보도가 없다면 중앙정부는 국가적 공약 준수에 훨씬 덜 관심을 가질
것이다. 목표, 이행 및 의무준수 검토에 있어 비국가행위자들의 참여는 파리협
정의 성공 여부에 중요한 역할을 할 수 있다.[6]

시민사회 단체의 참여는 항상 조건이 따랐지만, 국제 기후변화 협상의 시
작부터 인식되었다. "관련 비정부기구"는 기후변화기본협약 채택을 위한 협상
과정 중에 협상과 관련된 어떠한 역할도 할 수 없다는 이해 하에서 협상에
"기여하도록" 초청되었다.[7] 국가들은 비국가행위자들을 기꺼이 참여시키려 하
면서도 또한 그들의 역할을 단순한 자문 역할로 제한하고자 하였다. 당사국총
회 제4차 회기에서 "협약 하의 협상은 당사국간의 문제이다"는 점을 확인하였
다.[8] 또한 일부 비민주주의 국가들은 때로는 진정으로 독립적인 국가행위자들
이 국제협상에 참여하는 것을 꺼려하기도 하였다.[9] 그러나 점차적으로, COP
는 "지방정부 및 지역행정조직을 포함한 정부이든, 청소년 및 장애인을 포함
한 민간기업 또는 시민사회 등에 상관없이, 전 세계, 지역, 국가 및 지방 수준
에서 광범위한 이해관계자들을 참여시킬 필요성"에 중점을 두었다.[10]

UNFCCC 체제에서 비국가행위자가 협상에 참가하려면, 개인은 UNFCCC하
에서 옵저버 기관으로 승인받은 시민사회단체에 의해 소개되어야 한다. UNFCCC,
교토의정서[11] 및 파리협정에는 고유한 승인시스템이 적용된다.[12] 두 범주의

---

6) Harro van Asselt, "The role of non−state actors in reviewing ambition, implementation, and compliance under the Paris Agreement" (2016) 6:1−2 *Climate Law* 91; Joseph Szarka, "From climate advocacy to public engagement: an exploration of the roles of environmental non−governmental organisations" (2013) 1:1 *Climate* 12 참조.

7) UN General Assembly Resolution 45/212, "Protection of global climate for present and future generations of man-kind" (December 21, 1990), para. 19.

8) Decision 18/CP.4, "Attendance of intergovernmental and non−governmental organizations at contact groups" (November 2, 1998), recital 3.

9) The submission of Egypt in UNFCCC Subsidiary Body for Implementation, reproduced in UNFCCC SBI, *Mechanisms for Consultation with Non−governmental Organizations (NGOs)* (October 10, 1997), doc. FCCC/SBI/1997/MISC.7, 3 참조.

10) Decision 1/CP.16, "The Cancun Agreements: outcome of the work of the Ad Hoc Working Group on Long−Term Cooperative Action under the Convention" (December 10−11, 2010), para. 7.

11) Kyoto Protocol to the United Nations Framework Convention on Climate Change, December 11, 1997, 2303 *UNTS* 162 (이하 Kyoto Protocol), art.13.8; 또한 decision

옵저버 기관이 승인될 수 있다. 첫 번째 범주는 주로 국제기관과 비국가당사자, 즉 "국제연합·국제연합전문기구·국제원자력기구 및 이들 기구의 회원국 또는 옵저버인 비당사자"로 구성된다.[13] 두 번째는 훨씬 더 큰 범주로 "협약과 관련된 분야에서 자격을 갖춘 국내적 또는 국제적 기구나 기관 및 정부간 또는 비정부간 기구나 기관"이 포함된다.[14] 옵저버 기관으로 승인받기 위해, 이 기관들은 참석할 희망을 사무국에 통보하여야 한다."[15]

실제로 승인을 받으려는 기관은 UNFCCC 사무국에 단순히 "통보하는 (inform)"것 이상을 해야 한다. 현재 비국가행위자가 옵저버로 인정되려면 18개월 이상이 소요된다.[16] 특정 비국가행위자가 "협약이 대상으로 하는 사안에 자격이 있는지"를 평가하는 기준은 당사국총회의 감독 하에 사무국에 의하여 설정되었다.[17] 일부는 특히 학자들도 개인 자격으로 옵저버의 지위를 인정받아야 한다고 제안하였으나 이러한 제안은 더 이상 받아들여지지 않았다.[18] UNFCCC 사무국의 관행에 따르면, 신청자는 어떤 국가의 정부로부터 독립적인 법인격을 가지지 않는 경우 옵저버로 인정될 수 없다.[19] 신청자는 비영리단체이어야 하지만,[20] 수백 개의 비영리사업 연합체가 옵저버로 인정되었다.[21]

36/CMP.l, "Arrangements for the Conference of the Parties serving as the meeting of the parties to the Kyoto Protocol at its first session" (December 9–10, 2005), para. 2(b) 참조.

12) Paris Agreement, December 12, 2015, in the annex of decision 1/CP.21, "Adoption of the Paris Agreement" (December 12, 2015), art.16.8 참조.

13) United Nations Framework Convention on Climate Change, May 9, 1992, 1771 *UNTS* 107 (이하 UNFCCC), art.7.6.

14) *Ibid.*

15) *Ibid.* 또한 UNFCCC, *Draft Rules of Procedure of the Conference of the Parties and its Subsidiary Bodies*, UNFCCC document FCCC/CP/1996/2 (May 22, 1996), rules 6, 7 참조.

16) 자세한 사항은 UNFCCC Secretariat, "Standard admission process for non–governmental organizations (NGOs)" (n.d.), http://unfccc.int/files/parties_and_observers/observer_ organizations/application/pdf/updated_standard_admission_policy_ngos_english.pdf (accessed January 25, 2018) 참조.

17) UNFCCC SBI, *Mechanisms for Consultations with Non–governmental Organizations. Addendum: The Participation of NGOs in the Convention Process* (June 11, 1997), doc. FCCC/SBI/1997/14/Add.l, para. 14.

18) 해당 제안이 가능하려면 현존하는 UNFCCC 협약이 우선 개정되어야 한다. *supra* note 13, art. 7.6 참조.

19) UNFCCC SBI, *Promoting Effective Participation in the Convention Process: Note by the Secretariat* (April 16, 2004), doc. FCCC/SBI/2004/5, paras. 8–10.

2016년 12월 기준 총 약 2,000개의 NGO와 120개의 국제기구가 UNFCCC의 옵저버 기관으로 인정되었다. 이러한 옵저버 기관은 다양한 범위와 목적을 포괄한다. 인정된 NGO들 간의 조정을 촉진하기 위해, 유사한 기능을 가진 옵저버 기관을 모아 9개의 중요한 단체(constituency)가 구성되었다(표 15.1 참조).[22]

표 15.1 UNFCCC 하에 인가된 옵저버 기관의 소속 단체(2016년 12월 기준)*

단체(Constituency)	회원수(%)
기업 및 산업 NGO(BINGOs)	279(14%)
환경 NGO(ENGOs)	825(41%)
농업 NGO	17(1%)
토착민 기구(IPOs)	52(3%)
지방정부 기구(LGMAs)	30(1%)
연구 및 독립 NGO(RINGOs)	500(25%)
무역연합 NGO(TUNGOs)	14(1%)
여성 및 젠더	22(1%)
청소년 NGO(YOUNGOs)	63(3%)
비소속	199(10%)
총 합계	**2,001**

* UNFCCC, "Statistics on observer organizations in the UNFCCC process"(n.d.), https://unfccc.int/parties_and_observers/observer_organizations/items/9545.php#constituency%o20affdiation (accessed December 2016).

UNFCCC 협상에서의 옵저버 기관의 참여 정도와 방식은 끊임없는 논쟁의 소재가 되었다. 예를 들어, 옵저버 기관이 비공식 협상 회의에 참석하고, 회의에 개입하고, 문서에 접근하고, 당사국이 서면입장(written submission)을 요청할 때마다 의견을 제출할 수 있는지에 대해 의견이 불일치할 수 있다.[23] 시간이 지남에 따라 비국가행위자의 참여의 폭이 넓어지는 쪽으로 균형이 점차 기

---

20) UNFCCC SBI, *supra* note 17, at para. 3.

21) *Ibid.*, at para. 15.

22) *Ibid.*, at para. 6.

23) UNFCCC SBI, *supra* note 17.

울어진 것으로 보인다. 협상그룹(contact groups)은 당사국의 1/3이 반대하지 않는 한 협약기구의 주재 위원의 재량에 따라 옵저버 기관에 개방되었다.[24] 새로운 기술은 옵저버 기관의 서면입장을 접수하는 비용과 문서 접근에 드는 비용을 절감하게 하였다. 이 비국가행위자들은 협약의 목표 실현에 기여하도록 거듭 요구받았기 때문에,[25] 이들의 참여는 정당성을 얻었으며 이들이 UNFCCC 체제 내의 모든 프로세스와 연관될 것이라는 기대를 강화하였다.[26] 현장 이벤트 및 전시회는 많은 비공식적인 상호작용과 함께 옵저버 기관들이 협상자들에게 그들의 의견을 전달하는 공식적인 기회가 되었다.

옵저버 기관은 정보 및 분석을 보다 폭넓은 청중이 쉽게 이용할 수 있도록 하면서 국제협상을 알리고 인식을 고양하는 데 기여하였으며, 비협조적인 정부를 이름 불러 망신주는(naming and shaming) 데 기여하였다.[27] 그럼에도 불구하고 UNFCCC 사무국의 보고서에서 NGO들의 참여가 "보다 정보에 입각하고, 참여적이며, 책임감 있는 사회로의 세계적인 추세를 지지하는 유연하고 적극적"이라고 주장한 것은 다소 과장된 표현으로 보인다.[28] UNFCCC 체제 하에서 비국가행위자들의 참여에 있어 가장 큰 한계는 대표성이 부족하다는 점이다. 옵저버 조직의 약 4분의 3이 선진국을 기반으로 한다. 특히 미국, 영국, 독일 등 3개국만으로 옵저버 조직의 3분의 1 이상을 유치하고 있다. 선진국뿐만 아니라 개발도상국 중에서는 영어권 국가들이 다른 국가들 보다 훨씬 잘 대표되는 것으로 보인다. 개발도상국의 많은 NGO들이 당사국총회의 회기가

---

24) Decision 18/CP.4, *supra* note 8, para. 1.

25) Resolution 1/CP.4, "Solidarity with Central America" (November 14, 1998), para. 3; resolution 1/CP.6, "Solidarity with southern African countries, particularly with Mozambique" (November 25, 2000), paras. 2, 3 참조.

26) Sébastien Duyck, "MRV in the 2015 Climate Agreement: promoting compliance through transparency and the participation of NGOs" (2014) 9:3 *Carbon & Climate Law Review* 175 참조.

27) The website of Climate Action Tracker, http://climateactiontracker.org (accessed January 25, 2018); The website of Climate Analytics, http://climateanalytics.org (accessed January 25, 2018); 그리고 The website of the WRI's Paris Agreement tracker, www.wri.org/resources/ maps/paris−agreement−tracker (accessed January 25, 2018) 참조. 또한 Kentaro Tamura, Takeshi Kuramochi and Jusen Asuka, "A process for making nationally−determined mitigation contributions more ambitious" (2013) 7:4 *Carbon & Climate Law Review* 231 참조.

28) UNFCCC Subsidiary Body for Implementation, *supra* note 9, at para. 12.

개발도상국에서 개최될 때 승인을 신청하는 반면, 그 대표자들은 다른 장소에서 차기 회기에 참가할 가능성이 낮다.[29] 재정적 어려움은 이러한 격차를 일부 설명한다. 또한 필요한 문서가 UN 공식 언어로 번역되어야 하거나 또는 NGO들이 정부로부터 확실하고 명백하게 독립되어 있지 않은 제도화 정도가 낮은 개발도상국에서는 승인 절차가 더욱 어려울 수 있다.

II. 자발적 공약

기후변화에 대응하는 비국가행위자의 역할은 국가주도 과정에 영향을 미치는 것으로 제한되지 않는다. 또한, 비국가행위자들은 특히 기후변화 완화와 관련하여 기후행동의 이행에 직접적으로 참여한다. 그러한 행동은 종종 관련 국가의 국내법에 의해 의무화되지만 비국가행위자는 자발적으로 추가 조치를 취할 수 있으며, 종종 그들의 기여에 대한 국제적 승인을 구한다. 최근 몇 년 동안 국가가 할 수 있는 노력의 한계에 대한 이해가 넓어짐에 따라 기업 및 금융기관뿐만 아니라 지방정부 및 자선단체를 포함한 비국가행위자의 자발적인 공약이 확대되었다. 하이브리드 다자주의(hybrid multilateralism)라 불리는 것을 통해 비국가행위자의 효과적인 기후행동을 활성화하기 위한 다양한 제도적 합의가 수립되었다.[30] 표준 설정 이니셔티브와 더 광범위한 국제협력 이니셔티브는 비국가행위자들이 자발적인 공약의 진정성 및 효과적 이행을 측정, 보고 및 검증하기 위한 규칙을 개발하였다. 이러한 급성장에 대한 전반적인 그림을 제시하기 위해 매우 중요한 데이터베이스가 구축되었다.

A. 개요

자발적 공약은 기업 및 금융기관뿐만 아니라 지방정부를 포함한 다양한 비국가행위자들에 의해 수행되었다.

---

29) 통계는 2016년 11월 UNFCCC 웹사이트에서 이용 가능한 NGO 목록에 기반하여 저자가 작성함.

30) Karin Bäckstrand *et al.*, "Non−state actors in global climate governance: from Copenhagen to Paris and beyond" (2017) 26:4 *Environmental Politics* 1.

지방정부는 종종 헌신적으로 행동하거나 단순히 적응을 다른 계획에 편입시켜, 지역 규모의 기후변화에 대한 적응을 촉진하는 데 중요한 역할을 한다.[31] 마찬가지로 그들은 특히 중앙정부가 완화 조치를 취하는 것을 꺼릴 때 기후변화 완화와 관련하여 역할을 수행하게 되었다.[32] 특히 미국 정부가 교토의정서에 참여하지 않을 것이 분명해짐에 따라, 캘리포니아는 기후변화 완화에 관한 자체적인 법률을 발표하였고,[33] 많은 지방자치단체가 비슷한 공약을 하였다.[34] 마찬가지로 캐나다 연방정부는 QELRC 준수에 관심이 거의 없었으며, 브리티시 컬럼비아, 온타리오 및 퀘벡 주정부는 기후변화 완화를 위한 자체 계획을 개발하였다.[35]

따라서 파리협정에서 탈퇴하겠다는 트럼프 미국 대통령의 발표로 인해 많은 미국의 도시, 주 및 기업들이 위와 비슷한 공약을 하게 하였다.[36] 미국의

---

31) Jonathan Struggles, "Climate disasters and cities: the role of local government in increasing urban resilience" (2016) 18 *Asia Pacific Journal of Environmental Law* 91; Hannah Reid and Saleemul Huq, "Mainstreaming community−based adaptation into national and local planning" (2014) 6:4 *Climate & Development* 291; Susanne Lorenz *et al.*, "Adaptation planning and the use of climate change projections in local government in England and Germany" (2017) 17:2 *Regional Environmental Change* 425; Heleen−Kydeke P. Mees and Peter P.J. Driessen, "Adaptation to climate change in urban areas: climate−greening London, Rotterdam, and Toronto" (2011) 2:2 *Climate Law* 251; and generally Liliana B. Andonova, Michele M. Betsill and Harriet Bulkeley, "Transnational cli- mate governance" (2009) 9:2 *Global Environmental Polities* 52 참조.

32) Sheridan Bartless and David Satterthwaite (eds.), *Cities on a Finite Planet: Towards Transformative Responses to Climate Change* (Routledge, 2016); Benjamin J. Richardson (ed.), *Local Climate Change Law: Environmental Regulation in Cities and Other Localities* (Edward Elgar, 2012); Anatole Boute, "Renewable energy federalism in Russia: regions as new actors for the promotion of clean energy" (2013) 25:2 *Journal of Environmental Law* 261 참조.

33) California, Global Warming Solutions Act, 2006, Assembly Bill No. 32. See generally Ann E. Carlson, "Regulatoiy capacity and state environmental leadership: California's climate policy" (2012−2013) 24:1 *Fordham Environmental Law Review* 63.

34) New York Department of Environmental Protection, *Assessment and Action Plan: Report 1* (May 2008).

35) British Columbia, *Climate Action Plan*, 2008; Québec Action Plan 2006−2012, *Québec and Climate Change: A Change for the Future*, June 2008; Ontario, *Action Plan on Climate Change* (August 2007) 참조. Each of these policies has been extended and intensified in subsequent periods.

36) Hiroko Tabuchi and Henry Fountain, "Bucking Trump, these cities, States and companies commit to Paris accord" *New York Times* (June 1, 2017).

발표가 있은 뒤 며칠 후, UN 도시 및 기후변화 특사(Special Envoy for Cities and Climate Change)인 마이클 블룸버그(Michael Bloomberg)는 1,000명이 넘는 미국의 주지사, 시장, 기업체, 대학 등이 파리협정의 목표를 달성하기 위한 노력을 계속할 것이라는 의사를 전하였다는 것을 밝혔다.[37]

지방정부의 자발적 행동의 성격과 범위는 국가와 국가마다 상이한 자원과 힘에 크게 좌우된다. 도시가 항상 주요 경제 부문에서 영향력 있는 행동을 취할 수 있는 권한이나 수단을 가지고 있는 것은 아니다.[38] 그러나 일부 도시는 그렇게 하고 있다. 예를 들어 일본에서 전국 단위의 탄소시장 프로젝트가 거부된 후, 도쿄도의 배출권거래제도는 일본의 온실가스 배출 감축에 크게 기여한 것으로 보고되었다.[39]

지방정부 외에도, 기업 및 금융기관들은 기후변화 완화를 위해 점점 더 많은 역할을 수행하고 있다. 이러한 사업 계획에는 에너지 절약(예: Sony), 재생가능 에너지로부터 생산된 전기만을 구매(Google), 지속가능한 상품 촉진(IKEA), 운송에서의 배출 감축(FedEx) 또는 산업활동에서의 배출 감축(Gazprom), 일반적으로 보다 효율적인 생산 과정으로의 전환(Lego) 등의 공적 공약이 포함된다.[40] 공기업에서는 그러한 행동에 전념하기를 기피하는 경영진에게 주주들은 때로는 온실가스 배출량의 공개와 배출량 감축 방안을 요구하는 결의안을 통과시키기도 한다.[41] 마찬가지로, 금융기관들은 점차 그들의 투자전략에서 온실가스 배출과 화석연료에 대한 의존을 고려하기 시작하였다.[42] 민간부문은 전반적으로 재생가능 에너지에 대규모로 투자하였다.[43]

---

37) Press release, "Leaders in U.S. economy say 'we are still in' on Paris Climate Agreement" (June 5, 2017), www.wearestillin.com (accessed January 25, 2018).

38) Magali Dreyfus, "Are cities a relevant scale of action to tackle climate change?" (2013) 7:4 *Carbon & Climate Law Review* 283 참조.

39) Sven Rudolph and Torn Morotomi, "Acting local! An evaluation of the first compliance period of Tokyo's carbon market" (2016) 10:1 Carbon & *Climate Law* Review 75.

40) Christopher Wright and Daniel Nyberg, *Climate Change, Capitalism, and Corporations: Processes of Creative Self−Destruction* (Cambridge University Press, 2015) 18−22.

41) Megan Darby, "Exxon shareholder rebellion gains momentum ahead of climate vote" *Climate Home* (May 29, 2017) 참조.

42) Harriet Bulkeley and Peter Newell, *Governing Climate Change* (Routledge, 2015) 124; *Equator Principles* (June 2013) 참조.

43) Barbara K. Buchner *et al.*, *Global Landscape of Climate Finance 2015* (CPI, November 2015) 참조.

사적 행위자들의 자발적인 공약은 처음에는 기업의 사회적 책임(corporate social responsibility)이라는 더 큰 흐름의 일부였다.[44] 또한 지속가능한 운영에 대한 투자는 점차 사업적으로 의미가 있어 보인다. 오늘날 일부 자발적인 공약은 확실히 강력한 경제적 정당화에 의해 뒷받침된다. 녹색경제의 새로운 분야로 전환하는 사업체들에 큰 경제적 이익이 있을 수 있다.[45] 일부 금융기관들이 화석연료 부문으로부터 투자를 회수하겠다고 한 공약은 적지 않게 이 부문에 대한 투자가 불균형적으로 많이 이루어져 있기 때문에 위험하다는 믿음과도 관련이 있다.[46] 이러한 경제적 이익 이외에도 기업과 금융기관, 그 경영자 또는 주주들은 때때로 치명적인 기후위기를 피할 필요성에 진정으로 민감하다고 할 수 있다. 일부 기업은 시장에서 실패하지 않고도 단기적 이익 극대화에 매몰되지 않을 수 있다. 중앙정부와 마찬가지로 일부 대기업이나 금융 주체들은 장기적인 환경 문제에 대한 고려 없이 단기적인 경제 이익을 추구할 수 없다는 사실을 이해하게 되었다.

기후체계의 보존에 대한 진정한 경제적 이익 또는 진지한 우려 외에도 비국가행위자가 자발적인 공약을 공개적으로 알리기 위해 노력한 것은 어떠한 형태로든 공적인 승인을 받고자 하는 열망을 드러낸다. 국가와 마찬가지로, 비국가행위자들은 상징자본(symbolic capital)의 형태로서 기후변화에 대처하기 위한 공약을 통해 그들의 명성을 어떻게 향상시키는 것에 관심이 있는 것으로 보인다. 비국가행위자에 의한 자발적인 기후행동을 촉진하기 위해서는 공적 공약이 이행되거나 또는 위반이 그들에게 평판비용(reputational cost)을 초래할 수 있도록 하는 표준과 제도적 장치가 필요하다. 그러나 UNFCCC 체제 하에서는 복잡한 검토메커니즘을 통해 국가적 공약이 검증되는 반면, 비국가행위자의 자발적 공약 이행에 대한 측정, 보고 및 검증(MRV)을 제공하는 중앙화된 제도적 장치는 마련되어 있지 않다.[47]

---

44) Thomas P. Lyon and John W. Maxwell, "Corporate social responsibility and the environment: a theoretical perspective" (2008) 2:2 *Review of Environmental Economics Policy* 240 참조.

45) Bulkeley and Newell, *supra* note 43, at 118.

46) Atif Ansar, Ben Caldecott and James Tilbury, *Stranded Assets and the Fossil Fuel Divestment Campaign: What Does Investment Mean for the Valuation of Fossil Fuel Assets?* (Stranded Asset Programme, October 2013) 참조.

47) 본서 제13장, Ⅱ.B. 참조.

B. 표준 설정

비국가행위자가 완화 행동을 측정할 때 관련 표준 및 방법론을 결정하는 중앙 권한이 없기 때문에 약간의 어려움이 있을 수 있다. 국가 온실가스 배출목록에 대한 IPCC 가이드라인을 사용할 수 있지만, 해당 가이드라인은 국가영역 내에서 온실가스 배출량을 설명하기 위해 개발되었으며, 특정 도시, 특정 프로젝트 또는 특정 비즈니스로부터의 온실가스 배출량을 측정하기 위해 항상 쉽게 적용될 수 있는 것은 아니다.[48] 1947년에 설립된 국가표준기구의 국제연합체인 온실가스 프로토콜(Greenhouse Gas Protocol)과 국제표준화기구(ISO)는 비국가행위자에 의한 완화 공약에 특별히 적용되는 표준을 개발함으로써 이 격차를 메우기 위한 두 가지 노력을 주도하였다.[49]

온실가스 프로토콜은 1998년 연구기관인 세계자원연구소(WRI) 및 200개가 넘는 회사의 최고경영자 주도 조직인 세계지속가능발전기업협의회(World Business Council for Sustainable Development, WBCSD)에 의해 시작되었다. 기업 및 프로젝트 회계를 위한 표준 외에도[50] 온실가스 프로토콜은 도시에 대한 표준을 개발하고,[51] 제품수명주기에 따른 배출량을 평가하기 위한 표준을 개발하였다.[52] 예를 들어, 가치사슬로부터의 배출량[53] 또는 그리드 연결 전력 프로젝트를 계산하기 위하여 이러한 표준은 정기적으로 갱신되고 보완되고 있다.[54]

48) Simon Eggleston et al., 2006 IPCC Guidelines for National Greenhouse Gas Inventories (IGES, 2006).

49) 국제운송과 같이 특정 분야에서 해당 분야에만 적용되는 표준이 형성되었다. Joanne Scott et al., "The promise and limits of private standards in reducing greenhouse gas emissions from shipping" (2017) 29:2 Journal of Environmental Law 231 참조.

50) The Greenhouse Gas Protocol, A Corporate Accounting and Reporting Standard (revised edn, 2004); and The Greenhouse Gas Protocol for Project Accounting (2005).

51) The Greenhouse Gas Protocol, Global Protocol for Community-Scale Greenhouse Gas Emission Inventories: An Accounting and Reporting Standard for Cities (2014).

52) The Greenhouse Gas Protocol, Product Life Cycle Accounting and Reporting Standard (2011).

53) The Greenhouse Gas Protocol, Corporate Value Chain (Scope 3) Accounting and Reporting Standard, Supplement to the Greenhouse Gas Protocol Corporate Accounting and Reporting Standard (2011).

54) The Greenhouse Gas Protocol, Guidelines for Quantifying GHG Reductions from Grid-Connected Electricity Projects (2007).

국제표준화기구(ISO)는 비슷한 이니셔티브를 수행하였다. 환경경영체제에 관한 ISO 14000 표준의 "군(family)"내에서 온실가스 관리에 관한 새로운 표준이 개발되었다. 이러한 표준 중 일부는 예를 들어, 프로젝트 또는 기관 수준[55]에서 또는 제품수명주기로부터의 온실가스 배출량의 수량화, 검증 및 보고와 관련하여, 온실가스 프로토콜에 의해 개발된 표준과 중복된다.[56] 다른 일부는 검증기관의 인증에 대한 더 구체적인 측면에 대해 다루고 있다.[57] 그러나 이러한 표준의 영향력은 ISO의 엄격한 저작권 정책과 중소 규모의 비국가행위자가 감당하기 어려운 막대한 수수료에 의해 제한된다. 이와 대조적으로 온실가스 프로토콜은 모든 표준에 대한 무료 온라인 액세스를 허용하고 있다.

C. 국제협력 이니셔티브

1990년대 후반 이후 비국가행위자들은 기후변화 완화 행동을 이행하고 때로는 기후변화 적응을 지원하기로 함께 약속한 수백 가지 국제협력 이니셔티브에 합류하였다. 국제협력 이니셔티브는 때로는 기존의 비국가행위자 협의체에 의해 만들어졌으며, 일부는 임시 컨소시엄에 의해 만들어졌다. 이러한 이니셔티브 중 일부는 매우 일반적이다. 다른 일부는 특정 행위자, 부문, 지리적 영역 또는 공약의 유형으로 제한된다.[58] 일부 국제협력 이니셔티브는 기본적으로 서명자가 일부 조정의 적용을 받아 이행하는 템플릿 공약(template commitment)으로 구성되는 반면, 다른 일부는 파트너들이 모범관행을 교환하고 그들의 경험을 반영할 수 있는 네트워크로만 구성된다. 이러한 이니셔티브 중 일부만이 이행을 정기적으로 보고해야 하는 확실한 정량적 공약을 정의하는 반면, 대부분은

---

55) ISO 14064−1:2006, *Greenhouse Gases−Part 1: Specification with Guidance at the Organization Level for Quantification and Reporting of Greenhouse Gas Emissions and Removals*; ISO 14064−2:2006, *Greenhouse Gases−Part 2: Specification with Guidance at the Project Level for Quantification, Monitoring and Reporting of Greenhouse Gas Emission Reductions or Removal Enhancements*; ISO 14064−3:2006, *Greenhouse Gases−Part 3: Specification with Guidance for the Validation and Verification of Greenhouse Gas Assertions* 참조.

56) ISO/CD 14067, *Carbon Footprint of Products* 참조.

57) SISO 14065:2007, *Greenhouse Gases−Requirements for Greenhouse Gas Validation and Verification Bodies for Use in Accreditation or Other Forms of Recognition* 참조.

58) Harriet Bulkeley *et al.*, *Transnational Gimate Change Governance* (Cambridge University Press, 2014) Chapter 2 참조.

다소 모호한 정성적 공약을 담고 있다. 국제협력 이니셔티브에 대한 완전한 검토는 이 책의 범위를 넘어선다. 그 대신에 가장 주목할 만하고 성공적인 이니셔티브 중 네 가지 예시를 이하에서 간략하게 설명한다.

첫째, 시장협약(Compact of Mayors)은 2014년 전 세계 1,500개 이상의 도시 네트워크인 지속가능성을 위한 세계지방정부 이클레이(ICLEI-Local Governments for Sustainability)에 의해 시작되었다. 모든 규모의 지방자치단체 즉, 약 500개의 서명단체가 "지방 기후변화의 리더로 인정받을 수 있는 기회"를 포착하는 것을 목표로 하고 있다.59) 그들은 영토 내의 온실가스 측정, 정량적 목표의 채택과 행동계획의 발전을 포함하는 기후변화의 완화와 적응을 위한 구체적인 공약을 이행할 것을 약속하였다. 또한 온실가스 프로토콜에서 개발한 표준을 사용하여 매년 그들의 행동을 보고할 것을 약속하였다. 2016년 6월 시장협약 및 도시에서의 기후행동을 위한 또 하나의 국제협력 이니셔티브인 EU 시장서약(EU Covenant of Mayors)은 글로벌 기후 · 에너지 시장협약(Global Covenant of Mayors for Climate and Energy, GCoM)이라는 새롭고 독특한 이니셔티브로 통합되었다. 이 새로운 연합은 전 세계 인구의 약 10%를 차지하는 7,447개 도시의 6억 7,500만 명의 인구를 대상으로 한다.60)

둘째, 기후 리더십 선언(Declaration on Climate Leadership)은 2014년 대중교통 회사와 행정기관의 국제적 연합체인 세계대중교통협회(UITP)에 의해 채택되었다.61) 선언 자체는 특히 "청정에너지를 받아들이고, 효율성을 제고하며, 온실가스 배출을 제한하는 행동"을 통해서 "기후리더가 될 것(to be Climate Leaders)"이라는 서명자들의 매우 일반적인 공약을 담고 있다.62) 이 선언에 따

---

59) ICLEI website, "Compact of Mayors: definition of compliance," http://e-lib.iclei.org/wp-content/uploads/2015/ 08/Compact-of-Mayors_Defmition-of-compliance-EN.pdf (accessed January 25, 2018). 또한 ICLEI, "The Compact of Mayors: goals, objectives and commitments" (September 25, 2014) 참조.

60) Global Covenant of Mayors for Climate & Energy, "About" (n.d.), www.globalcovenantofmayors.org/about (accessed January 25, 2018) 참조. 또한 Veerle Heyvaert, "What's in a name? The Covenant of Mayors as transnational environmental regulation" (2013) 22:1 *Review of European Community & International Environmental Law* 78 참조.

61) UITP stands for the French "Union Internationale des Transports Publics."

62) UITP, "International Association of Public Transport-UITP Declaration on Climate Leadership" (2014), paras. 8 and 9.

라 80개 도시의 110개 이상의 회원 기관이 효율성 개선에서 부문별 확장에 이르는 기후행동에 대한 약 350개의 수반되는 서약을 하였다.[63] 이러한 서약 중 일부는 국가적 공약과 중복되거나 또는 국가별 기여방안(NDC)에서 이루어진 국가적 공약을 수행하면서 국가정부에 의해 그 결과가 보고될 것이다. 그러나 해당 이니셔티브가 전 세계적 완화 행동을 직접적으로 향상시키지는 않더라도, 적어도 세계적으로 대중교통 이용을 장려하고 관심 있는 이해관계자들의 아이디어와 경험을 공유함으로써 기후행동을 위한 국제적 모멘텀을 유지하는 데 기여할 것이다.

셋째, 과학기반목표 이니셔티브(Science-Based Targets initiative, SBTi)는 2014년 탄소공개프로젝트(Carbon Disclosure Project, CDP), 세계자원연구소(WRI), 세계자연기금(World Wide Fund for Nature, WWF) 및 UN 글로벌 콤팩트(UN Global Compact, UNGC)간의 파트너십으로 시작되었다. 이 이니셔티브 하에서 기업들과 금융기관은 특정 기준을 충족하는 배출량 감축 목표 이행과정에 참여하기 전 공약 서한을 제출하도록 요청받는다. 기후변화 완화에 대한 진정한 기여를 확인하기 위해 목표에 대한 면밀한 감독이 이루어진다.[64] 약속한 기업들의 개별적 목표에 따라 향후 협상의 여지가 있는 포럼으로 포섭하는 과정은 수년간의 국가 간 협상을 거쳐서야 구체적인 완화 공약에 합의할 수 있었던 UNFCCC의 방식을 반영한다. 2018년 초 현재 약 350개의 회사가 참여하기로 약속하였지만 100개 미만의 목표만 승인되었다.[65]

마지막으로, 몬트리올 탄소서약(Montréal Carbon Pledge)은 기업 온실가스 배출에 대한 공시를 장려하기 위해 2015년 10명의 투자자에 의해 시작되었다. 서명자는 투자 포트폴리오에 의해 예측된 온실가스 배출량을 측정하고 매년 공개적으로 보고할 것을 서약한다. 다른 자발적인 공약과는 달리, 몬트리올 탄소서약은 서명자에게 특정 회사로부터 투자를 포기하도록 요구하지 않는다.

---

63) UITP, *Climate Action and Public Transport: Analysis of Planned Actions* (2014), www.uitp.org/sites/default/files/documents/Advocacy/Climate%20and%20PT.pdf (accessed January 25, 2018) 참조.

64) Science Based Target, *SBTi Call to Action Guidelines* (April 5, 2017); Science Based Target, *SBTi Criteria and Recommendations* (February 24, 2017) 참조.

65) Science Based Target, "Meet the companies already setting their emissions reduction targets in line with climate science," http://sciencebasedtargets.org/companies-taking-action (accessed January 25, 2018) 참조.

그 대신에 단순히 정보를 널리 이용할 수 있게 함으로써 잠재적으로 화석연료 산업에 무책임하게 투자하는 금융주체들을 '이름 불러 망신주는(naming and shaming)'데 기여할 뿐이다. 보고를 위한 노력 자체가 특별히 비용이 많이 들지 않기 때문에, 2018년 초 기준 20개국 120개의 서명자들이 10조 달러에 달하는 자금[66]을 통해, 많은 주요 행위자들이 이 국제협력 이니셔티브에 참여하고 있으며, 대부분은 그들의 자발적인 공약의 조건을 준수하였다.[67] 이 이니셔티브의 웹사이트는 포트폴리오의 탈탄소화와 관련된 상호보완적 국제협력 이니셔티브의 이용가능성을 강조한다.[68] 몬트리올 탄소서약의 일부 서명자들은 이미 6천억 달러가 넘는 금액의 더 실질적인 공약을 담고 있는 투자 회수 이니셔티브인 포트폴리오 탈탄소화 연합(Portfolio Decarbonization Coalition)의 27개 구성원이다.[69]

D. 비국가행위자의 기여도 조사

일부 데이터베이스는 비국가행위자에 의한 수많은 자발적 공약과 국제협력 이니셔티브를 조사하려는 시도로 개발되었다. 특히 비국가행위자 기후행동 구역(Non-State Actor Zone for Climate Action, NAZCA)은 페루가 COP20의 의장이었던 시기에 시작되어 다음 해 파리협정의 채택에 관한 당사국총회 결정에서 확정되었다.[70] NAZCA는 본질적으로 여러 국제협력 이니셔티브 및 독립적인 자발적 공약의 가시성을 높이는 온라인 플랫폼이다. NAZCA는 2018년 초 현재 2,500개 도시, 200개 지역, 2,000개 회사 및 180개 국가의 약 500명의 투자자들의 12,500개 공약과 관련된 70개 이상의 국제협력 이니셔티브를 나열하고 있다.[71] UNFCCC의 후원 하에 NAZCA는 기후변화 대응에서의 비국가행위

---

66) The website of the Montréal Carbon Pledge (n.d.), http://montrealpledge.org (accessed January 25, 2018) 참조.

67) Novethic, *Montréal Carbon Pledge, Accelerating Investor Climate Sisclosure* (PRI Initiative, September 2016).

68) The website of the Montréal Carbon Pledge, *supra* note 67 참조.

69) The website of the Portfolio Decarbonization Coalition, http://unepfi.org/pdc (accessed January 25, 2018) 참조.

70) Decision 1/CP.21, *supra* note 12, para. 117.

71) UNFCCC, "Global climate action: NAZCA" (n.d.), http://climateaction.unfccc.int (accessed January 25, 2018).

자의 역할에 대한 높아진 인식에 기여하였다.[72]

다른 일반적인 데이터베이스들은 비국가행위자를 포함한 UNFCCC 체제 밖의 행위자들에 의해 개발되었다. 2014년 에코피스(Ecofys), 캠브리지 대학 지속가능성 리더십 연구소(University of Cambridge Institute for Sustainability Leadership, CISL)와 세계자원연구소(WRI)는 기후 이니셔티브 플랫폼(Climate Initiatives Platform, CIP)을 시작하였다. 이 플랫폼은 네덜란드 인프라환경부(Ministry of Infrastructure and Environment)로부터의 자금 지원과 함께 유엔환경계획(UNEP) 및 연구 및 자문 기관인 유엔환경계획 덴마크 공과대학교 파트너십(United Nations Environment Programme Technical University of Denmark Partnership, UNEP DTU Partnership)에 의해 인수되었다. 2017년 중반을 기점으로 이 플랫폼은 221개의 국제협력 이니셔티브를 담고 있다. 더 전문화 된 다른 데이터베이스로는 2015년 금융기관을 대표하는 협의체들의 컨소시엄에서 시작한 "기후행동을 위한 투자자 플랫폼(Investor Platform for Climate Action)"이 있다.[73]

이러한 데이터베이스의 개발에도 불구하고 비국가행위자에 의한 기후변화 완화에 대한 자발적 공약의 전체적 기여를 수량화하는 것은 거의 불가능하다.[74] 그 이유로는 첫째, 비국가행위자의 공약에 관한 정보는 쉽게 입수할 수 없다. 수백 개의 국제협력 이니셔티브와 더 많은 일방 이니셔티브는 다양한 가정, 표준 및 방법론에 따라 다양한 종류의 공약들을 이행한다. 이러한 이니셔티브 중 온실가스 배출량 감소에 대한 정량적 추정치를 제공하는 것은 거의 없고, 공약의 효과적인 이행을 확인해주는 것은 심지어 훨씬 더 적다. 일부 연구에 따르면 자발적 공약을 통보함으로써 평판 상의 이점이 달성되면 비국가행위자는 이러한 공약을 이행하기 위한 노력을 거의 기울이지 않는다.[75] 법적

---

72) UNEP, *The Emissions Gap Report 2016* (November 2016) 24. See also David Wei, "Linking non‑State action with the UN Framework Convention on Climate Change" (C2ES, October 2016).

73) UNFCCC website, Investor Platform for Climate Actions, http://investorsonclimatechange .org (accessed January 25, 2018) 참조.

74) Jakob Graichen *et al.*, *International Climate Initiatives—A Way Forward to Close the Emissions Gap? Initiatives' Potential and Role under the Paris Agreement* (Federal Environment Agency, 2016); Fatemeh Bakhtiari, "International cooperative initiatives and the United Nations Framework Convention on Climate Change" *Climate Policy* (forthcoming) 참조.

75) 2002년 비국가행위자들이 다양한 지속가능성에 대해 수행한 330개의 자발적 이니셔티브

의무가 존재하지 않는다면 준수를 위한 선의의 노력도 사업 운영상의 변화나 지방정부의 행정에 의해 중단될 수 있다.

둘째, 다른 비국가행위자들에 의해 발표된 총 완화 노력은 하나의 온실가스 배출 감소가 동시에 두 개의 통로를 통해 보고되는 이중계산의 위험을 증가시킬 수 있다. 자발적 공약이 중첩되는 경우 비국가행위자들로부터 이중계산이 발생할 수 있다. 예를 들어, 전력회사가 보다 효율적으로 운영하게 될 경우 완화의 결과는 이용자뿐만 아니라 전력회사에 의해서도 보고될 수 있다(사용하는 방법론에 따라 다름).76) 이중계산을 줄이기 위한 조정은 통일된 방법론의 부재뿐만 아니라 자발적 공약과 국제협력 이니셔티브의 다양성에 의해 저해될 수 있다.

셋째, 비국가행위자의 자발적 공약과 국가적 공약 사이에 이중계산의 위험이 있다. 국가의 완화 노력이 강제적 기술표준으로 제한되는 경우, 비국가행위자가 보고한 조치가 실제로 지방자치단체의 법적 의무에 추가적인지 확인하는 일은 비교적 간단하다. 그러나 많은 국가들은 탄소세 또는 시장기반 메커니즘과 같은 가격기반 인센티브 또는 보조금 등과 같은 다른 조치를 통해 기후변화 완화를 촉진하고자 한다. 그러한 경우 비국가행위자의 완화 노력이 그들이 어쨌든 달성하도록 장려되었을 완화 노력에 추가적인 것인지 결정하기 어려워진다. 시장기반 메커니즘 내에서 한 행위자의 온실가스 배출량을 줄이려는 자발적인 노력으로 배출 허용량이 줄어들어 다른 행위자가 더 많은 온실가스를 배출할 수 있게 된다면 전체적인 이익은 존재하지 않을 수도 있다.77) 그러한 공약들은 국가적 공약에 신빙성을 부여하고,78) 일반적으로 국제협력에 대한

에 대한 연구는 비국가행위자들이 10년 후 38%가 실질적인 활동이 전혀 없었고, 전체의 26%는 그들이 명시한 목표와 직접적으로 관련 없는 활동을 한다는 것을 보여주었다. Sander Chan *et al.*, "Reinvigorating international climate policy: a comprehensive framework for effective nonstate action" (2015) 6:4 *Global Policy* 466, at 469 참조.

76) 전기 소비로 인한 간접적인 온실가스 배출은 두 번째 범위(scope 2) 배출로 간주된다. 대부분의 기준에 의하면 이러한 소비는 보고의무 범위에 포함된다. *A Corporate Accounting and Reporting Standard*, supra note 51, at 25 참조.

77) 그럼에도 불구하고 가장 엄격한 국제협력 이니셔티브 역시 ETS상 자발적 공약을 승인하고 있다. 예를 들어 과학기반 목표 이니셔티브의 경우 EU ETS 관할권 하에 있는 이탈리아에서 운영한 Enel의 배출 감축 목표를 승인하였다.

78) Thomas Hale, "'All hands on deck': the Paris Agreement and nonstate climate action" (2016) 16:3 *Global Environmental Politics* 12.

정치적 지지를 제고하는데 기여한다. 또한 중앙정부가 더 의욕적인 기후변화 완화 공약을 채택하도록 설득할 수 있다.

III. 결론

기후변화에 관한 국제법의 발전에 있어 비국가행위자의 역할은 종종 간과되어 왔다. NGO, 기업 또는 지방정부는 옵저버의 지위에서 국제협상에 참여하며 국가 협상가들이 공정하고 의욕적인 협정을 체결하도록 권장한다. 자발적 공약도 특히 국가가 일반국제법에 따른 의무를 이행하지 못하는 경우 중요한 역할을 한다. 그러나 비국가행위자는 아직 기후변화 완화에 있어 그들의 추가적인 기여를 점검할 수 있는 일관적이고 신뢰가능한 엄격한 측정, 보고, 검증(MRV) 체계를 개발하지 못하였다.

제16장

기후변화 시대의
국제법

제16장
기후변화 시대의 국제법

법은 종종 위기에 대응하며 진화한다. 국제법의 역사는 근본적인 변화를 일으킨 격렬한 위기로 가득차 있다. 1648년 웨스트팔리아 평화조약은 30년 전쟁으로 황폐해진 유럽을 재건하는 방법으로 현대의 주권 개념을 수립하였다. 제1차 세계대전이 끝날 무렵 국제연맹이 설립되었다. 제2차 세계대전 이후 UN의 설립과 새로운 국제기구의 제도화가 이어졌다. 심각한 위기가 발생하기 전 구조적 문제에 대응할 수 없는 경우가 많았기 때문에 국제법을 "위기의 규율"로 묘사하여도 과언이 아니다.[1] 그러나 때로는 덜 폭력적이거나 덜 갑작스러운 사건도 중요한 변화를 일으킬 수 있다. 탈 식민지화와 같은 느리게 시작된 "위기"나 냉전 종식과 같은 평화로운 전환은 국제법에 상당한 변화를 가져왔다.

국제법을 통해 기후변화를 해결하려는 노력은 추진력을 얻고 있지만 그 도구인 국제법이 변하지 않을 것이라 여기는 것은 순진한 생각일 것이다.[2] 기후변화는 일반국제법의 성격과 내용에 대한 새로운 반영을 유도한다. 국제법은 특정한 협정을 통해 새로운 규칙들을 발전시킬 것을 요구한다. 기후변화에 관한 국제법은 국제법의 다른 분야와는 다른 특성을 가지고 있다. 예를 들어, 그 실현에 기여하는 공동의 목표와 국가적 공약은 국가가 일반국제법에 따른 의

---

1) Hilary Charlesworth, "International law: a discipline of crisis" (2002) 65:3 *Modern Law Review* 377 참조.

2) Rosemary Rayfuse and Shirley V. Scott (eds.), *International Law in the Era of Climate Change* (Edward Elgar, 2012) 참조.

무를 준수하기 위한 조치를 취하기로 합의한 임시적인 규칙 체계인 의무준수
체제를 형성하였다. 이를 넘어 기후변화는 서서히 다가오는 위기로, 예를 들
어, 국가가 자국민을 효과적으로 보호할 수 없을 때 국제연대의 부족과 관련
하여, 국제법과 제도에 존재하는 여러 가지 단점을 밝히고 있다. 기존 법과 제
도에 대한 새로운 의문은 실질적인 개혁으로 이어질 수 있다. 새로운 환경은
일반국제법의 새로운 적용으로 이어질 수 있다.

이 장은 기후변화 시대의 국제법의 발전에 대해 살펴본다. 따라서 기후변
화를 다루기 위해 채택된 규칙 외에도 국제법이 전체로서 이 위기에 어떻게
적응하고 있는지를 이해하려고 한다. 제1절은 기후변화와 지속가능한 개발에
관한 국제법의 다른 측면 사이의 연관성을 논의한다. 제2절은 예를 들어, 무해
의 원칙과 국가책임법이 새로운 논쟁과 새로운 권위 있는 해석의 대상이 될
수 있는 일반국제법의 변화를 살펴본다. 마지막으로, 제3절은 국제협력의 범
위를 보다 일반적으로 탐구할 뿐만 아니라, 국제법의 공리, 특히 그 연원, 이
행 및 관련 행위자에 대한 기후변화의 잠재적 영향에 대해 탐구한다.

I. 지속가능한 발전에 대한 국제법의 다른 측면과의 연관성

기후행동이 조율된 UNFCCC 체제 및 기타 관련 조약 체제를 넘어서, 기후
변화를 해결하려는 노력은 지속가능한 개발을 촉진하는 다양한 다른 조약 체
제에 광범위한 영향을 미쳤다.[3] 이에 따라 기후변화와 인권 및 환경보호, 국
제무역 및 투자를 포함하는 지속가능한 발전에 대한 국제법의 다른 측면들 사
이에 시너지와 긴장 관계가 나타났다.

A. 시너지 효과

기후변화에 대한 대응은 종종 지속가능한 발전의 진전에 더 많이 기여한
다. 예를 들어, 빈곤 퇴치와 환경보호에 있어 기후변화와 국제인권법에서 추구

---

3) Harro van Asselt, *The Fragmentation of Global Climate Governance: Consequences
and Management of Regime Interactions* (Edward Elgar, 2014) 52－58 참조. 또한
Margaret A. Young, "Climate change law and regime interaction" (2011) 5:2 *Carbon
& Climate Law Review* 147 참조.

하는 목표 간에 시너지 효과가 나타났다. 기후변화의 영향은 인권의 향유와 빈곤 퇴치를 저해할 수 있기 때문에, 기후행동은 일반적으로 인권의 보호로 정당화될 수 있다.[4] 마찬가지로 온실가스 배출은 공중보건과 지역 환경에 영향을 미치는 다른 오염 물질의 배출과 관련되기 때문에, 지역 대기오염과 기후변화 완화 행동에 대한 노력 사이에는 시너지 효과가 발생한다.[5] 마지막으로, 생물다양성과 습지 및 해양 생태계와 같은 다양한 생태계의 보존은 기후변화에 미치는 영향을 고려할 때 기후변화에 대한 전 세계적 행동을 요구한다.[6]

이러한 시너지 효과는 기후변화의 영향이 보다 뚜렷해짐에 따라 다양한 국제적인 법체제에서 점차 인식되고 있다. 2008년 이후 UN 인권이사회는 기후변화의 영향이 전 세계 인권의 실질적인 향유에 미치는 영향을 강조하는 일련의 결의안을 통과시켰다.[7] 기후변화의 영향은 UN 인권이사회에서의 이주민 인권에 관한 특별보고관[8], 국내 실향민 인권에 관한 특별보고관[9], 그리고 비차별 원칙에 의한 적절한 생활수준의 구성요소로서 적절한 주거에 관한 특별보고관 등의 특별절차 보고서에서 광범위하게 논의되었다.[10] 2017년 경제적·사회적·문화적 권리위원회(CESCR)는 호주에 대하여, 특히 원주민이 경제적, 사회적 및 문화적 권리의 향유를 보호하는 방법으로 기후변화 및 에너지 정책을 개정할 것을 권고하였다.[11] 특히 기후변화와 그 영향에 맞서기 위해 긴급

---

4) 본서의 제5장, Ⅲ. 참조.

5) Lydia McMullen‒Laird *et al*., "Air pollution governance as a driver of recent climate policies in China" (2015) 9:3 Carbon & *Climate Law* Review 243 참조.

6) Chris Hilson, "It's all about climate change, stupid! Exploring the relationship between environmental law and climate law" (2013) 25:3 *Journal of Environmental Law* 359.

7) HRC, 35/20, "Human rights and climate change" (June 22, 2017); 32/33, "Human rights and climate change" (July 1, 2016); 29/15, "Human rights and climate change" (July 2, 2015); 18/22, "Climate change and human rights" (September 30, 2011); 7/23, "Human rights and climate change" (March 28, 2008); 10/4, "Human rights and climate change" (March 25, 2009); 7/23, "Human rights and climate change" (March 28, 2008),

8) HRC, *Report of the Special Rapporteur on the Human Rights ofMigrants, François Crépeau* (August 13, 2012), doc. A/67/299.

9) HRC, *Report of the Special Rapporteur on the Human Rights of Internally Displaced Persons, Chaloka Beyani* (August 9, 2011), doc. A/66/285.

10) HRC, *Report of the Special Rapporteur on Adequate Housing as a Component of the Right to an Adequate Standard of Living, and on the Right to Non‒discrimination in this Context, Raquel Rolnik* (August 6, 2009), doc. A/64/255.

한 조치를 취해야 한다는 필요성은 2015년 UN 총회에서 지속가능한 개발 목표(SDGs)중 하나로[12] 인정되기도 하였다. 따라서 각국은 "기후변화 조치를 국가 정책, 전략 및 계획"에 통합하라는 요구를 받았다.[13] 다자개발기구는 그 활동에서 주요 기후변화 완화 및 적응을 위해 노력하고 있다.[14] 마찬가지로 생물다양성협약의 당사국총회는 기후변화가 생물다양성에 미치는 영향을 인식하였다.[15]

그 결과 UNFCCC 체제 내에서 기후변화가 다른 체제에 미치는 영향을 인식할 필요성에 대한 논의가 이루어졌다. 강렬한 시민사회 지지에 얻은 후, 칸쿤합의는 UN 인권이사회 결의문(Resolution 10/4)의 존재를 언급하고 당사국총회 결정에서 처음으로 "기후변화의 부정적 영향은 인권의 효과적인 향유에 대하여 직·간접적으로 광범위한 영향을 미친다"는 것을 인정하였다.[16] 그 목표를 정의한 파리협정 제2조는 "지속가능한 발전과 빈곤 퇴치를 위한 노력의 맥락"에 대한 언급을 포함하고 있다.[17] 파리협정의 전문은 또한 "기후변화 행동, 대응 및 영향이 지속가능한 발전 및 빈곤 퇴치에 관한 형평한 접근과 본질적인 관계가 있음"을 인정하고 있다.[18] 또한 "해양을 포함한 모든 생태계의 건전성을 보장하고 생물다양성의 보존을 보장하는 것의 중요성"에 주목한다.[19]

---

11) CESCR, "Concluding observations on the fifth periodic report of Australia" (June 23, 2017), doc. E/C.12/AUS/CO/5, para. 12. 또한 Edward Cameron and Marc Limon, "Restoring the climate by realizing rights: the role of the international human rights system" (2012) 21:3 *Review of European Community & International Environmental Law* 204 참조.

12) UN General Assembly Resolution 70/1, "Transforming our world: the 2030 Agenda for Sustainable Development" (September 25, 2015), goal 13.

13) *Ibid.*, goal 13.2.

14) Kira Vinke *et al.*, *A Region at Risk: The Human Dimensions of Climate Change in Asia and the Pacific* (Asian Development Bank, 2017) 참조.

15) CBD decision X/33, "Biodiversity and climate change" (Nagoya, October 18−29, 2010) 참조.

16) Decision 1/CP.16, "The Cancun Agreements: outcome of the work of the Ad Hoc Working Group on Long−Term Cooperative Action under the Convention" (December 10−11, 2010), recital 8.

17) Paris Agreement, December 12, 2015, in the annex of decision 1/CP.21, "Adoption of the Paris Agreement" (December 12, 2015), art. 2.1.

18) *Ibid.*, recital 9.

19) United Nations Framework Convention on Climate Change, May 9, 1992, 1771 *UNTS* 107 (이하 UNFCCC), recital 14.

기후변화와 지속가능한 발전의 다른 측면 사이의 시너지 효과에 대한 인식을 넘어 일부 지지자들은 기후체제를 그들의 의제를 홍보하기 위한 수단으로 이용하고자 하였다. 1,100개의 시민사회 단체로 구성된 글로벌 네트워크인 기후행동 네트워크(Climate Action Network)는 파리협정 체결 과정에서 기후변화에 가장 취약하지만 책임이 가장 적은 사람들과 공동체의 권리를 보호하기 위한 수단으로 파리협정 제2조에 정의된 목표 중 인권을 포함시켜야 한다고 주장하였다.[20] 국가들은 이 생각에 대해 거의 지지하지 않았다. 예를 들어, 노르웨이는 기후변화와 인권 목표 사이의 명백한 관계에도 불구하고 국제기후협정은 인권 목표보다는 명확한 "기후 목표(climate goal)"[21]를 가져야 한다고 주장하였다. 다른 시도는 더 성공적이었다. 연이은 당사국총회 결정은 "UNFCCC 및 교토의정서에 따라 설립된 기구의 당사자 대표에 여성의 참여를 높이기 위해 노력하였다."[22] 칸쿤합의는 "청소년과 장애인" 및 "성평등과 여성 및 토착민의 효과적인 참여"의 중요성을 포함하여 "광범위한 이해관계자"의 참여의 필요성을 강조하였다.[23] 이러한 목표는 중요하지만 그것이 기후행동에 필수적인 것은 아닐 수 있고, 기후체제가 달성하고자 하는 많은 어려운 과제들로부터 집중이 분산되게 할 수도 있다.

B. 긴장 관계

기후행동은 지속가능한 발전의 다른 측면들과 긴장 관계에 놓일 수도 있

---

20) Climate Action Network, Closing intervention at ADP 2−11 (October 2015), www. climatenetwork.org/sites/default/files/climate−action−network−closing−intervention −adp−2−11−october−2015.pdf (accessed January 25, 2018), at 3.

21) Website of the Government of Norway, "COP21: Indigenous peoples, human rights and climate changes"(December 7, 2015), www.regjeringen.no/no/aktuelt/cop21− indigenous−peoples−human−rights−and−climate−changes/id2466047 (accessed January 25, 2018).

22) Decision 36/CP.7 "Improving the participation of women in the representation of Parties in bodies established under the United Nations Framework Convention on Climate Change and the Kyoto Protocol" (November 9, 2001). 또한 Decision 23/CP.18 "Promoting gender balance and improving the participation of women in UNFCCC negotiations and in the representation of parties in bodies established pursuant to the Convention or the Kyoto Protocol" (December 7, 2012); decision 18/CP.20, "Lima work programme on gender" (December 12, 2014); and decision 21/ CP.22, "Gender and climate change" (November 17, 2016) 참조.

23) Decision 1/CP.16, *supra* note 16, para. 7.

다. 예를 들어, 기후행동과 인권보호 제도 사이의 시너지에도 불구하고, 특정 기후 관련 프로젝트, 프로그램 또는 정책은 인권을 침해하거나 빈곤 퇴치를 방해할 수 있다. 이러한 긴장은 모순되는 의무 사이에 있는 것이 아니다. 기후 변화에 관한 국제법에 따른 국가의 의무는 국제인권법에 따른 의무를 배제하지 않는다.[24] 인권과 환경에 관한 UN 특별보고관인 존 녹스(John Knox)는 "정부는 기후변화에 대응할 때 그들의 인권 의무를 문 앞에서 확인하지 않는다"고 말하였다.[25] 이것은 서로 경쟁하는 우선순위들 간의 긴장이다. 신중하게 점검하지 않는다면 기후행동의 효율성을 높이려는 시도는 초국가적 프로젝트의 경우에는 더욱 인권의 효과적 보호를 희생시킬 수 있다. 예를 들어, 유연성 체제에 의해 지원되는 수력발전 프로젝트의 지지자들은 그 프로젝트로 인해 재정착한 인구에 대한 적절한 보상을 제공하는 것보다 비용 절감에 더 관심을 가질 수 있다.[26]

환경보호와 관련해서도 비슷한 문제가 발생한다. 화석연료에 대한 대안이 항상 "청정(clean)"에너지인 것은 아니다. 원자력 에너지는 매우 위험하고 오랜 기간 지속되는 폐기물을 남긴다. 수력발전 댐은 어류의 이동을 방해함으로써 자연 생태계를 교란시킬 수 있다. 세계의 특정 지역에서 바이오 연료 생산을 위해 대규모의 단일 종을 재배(특정 지역에서 단일 작물 재배)하는 것은, 경작을 위해 숲이 화전되고 있는 경우 가장 명확하게, 지역 환경에 영향을 미칠 수 있다.[27] 태양열이나 풍력발전도 적절히 관리되지 않는 경우 생태계에 영향을 미칠 수 있다.[28]

세이프가드 정책은 기후행동이 지속가능한 개발의 다른 측면을 희생하지

---

24) ILC, *Fragmentation of International Law: Difficulties Arising from the Diversification and Expansion of International Law* (April 13, 2006), doc. A/CN.4/L.682, para. 4 (principle of harmonization) 참조.

25) OHCHR, "States' human rights obligations encompass climate change" (December 3, 1995). 또한 Damilola S. Olawuyi, *The Human Rights−Based Approach to Carbon Finance* (Cambridge University Press, 2016) 참조.

26) WCED, *Dams and Development: A Framework for Decision Making* (Earthscan, November 2000) 참조.

27) J.D. Neidel *et al.* (eds.), *Biofuels: The Impact of Oil Palmon Forests and Climate* (Yale University and Smithsonian Tropical Research Institute, 2012) 참조.

28) John Upton, "Solar farms threaten birds: certain avian species seem to crash into large solar power arrays or get burned by the concentrated rays" *Scientific American* (August 27, 2014) 참조.

않도록 보장하는 데 도움이 될 수 있다. 일부 협력 프로그램에서 세이프가드 조치가 논의되고[29] 금융 기관에 의해 부과되기도 하였으나,[30] 보다 체계적인 접근방식이 필요하다. 칸쿤합의는 "당사자들은 모든 기후변화 관련 행동에서 인권을 온전히 존중해야한다"는 점을 인정하였다.[31] 파리협정은 다음을 통해 동일한 입장을 표명하였다.

> 당사자는 기후변화에 대응하는 행동을 할 때 양성평등, 여성의 역량 강화 및 세대 간 형평뿐만 아니라, 인권, 보건에 대한 권리, 원주민·지역공동체·이주민·아동·장애인·취약계층의 권리 및 발전권에 관한 각자의 의무를 존중하고 촉진하며 고려하여야 한다.[32]

파리협정 이외에도 국제지원을 포함한 모든 기후행동에서 인권보호의 최소기준에 대한 보다 구체적인 조항이 필요하다.

인권 및 환경보호 외에도 기후행동은 국제경제법 조항과 충돌할 수 있다. 국제경제법은 국가 간에 즉각적인 경제 교류를 장려하지만 국가는 온실가스 배출량을 줄이기 위해 무역이나 투자에 제한을 가하려는 유혹을 받을 수 있다. UNFCCC는 국제경제법과의 이러한 불일치를 피하기 위해 "일방적 조치를 포함하여 기후변화에 대처하기 위하여 취한 조치는 국제무역에 대한 자의적 또는 정당화할 수 없는 차별수단이거나 위장된 제한수단이 되어서는 아니 된다"고 밝혔다.[33] 반면 관세 및 무역에 관한 일반협정(GATT) 제20조는 그러한 조치를 "동일한 여건이 지배적인 국가간에 자의적이거나 정당화할 수 없는 차별의 수단을 구성하거나 국제무역에 대한 위장된 제한을 구성하는 방식"으로 적용하지 아니한다는 조건하에서 "인간, 동물 또는 식물의 생명 또는 건강을

---

29) 본서 제8장, Ⅱ., 그리고 본서 제12장, Ⅲ. (REDD＋) 참조.

30) GEF, *Agency Minimum Standards on Environmental and Social Safeguards* (Policy SD/PL03, last updated on February 19, 2015) 참조; 또한 *The World Bank Environmental arid Social Framework* (World Bank, 2017) 참조.

31) Decision 1/CP.16, *supra* note 16, para. 8.

32) Paris Agreement, *supra* note 17, recital 8.

33) UNFCCC, *supra* note 19, art. 3.5. 또한 Kyoto Protocol to the United Nations Framework Convention on Climate Change, December 11, 1997, 2303 *UNTS* 162 (hereinafter Kyoto Protocol), art.2.3 참조.

보호하기 위하여 필요한" 조치 또는 "고갈될 수 있는 천연자원의 보존과 관련
된" 조치에 대한 일반적 예외를 포함하고 있다.[34] 다자환경협정을 통해 채택
된 조치는 일반적 예외 사유의 범위에 포함될 수 있을 것이다.[35] 일방적 정책
은 위장된 보호주의 조치를 구성하지 않을 경우, GATT 제20조에 따라 여전히
정당화될 수 있지만, 면밀한 조사가 이루어질 가능성이 있다.[36] 국제경제법의
다른 분야에서 국제기후협정과의 일관성을 장려하고, 드물기는 하나 재생에너
지에 대한 투자를 적극적으로 장려하기 위한 양자간 투자조약이 점차 더 많이
생겨나고 있다.[37]

특히 민감한 문제는 국경세조정(Border Tax Adjustment)의 적법성에 관한 것
이다. 기후변화 완화 조치는 종종 예를 들어, 탄소세 또는 시장기반 메커니즘
을 통해 국내 생산자에게 추가적인 비용을 부과한다. 기후변화 완화에 협력을
거부하는 국가는 결과적으로 생산비용을 낮출 수 있다. 따라서 이 국가는 "탄
소 누출(carbon leakage)"이라고 불리는 현상인 온실가스 집약적 부문에서의 경
제활동을 유치하려 할 것이다. 국경세조정은 동등한 완화 조치 없는 국가로부
터의 상품 및 서비스에 대한 추가적인 비용을 부과함으로써 그러한 탄소 누출
을 방지하려는 세금을 말한다. 국경세조정은 기후변화에 관한 국제법에 따른
국제의무를 체계적으로 무시하는 국가에 대한 경제적 압력의 수단으로도 적용
될 수 있다. 도널드 트럼프 미국 대통령의 파리협정 탈퇴 결정은 국경세조정
문제에 새로운 관련성을 부여하였다. 준보편적 협정에 참여하지 않고 기후체
계의 보호를 목표로 동등한 행동을 취하지 않는 국가에 부과된 비징벌적 국경
세조정은 "동일한 여건이 지배적인 국가들 간에 자의적이거나 정당화할 수 없

34) General Agreement on Tariffs and Trade, October 30, 1947, 55 *UNTS* 194 (이하
    GATT), art. ⅩⅩ, paras. (b) and (g). 또한 Agreement on Technical Barriers to
    Trade, April 12, 1979, 1868 *UNTS* 120, art.2.2 참조.; 그리고 General Agreement on
    Trade－Related Aspects of Intellectual Property, April 15, 1994, 1869 *UNTS* 299,
    art.27.2 참조.

35) Van Asselt, *supra* note 3, at 162 참조.

36) WTO DSB, DS58: *United States－Import Prohibition of Certain Shrimp and Shrimp
    Products*; *DS135: European Communities－Measures Affecting Asbestos and Asbestos
    Containing Products* 참조.

37) J. Anthony Van Duzer, "The complex relationship between international investment
    law and climate change initiatives: exploring the tension" in Panagiotis Delimatsis
    (ed.), *Research Handbook on Climate Change and Trade Law* (Edward Elgar, 2016)
    434, at 446－456 참조.

는 차별의 수단"을 구성하지 않을 것이고,[38] 따라서 GATT 제20조에 의해 정당화될 수 있다.[39]

II. 일반국제법의 변화

기후변화와 이에 대한 대응은 일반국제법의 발전에 기여할 수 있다. 일반국제법의 규범은 그 규범들이 특정 상황에 처음 적용되면서 생겨났기 때문에, 새로운 상황은 개선으로 이어질 수 있다. 이미 일반국제법 분야에서 명확하게 결정되지 않았던 부분이 점차 명확성을 갖추어 나가고 있다. 무해의 원칙과 관련하여 전 세계적인 환경피해의 적용 방식에 대한 새로운 반영이 나타나고 있다. 국가책임법과 관련하여, 책임 있는 국가가 "완전한 배상(full reparation)"을 지불해야 한다는 관념에 대한 재고가 필요하다. 단순히 피해에 근거한 배상의 원칙은 기후변화의 문제에 있어서는 실현 불가능하기 때문이다.

A. 무해의 원칙 방식의 명확화

무해의 원칙은 일반적으로 일반국제법의 불가분의 일부로 인식되지만, 전 세계적으로 환경피해와 관련하여 적용된 적이 없다. 주권평등의 원칙의 논리적 귀결로서 이 원칙이 기후변화에 적용된다는 것은 의심의 여지가 없다. 반대 결론은 어리석은 일이다. 전체 행성계에 해를 끼치지 않고, 어떻게 어떤 국가들에게는 전 영토를 소멸시키고, 최악의 시나리오에서는 인류 문명 전체를

---

38) GATT, *supra* note 34, art. XX .

39) 더 자세한 사항은 Deok−Young Park (ed.), *Legal Issues on Climate Change and International Trade Law* (Springer, 2016); James W. Coleman, "Unilateral climate regulation" (2014) 38:1 *Harvard Environmental Law Review* 87; Margaret A. Young, "Trade measures to address environmental concerns in faraway places: jurisdictional issues" (2014) 23:3 *Review of European, Comparative & International Environmental Law* 302; Rafael Leal−Areas, "Climate change mitigation from the bottom up: using preferential trade agreements to promote climate change mitigation" (2013) 88:2 *Carbon & Climate Law Review* 34; Navraj Singh Ghaleigh & David Rossati, "The spectre of carbon border−adjustment measures" (2011) 2:1 *Climate Law* 63; Christina Voigt, *Sustainable Development as a Principle of International Law: Resolving Conflicts between Climate Measures and WTO Law* (Martinus Nijhoff, 2009) 참조.

위험에 처하게 할 수 있는 다소 경미한 월경 환경 피해는 금지할 수 있겠는가? UNFCCC의 전문은 무해의 원칙을 스톡홀름 선언의 "관련 원칙(pertinent principles)" 중 하나로 인정하였고,[40] 일부 군소도서국들은 일련의 국제기후협정을 채택하는 과정에서, 어떤 조항도 일반국제법 원칙을 배제하는 것으로 해석될 수 없다고 선언하였다.[41] 그러나 무해의 원칙 적용 방식에 관련하여 중요한 문제들이 아직 남아있으며, 이에 대한 계속되는 논의와 발전은 일반국제법에 대한 더 넓은 이해로 이어질 수 있다.

1. 지리적 범위

무해의 원칙의 불분명한 방식은 월경 환경 피해를 야기하는 활동을 허용하지 않을 국가의무의 지리적 범위를 고려하고 있다. *Trail Smelter* 사건 중재판정은 "영토의 사용(use of a *territory*)"[42]을 월경 환경 피해를 유발하는 활동과 연관시킨 반면, 인간환경에 관한 스톡홀름 선언은 "(국가)관할권 또는 통제(*jurisdiction* or *control*) 내의 활동"을 언급하였다.[43] 스톡홀름 선언의 용어에 따라, ICJ는 *Legality of the Threat or Use of Nuclear Weapons*에 관한 권고적 의견에서 "(국가)관할권 또는 통제 내의 활동"을 언급하였다.[44] *Pulp Mills on the River Uruguay* 사건의 경우, ICJ는 규제에 대한 국가의 의무는 대안적 근거로서 통제를 언급하지 않고, "영토 내에서 또는 그 관할권 지역 내에서 발생하는 활동"에 적용되는 것으로 간주하였다.[45] 그러나 통제는 책임의 기초가

---

40) UNFCCC, *supra* note 19, recitals 8 and 9 참조. 또한 UNCHE, Stockholm Declaration on the Human Environment, available in (1972) 11 *ILM* 1416 (June 5−16, 1972) (이하 Stockholm Declaration) 참조.

41) The declarations of Kiribati, Fiji, Nauru and Tuvalu upon signature of the UNFCCC (1992), 1771 *UNTS* 317−318 참조.

42) *Trail Smelter (U.S. v. Canada)*, Arbitral Award of March 11, 1941, (1949) Ⅲ *UNRIAA* 1938, at 1965. 또한 ICJ, *Corfu Channel (United Kingdom v. Albania)*, judgment of April 9, 1949, at 22. ICJ의 입장에 대한 원문 표현은 다음과 같다, "every State's obligation not to allow knowingly *its territory* to be used for acts contrary to the rights of other States" (emphasis added).

43) Stockholm Declaration, *supra* note 40, Principle 21 (emphasis added).

44) ICJ, *Legality of the Threat or Use of Nuclear Weapons*, Advisory Opinion of July 8, 1996, para. 29. 또한 UNCED, Rio Declaration on Environment and Development (June 3−14, 1992), available in (1992) 31 KM 874 (hereinafter Rio Declaration), Principle 2 참조.

45) ICJ, *Pulp Mills on the River Uruguay (Argentina v. Uruguay)*, judgment of April 20,

될 수 있다. 그런 의미에서 ICJ는 *Legal Consequences for States of the Continue Presence of South Africa in Namibia* 사건에 관한 권고적 의견에서, "주권이나 권원의 정당성이 아닌 영토에 대한 물리적 통제가 다른 국가에 영향을 미치는 행위에 대한 국가책임의 기초가 된다"고 확인하였다.[46]

월경 대기오염에 관한 고전적인 사례에서, 주로 환경에 해를 입히는 활동은 국가가 그들의 관할권과 실효적 통제를 행사하는 국가의 영역 내에서 이루어지기 때문에, 무해의 원칙의 지리적 범위에 대해서는 논의가 이루어지지 않았다. 벨기에와 네덜란드 간의 *Iron Rhine* 사건은 "타국의 영토 내에서 한 국가의 조약상 보장된 권리의 행사와 그러한 행사가 타국의 영토에 미칠 수 있는 영향"과 관련 있었기 때문에 예외적인 사건이었다.[47] 이 경우 중재재판소는 무해의 원칙을 "유추하여(by analogy)", "한 국가가 다른 국가의 영토 내에서 국제법에 따라 권리를 행사하는 경우 환경보호에 대한 고려도 적용된다고 인정"하였다.[48] 따라서 중재재판소는 국가 영토를 넘어선 주권 행사를 책임의 근거로 인정하였지만, 주권의 여부와 관계없이 (실효적) 통제라는 더 큰 문제에 대해서는 입장을 밝히지 않았다.[49]

대조적으로 기후변화에 관한 최근의 관행은 관할권이나 통제보다 영토를 더 강조하고 있다. 소비기반 책임 또는 이익기반 책임에 대한 몇 가지 주장에도 불구하고,[50] 일반적으로 국가의 완화 의무는 자국 영토 내에서 발생하는 생산과정에 적용되는 것으로 이해된다. 이 접근법은 IPCC가 채택한 기술 가이

2010, para. 101 (emphasis added).

46) ICJ, *Legal Consequences for States of the Continued Presence of South Africa in Namibia (South West Africa) Notwithstanding Security Council Resolution* 276, Advisory Opinion of June 21, 1971, para. 118.

47) Arbitral award of May 24, 2005 in the case of the *Iron Rhine Railway (Belgium v. Netherlands)*, (2005) XXVII *UNRIAA* 35, para. 223.

48) *Ibid*, (emphasis added).

49) 인권 침해에 대한 국가의 책임과 관련하여 이 문제는 많은 관심의 대상이 되어왔다. 특히 ECtHR Grand Chamber, *Al Skeini v. United Kingdom*, judgment of July 7, 2011 참조; 또한 Marko Milanovic, *Extraterritorial Application of Human Rights Treaties: Law, Principles, and Policy* (Oxford University Press, 2011); Marko Milanovic, "European court decides Al−Skeini and Al−Jedda" *EJIL: Talk!* (July 7, 2011), www.ejiltalk.org/european−court−decides—al−skeini−and−al−jedda (accessed January 25, 2018) 참조.

50) Alexandra Marques *et al.*, "Income−based environmental responsibility" (2012) 84 *Ecological Economics* 57 참조.

드라인의 승인을 통해 교토의정서에서 암묵적으로 받아들여졌다.[51] 유럽연합
은 영공을 넘어 발생하는 온실가스 배출을 포함하여, 회원국으로부터 출국 또
는 회원국으로 입국하는 국제 항공편에 배출권거래제를 적용하려는 간단한 시
도를 하였다.[52] 유럽사법재판소(European Court of Justice)의 우호적인 판결에
도 불구하고,[53] 이러한 시도는 국가가 그 영토 밖에서의 온실가스 배출을 제
한하는 것이 강제할 수 있는 지는 말할 것도 없고, 과연 허용되는지에 대한 학
계의 열띤 토론이 보여주듯이, 아직 국제적 차원에서는 논란의 여지가 있는
쟁점이다.[54]

2. 상당한 주의 의무의 기준

무해의 원칙의 또 다른 불분명한 측면은 이 원칙으로 비롯되는 의무의 성
격과 관련 있다. 영토 내 또는 관할권 내에서의 활동을 방지할 국가의 의무는
일반적으로 상당한 주의 의무로 받아들여진다. 그러나 아직까지 상당한 주의
의무를 이행하기 위해 국가가 얼마나 많은 노력을 기울여야 하는지에 대한 국

---

51) Decision 24/CP.19, "Revision of the UNFCCC reporting guidelines on annual inventories
for parties included in Annex I to the Convention" (November 22, 2013); decision
17/CP.8 "Guidelines for the preparation of national communications from parties not
included in Annex I to the Convention" (November 1, 2002); and decision 2/
CP.17 (December 11, 2011) 참조. 또한 Simon Eggleston *et al.*, *2006 IPCC
Guidelines for National Greenhouse Gas Inventories* (IGES, 2006) 참조.

52) Directive 203/87/EC의 개정을 통해 도출된 EU Directive 2008/101/EC는 EC 역내 온실
가스 배출거래제도에 항공업을 포함시켰다. EU Directive 2008/101/EC, 19 November
2008 (January 13, 2009), doc. 32008L0101 참조.

53) ECJ judgment (Grand Chamber), Case C－366/10, *ATA v. Secretary of State for
Energy*, judgment of December 21, 2011, doc. 62010CJ0366.

54) 글랜 발전소(Glan Plant)에 대한 분석은 (2013) 107:1 *American Journal of International
Law* 183 참조; 또한 Snaja Bogojevic, "Legalising environmental leadership: a comment
on the CJEU's ruling in C－366/10 on the inclusion of aviation in the EU Emissions
Trading Scheme" (2012) 24:2 *Journal of Environmental Law* 345; Andrea Gattini,
"Between splendid isolation and tentative imperialism: the EU's extension of its
Emission Trading Scheme to international aviation and the ECJ's judgment in the
ATA case" (2012) 61:4 *International & Comparative Law Quarterly* 977; Joanne
Scott, "The geographical scope of the EU's climate responsibilities" (2015) 17
Cambridge Yearbook of European Legal Studies 92; Joanne Scott and Lavanya
Rajamani, "EU climate change unilateralism" (2012) 23:2 *European Journal of International
Law* 469; An Hertogen, "Sovereignty as decisional independence over domestic
affairs: the dispute over aviation in the EU emissions trading system" (2012) 1:2
Transnational Environmental Law 281 참조.

제법 분야의 권위적 해석은 존재하지 않는다. 여기서도 전형적으로 책임 있는 국가가 조치를 취하는 것을 꺼리는 관행이 확립된 집중적인 외교 협의 과정 이후, 국제 법원이나 재판소에 의해 결정되었기 때문에, 상당한 주의 의무의 방식은 종전의 무해의 원칙이 적용되었던 사건들과는 거의 관련이 없다. 예를 들어, 국제사법재판소는 *Pulp Mills on the River Uruguay* 사건에서 상당한 주의 의무에 대해, 국가가 "그 처분 하에 있는 모든 수단을 활용할 의무"라고 간략히 언급하였을 뿐이다.[55) 국제해양법재판소는 "상당한 주의 의무의 내용은 정확한 용어로 쉽게 설명할 수 없다"는 점을 매우 신중하게 언급하였다. 과학이나 기술적 지식과 같이 특정 시점에서 상당한 주의를 다한 조치였다 할지라도 시간이 지남에 따라 상당한 주의를 다하지 못한 것으로 변할 수 있기 때문이다.[56)

무해의 원칙에서 비롯된 상당한 주의 의무의 내용은 기후변화와 특히 관련이 있다. 무해의 원칙을 역사적 온실가스 배출량에 적용하기 위해서는 상당한 주의 의무의 기준을 설정하는 것이 필수적이다. 선진국의 역사적 책임에 대한 비교적 불명확한 암시에도 불구하고 이 문제는 한 동안 해결되지 않은 채로 남아 있다.[57) 더 일반적으로 차등화의 다른 근거에 대한 논쟁은 이 상당한 주의 의무에 대한 다른 이해와 관련이 있다. 기후변화에 관한 국제협상은 국가가 기후변화 완화를 위한 기여를 결정하는 데 있어 국가의 역량 및 기타 "국내 여건(national circumstances)"에 대한 관련성을 인지하였다.[58) 이러한 요소들은 국가의 상당한 주의 의무를 결정할 때에도 고려되어야 한다. 공통의 그러나 차등화 된 책임 원칙은 경제적, 기술적 능력이 부족한 개도국이 그들에게 수반되는 의무를 완화시킬 수 있는 일반국제법의 증거로 여겨져 왔다.[59) 그러

---

55) *Pulp Mills on the River Uruguay*, *supra* note 45, para. 101.

56) ITLOS Seabed Dispute Chamber, *Responsibilities and Obligations of States Sponsoring Persons and Entities with Respect to Activities in the Area*, Advisory Opinion of February 1, 2011, para. 117.

57) UNFCCC, *supra* note 19, recital 4; decision 1/CP.16, *supra* note 16, second recital before para. 36; decision 1/CP.21, *supra* note 17, para. 52 참조.

58) UNFCCC, *supra* note 19, art.3.1; Paris Agreement, *supra* note 17, art.2.2 참조. 또한 본서 제6장 참조.

59) Timo Koivurova, "Due diligence" in Rüdiger Wolffum *et al.* (ed.), *Max Planck Encyclopaedia of Public International Law* (Oxford University Press, 2010), para. 19.

나 공통의 그러나 차등화 된 책임 원칙의 실제적 중요성에 대해서는 논쟁의 여지가 남아 있다. 파리협정은 공식적으로는 기후행동에 대한 기여를 국가들이 스스로 결정하도록 하고 있으나, 이에 대한 더 많은 논의가 전지구적 이행점검 과정에서 불가피하게 이루어지게 될 것이다.[60]

B. 국가책임법의 일부 측면에 대한 재고

기후변화는 국가책임에 관한 일반국제법 분야의 발전을 가져올 수 있다. 모든 국가는 선진국이 기후변화와 그 영향에 대응하는데 어떤 형태로던 정치적 책임을 지고 있음을 인정하였지만,[61] 선진국들은 일반적으로 관할권 내의 과도한 온실가스 배출을 방지하는데 실패한 법적 책임을 인정하기를 꺼리고 있다. 그러나 가장 취약한 국가 중 일부는 배상 청구에 대한 주장을 유지해왔다.[62] 이러한 국가들은 언젠가는 국제 법원이나 재판소에 그들의 주장을 청구할 수도 있다.[63] 그렇지 않다면 그 개요에서 협소하게 정의되었음에도 불구하고 대기권의 보호에 관한 국제법위원회(ILC)의 작업 프로그램에서 명확하게 밝혀질 수도 있다.[64]

국가책임법에 대한 권위있는 해석은 국제법위원회가 2001년에 채택한 국제위법행위에 대한 국가책임에 관한 초안을 참조해 볼 수 있다. 이 초안은 국제위법행위에 책임이 있는 국가는 "국제위법행위로 인한 피해에 대하여 완전한 배상의무를 진다"는 것을 확인하고 있다.[65] 과도한 온실가스 배출과 실제 피해 사이의 복잡한 인과관계로 인해, 이로 인한 피해를 결정하는 것이 매우 어려울 수 있다. 또한 피해가 비경제적 가치로 발생하거나 장기간에 걸쳐 발

---

60) Paris Agreement, *supra* note 17, art.14.

61) UNFCCC, *supra* note 19, art.3.1.

62) *supra* note 41 참조.

63) Philippe Sands, "Climate change and the rule of law: adjudicating the future in international law" (2016) 28:1 *Journal of Environmental Law* 19 참조. 또한 본서의 제14장, Ⅰ. 참조.

64) Peter H. Sand and Jonathan B. Wiener, "Towards a new international law of the atmosphere?" (2016) 7:2 *Göttingen Journal of International Law* 195 참조. 또한 본서의 제5장, Ⅵ. 참조.

65) ILC, *Draft Articles on Responsibility of States for Internationally Wrongful Acts with Commentaries*, in (2001) *Yearbook of the International Law Commission*, vol. Ⅱ, part two (이하 *Articles on State Responsibility*), art.31.1 참조.

생하는 경우, 피해를 평가하는 것이 더욱 어려울 수 있다. 그러나 어떠한 해석을 하더라도 피해의 크기는 지금까지 어떤 법원 및 재판소가 어떤 사건에서 판정한 것보다 막대할 것이다.

국제 법원 및 재판소는 전적으로 피해에 근거한 완전한 배상보다는 국가책임에 관한 일반국제법의 온건한 해석 쪽으로 기울 것이다. 이러한 해석은 완전한 배상을 요구하지 않는 국가들의 일반적 관행을 반영하는 것으로, 중대한 손해가 발생한 경우 일부 국제 법원 및 재판소의 결정에서 나타날 것이다.[66] 피해의 가치를 평가하는 무익한 행위보다는, 국제 법원 및 재판소는 대규모의 피해[67]의 경우 해왔던 것처럼, 국가들에게 합리적인 일괄지불을 하도록 협의하고 동의할 것을 요구할 수 있다. 금전배상(compensation) 대신에,[68] 개발도상국은 더 광범위한 합의로서 재정적 또는 기술적 원조를 통해 배상을 지급하는 것에 동의할 수도 있다. 이러한 발전은 기후변화에 대한 일회성 적용만이 아니라, 잠재적으로 유사한 문제에 대한 더 나은 적용을 위하여 일반국제법을 이해하는 데 영향을 줄 수 있다.

III. 국제법 이해에 대한 변화

전 세계적 위기는 국제법을 반복적으로 변화시켰다. 제1차 및 제2차 세계

---

66) Eritrea−Ethiopia Claims Commission (EECC), decision of August 17, 2009, Final Award on Ethiopia's Damages Claims, in (2009) XXVI *UNRIAA* 631, paras. 18−22 참조.; 그리고 Benoit Mayer, "Climate change reparations and the law and practice of state responsibility" (2016) 7:1 *Asian Journal of International Law* 185 참조.; 또한 Benoit Mayer, "Less−than−full reparation in international law" (2016) 56:3−4 *Indian Journal of International Law* 465 참조.

67) Richard B. Lillich and H. Bums, Weston, *International Claims: Their Settlement by Lump Sum Agreements* (University Press of Virginia, 1975); Bums H. Weston, David J. Bederman and Richard B. Lillich, *International Claims: Their Settlement by Lump Sum Agreements, 1975−1995* (Martinus Nijhoff, 1999) 참조. 또한 *Responsabilité de l'Allemagne à raison des dommages causés dans les colonies portugaises du sud de l'Afrique (Portugal v. Germany)*, award of July 31, 1928, Ⅱ *UNRIAA* 1011, 1032−1033 참조.

68) 국가책임에 대한 조항(*supra* note 65, art.34)에 의하면 손해배상은 "원상회복(restitution), 금전배상(compensation) 그리고 사죄(satisfaction)의 형태를 취한다. 실제로, 금전배상은 재정적으로 평가할 수 있는 가장 일반적인 형태의 손해배상으로 남아 있다.

대전의 여파는 기존의 규칙에 대한 미묘한 개선뿐만 아니라 국제협력의 기초에 대한 완전한 개편을 보여주었다. 기후변화는 전 세계적 무력 분쟁과 같은 방식으로 전개되지는 않지만, 국제기구에 대한 기대와 국제법 개념에 중대한 변화를 가져올 수도 있다. 더 근본적으로는 국제협력의 범위뿐만 아니라 국제법의 연원, 이행 및 행위자에 관한 구조적 변화가 이미 시작되었을 수 있다.

A. 연원

기후변화에 관한 국제법은 국제법의 연원을 발전시키는 데 기여할 수 있다. 국제사법재판소 규정은 국제법의 세 가지 주요 연원을 언급한다. "국가에 의해 명백히 인정된 규칙을 확립하는" 국제협약, "법으로 수락된 일반관행의 증거로서의" 국제관습 및 "문명국에 의하여 인정된 법의 일반원칙"이 그것이다.[69] 또한 UNFCCC 체제는 2차적 문서로서 중요한 역할을 부여받았다.[70] UNFCCC는 당사국총회가 "권한의 범위 안에서 협약의 효과적 이행 촉진에 필요한 결정을 할" 권한을 부여하였다. 약 25년간의 협상을 통해 UNFCCC의 당사국총회와 교토의정서 당사국회의는 약 600건의 결정을 채택하였으며, 그 중 일부는 광범위한 규범적 영향을 미쳤다.[71] 특히 칸쿤합의는 UNFCCC 보다 더 발전된 선진국과 개도국에 의해 설정된 국가적 공약의 포괄적 체계를 확립하였다.[72] 2년 후, 교토의정서의 도하 개정안을 채택하기로 한 결정은 당사국들이 발효를 기다리는 동안 이를 잠정적으로 적용하고, 그러한 의사를 UNFCCC 사무국에 통지할 것을 장려하였다.[73] 이러한 두 가지 결정은 기후변화에 대한 구체적인 국가적 공약의 유일한 연원인 파리협정이 발효될 때까지 유지되었다.

당사국총회의 결정 외에도 UNFCCC 체제는 국가적 공약을 정의하기 위해

---

69) Statute of the International Court of Justice, June 26, 1945, 3 *Bevans* 1179 (이하 ICJ Statute), art.38.1 참조.

70) Duncan French and Lavanya Rajamani, "Climate change and international environmental law: musings on a journey to somewhere" (2013) 25:3 *Journal of Environmental Law* 437, at 443–448.

71) UNFCCC, *supra* note 19, art.7.2.

72) Decision 1/CP.16, *supra* note 16. 또한 본서 제3장, Ⅲ.A. 그리고 본서 제7장, Ⅱ.B.1. 참조.

73) Decision 1/CMP.8, "Amendment to the Kyoto Protocol pursuant to its Article 3, paragraph 9 (Doha Amendment)" (December 8, 2012), para. 5.

일방적 선언에 의존하고 있다. 칸쿤서약과 마찬가지로, 국가별 기여방안(NDC)
은 각국이 의무의 범위를 일방적으로 결정하여 국제기구에 통보하는 문서이
다.[74] 이러한 접근 방식은 교토의정서에서 시도된 조약에 각국의 국가적 공약
을 정의하는 고전적 접근 방식으로부터의 변화를 보여준다. NDC의 법적 지위
는 향후 학계의 논쟁거리가 될 것이다. 이러한 문서는 파리협정의 용어로부터
일부 법적 가치를 도출한다.[75] 법적 의무를 형성할 수 있는 국가들의 일방적
선언으로부터 그 자체 구속력을 지닐 수 있다.[76] NDC가 어떤 독특한 법적 문
서의 범주에 들어맞지는 않더라도, 많은 NDC와 동시대의 성명들은 국제법에
의해 구속되고자 하는 국가들의 의도를 보여준다.[77]

B. 이행

국가들 간의 협력을 보장하기가 어려워지면서 특히 UNFCCC 체제 내에서
기후변화에 관한 국제법 이행에 혁신적인 접근 방식이 나타났다. UNFCCC 체
제는 이행을 강요하기보다 촉진하기 위해 이전의 다자환경체제보다 한 걸음
더 나아갔다. 기후변화 영향을 효과적으로 해결하기 위한 자원이 부족한 국가
에는 기술이전 및 역량배양 외에도 재정을 포함한 중대한 지원이 제공된다.
이행준수는 직설적인 비난보다는 공적 숙의를 통해 촉진된다. 협상과정에서
시민사회의 교육 및 참여는 국가 간에 효과적인 '이름 불러 망신주기(naming
and shaming)'가 이루어지도록 한다. UNFCCC 체제 전체는 일반국제법의 기존

---

74) Decision 1/CP.16, *supra* note 16, paras. 36, 37, 49 and 50; Paris Agreement, *supra* note 17, art.3 참조. 또한 Copenhagen Accord, in the annex of decision 2/CP.15 (December 18-19, 2009), paras. 4 and 5 참조.

75) 예를 들어, 파리협정 당사국은 그들의 기여의 목적을 달성하기 위해 국내적 완화 조치를 추구하기로 약속하였다. Paris Agreement, *supra* note 17, art.4.2 참조.

76) Benoit Mayer, "International law obligations arising in relation to Nationally Determined Contributions" *Transnational Environmental Law* (forthcoming) 참조. 또한 ILC, *Guiding Principles Applicable to Unilateral Declarations of States Capable of Creating Legal Obligations, with Commentaries Thereto*, in (2006) *Yearbook of the International Law Commission*, vol. II part two, principle 1 참조. 원문에 표현은 다음과 같다, "[d]eclarations publicly made and manifesting the will to be bound may have the effect of creating legal obligations."

77) 이것은 국가별 기여방안(NDC)에 포함된 모든 것이 국가에게 법적 구속력을 부여하지는 않는다. NDC는 특정한 조치 목록이 아닌 구체적인 목적 달성을 위해 국가가 공약한 사항을 제출하는 것을 말한다. Paris Agreement, *supra* note 17, art.4.2; 본서 제7장, II.B.1. 참조.

의 규범에 대한 준수를 점차적으로 이끌어내는 수단으로서 접근된다.[78] 이러한 맥락에서 소송은 더 높은 수준의 목표와 철저한 이행준수를 보장하기 위한 하나의 정치적 도구에 불과하다.

C. 행위자

더 많은 정치적 지지에 대한 이러한 요구는 기후변화에 관한 국제법에서 비국가행위자에 대한 인식의 증가와 함께 나타났다. 비국가행위자는 정부의 행동을 유도하는 '이름 불러 망신주기(naming and shaming)'에 필수적이다. 그 외에도 기후변화에 관한 국제법은 기후변화 해결에 기업, 지방정부 및 비영리단체의 역할을 점차 인식하고 있다. 비국가행위자들은 기후변화 완화 및 적응에 대한 자발적인 공약을 하였으며 이를 이행하였다. 이들은 비국가행위자들이 개발한 표준에 근거하여, 온실가스 배출량 감축 공약이 보고되고, 협상되며, 검증되는 병렬적 규범체계를 확립하였다.[79] 트럼프 미국 대통령의 파리협정 탈퇴 선언 이후, 일부 비국가행위자들은 연방정부의 참여 없이 미국의 INDC에 포함된 공약을 이행할 방법을 모색하고 있다.[80]

이러한 이니셔티브는 기후변화에 대한 국제행동의 효과를 강화하기도 하지만, 더 큰 복잡성을 초래하여 여러 행위자의 각각의 역할에 혼란을 야기할 수 있다. 따라서 비국가행위자들이 약속한 자발적 공약이 시장기반 메커니즘과 같은 재정적 인센티브에 의해 이루어지는 경우에는 특히 공약의 실제적 영향을 파악하는 것이 어려울 수 있다. 비국가행위자들이 초국가적 협력에서 더욱 두드러진 역할을 할 수는 있으나, 이 역할은 일반적으로 국가의 독점적인 영토적 권한의 영향을 받을 것이다.

D. 국제협력의 범위

마지막으로 일반국제법의 한계와 관련하여 더 근본적인 변화가 일어날 수 있다. UNFCCC의 전문에서 "기후변화에 대응하기 위한 국제협력에 있어서 국

---

78) 본서 제13장 참조.
79) 본서 제15장 참조.
80) "Leaders in U.S. economy say 'we are still in' on Paris Climate Agreement" (June 5, 2017), www.wearestillin.com (accessed January 25, 2018) 참조.

가주권 원칙"[81])에 대한 공식적인 확인에도 불구하고, 기후변화에 대한 국제협력은 종전에 국내문제로 여겨졌던 것에서 확대되고 있다. 기후변화 완화 노력을 통한 "모든 국가들의 가능한 모든 협력"에 대한 요구는 공동의 행동 문제인 기후변화를 해결하기 위한 것 이상으로까지 확대되고 있다.[82] 예를 들어, 국가들은 기후변화의 지역적 영향을 다루는 데에도 협력해야 한다는 데 동의하였다.[83] 학자들도 "현재와 미래의 지구상의 생명을 존중하는, 번영하는 생태 거버넌스 패러다임에 대한 지지와 희망"을 점차 더 많이 표명하고 있다.[84]

따라서 기후변화는 국제협력 분야의 점진적인 확장에 기여하여, 국제인권법, 개발에 관한 국제협력 또는 금융기관들의 소위 "굿거버넌스(Good Governance)"의 촉진을 통한 지속적인 발전을 강화하였다. 기후변화 대응은 국제협력에 대한 믿음을 강화하지만, 국제협력이 마치 대부분의 국제문제를 위한 만병통치약이라 여기는 것은 순진한 생각일 수 있다.[85] 이러한 국제협력에 대한 순진한 믿음이 독특한 발전 모델로 이어질 위험이 있다.

IV. 결론

국제법을 통해 기후변화를 해결하기 위한 노력이 이루어지고 있지만, 국제법 또한 변화하고 있다. 기후변화에 관한 국제법은 시너지를 이용하고 잠재적 분쟁에 대응하면서 지속가능한 개발에 관한 국제법의 다른 측면들과 상호 작용한다. 더 근본적으로 새로운 의문이 제기되고, 새로운 국가관행이 나타나고,

---

81) UNFCCC, *supra* note 19, recital 10.

82) *Ibid*., recital 7.

83) UN총회 결의 70/1, *supra* note 12, para. 31 참조, calling for the "widest possible cooperation" aimed at "accelerating the reduction of global greenhouse gas emissions and addressing adaptation to the adverse impacts of climate change."

84) Burns H. Weston and David Bollier, *Green Governance: Ecological Survival, Human Rights, and the Law of the Commons* (Cambridge University Press, 2014), at 3.

85) Olanrewaju Fagbohun, "Cultural legitimacy of mitigation and adaptation to climate change: an analytical framework" (2011) 6:3 *Carbon & Climate Law Review* 308 참조. 또한 Thoko Kaime, *International Climate Change Law and Policy: Cultural Legitimacy in Adaptation and Mitigation* (Routledge, 2014); Sin H, Eriksen, Andrea J. Nightingale and Hallie Eakin, "Reframing adaptation: the political nature of climate change adaptation" (2015) 35 *Global Environmental Change* 523 참조.

새로운 아이디어가 법으로 받아들여짐에 따라 일반국제법은 계속 발전하고 있다. 전반적으로 국제법(연원, 이행 메커니즘, 주요 행위자 및 범위)에 대한 우리의 이해도 변화하고 있다.

그러나 이것은 시작에 불과하다. 25년이 흘렀음에도 불구하고 기후변화에 관한 국제법은 아직 초기 단계에 불과하다. 문명 더 나아가서는 인류의 종말로 이어질 수 있는 격변하는 기후 위기를 해결하기 위하여 훨씬 더 많은 것들이 필요하다. 이것은 우리 세대 전체의 노력이다. 훨씬 더 많은 노력들이 이루어질 것이다. 이러한 노력들은 충분할 수도 혹은 그렇지 않을 수도 있다. 앞으로 이 분야에 관한 더 많은 이야기들이 기록될 것이다.

참고문헌*

◆

단행본

Ahmad, Tanveer, *Climate Change Governance in International Civil Aviation* (Eleven, 2016).

Andersen, Stephen O. and K. Madhava Sarma, *Protecting the Ozone Layer: The United Nations History* (UNEP and Earthscan, 2002).

Andersen, Stephen O., K. Madhava Sarma and Kristen N. Taddonio (eds.), *Technology Transfer for the Ozone Layer: Lessons for Climate Change* (Earthscan, 2007).

Arnold, Denis (ed.), *The Ethics of Global Climate Change* (Cambridge University Press, 2011).

Asselt, Harro van, *The Fragmentation of Global Climate Governance: Consequences and Management of Regime Interactions* (Edward Elgar, 2014).

Bartless, Sheridan and David Satterthwaite (eds.), *Cities on a Finite Planet: Towards Transformative Responses to Climate Change* (Routledge, 2016).

Baumert, Kevin A. *et al.* (eds.), *Building on the Kyoto Protocol: Options for Protecting the Climate* (World Resources Institute, 2002).

Bernthal, Frederick M. *et al.*, *Climate Change: The IPCC Response Strategies. Report Prepared for Intergovernmental Panel on Climate Change by Working Group III* (Island Press, 1990).

Betts, Alexander, *Survival Migration: Failed Governance and the Crisis of Displacement* (Cornell University Press, 2013).

Bowman, Micahel and Alan Boyle (eds.), *Environmental Damage in International and Comparative Law: Problems of Definition and Valuation* (Oxford University Press, 2002).

---

* 기관보고서, 협상문서, 작업보고서 및 기타 미발행 자료는 제외

Bryner, Gary with Robert J. Duffy, *Integrating Climate, Energy, and Air Pollution Policies* (MIT Press, 2012).

Bulkeley, Harriet and Peter Newell, *Governing Climate Change* (Routledge, 2015).

Bulkeley, Harriet *et al.*, *Transnational Climate Change Governance* (Cambridge University Press, 2014).

Burns, William C.G. and Andrew L. Strauss (eds.), *Climate Change Geoengineering: Philosophical Perspectives, Legal Issues, and Governance Frameworks* (Cambridge University Press, 2015).

Burns, William C.G. and Hari M. Osofsky, *Adjudicating Climate Change: State, National, and International Approaches* (Cambridge University Press, 2011).

Carlarne, Cinnamon P., Kevin R. Gray and Richard Tarasofsky (eds.), *The Oxford Handbook of International Climate Change Law* (Oxford University Press, 2016).

Chatterjee, Deen K. (ed.), *Encyclopedia of Global Justice* (Springer, 2011).

Chayes, Abram and Antonia Handler Chayes, *The New Sovereignty Compliance with International Regulatory Agreements* (Harvard University Press, 1995).

Cohen, Roberta and Francis M. Deng, *Masses in Flight: The Global Crisis of Internal Displacement* (Brookings Institution Press, 1998).

Condon, Bradly J. and Tapen Sinha, *The Role of Climate Change in Global Economic Governance* (Oxford University Press, 2013).

Craik, Neil, *The International Law of Environmental Impact Assessment* (Cambridge University Press, 2011).

Crawford, James, *Brownlie's Principles of Public International Law*, 8th edn (Oxford University Press, 2012).

Crawford, James, *State Responsibility: The General Part* (Cambridge University Press, 2013).

Crawford, James, Alain Pellet and Simon Olleson (eds.), *The Law of International Responsibility* (Oxford University Press, 2010).

Cullet, Philippe, *Differential Treatment in International Environmental Law* (Routledge, 2003).

Delimatsis, Panagiotis (ed.), *Research Handbook on Climate Change and Trade Law* (Edward Elgar, 2016).

Deng, Francis *et al.*, *Sovereignty as Responsibility: Conflict Management in Africa* (Brookings Institution Press, 1996).

Diamond, Jared M., *Collapse: How Societies Choose to Fail or Succeed* (Penguin, 2011).

Dryzek, John S., Richard B. Norgaard and David Schlosberg (eds.), *The Oxford Handbook of Climate Change and Society* (Oxford University Press, 2011),

Edenhofer, Ottmar *et al.* (eds.), *IPCC Special Report on Renewable Energy Sources and Climate Change Mitigation* (Cambridge University Press, 2011).

Eggleston, Simon *et al.*, *2006 IPCC Guidelines for National Greenhouse Gas Inventories* (Institute for Global Environmental Strategies, 2006).

Ehlers, Eckart and Thomas Krafft (eds.), *Earth System Science in the Anthropocene* (Springer, 2006).

Faure, Michael G. and Roy A. Partain, *Carbon Capture and Storage: Efficient Legal Policies for Risk Governance and Compensation* (MIT Press, 2017).

Field, Christopher B. *et al.* (eds.), *Climate Change 2014: Impacts, Adaptation, and Vulnerability. Working Group II Contribution to the Fifth Assessment Report of the Intergovernmental Panel on Climate Change*, two vols. (Cambridge University Press, 2014).

Franck, Thomas M., *The Power of Legitimacy among Nations* (Oxford University Press, 1990).

Gardiner, Stephen, *A Perfect Moral Storm: The Ethical Tragedy of Climate Change* (Oxford University Press, 2011).

Gardiner, Stephen and David A. Weisbach, *Debating Climate Ethics* (Oxford University Press, 2016).

Gardiner, Stephen *et al.* (eds.), *Climate Ethics: Essential Readings* (Oxford University Press, 2010).

Gerrard, Michael B. and Tracy Hester (eds.), *Climate Engineering and the Law: Regulation and Liability for Solar Radiation Management and Carbon Dioxide Removal* (Cambridge University Press, 2018).

Guo, Rongxing, *How the Chinese Economy Works* (Palgrave Macmillan, 2017).

Guzman, Andrew T., *Overheated: The Human Cost of Climate Change* (Oxford University Press, 2013).

Haites, Erik (ed.), *International Climate Finance* (Routledge, 2013).

Hamilton, Clive, *Earthmasters: The Dawn of the Age of Climate Engineering* (Yale University Press, 2013).

Hampson, Fen Osler and Judith Reppy (eds.), *Earthly Goods: Environmental Change and Social Justice* (Cornell University Press, 1996).

Hartman, Chester and Gregory D. Squires (eds.), *There Is No Such Thing as a Natural Disaster: Race, Class, and Hurricane Katrina* (Routledge, 2006).

Hecht, Susanna and Alexander Cockburn, *The Fate of the Forest: Developers, Destroyers, and Defenders of the Amazon*, updated edn (University of Chicago Press, 2010).

Helm, Dieter and Cameron Hepburn (eds.), *The Economics and Politics of Climate Change* (Oxford University Press, 2011).

Henkin, Louis, *How Nations Behave*, 2nd edn (Columbia University Press, 1979).

Holder, Jane, *Environmental Assessment: The Regulation of Decision Making* (Oxford University Press, 2006).

Hollo, Erkki J., Kati Kulovesi and Michael Mehling (eds.), *Climate Change and the Law* (Springer, 2013).

Houghton, John T., G.J. Jenkins and J.J. Ephaums (eds.), *Climate Change: The IPCC Scientific Assessment. Report Prepared for Intergovernmental Panel on Climate Change by Working Group I* (Cambridge University Press, 1990).

Howarth, David, *The Shadow of the Dam* (Macmillan, 1961).

Hulme, Mike, *Why We Disagree about Climate Change* (Cambridge University Press, 2009).

Hume, David, *A Treatise of Human Nature* (Clarendon Press, 1896).

Humphreys, Stephen (ed.), *Human Rights and Climate Change* (Cambridge University Press, 2010).

Jayakumar, S. *et al.* (eds.), *Transboundary Pollution: Evolving Issues of International Law and Policy* (Edward Elgar, 2015).

Jiang, Xiaoyi, *Legal Issues for Implementing the Clean Development Mechanism in China* (Springer, 2013).

Kaime, Thoko, *International Climate Change Law and Policy: Cultural Legitimacy in Adaptation and Mitigation* (Routledge, 2014).

Karim, Saiful Md., *Prevention of Pollution of the Marine Environment from Vessels: The Potential and Limits of the International Maritime Organisation* (Springer, 2015).

Keith, David, *A Case for Climate Engineering* (MIT Press, 2013).

Keukeleire, Stephan and Tom Delreux, *The Foreign Policy of the European Union*, 2nd edn (Palgrave Macmillan, 2014).

Klein, Daniel *et al.* (eds.), *The Paris Climate Agreement: Analysis and Commentary* (Cambridge University Press, 2017).

Koh, Kheng−Lian *et al.* (eds.), *Adaptation to Climate Change* (World Scientific, 2015).

Kosolapova, Elena, *Interstate Liability for Climate Change−Related Damage* (Eleven, 2013).

Kreiser, Larry *et al.* (eds.), *Carbon Pricing: Design, Experiences and Issues* (Edward Elgar, 2015).

Kuokkanen, Thomas *et al.* (eds.), *International Environmental Law−Making and Diplomacy: Insights and Overviews* (Routledge, 2016).

Lillich, Richard B. and Burns H. Weston, *International Claims: Their Settlement by Lump Sum Agreements* (University Press of Virginia, 1975).

Lord, Richard *et al.* (eds.), *Climate Change Liability: Transnational Law and Practice* (Cambridge University Press, 2012).

Mayer, Benoit, *The Concept of Climate Migration: Advocacies and its Prospects* (Edward Elgar, 2016).

Metz, Bert *et al.* (eds.), *Methodological and Technological Issues in Technology Transfer: A Special Report of IPCC Working Group III* (Cambridge University Press, 2000).

Metz, Bert *et al.*, *IPCC Special Report on Carbon Dioxide Capture and Storage. Prepared by Working Group III of the Intergovernmental Panel on Climate Change* (Cambridge University Press, 2005).

Meyer, Lukas H. and Pranay Sanklecha (eds.), *Climate Justice and Historical Emissions* (Cambridge University Press, 2017).

Milanovic, Marko, *Extraterritorial Application of Human Rights Treaties: Law, Principles, and Policy* (Oxford University Press, 2011).

Miles, Edward L. *et al.*, *Environmental Regime Effectiveness: Confronting Theory with Evidence* (MIT Press, 2002).

Mintzer, Irving M. and J. Amber Leonard (eds.), *Negotiating Climate Change: The Inside Story of the Rio Convention* (Cambridge University Press, 1994).

Newhall, Christopher G. and Raymundo S. Punongbayan (eds.), *Fire and Mud: The Eruptions and Lahars of Mount Pinatubo, Philippines* (University of Washington Press, 1996).

Oberthür, Sebastian and Hermann E. Ott, *The Kyoto Protocol: International Climate Policy for the 21st Century* (Springer, 1999).

Okowa, Phoebe, *State Responsibility for Transboundary Air Pollution in International Law* (Oxford University Press, 2000).

Olawuyi, Damilola S., *The Human Rights−Based Approach to Carbon Finance* (Cambridge University Press, 2016).

Olson, Mancur, *The Logic of Collective Action* (Harvard University Press, 1965).

Pachauri, Rajendra K. *et al.*, *Climate Change 2014: Synthesis Report. Contribution of Working Groups Ⅰ, Ⅱ and Ⅲ to the Fifth Assessment Report of the Intergovernmental Panel on Climate Change* (IPCC, 2015).

Park, Deok−Young (ed.), *Legal Issues on Climate Change and International Trade Law* (Springer, 2016).

Parson, Edward A., *Protecting the Ozone Layer: Science and Strategy* (Oxford University Press, 2003).

Peel, Jacqueline and Hari M. Osofsky, *Climate Change Litigation: Regulatory Pathways to Cleaner Energy* (Cambridge University Press, 2015).

Pichs−Madruga, Ramon *et al.* (eds.), *Climate Change 2014: Mitigation of Climate Change. Contribution of Working Group III to the Fifth Assessment Report of the Intergovernmental Panel on Climate Change* (Cambridge University Press, 2014).

Pogge, Thomas, *World Poverty and Human Rights: Cosmopolitan Responsibilities and Reforms* (Blackwell, 2002).

Posner, Eric A. and David A. Weisbach, *Climate Change Justice* (Princeton University Press, 2010).

Preston, Christopher (ed.), *Engineering the Climate: The Ethics of Solar Radiation Management* (Lexington, 2012).

Rajamani, Lavanya, *Differential Treatment in International Environmental Law* (Oxford University Press, 2006).

Rao, P. Chandrasekhara and P. Gautier (eds.), *The Rules of the International Tribunal for the Law of the Sea: A Commentary* (Martinus Nijhoff, 2006).

Rayfuse, Rosemary and Shirley V. Scott (eds.), *International Law in the Era of Climate Change* (Edward Elgar, 2012).

Richardson, Benjamin J. (ed.), *Local Climate Change Law: Environmental Regulation in Cities and Other Localities* (Edward Elgar, 2012).

Richardson, Benjamin J. *et al.* (eds.), *Climate Law and Developing Countries: Legal and Policy Challenges for the World Economy* (Edward Elgar, 2009).

Romera, Beatriz Martinez, *Regime Interaction and Climate Change: The Case of International Aviation and Maritime Transport* (Routledge, 2018).

Sabbioni, Cristina, Peter Brimblecombe and May Cassar, *The Atlas of Climate Change Impact on European Cultural Heritage: Scientific Analysis and Management Strategies* (Anthem Press, 2010).

Sands, Philippe and Jacqueline Peel, *Principles of International Environmental Law*, 3rd edn (Cambridge University Press, 2012).

Shearer, Christine, *Kivalina: A Climate Change Story* (Haymarket Books, 2011).

Shelton, Dinah (ed.), *The Oxford Handbook of International Human Rights Law* (Oxford University Press, 2013).

Solorio, Israel and Helge Jörgens (eds,), *A Guide to EU Renewable Energy Policy: Comparing Europeanization and Domestic Policy Change in EU Member States* (Edward Elgar, 2017).

Sornarajah, Muthucumaraswamy, *The International Law on Foreign Investment*, 3rd edn (Cambridge University Press, 2010).

Stem, Nicholas, *The Economics of Climate Change* (Cambridge University Press, 2007).

Stewart, Richard B. and Jonathan B. Wiener, *Reconstructing Climate Policy: Beyond Kyoto* (AEI Press, 2003).

Stocker, Thomas F. *et al.* (eds.), *Climate Change 2013: The Physical Science Basis. Contribution of Working Group I to the Fifth Assessment Report of the Intergovernmental Panel on Climate Change* (Cambridge University Press, 2013).

Tegart, W.J. McG., G.W. Sheldon and D.C. Griffiths (eds.), *Climate Change: The IPCC Impacts Assessment. Report Prepared for Intergovernmental Panel on Climate Change by Working Group II* (Australian Government, 1990).

Thorp, Teresa M., *Climate Justice: A Voice for the Future* (Palgrave Macmillan, 2014).

Tol, Richard S.J., *Climate Change: Economics Analysis of Climate, Climate Change and Climate Policy* (Edward Elgar, 2014).

Tomey, Diarmuid, *European Climate Leadership in Question* (MIT Press, 2015).

Vachani, Sushil and Jawed Usmani (eds.), *Adaptation to Climate Change in Asia* (Edward Elgar, 2014).

Valdés, Alejandro Piera, *Greenhouse Gas Emissions from International Aviation: Legal and Policy Challenges* (Eleven, 2015).

Vattel, Emer de, *The Law of Nations*, Joseph Chitty trans. (Sweet, 1758).

Verheyen, Roda, *Climate Change Damage and International Law: Prevention Duties and State Responsibility* (Brill, 2005).

Verschuuren, Jonathan (ed.), *Research Handbook on Climate Change Adaptation Law* (Edward Elgar, 2013).

Vinke, Kira *et al.*, *A Region at Risk: The Human Dimensions of Climate Change in Asia and the Pacific* (Asian Development Bank, 2017).

Vinuales, Jorge E. (ed.), *The Rio Declaration on Environment and Development: A Commentary* (Oxford University Press, 2015).

Voigt, Christina, *Sustainable Development as a Principle of International Law: Resolving Conflicts between Climate Measures and WTO Law* (Martinus Nijhoff, 2009).

Voigt, Christina (ed.), *Research Handbook on REDD−Plus and International Law* (Edward Elgar, 2016).

Waton, Robert T. *et al.*, *Land Use, Land−Use Change and Forestry: A Special Report of the Intergovernmental Panel on Climate Change* (Cambridge University Press, 2000).

Weart, Spencer R., *The Discovery of Global Warming*, revised and expanded edn (Harvard University Press, 2008).

Weishaar, Stefan E., *Emissions Trading Design: A Critical Overview* (Edward Elgar, 2014).

Weston, Burns H. and David Bollier, *Green Governance: Ecological Survival, Human Rights, and the Law of the Commons* (Cambridge University Press, 2014).

Weston, Burns H., David J. Bederman and Richard B. Lillich, *International Claims: Their Settlement by Lump Sum Agreements, 1975−1995* (Martinus Nijhoff, 1999).

Wheatley, Steven, *The Democratic Legitimacy of International Law* (Hart Publishing, 2010).

Wolfrum, Rüdiger *et al.* (ed.), *Max Planck Encyclopaedia of Public International Law* (Oxford University Press, 2010).

World Commission on Dams, *Dams and Development: A Framework for Decision Making* (Earthscan, November 2000).

World Commission on Environment and Development, *Our Common Future* (Oxford University Press, 1987).

Wright, Christopher and Daniel Nyberg, *Climate Change, Capitalism, and Corporations: Processes of Creative Self−Destruction* (Cambridge University Press, 2015).

Wurzel, Rüdiger K.W. and James Connelly (eds.), *The European Union as a Leader in Climate Change Politics* (Routledge, 2011).

Wyatt, Tanya (ed.), *Detecting and Preventing Green Crimes* (Springer, 2016).

Yamin, Farhana and Joanna Depledge, *The International Climate Change Regime: A Guide to Rules, Institutions and Procedures* (Cambridge University Press, 2004).

Yan, Jinyue *et al.* (eds.), *Handbook of Clean Energy Systems* (Wiley, 2015).

Zahar, Alexander, *Climate Change Finance and International Law* (Routledge, 2017).

Zahar, Alexander, *International Climate Change Law and State Compliance* (Routledge, 2015).

논문

Abdel−Latif, Ahmed, "Intellectual property rights and the transfer of climate change technologies: issues, challenges, and way forward" (2015) 15:1 *Climate Policy* 103.

Adenle, Ademola A., Hossein Azadi and Joseph Arbiol, "Global assessment of technological innovation for climate change adaptation and mitigation in developing world" (2015) 161 *Journal of Environmental Management* 261.

Adger, Neil *et al.*, "Cultural dimensions of climate change impacts and adaptation" (2013) 3:2 *Nature Climate Change* 112.

Alex, Ken, "A period of consequences: global warming as public nuisance" (2007) 26 *Stanford Journal of Environmental Law* 77.

Alston, Lee J. and Krister Andersson, "Reducing greenhouse gas emissions by forest protection: the transaction costs of implementing REDD" (2011) 2:2 *Climate Law* 281.

Ames, James Barr, "Law and morals" (1908) 22 *Harvard Law Review* 97.

Amon, Robert, "Bioenergy carbon capture and storage in global climate policy: examining the issues"(2016) 10:4 *Carbon & Climate Law Review* 187.

Anderson, Kevin and Glen Peters, "The trouble with negative emissions" (2016) 354:6309 *Science* 182.

Andonova, Liliana B., Michele M. Betsill and Harriet Bulkeley, "Transnational climate governance" (2009) 9:2 *Global Environmental Politics* 52.

Asselt, Harro van, "The role of non—state actors in reviewing ambition, implementation, and compliance under the Paris Agreement" (2016) 6:1—2 *Climate Law* 91.

Babiker, Mustafa H., "Climate change policy, market structure, and carbon leakage" (2005) 65:2 *Journal of International Economics* 421.

Bäckstrand, Karin *et al.*, "Non—State actors in global climate governance: from Copenhagen to Paris and beyond" (2017) 26:4 *Environmental Politics* 1.

Bakhtiari, Fatemeh, "International cooperative initiatives and the United Nations Framework Convention on Climate Change" *Climate Policy* (forthcoming).

Bakker, Christine, "The Paris Agreement on climate change: balancing 'legal force' and 'geographical scope'" (2016) 25:1 *Italian Yearbook of International Law* 299.

Bauer, Anja, Judith Feichtinger and Reinhard Steurer, "The governance of climate change adaptation in 10 OECD countries: challenges and approaches" (2012) 14:3 *Journal of Environmental Policy & Planning* 279.

Beck, Stuart and Elizabeth Burleson, "Inside the system, outside the box: Palau's pursuit of climate justice and security at the United Nations" (2014) 3:1 *Transnational Environmental Law* 17.

Becker, Michael A., "Request for an advisory opinion submitted by the Sub−Regional Fisheries Commission (SRFC)" (2015) 109:4 *American Journal of International Law* 851.

Blaxekjær, Lau Øfjord and Tobias Dan Nielsen, "Mapping the narrative position of new political groups under the UNFCCC" (2015) 15:6 *Climate Policy* 751.

Bodansky, Daniel, "The legal character of the Paris Agreement" (2016) 25:2 *Review of European Comparative & International Environmental Law* 142.

Bodansky, Daniel, "The Paris Climate Change Agreement: a new hope?" (2016) 110:2 *American Journal of International Law* 288.

Bodansky, Daniel, "The role of the International Court of Justice in addressing climate change: some preliminary reflections" (2017) 49 *Arizona State Law Journal* 689.

Bodansky, Daniel, "The United Nations Framework Convention on Climate Change: a commentary" (1993) 18:2 *Yale Journal of International Law* 451.

Bodansky, Daniel *et al.*, "Facilitating linkage of climate policies through the Paris outcome" (2016) 16:8 *Climate Policy* 956.

Bodle, Ralph, "Geoengineering and international law: the search for common legal ground" (2010) 46:2 *Tulsa Law Review* 305.

Bogojević, Snaja, "Legalising environmental leadership: a comment on the CJEU's ruling in C−366/10 on the inclusion of aviation in the EU Emissions Trading Scheme" (2012) 24:2 *Journal of Environmental Law* 345.

Boisson de Chazournes, Laurence, "The Global Environment Facility (GEF): a unique and crucial institution" (2005) 14:3 *Review of European, Comparative & International Environmental Law* 193.

Boisson de Chazournes, Laurence, "One swallow does not a summer make, but might the Paris Agreement on Climate Change a better future create?" (2016) 27:2 *European Journal of International Law* 253.

Boot−Handford, Matthew E., "Carbon capture and storage update" (2014) 7 *Energy & Environmental Sciences* 130.

Bos, Astrid B. *et al.*, "Comparing methods for assessing the effectiveness of subnational REDD+ initiatives"(2017) 12:7 *Environmental Research Letters* 1.

Boute, Anatole, "The impossible transplant of the EU Emissions Trading Scheme: the challenge of energy market regulation" (2017) 6:1 *Transnational Environmental Law* 59.

Boute, Anatole, "Renewable energy federalism in Russia: regions as new actors for the promotion of clean energy" (2013) 25:2 *Journal of Environmental Law* 261,

Boyd, Emily, "Governing the Clean Development Mechanism: global rhetoric versus local realities in carbon sequestration projects" (2009) 41:10 *Environment & Planning A* 2380.

Boyle, Alan, "State responsibility and international liability for injurious consequences of acts not prohibited by international law: a necessary distinction?" (1990) 31:1 *International & Comparative Law Quarterly* 1.

Bremer, Nicolas, "Post−Environmental Impact Assessment monitoring of measures of activities with significant transboundary impact: an assessment of customary international law" (2017) 26:1 *Review of European, Comparative & International Environmental Law* 80.

Brent, Kerryn, Jeffrey McGee and Amy Maguire, "Does the 'no−harm' rule have a role in preventing transboundary harm and harm to the global atmospheric commons from geoengineering?" (2015) 5:1 *Climate Law* 35.

Briffa, K.R. *et al.*, "Influence of volcanic eruptions on Northern Hemisphere summer temperature over the past 600 years" (1998) 393:6684 *Nature* 450.

Brunnée, Jutta, "Of sense and sensibility: reflections oh international liability regimes as tools for environmental protection" (2004) 53:2 *International & Comparative Law Quarterly* 351.

Brunnée, Jutta and Charlotte Streck, "The UNFCCC as a negotiation forum: towards common but more differentiated responsibilities" (2013) 13:5 *Climate Policy* 589.

Burkett, Maxine, "Loss and damage" (2014) 4:1−2 *Climate Law* 119.

Burkett, Maxine, "Reading between the red lines: loss and damage and the Paris outcome" (2016) 6:1−2 *Climate Law* 118.

Burns, William C.G., "Potential causes of action for climate change damages in international fora: the Law of the Sea Convention" (2006) 2:1 *McGill International Journal of Sustainable Development Law & Policy* 27.

Busby, Josha W., "Who cares about the weather? Climate change and U.S. national security" (2008) 17:3 *Security Studies* 468.

Cameron, Edward and Marc Limon, "Restoring the climate by realizing rights: the role of the international human rights system" (2012) 21:3 *Review of European Community & International Environmental Law* 204.

Caney, Simon, "Cosmopolitan justice, responsibility, and global climate change" (2005) 18:4 *Leiden Journal of International Law* 747.

Carlson, Ann E., "Regulatory capacity and state environmental leadership: California's climate policy" (2012－2013) 24:1 *Fordham Environmental Law Review* 63.

Camwath, Lord Robert John Anderson, "Climate change adjudication after Paris: a reflection" (2016) 28:1 *Journal of Environmental Law* 5.

Chan, Sander *et al.*, "Reinvigorating international climate policy: a comprehensive framework for effective nonstate action" (2015) 6:4 *Global Policy* 466.

Charlesworth, Hilary, "International law: a discipline of crisis" (2002) 65:3 *Modern Law Review* 377.

Charlesworth, Hilary, "The unbearable lightness of customary international law" (1998) 92 *Proceedings of the Annual Meeting (American Society of International Law)* 44.

Chaturvedi, Ipshita, "The'Carbon Tax Package': an appraisal of its efficiency in India's clean energy future" (2016) 10:4 *Carbon & Climate Law Review* 194.

Clark, Peter U. *et al.*, "Consequences of twenty－first－century policy for multi－millennial climate and sea－level change" (2016) 6:4 *Nature Climate Change* 360.

Coleman, James W., "Unilateral climate regulation" (2014) 38:1 *Harvard Environmental Law Review* 87.

Cooper, Charles F. and William C. Jolly, "Ecological effects of silver iodide and other weather modification agents: a review" (1970) 6:1 *Water Resources Research* 88.

Craik, Neil, "International EIA law and geoengineering: do emerging technologies require special rules?" (2015) 5:2－4 *Climate Law* 111.

Crawford, Neta, "Homo politicus and argument (nearly) all the way down: persuasion in politics" (2009) 7:1 *Perspectives on Politics* 103.

Crutzen, Paul J., "Albedo enhancement by stratospheric sulphur injections: a contribution to resolve a policy dilemma?" (2006) 77:221 *Climatic Change* 211.

Cullet, Philippe, "Differential treatment in environmental law: addressing critiques and conceptualizing the next steps" (2016) 5:2 *Transnational Environmental Law* 305.

Cullet, Philippe, "Differential treatment in international law: towards a new paradigm of inter−state relations" (1999) 10:3 *European Journal of International Law* 549.

Deleuil, Thomas and Tuula Honkonen, "Vertical, horizontal, concentric: the mechanics of differential treatment in the climate regime" (2015) 5:1 *Climate Law* 82.

Dembach, John C. and Federico Cheever, "Sustainable development and its discontents" (2015) 4:2 *Transnational Environmental Law* 247.

Dixon, Tim *et al.*, "CCS projects as Kyoto Protocol CDM activities" (2013) 37 *Energy Procedia* 7596.

Doelle, Meinhard, "Climate change and the use of the dispute settlement regime of the Law of the Sea Convention" (2006) 37:3−4 *Ocean Development & International Law* 319.

Doelle, Meinhard, "Early experience with the Kyoto System: possible lessons from MEA compliance system design" (2010) 1:2 *Climate Law* 237.

Doelle, Meinhard, "The birth of the Warsaw Loss & Damage Mechanism: planting a seed to grow ambition?" (2014) 8:1 *Carbon & Climate Law Review* 35.

Doelle, Meinhard and Emily Lukaweski, "Carbon capture and storage in the CDM: finding its place among climate mitigation options?" (2012) 3:1 *Climate Law* 49.

Doelle, Meinhard, Steven Evans and Tony George Puthucherril, "The role of the UNFCCC regime in ensuring effective adaptation in developing countries: lessons from Bangladesh" (2014) 4:3−4 *Climate Law* 327.

Dreyfus, Magali, "Are cities a relevant scale of action to tackle climate change?" (2013) 7:4 *Carbon & Climate Law Review* 283.

Driesen, David M., "The limits of pricing carbon" (2014) 4:1−2 *Climate Law* 107.

Duyck, Sébastien, "MRV in the 2015 Climate Agreement: promoting compliance through transparency and the participation of NGOs" (2014) 9:3 *Carbon & Climate Law Review* 175.

Etzioni, Amitai, "Sovereignty as responsibility" (2006) 50:1 *Orbis* 71.

Fagbohun, Olanrewaju, "Cultural legitimacy of mitigation and adaptation to climate change: an analytical framework" (2011) 6:3 *Carbon & Climate Law Review* 308.

Farber, Daniel A., "Beyond the North－South dichotomy in international climate law: the distinctive adaptation responsibilities of the emerging economies" (2013) 22:1 *Review of European Community & International Environmental Law* 42.

Farber, Daniel A., "The challenge of climate change adaptation: learning from national planning efforts in Britain, China, and the USA" (2011) 23:3 *Journal of Environmental Law* 359.

Faure, Michael G. and André Nollkaemper, "International liability as an instrument to prevent and compensate for climate change" (2007) 43 *Stanford Journal of International Law* 123.

Feamside, Philip M., "Tropical hydropower in the Clean Development Mechanism: Brazil's Santo Antônio Dam as an example of the need for change" (August 2015) 131:4 *Climatic Change* 575.

Figueres, Christiana, "Sectoral CDM: opening the CDM to the yet unrealized goal of sustainable development" (2006) 2:1 *McGill International Journal of Sustainable Development Law & Policy* 5.

Finnemore, Martha and Kathryn Sikkink, "International norm dynamics and political change" (1998) 52:4 *International Organization* 887.

Fitzmaurice, Sir Gerald, "The law and procedure of the International Court of Justice 1951－4: treaty interpretation and other treaty points" (1957) 33 *British Yearbook of International Law* 203.

Fleming, James R., "The pathological history of weather and climate modification: three cycles of promise and hype" (2006) 37:1 *Historical Studies in the Physical & Biological Sciences* 3.

Ford, J.D. *et al.*, "Adaptation tracking for a post－2015 climate agreement" (2015) 5:11 *Nature Climate Change* 967.

French, Duncan and Lavanya Rajamani, "Climate change and international environmental law: musings on a journey to somewhere" (2013) 25:3 *Journal of Environmental Law* 437.

Frenzen, Donald, "Weather modification: law and policy" (1971) 12:4 *Boston College Law Review* 503.

Gattini, Andrea, "Between splendid isolation and tentative imperialism: the EU's extension of its Emission Trading Scheme to international aviation and the ECJ's judgment in the ATA case" (2012) 61:4 *International & Comparative Law Quarterly* 977.

Geest, Kees van der and Koko Warner, "Loss and damage from climate change: emerging perspectives" (2015) 8:2 *International Journal of Global Warming* 133.

Ghaleigh, Navraj Singh and David Rossati, "The spectre of carbon border−adjustment measures" (2011) 2:1 *Climate Law* 63.

Ginzky, Harald and Robyn Frost, "Marine geo−engineering: legally binding regulation under the London Protocol" (2014) 9:2 *Carbon & Climate Law Review* 82.

Gomez−Echeverri, Luis, "The changing geopolitics of climate change finance" (2013) 13:5 *Climate Policy* 632.

Goodin, Robert E., "Selling environmental indulgences" (1994) 47:4 *KYKLOS International Review for Social Sciences* 573.

Graaf, K.J. de and J.H. Jans, "The Urgenda Decision: Netherlands liable for role in causing dangerous global climate change" (2015) 27:3 *Journal of Environmental Law* 517.

Grubb, M.J., D.G. Victor and C.W. Hope, "Pragmatics in the greenhouse" (1991) 354:6352 *Nature* 348.

Gruber, Stefan, "The impact of climate change on cultural heritage sites: environmental law and adaptation" (2011) 5:2 *Carbon & Climate Law Review* 209.

Gruber, Stefan, "Protecting China's cultural heritage sites in times of rapid change: current developments, practice and law" (2010) 10:3−4 *Asia Pacific Journal of Environmental Law* 253.

Gupta, Joyeeta, "The global environmental facility in its North−South context" (1995) 4:1 *Environmental Politics* 19.

Hale, Thomas,"'All hands on deck': the Paris Agreement and nonstate climate action" (2016) 16:3 *Global Environmental Politics* 12.

Hao, Zhang, "Designing the regulatory framework of an emissions trading programme in China: lessons from Tianjin" (2012) 6:2 *Carbon & Climate Law Review* 329.

Hardin, Garrett, "The tragedy of the commons" (1968) 162:3859 *Science* 1243.

Harris, Paul G. and Jonathan Symons, "Norm conflict in climate governance: greenhouse gas accounting and the problem of consumption" (2013) 13:1 *Global Environmental Politics* 9.

Harris, Paul G. and Taedong Lee, "Compliance with climate change agreements: the constraints of consumption" (2017) 17:6 *International Environmental Agreements* 779.

Hathaway, James, "A reconsideration of the underlying premise of refugee law" (1990) 31:1 *Harvard International Law Journal* 129.

He, Xiangbai, "Setting the legal enabling environment for adaptation mainstreaming into environmental management in China: applying key environmental law principles" (2014) 17 *Asia Pacific Journal of Environmental Law* 23.

Hedges, Andrew, "Carbon units as property: guidance from analogous common law cases" (2016) 13:3 *Carbon & Climate Law Review* 190.

Heindl, Peter, "The impact of administrative transaction costs in the EU emissions trading system" (2017) 17:3 *Climate Policy* 314.

Hertogen, An, "Sovereignty as decisional independence over domestic affairs: the dispute over aviation in the EU emissions trading system" (2012) 1:2 *Transnational Environmental Law* 281.

Heyvaert, Veerle, "What's in a name? The Covenant of Mayors as transnational environmental regulation" (2013) 22:1 *Review of European Community & International Environmental Law* 78.

Heyward, Clare, "A growing problem? Dealing with population increases in climate justice" (2012) 19:4 *Ethical Perspectives* 703.

Hilson, Chris, "It's all about climate change, stupid! Exploring the relationship between environmental law and climate law" (2013) 25:3 *Journal of Environmental Law* 359.

Hintermann, Beat, "Allowance price drivers in the first phase of the EU ETS"

(2010) 59:1 *Journal of Environmental Economics & Management* 43.

Höhne, Niklas, "The Paris Agreement: resolving the inconsistency between global goals and national contributions" (2017) 17:1 *Climate Policy* 16.

Honadle, Beth Walter, "A capacity—building framework: a search for concept and purpose" (1981) 41:5 *Public Administration Review* 575.

Horstmann, Britta and Achala Chandani Abeysinghe, "The Adaptation Fund of the Kyoto Protocol: a model for financing adaptation to climate change?" (2011) 2:3 *Climate Law* 415.

Hulme, Mike, "Attributing weather extremes to 'climate change': a review" (2014) 38:4 *Progress in Physical Geography* 499.

Huq, Saleemul, Erin Roberts and Adrian Fenton, "Loss and damage" (2013) 3:11 *Nature Climate Change* 947.

Hurwitz, Margaret M. *et al.*, "Early action on HFCs mitigates future atmospheric change" (2016) 11:11 *Environment Research Letters* 114019.

Jalan, Jyotsna and Martin Ravallion, "Are the poor less well insured? Evidence on vulnerability to income risk in rural China" (1999) 58:1 *Journal of Development Economics* 61.

Jamieson, Dale, "Ethics and intentional climate change" (1996) 33:3 *Climatic Change* 323.

Johnson, Nicole, "*Native Village of Kivalina v. ExxonMobil Corp*: say goodbye to federal public nuisance claims for greenhouse gas emission" (2013) 40 *Ecology Law Quarterly* 557.

Johnson, Hope *et al.*, "Towards an international emissions trading scheme: legal specification of tradeable emissions entitlements" (2017) 34:1 *Environment & Planning Law Journal* 3.

Jones, Andy *et al.*, "The impact of abrupt suspension of solar radiation management (termination effect) in experiment G2 of the Geoengineering Model Intercomparison Project (GeoMIP)" (2013) 118:17 *Atmospheres: Journal of Geophysical Research* 9743.

Karlsson—Vinkhuyzen, Sylvia I. *et al.*, "Entry into force and then? The Paris Agreement and state accountability" *Climate Policy* (forthcoming).

Keohane, Robert O. and David G. Victor, "The regime complex for climate change" (2011) 9:1 *Perspectives on Politics* 7.

Kirschke, Stefanie *et al.*, "Three decades of global methane sources and sinks" (2013) 6:10 *Nature Geoscience* 813.

Klepper, Gernot and Sonja Peterson, "Trading hot−air: the influence of permit allocation rules, market power and the US withdrawal from the Kyoto Protocol" (2015) 32:2 *Environmental & Resource Economics* 205.

Kling, George W. *et al.*, "The 1986 Lake Nyos gas disaster in Cameroon, West Africa" (1987) 236:4798 *Science* 169.

Knox, John, "The myth and reality of transboundary environmental impact assessment" (2002) 96:2 *American Journal of International Law* 291.

Knutti, Reto *et al.*, "A scientific critique of the two−degree climate change target" (2016) 9 *Nature Geoscience* 13.

Koh, Harold Hongju, "Why do nations obey international law?" (1997) 106:8 *Yale Law Journal* 2599.

Kulovesi, Kati, "'Make your own special song, even if nobody else sings along': international aviation emissions and the EU Emissions Trading Scheme" (2011) 2:4 *Climate Law* 535.

Kysar, Douglas A., "Global environmental constitutionalism: getting there from here" (2012) 1:1 *Transnational Environmental Law* 83.

Lai, Rattan, "Carbon sequestration" (2008) 363:1492 *Philosophical Transactions of the Royal Society B: Biological Sciences* 815.

Leal−Areas, Rafael, "Climate change mitigation from the bottom up: using preferential trade agreements to promote climate change mitigation" (2013) 88:2 *Carbon & Climate Law Review* 34.

Lees, Emma, "Responsibility and liability for climate loss and damage after Paris" (2017) 17:1 *Climate Policy* 59.

Lehman, Glen, "Environmental accounting: pollution permits or selling the environment" (1996) 7:6 *Critical Perspective on Accounting* 667.

Leiserowitz, Anthony, "Climate change risk perception and policy preferences: the role of affect, imagery, and values" (2006) 77:1−2 *Climatic Change* 45.

Lesnikowski, Alexandra *et al.*, "What does the Paris Agreement mean for adaptation?" (2017) 17:7 *Climate Policy* 825.

Li, Lei *et al.*, "A review of research progress on CO2 capture, storage, and utilization in Chinese Academy of Sciences" (2013) 108 *Fuel* 112.

Lin, Boqiang and Chuanwang Sun, "Evaluating carbon dioxide emissions in international trade of China" (2010) 38:1 *Energy Policy* 613.

Lin, Jolene, "Litigating climate change in Asia" (2014) 4:1−2 *Climate Law* 140.

Lin, Jolene, "The first successful climate negligence case: a comment on *Urgenda Foundation v. The State of the Netherlands (Ministry of Infrastructure and the Environment)* (2015) 5:1 *Climate Law* 65.

Linnerooth−Bayer, Joanne, Reinhard Mechler and Stefan Hochrainer−Stigler, "Insurance against losses from natural disasters in developing countries: evidence, gaps and the way forward" (2014) 7 *International Journal of Disaster Risk Reduction* 154.

Lorenz, Susanne *et al.*, "Adaptation planning and the use of climate change projections in local government in England and Germany" (2017) 17:2 *Regional Environmental Change* 425.

Low, Kelvin F.K. and Jolene Lin, "Carbon credits as EU like it: property, immunity, tragiC02medy? (2015) 27:3 *Journal of Environmental Law* 377.

Luterbacher, J. and C. Pfister, "The year without a summer" (2015) 8:4 *Nature Geoscience* 246.

Lyon, Thomas P. and John W. Maxwell, "Corporate social responsibility and the environment: a theoretical perspective" (2008) 2:2 *Review of Environmental Economics Policy* 240.

Lyster, Rosemary, "A fossil fuel−funded climate disaster response fund under the Warsaw International Mechanism for Loss and Damage Associated with Climate Change Impacts" (2015) 4:1 *Transnational Environmental Law* 125.

Mace, M.J., "Mitigation commitments under the Paris Agreement and the way forward" (2016) 6:1−2 *Climate Law* 21.

Magnan, Alexandre K. and Teresa Ribera, "Global adaptation after Paris" (2016) 352:6291 *Science* 1280.

Manea, Sabina, "Defining emissions entitlements in the Constitution of the EU Emissions Trading System" (2012) 1:2 *Transnational Environmental Law* 303.

Maosheng, Duan, "From carbon emissions trading pilots to national system: the road map for China"(2015) 9:3 *Carbon & Climate Law Review* 231.

Marques, Alexandra *et al.*, "Income−based environmental responsibility" (2012) 84 *Ecological Economics* 57.

Marzeion, Ben and Anders Levermann, "Loss of cultural world heritage and currently inhabited places to sea−level rise" (2014) 9 *Environmental Research Letters* 034001.

Mayer, Benoit, "The applicability of the principle of prevention to climate change: a response to Zahar" (2015) 5:1 *Climate Law* 1.

Mayer, Benoit, "*ATA v. Secretary of State for Energy*" (2012) 49:3 *Common Market Law Review* 1113.

Mayer, Benoit, "Climate change reparations and the law and practice of state responsibility" (2016) 7:1 *Asian Journal of International Law* 185.

Mayer, Benoit, "Construing international climate change law as a compliance regime" (2018) 7:1 *Transnational Environmental Law* 115.

Mayer, Benoit, "Human rights in the Paris Agreement" (2016) 6:1−2 *Climate Law* 109.

Mayer, Benoit, "International law obligations arising in relation to Nationally Determined Contributions" *Transnational Environmental Law* (forthcoming).

Mayer, Benoit, "Less−than−full reparation in international law" (2016) 56:3−4 *Indian Journal of International Law* 465.

Mayer, Benoit, "Migration in the UNFCCC Workstream on Loss and Damage: an assessment of alternative framings and conceivable responses" (2017) 6:1 *Transnational Environmental Law* 107.

Mayer, Benoit, "Obligations of conduct in the international law on climate change: a defence" *Review of European, Comparative and International Environmental Law* (forthcoming).

Mayer, Benoit, "State responsibility and climate change governance: a light through the storm" (2014) 13:3 *Chinese Journal of International Law* 539.

Mayer, Benoit, "Whose 'loss and damage'? Promoting the agency of beneficiary states" (2014) 4:3−4 *Climate Law* 267.

Mayer, Benoit and Mikko Rajavuori, "National fossil fuel companies and climate change mitigation under international law" (2016) 44:1 *Syracuse Journal of International Law & Commerce* 55.

Mayer, Benoit, Mikko Rajavuori and Fang Meng, "The contribution of state−owned enterprises to climate change mitigation in China" (2017) 7:2−3 *Climate Law* 97.

Mbatu, Richard S., "Domestic and international forest regime nexus in

Cameroon: an assessment of the effectiveness of REDD + policy design strategy in the context of the climate change regime" (2015) 52 *Forest Policy & Economics* 46.

McDonald, Jan, "The role of law in adapting to climate change" (2011) 2:2 *Wiley Interdisciplinary Reviews: Climate Change* 283.

McMullen−Laird, Lydia *et al.*, "Air pollution governance as a driver of recent climate policies in China" (2015) 9:3 *Carbon & Climate Law Review* 243.

Mees, Heleen−Kydeke P. and Peter P.J. Driessen, "Adaptation to climate change in urban areas: climategreening London, Rotterdam, and Toronto" (2011) 2:2 *Climate Law* 251.

Meyer, Lukas H., "Climate justice and historical emissions" (2010) 13:1 *Critical Review of International Social & Political Philosophy* 229.

Mintrom, Michael and Joannah Luetjens, "Policy entrepreneurs and problem framing: the case of climate change" *Environment and Planning C: Politics and Space* (2017) 35:5 *Environment and Planning C: Politics and Space* 1362.

Mooney, Erin, "The concept of internal displacement and the case for internally displaced persons as a category of concern" (2005) 24:3 *Refugee Survey Quarterly* 9.

Morrisette, Peter M., "The evolution of policy responses to stratospheric ozone depletion" (1989) 29:3 *Natural Resources Journal* 793.

Morseletto, Piero, Frank Biermann and Philipp Pattberg, "Governing by targets: Reduction ad unum and evolution of the two−degree climate target" *International Environmental Agreements: Politics, Law & Economics* (2017) 17:5 *International Environmental Agreements: Politics, Law & Economics* 655.

Naeem, S. *et al.*, "Get the science right when paying for nature's services" (2015) 347:6227 *Science* 1206.

Naess, Arne, "The shallow and the deep, long−range ecology movement: a summary" (1973) 16:1−4 *Inquiry (Oslo)* 95.

Nordhaus, William D.,"A review of the Stern Review on the Economics of Climate Change" (2007) 45:3 *Journal of Economic Literature* 686.

Oberthür, Sebastian and Claire Roche Kelly, "EU leadership in international climate policy: achievements and challenges" (2008) 43:3 *International*

Spectator 35.

Oberthür, Sebastian, "Global climate governance after Cancun: options for EU leadership" (2011) 46:1 *International Spectator* 5.

Ochieng, R.M. *et al.*, "Institutional effectiveness of REDD+ MRV: countries progress in implementing technical guidelines and good governance requirements" (2016) 61 *Environmental Science & Policy* 42.

Ockwell, David G. *et al.*, "Intellectual property rights and low carbon technology transfer: conflicting discourses of diffusion and development" (2010) 20:4 *Global Environmental Change* 729.

Okereke, Chukwumerije, "Climate justice and the international regime" (2010) 1:3 *Wires Climate Change* 462.

Oppenheimer, Michael and Annie Petsonk, "Article 2 of the UNFCCC: historical origins, recent interpretations" (2005) 73:3 *Climatic Change* 195.

Ostrom, Elinor *et al.*, "Revisiting the commons: local lessons, global challenges" (1999) 284:5412 *Science* 178.

Ott, Hermann E., Volfgang Sterk and Rie Watanabe, "The Bali roadmap: new horizons for global climate policy" (2008) 8:1 *Climate Policy* 91.

Page, Edward A, "Cashing in on climate change: political theory and global emissions trading" (2011) 14:2 *Critical Review of International Social & Political Philosophy* 259.

Pall, Pardeep *et al.*, "Anthropogenic greenhouse gas contribution to flood risk in England and Wales in autumn 2000" (2011) 470:7334 *Nature* 382.

Parmesan, Camille *et al.*, "Beyond climate change attribution in conservation and ecological research" (2013) 16:1 *Ecology Letters* 58.

Peeters, Marjan, "Case note: *Urgenda Foundation and 886 Individuals v. The State of the Netherlands:* the dilemma of more ambitious greenhouse gas reduction action by EU Member States" (2016) 25:1 *Review of European Community & International Environmental Law* 123.

Peeters, Marjan and Thomas Schomerus, "Modifying our society with law: the case of EU renewable energy law" (2014) 4:1−2 *Climate Law* 131.

Perry, Jim, "World heritage hot spots: a global model identifies the 16 natural heritage properties on the World Heritage List most at risk from climate change" (2011) 17:5 *International Journal of Heritage Studies* 426.

Peters, Glen P. *et al.*, "Growth in emission transfers via international trade from 1990 to 2008" (2011) 108:21 *Proceedings of the National Academy of Sciences* 8903.

Plant, Gian, "*ATA v. Secretary of State for Energy*" (2013) 107:1 *American Journal of International Law* 183.

Popp, David, "International technology transfer, climate change, and the Clean Development Mechanism" (2011) 5:1 *Review of Environmental Economics & Policy* 131.

Preston, Brian J. "Climate change litigation (part 1)" (2011) 5:1 *Carbon & Climate Law Review* 3.

Preston, Brian J, "Climate change litigation (part 2)" (2011) 5:2 *Carbon & Climate Law Review* 244.

Preston, Brian J., "The contribution of the courts in tackling climate change" (2016) 28:1 *Journal of Environmental Law* 11.

Psaraftis, Harilaos N., "Market−based measures for greenhouse gas emissions from ships: a review" (2012) 11:2 *WMU Journal of Maritime Affairs* 211.

Raftery, Adrian E. *et al.*, "Less than 2°C warming by 2100 unlikely" (2017) 7 *Nature Climate Change* 637.

Rai, Varun, Kanye Schultz and Erik Funkhouser, "International low carbon technology transfer: do intellectual property regimes matter?" (2014) 24 *Global Environmental Change* 60.

Rajamani, Lavanya, "The 2015 Paris Agreement: interplay between hard, soft and non−obligations"(2016) 28:2 *Journal of Environmental Law* 337.

Rajamani, Lavanya, "Ambition and differentiation in the 2015 Paris Agreement: interpretative possibilities and underlying politics" (2016) 65:2 *International & Comparative Law Quarterly* 493.

Rajamani, Lavanya, "Differentiation in the emerging climate regime" (2013) 14:1 *Theoretical Inquiries in Law* 151.

Reichwein, David *et al.*, "State responsibility for environmental harm from climate engineering" (2015) 5:2−4 *Climate Law* 142.

Reid, Hannah and Saleemul Huq, "Mainstreaming community−based adaptation into national and local planning" (2014) 6:4 *Climate & Development* 291.

Reins, Leonie *et al.*, "China's climate strategy and evolving energy mix: policies, strategies and challenges"(2015) 9:3 *Carbon & Climate Law*

Review 256.

Ricke, Katharine L., M. Granger Morgan and Myles R. Allen, "Regional climate response to solar−radiation management" (2010) 3:8 *Nature Geoscience* 537.

Ringius, Lasse, Asbjørn Torvanger and Arild Underdal, "Burden sharing and fairness principles in international climate policy" (2002) 2:1 *International Environmental Agreements* 1.

Risse, Thomas, "'Let's argue!': communicative action in world politics" (2000) 54:1 *International Organization* 1.

Rogelj, Joeri *et al.*, "Paris Agreement climate proposals need a boost to keep warming well below 2°C"(2016) 534:7609 *Nature* 631.

Romera, Beatriz Martinez and Harro van Asselt, "The international regulation of aviation emissions: putting differential treatment into practice" (2015) 27:2 *Journal of Environmental Law* 259.

Rudolph, Sven and Torn Morotomi, "Acting local! An evaluation of the first compliance period of Tokyo's carbon market" (2016) 10:1 *Carbon & Climate Law Review* 75.

Ruhl, J.B., "Climate change adaptation and the structural transformation of environmental law" (2010) 40:2 *Environmental Law* 363.

Sand, Peter H. and Jonathan B. Wiener, "Towards a new international law of the atmosphere?" (2016) 7:2 *Göttingen Journal of International Law* 195.

Sand, Peter H., "Protecting the ozone layer: the Vienna Convention is adopted" (1985) 27:5 *Environment: Science & Policy for Sustainable Development* 18.

Sands, Philippe, "Climate change and the rule of law: adjudicating the future in international law" (2016) 28:1 *Journal of Environmental Law* 19.

Sands, Philippe, "The United Nations Framework Convention on Climate Change" (1992) 1:3 *Review of European Community & International Environmental Law* 270.

Sanna, A. *et al.*, "A review of mineral carbonation technologies to sequester CO" (2014) 43 *Chemical Society Reviews* 8049.

Scaccia, Brian, "California's Renewable Energy Transmission Initiative as a model for state renewable resource development and transmission planning" (2012) 3:1 *Climate Law* 25.

Schipper, Lisa, "Conceptual history of adaptation in the UNFCCC process" (2006) 15:1 *Review of European, Comparative & International Environmental Law* 82.

Schneider, Lambert and Anja Kollmuss, "Perverse effects of carbon markets on HFC−23 and SF6 abatement projects in Russia" (2015) 5 *Nature Climate Change* 1061.

Scott, Joanne, "The geographical scope of the EU's climate responsibilities" (2015) 17 *Cambridge Yearbook of European Legal Studies* 92.

Scott, Joanne and Lavanya Rajamani, "EU climate change unilateralism" (2012) 23:2 *European Journal of International Law* 469.

Scott, Joanne et al., "The promise and limits of private standards in reducing greenhouse gas emissions from shipping" (2017) 29:2 *Journal of Environmental Law* 231.

Scott, Karen N., "International law in the Anthropocene: responding to the geoengineering challenge" (2013) 34:2 *Michigan Journal of International Law* 309.

Sépibus, Joëlle de, "Green Climate Fund: how attractive is it to donor countries?" (2015) 9:4 *Carbon & Climate Law Review* 298.

Seymour, F., "REDD reckoning: a review of research on a rapidly moving target" (2012) *Plant Sciences Reviews* 147.

Sharma, Anju, "Precaution and post−caution in the Paris Agreement: adaptation, loss and damage and finance" (2017) 17:1 *Climate Policy* 33.

Shen, Ying, "Crossing the river by groping for stones: China's pilot emissions trading schemes and the challenges for a national scheme" (2016) 18 *Asia Pacific Journal of Environmental Law* 1.

Shindell, D. et al., "A climate policy pathway for near− and long−term benefits" (2017) 356:6337 *Science* 493.

Shishlov, Igor, Romain Morel and Valentin Bellassen, "Compliance of the parties to the Kyoto Protocol in the first commitment period" (2016) 16:6 *Climate Policy* 770.

Shue, Henry, "Global environment and international inequality" (1999) 75:3 *International Affairs* 531.

Shue, Henry, "Subsistence emissions and luxury emissions" (1993) 15:1 *Law*

& Policy 39.

Siri H, Eriksen, Andrea J. Nightingale and Hallie Eakin, "Reframing adaptation: the political nature of climate change adaptation" (2015) 35 *Global Environmental Change* 523.

Solomon, Susan, "Stratospheric ozone depletion: a review of concepts and history" (1999) 37:3 *Review of Geophysics* 275.

Solomon, Susan *et al.*, "Emergence of healing in the Antarctic ozone layer" (2015) 353:6296 *Science* 269.

Spash, Clive L., "The brave new world of carbon trading" (2010) 15:2 *New Political Economy* 169.

Steffen, Will *et al.*, "The Anthropocene: conceptual and historical perspectives" (2011) 369:1938 *Philosophical Transactions of the Royal Society, A: Mathematical, Physical & Engineering Sciences* 842.

Stephens, Jennie C., "Carbon capture and storage: a controversial climate mitigation approach" (2015) 50:1 *International Spectator: Italian Journal of International Affairs* 74.

Stone, Christopher D., "Common but differentiated responsibilities in international law" (2004) 98:2 *American Journal of International Law* 276.

Stott, Peter A. *et al.*, "Attribution of extreme weather and climate-related events" (2016) 7:1 *WIREs Climate Change* 23.

Streck, Charlotte, "Ensuring new finance and real emission reduction: a critical review of additionality concept" (2011) 5:2 *Carbon & Climate Law Review* 158.

Streck, Charlotte and Moritz von Unger, "Creating, regulating and allocating rights to offset and pollute: carbon rights in practice" (2016) 10:3 *Carbon & Climate Law Review* 178.

Struggles, Jonathan, "Climate disasters and cities: the role of local government in increasing urban resilience" (2016) 18 *Asia Pacific Journal of Environmental Law* 91.

Sunstein, Cass R., "On the divergent American reactions to terrorism and climate change" (2007) 107:2 *Columbia Law Review* 503.

Surminski, Swenja and Dalioma Oramas-Dorta, "Flood insurance schemes and climate adaptation in developing countries" (2014) 7 *International Journal of Disaster Risk Reduction* 154.

Sykes, Alan O., "Economic 'necessity' in international law" (2015) 109:2 *American Journal of International Law* 296.

Szarka, Joseph, "From climate advocacy to public engagement: an exploration of the roles of environmental non−governmental organisations" (2013) 1:1 *Climate* 12.

Tamura, Kentaro, Takeshi Kuramochi and Jusen Asuka, "A process for making nationally−determined mitigation contributions more ambitious" (2013) 7:4 *Carbon & Climate Law Review* 231.

Tanaka, Yoshifumi, "Regulation of greenhouse gas emissions from international shipping and jurisdiction of states" (2016) 25:3 *Review of European Community & International Environmental Law* 333.

Tingzhen, Ming *et al.*, "Fighting global warming by climate engineering: is the Earth radiation management and the solar radiation management any option for fighting climate change?" (2014) 31 *Renewable & Sustainable Energy Reviews* 792.

Tollefson, Jeff, "Fossil−fuel divestment campaign hits resistance" (2015) 521:7550 *Nature* 16.

Tomuschat, Christian, "International law: ensuring the survival of mankind on the eve of a new century: general course on public international law" (1999) 281 *Collected Courses of the Hague Academy of International Law* 1.

Trip, James T.B., "The UNEP Montreal Protocol: industrialized and developing countries sharing the responsibility for protecting the stratospheric ozone layer" (1987−1988) 20:3 *New York University Journal of International Law & Politics* 733.

Tvinnereim, Endre and Michael Mehling, "Carbon pricing and the 1.5°C target: near−term decarbonisation and the importance of an instrument mix *Carbon and Climate Law Review* (forthcoming).

Urban, Mark C., "Accelerating extinction risk from climate change" (2015) 348:6234 *Science* 571.

Vaughan, Naomi E. and Timothy M. Lenton, "A review of climate geoengineering proposals" (2011) 109:3−4 *Climatic Change* 745.

Velders, Guus J.M. *et al.*, "The importance of the Montreal Protocol in protecting climate" (2007) 104:12 *Proceedings of the National Academy of Sciences of the United States of America* 4814.

Velders, Guus J.M. *et al.*, "Preserving Montreal Protocol climate benefits by limiting HFCs" (2012) 335:6071 *Science* 922.

Venuti, Stephanie, "REDD+ in Papua New Guinea and the protection of the REDD+ safeguard to ensure the full and effective participation of indigenous peoples and local communities" (2015) 17 *Asia Pacific Journal of Environmental Law* 131.

Verschuuren, Jonathan, "Towards a regulatory design for reducing emissions from agriculture: lessons from Australia's carbon farming initiative" (2014) 7:1 *Climate Law* 1.

Vihma, Antto, "Climate of consensus: managing decision making in the UN climate change negotiations" (2015) 24:1 *Review of European Community & International Environmental Law* 58.

Viñuales, Jorge E., "The rise and fall of sustainable development" (2013) 22:1 *Review of European Community & International Environmental Law* 3.

Voigt, Christina, "Equity in the 2015 Climate Agreement: lessons from differential treatment in multilateral environmental agreements" (2014) 4:1−2 *Climate Law* 50.

Voigt, Christina, "State responsibility for climate change damages" (2008) 77:1 *Nordic Journal of International Law* 1.

Voigt, Christina and Felipe Ferreira, "'Dynamic differentiation': the principles of CBDR−RC, progression and highest possible ambition in the Paris Agreement" (2016) 5:2 *Transnational Environmental Law* 285.

Wallimann−Helmer, Ivo, "Justice for climate loss and damage" (2015) 133:3 *Climatic Change* 469.

Wara, Michael, "Is the global carbon market working?" (2007) 445:7128 *Nature* 595.

Warren, R. *et al.*, "Quantifying the benefit of early climate change mitigation in avoiding biodiversity loss" (2013) 3:7 *Nature Climate Change* 678.

Weitzman, Martin L, "On modeling and interpreting the economics of catastrophic climate change" (2009) 91:1 *The Review of Economics & Statistics* 1.

Welch, Graham Donnelly, "HFC smuggling: preventing the illicit (and lucrative) sale of greenhouse gases"(2017) 44:2 *Boston College Environmental Affairs Law Review* 525.

Winkler, Harald and Lavanya Rajamani, "CBDR&RC in a regime applicable to all" (2014) 14:1 *Climate Policy* 102.

Winter, Gerd, "The climate is no commodity: taking stock of the Emissions Trading System" (2010) 22:1 *Journal of Environmental Law* 1.

Woolf, Dominic *et al.*, "Sustainable biochar to mitigate global climate change" (2010) 1:1 *Nature Communications* 56.

You, Ki—Jun, "Advisory opinions of the International Tribunal for the Law of the Sea: Article 138 of the rules of the tribunal, revisited" (2008) 39 *Ocean Development & Int조rnational Law* 360.

Young, Margaret A., "Climate change law and regime interaction" (2011) 5:2 *Carbon & Climate Law Review* 147.

Young, Margaret A., "Trade measures to address environmental concerns in faraway places: jurisdictional issues" (2014) 23:3 *Review of European, Comparative & International Environmental Law* 302.

Zahar, Alexander, "A bottom—up compliance mechanism for the Paris Agreement" (2017) 1:1 *Chinese Journal of Environmental Law* 69.

Zahar, Alexander, "Mediated versus cumulative environmental damage and the International Law Association's legal principles on climate change" (2014) 4:3—4 *Climate Law* 217.

Zahar, Alexander, "Methodological issues in climate law" (2015) 5:1 *Climate Law* 25.

Zeben, Josephine van, "Establishing a governmental duty of care for climate change mitigation: will *Urgenda* turn the tide?" (2015) 4:2 *Transnational Environmental Law* 339.

찾아보기

이 저서는 2016년 대한민국 교육부와 한국연구재단의 지원을 받아 수행된
연구입니다(NRF−2016S1A3A2925230).

저자 소개

박덕영

연세대학교 법학사, 법학석사, 법학박사
영국 캠브리지 대학교 법학석사(LL.M)
영국 에든버러 대학교 박사과정 마침

(현) 연세대학교 법학전문대학원 교수
(현) 외교부 정책자문위원, 국회 입법자문위원
(전) 대한국제법학회 회장, 한국국제경제법학회 회장

주요저서 및 논문

국제환경법/ 국제기후변화법제/ 파리협정의 이해(이상 공동)
국제법 기본조약집/ 미국법과 법률영어(이상 박영사)
Legal Issues on Climate Change and International Trade Law (Springer) 등 저서 및
   논문 다수

김경우

서울대학교 법학사
연세대학교 법학석사
요코하마국립대학 법학박사

(현) 연세대학교 SSK 기후변화와 국제법 연구센터 연구교수

주요저서 및 논문

기후변화시대 기업의 대응전략/ 국제경제법의 쟁점 – 통상 투자 경쟁/ 에너지 투자중재 사례
   연구 – ISDS의 실제/ 법학, 경제학 그리고 자연과학에서 바라보는 환경문제(이상 공역)
"담배규제기본협약 가이드라인의 국제표준 가능성에 대하여 – 담배 Plain Packaging 사
   건을 중심으로"외 논문 다수

조향숙

성신여자대학교 경제학사
성균관대학교 경제학석사, 경제학박사

(전) 연세대학교 SSK 기후변화와 국제법 연구센터 연구교수
(현) 고려대학교 경제학과 연구교수

주요저서 및 논문

OECD 7개 국가의 CO_2 배출량 감소요인 분해 분석
국가별 소득수준에 따른 1인당 CO_2 배출량 수렴 분석

김영욱

캐나다 토론토대학교 외교학 학사(Hon. B.A.)
연세대학교 정치학 석사
(전) 연세대학교 SSK 기후변화와 국제법 연구센터 연구원

기후변화와 국제법

초판발행   2021년 1월 15일

지은이   Benoit Mayer
옮긴이   박덕영 · 김경우 · 조향숙 · 김영욱
펴낸이   안종만 · 안상준

편 집   장유나
기획/마케팅   장규식
표지디자인   조아라
제 작   고철민 · 조영환

펴낸곳   (주)박영사
                서울특별시 금천구 가산디지털2로 53, 210호(가산동, 한라시그마밸리)
                등록 1959. 3. 11. 제300-1959-1호(倫)
전 화   02)733-6771
f a x   02)736-4818
e-mail   pys@pybook.co.kr
homepage   www.pybook.co.kr
ISBN   979-11-303-3713-5   93360

* 파본은 구입하신 곳에서 교환해 드립니다. 본서의 무단복제행위를 금합니다.
* 공역자와 협의하여 인지첩부를 생략합니다.

정 가   35,000원